EDITORIAL

LE MEILLEUR DE LA CAPITALE POUR VOUS !

Enfin ! Après une trop longue période où la vie a été comme mise entre parenthèses, la période sanitaire en étant l'évidente raison, Paris a renoué pleinement avec sa vie d'antan. Les bars sont pleins, les restaurants peinent parfois à faire face à la demande, et les rues raisonnent des échos de langages différents, signe que la ville, de nouveau, attire les touristes du monde entier. Évidemment, le guide *Petit Futé* recense les incontournables. La partie magazine, que vous tenez entre les mains, vous invite quant à elle à découvrir la ville sous d'autres angles, à repousser plus loin encore les limites des visites possibles : ici, les Parisiens parlent aux Parisiens, qu'ils soient d'un jour ou de toujours ! Ainsi, vous disposez ici d'un agenda qui, mois après mois, vous permet de ne rien manquer des incontournables de la ville, des festivals aux événements sportifs en passant par les temps forts de la vie parisienne. Vous découvrez des Parisiens qui font bouger les choses, et qui ont pris de leur temps pour présenter aux lecteurs de ce magazine et guide leurs activités, toujours utiles et originales. Notre équipe dresse ici une sélection des meilleurs restaurants et *brunchs,* pour vivre comme un Parisien le temps d'un week-end ou d'une semaine. Si vous aimez marcher, vous trouvez ici une chouette idée de découverte, hors des sentiers battus, et qui devrait donner de l'Est parisien une tout autre image. Enfin, notre sélection d'initiatives locales, dont beaucoup sont orientées autour des questions de l'inclusivité et du respect de l'environnement, vous donnera à apprécier combien la ville fourmille d'initiatives en la matière – certaines vous concernant peut-être. D'autres regards sur la ville, d'autres manières de l'appréhender, d'autres belles raisons de sortir des sentiers battus : c'est toute la promesse de ce guide. Belle et fructueuse lecture !

EDITION

Directeurs de collection et auteurs : Dominique AUZIAS et Jean-Paul LABOURDETTE

Auteurs : Guillaume EUSTACHE, Magali BAILLIOT, Alain PUCHAUD, Bérengère COURMONT, Clémentine SANTERRE, Magali BAILLIOT, ha HADJ-DJILANI, Louise BRAHITI, Mélanie CONTET, dine VERNEREY, Claire DELBOS, Estelle MARIOTTE, Robert GERMAIN, Marielle BRIE, Emmanuelle FINET, arie Pierre CREON, Anaïs LERMA, Vincent DELMAS, ean-Paul LABOURDETTE, Dominique AUZIAS et alter

Directeur Editorial : Stéphan SZEREMETA

Rédaction France : Briséis CREAC'H-MENUT, Audrey VEDOVOTTO, Marie VIGNERON, Nicolas WODARCZAK, Mélanie PEILLET

tion Monde : Laure CHATAIGNON, Morgane VESLIN, Pierre-Yves SOUCHET, Natalia COLLIER

FABRICATION

Maquette et Montage : Romain AUDREN, Julie BORDES, Delphine PAGANO

aphie et Cartographie : Anne DIOT, Julien DOUCET

WEB ET NUMERIQUE

Directeur Web : Louis GENEAU DE LAMARLIERE

Technical Project Manager : Hervé MARION

Développeurs : Guillaume BARBET, Adeline CAUX

Intégrateur Web : Mickael LATTES, Antoine DION

Webdesigner : Caroline LAFFAITEUR

Community Traffic Manager : Alice BARBIER, Noémie LE SAUX

DIRECTION COMMERCIALE

Directeur commercial : Guillaume VORBURGER

atrice des Régies commerciales : Manon GUERIN

Account Manager Marketplace : Leila ROUGEOT

esponsable Régies locales : Michel GRANSEIGNE

Responsables Développement régie inter : Jean-Marc FARAGUET et Guillaume LABOUREUR et Camille ESMIEU

Assistante commerciale Régie internationale : Leila ANTRI-BOUZAR

efs de Publicité Régie nationale : Caroline AUBRY, François BRIANCON-MARJOLLET, Perrine DE CARNE MARCEIN, Jonathan TOUTOUX

DIFFUSION ET PROMOTION

Directrice des Ventes : Bénédicte MOULET assistée d'Aissatou DIOP

Responsable des ventes : Jean-Pierre GHEZ assisté de Nelly BRION

ns Presse-Partenariats : Jean-Mary MARCHAL

ADMINISTRATION

Président : Jean-Paul LABOURDETTE

ice des Ressources Humaines : Dina BOURDEAU assistée de Sandra DOS REIS et Eva BAELEN

Directrice Administrative et Financière : Valérie DECOTTIGNIES

mptabilité : Guillaume PETIT, Aminata BAGAYOKO, Jeannine DEMIRDJIAN, Adama DIABY

Recouvrement : Fabien BONNAN assisté de Sandra BRIJLALL

Responsable informatique : Elie NZUZI-LEBA

PETIT FUTÉ PARIS

LES NOUVELLES EDITIONS DE L'UNIVERSITE
18, rue des Volontaires - Paris (15e).
✆ 01 53 69 70 00 - Fax 01 42 73 15 24
Internet : www.petitfute.com
capital de 1 000 000 € - RC PARIS B 309 769 966
ouverture : © Ron Dale - stock.adobe.com / © Oleg stin - stock.adobe.com / © mkos83 - stock.adobe. master1305 - stock.adobe.com / © Javier brosch dobe.com / © Corona Borealis - stock.adobe.com / :181 - stock.adobe.com / © svetazi - stock.adobe. / © Minerva Studio - stock.adobe.com / © Lustre - dobe.com / © Prostock-Studio - iStockPhoto.com / myk Igor - stock.adobe / Basilique du Sacré-Cœur, Paris © Horváth Botond - stock.adobe.com
Impression : CORLET IMPRIMEUR - 14110 Condé-en-Normandie
Achevé d'imprimer : février 2023
Dépôt légal : 20/03/2023
ISBN : 9782305083452

Pour nous contacter par email, indiquez e famille en minuscule suivi de @petitfute.com ur le courrier des lecteurs : info@petitfute.com

PEFC
10-31-1510
Certifié PEFC
Ce produit est issu de forêts gérées durablement et de sources contrôlées.
pefc-france.org

SOMMAIRE

© PHILIPPE GUERSAN

10sign Artisanat.

© STÉPHANE DABROWSKI

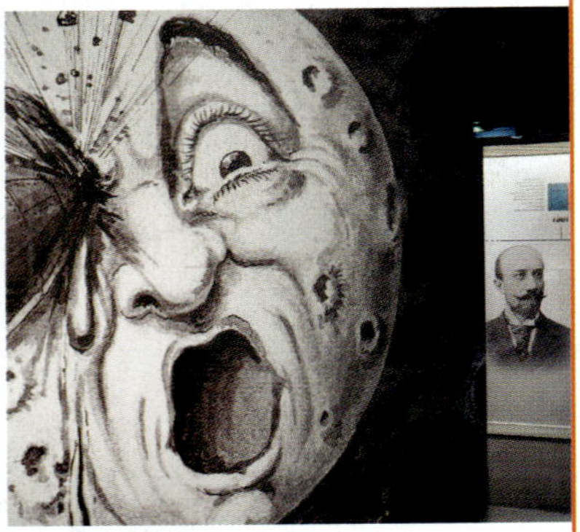

Le musée Méliès.

© DOMAINE DE COURANCES.

Domaine de Courances.

La basilique du Sacré-Coeur.

SOMMAIRE

© VEDETTES DE PARIS.

Vedettes de Paris.

© LA MONTGOLFIÈRE.

La Montgolfière.

© PHILIPPE GUERSAN

Sokha Royal Spa.

Vue sur Paris.

PRAIRY, POUR SE METTRE AU VERT

C'est le dilemme de beaucoup d'entre nous en fin de semaine : que faire de notre dimanche, comment trouver des spots hors des sentiers battus ? Lancée en 2020, l'application Prairy est désormais proposée aux Parisiens. Le but : découvrir des idées de promenades, hors des lieux communs et connus, et de préférence loin du tumulte parisien, mais accessible rapidement en transports. On y va ?

www.prairy.fr

LE REX FAIT PEAU NEUVE

© THOMAS LACONIS

Il fête cette année ses quatre-vingt-dix printemps, et le temps n'a pas de prise sur lui : c'est en effet après deux années de travaux que le mythique Rex dévoile à l'occasion de cette nouvelle décennie sa façade entièrement rénovée. L'objectif – réussi : retrouver son apparence initiale. Mis en lumière, le lieu arbore désormais une façade identique à celle qu'il arborait lors de son inauguration, en 1933.

www.legrandrex.com

UN NOUVEAU PARCOURS AU MUSÉE DE CLUNY

© NOUVEAU BÂTIMENT D'ACCUEIL DU MUSÉE DE CLUNY, FAÇADE OUEST, BERNARD DESMOULIN, ARCHITECTE © M. DENANCÉ / MUSÉE DE CLUNY - MUSÉE NATIONAL DU MOYEN ÂGE

Il est consacré au Moyen Âge, et certaines mauvaises langues allaient même jusqu'à dire que sa dernière rénovation datait de cette époque : le musée de Cluny est enfin digne de ses collections. Après quelques travaux de rénovation il y a plusieurs années, le lieu bénéficie d'un nouveau parcours. Cette magnifique muséographie, lumineuse, permet de redécouvrir totalement les collections inestimables.

www.musee-moyenage.fr

BERCY BEAUCOUP, ET PLUS ENCORE !

© HUGO LERCK

Avant le début des travaux du quartier Bercy-Charenton, d'ici deux ans, ce sont 9 000 m^2 qui ont été investi par le collectif Bercy Beaucoup, créant ici une ville dans la ville. Si beaucoup viennent entre amis à la guinguette festive, vous pouvez également découvrir notamment un jardin, une ressourcerie et des ateliers. Ce tiers-lieu connaît déjà un grand succès : c'est le nouveau *spot* du Sud-Est parisien.

www.bercy-beaucoup.org

DE LA PHOTO SUR L'EAU

Après Fluctuart, le centre d'art contemporain situé sur un bateau dans le 7e arrondissement, c'est dès ce printemps, qu'un second lieu culturel ouvrira : dédié à la photographie contemporaine, il se trouvera au port de la Gare ! Expositions temporaires ou permanentes, artistes reconnus ou émergents, l'endroit sera également ludique, dans une atmosphère conviviale avec possibilité de restauration.

HOMMAGE VISUEL À L'UKRAINE

Puisque le XIIIe arrondissement est celui du *street-art*, c'est tout naturellement que le célébrissime C215 a choisi cet immeuble de la rue Patay pour réaliser sa dernière œuvre. Collant, comme souvent, à l'actualité, l'artiste a choisi de rendre hommage à une petite fille ukrainienne, dévoilant un visage aux couleurs jaunes et bleues, associées à ce pays en guerre. L'œuvre ne laisse pas indifférent.

ZOOM

VEDETTES DE PARIS

Découvrir la capitale depuis la Seine, longer le Grand Palais, la place de la Concorde, l'Assemblée nationale, le musée d'Orsay, le Louvre, la Conciergerie, l'Hôtel de Ville ou encore l'immense chantier de Notre-Dame : c'est le programme des croisières proposées, au départ du port de Suffren, par Vedettes de Paris. De la croisière commentée par un guide-conférencier, à la croisière apéro (disponible tous les jours à partir de 19h30), remplaçant le guide par un fond sonore de rigueur, les possibilités s'offrent à vous. Notez également qu'une jolie boutique permet de trouver de chouettes objets.

Des croisières, mais pas seulement !

Mais Vedettes de Paris, ce sont bien d'autres possibilités encore : la première d'entre elles, c'est Francette : derrière ce nom, se cache probablement l'une des plus étonnantes propositions sur Seine. Juste à côté de la zone d'embarquement pour les Vedettes de Paris, 3 étages vous accueillent : un restaurant à la cuisine bistronomique de qualité sur le pont principal, un incroyable rooftop de 250 m² juste au-dessus, et une étonnante cave à vins juste en dessous ! A quai, place au Café des Vedettes. Quel décor : la Seine, la Tour Eiffel, située à une centaine de mètres seulement, et une vaste terrasse pour partager verres et planches apéro entre amis. On peut également ici trouver plusieurs offres de snacking, à commencer par d'excellents croque-monsieur, préparés avec des productions 100 % locales – on mise sur la qualité ici, et ça se ressent.

Un lieu ouvert à tous

Au final, ce récent spot qu'est le Café des Vedettes commence à connaître une jolie renommée en plein Paris. Il est, comme Francette, accessible à tous et non aux seuls détenteurs de billets pour les croisières. Vous le comprenez : venir ici, ce n'est pas seulement embarquer pour l'une des belles croisières proposées, c'est aussi, à votre disposition, plusieurs offres de restauration qui comptent parmi les meilleurs de l'Ouest parisien.

Vedettes de Paris

Ouvert tous les jours 10h30-22h / départs toutes les 30 min (horaires variables).

> VEDETTES DE PARIS
Port de Suffren (7e)
M° Bir-Hakeim ou Trocadéro
✆ 01 44 18 19 50
www.vedettesdeparis.com

© VEDETTES DE PARIS

© VEDETTES DE PARIS

© VEDETTES DE PARIS

JACCEDE.COM

Une ville inclusive, c'est une ville qui permet à chacun, y compris les personnes en situation de handicap, de trouver des activités accessibles. La plateforme Jaccede.com recense ainsi des établissements couvrant de nombreuses activités (supermarchés, hôtels, restaurants, musées, services publics...) et dont l'accès est pensé pour ces derniers. Les possibilités sont ainsi listées sur une carte.

www.jaccede.com

© SEVENTYFOUR-ISTOCKPHOTO.COM

1000 ET 1 SIGNES : DÉJEUNER EN LANGUE DES SIGNES

C'est rue de Charonne, dans le cœur du 11e arrondissement, que le restaurant marocain de Sid Nouar dispose d'un personnel uniquement non-entendant. Appelé 1000 et 1 signes, vous y communiquez uniquement par langue des signes, et en profitez pour savourer les délicieux plats nord-africains réalisés sur place. Un lieu inclusif, où vous disposez également d'ardoises pour échanger avec le personnel.

www.1000et1signes.com

UNE PAUSE SOLIDAIRE AU CAFÉ JOYEUX

Elles sont trois, et disposent déjà d'une belle notoriété : les adresses parisiennes de Café Joyeux développent un très joli concept solidaire. Employant uniquement des personnes en situation de handicap, elles vous invitent à faire une pause, le temps d'un chouette déjeuner par exemple. C'est excellent, le service est appliqué et très pro, et l'enseigne propose même sa propre gamme de café.

www.cafejoyeux.com

TREMPLIN

Réaliser des études supérieures n'est pas toujours évident pour les personnes handicapées. Ainsi, l'association Tremplin aide non seulement les concernés à préparer et anticiper le passage de la vie étudiante à la vie professionnelle, mais se rapprochent aussi des entreprises pour les accompagner dans la mise en place d'actions dédiées à l'accueil de ceux-ci. Bilan : un dispositif gagnant-gagnant.

www.tremplin-handicap.fr

ICONEUS

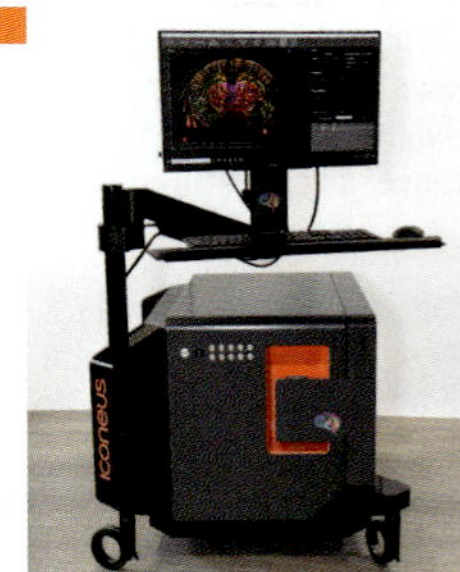

© ICONEUS

Qui a dit que la science et la technologie ne pouvaient pas se mettre au service de la santé ? Certainement pas les membres de la start-up hexagonale Iconeus, qui ont mis au point une méthode d'imagerie révolutionnaire, qui pourrait permettre d'anticiper la détection de l'autisme et des troubles du neuro-développement. Des essais démarreront cette année à l'hôpital Robert-Debré, dans le 19e, pour ce système ouvrant de vastes perspectives.

MON MUSÉE ACCESSIBLE

Si l'accessibilité aux lieux est un enjeu fort pour les espaces culturels, l'accessibilité aux œuvres l'est tout autant ! C'est pourquoi l'association Tourisme & Handicap a lancé «Mon musée accessible». L'objectif : aider les acteurs des différents milieux culturels à anticiper, imaginer et mettre en place les meilleurs moyens de penser, au moyen de formations notamment, l'accès de tous à tout.

FORMATION EN LIGNE

MON MUSÉE ACCESSIBLE

© MON MUSÉE ACCESSIBLE

LES RENDEZ-VOUS
INCONTOURNABLES DE L'ANNÉE

JANVIER

HYPER WEEKEND FESTIVAL
(Paris)
Trois jours entiers de découvertes, d'expériences diverses et de concerts dans l'immense Maison de la Radio et de la Musique.

FÉVRIER

SALON DE L'AGRICULTURE
(Paris)

© PHOTOFORT 77 - SHUTTERSTOCK.COM

C'est la plus grande ferme de France qui vous donne rendez-vous Porte de Versailles : on y découvre, on y mange, on y rencontre !

MARS

HARMONIE MUTUELLE SEMI DE PARIS
(Paris)
Un mois avant son grand frère, le Marathon, le semi de Paris est un objectif pour les uns, un entraînement pour les autres.

JUILLET

LOLLAPALOOZA
(Paris)
Venu des Etats-Unis, ce festival a réussi en seulement cinq ans à devenir un incontournable du paysage festivalier hexagonal.

JAPAN EXPO
(Villepinte)
Des milliers de visiteurs, dont nombreux sont déguisés, convergent vers la banlieue nord pour découvrir cette enclave japonaise.

AOÛT

ROCK EN SEINE
(Saint-Cloud)
Direction Saint-Cloud pour un festival dans un cadre incroyable : du rock mais pas seulement, avec beaucoup de têtes d'affiche !

PARIS-PLAGES
(Paris)

© JACKY D - SHUTTERSTOCK.COM

Ce rendez-vous balnéaire s'est étendu vers le nord, et a gagné en propositions ludiques : c'est l'immanquable estival de Paris.

SEPTEMBRE

JOURNÉES EUROPÉENNES DU PATRIMOINE
(Paris)
Découvrir ou redécouvrir la ville à l'occasion d'un week-end qui, à Paris et en Europe, vous ouvre (presque) toutes les portes !

TECHNO PARADE
(Paris)
Tout est dans le nom : de la techno et un défilé bon enfant, chaque année à Paris depuis un quart de siècle. Succès immuable !

Que faire à Paris ? Si la question peut sembler saugrenue, c'est parce qu'elle pourrait inclure l'idée selon laquelle il n'y aurait pas suffisamment à faire. C'est tout l'inverse : face à un tel choix, comment faire le bon ? Dans ce cadre, notre agenda n'est pas une mince affaire à réaliser : vous y trouverez pourtant de quoi vous occuper, selon bien évidemment la période à laquelle vous êtes ici, mais aussi selon vos envies. Les sportifs disposeront ainsi des informations nécessaires pour participer au Marathon de Paris, le mythique rendez-vous du début du mois d'avril, ainsi que pour la Coupe du Monde de rugby en octobre, les festivals ne sont pas en reste avec Rock en Seine, Lollapalooza ou l'Hyper Weekend Festival, et enfin les amateurs de jeux et de culture seront comblés. Alors, à vos agendas !

AVRIL

SCHNEIDER ELECTRIC MARATHON DE PARIS
(Paris)

© SNAPTITUDE - STOCK.ADOBE.COM

L'épreuve-reine de chaque coureur dans un décor de rêve, avec un départ sur les Champs-Elysées et un parcours magnifique.

MAI

LA NUIT DES MUSEES
(Paris)

C'est beau un musée la nuit : pour vous en convaincre, tenter l'expérience «Nuit des musées», c'est aborder l'art différemment.

FESTIVAL LE PRINTEMPS DES RUES
(Paris)

Pendant 3 jours, le Nord-Est parisien vous propose des dizaines de rendez-vous artistiques, pour découvrir et même vous initier.

JUIN

NUIT BLANCHE
(Paris)

Changement de date cette année : la Nuit Blanche migre vers juin, gagnant au passage des degrés, et quelques heures de soleil !

WE LOVE GREEN
(Paris)

Un festival de musique qui n'est pas que cela : responsable côté écolo, il compte des actions de sensibilisation en la matière.

OCTOBRE

COUPE DU MONDE DE RUGBY
(Paris)

Il s'agira du grand rendez-vous sportif de l'automne : la France accueillera le plus grand événement mondial de l'ovalie !

MAMA FESTIVAL
(Paris)

De la musique, des conférences et des rencontres autour de la musique et des principaux lieux culturels du 18e arrondissement !

NOVEMBRE

PARIS GAMES WEEK
(Paris)

Les gamers se comptent par centaines de milliers pour le plus grand rendez-vous français en la matière : une foire du jeu vidéo.

SALON DES PRODUITS MADE IN FRANCE
(Paris)

Il est bien difficile de repartir sans un objet de cet événement qui met à l'honneur uniquement les productions françaises.

DÉCEMBRE

LES ILLUMINATIONS DE NOËL
(Paris)

© SLOWMOTIONGLI - ISTOCKPHOTO.COM

Paris pendant les fêtes de fin d'année, c'est tout un spectacle : la ville se pare de ses plus belles lumières, la féerie est là.

LES ÉCO-RESPONSABLES

Vivre à Paris, c'est aussi souvent avoir une conscience de plus en plus aiguë des soucis d'environnement. Car oui, on adore Paris, on est loin de l'amour vache, mais parfois on a envie de s'investir. Cette rubrique, toute nouvelle pour cette édition 2023 du guide et de son magazine, a pour but non pas de donner des leçons - beaucoup s'en chargent - mais de vous donner quelques idées. Ainsi, vous saurez comment découvrir la capitale par le prisme de la nature (oui, c'est possible !), comment réparer et faire réparer vos appareils et aussi réduire vos déchets, découvrir des ateliers pour réaliser vous-même de menues réparations (tout en faisant des économies) et même dormir à Paris dans une vraie auberge de jeunesse, aux tarifs avantageux et loin des standards de la surconsommation !

LES ATELIERS WECANDOO

YES WE CAN !

L'idée est simple, mais efficace : fabriquer ou concevoir soi-même de manière artisanale, aidé par un artisan. Tel est le principe de Wecandoo, un service aux mille possibilités. Partout en France, des savoir-faire sont à portée de clic : réaliser un vase, souffler votre service de verre, réaliser un bouquet ou réaliser vos vêtements comptent parmi les milliers de possibilités. ▶▶ *Page 275*

© WECANDO

© LAURENT GUIGNON

ECOLO TOUR PARIS

LA VILLE EN VERT

Laurent Guignon a un but : vous faire découvrir Paris comme personne d'autre. Pour y arriver, ce dernier, par conviction et par passion, a décidé de vous guider dans la capitale par le prisme de l'écologie. Son «Ecolo-tour», au gré d'une balade dans Paris, vous donnera à apprécier la biodiversité de la ville, les jardins partagés et autres ressourceries : une manière différente de voir la ville. ▶▶ *Page 63*

© EMMANUEL GRELAT

AUBERGE DE JEUNESSE YVES ROBERT

LE PLUS ÉCONOMIQUE DES HÉBERGEMENTS

Solution économique et écologique, accessible à tous, l'auberge de jeunesse Yves Robert est située sur l'esplanade Pajol (18e). C'est l'une des plus vastes et modernes de la capitale. Pas de chambre individuelle avec climatisation ici, mais des hébergements à plusieurs, pour des tarifs extrêmement faibles. Le petit-déjeuner, pris en commun, est lui aussi excellent. ▶▶ Page 87

© MDLP - VILLE DE BOULOGNE-BILLANCOURT

LA MAISON DE LA PLANÈTE

POUR SENSIBILISER ET RÉPARER.

Près de 1 500 m² entièrement dédiés à l'écologie : tel est le principe de la Maison de la planète à Boulogne-Billancourt. Disposés autour d'une cour végétalisée, les lieux comptent une recyclerie sportive, un lieu d'exposition et un autre de réparation de vélos, et un vaste espace de découverte qui permet aux scolaires (et pas seulement) d'en savoir encore davantage. ▶▶ Page 65

© DR

LA LESSIVE DE PARIS

UNE SAINE LESSIVE À PARIS

Elle est composée de produits sains, fabriquée et élaborée sur place à Paris (dans le 18e), conditionnée dans des bouteilles en verre consignées, et peut être retirée sur place, ou livrée à vélo : c'est la lessive de Paris ! Contrairement à bien des idées reçues, la lessive classique nettoie, certes, mais contient de nombreux polluants. Or ici on prend soin de ses vêtements et de l'environnement. ▶▶ Page 181

© TARIK YAÏCI

LE LABO

RÉPARER ET PRÉSERVER

Permettre aux citoyens de trouver des idées concrètes pour orienter leur mode de vie vers davantage d'écoresponsabilité et de solidarité : tel est le credo du Labo. Dans ce bâtiment de bois, lui-même totalement responsable, vous pouvez vous procurer ou réparer des objets électroménagers et assister à de nombreux ateliers vous permettant d'en savoir davantage. Des visites sont également organisées.

© ADRIEN ROUX

L'ATELIER DE LA RECYCLERIE

LES BONS PLANS DE RENÉ

La Recyclerie de la Porte de Clignancourt, ferme urbaine et lieu de restauration, compte aussi un lieu appelé l'Atelier de René. Ici, des pros du bricolage vous apprennent comment donner une seconde vie à vos objets et vous pouvez même en créer de nouveaux. Fini l'obsolescence, bonjour les économies ! ▶▶ *Page 134*

© DR

LES CARRÉS PARISIENS

SES PROPRES CULTURES À PARIS

On parle souvent des jardins ouvriers, et c'est un peu le même principe, en version parisienne : du côté de la Porte de Versailles, sur le toit de l'un de ses immenses espaces, se trouvent plusieurs milliers de mètres carrés dédiés. Ce sont ainsi 156 potagers urbains, appelés « Carrés parisiens », qui sont ici proposés à la location. Rassurez-vous : l'équipe en place vous guide pour vos premiers pas !

© MARCO_PIUNTI - ISTOCKPHOTO.COM

MA RESSOURCERIE

CULTURE, VÊTEMENTS ET OBJETS

Elle se veut associative et solidaire, et ses objectifs sont pleinement atteints ! Ma Ressourcerie, située dans le 13e arrondissement, est une véritable caverne d'Ali Baba, où des objets de seconde main à moindre coût vous sont proposés : des livres par milliers, des vêtements, des objets de décoration, de la vaisselle... Vous pouvez acheter ou donner, et des ateliers créatifs sont aussi proposés !

© MARY-LOU MAURICIO

LA FRESQUE DU CLIMAT

ELABORER ET PRENDRE CONSCIENCE

Mobiliser le plus grand nombre sur la thématique du réchauffement climatique : c'est le principe de la Fresque du Climat. Original, cet atelier collaboratif dure 3 heures. Vous réalisez ainsi une véritable fresque à partir de 42 cartes, que vous customisez ensuite. Enfin, place à la dernière étape : le *debriefing*. Ce moment est unique, la prise de conscience maximale.

LES PERSONNALITÉS

Loin de sentiers battus et des personnalités convenues, Paris regorge de talents qui font bouger - et encore davantage aimer - la ville. Ces personnes, représentatives de ce qui fait émerger de nouvelles manières de vivre Paris, sont des passionnées. Les rencontrer et partager avec elles sont en soi de petits moments hors du temps, que l'on ne peut pas ne pas vous faire profiter. Vous découvrirez ainsi comment certains se mobilisent pour faire émerger l'agriculture urbaine - sujet ô combien important aujourd'hui, alors que le Parisien rêve souvent d'un peu de verdure - ou comment, à la seule force de la volonté, d'autres arrivent à transformer une belle idée solidaire en réseau de boulangeries solidaires, permettant l'inclusion par le travail. Ce ne sont que quelques exemples : bonnes découvertes !

© NINA GOUZE

OPHÉLIE DAMBLÉ

Ophélie Damblé est « Ta mère Nature », l'une des figures de l'agriculture urbaine. Bien connue sur les réseaux sociaux, où ses vidéos pleines d'humour font mouche, c'est à la Cité Fertile de Pantin qu'elle produit des plans comestibles, que chacun peut cultiver, et y anime des ateliers. Prolifique, elle sensibilise également les jeunes via plusieurs ouvrages dont *Bye bye béton*, le petit dernier !

© VINCENT BLOCQUAUX

DOMITILLE FLICHY

L'INSERTION PAR LA BOULANGERIE

Aider une population défavorisée à sortir de la précarité et l'accompagner à s'insérer professionnellement : tel est l'engagement de Domitille Flichy, fondatrice de Farinez-Vous, un réseau de boulangeries lancé en 2009, qui compte trois enseignes et une école de formation. Les produits sont excellents, et les personnes réinsérées disposent ici d'un véritable contrat de travail : pari réussi !

▶▶ *Page 180*

© FANNY DION

CYRIL DION

AGIR POUR CHANGER

Écrivain, réalisateur et militant écologiste, Cyril Dion estime que la mobilisation collective est impérative, et considère qu'à l'échelle de l'individu, privilégier le vélo ou la marche ou faire le choix d'une alimentation de saison et végétale sont nécessaires. Son coup de cœur parisien ? La librairie des Abbesses est « une belle librairie de quartier ». Cyril Dion n'a pas fini de nous sensibiliser !

© DR

BAPTISTE LECAPLAIN

THE JOKE, SON COSY COMEDY CLUB !

Ouvert en avril dernier, The Joke renouvelle le genre du Comedy Club. Lancé par l'humoriste Baptiste Lecaplain, l'endroit, au cœur de Paris, est intimiste et élégant, bien différent d'autres lieux. Les artistes, regroupés par thématiques (des débutants, via le Crash Test, jusqu'aux confirmés, via le Hall of Fame), bénéficient aussi de conditions optimales : The Joke, c'est du gagnant-gagnant !

▶▶ *Page 207*

© SUPER FLACON

HUBERT MICHAUX

DE LA LESSIVE SAINE À PARIS

C'est en découvrant la faible valeur écologique des lessives qu'Hubert Michaux a décidé de lancer la Lessive de Paris : élaborée dans le 18e avec des produits sains, elle est livrée à vélo dans des bouteilles en verre consignées. « Nous avons voulu créer un produit bas carbone à prix compétitif » explique le fondateur, qui a développé également du gel vaisselle : le pari est entièrement réussi !

▶▶ *Page 181*

LES RESTAURANTS

Capitale de la gastronomie, Paris ne manque évidemment pas de propositions en la matière. Si le guide que vous tenez entre vos mains vous donne à découvrir de très nombreux établissements selon les arrondissements et les types de proposition qu'ils vous proposent, vous trouverez ici nos dix coups de cœur. Ici, vous allez dîner en prenant de l'altitude, disposer de l'essentiel pour savoir où vous rendre entre amis et savourer des cocktails et des tapas dans le cœur de Paris, découvrir des sushis végétaliens ou vous rendre dans les *food courts* les plus *hype* de la capitale. Dûment testés, évidemment validés par l'équipe, ils sont à l'image de la scène culinaire de la capitale mondiale en la matière. Ici, on anticipe, et on n'oubliera surtout pas de réserver avant de s'y rendre. Bon appétit !

LES ROUTIERS

PETITE FAIM S'ABSTENIR

Il s'agit du dernier véritable restaurant routier de la capitale. Cette adresse, que les initiés se refilent sous le manteau, est une véritable institution du quartier de la Chapelle. Un décor que l'on croirait sorti d'un film des années 1950, et une carte proposant des standards et des plats tout aussi traditionnels mais totalement oubliés. Et puis, la taille des plats : de quoi rassasier une armée. ▶▶ *Page 116*

© GUILLAUME EUSTACHE

© THETRAVELBUDS

DALIA

ON MANGE, ON DANSE

Ce lieu est destiné aux amateurs de gastronomie moyen-orientale, mais aussi de soirées festives. Car Chez Dalia, les deux vont souvent ensemble. Non seulement les plats – souvent à partager – sont excellents, et constituent un dépaysement à eux seuls, mais de plus, une fois l'heure du repas passée, l'ambiance musicale prend le dessus, on pousse les tables et on danse : on vient bien sûr ici entre amis. ▶▶ *Page 136*

© JEROME GALLAND

TOO TAC TAC

PRENEZ DE LA HAUTEUR

L'un des plus hauts perchés des restaurants de la capitale. En haut de l'une des tours Duo, implantées à l'extrémité de l'avenue de France, se trouve Too, à 120 m d'altitude. Hôtel et bar, le lieux est également un chouette restaurant. Évidemment, le spectacle est constitué par la vue, mais les assiettes devraient également vous plaire : les saveurs lointaines sont une invitation au voyage.

▶▶ Page 199

© STUDIO SLURP

FOOD SOCIETY

LE NOUVEAU FOOD COURT PARISIEN

Rendez-vous aux Ateliers Gaîté : c'est ici que Food Society a pris récemment ses quartiers. Sur 3 500 m², vous trouvez ici quinze stands de *street-food* variés. Les propositions culinaires sont réalisées ici à base de bons produits, et se déclinent selon la gastronomie hexagonale (dans sa diversité), asiatique ou encore méditerranéenne. Les succès est déjà au rendez-vous, l'idéal entre amis.

▶▶ Page 153

© FRANCIS AMIAND

CARMONA

CAP SUR L'ANDALOUSIE

Une enclave andalouse dans le très chic XVIᵉ arrondissement : tel est Carmona qui, sous la houlette du jeune chef, renouvelle le genre habituellement proposé par les établissements ibériques. La vaste carte vous propose des plats traditionnels revisités : une vraie réussite. Le lieu, chaleureux, cosy et décoré de coquillages, propose également de très nombreux cocktails qui réalisent un sans-faute.

▶▶ Page 142

© HOBA

HOBA

BON, SAIN ET DIVERS

C'est la mode *food court* à Paris, et cette rubrique en méritait bien un second. Car c'est dans le parc Martin-Luther-King, aux Batignolles, que vous découvrez Hoba, dont le credo est l'alimentation durable. Vous naviguez ici entre plusieurs propositions culinaires et constituez votre repas au gré de vos envies. Une manière originale de découvrir en mangeant bon et sain, et déjà un grand succès.

▶▶ Page 133

© FOOD2VOUS

BONHOMME

EN SUIVANT LES SAISONS

C'est l'histoire d'une amitié qui débouche sur l'un des meilleurs restaurants du Xe arrondissement. Ce bonhomme ne manque en effet pas d'atouts, et les propositions bistronomiques s'enchaînent avec un credo diablement efficace : une carte écoresponsable et des produits uniquement de saison. Ajouter à cela la maestria qui officie en cuisine et vous tenez là une belle table : réservation recommandée. ▶▶ Page 94

© ANTOINE KRALIK

BLOOM

DES SUSHIS DIFFÉRENTS

Une manière bien différente de savourer les sushis. Hors des sentiers battus – et parfois bien regrettables – et des chaînes qui ont poussé à mesure que le succès des sushis grandissait en France, Bloom renouvelle l'exercice en proposant des produits uniquement végétaliens. Le restaurant, qui suit une première déclinaison au Canada, rencontre un grand succès : c'est bon, sain et assurément différent. ▶▶ Page 148

© NOUILLES CEINTURES

NOUILLES CEINTURES

DES NOUILLES PAS COMME LES AUTRES

Il faut bien ouvrir l'œil pour ne pas manquer cet original petit endroit. Ici, c'est le royaume de la nouille chinoise, mais attention, pas n'importe laquelle : il s'agit de celle de la ville de Xi'an, réalisée à base de farine de froment et bien plus large que celles habituellement vues. Les nouilles sont accompagnées de soupe ou de viande, selon vos demandes. L'expérience est très concluante !
▶▶ Page 146

© RONAN LE MAY

LA NOCERIA

ESPAGNOL, CHIC ET FESTIF

C'est l'un des derniers-nés de la scène gastronomique parisienne, et ce restaurant a mis la barre très haut. On passe ici les Pyrénées pour retrouver une carte espagnole réalisée avec une maestria indiscutable. Le lieu, splendide, est chic jusque dans les moindres détails. C'est aussi un endroit de soirées entre amis, autour d'une belle proposition de cocktails réalisés là aussi avec talent.
▶▶ Page 136

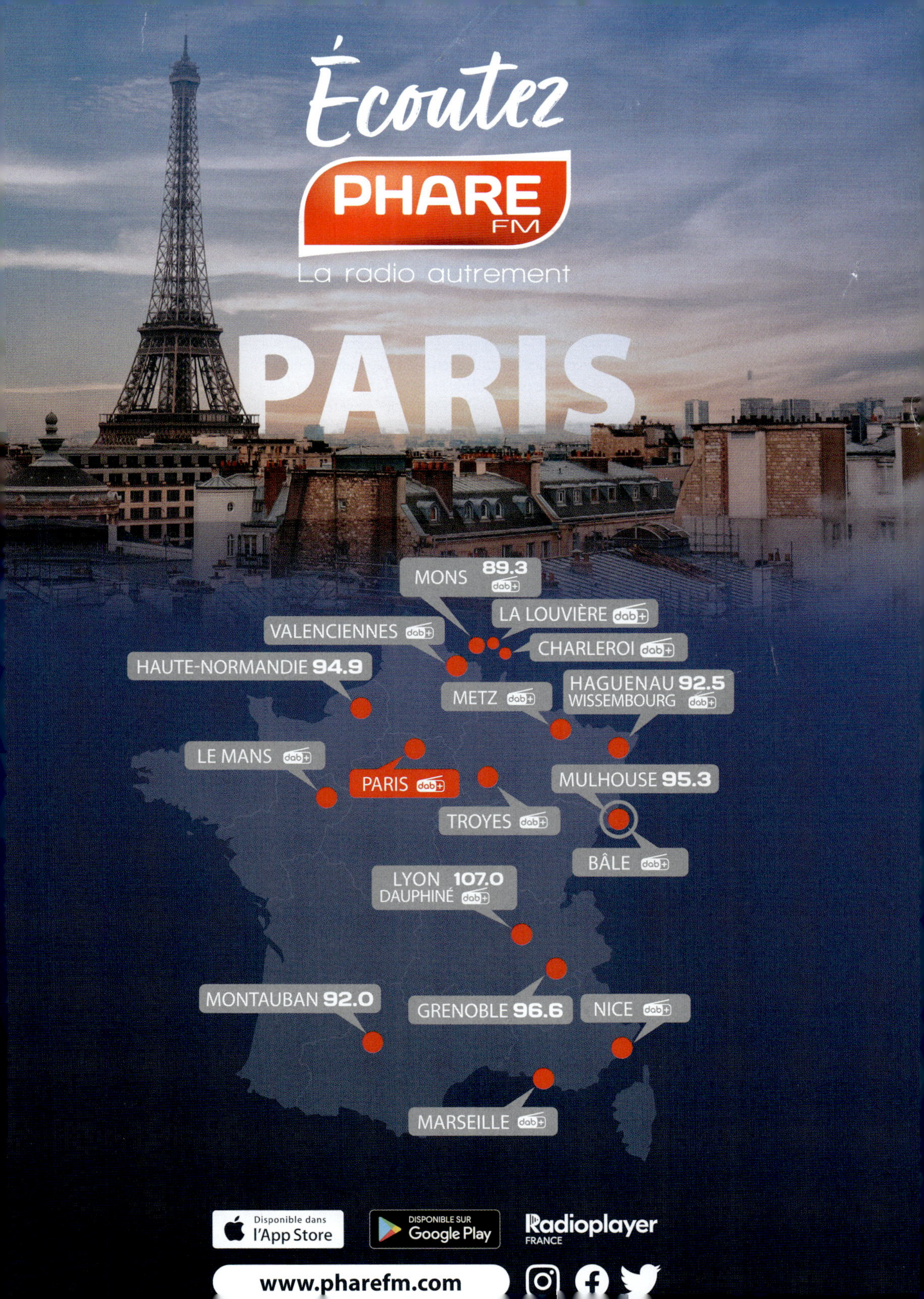
Écoutez
PHARE FM
La radio autrement
PARIS
MONS 89.3 dab+
LA LOUVIÈRE dab+
VALENCIENNES dab+
CHARLEROI dab+
HAUTE-NORMANDIE 94.9
METZ dab+
HAGUENAU 92.5
WISSEMBOURG dab+
LE MANS dab+
PARIS dab+
MULHOUSE 95.3
TROYES dab+
BÂLE dab+
LYON 107.0
DAUPHINÉ dab+
MONTAUBAN 92.0
GRENOBLE 96.6
NICE dab+
MARSEILLE dab+
Disponible dans l'App Store
DISPONIBLE SUR Google Play
Radioplayer FRANCE
www.pharefm.com

LES ACTEURS DU BIEN-ÊTRE

C'est la quête quotidienne – ou presque – de chaque parisien : comment se défouler, se reposer ou se détendre dans un quotidien parfois stressant ? Voici venir notre sélection dédiée au bien-être, notion ô combien personnelle s'il en est ! En effet, pour certains, le bien-être passe par un défoulement à l'excès : terminées les séances classiques en salle, nous vous proposons ici de faire du vélo dans le noir, et en musique. Pour se détendre, le CBD – qui n'est pas que le produit que chacun connaît – mélangé au cacao est le mix dédié pour un massage inédit. Participer à une véritable cérémonie du thé, pratiquer le yoga en musique ou encore faire une sieste salvatrice express dans un endroit conçu pour, telles sont les possibilités ouvertes à vos envies de bien-être ici : alors profitez-en !

© DYNAMO CYCLING

DYNAMO CYCLING

LE NOIR, LA MUSIQUE ET VOUS

On a cru qu'il ne s'agissait que d'une mode, mais le succès ne se dément pas. Le principe est simple : dans le noir le plus complet, encadré par des coachs survitaminés, vous pédalez aux sons de musique très rythmées. Bilan : des calories perdues par centaines, une ambiance unique, et l'expérience de Dynamo Cycling, qui compte 8 espaces à Paris et en région, et vous propose différentes formules. ▶▶ *Page 266*

© ALEXANDRA MOCANU

MIRZ YOGA

YOGA EN MUSIQUE

Entre sport, détente et concentration nécessaire, le yoga ne cesse de se réinventer. Ainsi Mirz Yoga vous invite à (re) découvrir la discipline aux sons du R&B. Si l'aspect spirituel de la discipline reste, ce sont les mouvements initialement statiques qui évoluent pour vous faire vivre ces derniers selon de légères ondulations qui changent tout ! Dûment encadrés par Marine, beaucoup sont déjà accros.

▶▶ *Page 254*

© JUGETSUDO BY MARUYAMA NORI

JUGETSUDO

LE THÉ A SA CÉRÉMONIE

Vous êtes amateur de thé, qui vous consommez régulièrement, et souhaitez en connaître davantage ? C'est chez Jugetsudo, du côté de Saint-Germain-des-Près, que ça se passe ! Toutes les deux semaines environ, l'équipe vous accueille pour vivre une véritable « cérémonie matcha » : après dégustation du thé et d'une pâtisserie, vous suivez la préparation, en petit groupe. Ludique et terriblement apaisant.

▶▶ *Page 185*

© SOPHIA VAN DEN HOEK

HÔTEL HOY

CACAO + CBD = MASSAGE UNIQUE

Une possibilité unique et inattendue : celle de se faire masser non pas avec des huiles, mais avec du cacao et du CBD. Pour découvrir cette sensation unique, il faut prendre la direction de l'hôtel Hoy, un hôtel unique dédié au bien-être. Après une dégustation, place au massage en lui-même exécuté selon un protocole de douceur et de professionnalisme en 90 minutes. Et les sensations sont uniques.

▶▶ *Page 83*

© ALBERTO COPPOLA

ZEN BAR

LA SIESTE, CE BOOSTER

Pour beaucoup, une courte sieste en milieu de journée suffit à recharger les batteries pou le reste de la journée. C'est ainsi que ce bar à sieste a tout naturellement trouvé sa voie. Situé dans le cœur de la capitale, il vous invite à prendre place dans de confortables fauteuils, le temps de plonger dans vos songes, et de repartir du bon pied. Des propositions de massage complètent l'offre.

▶▶ *Page 253*

LES GRAINES DE VAINQUEUR

Vous rejetez les sentiers battus et souhaitez découvrir des petites pépites qui vous agrémenter votre quotidien ? Voici notre sélection, judicieusement appelée «Graines de vainqueurs». Graines, car ce sont des idées mise en place depuis peu, et qui ne demandent qu'à éclore, ou bien des valeurs confirmées qui sont encore peu connues. Vainqueurs, car ils nous sont apparus comme étant vraiment différents dans les activités qu'ils vous proposent. Un bar secret derrière une porte cachée, une boulangerie bio qui renouvelle l'exercice, un spiritueux originaire d'Asie élaboré dans la capitale, une confiserie ancestrale, un studio qui vous apprend à réaliser vos oeuvres de street-art... la liste est longue ! Le mieux est encore de découvrir ces chouettes vainqueurs ci-après ! Bonnes découvertes !

« OH OUI » !

SUCCOMBEZ À LA TENTATION

Enfin, on va pouvoir aller dans une pâtisserie la conscience tranquille ! Oh oui (c'est son nom !) propose en effet des créations en la matière qui sont dépourvues de sucre blanc. Pour arriver à ce résultat, Delphine et Fanny ont élaboré avec l'institut Pasteur de Lille des recettes avec des additifs d'origine naturelle. On peut donc se laisser tenter par les cookies, entremets et autres cheesecakes. ▶▶ *Page 175*

© THOMAS REKA

© JEAN FREDDY CAKPO

WAKAZE

DU SAKÉ À LA FRANÇAISE

Il s'agit d'une marque de saké... française ! Le spiritueux japonais, qui connaît une montée en puissance en France ces dernières années, compte une déclinaison hexagonale ! Elle s'appelle Wakaze, est élaborée ici dans la plus pure tradition, et correspond aux strictes normes du lointain pays. Encore plus fort, l'enseigne compte également un restaurant dans le 5e, proposant des accords mets-saké ! ▶▶ *Page 145*

© LES PETITES CANTINES

LES PETITES CANTINES

MANGER ET CRÉER DU LIEN

Si le collaboratif avait bien une définition parfaite, ça serait celle-ci : Les Petites Cantines, c'est en effet un concept où chacun à un rôle ! On peut ainsi venir ici cuisiner, faire la vaisselle ou simplement prendre un repas. Les rencontres se font par dizaines autour de grandes tablées, le prix du repas est libre et on savoure des repas réalisés à base, vous l'aurez compris, de bons produits.

▸▸ *Page 132*

© GUILLAUME BELVÈZE

CANDELARIA

UN SECRET BIEN CACHÉ

Un bar cosy qui cache un secret. Candelaria, dans l'est du Marais, est un bar cosy avec poutres au plafond, dans lequel tapas et chouettes cocktails sont à la carte. Mais c'est à l'extrémité du bar que se trouve une petite et discrète porte. Derrière celle-ci, une incroyable pièce, sorte de grotte en plein Paris. Introuvable pour les non-initiés, celle-ci vous invite à savourer d'autres cocktails.

▸▸ *Page 204*

© GRAFFITIPARIS_2022

GRAFFITI PARIS

STREET-ART POUR TOUS

Puisque le street-art est décidément un art à part entière, c'est tout naturellement que vous pouvez désormais prendre des cours pour vous perfectionner en la matière. Ainsi Graffiti Paris, une agence de création spécialiste en la matière, vous invite à apprendre à réaliser vos premières œuvres. Tout est fourni, laissez-vous guider tout en prenant un verre : l'apéro est compris – convivial !

© ALEXANDRE GUIRKINGER

LA MÈRE DE FAMILLE

UN CONFISERIE ANCESTRALE

Cette confiserie immuable est le vaisseau amiral d'une enseigne qui a connu de nombreuses ouvertures. Si vous venez à la Mère de Famille, il vous faudra d'abord et avant tout visiter la boutique située rue du Faubourg-Montmartre. Derrière la devanture de bois, des centaines de confiseries sont exposées : un spectacle en soi, similaire à celui qui s'offrait lors de l'ouverture des lieux, en 1761.

▸▸ *Page 175*

COUPS DE CŒUR TOP 10

© DMITR1CH - ISTOCKPHOTO.COM

© MÉLANIE RÉVIL

ECOLE VALRHONA

L'EXCELLENCE CHOCOLATIÈRE

Vous cherchez des cours pour réaliser vos pâtisseries, mais vous ciblez l'excellence de l'apprentissage ? En mai dernier, le chocolatier Valrhona a ouvert sa toute dernière école, après celles de New York et Tokyo, notamment. Toute l'année, près de 30 stages (d'une durée moyenne d'une semaine) sont ainsi proposés. Encadrés par les meilleurs chefs, plus rien (ou presque) n'aura de secrets pour vous.

▶▶ *Page 219*

NATURALE

UNE FOCACCIA HORS PAIR

La focaccia qui réinvente la focaccia : Naturale, dans le 10e arrondissement, n'usurpe pas sa réputation. Les trois amis associés proposent ces sandwichs originaires de la botte italienne, et dont le levain est fabriqué par eux dans la plus pure tradition. Ajouter à cela des garnitures issues de produits venus directement des meilleurs producteurs italiens, ainsi que de jolis desserts : bon appétit !

▶▶ *Page 156*

© ELEONORE GROUX PHOTOGRAPHIE

© BOULANGERIE MIETTES

POISSONNERIE VIOT

DU POISSON SANS GLACE

Une poissonnerie excellente et innovante : c'est le credo de la maison Viot, dans le chic quartier de l'Odéon, au marché Saint-Germain. La raison ? Elle a en effet décidé de conserver son poisson sans le moindre gramme de glace ! La durée de conservation s'allonge, les goûts sont renforcés, et l'eau de la glace ne charrie plus de microbes. Une initiative saluée par le prix du goût d'entreprendre !

▶▶ *Page 163*

BOULANGERIE MIETTES

DU BIO, TEL EST LE CRÉDO

Cette toute nouvelle boulangerie a fait le choix de s'implanter au cœur du quartier de la Chapelle, et plus précisément face au marché de l'Olive, dans la rue du même nom. Le concept tient en un mot : bio. Car Miettes, ce sont des pains et des viennoiseries, évidemment élaborés sur place, mais d'abord et avant tout avec des produits soigneusement sourcés, et dont les saveurs sont indiscutables.

▶▶ *Page 177*

VERSION NUMÉRIQUE
OFFERTE
Obtenez votre guide numérique en scannant le QR code
ou rendez-vous sur le site
www.ebookfute.com
avec le code avantage
6JXSPZ
petit futé
2023/2024
PARIS
OFFRE VALABLE JUSQU'À L'ARRÊT DE COMMERCIALISATION DU TITRE EN FRANCE MÉTROPOLITAINE ET DANS LE MONDE ET SOUS RÉSERVE QUE LE NOMBRE DE TÉLÉCHARGEMENTS SOIT INFÉRIEUR OU ÉGAL AU NOMBRE D'EXEMPLAIRES DE GUIDES PAPIER IMPRIMÉS. FORMATS DISPONIBLES POUR SMARTPHONES, TABLETTES, LISEUSES ET ORDINATEURS PC OU MAC.

JE VISITE MA VILLE

Certains viennent à Paris avec un objectif bien précis. D'autres aiment à se laisser porter par l'atmosphère unique de la Ville lumière. Dans les deux cas, un impératif : s'organiser ! Cette partie de votre guide, pratique et informative, vous aidera autant que possible. Des envies d'hébergement à moindre coût, insolite ou encore dans un quartier à la mode ? Nos auteurs ont arpenté les moindres recoins de la capitale pour vous proposer les meilleurs plans. Des envies de visites guidées, de festivals, d'expositions comme seule la ville sait en offrir ? Par arrondissement, vous trouverez ici de quoi largement occuper votre agenda parisien. Vous êtes avec des enfants, peut-être un peu perdus face à la multitude des possibilités qui leurs sont offertes, et avec l'envie de leur faire plaisir ? Les petits – pour lesquels la capitale est souvent un grand terrain de découverte – ont ici une rubrique dédiée. Balades ou divertissements, hébergements ou aides, agenda : visiter la ville ne peut que se concevoir l'esprit libre de toute contrainte d'organisation : on est justement là pour ça !

VOTRE GUIDE DEVIENT INTERACTIF

TAPEZ **PETITFUTE.APP** DANS LE NAVIGATEUR DE VOTRE SMARTPHONE.

PRENEZ UNE PHOTO DE LA PAGE DÈS QU'ELLE A CE PICTO !

CULTURE

FESTIVAL FNAC LIVE

Place de l'Hôtel de Ville (1er)
M° Hôtel de Ville.
Fin juin. Gratuit.

Après plusieurs éditions annulées pour cause de pandémie, le Fnac Festival a fait son grand retour en 2022 sous sa forme initiale. Moment fort culturel du début de l'été à Paris, il se déroule sur le parvis de l'Hôtel de Ville, fin juin, de la fin de l'après-midi jusque minuit. En contrebas, les bords de la Seine vous offrent une chouette alternative pour vous dégourdir les jambes entre deux concerts. Parmi les noms qui ont illustré la précédente édition, Pierre de Maere, Aloïse Sauvage, YouvDee et bien d'autres encore ont fait danser les milliers de festivaliers présents sur place. Gageons que le cru 2023 sera au moins aussi réussi ! L'ensemble est entièrement gratuit.

CULTURE

LOLLAPALOOZA

2, route des Tribunes (16e)
www.lollaparis.com
Prochaine édition les 21, 22 et 23 juillet 2023. Pass 1 jour : 79 €. Pass 2 jours : 139 €.

Depuis 5 ans, ce festival venu tout droit de Chicago investit les pelouses de l'hippodrome de Longchamp en juillet. Chaque année, de plus en plus de festivaliers viennent pour découvrir sa programmation alléchante, Pearl Jam et Imagine Dragons pour l'édition 2022, autant dire que l'ambiance était au rendez-vous ! En plus des concerts, vous retrouverez ici plusieurs espaces bien délimités, et qui constituent l'originalité du festival : des associations et stands de sensibilisation aux questions environnementales, un food market avec des plats de grands chefs revisités en street food et des animations pour les plus jeunes. Attention, les tickets sont pris d'assaut, donc faites vite !

CULTURE

FESTIVAL PARIS PARADIS

Porte de la Villette (19e)
M° Porte de la Villette.
www.leparisien.fr/parisparadis
Sur trois jours en septembre.

Evénement mis en place par le quotidien Le Parisien, le festival Paris Paradis se déroule dans le parc de la Villette. Pendant trois jours, en septembre, différentes scènes accueillent des événements variés et éclectiques : des performances diverses, des ateliers, des rencontres et, évidemment, de la musique. A l'affiche l'année dernière ? M, Patrick Bruel, Peter Doherty, Charly Winston, Alex Vizorek, Thomas VDB... En résumé, on s'esclaffe avec des humoristes, on danse pendant des concerts, on apprend à se ressourcer, et les enfants ne sont pas oubliés avec des ateliers dédiés. Gageons que l'édition 2023, dont la préparation est en cours, sera tout aussi réussie !

CULTURE

NUIT BLANCHE

En différents lieux de Paris et banlieue
www.paris.fr/nuitblanche
Changement de date en 2023, la Nuit Blanche aura lieu en juin.

Une fois l'an, la nuit de Paris devient encore plus festive avec des lieux ouverts au public jusqu'au petit matin : on déambule facilement dans la capitale avec des moyens de transport exceptionnellement à disposition. On plonge dans l'art contemporain décalé et populaire. C'est l'occasion rêvée, les yeux ouverts, d'investir des lieux emblématiques, insolites ou méconnus de la capitale pour découvrir les créations de plasticiens, scénographes ou musiciens du monde entier. Artistes, collectifs et étudiants mettent en place des centaines de projets artistiques et culturels, mais attention : changement de date, l'édition 2023 aura lieu pour la première fois en juin !

CULTURE

JAPAN EXPO

Parc des expositions Paris-Nord - **VILLEPINTE**
✆ 01 40 68 22 22
www.japan-expo.com
En juillet.

Depuis sa première édition en 1999, Japan Expo regroupe début juillet sur quatre jours tout ce que la culture japonaise a à offrir, de l'artisanat le plus traditionnel à la pop culture en passant par les arts martiaux. Et quel succès ! Près de 250 000 visiteurs se mettent chaque année à la mode nipponne à l'occasion de ce festival. Il faut d'ailleurs le voir pour le croire, dès la sortie du RER, des hordes de cosplays se pressent dans le grand hall pour prendre la pose dans leur déguisement et distribuer à tour de bras des *free hugs* dans une ambiance bon enfant. Parmi les exposants, les éditeurs de mangas, d'animes et de jeux vidéo, un grand choix de boutiques, des fédérations de sports…

CULTURE

NUIT EUROPÉENNE DES MUSÉES

Dans toute la ville (1er)
L'événement est organisé chaque année par le ministère de la Culture. Programme disponible en ligne.

Cet événement marquant de l'année est l'occasion inespérée de découvrir les coulisses de bien des trésors du patrimoine français et de Paris. Au cours de cette nuit magique, les musées et monuments de la ville s'éveillent. Sublimés par des jeux de lumières installés pour l'occasion, ils se découvrent sous un jour nouveau. Ce visage méconnu du grand public apporte son lot de surprises, de découvertes et porte une ambiance assez mystique. De nombreuses animations sont organisées pour l'occasion telles que des balades guidées ou des concerts événements. A ne pas manquer !

CULTURE

PITCHFORK MUSIC FESTIVAL

(19e) - M° Porte de Pantin
https://pitchforkmusicfestival.fr/
En novembre, billetterie ouverte plusieurs mois en amont. Différentes formules tarifaires possibles.

C'est l'un des plus connus et prisés des festivals de musique indépendante – il faut dire qu'il existait déjà sur d'autres territoires, bénéficiant d'une excellente réputation. Pitchfork, dont la 11e édition s'est tenue en novembre pour trois jours de musique non-stop, dans plusieurs lieux parisiens, de la salle Pleyel au Café de la Danse en passant par le Bataclan et même l'église Saint-Eustache. Parmi les têtes d'affiche des dernières éditions : Kam-BU, Denise Chaila, Gabriels, Yay Bey, Jeshi ou Yard Act. Vous avez le choix : opter pour un pass complet, vous donnant accès à tous les concerts, ou choisir l'un de ceux-ci. Il ne vous reste donc plus qu'à profiter !

CULTURE

RENDEZ-VOUS AUX JARDINS

Dans toute la ville (1er)
En juin (3 jours).

Avec cet événement, le ministère de la Culture vous invite à une découverte bucolique et enrichissante, loin de l'agitation frénétique des rues parisiennes. En effet, Le Rendez-vous aux Jardins encourage le public à aller explorer plus de 2 000 jardins publics et privés de la cité, le plus souvent animés par des visites spéciales ou des rencontres, sous un thème changeant chaque année. L'édition 2023 aura pour thème « Les musiques du jardin ». Expositions, tours de chant, lectures, stands, rencontres avec les jardiniers, architectes, paysagistes ou artistes, ces trois jours permettent de se plonger avec curiosité et douceur au sein de ces repaires secrets et fascinants de la capitale.

CULTURE

TASTE OF PARIS

2, Place Joffre (7e) ✆ 01 40 13 48 00
M° La Motte-Piquet - Grenelle.
www.paris.tastefestivals.com
Prochaine édition du 11 au 14 mai 2023.

C'est au Grand Palais éphémère que se tient cet événement food incontournable pour les amoureux de la gastronomie. *Taste*, ce sont des journées de rencontres avec les grands chefs, des discussions ouvertes, des conférences, mais aussi des démonstrations et de vrais moments de partage. Ici, vous pourrez glaner des secrets de chefs sur leurs plats iconiques, partir à la découverte des producteurs, commerçants ou artisans de toute la France (histoire de faire le plein de victuailles), et surtout, vous régaler aux différents stands et repas organisés ! Chaque année, vous pourrez y découvrir les nouvelles tendances culinaires et les acteurs qui font bouger la gastronomie !

EXPOSITION

DESIGN FAIR LES PUCES DU DESIGN

Paris Expo Porte de Versailles (75015) ✆ 01 63 03 95 52
M° Porte de Versailles
www.pucesdudesign.com
Sur trois jours au printemps et en automne.

Créées en 1999, les Puces du Design – devenues Design Fair Paris au printemps 2018 – réunissent depuis vingt ans une sélection d'antiquaires internationaux spécialisés en mobilier, objets déco et mode des années cinquante à 2000. Cette manifestation a lieu deux fois par an : au printemps et en automne. Plus de 70 exposants présentent des pièces connues et incontournables, sans oublier des pièces anonymes qui ne seront peut-être reconnues que demain. 20 000 visiteurs s'y pressent à chaque fois, et le plaisir des yeux est bien celui que l'on assouvit le plus souvent ici !

EXPOSITION

PARIS+ PAR ART BASEL

2, Place Joffre (7e) ✆ 01 40 13 48 00 - M° Champs-Élysées Clemenceau - www.fiacparis.com
Grand évènement du marché de l'art contemporain. En octobre, en remplacement de la FIAC.

Depuis 1974, la FIAC attirait de nombreux visiteurs férus d'art contemporain. Cet événement très attendu a connu un changement majeur pour l'année 2022 puisque son organisation a été attribuée au groupe suisse MCH pour Art Basel. Une référence mondiale : environ deux cents galeries du monde entier sont représentées et proposent un panorama équilibré de l'art moderne, de l'art contemporain et de la création émergente, aux professionnels comme au grand public. Organisée initialement sous la verrière du Grand Palais, elle a pris place depuis 2021 sur le site du Grand Palais éphémère. Peu peuvent acheter, mais beaucoup viennent pour s'émerveiller des trésors mis en lumière lors de l'événement.

EXPOSITION

FOIRE DE PARIS

1, place de la Porte de Versailles (75015) - M° Porte de Versailles
www.foiredeparis.fr
Une dizaine de jours entre fin avril et début mai. Programme disponible en ligne.

La Foire de Paris est l'une des plus grandes manifestations parisiennes avec les salons de l'agriculture et de l'automobile. C'est l'événement festif du printemps, l'occasion de passer un moment convivial et d'échapper à la routine. Avec plus de 3 000 exposants, c'est aussi le rendez-vous idéal pour découvrir en matière d'habitat, de loisir, d'artisanat et de gastronomie, les toutes dernières innovations. Cette vitrine permet aux curieux et aux passionnés de dénicher de nouveaux produits et de découvrir les participants au mythique concours Lépine. On donne la priorité aux produits malins et aux solutions durables, non pas pour consommer plus, mais bien pour consommer mieux.

MUSIQUE
DISQUAIRE DAY

(1er)
www.disquaireday.fr
Événements dans toute la France. Voir la programmation en ligne.

Lancé dans les pays anglo-saxons il y a plus de 15 ans, le Disquaire Day a lieu au printemps chaque année en France. Cette mise en avant de la musique enregistrée se fait sous plusieurs formes le temps d'une journée (ou plus parfois !) : des rendez-vous chez les disquaires, des expos, des promotions sur les vinyles, des concerts d'artistes indépendants, des conférences sur la musique, des exclusivités ou pièces de collection mises en vente... L'accent est mis sur le partage, la passion, la bonne humeur et la fête ! Pour concocter le programme de la journée, rendez-vous sur le site où vous retrouverez les disquaires participants, les événements organisés et toutes les informations pratiques.

MUSIQUE
PARIS JAZZ FESTIVAL

Parc Floral de Paris (75012) ✆ 01 48 76 83 01 - RER A et M° Château de Vincennes - www.festivalsduparcfloral.paris
De fin juin à début septembre. Tarif : 30 €, réduit 19 €, super réduit 13 €.

Chaque année, depuis plus de 25 ans, le bois de Vincennes sert de décor à un sublime festival de jazz. Le rendez-vous se déroule l'été dans le verdoyant Parc Floral où les amateurs comme les spécialistes se pressent pour assister au mariage parfait de la musique et de la nature. Ce festival est l'occasion de découvrir de nombreux artistes de talent et d'initier le grand public au jazz, aux sonorités afro-américaines et à la musique du monde. Les places sont généralement prisées, aussi on vous invite à ne pas traîner avant de prendre la vôtre, sur les plateformes habituellement dédiées. Sont passés là : Wynton Marsalis, Stacey Kent, Ahmad Jamal, Erik Truffaz et bien d'autres génies du jazz.

MUSIQUE
FESTIVAL VOIX SUR BERGES

Sur les berges du canal Saint-Martin (10e) ✆ 01 48 03 33 22
M° Jacques Bonsergent, Château-Landon, Goncourt, République, Colonel Fabien ou Louis Blanc. - www.voixsurberges.com
Chaque dernier dimanche du mois de juin. Gratuit.

Certaines ferment – le long de la Seine – mais d'autres restent ! Car ces Voix sur Berges sont bien éternelles ! Le temps d'un dimanche, des milliers de choristes faisant partie d'une grande centaine de formations qui pratiquent tous les styles musicaux se réunissent pour donner de la voix a cappella en de nombreux points situés sur les deux rives du canal Saint-Martin et dans le parc Villemin. Au sein de cet événement, le festival « 10 de chœurs » permet, après une sélection rigoureuse et un concours, l'élection du meilleur d'entre vous. Décidément une sacrée atmosphère en cette fin de mois de juin, fraternelle, musicale. Une excellente idée pour terminer la semaine.

MUSIQUE
ROCK EN SEINE

SAINT-CLOUD
Tramway Parc de Saint-Cloud
www.rockenseine.com
En août. Tarifs complets en ligne.

Rendez-vous international, Rock en Seine réuni chaque année dans le Parc de Saint-Cloud les plus grands noms de la scène internationale. Feuilleter le programme revient à ouvrir les pages VIP rassemblant tout ce qui compte en matière de chanteurs influents, tendance ou des nouveaux talents. C'est l'occasion pour le public, de tous les âges, venus camper en masse pendant ces 3 jours, de voir de près des légendes de la musique ou de soutenir leurs vedettes préférées. Rock en Seine reste *the place to be* pour se montrer, faire la fête entre amis et voir des pointures de la musique sur scène. Les enfants ont même leur mini festival rock gratuit ! Conseil : ne venez surtout pas en voiture !

MUSIQUE
JAZZ À LA VILLETTE

211, avenue Jean-Jaurès (19e) ✆ 01 44 84 44 84
M° Porte de Pantin.
www.jazzalavillette.com
Première quinzaine de septembre.

Le jazz, mais aussi ses cousins germains que sont le blues, le funk, le hip-hop, le rock et diverses musiques africaines modernes se mélangent harmonieusement au cours de cet important festival qui se déroule dans plusieurs espaces du parc de La Villette – ce qui permet aussi au passage de se promener dans l'immense et incontournable parc. On peut y écouter des nouveaux talents et des artistes de renom, dont certains se produisent rarement à Paris. On trouve sur place bien évidemment de quoi se restaurer. Chaque année, l'affiche donne le tournis, et l'atmosphère, encore douce en cette fin de printemps, est plus qu'appréciable. A vivre entre amis ou en famille !

MUSIQUE
SOLIDAYS

2, route des Tribunes (16e) - M° Boulogne ou Porte Maillot
www.solidays.org
3 jours fin juin. Pass 1,2 ou 3 jours (ce dernier donne accès au camping, sinon il faut un pass camping). Navette.

Chaque année depuis 1999, ce festival organisé au profit de l'association Solidarité-Sida réunit des dizaines de milliers de festivaliers le temps d'un week-end, de jour comme de nuit, à l'hippodrome de Longchamp. Rock, reggae, électro, funk, rap... Une programmation très variée qui mêle tous les styles et en mélangeant astucieusement jeunes pousses et têtes d'affiche de renommée internationale. Et ce ne sont pas les seuls atouts du festival pour nous divertir : des stands de sensibilisation à la cause, des corners food à tomber, une ambiance bouillante, de nombreuses surprises et une bonne humeur à toute épreuve. Solidays est définitivement devenu un incontournable !

MUSIQUE

TECHNO PARADE

Dans les avenues de Paris (1er)
En septembre.

C'est un rendez-vous rituel dans les rues de la capitale, et ce depuis plus de vingt années maintenant. Un samedi de septembre par an, les musiques électroniques envahissent les rues de Paris lors d'un grand défilé rassemblant pas moins d'un demi-million de personnes, qui se réunissent donc pour la Techno Parade, événement festif véritablement hors-norme. Le parcours, qui en général reste sur la rive gauche, est plutôt bon enfant, et souvent haut en couleur, avec des personnages souvent extravagants qui investissent les lieux. Les basses et la force de la musique font que les vitres des immeubles voisins peuvent trembler, mais cela ne dure que quelques minutes !

MUSIQUE

WE LOVE GREEN

(75012)
www.welovegreen.fr
En mai. Tarifs sur le site.

Fan de musiques actuelles et green addict ? Non, ce n'est pas inconciliable. Depuis 2011, We love green a fait le pari d'un festival 100 % fun et écoresponsable. Côté musique : des pointures. PJ Harvey ou Christine & The Queens sont quelques-uns des habitués d'une manifestation qui a pris ses marques au parc de Bagatelle avant de s'installer au bois de Vincennes. Côté nature : l'utilisation d'énergies certifiées renouvelables, des déchets triés et compostés, des installations à base de matériaux recyclés et la valorisation d'une restauration bio. L'événement, en 2022, avait lieu en septembre, il a cette année lieu en mai : tenez-vous prêts, car les places sont très demandées.

CINÉMA

CINÉMA EN PLEIN AIR

211, avenue Jean-Jaurès (19e) ✆ 01 40 03 75 75
M° Porte de Pantin - www.lavillette.com
En juillet et août, souvent du mercredi au dimanche à la nuit tombée. Gratuit. Transat en location.

Un programme de projections des plus grands et plus passionnants classiques du cinéma est proposé aussi bien aux amoureux du noir & blanc que du cinémascope. Chaque année, les films sont choisis selon un thème. Bon à savoir : un dispositif gratuit d'audio-description des films est à disposition des aveugles et malvoyants. Et puis quelle belle idée : s'allonger sur les pelouses, admirer un film, avec la ville et le parc autour de vous ! Un conseil toutefois : si vous venez entre amis, assurez-vous que vous venez vraiment voir un film, et non que vous passez un moment entre amis à bavarder bruyamment, les cinéphiles pourraient vous le faire justement remarquer...

FÊTE

FÊTE DE GANESH

17, rue Pajol (18e) ✆ 01 40 34 21 89 - M° La Chapelle
www.templeganesh.fr
Dernier dimanche d'août ou en septembre. Début des cérémonies religieuses à 9h. Départ du cortège à 10h30 et fin à 15h.

C'est un rendez-vous annuel qui ne laisse personne indifférent, non-croyants y compris ! En effet, lorsque les hindouistes des 10e et 18e arrondissements, et de plus loin, fêtent Ganesh, le Dieu à tête d'éléphant, protecteur du foyer, qui apporte chance et prospérité, le rendez-vous est très haut en couleur ! Cette procession traditionnelle pleine de vie est accompagnée de musiciens, danseurs, fidèles et prêtres et de nombreux rituels. Elle se déroule dans le quartier de La Chapelle qui, pour l'occasion, change totalement d'aspect : des milliers de personnes envahissent la rue, et il est impossible de circuler ! Si vous êtes de passage à pied, prenez le temps de voir cet événement superbe !

FÊTE

FÊTE DES VENDANGES DE MONTMARTRE

6, rue Civiale (18e) ✆ 01 40 03 94 70
M° Jules Joffrin
www.fetedesvendangesdemontmartre.com
Chaque année au mois d'octobre.

Depuis 1935, la Butte Montmartre se met en fête pendant 5 jours pour célébrer la vendange annuelle d'une petite parcelle située sur le flanc nord. Pour l'occasion, confréries bachiques, associations montmartroises et commune de Montmartre se réunissent en un défilé folklorique. La fête populaire se poursuit lors d'une grande soirée musicale, et le temps d'un marché éphémère où les différents stands attirent touristes, badauds et milliers de curieux. La cuvée annuelle reçoit le nom d'une personnalité, et des visites des vignes et balades sont aussi proposées.

FÊTE

JOURNÉES EUROPÉENNES DU PATRIMOINE

(1er)
journeesdupatrimoine.culture.gouv.fr
Programme disponible en ligne.

Evénement incontournable, les JEP permettent de découvrir les merveilles du patrimoine, mais aussi des endroits insolites ou habituellement fermés au grand public. Outre la traditionnelle file d'attente pour avoir la chance de fouler la moquette de l'Elysée, il existe de nombreux trésors incroyables à visiter : les coulisses du Grand Rex, la Cour de cassation, le Sénat, les ateliers d'artistes. Chaque année, de nouveaux lieux révèlent leurs secrets. Un conseil : organisez et ciblez vos visites en amont pour ne pas vous y prendre trop tard et risquer de mauvaises surprises.

FOIRE

DESTINATIONS NATURE

1, place de la Porte-de-Versailles (75015)
✆ 01 76 77 12 39
www.destinations-nature.com
En mars au salon des Expositions de la Porte de Versailles.

C'est le rendez-vous annuel des randonneurs et des randonneuses depuis plus de 30 ans ! Venez sillonner les allées du salon pour faire le plein de bonnes idées afin de préparer vos escapades : trek, randonnées à cheval, à vélo ou bien sûr à pied, marche nordique, trail... les idées ne manquent pas ! Plusieurs villages thématiques se retrouvent donc dans le hall 4, et les stations, hébergeurs et prestataires, un village des tour-opérateurs, un village montagne, un coin des blogueurs (très suivis par la communauté) et un espace dédié au matériel sont les principaux rendez-vous de ce salon, une vraie source d'inspiration en matière de tourisme et de loisirs alternatifs.

FOIRE

LE SALON DU MADE IN FRANCE

Porte de Versailles (75015)
✆ 01 41 09 74 72
M° Porte de Versailles
www.mifexpo.fr
Du 9 au 12 novembre 2023. Entrée : 10 € (remboursement au premier achat). Vestiaire : 2 €.

Depuis 2013, Made In France Expo fait la promotion du savoir-faire français lors d'un rendez-vous annuel, qui se tient au mois de novembre. Ainsi durant trois jours, ce salon dévoile le savoir-faire à la française représenté par plus de 850 exposants ! Une diversité qui regroupe tous secteurs confondus : Textile, automobile, gastronomie, maison, santé, maroquinerie, décoration... c'est le rendez-vous incontournable des amoureux du made in France. Ceux-ci peuvent y découvrir les dernières innovations et acheter en direct auprès des entreprises françaises.

FOIRE

FESTIVAL DU LIVRE DE PARIS

Champ de Mars (75015)
✆ 01 47 56 64 31
M° Ecole Militaire.
www.festivaldulivredeparis.fr
Prochaine édition du 21 au 23 avril 2023. Programme disponible en ligne. Entrée gratuite.

A l'occasion de l'édition 2022, le Salon du livre de Paris est devenu festival, et s'est tenu non seulement au Grand Palais Ephémère situé au Champ de Mars, mais aussi en petite couronne. Le Syndicat National de l'édition réunit grands et petits éditeurs : c'est l'occasion pour toutes les générations de se retrouver et de découvrir des auteurs méconnus ou de rencontrer des célébrités de l'univers du livre. Conférences, animations, dédicaces, les auteurs donnent de leur temps. De quoi passer des heures sur place. Un festival en plein renouveau à redécouvrir.

FOIRE

PARIS GAMES WEEK

1, place de la Porte-de-Versailles (75015) - M° Porte de Versailles
www.parisgamesweek.com
En novembre. Programme en ligne. Entrée : 19 € (tarif réduit 15 €). Attention : aucun billet n'est vendu sur place.

L'univers du jeu vidéo est vaste et en constante évolution. Au départ réservé à un public d'un certain âge et de goût précis, il a su s'étendre et toucher tous les profils de joueur possibles. Il n'est donc pas étonnant que Paris dédie chaque année quelques jours à ce royaume numérique au sein de la Paris Games Week, un des plus grands salons de jeux vidéo au monde avec plus de 300 000 visiteurs par édition. Cinq jours sont consacrés à cet univers, durant lesquels éditeurs et constructeurs présenteront leurs nouveautés. Des animations, des concours de cosplay (déguisements hommages aux personnages de l'univers) et des compétitions de gameurs rythment la vie du salon.

FOIRE

KIDEXPO

1, place de la Porte de Versailles (75015) - M° Porte de Versailles
www.kidexpo.com
Quatre jours en octobre ou novembre. tarif : 14 €, réduit : 8 €, pass famille : 35 €. Gratuit -4 ans.

Kidexpo est le plus important salon familial de l'année, une belle expérience à partager pour découvrir les thématiques en vogue dans la vie quotidienne des familles. Pendant quatre jours, parents et enfants, professionnels et particuliers, se rencontrent au sein de villages thématiques qui regroupent pour l'occasion des activités et des animations ludiques et pédagogiques. Les enfants peuvent s'initier à des sports de glisse, découvrir les derniers gadgets, participer à des ateliers de cuisine, etc. Du côté des adultes, des idées et des bons plans liés au quotidien leur seront délivrés et le palmarès des meilleurs produits enfant sera révélé lors de ces quelques jours. Un incontournable !

FOIRE

SALON DU CHOCOLAT PARIS

Paris Expo Porte de Versailles (75015)
M° Porte de Versailles
www.salon-du-chocolat.com
Ouvert de 10h à 19h. Programme en ligne.

Au cours de l'automne, la Porte de Versailles se transforme pour quelques jours en temple de la gourmandise. Le Parc des expositions accueille en effet le prestigieux et très gourmand Salon du Chocolat. L'occasion pour les gourmands, les curieux et les spécialistes d'aller à la rencontre des professionnels du cacao. Des chocolatiers des quatre coins de la planète s'y retrouvent pour faire découvrir leurs produits et participer à des animations réputées (concours, défilé de mode, ateliers, etc.). 14 000 m² de bonheur pour les yeux et les papilles ! De nos jours, le Salon voyage également à travers le monde (Londres, Milan, Moscou, Séoul...), preuve de son succès.

FOIRE

SALON MADE IN FRANCE PREMIERE VISION

4, rue Eugène Spuller (3e) ✆ 01 70 60 73 70
M° Temple.
www.madeinfrancepremierevision.com
En septembre.

Le Salon Made in France Première Vision est l'occasion idéale pour (re) découvrir l'incroyable richesse et diversité de la mode produite et faite en France. Chaque année, il met en avant l'ensemble des savoir-faire de la mode française et interroge sur les enjeux, challenges et opportunités de cet univers. Sous la magnifique verrière Eiffel du Carreau du Temple, ce sont donc tous les acteurs du milieu qui se croisent : les grands noms du luxe, les créateurs, les jeunes talents, les costumiers, les maisons de couture, de mode, d'accessoires, ou encore d'ameublement !

FOIRE

SALON MARJOLAINE

Parc floral de Paris (75012) ✆ 01 45 56 09 09
M° Château de Vincennes. - www.salon-marjolaine.com
9 jours en novembre. Entrée : 10 €. Prévente et tarif réduit : 7 €. Gratuit -12 ans.

Connu comme le plus grand et le plus ancien salon bio de France, piloté par Nature et Progrès, Marjolaine accueille chaque année un grand nombre d'exposants (ils sont en moyenne 550). Promenade et pause gourmande dans un village bio qui permet de découvrir de très nombreux produits aussi sains que bons, activités DIY pour créer votre savon, atelier brassage de bière ou encore germination de graine, tout est là pour attirer et sensibiliser petits et grands ! Un café écolo pour débattre de thèmes d'actualité, un cycle de ciné-conférences sur les grands enjeux environnementaux, des ateliers sur l'alimentation, le bien-être, et bien d'autres activités, complètent une offre déjà pléthorique.

FOIRE

SALON NAUTIQUE

Porte de Versailles (75015) ✆ 01 47 56 64 53
M° Porte de Versailles
www.salonnautiqueparis.com
Neuf jours en décembre.

Le lieu s'est autoproclamé « plus grand port intérieur de France » ce qui n'est pas totalement faux ! Le marché mondial de la plaisance avec la présence des constructeurs et des importateurs de matériel allant des voiliers, bateaux à moteur, planches à voile, avirons, de canoës-kayaks, à l'équipement de plongée, aux vêtements, en passant par une large information sur le tourisme fluvial et les destinations nautiques. L'ensemble prend place dans le parc des expositions, occupant bon nombre de ses halls. Beaucoup viennent ici aussi pour les animations, extrêmement nombreuses, et pour voir de beaux et nombreux grands bateaux, histoire de prendre le large tout en déambulant.

LIVRE

SALON DU LIVRE ET DE LA PRESSE JEUNESSE

128, rue de Paris - **MONTREUIL** ✆ 01 55 86 86 55
M° Robespierre
www.slpjplus.fr
En décembre.

Des milliers de mètres carrés tout entiers dédiés aux livres pour enfants ! De quoi satisfaire une envie de lire, ou de se plonger dans les aventures de multiples personnages : ce salon annuel vous donne l'occasion de faire le plein de romans, de livres d'images, mais aussi de découvrir les dernières nouveautés de la presse jeunesse. De plus, une école du livre de la jeunesse a été mise en place. Le principe, simple, permet aux acteurs du secteur de mettre en commun leurs ressentis afin de rendre le livre pour jeune au cœur des pratiques familiales et sociales.

PARADE

MARCHE DES FIERTÉS LGBT

(1er)
www.gaypride.fr
Fin du mois de juin.

La Marche des Fiertés (ou « Pride ») existe depuis plus de 30 ans et se tient habituellement au début de l'été. En cette journée spéciale, les rues sont investies par des dizaines de chars colorés qui diffusent de la musique et sur lesquels dansent les différents participants. De bout en bout de ce défilé, des milliers de personnes marchent fièrement pour revendiquer l'égalité et l'amour sous toutes ses formes : le défilé est placé sous le signe bienvenu de la joie et de la célébration pour la communauté LGBT, mais c'est avant tout et pour tout un jour de revendication fort, dont le message principal d'acceptation reste aujourd'hui plus que jamais d'actualité.

PARADE

PARIS-PLAGES

Voie Pompidou (1er) - M° Sully-Morland, Pont-Marie, Hôtel-de-Ville, Cité, Châtelet, Quai-de-la-Gare pour la partie située dans le 13e, Stalingrad ou Jaurès pour la partie au nord du canal de l'Ourcq, dans le 19e ; voie Georges-Pompidou dans le 1er et le 4e. - www.paris.fr
De juillet à septembre. Accès libre.

La plage à Paris ? Chiche ! En 2002, sur l'initiative de Bertrand Delanoë, alors Maire de Paris, la capitale a revêtu des airs de petit Saint-Trop' pour la première fois. Aujourd'hui encore, la tradition se perpétue ! Quais fermés, sable en bord de Seine, activités de plein air, c'est l'événement de la saison estivale. Chaque année les animations sont plus nombreuses et se diversifient : piscine, taichi, zumba, plage aventure, concerts du festival Fnac, bibliothèque éphémère, bars, restaurants, pétanque, transats, parasols et même terrain de beach-volley sur le parvis de l'Hôtel de Ville… Le tout gratuitement ! Un plaisir à savourer, loin de l'agitation extérieure.

OFFICE DE TOURISME

OFFICE DE TOURISME DE PARIS

29, rue de Rivoli (1er) - M° Hôtel de Ville.
www.parisinfo.com
Ouvert tous les jours de 10h à 18h.

L'office de tourisme ne donne pas de renseignements par téléphone, mais compte six points d'accueil permanents où vous pouvez également acheter des billets pour les visites et des titres de transport. Ils sont situés dans les gares de Lyon, de l'Est et du Nord (ouverts du lundi au dimanche de 8h à 18h) – la liste n'est pas exhaustive – ainsi que dans le point d'accueil principal de la capitale, situé à l'Hôtel de Ville. L'accès se fait par la rue de Rivoli, et au-delà des achats de billets, ce dernier endroit vous propose de nombreuses informations.

OFFICE DE TOURISME

COMITÉ RÉGIONAL DU TOURISME D'ÎLE-DE-FRANCE

11, rue du Faubourg-Poissonnière (9e)
✆ 01 73 00 77 00
www.visitparisregion.com

Le site Internet du Comité est très bien conçu avec une rubrique spéciale sur l'accessibilité et le handicap : le Comité Régional du Tourisme Paris-Ile-de-France s'engage en effet à faire de Paris et de la région Ile-de-France une destination accueillante pour tous. De nombreuses informations pratiques sont mises à la disposition des visiteurs à besoins spécifiques sur le site : sanitaires accessibles, transports en commun, aires de stationnement réservées et adaptées, activités... Le comité réalise de régulières vérifications et mises à jour des informations.

WEB

PARIS.FR

(1er)
www.paris.fr

C'est non seulement un portail d'informations, mais le site internet de la ville de Paris est également une véritable offre de services à destination des habitants de la ville. Par ce biais, vous pouvez réserver des courts de tennis, demander l'enlèvement des encombrants, disposer des instructions pour obtenir diverses aides, avoir la totalité des éléments indispensables, des horaires des piscines jusqu'aux travaux dans les rues. Le dense milieu associatif de la ville est également à l'honneur, avec de nombreuses tribunes qui leur permettent de disposer d'un espace d'expression très large. Un site bien pratique pour les Parisiens et à garder dans son bloc-notes !

PRATIQUE VOYAGE

ALFRED

Paris (19e)
www.alfred.travel/french
we-are-alfred@alfred.travel

Tarif de 1 à 4 bagages : 180 €. 5 bagages ou plus : à partir de 210 €. Possibilité de tarifs personnalisés. Voici un cas de figure qui arrive souvent aux visiteurs parisiens : la galère des bagages ! Si votre location de chambre d'hôte ou d'hôtel se termine à 11h ou 12h, et que vous avez choisi de profiter d'une dernière journée complète dans la capitale, revient souvent la même interrogation : que faire de ses valises et sacs ? Plutôt que de chercher une consigne, ce qui est souvent difficile, ou de tenter de les garder avec vous – ce qui revient souvent à ne rien pouvoir faire – vous pouvez appeler Alfred ! Le service, très efficace, vient chercher vos affaires et vous les amène directement à la gare, ou à l'aéroport, dans lequel vous récupérerez vos biens. Ayez désormais le bon réflexe !

JEUX

PARIS REGION AVENTURES : LE JEU DE PISTE GEANT

(1er)

Découvrez le jeu de piste géant, créé par le Comité Régional du Tourisme (CRT) Paris Île-de-France, pour explorer Paris et sa région en famille ! Grâce à cette application gratuite disponible sur AppStore et GooglePlay, participez à 30 aventures et collectionnez 200 personnages historiques ou personnalités issues du monde artistique ou sportif. Ludique et instructif, ce jeu de piste vous permettra de relever des défis, répondre à des quizz et découvrir des anecdotes pendant 1h30. Amateurs de culture, besoin de nature, fans de sport ou de street-art : c'est parti !

WEB

VISITPARISREGION.COM

(1er)
www.visitparisregion.com

Il s'agit ici du site en ligne du Comité Régional de Tourisme ! Laissez-vous séduire par une expérience digitale sans limites pour votre visite à Paris Région. En route pour découvrir tous les visages de la destination : des guides itinéraires aux nombreuses pépites, des parcours thématiques hors des sentiers battus, des coups de cœur selon les saisons, des inspirations originales ou des envies de balades, de shopping, de gastronomie, d'expositions, de croisières… vous attendent au fil des clics. Testez en famille le jeu de piste géant Paris Region Aventures, vous serez surpris ! Vous n'avez plus d'excuses pour ne pas vivre une expérience unique à Paris Région.

© CRT IDF / POLION

MONUMENTS & ÉDIFICES

LA BOURSE DE COMMERCE-PINAULT COLLECTION

2, rue Viarmes (1er) ✆ 01 55 04 60 60 - M° Les Halles ou RER Châtelet - Les Halles

Lundi + mercredi au dimanche : 11-19h. Vendredi : 11-21h. Premier samedi du mois gratuit de 17 à 21h. Fermé le 1er mai.

En plein cœur de Paris, l'édifice monumental de la Bourse de Commerce est très reconnaissable avec sa belle rotonde surmontée d'une coupole. Le lieu accueille aujourd'hui une partie des 10 000 œuvres de 400 artistes différents de l'incroyable collection de François Pinault. Au programme ? Des expositions permanentes ou thématiques, des pièces maîtresses, des rencontres et autres événements autour de l'art contemporain. Dès son inauguration, le lieu a fait le bonheur des visiteurs, et ce n'est pas prêt de s'arrêter ! Conseil : évitez le week-end, affluence oblige !

COLONNE / STATUE

LA COLONNE VENDÔME

(1er)

M° Tuileries, Pyramides ou Palais Royal-Musée du Louvre

Ouvert toute l'année. Gratuit.

Avec son emplacement unique sur l'une des cinq places royales, la colonne Vendôme fut érigée en 1810 sur le modèle de celle de Trajan dans l'Antiquité romaine. Culminant à 44 mètres de hauteur, elle fut destinée à célébrer la gloire de Napoléon 1er, et remplacer la statue de Louis XIV détruite pendant la révolution. En 1871, la colonne est démolie par les Communards et reconstruite sous la Troisième République. Récemment restaurée en raison d'une forte dégradation des bronzes, elle concentre autour d'elle beaucoup de hauts lieux parisiens : la place Vendôme elle-même, avec ses commerces de luxe, le Jardin des Tuileries, la rue Saint-Honoré, la rue de la Paix et l'Opéra Garnier.

MUSÉE

LA CONCIERGERIE

2, boulevard du Palais (1er) ✆ 01 53 40 60 80 - M° Cité ou Châtelet

www.paris-conciergerie.fr

7j/7 : 9h30-18h, dernier accès 17h. Tarif : 11,50 €. Billet jumelé Sainte-Chapelle : 18,50 €. Gratuité sous condition.

La Conciergerie est avec la Sainte-Chapelle l'un des principaux vestiges du palais de la Cité où les rois de France demeurèrent durant plusieurs siècles tout au long du Moyen Âge. Durant la Révolution française, la Conciergerie a compté parmi ses pensionnaires forcés des personnalités comme la reine Marie-Antoinette dont il est possible de visiter le cachot reconstitué. C'est aujourd'hui une partie du palais de justice de Paris et où se succèdent les tours Bonbec, d'Argent, César et de l'Horloge. Cette dernière, située à l'angle du quai et du boulevard du Palais est dotée d'une des toutes premières horloges publiques de Paris. La visite des espaces médiévaux est bluffante.

EDIFICE RELIGIEUX

ÉGLISE SAINT-EUSTACHE

2, impasse Saint-Eustache (1er) ✆ 01 42 36 31 05 - M° Les Halles

www.saint-eustache.org

Du lundi au vendredi de 9h30 à 19h ; samedi 10h à 19h15 ; dimanche de 9h à 19h15.

L'église Saint-Eustache a nécessité plus d'un siècle de travaux (1532-1640), et a été construite en bordure du jardin des Halles. De structure gothique et dotée d'une décoration Renaissance, l'église possède une façade datant du XVIIIe siècle. Le portail, rue Rambuteau, est surmonté de tourelles et offre une autre entrée aux visiteurs. Cette vaste église comporte vingt-quatre chapelles, lesquelles recèlent des tableaux et des sculptures de différentes époques. Une messe avec orgues et chœurs se donne tous les dimanches, et c'est splendide. La perspective, superbe, vers l'église est complètement renouvelée depuis le jardin tout proche, pierre finale à la restructuration des Halles.

HALLES / MARCHÉ

LE FORUM DES HALLES

101, Porte Berger (1er) ✆ 01 44 76 87 08

M° Les Halles

Ouvert du lundi au samedi de 10h à 20h30, et le dimanche de 11h à 19h.

C'est le ventre de Paris depuis des siècles et, après les pavillons Baltard, puis le forum « première version » inauguré en 1979, depuis les années 2010 il est coiffé d'une immense canopée, après une lourde rénovation. A la surface, une grande allée traverse toute la longueur du jardin, lequel est constitué de pelouses bordées d'arbres et de jeux pour les enfants, donnant sur l'église Saint-Eustache. Le lieu est ouvert le dimanche, et vous pouvez ainsi vous adonner aux joies du shopping tous les jours. On vous déconseille fortement d'y venir en voiture, la desserte en transports en commun est excellente : la plus vaste gare d'Europe se situe juste en dessous !

MUSÉE

MUSÉE DE L'ILLUSION

98, rue Saint-Denis (1er) ✆ 07 66 72 76 40 - M° Étienne Marcel.

www.museedelillusion.fr

Ouvert du dimanche au mercredi de 10h à 20h, du jeudi au samedi de 10h à 22h. Adulte : 18 €. Enfant (5/15 ans) : 12 €.

Ce concept a rencontré de vifs succès dans plusieurs pays, et son arrivée dans la capitale a bien légitimement suscité un engouement similaire. Car le musée de l'illusion est, à la frontière du ludique et du scientifique, un parcours hors normes et hors du temps. Vous découvrirez ainsi pas moins de 70 œuvres (il n'y a pas d'autre mot !) qui sont comme autant d'illusions d'optique vous laissant complètement interloqués. Hologrammes, salle de miroirs, salle de l'infini sont de hauts lieux de ce musée, dans lequel rien ne manque pour vous surprendre, y compris un espace ludique pour les plus jeunes. Un mot sur la muséographie, enfin : elle aussi bluffante ! Petits et grands seront conquis.

MUSÉE

MUSÉE DE L'ORANGERIE

Place de la Concorde (1er) ✆ 01 44 77 80 07 - M° Concorde
www.musee-orangerie.fr

Ouvert du mercredi au lundi de 9h à 18h. Gratuit jusqu'à 26 ans. Adulte : 12,50 €, tarif réduit : 10 €.

Bâtie dans le plus pur style classique, l'orangerie du Jardin des Tuileries abrite une remarquable collection de peintures impressionnistes et post-impressionnistes. Ses architectes, Firmin Bourgeois et Ludovico Visconti, ont souhaité accorder ce bâtiment à l'ensemble architectural du palais des Tuileries, aujourd'hui détruit, et de la place de la Concorde. Ce bâtiment a été transformé en musée en 1927. Il abrite une des œuvres les plus fameuses de Claude Monet, la suite des *Nymphéas,* ainsi que les collections Jean Walter et Paul Guillaume. Vous pourrez aussi contempler plusieurs chefs-d'œuvre de la peinture moderne : Derain, Laurencin, Matisse, Picasso, Cézanne, Renoir, Modigliani...

MUSÉE

MUSÉE DES ARTS DÉCORATIFS

107-111, rue de Rivoli (1er)
✆ 01 44 55 57 50
M° Tuileries, Pyramides ou Palais Royal Musée du Louvre
www.madparis.fr

Du mardi au dimanche de 11h à 18h. Nocturne le jeudi jusqu'à 21h. Billet : 14 €.

Le musée des Arts décoratifs (MAD) offre un incroyable panorama sur la production artistique en France (et parfois d'ailleurs). Installé dans une aile du palais du Louvre, le MAD possède d'incroyables collections qui se sont progressivement constituées grâce à des dons et des legs. La plupart des techniques existantes sont mises à l'honneur : ébénisterie, sculpture sur bois, orfèvrerie, céramique, maroquinerie, peinture, broderie... On en prend plein les yeux, on s'émerveille devant des créations plus ou moins récentes, on déambule selon plusieurs étages, bref on adore !

MUSÉE

MUSÉE DU LOUVRE

Place du Carrousel (1er) ✆ 01 40 20 53 17 - M° Palais-Royal - Musée du Louvre
www.louvre.fr

Ouvert tous les jours de 9h à 18h sauf le mardi. Billet 15 € sur place ou 17 € en ligne.

Ce musée trouve ses origines au XIIe siècle quand Philippe Auguste décide d'édifier une place forte, et l'idée d'y ouvrir un musée ne verra le jour qu'à la Révolution. À la fin du XXe siècle, sous la présidence de François Mitterrand, l'architecte Pei implante dans la cour du Carrousel une pyramide de verre. Huit grands départements, répartis dans trois ailes – Richelieu, Denon et Sully –, servent de repères : antiquités orientales, égyptiennes, grecques, étrusques et romaines, arts de l'islam, sculptures, objets d'art, peintures et arts graphiques. De l'avis de tous, l'un des plus beaux musées du monde, internationalement connu. Pensez bien à réserver votre créneau de visite en ligne.

PALAIS

LE PALAIS-ROYAL

Place du Palais-Royal - place Colette – rue de Montpensier – rue du Beaujolais – rue de Valois (1er) ✆ 01 47 03 92 16 - M° Palais Royal - Musée du Louvre

Les galeries du Palais-Royal sont ouvertes en continu. Basse saison : tlj 8h-20h30. Haute saison : tlj de 8h-22h30.

Dans le décor antique surprenant du domaine national du Palais-Royal, vous pourrez découvrir trois institutions de la République (le Conseil d'État, le Conseil constitutionnel, le ministère de la Culture et de la Communication), mais pas uniquement. En effet, il renferme également la salle Richelieu de la Comédie-Française, le théâtre du Palais-Royal et un très agréable jardin bordé de galeries commerçantes. Au sud du parc, ne manquez pas d'aller jeter un coup d'œil aux fameuses « colonnes de Buren », une œuvre d'art contemporain qui a suscité une violente polémique à son installation en 1986. Aujourd'hui moins controversées, elles sont incontournables lors d'une balade dans le quartier.

OUVRAGE D'ART

LE PONT DES ARTS

Quai du Louvre (1er)
M° Louvre Rivoli

Un des ponts les plus connus de la capitale, reliant le Louvre et l'Institut de France situé quai de Conti... Si le nom de cette première passerelle métallique de Paris – dont l'histoire remonte au tout début du XIXe s. – vient du Palais du Louvre jadis nommé « palais des Arts », de nos jours, sa renommée est davantage liée aux symboles de l'amour que nombreux se plaisent à attacher en certains points emblématiques de la Ville lumière. Ces dernières années, les amoureux accrochaient en effet des cadenas pour sceller leur idylle, sauf que deux grilles se sont effondrées sous le poids et des panneaux vitrés ont été installés... Coup de cœur pour le lever de soleil depuis le pont !

MONUMENTS & ÉDIFICES

LA POSTE DU LOUVRE

Rue du Louvre (1er)
www.lapostedulouvre.fr

Après plusieurs années de travaux, la Poste du Louvre a enfin ouvert ses portes. Attention, sous le vocable « Poste du Louvre », on a souhaité garder la seule affectation initiale du lieu, qui a certes conservé une agence postale, mais pas seulement, loin de là ! Aussi divers équipements collectifs, comme une crèche, mais aussi un restaurant et un hôtel 5 étoiles (appelé « Madame Rêve »), notamment, occupent les lieux. Sur le toit, une immense verrière, et un jardin de plus de 1 000 m² avec vue sur la capitale ! La rénovation de l'ensemble a pleinement respecté l'architecture initiale, rendant son lustre à un des plus vastes bâtiments du cœur de Paris. Le succès est déjà au rendez-vous !

ARCHITECTURE

PYRAMIDE DU LOUVRE

Palais du Louvre (1er)
M° Louvre - Rivoli

Elle est la pièce maîtresse du Grand Louvre ! Et pourtant, son installation a suscité bien des polémiques à son inauguration en 1989. Réalisée sous François Mitterrand par l'architecte Pei, la pyramide a longtemps été accusée de « gâcher » le patrimoine et de faire tache dans le cadre majestueux de la cour Napoléon. Composée de 673 panneaux de verre et accompagnée de trois pyramides plus petites, dont une qui plonge dans les entrailles du musée, elle avait pour but de fluidifier les visites et d'apporter de la lumière à l'espace. Quoi qu'il en soit, aujourd'hui, cette prouesse contemporaine ne cesse de fasciner les Parisiens et touristes qui se pressent chaque jour pour l'admirer.

BIBLIOTHÈQUE

BIBLIOTHÈQUE NATIONALE DE FRANCE SITE RICHELIEU

58, rue de Richelieu (2e) ✆ 01 53 79 59 59 - M° Bourse ou Pyramides
www.bnf.fr
Salles de lecture : du lundi au samedi. Salle ovale, musée et Galerie Mansart : du mardi au dimanche. Musée : 10-13 €.

Après plus d'une dizaine d'années de travaux de rénovation, le site Richelieu de la Bibliothèque Nationale de France a enfin ouvert au public. Pièce maîtresse, la salle Ovale, haute d'une vingtaine de mètres sous plafond, et désormais une salle de lecture et d'ateliers en accès libre. Les collections, qui comptent manuscrits, monnaies ou encore cartes, peuvent être également consultées dans d'autres salles. Enfin, le site dispose désormais d'un splendide musée comptant 9 000 pièces, et la galerie Mansart accueille des expositions temporaires. Unique !

PALAIS

LE PALAIS BRONGNIART

Place de la Bourse (2e)
✆ 01 83 92 20 20
M° Bourse
www.palaisbrongniart.com

Inspiré du style gréco-romain, ce palais étonnant à colonnes a pourtant été édifié bien plus tard, au XIXe siècle, par l'une des figures de l'architecture de l'époque : Alexandre Théodore Brongniart. S'il a abrité la Bourse française de 1826 à 1986, l'informatisation est passée par là, et l'endroit accueille maintenant un centre de congrès et d'événements sur plus de 3 000 m² de surface, des entreprises à l'avenir prometteur et un incubateur de jeunes pousses, La Place. L'édifice à lui seul vaut pourtant le détour et on vous le révèle, une cave à manger insolite se cache sous son parvis : le Chai Brongiard où vous pourrez vous régaler d'une carte française et de saison.

MUSÉE

REX STUDIOS

1, boulevard Poissonnière (2e) ✆ 01 45 08 93 58
M° Bonne Nouvelle - www.legrandrex.com
Le mercredi, samedi, dimanche, jours fériés et tous les jours de vacances scolaires de 13h à 19h. Plein tarif : 11 €.

Haut lieu du cinéma parisien depuis près de neuf décennies, le Grand Rex vous ouvre ses portes et vous raconte toute l'histoire du 7e art le temps d'une visite fascinante et interactive. Pendant 50 minutes, vous arpenterez les coulisses de cette salle mythique avec un guide passionné et passionnant. Vous parcourrez ainsi les loges, visiterez la cabine de projection, participerez à un tournage... Le tout, en apprenant des secrets et des anecdotes insolites, aussi bien sur le lieu que sur les personnes qui y sont passées ! Si la visite est indéniablement intéressante, au vu de son prix un peu élevé, nous vous conseillons d'être un minimum passionné par le sujet.

MUSÉE

LA GAÎTÉ LYRIQUE

3 bis, rue Papin (3e) ✆ 01 53 01 52 00 - M° Réaumur-Sébastopol
www.gaite-lyrique.net
Ouvert du lundi au vendredi de 14h à 20h ; le week-end de 12h à 19h.

Ce superbe centre culturel entièrement consacré aux arts numériques se trouve dans un ancien théâtre construit en 1862. D'abord investi par un éphémère parc d'attractions dans les années 1980, la nouvelle affectation du lieu date d'il y a une décennie maintenant, et a su trouver le bon chemin. Seuls la façade, l'entrée et le foyer du premier étage sont d'origine. À la place de l'ancienne salle, des espaces quasiment nus ont été mis en place pour permettre aux artistes utilisant des techniques numériques de s'exprimer librement. Expositions, performances, rencontres ou ateliers se succèdent ici : si vous venez avec des enfants, l'offre ne les oublie pas. Réservation recommandée.

MUSÉE

MUSÉE CARNAVALET

23, rue de Sévigné (3e) ✆ 01 44 59 58 58 - M° Hôtel de Ville ou Saint-Paul - www.carnavalet.paris.fr
Ouvert du mardi au dimanche de 10h à 18h (dernière visite à 17h). Gratuit. Expositions temporaires : tarifs variables.

Après plusieurs années de fermeture pour travaux, le musée Carnavalet a rouvert ses portes en mai 2021.

Suite à cela, l'architecture du musée a été magnifiée, plusieurs œuvres restaurées et de nouveaux espaces inaugurés pour accueillir les visiteurs. C'est en 1866 que la Ville de Paris acquiert l'hôtel Carnavalet, un bel hôtel particulier du Marais, et ce pour y créer un musée consacré à son histoire. Le résultat est passionnant : le parcours débute dès la Préhistoire et l'on découvre des centaines de dessins et gravures témoignant de la naissance et des nombreuses transformations de la ville au fil des siècles. Des conférences et expositions temporaires y sont également organisées.

MUSÉE

MUSÉE D'ART ET D'HISTOIRE DU JUDAÏSME

71, rue du Temple (3e) ✆ 01 53 01 86 60
M° Rambuteau ou Hôtel de Ville - www.mahj.org
Ouvert du mardi au vendredi de 11h à 18h ; le week-end de 10h à 18h. Tarif : 10 €. Tarif réduit : 7 €.

Situé dans l'hôtel de Saint-Aignan, le musée d'Art et d'Histoire du Judaïsme présente 2 000 ans d'histoire et de culture juives de l'Europe à la Méditerranée, de l'époque médiévale à nos jours. Son parcours s'articule autour de séries d'objets et d'œuvres originales avec un intérêt particulier pour les communautés juives de France, mais aussi les cultures séfarade (Espagne, Portugal, Afrique du Nord), ashkénaze (Allemagne, Europe de l'Est), italienne et hollandaise. À ne pas manquer : les belles expositions temporaires et les concerts thématiques dans le superbe auditorium.

EDIFICE RELIGIEUX

CATHÉDRALE NOTRE-DAME DE PARIS

6, parvis Notre-Dame - Place Jean-Paul II (4e) - M° Cité
www.notredamedeparis.fr
Fermée pendant la durée des travaux suite à l'incendie du 15 avril 2019.

C'est un morceau d'histoire de France que ce monument mondialement connu, et dont le nom seul évoque la capitale française pour des millions de personnes : la cathédrale Notre-Dame-de-Paris, du haut de ses plus de huit siècles, trône fièrement au cœur de la cité. C'est un chef-d'œuvre de part en part. Suite à l'incendie du 15 avril 2019, les travaux vont bon train avec, toujours, la volonté de réouverture pour 2024. Le long des palissades qui entourent l'édifice sont expliqués l'histoire, l'incendie et les travaux de cette merveille millénaire.

MUSÉE

MUSÉE DES ARTS ET MÉTIERS

60, rue Réaumur (3e) ✆ 01 53 01 82 63
M° Arts-et-Métiers ou Réaumur-Sébastopol
www.arts-et-metiers.net
Ouvert du mardi au jeudi, le samedi & le dimanche 10h-18h ; le vendredi 10h-21h. Adulte : 12 €.

Partez sur les traces des inventeurs et aventuriers de l'histoire des sciences, de la technologie et de l'innovation ! A travers sept collections, Instruments scientifiques, Matériaux, Construction, Communication, Mécanique, Energie, Transports découvrez les grandes inventions qui ont bouleversé nos vies. De la machine à calculer de Pascal au supercalculateur Cray 2, du premier véhicule automobile de Cugnot aux véhicules électriques, 2 500 objets vous racontent l'histoire des sciences et des techniques. Des visites gratuites et des ateliers sont proposés.

MUSÉE

LE CENTRE GEORGES POMPIDOU

1, place Georges-Pompidou (4e)
M° Châtelet
www.centrepompidou.fr
Ouvert du mercredi au lundi de 11h à 21h, nocturne le jeudi jusqu'à 23h. Adulte : 14 € (musée + expositions).

Un des monuments les plus visités de France ! Avec ses gros tuyaux multicolores, le bâtiment est aujourd'hui connu mondialement. A l'intérieur, une grande variété d'activités culturelles : le Musée national d'Art moderne, expositions temporaires, projections, débats, deux salles dédiées aux arts vivants avec des spectacles de danse et même des concerts ! La bibliothèque sur trois niveaux propose une collection de 365 000 ouvrages en libre accès. N'hésitez pas à monter sur le toit-terrasse pour avoir une vue à 360° sur Paris ou pour goûter aux plats du restaurant Georges.

MUSÉE

MUSÉE NATIONAL PICASSO-PARIS

5, rue de Thorigny (3e) ✆ 01 85 56 00 36 - M° Saint-Paul
www.museepicassoparis.fr
Mardi-vendredi : 10h30-18h (dernière visite à 17h15). Week-end et vacances : 9h30-18h. Plein tarif : 14 €.

Le Musée national Picasso-Paris rassemble la plus importante collection publique de l'artiste au monde avec 5 000 œuvres et 20 000 pièces d'archives personnelles, auxquelles s'ajoute la collection particulière de Pablo Picasso rassemblant 150 œuvres d'autres artistes (Renoir, Matisse, Cézanne, Le Douanier Rousseau…). La collection est présentée au travers d'accrochages temporaires : *Calder-Picasso*, *Picasso.Tableaux Magiques* en 2019, *Picasso Poète*, *Picasso Comics* en 2020… autant d'occasions de découvrir et redécouvrir ce grand artiste du XXe siècle.

FONTAINE

LA FONTAINE STRAVINSKY

Place Igor-Stravinsky (4e)
M° Rambuteau ou Hôtel de Ville
Ouvert toute l'année. Gratuit.

À quelques pas du Centre Pompidou, dans un grand bassin de 17 mètres sur 33, cette fontaine colorée aux belles dimensions, aussi connue sous le nom de fontaine des Automates, impressionne. Créée en 1983, elle est l'œuvre des sculpteurs Niki de Saint-Phalle et Jean Tinguely, deux figures du mouvement Nouveau Réalisme, qui a bouleversé l'art moderne dans les années 1950. Ces deux plasticiens, en couple à la ville, ont donc mêlé leurs style et univers pour réaliser ces 16 pièces qui évoquent avec humour la musique d'Igor Stravinsky. En attente de rénovation, les sculptures ont un peu perdu de leur superbe depuis que l'eau ne les traverse plus, mais elles valent tout de même le détour.

LE PATRIMOINE À L'HONNEUR

4E

CÉLÉBRITÉ

LA MAISON DE VICTOR HUGO

6, place des Vosges (4e) ✆ 01 42 72 10 16 - M° Chemin Vert, Saint-Paul ou Bastille - www.maisonsvictorhugo.paris.fr

Ouvert du mardi au dimanche de 10h à 18h (dernière visite à 17h40). Collections permanentes gratuites.

C'est dans l'appartement du deuxième étage de l'hôtel de Rohan-Guéménée – dans lequel Victor Hugo a vécu de 1832 à 1848 avant son exil à Guernesey – que s'est installé ce musée. L'exposition permanente se construit autour de sa vie et de son œuvre. Ainsi, vous découvrirez sa vie avant, pendant et après son exil. Le fond du musée est impressionnant : de nombreuses éditions originales, des peintures et des sculptures, des dessins et des estampes, des photographies, des caricatures, ainsi que des objets et des pièces de mobilier ayant appartenu à Hugo. Des expositions temporaires sont régulièrement organisées aussi bien sur ce génie de la littérature que sur ses contemporains.

MÉMORIAL

MÉMORIAL DES MARTYRS DE LA DÉPORTATION

Square de l'Île-de-France (4e) ✆ 06 14 67 54 98 - Métro 4 - arrêts Cité ou Saint-Michel ; Métro 1 – arrêts Hôtel de Ville ou Saint-Paul ; Métro 10 – arrêt Maubert-Mutualité.

Ouvert tous les jours (sauf premier lundi du mois et certains jours fériés), de 10h à 17h-19h selon la saison.

Inauguré en 1962, ce mémorial a été conçu par l'architecte Georges-Henri Pingusson pour rendre hommage aux hommes, femmes et enfants déportés dans les camps de concentration nazis durant la Seconde Guerre mondiale. Constitué d'une crypte et de galeries, ce lieu atypique abrite notamment les restes d'un déporté inconnu, des urnes contenant de la terre provenant des camps et des cendres prélevées dans des fours crématoires. Émouvant. L'accès au mémorial des martyrs de la Déportation sera prochainement soumis à tarification. Plus d'information auprès de l'accueil du mémorial.

MUSÉE

LA MAISON EUROPÉENNE DE LA PHOTOGRAPHIE

5/7, rue de Fourcy (4e) ✆ 01 44 78 75 00 - M° Saint Paul, Pont-Marie ou Hôtel de Ville - https://www.mep-fr.org/

Mercredi et vendredi 11h-20h ; jeudi 11h-22h ; week-end 10h-20h. Entrée : 10 € (tarif réduit 6 €). Librairie.

Ce haut lieu de la photographie européenne a pour mission de diffuser et conserver la photographie contemporaine. La collection permanente couvre la fin des années 1950 à aujourd'hui, regroupant plus de quinze mille œuvres issues de la production photographique internationale (Robert Frank, Raymond Depardon, Irving Penn, Henri Cartier-Bresson...). Elle est complétée par de nombreuses expositions temporaires. La maison abrite également un auditorium où sont projetés des films et programmés des débats, ainsi qu'une bibliothèque et une vidéothèque de consultation.

ART & CULTURE

LE PAVILLON DE L'ARSENAL

21, boulevard Morland (4e)
✆ 01 42 76 33 97
M° Sully Morland
www.pavillon-arsenal.com

Ouvert du mardi au dimanche de 11h à 19h. Gratuit.

Abrité sous une grande halle métallique du XIXe siècle, au cœur du Paris historique, le Pavillon de l'Arsenal est l'espace vivant de toutes les disciplines urbaines. Attentif à la fabrication de la métropole, pionnier des architectures émergentes, le centre d'urbanisme et d'architecture de Paris et de la Métropole est un lieu d'échanges et de découverte gratuit et accessible à tous. Expositions, conférences, visites, ateliers jeune public, le Pavillon de l'Arsenal propose toute l'année, de nombreuses manifestations pour inviter tous les publics à comprendre la transformation de la ville telle qu'elle s'invente aujourd'hui. Sans oublier une jolie librairie !

MÉMORIAL

MÉMORIAL DE LA SHOAH

17, rue Geoffroy-l'Asnier (4e) ✆ 01 42 77 44 72 - M° Saint-Paul ou Pont Marie - www.memorialdelashoah.org

Du dimanche au vendredi de 10h à 18h. Nocturne le jeudi jusqu'à 22h. Gratuit. Accueil enfants. Visite guidée.

Le Mémorial de la Shoah propose une exposition permanente qui raconte l'histoire des juifs de France pendant la Seconde Guerre mondiale. En plus de cette partie musée, vous pourrez découvrir : la crypte où sont mêlées des cendres de victimes recueillies dans les camps de la mort et dans les ruines du ghetto de Varsovie ; le mur des Noms où s'affiche la liste des 76 000 juifs de France déportés, dont 11 000 enfants ; le mur des Justes (à l'extérieur) où l'on peut identifier les près de 3 000 personnes non juives qui ont contribué à sauver leurs frères. Le lieu organise également des expositions temporaires, rencontres, débats, conférences, projections et concerts. Immanquable.

EDIFICE RELIGIEUX

LA SYNAGOGUE DE LA RUE PAVEE

10, rue Pavée (4e)
✆ 01 48 87 21 54
M° Saint-Paul.

Ouvert toute l'année. Tous les jours. Gratuit.

Ce lieu de culte israélite a été bâti en 1913 pour l'association Agoudas Hakehilos dans les très proches environs de la rue des Rosiers. Conçu sur les plans d'Hector Guimard, le maître de l'Art nouveau, il présente une étonnante façade en béton, haute et étroite qui ne passe pas inaperçue dans les rues étroites du Marais. Cette impression de grandeur toute en ondulations est totalement caractéristique de ce style architectural alors très moderne dont cet architecte est une des figures marquantes. L'intérieur est tout aussi étonnant avec ses boiseries et décors végétaux.

© PHILIPPE GUERSAN

© PHILIPPE GUERSAN

10SIGN ARTISANAT PARIS

10, rue de Fourcy (4e) - M° Saint-Paul.
www.cma-paris.fr/boutique
Ouvert le lundi de 14h à 20h et du mardi au dimanche 10h-20h.

Cette initiative de la Chambre des Métiers et de l'Artisanat IDF-Paris a permis l'ouverture de l'une des boutiques les plus prisées du quartier Saint-Paul. Partant du principe que de très nombreux créateurs ne disposent pas de points de vente, l'organisme a décidé d'ouvrir une vaste et belle boutique proposant aux créateurs, qui changent régulièrement, d'y disposer d'un joli point de vente. Ainsi, des vêtements, accessoires de mode, aux bijoux en passant par le mobilier ou les objets de décoration, le choix est vaste, et les artisans, dont les passages ici sont toujours plébiscités, vous offrent une mise en scène de beaux produits artisanaux et le meilleur de leurs arts respectifs.

© PHILIPPE GUERSAN

© LÉA POUTRET

© PHILIPPE GUERSAN

TOUR

LA TOUR SAINT-JACQUES

Square de la Tour Saint-Jacques (4e) ✆ 01 78 90 26 67
M° Châtelet ou Hôtel de Ville - www.parisinfo.com

Sur réservation uniquement. Plein tarif (entrée + visite guidée) : 12 €. Tarif réduit : 10 €.

La vision de cette tour gothique au milieu d'un square en surprend plus d'un ! Vestige de l'église Saint-Jacques-de-la-Boucherie démolie lors de la Révolution, le clocher date du XVIe siècle, mais les statues qui l'ornent datent en réalité du début du XXe siècle. L'ascension des 320 marches est récompensée par une vue sur Paris incroyable. Le lieu, qui a fait l'objet d'une réfection complète il y a quelques années, brille de mille feux, surtout la nuit, et présente un profil reconnaissable entre tous. C'est un point de repère pour nombreux, qui marque le centre de la capitale. Entouré d'un joli jardin, qui offre un peu de répit dans ce quartier bouillonnant, l'édifice mérite bien un passage.

MONUMENTS & ÉDIFICES

LE COLLÈGE DES BERNARDINS

20, rue de Poissy (5e)
✆ 01 53 10 74 44
M° Cardinal-Lemoine ou Maubert-Mutualité
www.collegedesbernardins.fr

Accès à la nef gratuit du lundi au samedi de 10h à 18h. Accès aux expositions du lundi au vendredi de 9h à 18h.

Plongez au cœur de la montagne du savoir, en plein Quartier latin dans ce splendide collège du XIIIe siècle conçu sur le modèle architectural des abbayes cisterciennes. Inauguré il y a une dizaine d'années, ce centre culturel catholique propose des expositions, projections, concerts et rencontres. Construit pour former des jeunes moines venus de toute l'Europe, ce rare vestige des nombreux bâtiments scolaires qui abondaient dans le vieux Quartier latin présente une superbe grande nef gothique dotée de colonnes et d'ogives en son rez-de-chaussée.

MONUMENTS ANTIQUES

LES ARÈNES DE LUTÈCE

49, rue Monge (5e)
M° Cardinal-Lemoine ou Place Monge

Ouvert toute l'année. Tous les jours et les jours fériés. De 8h/9h à 18h/20h30, selon la saison. Gratuit. Aire de jeux

La ville de Paris s'élève sur les ruines de la belle Lutèce, ancienne cité commerciale de l'Empire romain, et les arènes en sont la preuve vivante. Rare vestige du royaume encore visible, cet amphithéâtre gallo-romain fut édifié au Ier siècle et redécouvert en 1869 lors du percement de la rue Monge. À l'époque, l'idée de sa destruction est avancée mais de nombreuses personnalités, dont Victor Hugo, se battent bec et ongles pour que le monument soit sauvegardé et restauré. C'est chose faite en 1910. En s'asseyant sur les gradins, on entendrait presque le son des armes qui s'entrechoquent, la ferveur de la foule ou encore la voix des acteurs récitant un de leurs fameux monologues.

EDIFICE RELIGIEUX

L'ÉGLISE SAINT-ETIENNE-DU-MONT

30, rue Descartes (5e) ✆ 01 43 54 11 79 - M° Cardinal Lemoine ou Jussieu. RER Luxembourg - www.saintetiennedumont.fr

Visites guidées : contacter la paroisse ou l'association Art, Culture et Foi (01 78 91 91 65).

La construction de l'église Saint-Etienne-du-Mont a commencé en 1492 et s'est terminée en... 1622 ! Le laps de temps entre le début et la fin des travaux a conduit à ce que l'église présente des caractéristiques à la fois du style gothique flamboyant et du style Renaissance. Unique à Paris, le jubé monumental qui s'y trouve est remarquable. Des vitraux et des sculptures d'origine sont également à voir, de même qu'un fragment du sarcophage qui recueillit les restes de Geneviève, la sainte patronne de Paris. A noter : Blaise Pascal et Racine reposent ici.

ECOLE / COLLÈGE / UNIVERSITÉ

LE COLLÈGE DE FRANCE

11, place Marcellin-Berthelot (5e) ✆ 01 44 27 12 11
M° Maubert – Mutualité - www.college-de-france.fr

Tous les enseignements sont libres d'accès et gratuits. Programme des conférences disponible en ligne.

La naissance en 1530 du Collège de France est due à François Ier qui, sollicité par l'humaniste François Budé, décida de créer une nouvelle structure d'enseignement supérieur qui ne serait pas contrôlée par l'Université de Paris. Aujourd'hui, les enseignants sont libres de délivrer des cours comme ils l'entendent, et l'accès est gratuit sans aucune préparation à un diplôme. Un lien étroit entre recherche et enseignement où les chaires tenues par les plus grands professeurs de l'enseignement secondaire français couvrent des domaines très variés : mathématiques, physique, chimie, biologie, histoire, archéologie, linguistique, orientalisme, philosophie, sciences sociales...

EDIFICE RELIGIEUX

LA GRANDE MOSQUÉE DE PARIS

2 bis, place du Puits de l'Ermite (5e)
✆ 01 45 35 78 17
M° Place Monge ou Jussieu.
www.grandemosqueedeparis.fr

Visites tous les jours 9h-18h, sauf les vendredis et jours de fêtes musulmanes. Entrée : 3 €. Tarif réduit : 2 €.

Découvrir le minaret de la Grande Mosquée de Paris (33 m de haut) fait toujours son effet. Elle a été construite dans les années 1920 par la République française en signe de reconnaissance envers les 100 000 soldats musulmans tués sous ses drapeaux durant la Première Guerre mondiale. Elle est bâtie en lieu et place de l'ancien hôpital de la Pitié. Implantée sur près d'un hectare, son architecture respecte les codes en vigueur dans les pays du Maghreb. Ici, vous êtes plongé dans un univers arabo-andalou : bois et pierres sculptées, mosaïques, patios, jardins, jets d'eau...

MUSÉE

INSTITUT DU MONDE ARABE

1, rue des Fossés-Saint-Bernard (5e) ✆ 01 40 51 38 38
M° Jussieu, Cardinal Lemoine ou Sully Morland - www.imarabe.org
Ouvert du mardi au dimanche de 13h à 18h. Gratuit jusqu'à 25 ans. Adulte : 8 €.

C'est une institution, née d'un dialogue entre l'Occident et l'Orient, et qui est devenue un lieu emblématique de la capitale. Elle est un symbole de tolérance, de paix, d'apprentissage et surtout d'histoire, en témoignent ses nombreuses expositions temporaires et la présence de conférenciers toute l'année, l'institut est en constante effervescence, à l'image de l'exposition « Habibi » qui se termine en février. Les contenus qu'elle propose sont passionnants et les murs qui les contiennent sont magnifiques : moucharabiehs, terrasse panoramique ou bibliothèque splendide sont autant de signes distinctifs forts de cet endroit, qui a (déjà) plus de trente ans maintenant.

PARC / JARDIN

MUSÉE DE LA SCULPTURE EN PLEIN AIR

11 Bis, Quai Saint Bernard (5e) - Métro Gare d'Austerlitz. Bus 63, 89.
https://www.parisinfo.com/
Ouvert toute l'année. Ouvert 24h/24. Gratuit.

Comment combiner flânerie en bord de Seine et découverte de grands noms de la sculpture comme César, Brancusi, Zadkine parmi tant d'autres ? Installé en 1980, ce musée en plein air a pris la place d'un projet d'aménagement de voie sur berge, et offre aujourd'hui aux visiteurs un site combinant à merveille nature et culture. Une trentaine d'œuvres exposées gratuitement sur une promenade d'environ 1 kilomètre très appréciée les jours de beau temps par les adeptes du pique-nique et les amateurs de sessions de danse salsa à ciel ouvert...

MUSÉE

MUSÉUM NATIONAL D'HISTOIRE NATURELLE

57, rue Cuvier (5e) ✆ 01 40 79 56 01 - M° Gare d'Austerlitz ou Censier-Daubenton - www.mnhn.fr
Expositions/Musées/Zoo/Manège. Programme en ligne. Tarifs disponibles sur le site internet. Label Tourisme et Handicap.

Le Muséum national d'Histoire naturelle vous propose de visiter à la fois une ménagerie, les galeries de Botanique, de Paléontologie ou d'Anatomie comparée et la Grande Galerie de l'Evolution. Le domaine que forme l'ensemble de ces sites est né du Jardin royal des plantes médicinales ici créé au XVIIe siècle. Une centaine d'années plus tard, le jardin s'enrichit de bâtiments consacrés à l'étude de la nature où se réunissent des savants. C'est sous la Révolution française qu'est véritablement fondé le Muséum, lequel abrite enseignants-chercheurs et leurs élèves.

MONUMENTS & ÉDIFICES

LE PANTHÉON

Place du Panthéon (5e) ✆ 01 44 32 18 00 - M° Cardinal-Lemoine ou RER Luxembourg - www.paris-pantheon.fr
7j/7. Du 01/10 au 31/03 : 10-18h (dernière entrée 17h15). Du 01/04 au 30/09 : 10-18h30 (dernière entrée 17h45). 11,50 €.

Dirigés par Jacques-Germain Soufflot dès 1758, les travaux du Panthéon s'achevèrent en 1793. Le décor de l'édifice vaut le détour : les peintres académiques Puvis de Chavannes, Gros ou Cabanel ont été mandatés pour le réaliser. C'est à partir de 1885 que le Panthéon est devenu le lieu de culte que l'on connaît aujourd'hui. De nombreuses grandes personnalités de l'histoire française y reposent ! Le premier « grand homme » à y être entré est Victor Hugo. Parmi les personnalités figurent : Voltaire, Rousseau, Jean Moulin et Simone Veil. Le dôme a été en travaux de rénovation pendant plusieurs années grâce au financement participatif. Aujourd'hui, vous pouvez de nouveau l'admirer.

ECOLE / COLLÈGE / UNIVERSITÉ

LA SORBONNE

1, rue Victor-Cousin (5e) ✆ 01 40 46 22 11 - M° Cluny-La Sorbonne ou RER B Luxembourg - www.paris-sorbonne.fr
L'université n'est pas accessible au public. Visites guidées : inscription obligatoire par mail. Tarifs : 15 € (TR 7 €).

Fondée par Robert de Sorbon au XIIIe siècle, le collège de ce théologien est devenu une célébrissime université. Mais on est aujourd'hui très loin de l'époque où cet éminent professeur donnait cours à un parterre d'étudiants, assis à même le sol, dans la rue. Aujourd'hui, il ne reste plus que la chapelle Sainte-Ursule, construite au XVIIe siècle sur ordre du cardinal Richelieu. Celui-ci est honoré par un monument funéraire à l'intérieur de ce bel édifice de style classique dessiné par Jacques Lemercier. Le reste des constructions datent principalement du XIXe siècle, et méritent une visite. Attention, renseignez-vous sur internet en amont pour obtenir les dates.

MONUMENTS ANTIQUES

LES THERMES DU MUSEE DE CLUNY

6, place Paul-Painlevé (5e) ✆ 01 53 73 78 16
M° Cluny - La Sorbonne - www.musee-moyenage.fr
Visite guidée des thermes antiques et ses galeries souterraines. Durée : 1h. Réservation en ligne.

Les vestiges des thermes du nord de Lutèce font partie des sites conservés les plus impressionnants d'Europe du Nord. Cet ensemble de grands thermes publics (situé entre l'actuel boulevard Saint-Germain et la rue des Ecoles, et du boulevard Saint-Michel au centre de la cour du musée du Moyen Age), nous plonge dans les temps où Paris était encore Lutèce... A l'époque, ces thermes s'étalaient sur plusieurs hectares. Ce parcours à travers les galeries souterraines permet de comprendre le rôle et le fonctionnement des bains publics il y a 2 000 ans. Epoustouflant !

LE PATRIMOINE À L'HONNEUR

5E - 6E

EDIFICE RELIGIEUX

LE VAL-DE-GRACE

1, place Alphonse-Laveran (5e) ✆ 01 40 51 40 91
RER Port-Royal
www.valdegrace.org

Entrée libre. Messe dominicale le dimanche à 11h sauf au mois d'août.

C'est à la naissance de son fils Louis Dieudonné tant attendu que la reine Anne d'Autriche, épouse de Louis XIII, fit vœu de construire et d'offrir à Dieu un « temple magnifique » qui compose encore aujourd'hui l'ensemble du Val de grâce. Conçus par l'illustre architecte François Mansart, les bâtiments sont sortis de terre entre 1624 et 1669. Dans l'église, tout en pierre blonde, on retrouve une coupole peinte par Mignard et six tableaux de Philippe de Champaigne. C'est à partir de la Révolution que le couvent a commencé sa fonction d'hôpital militaire. Le cloître du Val-de-Grâce abrite quant à lui un musée qui présente l'histoire du service de santé des armées.

EDIFICE RELIGIEUX

L'ÉGLISE SAINT-GERMAIN-DES-PRÉS

3, place Saint-Germain-des-Prés (6e) ✆ 01 55 42 81 18 - Mº Saint-Germain-des-Prés - www.eglise-saintgermaindespres.fr

Mardi, jeudi et troisième dimanche du mois à 15h. Gratuit. Visites guidées 14-17h30. Groupes : réservation obligatoire.

Propriétaire d'un vaste domaine agricole, l'abbaye de Saint-Germain-des-Prés a connu une longue existence, du VIe siècle jusqu'à la Révolution française. Il n'en reste plus aujourd'hui que le palais abbatial (XVIe siècle ; rue de l'Abbaye) et l'église. L'église accueille à dates variables des concerts de musique classique, religieuse ou profane gratuits ou payants. Les concerts payants se tiennent habituellement le jeudi ou le vendredi. Les concerts à entrée libre (récital d'orgue par les organistes de Saint-Germain-des-Prés) ont lieu le dernier dimanche du mois.

ECOLE / COLLÈGE / UNIVERSITÉ

ÉCOLE NATIONALE SUPÉRIEURE DES BEAUX-ARTS DE PARIS

14, rue Bonaparte (6e) ✆ 01 47 03 50 63 - Mº Saint-Germain-des-Prés ou Pont-Neuf - https://beauxartsparis.fr/fr

Expositions temporaires. Programme en ligne. Billetterie responsable : 2, 5 ou 10 € au choix.

Avec plus de 200 ans d'existence, l'Ecole nationale des Beaux-Arts de Paris concentre deux siècles d'enchantement et de création. Située à l'emplacement du couvent des Petits Augustins en bord de Seine, l'école est accessible lors des expositions et des événements organisés toute l'année. L'entrée se trouve sur le quai Malaquais en bord de Seine. A l'intérieur, le visiteur peut traverser la salle Melpomène, admirer l'église des Petits-Augustins ainsi que le cloître attenant, tomber sous le charme de la cour vitrée du Palais des études et de l'amphithéâtre d'honneur.

MUSÉE

MUSÉE D'HISTOIRE DE LA MÉDECINE

12, rue de l'Ecole-de-Médecine (6e) ✆ 01 40 46 16 93 - Mº Odéon.

Ouvert du lundi au samedi de 14h à 17h30 (fermé le jeudi). Tarif : 3,50 €. Réduit : 2,50 €. Fermé les jours fériés.

Situé au deuxième étage du siège de l'université René Descartes, cet étonnant petit musée fut inauguré dans les années 50 pour les professeurs et étudiants de la faculté de médecine, il n'ouvre ses portes au public qu'en 1994. Installé dans une salle au décor boisé, on y découvre une collection d'instruments anciens de chirurgie et divers matériels de médecins ou de physiologistes. Les plus récentes pièces présentées remontent à la fin du XIXe siècle. Vous pouvez voir aussi des tableaux, dessins, gravures, lithographies, photographies, autographes, ainsi que des ex-libris.

EDIFICE RELIGIEUX

ÉGLISE SAINT-SULPICE

Place Saint-Sulpice (6e) ✆ 01 42 34 59 98
Mº Saint-Sulpice ou Mabillon.
www.paroissesaintsulpice.paris

Tous les jours de 8h-19h. Permanence le samedi (14h30- 17h30) pour les visites guidées. Détail sur le site web. Gratuit.

Cette vaste église a commencé à être construite au XVIIe s. sur les bases d'un édifice du XIIe. Caractérisée par une façade monumentale, œuvre de Jean-Nicolas Servandoni, elle se compose de deux portiques de styles différents (dorique et ionique) et de deux tours asymétriques, l'une n'ayant pas été terminée. L'intérieur a été richement décoré au XIXe s., notamment par le peintre Eugène Delacroix. A voir également, une sculpture de la Vierge de Pigalle et le gnomon. Le gnomon est un obélisque en marbre formé d'une tige verticale projetant l'ombre du soleil ou de la lune sur un écran horizontal, permettant ainsi de mesurer leur hauteur au-dessus de l'horizon.

MUSÉE

MUSÉE DE LA MONNAIE DE PARIS

11, quai Conti (6e) ✆ 01 40 46 56 66 - Mº Odéon ou Pont-Neuf
www.monnaiedeparis.fr

Ouvert mardi et du jeudi au dimanche 11h-18h ; mercredi 11h-21h. Gratuit -26 ans. Visite musée 12 €, réduit : 8 €.

Créée en 864 pour exercer la mission régalienne de frappe monétaire, la Monnaie de Paris réalise toujours monnaies de collection, médailles, décorations et fontes d'art. Dans le cadre du projet « MétaLmorphoses », le Musée du 11 Conti a été inauguré en septembre 2017. Au cours de cette expérience multisensorielle, les artisans vous invitent à découvrir leurs savoir-faire multiséculaires à travers des fenêtres sur les ateliers d'art. Le métal de l'état brut au produit fini, l'évolution des techniques pour le travailler, et les collections sont présentées de manière ludique.

MUSÉE

LE MUSÉE DU LUXEMBOURG

19, rue Vaugirard (6e) ✆ 01 40 13 62 00 - M° Saint-Sulpice / Rennes / Odéon ou RER Luxembourg. - www.museeduluxembourg.fr

Ouvert tous les jours de 10h30 à 19h (nocturne le lundi jusqu'à 22h). Tarif : 13 €, réduit : 9 €. Audioguides : 5 €.

C'est lors de la construction du palais du Luxembourg par Marie de Médicis au XVIIe siècle que la reine demande à ce qu'une galerie soit spécialement conçue pour y exposer des œuvres d'art. Celle-ci voit le jour en 1750 et devient le premier musée français ouvert au public. La vocation du lieu était donc déjà établie... Il sera ensuite attribué au Sénat au début du XIXe siècle, qui fera bâtir le bâtiment abritant aujourd'hui le musée. Situé en bordure du parc, il rouvre en 2012 après des travaux d'aménagements commandés par les Musées Nationaux, qui gèrent le site. Depuis, le musée accueille deux expositions événements par an, un salon de thé Angelina et des ateliers pédagogiques.

MUSÉE

MUSÉE NATIONAL EUGÈNE DELACROIX

6, rue Furstenberg (6e) ✆ 01 44 41 86 50
M° Saint-Germain-des-Prés ou Mabillon
www.musee-delacroix.fr

Du mercredi au lundi de 9h30 11h30 et de 13h à 17h30. Nocturne jusqu'à 21h chaque 1er jeudi du mois. Adulte : 7 €.

Il est toujours troublant de découvrir l'intimité d'un artiste... C'est le cas ici, dans ce musée installé dans l'appartement où Eugène Delacroix termina sa vie. Une fois passé le porche de l'immeuble sur la rue Furstenberg, vous n'aurez qu'à monter jusqu'à l'appartement pour plonger dans l'univers de cet artiste majeur, flambeau du romantisme révolutionnaire. Là, vous pourrez y découvrir les petits objets de son quotidien, quelques trésors de sa collection et des œuvres répartis entre les pièces de vie, le jardin et l'atelier du peintre français.

LIEU DE MÉMOIRE

HÔTEL NATIONAL DES INVALIDES

129, rue de Grenelle (7e) ✆ 01 44 42 37 72
M° Invalides ou Varenne - www.musee-armee.fr

Tous les jours : 10h-18h. Tarif plein 14 € (tous espaces de visite compris). Tarif réduit 11 €. Gratuit sous condition.

L'hôtel des Invalides a été fondé sur ordre de Louis XIV afin que les soldats soient soignés et que les plus âgés trouvent ici accueil pour une retraite bien méritée. Le chantier dure de 1670 à 1674. Deux ans plus tard sont construites les églises Saint-Louis et du Dôme par Jules Hardouin-Mansart. Dans cette église, vous pourrez voir le tombeau de Napoléon Ier. Le site gigantesque dédié à la défense de l'État français s'est aujourd'hui transformé en musée : le musée de l'Armée, l'historial de Gaulle, le musée des Plans-Reliefs et le musée de l'Ordre de la Libération.

MUSÉE

MUSÉE D'ORSAY

1, rue de la Légion-d'Honneur (7e) ✆ 01 40 49 48 14
M° Solferino ou RER Musée d'Orsay - www.musee-orsay.fr/fr

Ouvert le mardi, le mercredi et du vendredi au dimanche de 9h30 à 18h (nocturne le jeudi jusqu'à 21h45). Adulte : 16 €.

En 2011, des travaux de rénovation ont été réalisés. Pour la galerie consacrée aux impressionnistes, l'architecte Jean-Michel Wilmotte a conçu un écrin gris foncé qui rappelle les intérieurs bourgeois où les tableaux étaient exposés en leur temps. Des bancs en verre massif dessinés par Tokujin Yoshioka y ont été installés. Le même Wilmotte a également transformé la salle des Colonnes en un espace dévolu à des expositions temporaires. Dominique Brard a de son côté créé cinq niveaux d'exposition dans le pavillon Amont, lequel est dédié aux Arts décoratifs, aux peintures grand format et aux décors peints par les artistes nabi. À visiter, tant pour ses collections que son bâtiment !

MUSÉE

LE MUSÉE DES ÉGOUTS DE PARIS

Face au, 93 Quay d'Orsay (7e)
✆ 01 53 68 27 81
M° Alma Marceau.
https://musee-egouts.paris.fr/

Ouvert du mardi au dimanche de 10h à 17h (dernier accès 16h). Tarif : 9 € ; Réduit : 7 €.

Fermé depuis 2018, le musée des égouts de Paris a enfin rouvert et mérite une visite. C'est l'un des musées les plus insolites de la capitale. A travers des galeries aménagées, il vous fait découvrir une partie du réseau des égouts de Paris et vous permet de comprendre comment fonctionne ce système de collectage des eaux usées grâce à des maquettes et d'authentiques machines utilisées quotidiennement. Véritable ville sous la ville, on y découvre avec stupeur un réseau moderne et admirablement bien conçu sur un parcours de 500 mètres à 3 mètres de profondeur.

MUSÉE

MUSÉE DU QUAI BRANLY - JACQUES CHIRAC

37, quai Branly (7e) ✆ 01 56 61 70 00 - M° Alma Marceau, Bir Hakeim ou RER Pont de l'Alma - www.quaibranly.fr

Ouvert du mardi au dimanche, nocturne le jeudi. Tarif : 12 € pour collections permanentes + temporaires. Réduit : 7 €.

Le bâtiment de Jean Nouvel expose sa silhouette face à la Seine, couleur de terre, de feu, de bois, une étonnante masse de métal et de verre. Le jardin est conçu comme un musée végétal : 18 000 m² de sentiers, de petites collines, de chemins dallés de pierre, de torrents, de bassins, 169 arbres et une trentaine d'espèces végétales. Hologrammes, projections sur les murs, sons, jeux de lumière, artefacts, les trésors sont nombreux. Dans un dédale organique, les néophytes découvriront chefs-d'œuvre et objets divers, installés par continent selon une scénographie bien pensée.

MONUMENTS & ÉDIFICES

LA TOUR EIFFEL

Champ-de-Mars (7e) ✆ 08 92 70 12 39
M° Bir-Hakeim ou Trocadéro - www.toureiffel.paris/fr
Tarifs et horaires disponibles en ligne. Ouvert de 9h à 0h45 selon les périodes.

La tour construite par Gustave Eiffel pour l'exposition universelle de 1889 s'élève toujours au cœur de Paris. Les pieds du bâtiment coïncident avec les quatre points cardinaux et pèsent plus de 10 000 tonnes. La Tour culmine à plus de 320 m depuis 1957, date à laquelle est hissée l'antenne de diffusion de la télévision française. Depuis le deuxième étage, situé à 115 m au-dessus du sol, on estime que l'on peut voir par temps clair jusqu'à 55 km au sud, 60 au nord, 65 à l'est et 70 à l'ouest. Le troisième étage est un espace fermé ponctué de tables d'orientation, mais pourvu d'un étage supérieur, totalement ouvert, avec la plus belle vue de la capitale. À couper le souffle.

MUSÉE

GALERIE DIOR

11, rue François 1er (8e) ✆ 01 82 20 22 00
www.galeriedior.com
Tous les jours sauf le mardi : 11-19h. Réservation en ligne obligatoire. Fermé : 01/01, 01/05, 25/12. Plein tarif 12 €.

Si vous n'avez jamais eu l'occasion d'aller visiter la superbe maison de Monsieur Christian Dior à Granville, vous pourrez dorénavant faire cap sur le VIIIe arrondissement de Paris plutôt que la Normandie pour admirer toute l'étendue de son œuvre. Une pure merveille valorisée par une scénographie inédite et absolument remarquable. Ce nouveau musée, situé dans l'hôtel particulier du créateur dans le 8e arrondissement – là même où celui-ci avait installé ses premiers ateliers – vous plongera dans l'univers de la célébrissime marque de mode au sein d'un superbe espace qui rassemble entre autres modèles, photographies, croquis originaux, accessoires... *On adiore* !

MONUMENTS ANTIQUES

ARC DE TRIOMPHE

Place Charles de Gaulle (8e) ✆ 01 46 33 98 38
M° Charles-de-Gaulle-Etoile. - www.paris-arc-de-triomphe.fr
Ouvert toute l'année. Adulte : 13 €. Groupe (20 personnes) : 11 €. Label Tourisme & Handicap.

En plein cœur de la place de l'Étoile, l'Arc de Triomphe offre de magnifiques perspectives : à l'est les Champs-Élysées et le Louvre ; à l'ouest le quartier de La Défense et sa Grande Arche. Commandé par Napoléon Ier pour rendre hommage aux armées françaises, sa construction prendra 30 ans et s'achèvera en 1836, sous le règne de Louis-Philippe. Haut de 50 mètres, il est décoré de hauts et bas-reliefs sculptés par une cinquantaine d'artistes et les noms de généraux et victoires emportées par les armées révolutionnaires ou impériales y sont notés. À découvrir : le musée qui retrace son histoire, la tombe du Soldat inconnu sous le monument et la vue panoramique sur Paris depuis la terrasse.

MONUMENTS & ÉDIFICES

HÔTEL DE LA MARINE

2, place de la Concorde (8e) - M° Concorde.
www.hotel-de-la-marine.paris
Ouvert tous les jours de 10h30 à 19h, le vendredi jusqu'à 21h30. Tarif : 9,50 € (salon & loggia), 17 € (appartements).

Après des années de rénovation, cet immense palais érigé sous Louis XV, ancien garde-meuble du Roi, puis ministère de la Marine pendant 226 ans, a retrouvé son lustre. Il est depuis quelques mois ouvert à la visite, constituant l'un des témoignages les plus spectaculaires de l'architecture du XVIIIe siècle. Vous découvrez ici, à l'aide d'un casque connecté, les salons d'apparat, la loggia surplombant la place de la Concorde et les appartements des intendants. Les œuvres de la collection Al-Thani font l'objet d'expositions admirables. Plusieurs parcours sont proposés, de 45 minutes à 1h30, ce dernier est vivement conseillé, tout comme la réservation de cette visite très prisée, à juste titre.

EDIFICE RELIGIEUX

CHAPELLE EXPIATOIRE

29, rue Pasquier (8e) ✆ 01 42 65 35 80
M° Saint-Augustin ou Havre-Caumartin
www.chapelle-expiatoire-paris.fr
Du mardi au samedi 10h à 12h30 et 13h30 à 18h30 (avril à septembre). Du mercredi au samedi jusqu'à 17h (octobre à mars).

Commandée par Louis XVIII en 1815, la Chapelle expiatoire est le témoin des heures sombres de l'histoire lors de la Révolution et de la Terreur. En effet, son emplacement n'est pas anodin et elle a été érigée sur l'ancien cimetière de la Madeleine, où Louis XVI et Marie-Antoinette ont été inhumés, en premier lieu, avant que leurs dépouilles ne soient transférées à la Basilique Saint-Denis. Aujourd'hui, ce monument de style néo-classique se visite et est un véritable lieu de pèlerinage pour certains, notamment le 21 janvier, date anniversaire de la mort du roi. A noter, le petit jardin qui l'entoure est particulièrement agréable pour un pique-nique aux beaux jours.

TOUR

PETIT PALAIS

Avenue Winston-Churchill (8e) ✆ 01 53 43 40 00
M° Champs-Élysées Clemenceau - www.petitpalais.paris.fr
Du mardi au jeudi, le samedi et le dimanche de 10h à 18h ; le vendredi de 10h à 21h. Tarif variable selon les expos.

Comme son voisin le Grand Palais, il a été construit pour l'Exposition universelle de 1900 sur les plans de Charles Girault. Ce superbe écrin permet de découvrir une riche collection d'œuvres d'une grande diversité. Elle présente de superbes bronzes antiques, des objets d'art de la Renaissance, des icônes, des peintures flamandes et hollandaises, mais aussi de jolies estampes (Rembrandt, Goya...), des tapisseries, des meubles, de la faïence, de très belles porcelaines... Le Petit Palais regorge de trésors ! De plus, des expositions temporaires sont régulièrement organisées. Vous y trouverez aussi un charmant petit jardin et un café où passer un moment de détente agréable.

EDIFICE RELIGIEUX

LA GRANDE SYNAGOGUE DE PARIS

44, rue de la Victoire (9e) ✆ 01 45 26 95 36
M° Le Peletier ou Notre-Dame-de-Lorette - www.lavictoire.org
Ouvert toute l'année. En dehors des offices et pour les touristes de passage, téléphoner au 01 45 26 95 36. Gratuit.

Édifiée entre 1867 et 1874 par l'architecte Alfred-Philibert Aldrophe, la Grande Synagogue de Paris est le résultat d'un mélange de deux styles : le roman et le byzantin. Cet assemblage de genres donne à ce lieu une véritable personnalité, l'alchimie est particulière. Au sein de ce spectaculaire lieu de culte, on trouve entre autres une série de douze vitraux symbolisant les tribus d'Israël. Témoin de l'histoire de la communauté juive parisienne depuis le XIXe siècle, elle a vécu les heures sombres de l'Occupation. Elle ne retrouva son lustre qu'en 1967.

PALAIS

L'OPÉRA NATIONAL DE PARIS - PALAIS GARNIER

Angle des rues Scribe et Auber (9e) ✆ 08 92 89 90 90 - M° Opéra. - www.operadeparis.fr
Ouvert tous les jours de 10h à 17h. Spectacles de septembre à juillet.

Le chef-d'œuvre de Charles Garnier, construit entre 1852 et 1870, présente des spectacles lyriques et chorégraphiques. Admirez les groupes sculptés de la façade représentant les arts de la musique instrumentale, le drame lyrique, la célèbre *Danse* de Carpeaux, sans oublier le superbe plafond de Chagall. La salle, dominée par les couleurs rouge et or, bénéficie d'un immense lustre de cristal – 8 tonnes ! – et d'un plafond peint par Marc Chagall en 1964. La visite est un immanquable, que vous arpentiez les monumentales coulisses, les lieux de réception ou la grande salle.

MUSÉE

MUSÉE DE LA VIE ROMANTIQUE

16, rue Chaptal (9e) ✆ 01 55 31 95 67 - M° Grands Boulevards
www.museevieromantique.paris.fr
Ouvert du mardi au dimanche de 10h à 18h. Accès aux collections permanentes gratuit. Expositions temporaires payantes.

Nous sommes ici dans l'atelier du peintre Ary Scheffer. Cette maison abrite aujourd'hui le musée de la Vie romantique. Les collections permanentes y regroupent nombres d'objets et d'œuvres d'art rappelant les grandes heures du village de la butte Montmartre. Tout cela évoque Frédéric Chopin, les vers sublimes de Charles Baudelaire ou les inspirations romanesques de Victor Hugo. Des expositions temporaires sont régulièrement organisées, comme celle dédiée aux femmes artistes au XIXe siècle lors de notre dernière venue. Un joli salon de thé est également à votre disposition.

MUSÉE

MUSÉE DU PARFUM, COLLECTION FRAGONARD

3-5, square de l'Opéra-Louis Jouvet (9e) ✆ 01 40 06 10 09
musee-parfum-paris.fragonard.com
Ouvert toute l'année. Du lundi au samedi de 10h à 19h. Visite guidée gratuite.

Ce musée du parfum séduit bien évidemment les amateurs de fines fragrances. Derrière ce parcours passionnant, plane l'odeur de la renommée Parfumerie Fragonard, maison familiale fondée en 1926 à Grasse. Les collections présentées dans le musée furent rassemblées à partir des années 1960 par Jean-François Costa, père des actuelles dirigeantes, Françoise et Agnès Costa. Les lieux se prêtent à un tel déploiement : le musée est installé dans l'ancien Eden Théâtre, restructuré pour accueillir le musée, et s'est même étendu jusqu'à la rue Scribe. La visite est gratuite.

MUSÉE

MUSÉE GRÉVIN

10, boulevard Montmartre (9e) ✆ 01 47 70 85 05
M° Grands Boulevards - www.grevin-paris.com
Lundi-vendredi : 10-18h. WE + vacances : 9h30-19h. Billet adulte non daté : 25 € et daté : 20 €. Enfant : 18,50 ou 16 €.

Situé en plein cœur de la capitale, le Musée Grévin vous promet des souvenirs uniques à partager en famille ou entre amis. Il est mondialement connu, et son seul nom évoque les immanquables statues de cire, plus vraies que nature. Vous pourrez découvrir ses décors thématiques et vous prendre en photo avec plus de 200 célébrités plus vraies que nature : de George Clooney à Omar Sy, de Lady Gaga au Pape François, de M.Pokora à Nolwenn Leroy ou encore de Louis XIV à Mozart… Ils sont tous là ! Une valeur sûre de la capitale, et qui sait se renouveler régulièrement. Notez enfin qu'une visite guidée pour les enfants est proposée, ainsi qu'un monde imaginaire, propice à l'imagination.

MUSÉE

MUSÉE NATIONAL GUSTAVE MOREAU

14, rue de la Rochefoucauld (9e) ✆ 01 48 74 38 50
M° Trinité ou Saint-Georges - www.musee-moreau.fr
Ouvert du mercredi au lundi de 10h à 18h. Adulte : 7 €. Tarif réduit : 5 €. Gratuit pour les moins de 26 ans.

L'appartement-atelier de Gustave Moreau a retrouvé tout le charme et la poésie que le propriétaire des lieux avait si patiemment imaginés et mis en place pour ce lieu où l'art de ce symboliste apparaît *tout d'un coup et tout entier* comme il le disait si bien. C'est donc un musée qui a fait peau neuve, et qui propose tout l'univers de Gustave Moreau, peintre onirique, profondément sensible, qui s'ouvre au visiteur. L'occasion de découvrir un art qui puise ses références chez les maîtres de la Renaissance mêlées adroitement à la nouvelle manière de peindre du XIXe siècle.

MUSÉE

L'ATELIER DES LUMIÈRES

38, rue Saint-Maur (11e) ✆ 01 80 98 46 00 - M° Rue Saint-Maur
www.atelier-lumieres.com

Lundi-jeudi : 10-18h. Nocturnes : vendredi, samedi (22h) et dimanche (19h). Été : lundi-samedi 10-20h, dimanche 10-19h.

Incroyable et plébiscité par le public depuis son ouverture il y a plus de quatre ans, cet atelier des lumières vous propose de découvrir les œuvres d'artistes aux moyens d'une expérience immersive et sensorielle unique. Des vidéoprojecteurs par dizaines et une installation sonore absolument incroyable vous permettent de voir des œuvres quasiment vivantes, qui évoluent sous vos yeux et vous procurent des sensations uniques. Le lieu, dont les dimensions sont immenses, se prête à ces expérimentations, et chacun ressort de l'endroit l'esprit plein d'étoiles. Dernières thématiques proposées : Cézanne et Kandinsky. On ne vous en dira pas plus, si ce n'est que c'est absolument immanquable.

MUSÉE

MUSÉE DES ARTS FORAINS

53, avenue des Terroirs-de-France (75012) ✆ 01 43 40 16 22 - M° Cour Saint-Emilion - www.arts-forains.com

Visite uniquement sur réservation. Durée : 1h30. Adulte : 18 €. Enfant (de 4 à 11 ans) : 12 €.

Débordant de nostalgie et de féerie, tel est le Musée des Arts Forains. Situé dans les pavillons de Bercy, au sein d'un chai de 1900, le lieu est un hommage aux manèges et attractions foraines de ces deux derniers siècles. La règle d'or de cette visite animée est d'ouvrir grand les yeux en se laissant guider par les acteurs qui vous livreront des commentaires instructifs et amusants. Petits et grands s'émerveilleront de cette étonnante collection de babioles et de spectacles musicaux. Cette parenthèse enchantée a un certain coût, et ne se visite que sur réservation. Autre possibilité : les Journées européennes du patrimoine. Moralité : restez en alerte, car la visite vaut le coup !

MONUMENTS & ÉDIFICES

CIRQUE D'HIVER BOUGLIONE

110, rue Amelot (11e) ✆ 01 47 00 28 81 - M° Filles du Calvaire ou Oberkampf - www.cirquedhiver.com

Visite du musée tarif : 20 €. Spectacle Cirque Bouglione tarif : de 22 € à 64 €.

Ce beau bâtiment polygonal est le dernier cirque construit en dur, et non avec un chapiteau. Il est acheté en 1934 par les célèbres frères Bouglione. Le plateau circulaire de ce magnifique « théâtre » est régulièrement utilisé par de nombreux artistes non circassiens. Mais le cirque y règne avec éclat, grâce au savoir-faire ancestral de la famille Bouglione qui recrute des artistes d'exception dans le monde entier pour faire de ces spectacles des moments rares. Le musée présente la collection de la famille Bouglione, qui regorge de costumes de scène impressionnants, des photos insolites et surtout d'anciennes affiches reflétant la magie de ce monde qui attire toujours autant de visiteurs.

MUSÉE

LA FONDATION CARTIER POUR L'ART CONTEMPORAIN

261, boulevard Raspail (75014) ✆ 01 42 18 56 50
M° Raspail ou Denfert-Rochereau - www.fondationcartier.com

Ouvert du mardi au dimanche de 11h à 20h (nocturne le mardi jusqu'à 22h). Plein tarif : 11 €.

Peinture, sculpture, photographie, arts numériques, performance, mode, cinéma... Toutes les formes sont explorées dans plusieurs espaces d'un bâtiment qui est une œuvre d'art en soi. Il a été dessiné par Jean Nouvel pour cette fondation qui permet au célèbre joaillier de pratiquer le mécénat. Devant sa façade de verre et de métal, où est implanté un mur végétal de Patrick Blanc, s'élance un cèdre du Liban planté ici par Chateaubriand. À l'intérieur, vous avez des salles modulables, certaines lumineuses grâce à de vastes baies, et d'autres plus intimes.

BÂTIMENT PUBLIC / HÔTEL DE VILLE

MINISTÈRE DE L'ÉCONOMIE ET DES FINANCES

139, rue de Bercy (75012) ✆ 01 40 04 04 04 - M° Bercy
www.economie.gouv.fr

Visites gratuites du lundi au vendredi, sur rendez-vous, à 10h ou à 14h30. Durée : 2 heures.

La construction de ce gigantesque ministère faisait partie des grands projets du président François Mitterrand. Inauguré en 1988, il se compose de cinq bâtiments. Ceux que l'on nomme Colbert, Vauban et Necker ont été conçus par Paul Chemetov et Borja Huidobro, tandis que les immeubles Sully et Turgot sont de Louis Arretche et Roman Karasinsky. Une visite guidée complète qui, après présentation de l'histoire du bâtiment et de l'organigramme du ministère, propose un accès à la cour d'honneur, aux espaces des ministres, au salon d'honneur ainsi que la salle à manger.

CIMETIÈRE

LE CIMETIÈRE DU MONTPARNASSE

3, boulevard Edgar-Quinet (75014) ✆ 01 44 10 86 50
M° Edgar Quinet ou Raspail - www.paris.fr

Ouvert toute l'année. Tous les jours de 8h à 17h30. Gratuit. Visite guidée.

Ce cimetière a vu le jour au début du XIXe. Situé sur d'anciennes fermes et sur la nécropole des religieux de Saint-Jean-de-Dieu, il perdure de cet héritage une des tours des nombreux moulins à farine du XVIIIe s. Beaucoup de personnalités se sont offert une tombe dans ce cimetière aujourd'hui peu fréquenté par les touristes. Beaucoup d'artistes y ont également une sépulture : Zadkine, Baudelaire, Beckett, Sartre, Maupassant, Gainsbourg... souvent la raison de la visite. Notons cette particularité : le cimetière est traversé par une rue, la rue Emile-Richard.

© MUSÉE MÉLIÈS

© MUSÉE MÉLIÈS

MUSÉE

MUSEE MELIES

51, rue de Bercy (75012)
✆ 01 71 19 33 33 - M° Bercy.
Ouvert le lundi & du mercredi au vendredi 12h-19h, week-end 11h-20h. Adulte : 10 €. 18/25 ans : 7,50 €. -18 ans : 5 €.

Magicien et inventeur des premiers trucages au cinéma, Georges Méliès est un personnage dont les influences sont capitales, ouvrant au cinéma les portes du rêve, de la peur et de la fiction. Expérimentez les inventions de ce génial précurseur et parcourez l'histoire du cinéma au travers du prisme des effets spéciaux. Un moment hors du temps, une exploration unique qui ravira petits et grands, un lieu à découvrir absolument.

© MUSÉE MÉLIÈS

© MUSÉE MÉLIÈS

© MUSÉE MÉLIÈS

MUSÉE

INSTITUT GIACOMETTI

5, rue Victor-Schoelcher (75014) ✆ 01 44 54 52 44
M° Denfert-Rochereau - www.fondation-giacometti.fr
Ouvert du mardi au dimanche de 10h à 18h. Adulte : 8,50 €, enfant : 3 €.

Inauguré en 2018 et installé dans un bel hôtel particulier classé de style Art déco, l'Institut Giacometti, est le lieu de référence parisien dédié à l'artiste. Ici, une programmation d'expositions temporaires aux thèmes originaux permet de mieux comprendre l'œuvre de l'artiste. L'Institut, lumineux, apaisant et à taille humaine, est l'écrin parfait pour sublimer les œuvres de Giacometti. Un des plus beaux espaces est sans doute la présentation permanente de l'atelier d'Alberto Giacometti qui saisit le visiteur dès l'entrée de l'Institut. On y découvre tous les éléments conservés par la veuve de l'artiste : impressionnant et évidemment unique ! Encore peu connu, le lieu mérite une visite.

TOUR

TOUR MONTPARNASSE 56

33, avenue du Maine (75015) ✆ 01 45 38 52 56
M° Montparnasse-Bienvenüe
www.tourmontparnasse56.com
Tous les jours de 11h à 22h30. Adulte : 17 € (12-18 ans : 12 €). Restauration.

Si vous voulez voir Paris sous un angle inédit, découvrir ses richesses d'en haut, le tracé de ses rues, le foisonnement de ses espaces verts, alors il vous faut monter à l'observatoire panoramique de la tour Montparnasse, et découvrir tout cela depuis son étage panoramique et sa terrasse. Cet exceptionnel point de vue sur Paris, à 200 m d'altitude, vous fera découvrir les monuments et quartiers parisiens : au premier chef la tour Eiffel, qui vous paraîtra toute proche au milieu du rectangle vert du Champ de Mars, mais aussi les Invalides, Notre-Dame, le Sacré-Cœur, le jardin du Luxembourg, le Palais du Louvre. De lourds travaux de rénovation devraient débuter prochainement.

OUVRAGE D'ART

LE PONT DE BIR-HAKEIM

Quai de Grenelle et quai Branly (75015)
M° Passy ou Bir-Hakeim, RER Champ-de-Mars - Tour Eiffel

Longtemps appelé viaduc de Passy, cet ouvrage a été rebaptisé du nom de la victoire emportée en 1942 par les Forces françaises libres, en Libye. Inauguré en 1905, il a la particularité d'être surmonté d'un viaduc où passe la ligne 6 du métro. Sur la rive droite, celui-ci fait un arrêt à la station Passy qui est située au débouché d'un tunnel percé dans le flanc de la colline de Chaillot. On est toujours surpris par la proximité des voies et des immeubles qui bordent ces dernières. A l'intérieur de l'un d'eux, ont été tournées des scènes du *Dernier tango à Paris* de Bernardo Bertolucci dans lequel on voit le pont. Celui-ci est aussi très apprécié des réalisateurs de clips ou de pubs.

OUVRAGE D'ART

LE PONT MIRABEAU

Quai André-Citroën (75015)
M° Mirabeau ou RER Javel André Citroën.

Ce pont en acier construit dans les années 1890 présente quatre groupes sculptés de Jean-Antoine Injalbert sur ses piles. Ils figurent des proues et poupes de bateaux surmontées par des personnages de chaque côté de l'ouvrage. Il s'agit d'allégories de la Ville de Paris (proue) et de la Navigation (poupe) sur la rive droite, de l'Abondance (proue) et du Commerce (poupe) sur la rive gauche. Cet édifice fut rendu célèbre par un magnifique poème de Guillaume Apollinaire paru dans « Alcools » (1913) : « Sous le pont Mirabeau coule la Seine / Et nos amours / Faut-il qu'il m'en souvienne / La joie venait toujours après la peine / Vienne la nuit sonne l'heure / Les jours s'en vont je demeure... ».

MUSÉE

MAISON DE LA CULTURE DU JAPON À PARIS

101 bis, quai Branly (75015) ✆ 01 44 37 95 00 - M° Bir-Hakeim ou RER C Champ de Mars - Tour Eiffel. - www.mcjp.fr
Ouvert du mardi au samedi de 12h à 20h. Visite libre. Bibliothèque. Spectacles. Ateliers. Conférences.

Inaugurée en 1997, la Maison de la culture du Japon est un vaste bâtiment de onze étages couvrant au total une superficie de 7 500 m². Les activités y sont nombreuses : expositions (patrimoine, art contemporain...), concerts, spectacles de danse, théâtre, projections de film, conférences... On peut également s'initier ici aux arts graphiques ou culinaires nippons, au jeu de go, à l'écriture haïku, participer à une cérémonie du thé ou encore apprendre la langue japonaise. Un haut lieu qui sait mettre admirablement en valeur la culture du pays du Soleil-Levant.

MUSÉE

CITÉ DE L'ARCHITECTURE & DU PATRIMOINE

1, Place du Trocadéro et du 11 Novembre (16e)
✆ 01 58 51 52 00 - M° Trocadéro
Ouvert du mercredi au lundi de 11h à 19h. Nocturne le jeudi jusqu'à 21h. Billet collections permanentes : 9 €.

La Cité de l'architecture et du patrimoine est installée dans le Palais de Chaillot, sur le parvis du Trocadéro. C'est un musée, une bibliothèque, un auditorium, une école, une librairie spécialisée et un restaurant. 22 000 m², où il fait bon flâner, s'amuser et se détendre… C'est aussi une expérience inédite : un tour de France des plus beaux bâtiments et constructions du Moyen Age à nos jours : maquettes, reproductions grandeur nature, musée de l'architecture en 3D ! Vous sont aussi proposés des programmes adaptés aux enfants, aux adolescents, aux familles.

MUSÉE

PALAIS DE TOKYO

13, avenue du Président-Wilson (16e) ✆ 01 81 97 35 88 - Mo Iéna ou Alma Marceau - www.palaisdetokyo.com

Tous les jours sauf le mardi, de midi à minuit. Plein tarif : 12 € (réduit : 9 €). Gratuit pour les moins de 18 ans.

Peinture, sculpture, design, mode, vidéo, cinéma, littérature, danse... Fondé en 1999, ce site présente toutes les tendances de la création contemporaine à travers de nombreuses expositions temporaires. Depuis 2012, grâce à une vaste rénovation du bâtiment, il compte 9 000 m² supplémentaires, dont 5 500 m² consacrés aux expositions. Ce palais est placé à côté du musée d'Art moderne de la Ville de Paris, tous deux ayant été construits à l'occasion de l'Exposition internationale de 1937. Il a dans le passé accueilli le musée national d'Art moderne, avant que celui-ci emménage au centre Pompidou, le Fonds national d'Art contemporain et le Centre national de la Photographie.

MUSÉE

MUSÉE MARMOTTAN-MONET

2, rue Louis-Boilly (16e) ✆ 01 44 96 50 33
Mo La Muette ou Ranelagh. - www.marmottan.fr

Ouvert du mardi au dimanche de 10h à 18h. Nocturne le jeudi jusqu'à 21h. Gratuit jusqu'à 7 ans. Adulte : 12 €.

Le musée Marmottan Monet est installé dans un bel hôtel particulier du XIXe siècle où Jules Marmottan et son fils Paul ont collecté des œuvres d'art ancien et du Premier Empire. Leur demeure léguée à l'académie des Beaux-Arts est devenue un musée en 1934. On y retrouve leur collection de peintures, dessins, gravures, médailles, sculptures, mobilier... Avec le temps, le musée s'est enrichi d'autres fonds. Une de ses salles est ainsi consacrée aux enluminures françaises, italiennes, anglaises et flamandes datant du XIIIe au XVIe siècle. Le troisième point fort de ce lieu est sa collection d'œuvres impressionnistes. À voir encore : des œuvres de Pissarro, Renoir, Sisley, Caillebotte...

MUSÉE

FONDATION LOUIS VUITTON

8, avenue du Mahatma-Gandhi (16e) ✆ 01 40 69 96 00
Mo Les Sablons ou Porte Dauphine
www.fondationlouisvuitton.fr

Ouvert tous les jours. Horaires variables indiqués sur le site web. Adulte : 16 €.

La Fondation Louis Vuitton, créée à l'initiative de Bernard Arnaud, PDG de LVMH, a été réalisée par l'architecte Frank Gehry. Ce grand vaisseau de verre aux lignes courbes se situe dans le bois de Boulogne et a su immédiatement trouver sa place parmi les gestes architecturaux forts de Paris. Au milieu de cet écrin de verdure, ce temple artistique s'élève élégamment. Les collections et les expositions temporaires mettent en avant toute forme d'art contemporain. La fondation abrite onze salles d'exposition, une salle de concert, un restaurant, une librairie, et trois terrasses avec vues inédites sur Paris. Que vous soyez néophytes ou passionnés, les lieux sont irrésistibles.

MUSÉE

MUSÉE NATIONAL DES ARTS ASIATIQUES GUIMET

6, place d'Iéna (16e) ✆ 01 56 52 54 33 - Mo Iéna ou Boissière
www.guimet.fr

Tous les jours sauf mardi : 10-18h. Billet combiné 11,50 €. Gratuit sous condition. Hors période d'exposition 8,50 €.

L'industriel lyonnais Emile Guimet (1836-1918) a rapporté des trésors inestimables de ses voyages à travers le monde. Après avoir montré ses collections dans sa ville natale, il a fait construire un musée à Paris en 1889. De salles en salles, vous découvrirez l'Asie centrale, le royaume bouddhiste gréco-bactrien, la vallée de l'Indus, l'Himalaya népalais et tibétain, l'Indochine et le Royaume de Siam, l'Empire du milieu, la péninsule coréenne, le Japon... Des dizaines de milliers de pièces permettent une véritable plongée au cœur de ces civilisations lointaines. Un bijou !

MUSÉE

LE MUSÉE DE L'HOMME

17, place du Trocadéro (16e) ✆ 01 44 05 72 72 - Mo Trocadéro
www.museedelhomme.fr

Ouvert tous les jours, sauf le mardi, de 10 h à 18 h. Plein tarif : 10 € (réduit : 7 €).

Cette institution de Paris, entièrement rénovée en 2015, avait ouvert ses portes en 1937, et sa vocation première était de présenter l'histoire de l'humanité depuis ses origines en abordant les caractéristiques biologiques, les modes d'organisation sociale, les rapports de l'homme à l'environnement... L'objectif est le même aujourd'hui. Le musée regroupe différents espaces de recherche, de collection et de diffusion. La visite tourne autour de trois grandes questions : Qui sommes-nous ? D'où venons-nous ? Où allons-nous ? Autant d'interrogations complétées par des expositions temporaires, à l'image de « Je mange donc je suis » ou « Être beau ». Tout un programme !

MUSÉE

PSG EXPERIENCE

24, rue du Commandant Guilbaud (16e)
Mo Porte de Saint-Cloud ou Porte d'Auteuil
www.experience.psg.fr

Tous les jours 9h-20h l'été ; 11h-18h l'hiver. Horaires pouvant être modifiés. Tarif : 27,50 €/adulte ; 17,50 €/enfant.

C'est une expérience immersive unique qui s'offre aux amateurs de ballon rond ! Le Parc des Princes, stade officiel du PSG, vous ouvre ses portes pour vous faire découvrir les coulisses du club en trois phases. Le *stadium tour* vous permettra d'aller de surprises en étonnements : visiter les loges des joueurs, descendre au niveau de la pelouse et même voir le vestiaire mythique, élu plus beau du monde. Une *history room*, très riche, vous fera vivre une expérience 3D unique, en plus de vous exposer des dizaines de trophées. Enfin, *l'arcade VR* vous permettra, entre autres, de voler virtuellement au-dessus du Parc. Un rendez-vous immanquable pour les fans et les autres !

MUSÉE

MUSÉE NATIONAL JEAN-JACQUES HENNER

43, avenue de Villiers (17e) ✆ 01 83 52 56 17 - M° Malesherbes ou Monceau. - www.musee-henner.fr

Du mercredi au lundi de 11h à 18h. Nocturne jusqu'à 21h le 2e jeudi de chaque mois. Adulte : 6 €. Tarif réduit : 4 €.

Situé au cœur de la plaine Monceau, quartier de prédilection des artistes bourgeois du XIXe siècle, le musée Jean-Jacques Henner est installé dans l'ancienne demeure d'un autre grand peintre français, Guillaume Dubufe. Grâce à sa programmation riche et son accueil d'un artiste en résidence chaque année, ce musée-maison ayant reçu en 2019 le label « maison des illustres » s'inscrit dans une dynamique perpétuant la tradition d'un lieu soutenant les arts. Le visiteur est invité à découvrir l'univers fascinant du peintre tout en goûtant au charme de ce lieu chargé d'histoire.

EDIFICE RELIGIEUX

BASILIQUE DU SACRÉ-CŒUR DE MONTMARTRE

Rue du Chevalier de la Barre (18e) ✆ 01 53 41 89 00 - M° Abbesses

www.sacre-coeur-montmartre.com

La basilique est ouverte tous les jours.

Est-ce bien utile de la présenter ? Sa silhouette byzantine domine la capitale sur des dizaines de kilomètres et symbolise le Paris de carte postale, avec Montmartre et ses ruelles. On imagine difficilement que la fin des travaux de celle-ci date de 1923, et que l'appel à projets date des années 1870. Hautement symbolique, l'emplacement de la basilique est celui du début de l'insurrection de la Commune, quelques années auparavant. Entre l'histoire, l'architecture, et bien évidemment l'entourage typique de Montmartre : c'est un immanquable de la capitale.

CIMETIÈRE

LE CIMETIÈRE DE MONTMARTRE

20, avenue Rachel (18e) ✆ 01 53 42 36 30

M° Place de Clichy ou Abbesses

Du lundi au vendredi de 8h à 18h ; le samedi de 8h30 à 18h ; le dimanche de 9h à 18h. Fermeture à 17h30 en hiver.

Moins fréquenté que ses homologues de Montparnasse ou de Lachaise, le cimetière du Nord propose une belle balade pour découvrir ce qu'il reste des belles années de la Butte à travers l'histoire des nombreuses personnalités qui y résident pour l'éternité. Ouvert au début du XIXe siècle à l'emplacement d'une ancienne carrière de plâtre, ce cimetière s'étend sur près de 11 ha. A l'ombre de marronniers et érables reposent Stendhal, Berlioz, Offenbach, Georges Feydeau, Edgar Degas, La Goulue, Sacha Guitry, Michel Berger, France Gall, et Dalida, toujours couverte de fleurs...

MUSÉE

DALI PARIS

11, rue Poulbot (18e) ✆ 01 42 64 40 10 - M° Abbesses, Anvers ou Lamarck-Caulaincourt. Funiculaire de Montmartre.

www.daliparis.com

Ouvert tous les jours et les jours fériés 10h-18h. Plein tarif : 13 €. Réduit : 9 €.

Ce musée présente une collection unique à Paris du génie créatif de Salvador Dalí (1904-1989), l'un des plus fameux représentants du courant surréaliste. Dans une ambiance tamisée, vous déambulerez dans son monde et aurez l'occasion de voir un peu plus de trois cents œuvres, dont un surprenant « Éléphant Spatial » ou la montre molle du « Profil du Temps ». Pour les curieux, vous découvrirez également les techniques du bronze et de l'estampe : un véritable savoir-faire, que seuls de vrais artistes peuvent maîtriser comme le grand homme ! Dalí Paris organise également des expositions temporaires. L'endroit est très prisé, et connaît une forte affluence le week-end.

EDIFICE RELIGIEUX

ÉGLISE SAINT-JEAN-DE-MONTMARTRE

19, rue des Abbesses (18e) ✆ 01 46 06 43 96 - M° Abbesses.

saintjeandemontmartre.com

Ouvert toute l'année. Du lundi au samedi de 9h à 19h (18h en basse saison). Gratuit. Visite guidée possible.

Ne vous fiez pas à son extérieur fait de briques rouges, son intérieur a de quoi vous surprendre ! Premier édifice religieux de Paris conçu en béton, il est aussi l'un des seuls à représenter l'Art nouveau dans ce domaine. Conçu en 1904, l'autel est joliment décoré de céramique réalisée par l'artiste Alexandre Bigot. Si aujourd'hui cette église fait partie du patrimoine parisien et donne un air enchanteur à la place des Abbesses au son de ses cloches, il n'en fut pas de même lors de sa construction lorsque les autorités religieuses ordonnèrent des procès de non-conformité.

MUSÉE

MUSÉE DE L'AIR ET DE L'ESPACE

3, esplanade de l'Air et de l'Espace

LE BOURGET

✆ 01 49 92 70 00

www.museeairespace.fr

Ouvert mar-dim. 1/10 au 31/03 : 10h-17h. 1/04 au 30/09 : 10h-18h. Entrée : 16 €. - de 26 ans : gratuit (hors avions).

Fondé en 1919, il est l'un des premiers musées aéronautiques et spatiaux du monde. Présentant un ensemble exceptionnel en matière d'aérostation, d'aviation et d'espace – il concentre l'histoire aéronautique française et internationale, des premières machines volantes à la conquête spatiale, en passant par l'aviation militaire et le mythique Concorde, dans les halls ou sur le tarmac. La grande galerie, rénovée avec faste, vous offre une entrée en matière époustouflante. Simulateurs, visites guidées, expositions temporaires et animations complètent cette expérience unique.

MUSÉE DE L'AIR ET DE L'ESPACE

POUR PRENDRE DE LA HAUTEUR

Fondé en 1919, il est le plus ancien musée aéronautique du monde, et l'un des plus prestigieux. Etabli sur le site de l'aéroport du Bourget depuis 1975, ses collections se sont enrichies au fil des ans et concentrent aujourd'hui toute l'histoire de l'aéronautique française, mais aussi internationale.

Hier et aujourd'hui

De l'aérogare historique – rénovée avec faste – jusqu'au tarmac, nombreux sont les aéronefs rassemblés dans ce musée : premières machines volantes de la fin du XIXe siècle, capsules spatiales, avions militaires, hélicoptères... Parmi les pièces emblématiques, le Concorde tient une place particulière. Autres géants : le Boeing 747, ouvert à la visite, et l'A380, qui a trouvé naturellement sa place ici. Des expositions régulières sont également organisées sur place.

Les plus jeunes à l'honneur

Pour que les plus jeunes s'approprient les lieux de façon ludique, le musée a mis en place un espace ludo-éducatif, « Planète Pilote », dédié aux 6/12 ans. En se mettant dans la peau d'un pilote ou d'une astronaute, vos chérubins comprendront mieux les divers mécanismes physiques du vol et de la propulsion. Des manipulations interactives adaptées aux plus jeunes pour éveiller leur curiosité ! Enfin, le planétarium vous invitera à partir dans les étoiles : installés dans votre siège, découvrez les fabuleux mystères de notre univers pour un moment totalement hors du temps.

Des événements immanquables

Pour faire une pause, l'excellent Monument Café, avec vue sur les pistes, vous accueille. Notez également que le lieu est le cadre de nombreux événements : le Salon International de l'Aéronautique et de l'Espace s'y tient en juin, l'exposition « Up to Space » jusqu'au 20 août 2023, Ciné Tarmac en été, et de nombreux moments récurrents à ne surtout pas rater ! Un lieu absolument unique, pour lequel on vous conseille vivement de réserver vos billets en amont, sur le site internet, très pratique et bien réalisé.

MUSÉE DE L'AIR ET DE L'ESPACE
3, esplanade de l'Air et de l'Espace
LE BOURGET
✆ 01 49 92 70 00
www.museeairespace.fr

GARE / MÉTRO

LE FUNICULAIRE DE MONTMARTRE

Station basse : entre places Saint-Pierre et Suzanne-Valadon - Station haute : rue du Cardinal-Dubois (18e) ✆ 3424 - M° Anvers ou Abbesses. - www.ratp.fr

Ouvert tous les jours de 6h à 0h45. Tarif : prix d'un ticket de métro.

Le funiculaire de Montmartre est un ascenseur à traction électrique incliné à deux cabines offrant soixante places, dont l'une monte pendant que l'autre descend, permettant d'atteindre le sommet de la butte Montmartre en arrivant au pied du Sacré-Cœur. Mis en service en 1900 (et rénové en 1935 puis en 1991), il gravit 36 mètres de dénivelé sur une longueur de 108 mètres en moins d'une minute trente. Les cabines aux parois vitrées ont été conçues par Roger Tallon qui a également dessiné les rames du TGV Atlantique – ce n'est bien évidemment pas la même vitesse.

MUSÉE

MUSÉE DE MONTMARTRE

12, rue Cortot (18e) ✆ 01 49 25 89 39 - M° Abbesses, Anvers et funiculaire ou Lamarck Caulaincourt

www.museedemontmartre.fr

Ouvert tous les jours de 10h à 19h. Adulte : 15 €. Enfant : 8 €.

Un magnifique endroit, que l'on vous conseille vivement si vous arpentez les pentes de la Butte. Ici, ces anciennes maisons entourées de jardins furent le lieu de résidence de nombreux artistes tels qu'Auguste Renoir, Émile Bernard, Raoul Dufy ou encore Maurice Utrillo. Vous y découvrirez une collection unique de peintures, affiches et dessins qui vous fera revivre l'histoire de la Butte, l'effervescence artistique de ses ateliers et l'ambiance de ses célèbres cabarets. Surtout, pour clore votre visite des lieux, n'hésitez pas à vous arrêter prendre un verre au Café Renoir, le temps d'un café ou d'une pâtisserie. On ira surtout aux beaux jours, la terrasse donnant sur le jardin.

ARCHITECTURE

HALLE PAJOL

20, esplanade Nathalie-Sarraute (18e)

M° Marx Dormoy

Ouvert tous les jours.

La Halle Pajol est un bel exemple de réhabilitation. Transformé il y a quelques années en un vrai lieu de vie avec des commerces mais aussi une auberge de jeunesse, une bibliothèque, un gymnase, des salles de réunions et de spectacles, des espaces publics (esplanade, jardin). Si on regrette fort la fermeture du vaste bar qui tenait fermement le lieu, on attend avec impatience la suite. Côté rue, l'animation est forte, avec des terrasses et une vaste esplanade sur laquelle les plus jeunes s'adonnent aux disciplines urbaines. Côté voies ferrées, un jardin couvert, avec beaucoup de plantes d'eau. Et sur le toit, rien de moins que la plus grande centrale photovoltaïque de la capitale !

MONUMENTS & ÉDIFICES

LE MOULIN DE LA GALETTE

83, rue Lepic (18e) ✆ 01 46 06 84 77 - M° Lamarck Caulaincourt ou Abbesses - www.moulindelagaletteparis.com

Ne se visite pas. Abrite un restaurant tenu par une équipe d'épicuriens passionnés.

Il existe en fait deux moulins de la Galette. Blute-fin et Radet, tels sont les noms originaux de deux vieux moulins voisins sur le terrain desquels ont été créés des bals à la fin du XIXe siècle – voir le fameux tableau d'Auguste Renoir, *Le Bal au moulin de la Galette*. Déplacé en 1915 afin d'éviter sa démolition, le moulin Radet est en quelque sorte aujourd'hui la gigantesque enseigne d'un restaurant. Le Blute-fin est quant à lui une propriété privée. Si l'on met de côté ce dernier, on considérera donc davantage le premier, en hauteur et situé au croisement de rues semi-piétonnes, c'est plein de charme. La visite du moulin est néanmoins impossible, et il s'admire de l'extérieur.

SITE DE DÉCOUVERTE

CITÉ DES SCIENCES ET DE L'INDUSTRIE

30, avenue Corentin-Cariou (19e) ✆ 01 85 53 99 74

M° Porte de la Villette - www.cite-sciences.fr

Ouvert du mardi au samedi de 10h à 18h ; le dimanche de 10h à 19h. A partir de 12 €. Gratuit -2 ans. Infos sur le site.

C'est l'un des plus grands musées scientifiques d'Europe. Cette vaste cité vous permettra d'élucider beaucoup de mystères ! Des espaces d'information sont en libre accès, mais beaucoup de sites sont payants (notez que plusieurs formules de Pass vous sont proposées). L'un des plus fameux est la Géode, salle de cinéma en forme de boule métallique. Dans le Planétarium, vous embarquez à la découverte des planètes, de la Voie lactée et des galaxies grâce à un système d'image immersive. La Cité vous invite également à visiter le sous-marin Argonaute, et la Cité des Enfants.

OUVRAGE D'ART

LE PONT DE FLANDRES

Rue de Crimée (19e)

M° Crimée, Riquet ou Laumière.

Avec ses quatre poulies hissées sur des pylônes, cet ouvrage métallique très sobre possède un charme particulier... Il s'agit d'un pont levant. Son tablier est levé à l'horizontale lorsqu'un bateau doit passer du canal de l'Ourcq au bassin de La Villette, ou inversement. Dans ce cas, la circulation automobile de la rue de Crimée est stoppée, tandis que celle des piétons est assurée en permanence grâce à une passerelle en forme d'arc, métallique elle aussi. La passerelle et le pont ont été rénovés il y a quelques années. Un endroit unique, qui est plein de charme. Boire un verre en contrebas, avec le passage des bateaux, est un chouette moment un peu hors du temps.

LA VIE PREND
UN SENS
RADIO
NOTRE
DAME
FM100.7 - RADIONOTREDAME.COM
FM 100.7 - RADIONOTREDAME.COM
www.egga.fr - crédit photo : gettyimages

LE PATRIMOINE À L'HONNEUR

DANS LES ENVIRONS

CIMETIÈRE

LE CIMETIÈRE DU PÈRE LACHAISE

Boulevard de Ménilmontant – face à la rue de la Roquette (20e) - M° Père Lachaise, Philippe Auguste, Alexandre Dumas ou Gambetta

www.pere-lachaise.com

Du lundi au vendredi de 8h à 17h30 ; samedi de 8h30 à 17h30 ; le dimanche de 9h à 17h30.

Aussi étrange que cela puisse paraître, ce cimetière, le plus grand du monde, est l'une des balades préférées des Parisiens et des touristes. Pourquoi ? Simplement parce que d'innombrables personnalités y reposent : Chopin, Musset, Balzac, Rossini, Bizet, Victor Hugo, Oscar Wilde, Courteline, Pissarro, Daumier, Modigliani, Proust, Max Ernst, Edith Piaf, Signoret et Montand, Jim Morrisson, Bashung, Pierre Bourdieu, Marie Trintignant, Tignous et Philippe Honoré, victimes de la tuerie de Charlie Hebdo. Plus récemment, Jacques Higelin et Philippe Gildas y ont été enterrés.

CÉLÉBRITÉ

MAISON DE JEAN MONNET

7, chemin du Vieux-Pressoir - **BAZOCHES-SUR-GUYONNE**
✆ 01 34 86 12 43 - www.jean-monnet-europe.eu

Basse saison : tous les jours 10h-17h. Haute saison : du lundi au vendredi 10h-17h ; le week-end 10h-18h. Gratuit.

La maison de Jean Monnet est un musée méconnu en pleine campagne, non loin de Paris. La visiter permet à la fois de mieux comprendre l'histoire personnelle de ce personnage emblématique de l'histoire de France, mais aussi de mieux comprendre son rôle fondamental dans la construction européenne. Des expositions temporaires sont organisées, comme celle, ô combien d'actualité, intitulée « La paix en Europe : un combat de longue haleine » en 2022. Le musée étant en pleine nature c'est aussi un accès direct à de belles balades dans le Parc naturel Régional de la Haute Vallée de Chevreuse qui est possible, afin de poursuivre votre journée par un moment de détente bienvenu.

MUSÉE

MUSÉE ALBERT KAHN

10-14, rue du Port - **BOULOGNE-BILLANCOURT** ✆ 01 55 19 28 00 - M° Boulogne - Pont de Saint-Cloud. T2 Parc de Saint-Cloud.

www.albert-kahn.hauts-de-seine.net

Horaires variables selon la saison : consulter le site. Gratuit jusqu'à 26 ans. Adulte : 8 €. Tarif réduit : 5 €.

Cette maison où résida Albert Khan reflète à la perfection son projet, et le jardin de 4 hectares nous plonge dans son rapport étroit avec le Japon. Après six années de travaux, le nouveau musée nous plonge à travers l'œuvre du mécène et dévoile un délicat mélange de matériaux naturels et une parfaite symbiose entre univers oriental et occidental. Une expérience unique pour découvrir la forêt vosgienne, un verger roseraie et même un village japonais tout en flânant dans ces merveilleux jardins français, anglais, japonais ! L'accès à un auditorium, des activités immersives et ludiques pour les plus petits, un nouveau parcours qui nous invite plus que jamais à se promener.

CHÂTEAU

LE CHÂTEAU DE FONTAINEBLEAU

FONTAINEBLEAU ✆ 01 60 71 50 70

www.chateaudefontainebleau.fr/

Tous les jours sauf mardi et jours fériés. Avril à septembre : 9h30-18h. Octobre à mars : 9h30-17h. Plein tarif 13 €.

Napoléon Ier le désignait comme « Maison des siècles, vraie demeure des rois » : de l'intronisation de Louis VII en 1137 à la chute du Second Empire en 1870, trente-deux souverains y ont séjourné. Parmi les nombreux salons, antichambres et cabinets, on découvrira surtout le salon de réception et son plafond dit « aux planètes », la chambre à coucher, occupée autrefois par Anne d'Autriche, et l'extraordinaire profusion de sa décoration. Plafonds, boiseries dans lesquelles viennent s'enchâsser des tapisseries des Gobelins et des splendides panneaux peints.

ARCHITECTURE

LA GRANDE ARCHE

1, parvis de La Défense - **LA DÉFENSE** ✆ 01 49 07 27 27
M° La Défense Grande Arche - www.lagrandearche.fr

Ouvert toute l'année. Tous les jours de 10h à 18h30. Adulte : 15 €. Enfant : 7 €.

Véritable symbole architectural de La Défense, cet immense arc de triomphe moderne conçu par l'architecte Johann Otto von Spreckelsen est le symbole du quartier d'affaires. Situé dans l'axe du Louvre, ce cube évasé pourrait tenir d'un seul tenant la cathédrale Notre-Dame de Paris. Après de longs travaux de rénovation, on y va pour disposer d'une vue époustouflante sur la capitale, et on ne manque pas d'aller manger au restaurant situé ici, appelé La City. L'été, le *rooftop* est animé de nombreuses *afterworks*, et les soirées organisées sont très prisées. Enfin, l'endroit est également un lieu culturel, avec de nombreuses expositions temporaires organisées sur place.

CHÂTEAU

CHÂTEAU DE VERSAILLES

Place d'Armes - **VERSAILLES** ✆ 01 30 83 78 00

www.chateauversailles.fr

Ouvert toute l'année, horaires variables selon la période. Tarifs selon les visites : voir le site internet.

Classé au patrimoine mondial de l'humanité, le château de Versailles est l'une des plus belles réalisations de l'art français au XVIIe siècle. L'ancien pavillon de chasse de Louis XIII fut transformé et agrandi par son fils Louis XIV qui y installa la Cour et le Gouvernement de la France en 1682. Jusqu'à la Révolution française, les rois s'y sont succédé. Le parc comprend de nombreux éléments à visiter, dont le Petit et le Grand Trianon, le hameau de la Reine, le Grand et le Petit Canal et la Ménagerie, notamment. Un conseil : avant de venir visiter l'ensemble, choisissez les parties principales que vous souhaitez découvrir, prenez vos billets en avance et arrivez suffisamment tôt !

© DOMAINE DE COURANCES

© DOMAINE DE COURANCES

CHÂTEAU

CHÂTEAU ET PARC DE COURANCES

15, rue du Château - **COURANCES**
✆ 01 64 98 07 36
www.domainedecourances.com
Tous les week-ends d'avril à novembre 14h à 18h. Château fermé en juillet et août, mais pas le parc. Restaurant.

C'est une histoire vieille de cinq siècles qui s'écrit à Courances : le château s'inscrit dans l'architecture du XVIIe siècle et le parc remarquable vaut le détour. Tout ici est à découvrir au fil des saisons. Quatorze sources jaillissent de terre et donnent forme à dix-sept pièces d'eau. Vous pouvez séjourner dans d'anciennes dépendances rénovées, faire vos achats à la Boutique ou savourer la cuisine du Restaurant des Jardins de Courances. Produits locaux et de saison sont cuisinés avec talent pour vous proposer des plats inventifs et délicats avec brunch le week-end.

© DOMAINE DE COURANCES

© DOMAINE DE COURANCES

© DOMAINE DE COURANCES

LE PATRIMOINE À L'HONNEUR

DANS LES ENVIRONS

CHÂTEAU

CHÂTEAU DE LA ROCHE-GUYON

1, rue de l'Audience
LA ROCHE-GUYON
✆ 01 34 79 74 42
www.chateaudelarocheguyon.fr
Ouvert du lundi au dimanche 10h-17h. Dernier billet vendu 1h avant la fermeture. Fermé en hiver.

Riche d'une histoire allant des invasions normandes à la Seconde Guerre mondiale, ce château propose un véritable voyage dans le temps à une heure de Paris. Ancré dans la falaise, il a vécu mille vies et a été aussi bien une base militaire qu'une demeure. Aujourd'hui, le domaine se visite, pour le plus grand plaisir des amateurs de vieilles pierres, de patrimoine ou de jardin. En effet, certains s'émerveilleront devant le donjon, les pièces et l'escalier dérobé alors que d'autres ne se lasseront pas d'arpenter le potager, le jardin anglais et les écuries. Une pépite !

MUSÉE

CHÂTEAU DE MALMAISON

15, avenue du Château-de-Malmaison - **RUEIL-MALMAISON**
✆ 01 41 29 05 55
www.musees-nationaux-malmaison.fr
Ouvert tous les jours sauf le mardi. Gratuit jusqu'à 26 ans. Adulte : 6,50 € (+ 2 € pour exposition temporaire).

Construit au XVIIe siècle, le château de Malmaison est acquis en 1799 par Joséphine qui, à la demande de Napoléon, cherche une terre aux environs de Paris. À partir de 1800, ce petit château devient un des lieux où se prennent les décisions politiques de la France. Le mécène Daniel Iffla dit Osiris, acquiert le château, le restaure et en fait don à l'État en 1903. La visite du château et du parc permet d'apprécier tout le charme de cette « campagne » qui a su conserver son atmosphère intime et son caractère d'authenticité. Le lieu est couplé avec des autres merveilles que l'on peut visiter : la maison Bonaparte à Ajaccio et le musée National Napoléon sur l'île d'Aix.

JOOKS

Lauréate du Prix RunningTech en 2021, Jooks embarque vocalement ses utilisateurs pour des découvertes touristiques sur nos sorties sportives. Du tourisme sportif loin d'être barbant, qui invite à se cultiver tout en marchant, courant, pédalant. Parmi les 1 300 parcours proposés dans 300 villes du monde, certains sont spécialement conçus pour les fauteuils roulants. Inclusive et drôlement décalée.

EDIFICE RELIGIEUX

BASILIQUE CATHÉDRALE DE SAINT-DENIS

1, rue de la Légion-d'Honneur - **SAINT-DENIS** ✆ 01 48 09 83 54 - M° ou T1 Basilique de Saint-Denis
www.saint-denis.monuments-nationaux.fr
Ouvert toute l'année. Fermé les 1er janvier, 1er mai, 25 décembre.

La construction de la basilique s'est organisée au cours des siècles autour de la tombe de saint Denis, martyrisé vers 250. Différentes architectures se sont succédé du Ve au XIIIe siècle. Outre une crypte carolingienne, vestige de l'édifice consacré par Charlemagne en 775, la basilique conserve le témoignage de bâtiments déterminants pour l'évolution de l'architecture religieuse. L'impression de hauteur est très forte dans la basilique. Quarante-deux rois et trente-deux reines y reposaient. Plus de soixante-dix gisants et tombeaux monumentaux sont encore visibles.

FONDATION

FONDATION DUBUFFET

PÉRIGNY-SUR-YERRES ✆ 01 47 34 12 63 - RER A terminus Boissy-Saint-Léger puis bus 23 de la Setra (ou taxi)
www.dubuffetfondation.com
Uniquement sur rdv. Visite guidée de 1h30. Plein tarif 8 €. Enfant 4,50 €.

Le monde étonnant de Jean Dubuffet (1901-1985) s'ouvre ici à vous. À Périgny-sur-Yerres, sur un espace acheté par l'artiste dans les années 1970, vous découvrez la Closerie Falbala, classée Monument historique en 1998, ensemble monumental d'une superficie de 1 610 m^{2} doté d'un semblant de murs d'enceinte et d'un sol entièrement couverts de motifs typiques de l'artiste. Au centre se trouve la Villa Falbala, demeure dénuée de fenêtre qui abrite le mystérieux « Cabinet logologique ». La Closerie, en elle-même, est une expérience : les jeux de lumière, les formes et les tracés sont tels que l'on peut y perdre ses repères. Un lieu absolument inédit, hors du temps !

EDIFICE RELIGIEUX

ABBAYE DE MAUBUISSON

Rue Richard-de-Tour - **SAINT-OUEN-L'AUMÔNE** ✆ 01 34 64 36 10
RER C Saint-Ouen-l'Aumône ou ligne H. - www.valdoise.fr
Ouvert tous les jours. Parc ouvert toute l'année en accès libre. Visite guidée.

L'abbaye cistercienne Notre-Dame-de-la-Royale fut fondée en 1236, au début du règne de Saint Louis, par sa mère Blanche de Castille. Après la Révolution, l'abbaye a connu d'autres usages : un temps hôpital militaire, puis carrière de pierre… Le domaine est propriété du conseil général du Val-d'Oise depuis 1979. D'importants travaux de réhabilitation y sont entrepris, ainsi que des fouilles archéologiques. Rouverte au public en 1987, l'abbaye de Maubuisson propose à présent des expositions temporaires et diverses activités faisant le lien entre patrimoine et création contemporaine. Un parc de 8 hectares qui abrite à ciel ouvert des œuvres artistiques cerne l'ensemble.

© DOMAINE DE DAMPIERRE CLICHÉ MARIE FRANCE HURBAULT

© DOMAINE DE DAMPIERRE CLICHÉ MARIE FRANCE HURBAULT

CHÂTEAU

DOMAINE DE DAMPIERRE-EN-YVELINES

2, Grande-Rue - **DAMPIERRE-EN-YVELINES**
✆ 01 30 52 52 83 - www.domaine-dampierre.com
Ouvert du dernier week-end de mars au premier week-end de novembre, du mardi au dimanche. Adulte : 8 €. Enfant : 5 €.

Avec ses magnifiques jardins réalisés par le célèbre André Le Nôtre et son château conçu par l'architecte du château de Versailles, le domaine de Dampierre-en-Yvelines est aujourd'hui un des plus grands châteaux appartenant à un particulier en Ile-de-France, et il est ouvert au public. Les jardins très bien entretenus méritent une visite et il abrite notamment une belle collection d'attelages. Parmi les autres activités sur place : balades en calèche, en voiturette électrique ou en barque, aire de jeux naturels, kiosque pour se restaurer… Animations toute la saison.

© DOMAINE DE DAMPIERRE CLICHÉ MARIE FRANCE HURBAULT

© DOMAINE DE DAMPIERRE CLICHÉ MARIE FRANCE HURBAULT

© DOMAINE DE DAMPIERRE CLICHÉ MARIE FRANCE HURBAULT

VISITE GUIDÉE

#EXPLORE PARIS

(1er)
www.exploreparis.com
Prix variant entre 10 € et 30 € en moyenne, certaines visites sont gratuites. Réservation et paiement via internet.

#ExploreParis offre une multitude de visites guidées insolites aux quatre coins du Grand Paris. Le site internet, né de la collaboration entre différents acteurs du tourisme à Paris et ses départements voisins, propose une vision élargie de la capitale et de ses offres touristiques. Classées selon des thématiques différentes (balades urbaines, savoir-faire et industries, arts et création, gourmandises, sur l'eau, patrimoine, côté nature...), les guides vous emmèneront hors des sentiers battus, découvrir (ou redécouvrir) des quartiers et des sites parfois méconnus. Il ne vous reste qu'à trouver la visite qui vous convient et à la réserver directement sur le site internet. Bonne découverte !

VISITE

PARIS BY TUK TUK

Lieu de départ : place de la Concorde (1er) ✆ 06 23 33 43 64
www.paris-by-tuktuk.com
A partir de 50 € pour une à quatre personnes pour 30 minutes de balade.

Ils sont électriques, sillonnent Paris et commencent à se faire une place de choix dans les parcours découvertes de la ville. Et pour cause, ces *tuktuk* parisiens proposent un large choix d'itinéraires pour admirer les plus beaux monuments ou, simplement profiter de la douceur de l'art de vivre à la française. Ici, la formule est simple : un chauffeur devant et vous, seul ou à plusieurs derrière, sans porte et de préférence bien couverts, surtout quand le temps se gâte ! S'ils sont privilégiés pour leur aspect touristique, sachez qu'ils peuvent aussi être utilisés comme des taxis ludiques ou pour des événements privés comme les enterrements de vie de garçon ou de jeune fille !

VISITE GUIDÉE

GUIDE YOUR TRIP

Paris (1er)
www.guideyourtrip.com
contact@guideyourtrip.com

Tout autour du monde, GuideYourTrip est un site de mise en relation entre guides touristiques et voyageurs. Ainsi, selon 180 destinations, vous disposez par exemple, en France seulement, de 830 guides touristiques inscrits. Ce qui différencie GuideYourTrip des autres plateformes de recherche de guides accompagnateurs est sa complète gratuité pour les intervenants vis-à-vis du site. Les guides possèdent une page personnalisée où ils indiquent toutes leurs coordonnées, ainsi qu'une présentation de leurs activités, et le touriste n'a plus qu'à les contacter directement. GuideYourTrip, de son côté, demande aux guides toutes les références nécessaires, afin que ces derniers vous soient proposés.

VISITE GUIDÉE

TOOTBUS

(1er)
www.tootbus.com
Horaires et tarifs variables selon la période et le parcours : réservation sur le site internet.

Ne dites plus Open Tour Mais Tootbus ! Disponible dans plusieurs pays, ce service est bien évidemment disponible à Paris. Ils vous font découvrir Paris « d'en haut » puisque le service est composé de bus à deux étages. Les véhicules sont accessibles à l'aide d'un pass valable pour 1, 2 ou 3 jours consécutifs : le nombre de montées et de descentes est illimité sur les trois parcours qui vous sont proposés. Vous avez ainsi de quoi visiter la ville sans pression, à votre rythme ! Notez également que pour les marcheurs, le service se décline également selon « Tootwalk » : un service audioguidé que vous suivez en vous promenant dans la capitale, après avoir téléchargé l'application.

VISITE GUIDÉE

MEMORIES FRANCE

149, rue Saint-Honoré (1er)
✆ 01 85 65 74 63
www.memories-france.travel
Horaires en fonction des visites.

Une très chouette proposition pour des visites qui resteront dans les mémoires. Memories Travel, ce sont d'abord de nombreux conteurs et guides qui connaissent la ville comme personne. Ce sont également des propositions multiples, qui vont des visites privées ou en groupe à celles proposées spécialement aux familles pour de chouettes moments. Ainsi, vous pourrez découvrir le Musée d'Orsay, les passages couverts, les plus grandes collections du Louvre en 3 heures (histoire d'optimiser efficacement votre visite) ou encore, par exemple, le tombeau de Napoléon et le Musée de l'Armée aux Invalides. Très professionnel, le service est probablement l'un des meilleurs sur le marché.

VISITE GUIDÉE

LES VEDETTES DU PONT-NEUF

1, Square du Vert Galant (1er)
✆ 01 46 33 98 38
www.vedettesdupontneuf.com
Ouvert toute l'année. Tous les jours et les jours fériés. Tarifs et forfaits en ligne.

Le point de départ de la croisière commentée sur la Seine avec ces vedettes peut varier en fonction de votre choix, car celui-ci est vaste. Du plus classique, qui vous mènera de Notre-Dame et la tour Eiffel à celui comprenant le dîner en passant par l'itinéraire remontant le canal Saint-Martin, de nombreuses possibilités s'offrent à vous. Notre conseil : choisissez les départs tardifs pour profiter au maximum des monuments illuminés. On pensera également à réserver suffisamment en amont, car si les vedettes sont un classique, elles n'en sont pas moins très demandées.

VISITE GUIDÉE

ECOLO TOUR PARIS

(2e) ✆ 06 82 60 28 77
www.ecolotour.paris
Dates et horaires des visites : consulter le site internet. Gratuit jusqu'à 18 ans. Adulte : 10 €.

Tout est dans le nom : découvrir la capitale selon un itinéraire mêlant urbanisme, écologie et prise de conscience des enjeux en la matière. Pour vous guider, Laurent Guignon, qui connaît sa ville comme personne, et vous invite à partir selon des parcours jalonnés également de petits commerces, lieux et autres astuces pour consommer responsable. Chaque balade compte ainsi une quinzaine d'arrêts, avec en toile de fond l'histoire des quartiers que vous allez découvrir, mais aussi, à chaque étape, une mise en perspective des enjeux environnementaux lorsque l'on vit en ville, du recyclage à l'économie circulaire en passant par les transports. On découvre et on apprend : passionnant.

VISITE GUIDÉE

FLYVIEW PARIS

30, rue du 4 Septembre (2e)
M° Opéra
www.flyview360.com
Billets individuels : 21,50 €. Tarifs avantageux sur le site.

Voler dans le ciel de Paris, seul, dans les airs, comme un oiseau : non, l'équipe du Petit Futé n'est pas en pleine séance d'hallucination collective, mais a bel et bien testé l'animation FlyView, système de réalité virtuelle qui vous donne l'impression de survoler la capitale. Les simulateurs créés sur mesure donnent un résultat bluffant. Ne manquez pas de tester les autres attractions de Flyview Paris, une télétransportation virtuelle baptisée « La face cachée de Paris, l'impossible visite » qui permet de visiter des monuments habituellement fermés au public, le parcours « Revivre Notre-Dame » ou encore tester un voyage dans les pyramides d'Égypte. Tout aussi impressionnants !

VISITE GUIDÉE

FRESH STREET ART TOUR PARIS

33, rue de Bretagne (3e)
www.freshstreetarttourparis.com
Visite guidée 1h30 adulte 15 €, enfant -12 ans 12,50 €. Atelier initiation graffiti 45 € adulte, 35 € enfant.

Pour explorer des quartiers méconnus et découvrir les plus belles œuvres de street art à Paris, suivez les guides du Fresh Street Art Paris ! C'est dans la bonne humeur qu'ils vous révèlent l'histoire et les secrets de chaque fresque, pochoir, graffiti et autres œuvres urbaines. Belleville, Ménilmontant, la Butte aux Cailles, les grandes fresques du 13e arrondissement… Découvrez les endroits mythiques du street art parisien. Les inconditionnels pourront même faire par la suite des ateliers d'initiation à la bombe aérosol, animés par des pros du Graffiti parisien.

VISITE GUIDÉE

LES CROISIÈRES DES BATEAUX PARISIENS

Port de La Bourdonnais (7e) ✆ 01 76 64 14 45 - RER Champs de Mars Tour Eiffel ou M° Bir-Hakeim - www.bateauxparisiens.com
Départ toutes les heures (12h-21h). Tous les jours en haute saison (+vacances). Fermé lundi et mardi en basse saison.

Une promenade romantique, instructive et originale : découvrir les bords de Seine et les monuments incontournables de Paris au fil de l'eau. Depuis 1956, les Bateaux Parisiens proposent des croisières sur le fleuve qui s'adaptent à toutes les envies : des promenades audio ou avec un guide, des déjeuners ou dîners sur l'eau, des animations pour les familles… Ce voyage d'une heure vous permettra d'admirer les trésors de la Ville lumière tout en apprenant petits secrets et anecdotes insolites. Une chose est sûre, petits et grands ne manqueront pas d'être émerveillés !

VISITE GUIDÉE

L'ÉCHAPPÉE BELLE

25, rue de l'Exposition (7e) ✆ 01 45 51 64 29 - M° Ecole Militaire.
www.echappee-belle.com
Ouvert toute l'année. Sur réservation. Visite guidée. Animations.

L'Echappée Belle est une société de guides conférenciers. Depuis 1998, elle propose un choix très diversifié et pointu de prestations culturelles dans Paris et ses environs. La liste des « échappées » proposées est impressionnante et les thématiques nombreuses : « dans les quartiers » (avec le Paris historique de la presse, un jeu de piste à Montmartre, le quartier de Massena, « Sur les pas de Maigret »…), « dans les musées » (Pavillon de l'île Seguin, Musée du Service de santé des Armées, etc.), « classique » (Hôtel de Soubise), « antique » (la crypte archéologique de Notre-Dame), « verte » (le Jardin atlantique, les Serres d'Auteuil), « gourmande » (Le Pied de Cochon, Bouillon Racine…)

VISITE GUIDÉE

VEDETTES DE PARIS

Port de Suffren (7e) ✆ 01 44 18 19 50 - M° Bir-Hakeim ou Trocadéro - www.vedettesdeparis.com
Ouvert tous les jours 10h30-22h / départs toutes les 30 min (horaires variables).

Le Grand palais, la place de la Concorde, l'Assemblée nationale, le musée d'Orsay, le Louvre, la Conciergerie, l'Hôtel de Ville ou encore Notre-Dame, vus depuis la Seine, tel est le programme magique des Vedettes de Paris ! Au-delà de la possibilité de voguer dans un décor unique au monde, de nombreuses croisières thématiques vous sont proposées, afin de répondre au mieux à vos attentes : ainsi, parmi un vaste choix, des conférenciers animent celle intitulée « Un nouveau regard sur Paris », d'autres sont destinées aux familles, tandis que pour vos moments entre amis, vous pourrez choisir la « croisière apéro » (avec boisson). Au final, des moments qui resteront gravés dans vos mémoires !

VISITE GUIDÉE
L'ÉCHAPPÉE BIÈRE PARIS

(11e)

Départs à 15h et 15h30 tous les samedis. Adulte : 29 €.

La belle idée ! L'Echappée Bière vous propose de découvrir plusieurs de ces breuvages au travers d'un parcours itinérant pour vous initier à la dégustation (à l'aveugle). Vous arpenterez ainsi le 11e arrondissement, et traverserez des endroits parfois méconnus pour rejoindre plusieurs bars où, évidemment, une bière vous attend, à consommer toujours avec modération ! Aidés d'un livret, vous trouverez ainsi votre chemin, lequel sera parsemé de *challenges* : vous aurez ainsi à retrouver des éléments visuels, répondrez à différents questionnaires sur la bière... Original – pour ne pas dire unique à Paris – et bien pensé, de quoi pimenter votre journée et faire de belles rencontres.

VISITE GUIDÉE
PARIS À VÉLO, C'EST SYMPA

22, rue Alphonse-Baudin (11e)
✆ 01 48 87 60 01
M° Saint-Sébastien Froissart ou Richard-Lenoir
www.parisavelo.fr

Différents tarifs selon la durée de location et le type de vélo. Visite guidée 3h : 39 €, enfant : 23 €.

La capitale à vélo durant trois heures en compagnie de guides et d'accompagnateurs, c'est sympa, comme ils disent, surtout pour nos mollets. Plusieurs balades intra-muros sont proposées en fonction de thèmes précis : Cœur de Paris, Paris mythique, insolite, féministe... Le choix est vaste parmi les vélos, électriques ou non, que vous pouvez également louer en toute liberté, sans promenade organisée, juste avec votre instinct et votre envie de flâner. Les quais de Seine sont évidemment plébiscités par les cyclistes. Dernière nouveauté : la visite du bois de Vincennes !

VISITE GUIDÉE
LA RANDONNÉE PARI ROLLER

Place Raoul-Dautry (75014) - M° Montparnasse-Bienvenüe
www.pari-roller.com

Ouvert toute l'année. Tous les vendredis à partir de 21h30 jusqu'à 0h. Participation gratuite.

Tous les vendredis, c'est la randonnée nocturne du début de week-end pour tous les adeptes de la glisse urbaine toutes catégories : rollers, trottinette, vélo, skate, gyroroue. Le parcours s'adresse à des patineurs confirmés car il a été pensé pour pouvoir surmonter plusieurs difficultés (pavés, descentes, etc.). Avec cette boucle d'environ 20 km, donc le parcours change toutes les semaines, vous découvrirez Paris sous un nouveau jour, et ferez des rencontres (beaucoup viennent pour ça !). Le rythme est volontairement soutenu, pour tirer tout le monde vers le haut, et pas d'inquiétude, le cortège est libre d'accès, et vous pouvez ainsi le rejoindre ou le quitter quand bon vous semble.

VISITE GUIDÉE
4 ROUES SOUS 1 PARAPLUIE

31, Rue de Fleurus (18e) ✆ 01 58 59 27 82
www.4roues-sous-1parapluie.com

Ouvert du mardi au samedi dès 9 h ; dimanches et lundis sur demande. À partir de 32 € par personne. Sur réservation.

Redécouvrir Paris comme vous ne le ferez qu'une seule fois dans votre vie : voici le principe de 4 roues sous un parapluie, qui vous fait découvrir la capitale à bord d'une mythique 2 CV. Charme rétro, toit décapotable et ambiance garantie, avec au volant un guide qui ne manquera ni de talent ni de chouettes histoires à vous raconter ! Chaque voiture peut accueillir jusqu'à trois personnes. Outre les thèmes « Paris éternel » ou « Paris méconnu », par exemple, l'offre se décline selon un grand nombre de possibilités, pour vos événements privés ou professionnels, comme la location pour 24 heures. De belles idées, originales et qui vous laisseront des souvenirs pour longtemps !

VISITE GUIDÉE
MONTMARTRE EN CHANSONS

(18e) - Station de métro : Abbesses.
https://montmartreenchansons.com

Sur les traces de Montmartre, en chansons avec Anne-Sophie Guerrier (visites guidées et chantées).

A l'occasion d'une prochaine virée à Paris, Anne-Sophie Guerrier, guide et chanteuse, vous embarque pour un voyage tout en chansons au cœur de Montmartre. Singulier, atypique, voire inclassable, ce petit village au cœur de la grande ville a, depuis toujours, su entretenir un esprit bucolique et bohème. Au cœur de ce Montmartre iconique, à travers une visite itinérante, revenez sur les pas d'Edith Piaf ; retrouvez Charles Aznavour et Jacques Brel à leurs débuts sur l'escalier de la Butte ; suivez Dalida dans sa vie montmartroise et bien d'autres artistes encore ! L'occasion d'apprendre quelques anecdotes sur ces chanteurs et de (re)découvrir les classiques de la Chanson Française.

VISITE GUIDÉE
LE PETIT TRAIN DE MONTMARTRE

(18e) ✆ 01 42 62 24 00
www.promotrain.fr

Ouvert : 10h-9h (avril à septembre), 10h-17h (octobre à décembre), 10h-18h (février à mars), week-ends en janvier.

Ce petit train vous permet de découvrir les points d'intérêt de la butte Montmartre de façon amusante. Vous voyez défiler sous vos yeux le Moulin Rouge, le cimetière, la basilique du Sacré-Cœur, la place du Tertre, les vignes, le cabaret du Lapin Agile, le marché Saint-Pierre... Le départ se fait de la place Blanche ou de la place du Tertre (M° Abbesses ou Anvers). On peut commencer la promenade depuis l'une ou l'autre des places, s'arrêter pour flâner à pied dans les typiques rues pavées ou faire une petite pause dans un restaurant et effectuer le retour plus tard.

VISITE GUIDÉE

CANAUXRAMA

13, quai de la Loire (19e) ✆ 01 42 39 15 00
M° Jaurès
www.canauxrama.com
Ouvert tous les jours. Croisière à partir de 18 € par personne.

Le canal Saint-Martin, qui relie le bassin de la Villette à la Seine, a été construit entre 1805 et 1825. Ses plus anciennes portions se trouvent au niveau du pont du boulevard Morland, des voûtes de la Bastille et de la rue La Fayette. Plusieurs croisières sont proposées dont celle du « Vieux Paris », qui allie navigation et son et lumière de nuit. Et quel parcours : du port de l'arsenal, on navigue sur les canaux souterrains pour ressortir dans le Paris d'autrefois, celui du film *Hôtel du Nord*, puis place Stalingrad, et direction la Villette. Un concentré inoubliable de la capitale, à faire absolument. Notez enfin que la réservation est fortement recommandée l'été.

VISITE GUIDÉE

POTINS DE PARIS

8, rue Boissonade (75014) ✆ 06 08 37 14 15
http://potinsdeparis.fr
Durée visite : 1h30. Jeune public non admis pour certaines thématiques. Réservation en ligne.

Paris et ses innombrables monuments regorgent d'histoires croustillantes encore méconnues du grand public. Gabrielle Arnault-Lazard vous propose de les découvrir sans tabous. Actuellement, quatre thématiques pour le moins originales sont proposées : Le Paris peu fréquentable (ou comment certains sont prêts à tout pour l'argent), Les dessous de Paris (qui vous emmène sur les traces des polissons parisiens), Dans l'ombre du pouvoir (sur les scandales à la cour de France), les sept péchés capitaux de Paris (le Paris des bas-fonds n'aura plus de secrets). En tenue d'époque, Gabrielle vous emmène ainsi découvrir une histoire de Paris hors des sentiers battus. Une visite rythmée et bien menée.

VISITE GUIDÉE

LA ROUTE DES GOURMETS

(1er)
✆ 01 39 47 32 79
www.laroutedesgourmets.fr
Voir le planning et les tarifs sur le site.

Passionnée de Paris et de gastronomie, Carole Metayer, guide certifiée, a créé La Route des Gourmets pour partager son amour de la bonne chère et du patrimoine. Ainsi, elle propose des balades gourmandes, par quartier ou par thématique, dans la ville et qui s'adaptent à tous les goûts. Montmartre et ses bonnes adresses du terroir, Madeleine et les épiceries chics, les meilleurs chocolatiers ou encore les boutiques de chef... Les parcours sont tous alléchants et promettent de belles surprises. En effet, le temps de cette visite d'un nouveau genre, vous goûterez de nombreux produits tout en glanant des histoires, secrets et anecdotes sur Paris ! Bon appétit !

VOYAGE

SEEWAY TOUR

14, rue Mathurin Régnier (75015) ✆ 07 78 66 17 45
M° Cambronne - www.seewaytour.com
Balades de 1 à 3 heures. Tarifs : de 56 € à 89 € par participant. Réservation sur internet.

Il n'y a pas de mauvaises manières de visiter la Ville lumière, on la découvre à pied, en voiture, en bus, à vélo, en bateau... et en Segway ! Grâce à ce mode de transport, vous irez sans effort au plus près des lieux historiques de cette ville dynamique : place de la Concorde, Champ-de-Mars, Louvre, musée d'Orsay, Arc de Triomphe... Une grande diversité de balades, de courtes ou longues durées. Elles se déroulent de jour comme de nuit et les visites se déroulent avec des groupes allant jusqu'à 20 personnes. Les guides accompagnateurs seront de parfaits conteurs de l'histoire parisienne et ces charmants éclaireurs sont en plus polyglottes : français, anglais, allemand, espagnol et russe.

VISITE

LA MAISON DE LA PLANETE

72, allée du Forum - **BOULOGNE-BILLANCOURT** ✆ 01 55 18 55 00
M° Pont de Sèvres. - www.boulognebillancourt.com
Ouvert du mercredi au samedi de 9h à 19h.

Depuis quelques mois, ce lieu est une véritable ruche dans le quartier du Pont de Sèvres. En effet, la maison de la planète est un vaste endroit de sensibilisation et d'action aux questions environnementales. C'est ainsi une recyclerie d'articles de sport : les uns viennent ici donner leurs vieux accessoires ou vêtements, et les autres peuvent venir ici se procurer à moindre coût des appareils en bon état. Le lieu, c'est aussi un atelier de vélo, la pratique se développant à vitesse grand V à Boulogne comme ailleurs. C'est enfin un lieu d'exposition et d'accueil pour des publics principalement scolaires, mais pas seulement. Un endroit sans égal, qui mérite un passage.

NEW

VISITE GUIDÉE

WHATIZIS

https://whatizis.com
Application Whatizis à télécharger gratuitement sur l'App Store ou Google Play.

Voici une nouvelle façon de découvrir la ville, à votre rythme et de façon ludique ! Whatizis est une application inédite et gratuite qui vous propose de scanner les monuments de la ville pour en apprendre plus sur leur construction ou leur histoire grâce à des chiffres clés et un ou plusieurs courts guides audio, de 30 à 90 secondes. Ces derniers ont été créés en collaboration avec les guides conférenciers de la ville, ce qui assure le professionnalisme des orateurs et la source sûre des informations partagées. 450 monuments parisiens sont ainsi à (re) découvrir grâce à l'application qui s'adresse aussi bien aux visiteurs de passages qu'aux habitants de la capitale !

PARC / JARDIN

DECOUVRIR LE JARDIN DES TUILERIES

Place de la Concorde - place du Carrousel - rue de Rivoli - quai des Tuileries - avenue du Général-Lemonnier - passerelle Solferino (1er) - M° Tuileries - www.louvre.fr

Ouvert toute l'année.

Réputé dans le monde entier pour sa situation idéale, entre le Louvre et la place de la Concorde, le jardin des Tuileries compte de multiples attraits. Si l'on y croise autant de poussettes que de statues de l'Antiquité – ce qui n'est pas peu dire –, c'est parce que bassin, aire de jeux, promenade à poney et terrasses de café permettent activités et détente. On aime aussi le manège traditionnel et la proximité de l'Orangerie et du Jeu de Paume, pour les expositions. Enfin un jardin étendu, avec des coins où se reposer tranquillement se trouve près du Louvre.

SITE URBAIN

L'ÎLE SAINT-LOUIS

(4e)

M° Cité, Pont-Marie et Sully-Morland

Ouvert toute l'année. Gratuit. Visite guidée. Restauration. Boutique. Animations.

L'île de la Cité et l'île Saint-Louis sont les deux îles naturelles de la Seine à Paris. Au Moyen Age, l'île Saint-Louis s'appelait île Notre-Dame. Inhabitée et reliée à la rive par une simple passerelle, elle servait essentiellement au pâturage. Son nom est un hommage au roi Louis IX, Saint Louis, ancêtre de Louis XIII. Cette île fut urbanisée vers 1640, et fut alors recouverte d'un grand nombre d'hôtels particuliers. Les rues prirent une forme de damier dès l'urbanisation du quartier, la rue Saint-Louis-en-l'Ile la parcourant sur toute sa longueur. Des personnages fameux ont marqué l'île : Charles Baudelaire, Camille Claudel, Georges Pompidou, Georges Moustaki, Brigitte Fontaine...

SITE URBAIN

LA GALERIE VIVIENNE

6, rue Vivienne (2e)

M° Bourse

www.galerie-vivienne.com

Ouvert tous les jours de 8h30 à 20h.

Située entre la bibliothèque Richelieu et la place des Victoires, la galerie Vivienne est l'un des plus beaux passages couverts de la capitale. A proximité du Palais-Royal, quand les passages deviennent galeries, le chic est de rigueur et les décorations en stuc et cariatides vous en mettent plein la vue. Ouverte en 1826, le sol en mosaïque et la verrière époustouflante procurent une radieuse lumière à cette rue couverte absolument charmante. Une promenade bordée de boutiques de mode, décoration ou librairies, des commerces de bouche variés et des restaurants où il fait bon s'attabler. Une balade incontournable pour voyager dans le temps, à ne pas louper au moment des fêtes de fin d'année.

SITE URBAIN

LE PASSAGE VENDÔME

1, place de la République (3e)

M° République ou Temple

Ouvert toute l'année.

Percé en 1827, ce passage était alors utilisé pour relier le boulevard du Temple au couvent des Filles-du-Sauveur. S'il s'est progressivement dégradé pendant la seconde moitié du XXe siècle, le lieu a connu par la suite de belles et efficaces rénovations, qui lui ont redonné sa splendeur d'autrefois. Aujourd'hui, ce passage prestigieux est un agréable lieu de promenade, très fréquenté et apprécié des riverains. Un peu plus éloigné des autres galeries couvertes, situées davantage vers les Grands Boulevards, il convient pourtant de ne pas l'oublier, car il mérite bien une visite, histoire de se replonger dans une atmosphère un peu surannée, non dénuée de charme.

SITE URBAIN

LA PLACE DES VOSGES

(4e)

M° Bastille, Chemin Vert ou Saint-Paul

Cette place est l'une des plus anciennes de Paris. Si elle fut longtemps lieu de résidence des Valois, ce n'est que sous Henri IV qu'elle prit l'apparence que nous lui connaissons aujourd'hui avec son architecture polychrome – de briques, de pierres et d'ardoises – typique du XVIe et du début du XVIIe s. Après la Révolution, elle abandonna son nom de Place Royale pour prendre son appellation actuelle en l'honneur des Vosges, premier département qui s'acquitta de l'impôt. En vous promenant sous les arcades, traversez le somptueux hôtel de Sully au n° 7 : vous accéderez directement rue Saint-Antoine. C'est aussi là que Victor Hugo vécut de 1832 à 1848, au n° 6, un lieu également à visiter !

SITE URBAIN

LE VILLAGE SAINT-PAUL

Rue Saint-Paul – rue Charlemagne – rue des Jardins-Saint-Paul – rue de l'Ave-Maria (4e) - M° Saint-Paul ou Sully Morland
www.levillagesaintpaul.com
Ouvert tous les jours de 9h à 19h (selon les commerçants).

Entre la Seine et la rue Saint-Antoine, le village Saint-Paul combine calme et douceur de vivre. C'est tout un pâté de maisons, pas moins de dix porches qui permettent de pénétrer dans cet ensemble de boutiques et d'immeubles d'habitation qui se tiennent dans une enfilade harmonieuse de bâtiments anciens et historiques. Il règne ici une ambiance particulière où vous aurez l'impression de quitter le tumulte parisien dès l'entrée passée. Ici ont pris place des antiquaires, des boutiques de décoration ou encore des galeries d'art... Quelques restaurants vous donneront envie de vous installer dans cette pépite du centre de Paris. Une balade charmante et désuète qui vaut bien le détour !

PARC / JARDIN

LE JARDIN DES PLANTES

57, rue Cuvier (5e) ✆ 01 40 79 56 01 - M° Gare d'Austerlitz, Jussieu ou Censier Daubenton - www.jardindesplantes.net
Ouvert toute l'année. Basse saison : tous les jours de 8h à 17h30. Haute saison : tous les jours de 7h30 à 20h.

Au cœur du 5e arrondissement, Le Jardin des Plantes de Paris semble exister dans un autre espace-temps, loin de l'agitation habituelle du Quartier latin. C'est la parfaite parenthèse bucolique des marcheurs en quête de calme et de nature. Au détour des chemins qui le parcourent, le promeneur peut aisément se familiariser avec la botanique. La roseraie, le jardin écologique ou le jardin alpin sont autant de jolies découvertes, et ce en toute saison. Le jardin rassemble des sites uniques, tel le célèbre Muséum d'Histoire Naturelle, la Grande Galerie de l'Evolution, la ménagerie et les incontournables grandes serres, de quoi passer de belles journées par tout temps.

PARC / JARDIN

SQUARE VIVIANI

Quai de Montebello (5e)
M° Saint-Michel ou Cité
Ouverture à 8h en semaine, 9h le week-end. Fermeture en fonction des saisons.

Idéalement situé juste en face de la cathédrale, le square Viviani dissimule les strates de l'histoire de Paris. Si ce quartier historique regorge de monuments ayant vu se succéder les époques, peu de promeneurs savent que, paisiblement installé face à la Seine, un quadricentenaire végétal observe en silence la ville se modifier au fil des siècles. C'est d'ici que se trouve le plus vieil arbre identifié et daté de Paris, un robinier, planté en 1601 ! A ses côtés, l'église Saint Julien le Pauvre, l'une des plus anciennes de Paris, accueillait les pèlerins en route vers Compostelle, sa simplicité en a fait son charme. Une sculpture contemporaine rend hommage à Saint Julien l'Hospitalier.

PARC / JARDIN

LE JARDIN DU LUXEMBOURG

Place Edmond-Rostand - Place André-Honnorat (6e) - M° Saint-Sulpice, Vavin ou Notre-Dame-des-Champs. RER Luxembourg
http://www.parisinfo.com
Ouverture entre 7h30 et 8h15 et fermeture entre 16h30 et 21h30, selon la saison. Visites guidées. Aires de jeux.

Certes « officiel », ce jardin – qui dépend du Sénat – n'a pourtant rien de guindé. Au contraire, c'est un joyeux capharnaüm plein de charme où Parisiens de tous les quartiers et touristes du monde entier se croisent, où les poneys trottent non loin des courts de tennis et où quelques sénateurs discutent à voix basse de la prochaine loi à voter à l'abri du théâtre des guignols. La vie y est intense, bruyante, rieuse. Les enfants s'amusent dans les aires de jeux, pendant que les parents, rassurés, se reposent sur les chaises vertes à l'ombre des arbres. De quoi ravir toute la famille et oublier l'heure de rentrer ! En un mot, le « Luco » est parfait pour oublier toute l'agitation parisienne.

PARC / JARDIN

JARDIN CATHERINE LABOURÉ

29, rue de Babylone (7e)
M° Sèvres-Babylone.
Ouvert tous les jours à 8h, le week-end à 9h. Fermeture en fonction des saisons.

Conçu sur une partie du potager du couvent des Filles de la Charité, ce joli jardin est plein de surprise. Avec son tracé en forme de croix, il a conservé tout le charme d'un parc de couvent, avec son verger, ses pelouses entourées de tilleuls et de peupliers et ses vignes qui s'étendent sur des pergolas. Son nom rend hommage à Catherine Labouré, jeune bourguignonne qui a dit avoir vu plusieurs fois la Vierge Marie en 1830 à l'endroit même où est édifiée la chapelle dite de la *Médaille Miraculeuse* au 140 rue du Bac. De chaque côté de l'autel se trouvent les corps embaumés dans des cercueils de verre de la fondatrice du couvent Louise de Marillac et de Catherine Labouré.

SITE URBAIN

CHAMPS-ÉLYSÉES

Avenue des Champs-Élysées (8e)
M° Charles de Gaulle – Étoile, George V, Franklin-Roosevelt, Champs-Élysées – Clemenceau ou Concorde
Accès libre toute l'année.

Symbole de la France à l'étranger et de Paris en métropole, la plus célèbre avenue du monde est l'un des joyaux de la capitale. Lieu mythique pour les amoureux, elle tire son nom du lieu des Enfers où séjournaient les âmes vertueuses. Sans nul doute l'un des principaux sites touristiques de la ville, vous y trouverez restaurants, boutiques, bars, boîtes de nuit, et bien plus encore. Communément appelée « Les Champs », c'est pour certains une avenue à ne pas manquer pour voir et être vu ! C'est là aussi que se déroule, chaque 14 juillet, le défilé national à l'occasion de la fête nationale française. Bref, les Champs-Élysées sont l'un des symboles de la capitale.

PARC / JARDIN

LE PARC MONCEAU

Boulevard de Courcelles – avenue Vélasquez – avenue Van Dyck – avenue Ruysdael (8e) - M° Monceau - www.paris.fr

Ouvert tous les jours à partir de 7h. Fermé entre 20h à 22h selon la saison.

Considéré à juste titre comme l'un des parcs les plus élégants de la capitale, le parc Monceau est parsemé de grottes, de rivières ou de constructions étonnantes : pyramide égyptienne, ruines de temple antique et de château gothique, moulin hollandais, minaret, pagode… Sous le second Empire, la moitié du domaine est lotie à l'occasion d'une grande opération immobilière menée par le banquier Pereire. Le reste devient un jardin public conçu à l'anglaise par Jean-Charles Alphand. Depuis, cet espace vert n'a pas changé. Une fois qu'on l'a découvert, on ne se lasse pas d'y revenir. Très fréquenté des amateurs de course à pied, ses pelouses sont pleines en été. Une parenthèse bucolique.

PARC / JARDIN

LE JARDIN VILLEMIN

14, rue des Récollets (10e) - M° Gare de l'Est
www.jardins.paris.fr

Ouvert du lundi au vendredi à partir de 8h ; le week-end à partir de 9h. Fermé entre 18h30 et 21h30 selon la saison.

Situé tout près de la gare de l'Est, limitrophe de l'ancien couvent des Récollets, ce jardin s'étend jusqu'au canal Saint-Martin où il se termine par une vaste pelouse très appréciée des promeneurs venus humer l'atmosphère qui règne sur les berges de cette agréable voie d'eau. Il occupe l'emplacement d'un ancien hôpital militaire dont on peut voir la porte d'entrée monumentale dans la rue des Récollets, et qui marque l'emplacement par son aspect magistral. En été, l'endroit mérite le détour pour y passer un agréable moment, mais aussi pour y rester dubitatif : lorsque le soleil tape, et que chacun veut bronzer, la concentration de personnes au mètre carré est impressionnante !

SITE URBAIN

LA PLACE DE LA MADELEINE

(8e)
M° Madeleine

Bordée par des magasins luxueux et des adresses de bouche prestigieuses, cette vaste place de 218 mètres par 128 mètres a été créée en 1815. Par delà la Concorde, elle fait face à l'Assemblée nationale, située de l'autre côté de la Seine, et est le point de convergence de nombreux boulevards : Malesherbes vers les quartiers huppés du nord-ouest, des Capucines vers l'Opéra, ou encore la rue Tronchet vers les grands magasins et Saint-Lazare. Mais, son principal atout reste son église du même nom en son centre et qui a vu se tenir de nombreux rassemblements comme pour les funérailles d'Édith Piaf, Dalida ou Johnny Halliday. Bien que réaménagés, ses abords n'en sont pas moins un peu déserts...

SITE URBAIN

LE PASSAGE BRADY

46, rue du Faubourg-Saint-Denis (10e) - M° Château d'eau ou Strasbourg Saint-Denis - www.parisinfo.com

Ouvert toute l'année. Du lundi au samedi de 9h30 à 23h30 ; le dimanche de 18h à 23h30.

Les cinéphiles d'un certain âge, pour ne pas dire d'un âge certain, connaissent bien ce lieu, car ils y fréquentèrent autrefois le cinéma Le Brady. Dédié aux films de genre, il a contribué à l'anoblissement du cinéma bis et à mettre en lumière son intérêt cinématographique. Le passage doit son nom au commerçant Brady qui le fit construire en 1828. Au percement du boulevard de Strasbourg, il fut divisé en deux. On y trouve des costumiers et de nombreux commerces indiens et pakistanais. Certains proposent une cuisine de bonne qualité, mais méfiez-vous des rabatteurs. Ce morceau de passage est couvert par une magnifique verrière d'époque : n'oubliez pas de lever les yeux vers les hauteurs !

SITE URBAIN

HÔTEL DROUOT

9, rue Drouot (9e)
M° Richelieu-Drouot ou Le Peletier.
www.drouot.com

Ouvert du lundi au samedi de 11h à 18h.

Si le bâtiment est moderne, c'est la maison de ventes la plus ancienne de la capitale ! Créé au XIXe siècle, il est toujours un acteur important du marché de l'art en France, tant et si bien que le seul nom de Drouot et évocateur pour de très nombreuses personnes. Peu de gens osent s'aventurer et pousser les portes de ce lieu, pourtant il est ouvert à tous et le spectacle à l'intérieur est surprenant ! Le matin, les salles accueillent les études des commissaires-priseurs qui y présentent leurs objets et l'après-midi, le spectacle commence ! Tout le monde peut enchérir sur un objet en levant simplement la main, mais attention : lever votre main vous engage à payer... vous êtes prévenus.

PARC / JARDIN

JARDIN BREGUET

31, rue Bréguet (11e)
M° Bréguet - Sabin

Ouvert tous les jours de 8h à 17h.

Cet îlot de verdure a fait l'objet de nombreuses concertations avec les riverains qui attendaient depuis longtemps un peu de nature dans un environnement urbain très dense. S'il n'est pas immense, il est composé d'une grande pelouse centrale, entourée de petits promontoires sur lesquels se mêlent pins, cerisiers, érables et petites plantes herbacées évoquant la lisière d'une forêt. Des cheminements de pierre, des bancs propices au repos et quelques jeux pour les enfants, en font un vrai lieu de vie, surtout aux beaux jours en été. Fréquenté principalement par les familles et personnes âgées du quartier, il est non loin de la Bastille et tranche par son calme avec l'effervescence de la place.

PARC / JARDIN

LE JARDIN TRUILLOT

Boulevard Voltaire (11e)
M° Saint-Ambroise
Ouvert tous les jours, 24h/24.

Cette friche transformée en jardin il y a plus de trois années maintenant est devenue rapidement un véritable lieu de vie et de rendez-vous pour les habitants du quartier et les promeneurs. Avec sa magnifique perspective sur l'église Saint-Ambroise, ce point de verdure tant apprécié relie les boulevards Voltaire et Richard Lenoir, deux axes majeurs du 11e arrondissement. Un plaisir de déambuler au milieu d'une vaste prairie avec des vignes et des espaces humides. Beaucoup de jeux de bois pour les enfants sont proposés, ce jardin ne semble pas être une destination à part entière, mais une belle parenthèse verte en plein cœur de la ville, et sacrément bienvenue !

PARC / JARDIN

LA PROMENADE RICHARD-LENOIR

Boulevards Richard-Lenoir et Jules-Ferry (11e) ✆ 39 75
M° Bastille, Bréguet Sabin, Richard-Lenoir, Saint Ambroise, Oberkampf, République ou Goncourt.
www.jardins.paris.fr
Ouvert du lundi au vendredi à partir de 8h ; le week-end à partir de 9h. Fermé entre 17h30 et 21h30 selon la saison.

Il ne manque plus qu'une petite rivière pour ajouter un caractère bucolique à la promenade. Couvrant la partie souterraine du canal Saint-Martin située entre la place de la Bastille et la rue du Faubourg-du-Temple, cet espace de verdure suit l'intégralité du boulevard Richard-Lenoir et du boulevard Jules-Ferry. Elle se constitue de quatre jardins conçus par la paysagiste Jacqueline Osty et l'architecte David Mangin. Entre ces bandes de verdure s'intercalent des boulodromes ou des espaces où se tiennent des marchés. Elle est longée par des pistes cyclables très fréquentées.

PARC / JARDIN

LE SQUARE DE LA ROQUETTE

143, rue de la Roquette (11e) - M° Voltaire ou Philippe-Auguste
www.jardins.paris.fr
Ouvert du lundi au vendredi à partir de 8h ; le week-end à partir de 9h. Fermé entre 18h30 et 21h30 selon la saison.

C'est sur l'emplacement de l'ancienne prison pour femmes et mineurs de la petite Roquette que les habitants du quartier viennent désormais passer un moment de détente. L'entrée du square (côté rue de la Roquette), formée de deux guérites, rappelle la destination ancienne du lieu. Juste en face, de 1851 à 1900, se trouva également la Grande Roquette, prison des condamnés à mort, le sol dévoile d'ailleurs des dalles amovibles qui servaient à installer la guillotine. Aujourd'hui, ce sont des cris de joie que l'on entend par ici, et surtout ceux des enfants : plusieurs aires de jeux côtoient des parterres fleuris et une fontaine en forme de cascade environnée de palmiers. Une chouette halte !

SITE URBAIN

BERCY VILLAGE

Cour Saint-Emilion (75012)
M° Cour Saint-Emilion
www.bercyvillage.com
Ouvert tous les jours de 10h à 2h. Cinéma. Boutiques. Bar.

Cette cour pavée bordée de 42 chais de pierre blanche classés aux Monuments historiques est le lieu idéal pour se détendre autour d'un verre sur l'une des nombreuses terrasses. Ici se tenait voilà plus d'un siècle le plus grand marché vinicole du monde ! Ce haut lieu du monde français du travail, si important au pays du vin, est devenu un endroit « branché » du dernier chic. Les rails ont été conservés de même que leur environnement arboré. De nombreuses boutiques, des restaurants et un complexe de cinéma, notamment, forment un centre commercial très animé. C'est un lieu de promenade et de rencontres très prisé, d'autant plus qu'il est limitrophe des jardins du parc de Bercy.

PARC / JARDIN

BOIS DE VINCENNES

(75012) - M° Saint-Mandé Tourelles, Château de Vincennes, Charenton Ecole, Liberté, Porte de Charenton ou Porte Dorée.
www.vincennes-tourisme.fr
Ouvert toute l'année. Gratuit. Accès libre. Restauration. Animations.

Le Bois de Vincennes est le plus grand espace vert de la capitale. Avec ses 995 hectares, c'est le principal poumon de Paris. Après avoir longtemps été le terrain de chasse à courre des rois de France, il est devenu un espace de promenade sous le Second Empire. Plusieurs lieux font de ce bois un endroit idéal pour buller au soleil mais aussi pour s'offrir des activités culturelles qui conviennent à la fois aux grands et aux petits. A proximité vous trouverez le château de Vincennes ou encore le parc floral, où plus de 3 000 fleurs rares côtoient sculptures de maîtres. Mais la partie du bois la plus fréquentée reste le parc zoologique de Paris qui a rouvert en 2014.

PARC / JARDIN

PARC FLORAL DE PARIS

Esplanade du château de Vincennes (75012) ✆ 01 49 57 25 50
M° Château de Vincennes - www.parcfloraldeparis.com/fr
Ouvert tous les jours à partir de 9h30. Fermé entre 17h et 20h selon la saison. Gratuit en basse saison. entrée 2,50 €

En passant du jardin des Quatre saisons à la vallée des Fleurs, en allant du Mur vivant – sur lequel des végétaux poussent par hydroculture – à la pinède ou au jardin des Papillons, on admire des collections d'iris, de dahlias, de tulipes, de camélias, de rhododendrons, de fougères, de plantes vivaces ou de bonsaïs dans des paysages changeants, ainsi que des pavillons. Des concours et expositions sont régulièrement organisés ici, de même que, durant l'été, des festivals de jazz, de musique classique de spectacles pour enfants. Ces derniers trouvent sur place quantité de loisirs : aire de jeux, promenades en petit train, tables de baby-foot, biblio-ludothèque, théâtre de Guignol, etc.

SITE URBAIN

LE VIADUC DES ARTS

1 à 129, avenue Daumesnil (75012) ✆ 01 44 75 80 66
M° Bastille, Gare de Lyon ou Montgallet. - www.viaducdesarts.fr
Ouvert tous les jours. Boutiques (horaires disponibles en ligne). Restaurants. Bars. Artisanat d'art.

Inauguré en 1859, Le viaduc ferroviaire a permis à des millions d'habitants de rejoindre la capitale depuis Vincennes jusqu'à la place de la Bastille. L'arrivée du RER A dans les années 70 va profondément modifier le destin de cet édifice. Dans les années 1990, le haut de cette voie élevée de sept mètres au-dessus de l'avenue Daumesnil a été aménagé en promenade et une partie de ses voûtes transformée en ateliers et galeries d'artisans d'art. Sur 1,5 km s'aligne une cinquantaine d'adresses de restaurateurs et fabricants de meubles, de créateurs de bijoux, de luthiers, de brodeurs, de designers… Un endroit où il est agréable de flâner à l'abri de l'agitation des quartiers plus touristiques.

SITE URBAIN

LA BUTTE-AUX-CAILLES

(75013) ✆ 01 42 76 40 40
Métro Corvisart (L6).
www.paris.fr
Ouvert toute l'année. Gratuit.

Une sympathique promenade de quartier oscillant entre un petit air de campagne et une riche histoire liée à la Commune de Paris, le tout agrémenté ça et là de jolies œuvres de street art souvent effectuées par des artistes du quartier, que vous pouvez croiser régulièrement en plein travail. Cette petite butte n'est pas dépourvue d'un charme bucolique à l'allure de petit village aux accents tantôt alsaciens, tantôt auvergnats… Petits squares, architecture éclectique mais sans barres d'immeubles (le sol étant friable) et bars de quartier, on peut aussi venir goûter l'eau de Paris provenant directement du puits artésien ou profiter de la charmante piscine aux allures de cathédrale…

PARC / JARDIN

JARDIN CHARCOT

À l'angle des rues du Chevaleret et Alphonse Boudard (75013) - M° Chevaleret
Ouvert 24h/24h.

La nature n'a pas été mise de côté dans ce quartier en perpétuel changement, un lieu unique puisque le jardin Charcot est situé sur le toit d'un gymnase. Un modèle d'intégration de verdure dans le tissu urbain. Une vaste pelouse et des plates-formes en bois permettent aux habitants du quartier et aux nombreux travailleurs des alentours de s'offrir un petit moment de détente et de verdure. Le jardin offre une vue plongeante sur la halle Freyssinet, mais aussi sur les tours de la bibliothèque François Mitterrand et les innombrables bâtiments modernes de l'avenue de France. Vous pourrez ensuite poursuivre votre déambulation en suivant la promenade Lévi-Strauss, encore injustement méconnue.

SITE URBAIN

LE PARCOURS DE LA BIÈVRE

Rue Croulebarbe (75013)
M° Les Gobelins ou Italie.
Accès libre. Gratuit.

Imaginez une petite rivière qui serpentait dans les 5e et 13e arrondissements et qui volerait aujourd'hui la vedette à notre fleuve parisien si célèbre ! Et oui, autrefois coulait ici une rivière, qui vit encore, mais sous le bitume… Prenant sa source dans les Yvelines, la rivière Bièvre se jetait dans la Seine au niveau de la gare d'Austerlitz. Au XVIIe siècle les manufactures se développent, teinturiers et tanneurs prennent place le long de ses berges, si bien que la pauvre rivière devint au fil du temps un véritable égout à ciel ouvert, porteuse des pires épidémies ! Le baron Haussmann fit bétonner et enterrer la rivière pour des raisons de santé, son parcours est désormais balisé.

SITE ARCHÉOLOGIQUE

LES CATACOMBES

1, place Denfert-Rochereau (75014) ✆ 01 43 22 47 63
M° Denfert-Rochereau
www.catacombes.paris.fr
Du mardi au dimanche de 10h à 20h30, fermeture des caisses à 19h30. Entrée : 15 € (29 € avec audioguide).

Plus grand ossuaire du monde, il renferme plus de 6 millions de squelettes. Dès l'époque romaine, le sous-sol parisien fut exploité pour fournir plâtre et pierre utilisés au fil des siècles. Ainsi, à la fin du XVIIIe siècle, la capitale comptait environ 160 km de galeries souterraines. En 1780, l'effondrement du Cimetière des Innocents entraîna la fermeture de tous les cimetières parisiens intra-muros et le transfert des ossements de milliers de défunts dans les carrières de la Tombe Issoire à l'époque hors des limites de la ville. Site ouvert au public en 1809, la visite se déroule 20 m sous terre dans une véritable mise en scène face à la mort fascinante et unique au monde.

PARC / JARDIN

LE PARC MONTSOURIS

Boulevard Jourdan (75014) - RER ou T3 Cité Universitaire
www.paris.fr
Ouvert tous les jours à partir de 7h30 ou 9h et fermé entre 17h45 et 21h30 selon la saison.

Construit sur une ancienne carrière, le parc Montsouris fut aménagé sous le Second Empire sous l'ordre de Napoléon III, qui souhaitait offrir des espaces verts aux habitants du sud de Paris. Ce magnifique jardin à l'anglaise de 15 hectares a été pensé par l'ingénieur Jean-Charles Alphand en 1878. Si, pendant longtemps, ce parc a été associé à l'établissement psychiatrique Saint-Anne, situé juste à côté, aujourd'hui il est surtout connu pour ses centaines d'espèces d'arbres et ses nombreuses sculptures en bronze ou en pierre des XIXe et XXe siècles. Vous y avez aussi un kiosque à musique, un théâtre de marionnettes, des aires de jeux, un restaurant, de même qu'un observatoire météorologique.

PARC / JARDIN

PARC GEORGES-BRASSENS

2, place Jacques-Marette (75015) ✆ 39 75 - M° Porte de Vanves
www.paris.fr

Ouvert tous les jours à partir de 8h ou 9h selon la saison. Horaires de fermetures disponibles en ligne. Accès libre.

Difficile d'imaginer qu'au 18e siècle le paysage était majoritairement occupé par le vaste vignoble de Périchot. Un site qui fut ensuite couvert de cultures maraîchères pour ensuite céder la place aux abattoirs de Vaugirard en 1894, fermés en 1975 suite aux plaintes des riverains. Un parc fut donc inauguré en 1985 en l'honneur du chanteur qui habita dans le quartier lors de son époque parisienne. Une promenade charmante offrant de nombreux dénivelés, un petit pont chevauchant une rivière et un belvédère. L'histoire du quartier est mise à l'honneur à travers ses bâtiments, notamment la criée et une halle où se déroule chaque week-end un intéressant marché du livre ancien et d'occasion.

PARC / JARDIN

LE BOIS DE BOULOGNE

(16e) ✆ 01 53 92 82 82 - M° Pont de Neuilly, Porte Maillot, Porte Dauphine ou Porte d'Auteuil. - www.jardins.paris.fr

Ouvert toute l'année. Accès libre. Balades à poney, balade en barque, hippodrome. Accueil enfants. Restauration.

Vous êtes ici sur l'ancien territoire de chasse des rois de France ! Aménagé sous le règne de Napoléon III c'est à l'ingénieur Jean-Charles Alphand et au paysagiste Jean-Pierre Barillet-Deschamps que l'on doit la structure de ce premier grand parc parisien. Les lacs Supérieur et Inférieur sont créés, de même que la Grande Cascade, des rivières, allées et les hippodromes de Longchamp et d'Auteuil. Suivront ensuite des pavillons, kiosques, restaurants, le jardin d'Acclimatation, ainsi que les Serres d'Auteuil, le stade Roland-Garros ou encore les réserves ornithologiques. Le bois est devenu aujourd'hui le plus grand espace de détente de l'ouest parisien accueillant de nombreuses activités.

ANIMAUX

LE JARDIN D'ACCLIMATATION

Bois de Boulogne (16e)
✆ 01 40 67 90 85
M° Les Sablons
www.jardindacclimatation.fr

Lundi, mardi, jeudi, vendredi de 11h-18h, mercredi + week-end 10h-18h. Adulte 7 €.

Ce Jardin s'est offert une nouvelle jeunesse pour offrir de nombreuses surprises. Dans ce grand parc de 18 hectares à l'orée du Bois de Boulogne, vous pourrez profiter de plus de 40 attractions pour tous les âges : faire le plein de sensation dans l'un des *roller coaster* dont l'emblématique Rockets, prendre de la hauteur sur les chaises volantes ou vous laisser porter dans les mythiques carrousels. Ne manquez pas également les aires de jeux, les stands de fête foraine et les activités nature comme la ferme ou la balade en poney... Une sortie idéale en famille !

PARC / JARDIN

LE JARDIN DES SERRES D'AUTEUIL

3, avenue de la Porte-d'Auteuil (16e)
M° Porte d'Auteuil
www.paris.fr

Ouvert chaque jour, horaire variable selon la saison. Gratuit.

Plusieurs jardins cernent les majestueuses serres d'Auteuil. Autour d'une grande pelouse, ils prennent des atours à la française, à l'anglaise, à la japonaise et à la méditerranéenne. Construites dans les années 1890 par Jean-Camille Formigé, les serres sont dotées d'une architecture métallique élégante. Vous pouvez y admirer six milliers de végétaux : succulentes, palmiers, ficus, bégonias, fougères. Ce beau jardin botanique a vu sa superficie évoluer par l'extension du stade Roland-Garros. Après une longue bataille juridique, six nouvelles serres ont vu le jour.

PARC / JARDIN

SQUARE DES BATIGNOLLES

144 bis, rue Cardinet (17e)
M° Pont-Cardinet ou Brochant

Ouvert toute l'année. Du lundi au vendredi à 8h, le week-end à 9h. Fermeture en fonction des saisons. Aire de jeux.

Le quartier des Batignolles n'était encore au XIXe siècle qu'un petit hameau extérieur à la capitale sur lequel s'installèrent des commerçants. Annexé en 1860, le petit village s'est progressivement intégré à la ville lors des travaux d'Haussmann qui prit soin d'offrir des cadres de verdure aux Parisiens. Il règne ici une atmosphère paisible, due à sa fréquentation par les habitués du quartier essentiellement. Vous pourrez profiter de son calme pour une sieste au milieu de la pelouse ou aux abords de son petit ruisseau. Une cascade, un petit lac, une petite serre ainsi qu'une aire de jeux pour les enfants agrémentent joliment ce petit parc. De quoi lui conférer un petit air britannique !

PARC / JARDIN

LES JARDINS D'EOLE

Rue d'Aubervilliers (18e) - M° Marx Dormoy
www.paris.fr

Ouvert tous les jours. Ferme à 17h45 en hiver, plus tardivement en été.

Créé en lieu et place d'une friche SNCF il y a maintenant une dizaine d'années, ce jardin est le plus grand de l'arrondissement, entre détente et pratique sportive. Les vastes pelouses et cheminements sont autant de possibilités de s'évader l'esprit, mais le sport n'est jamais loin : quatre terrains de basket, deux de football (et mode petite taille), des tables de tennis de table et même une zone de *street workout* pour celles et ceux qui veulent se muscler. Le spectacle des trains se trouvant à vos pieds, avec en prime, au loin, une superbe vue de carte postale sur le Sacré-Cœur, au loin. L'été les buvettes y sont nombreuses. Revers de la médaille : l'insécurité à la nuit tombée.

PARC / JARDIN

LE PARC CHAPELLE-CHARBON

Rue de la Croix-Moreau (18e) - M° Porte de la Chapelle.
www.paris.fr
Ouvert tous les jours.

Un tout nouveau parc, immense, et qui est devenu immédiatement le poumon vert d'un quartier en pleine révolution, notamment en raison des Jeux olympiques à venir ! Le parc Chapelle-Charbon répond à ce drôle de nom en raison de la localisation des lieux, et de l'existence d'une gare SNCF spécialisée autrefois dans l'acheminement de cette matière première. Sur près de 30 000 m² (une seconde tranche sera ouverte ultérieurement), vous découvrez différents itinéraires de promenade, des espaces sportifs, de vastes pelouses, et un très vaste auvent, réminiscence du passé des lieux, qui permet l'organisation de festivités. Outre l'accès principal, vous pouvez y accéder par la rue de la Chapelle.

SITE URBAIN

LA MOUZAÏA

Rue du Général-Brunet (19e)
M° Botzaris
Ouvert toute l'année. Gratuit.

Comme il est agréable de se perdre dans ce joli quartier arboré et très fleuri aux beaux jours. Les maisons qui le composent abritaient autrefois ouvriers et artisans. Chaque maison possède en général son propre jardin, un véritable luxe à Paris, et sont devenues bien évidemment hors de prix. Entrez par la rue de l'Egalité, déambulez et rejoignez la rue de la Liberté puis la rue du général-Brunet avant d'accéder au hameau du Danube. Lors de votre promenade, prenez le temps d'admirer les nombreuses villas qui ponctuent les rues et d'apprécier le calme incroyable qui règne ici. L'autre nom de ce quartier, tout simplement « la campagne à Paris », est décidément bien senti.

SITE URBAIN

LA GRANDE HALLE DE LA VILLETTE

211, avenue Jean-Jaurès
Paris (19e)
✆ 01 40 03 75 75
www.lavillette.com c.eppghv@villette.com

Voilà un exemple réussi de réhabilitation d'un bâtiment industriel. La Grande Halle de la Villette, construite vers 1865-1867, est un des derniers legs du marché aux bestiaux. 150 ans et deux rénovations plus tard, l'impressionnante carcasse métallique de la Grande Halle accueille aussi bien des grandes expositions, des spectacles, des festivals de musique, des défilés de haute couture et salons. Durant les Jeux Olympiques, La Villette, avec le Trocadéro, sera un des deux lieux de célébrations officiels où se dérouleront de nombreux événements sportifs et festifs.

SITE DE DÉCOUVERTE

CITÉ DES SCIENCES ET DE L'INDUSTRIE

30, avenue Corentin-Cariou (19e) ✆ 01 85 53 99 74
M° Porte de la Villette - www.cite-sciences.fr
Ouvert du mardi au samedi de 10h à 18h ; le dimanche de 10h à 19h. A partir de 12 €. Gratuit -2 ans. Infos sur le site.

C'est l'un des plus grands musées scientifiques d'Europe. Cette vaste cité vous permettra d'élucider beaucoup de mystères ! Des espaces d'information sont en libre accès, mais beaucoup de sites sont payants (notez que plusieurs formules de Pass vous sont proposées). L'un des plus fameux est la Géode, salle de cinéma en forme de boule métallique. Dans le Planétarium, vous embarquez à la découverte des planètes, de la Voie lactée et des galaxies grâce à un système d'image immersive. La Cité vous invite également à visiter le sous-marin Argonaute, et la Cité des Enfants.

SITE URBAIN

VILLA LÉANDRE

23 ter, avenue Junot (18e)
M° Lamarck-Caulaincourt
Ouvert toute l'année. Gratuit.

Voici un joli quartier pittoresque de Paris qui porte le nom, une fois n'est pas coutume, d'un humoriste et non d'un général ou d'un président. Charles Léandre, actif au début du XXe siècle, résida dans le quartier de Montmartre, proche de cette rue. Au détour d'une promenade sur la splendide avenue Junot, cette impasse dévoile gracieusement quelques maisons en briques rouges qui nous rappellent un style britannique tandis que d'autres sont de facture assez classique. La rue pavée longe ces charmantes maisons dont les murs au printemps se parent de fleurs et de feuilles. Un superbe coin de la Butte Montmartre hors des sentiers battus et des hordes de touristes !

PARC / JARDIN

PARC DE LA VILLETTE

Entre la porte de Pantin et la porte de La Villette (19e)
M° Porte de La Villette ou Porte de Pantin
Ouvert toute l'année.

L'un des plus vastes parcs de la capitale, qui a pris place sur d'immenses abattoirs fermés dans les années 1970. Voulu par le président Giscard d'Estaing, inauguré par le président Mitterrand, le parc de La Villette est parsemé de petites maisons rouges, appelées folies. Mais le parc, c'est aussi un incroyable nombre d'équipements culturels : Cité des sciences, Philharmonie, Grande Halle, Cité de la musique, Géode… sans compter de nombreux festivals et, l'été, la possibilité de profiter d'une des immenses pelouses entre amis pour pique-niquer ou se faire une toile en plein air. Difficile, pour ne pas dire impossible, de ne pas trouver ici, été comme hiver, une activité qui vous plaira.

PARC / JARDIN

LE PARC DES BUTTES-CHAUMONT

Place Armand-Carrel - rue Manin - rue Botzaris – avenue Simon-Bolivar (19e) ✆ 01 48 03 83 10 - Mº Botzaris ou Buttes-Chaumont

Basse saison : tous les jours et les jours fériés de 7h à 20h. Haute saison : de 7h à 22h.

En quelques années, le parc des Buttes-Chaumont est devenu un lieu très apprécié des familles parisiennes. Dans ce 19e arrondissement en pleine mutation, il est un lieu de retraite idéal pour les promeneurs. Créé durant le Second Empire, ce parc est l'un des plus vastes de la capitale et sans doute le plus original avec un dénivelé impressionnant, mais aussi des falaises, des grottes, des belvédères, un pont suspendu, une île couronnée du pittoresque temple de Sybille, œuvre du célèbre Gabriel Davioud, et d'immenses pelouses où l'on vient farnienter ou pique-niquer.

PARC / JARDIN

JARDIN NATUREL PIERRE-EMMANUEL

120, rue de la Réunion (20e)
Mº Alexandre Dumas

Ouvert du lundi au vendredi de 8h à 17h ; le week-end de 9h à 17h. Heure de fermeture variable selon saison

Ouvert en 1995, ce jardin évolue naturellement, véritable hymne au biologique, ni d'arrosage, ni d'insecticides, ni pesticides. Voici un espace de liberté végétale de 6 300 m² où l'écosystème se débrouille tout seul. Ni platane ni marronniers, mais des coquelicots, fougères, absinthes et autres plantes indigènes. On peut se perdre dans les sous-bois et en été y trouver un peu de fraîcheur. Vous croiserez aussi la mare avec grenouilles et la prairie aux fleurs sauvages. Sous la terrasse, à côté du kiosque du gardien, un abri ouvert accueille des expositions temporaires.

SITE URBAIN

PLACE DU COLONEL-FABIEN

(19e)
Mº Colonel Fabien

Carrefour partagé entre les 10e et 19e arrondissements, cette place est située à l'emplacement de l'ancienne barrière Saint-Louis. Bénéficiant de larges perspectives (à l'ouest vers le canal et Stalingrad, à l'est vers Belleville, au sud vers Saint-Louis), elle porte le nom d'un militant communiste membre important de la Résistance. À l'est de la place, vous pouvez voir le siège du Parti communiste français, œuvre de l'architecte brésilien Oscar Niemeyer. Sous la coupole qui émerge du sol se trouve la salle de son Comité central. Cependant, cette place cache un passé morbide, car elle était l'emplacement du gibet de Montfaucon, où on pendit des milliers de personnes jusqu'en 1630.

ST'ART

Véritable artothèque participative du street art, St'art invite à chasser les œuvres murales de sa ville et les partager avec les autres utilisateurs. La carte se remplit de points à observer et constitue un itinéraire tout trouvé pour découvrir de manière originale sa prochaine destination. Petit plus : on met enfin un nom sur les artistes souvent méconnus de ces œuvres qui habillent nos rues.

SITE URBAIN

LA CAMPAGNE À PARIS

Place Octave-Chanute (20e)
Mº Porte de Bagnolet ou Pelleport

Inauguré en 1926, ce projet débute en 1907 avec la création d'une coopérative par le pasteur Sully Lombard afin de permettre aux ouvriers d'accéder à la propriété. Située sur une ancienne carrière de gypse qui demeurait sur l'ancien village de Charonne, on y construit 92 pavillons et bien vite, un petit bois pousse à proximité. Bien que construits sur le même modèle, les pavillons se différencient les uns des autres par leur couleur, leur marquise ou leur jardin, d'où le nom du lieu. Attention à ne pas confondre avec le quartier de la Mouzaïa, non loin, et qui présente un aspect similaire. Une déambulation ici peut justement se poursuivre par une promenade dans le quartier précité.

PARC / JARDIN

LE PARC DE BELLEVILLE

Rue des Couronnes - rue Piat - rue Julien-Lacroix - rue Jouye-Rouve (20e) - Mº Couronne, Belleville ou Pyrénées.
www.paris.fr

Ouvert toute l'année. Ouvre à 8h (9h le week-end) et ferme entre 20h30 et 21h30 selon la saison.

Créé en 1988 par l'architecte François Debulois et le paysagiste Paul Brichet, ce parc de 4,5 hectares s'étend à flanc de colline. On s'y promène dans des allées sinueuses et bien ombragées – le parc est riche de 1 200 espèces d'arbres et d'arbustes –, avant d'aller se prélasser sur une vaste pelouse. Parmi ses autres attraits figurent une impressionnante fontaine en cascade longue de 100 mètres, un petit vignoble et un théâtre de plein air. Et puis, il ne faut pas manquer de se rendre tout en haut du site où, depuis une terrasse, vous avez une très belle vue – unique – sur l'ouest de Paris. Étrangement peu connu – sauf des gens du quartier –, ce parc est magnifique.

LA CAMPAGNE À PARIS- LA MOUZAÏA

Une maison dans Paris : si beaucoup en rêvent aujourd'hui, il y a un siècle, on en édifiait encore, et parfois par dizaines ! C'est le cas des quartiers de la Campagne à Paris et de la Mouzaïa. Rendez-vous Porte de Bagnolet, à l'entrée de la rue Géo Chavez.

La petite rue, qui monte légèrement, laisse découvrir sur votre droite de jolies maisons, bien entretenues, souvent faites de pierres meulières : on se croirait soudainement transposé dans un chef-lieu de canton provincial : vous êtes à « La Campagne à Paris ». Poursuivez un peu et, sur votre droite, vous emprunterez un bel escalier ombragé par les arbres. Tout en haut, vous pouvez choisir la rue Irénée Blanc ou la rue Jules Siegfried : elles forment une boucle, que nous vous invitons à découvrir dans son intégralité. La Campagne à Paris, ce sont 92 maisons à l'histoire bien singulière. À la fin du XIXe siècle, une société coopérative d'habitations souhaite édifier un lotissement : depuis, les maisons ont progressivement basculé dans le domaine privé, et atteignent des prix très élevés. La rue Paul Strauss marque la fin de votre itinéraire dans la campagne à Paris : il est temps de rejoindre le quartier de la Mouzaïa.

D'une campagne à l'autre

Prenez le boulevard Sérurier jusqu'à la station de métro Pré-Saint-Gervais, puis la rue de la Mouzaïa s'ouvre sur votre gauche. Vous distinguez après quelques mètres les premières maisons à l'angle avec la rue Félix Faure.

La Mouzaïa

Vous constatez ici de grandes similitudes entre les maisons de ce quartier et celles de la Campagne à Paris : elles comportent deux étages au maximum, sont joliment entretenues et la végétation y est très présente. La genèse de ce quartier est toutefois différente : suite à un échec commercial, les sociétés créancières récupérèrent l'ensemble, firent tracer des rues pour commercialiser ces terrains. Ces rues s'appellent souvent « villa », et la majeure partie est piétonne : Villa Sadi-Carnot, Villa des Lilas, Villa Eugène Blanc ... ce sont une dizaine de ces axes, répartis selon une orientation nord-sud, qui vous donneront à découvrir ce petit village très prisé. Un peu plus bas, le parc des Buttes-Chaumont : c'est la fin de votre balade !

MUSÉE

MUSÉE EN HERBE

23, rue de l'Arbre-Sec (10e) ✆ 01 40 67 97 66 - M° Pont Neuf, Louvre-Rivoli ou Les Halles. - www.musee-en-herbe.com

Ouvert tous les jours de 10h à 19h. Exposition : 7 €. Tarifs des ateliers : consulter le site internet.

Découvrir l'art dès le plus jeune âge en s'amusant : joli programme que celui proposé par le Musée en Herbe ! On y trouve des expositions temporaires passionnantes, colorées et évidemment accessibles aux plus jeunes, permettant une très belle initiation. En ce moment, c'est le graffeur Speedy Graphito qui développe et explique son art à un public jeune – évidemment – et ébahi. Des ateliers sont également proposés, répartis selon les âges : de deux ans et demi à 5 ans pour certains, de 5 à 12 ans pour les autres. Le musée propose également des balades ludiques et thématiques à la découverte de la ville, et la possibilité d'organiser sur place son anniversaire.

ENFANTS

THÉÂTRE DE L'ESSAÏON

6, rue Pierre au Lard (4e) ✆ 01 42 78 46 42
M° Rambuteau.

Plusieurs spectacles par semaine. Voir la programmation en ligne.

Niché dans une belle cave voûtée du Marais, le théâtre de poche Essaïon propose une riche programmation, des pièces les plus classiques aux créations les plus originales, notamment pour initier les enfants aux arts de la scène. Tout au long de l'année, en journée, et plus particulièrement le matin, des spectacles jeune public se tiennent dans les deux salles intimes du lieu. Au moment de boucler cette édition, le choix est vaste, et se décline selon plusieurs pièces : « La boîte à mélosique », « Soum, l'ami des fantômes », « Le grand chaperon rouge et le petit loup » et de nombreuses autres possibilités encore. Notez bien que le théâtre propose aussi des pièces pour tous les publics.

ANIMAUX

ZOO DU JARDIN DES PLANTES

57, rue Cuvier (5e)
✆ 01 40 79 37 94
M° Gare d'Austerlitz, Jussieu ou Censier Daubenton
www.jardindesplantesdeparis.fr

Haute saison ouvert tous les jours de 9h à 18h. Basse saison de 10h à 17h. Adulte : 13 €. Enfant de 4 à 16 ans : 10 €.

C'est en plein centre de la capitale que l'un des plus vieux zoos du monde abrite près de 1 200 espèces d'animaux, dans un cadre charmant et exceptionnel par son architecture et ses équipements. La ménagerie, fondée en 1794 dépend du Muséum national d'Histoire naturelle et se déploie sur 5,5 hectares à l'intérieur du domaine que constitue le jardin. Vous pouvez y observer des orangs-outans, des pandas roux, des tortues géantes, des flamants, une panthère des neiges... La fauverie et le vivarium et leur style Art déco restent les deux zones les plus appréciées.

PARC / JARDIN

LE JARDIN DES PAPILLONS

Bois de Vincennes Parc floral de Paris
Paris (12e) ✆ 01 48 08 13 00
www.parcfloraldeparis.com

Ouvert du 15 mai au 15 octobre. Mercredi, jeudi et vendredi de 13h30 à 17h30, le dimanche de 13h30 à 18h30

Aménagé dans une serre au coeur du magnifique parc floral, le Jardin des Papillons propose une découverte du monde des insectes et plus particulièrement des papillons de jour d'Ile-de-France. On y observe les étapes de leur cycle de vie, leur vol, les parades ou encore l'émergence des chrysalides. Vous y découvrirez environ 40 espèces, des piérides aux machaons, en passant par les papillons petites tortues. La végétation du jardin-volière permet de comprendre les liens étroits qu'entretiennent les papillons avec les plantes, mais aussi les menaces qui pèsent sur leurs milieux de vie et l'intérêt de préserver la biodiversité. Une visite attrayante et éducative, pour petits et grands.

AQUARIUM

AQUARIUM TROPICAL PALAIS DE LA PORTE DOREE

293, avenue Daumesnil (75012) ✆ 01 53 59 58 60
M° Porte Dorée - www.aquarium-tropical.fr

Ouvert du mardi au vendredi de 10h à 17h30, week-end de 10h à 19h. Entrée : 8 €. Tarif réduit : 5 €.

L'Aquarium tropical a été créé en 1931 à l'occasion de l'Exposition coloniale. A l'origine, il avait pour vocation de faire connaître l'exotique faune aquatique de l'empire français. Toujours installé dans le palais de la Porte Dorée, la collection comprend 5 000 animaux représentant 300 espèces différentes : poissons dits primitifs – qui se rapprochent le plus de leurs ancêtres –, poissons électriques poissons-chats, poissons-mandarins, poissons-archers, piranhas, invertébrés, alligators... Notez enfin que le lieu propose de nombreuses expositions temporaires.

PARC ANIMALIER / FERME

LA FERME DE PARIS

1, route du Pesage (75012) - Ligne 1 station « Château de Vincennes » puis bus et marche à pied en suivant la Route de la Ferme. Bus : Ligne 77 arrêt « Plateau de Gravelle ».

Basse saison week-end de 13h30 à 17h30. Haute saison ouvert le mercredi et les vacances scolaires. Gratuit.

Depuis 1989, la Ferme de Paris est un lieu de sensibilisation à l'alimentation durable et à l'agriculture urbaine. Elle est gérée selon les pratiques de l'agriculture biologique, dans le respect de l'environnement et du bien-être animal. Le terrain se partage entre cultures (vergers, potagers, basses-cours végétalisées, parcelles de grandes cultures et de permaculture), pâturages et abris pour les animaux (moutons, chèvres, cochons, poules, canards, dindons, oies et lapins). Le mercredi, des visites avec activités pédagogiques s'adressent aux groupes sur rendez-vous. Les week-ends et lors de journées à thème, les visiteurs peuvent assister aux travaux de la Ferme et participer aux ateliers.

ZOO

PARC ZOOLOGIQUE DE PARIS

Avenue Daumesnil (75012) ✆ 08 11 22 41 22 - M° Porte Dorée
www.parczoologiquedeparis.fr

Haute saison ouvert tous les jours et les jours fériés de 9h30 à 20h30. Adulte : 20 €. Enfant de 3 à 12 ans : 15 €.

Le Parc Zoologique de Paris, déployé sur 15 ha, créé en 1934 dans le bois de Vincennes, a rouvert ses portes au printemps 2014 après six ans de fermeture pour travaux faramineux. Le Parc zoologique de Paris, connu sous le nom de Zoo de Vincennes, n'avait jamais connu de véritable rénovation, exception faite de celle de son fameux Grand Rocher, emblématique promontoire. Face au rocher se dresse une gigantesque verrière de 4 000 mètres carrés abritant une serre tropicale. Le terrain a été remodelé en cinq biozones : Patagonie, Sahel-Soudan, Europe, Guyane-Amazonie, Madagascar. Le bien-être des animaux, plus de 2 000 parmi, est au cœur du projet de réhabilitation du Parc zoologique de Paris.

ORNITHOLOGIE

RÉSERVE ORNITHOLOGIQUE DU BOIS DE VINCENNES

Route de la Pyramide (75012) - M° Château de Vincennes ou Porte Dorée. - www.vincennes-tourisme.fr

Toute l'année. Tous les jours. Gratuit. L'Office de tourisme de Vincennes, la LPO et le CORIF organisent des visites.

La réserve ornithologique du Bois de Vincennes abrite près de 150 espèces d'oiseaux. A l'abri dans une petite cabane, vous pouvez observer en toute discrétion les habitants : fauvette grise, épervier d'Europe, gallinule poule d'eau, grive litorne, fauvette des jardins ou encore bouvreuil pivoine. Les enfants adorent se cacher dans la cabane, à l'affût des volatiles. A l'écart des zones les plus fréquentées du bois, comme le zoo ou le château en lui-même, cet endroit ne manquera pas de vous plaire. Et ce sont bien les enfants qui sont les plus heureux de venir ici.

PARC ANIMALIER / FERME

LA FERME SAINT-HILAIRE

Bois de Boulogne (16e) ✆ 01 40 67 90 85 - M° Les Sablons
www.jardindacclimatation.fr

Gratuit avec billet d'entrée pour le parc. Tarif parc adulte 7 €, tarif réduit 4 €. Gratuit pour les enfants de -80 cm.

Un incontournable qui devrait plaire à vos enfants si vous passez une journée au jardin d'acclimatation. Laissez vos petits découvrir la vie de campagne en pénétrant directement dans les enclos des chèvres et des moutons de la petite ferme Ferme Saint-Hilaire. Le long de la rivière, dans un décor typiquement normand, entre maisonnettes en colombage et toitures de chaume, la Petite Ferme abrite de nombreux animaux domestiques : lapins, ânes, poneys ou encore adorables cochons d'Inde. Les enfants peuvent les suivre de près, et ils adorent ! De nombreuses autres activités en accès libre pour les enfants sont disponibles : pataugeoire, miroirs déformants, Guignol… un très chouette endroit !

AQUARIUM

AQUARIUM DE PARIS

5, avenue Albert-de-Mun (16e) ✆ 01 40 69 23 23 - M° Trocadéro ou Iéna - www.aquariumdeparis.com

Ouvert tous les jours et les jours fériés de 10h à 19h. Adulte : 20,50 €. Enfant 3 à 12 ans : 13 €, 13 à 17 ans : 16 €.

Fondé en 1867, l'aquarium de Paris, situé sous la colline Chaillot n'est autre que le plus vieil aquarium du monde ! Avec ses 43 bassins et aquariums qui contiennent 13 000 poissons et invertébrés, on peut dire qu'il a de quoi impressionner ! Ce temple de la faune et de la flore aquatiques vous réserve de belles surprises : un tunnel avec des requins de 33 mètres de long, le plus grand Médusarium d'Europe avec près de 50 espèces envoûtantes, un bassin où vous pourrez caresser des carpes Koi, des parcours dédiés aux littoraux français de la métropole et d'Outre-Mer... Et toute l'année, des expositions et ateliers qui permettent aux petits et grands d'en savoir plus sur le monde sous-marin.

ANIMAUX

LE JARDIN D'ACCLIMATATION

Bois de Boulogne (16e)
✆ 01 40 67 90 85
M° Les Sablons
www.jardindacclimatation.fr

Lundi, mardi, jeudi, vendredi de 11h-18h, mercredi + week-end 10h-18h. Adulte 7 €.

Ce Jardin s'est offert une nouvelle jeunesse pour offrir de nombreuses surprises. Dans ce grand parc de 18 hectares à l'orée du Bois de Boulogne, vous pourrez profiter de plus de 40 attractions pour tous les âges : faire le plein de sensation dans l'un des *roller coaster* dont l'emblématique Rockets, prendre de la hauteur sur les chaises volantes ou vous laisser porter dans les mythiques carrousels. Ne manquez pas également les aires de jeux, les stands de fête foraine et les activités nature comme la ferme ou la balade en poney... Une sortie idéale en famille !

ANIMAUX

LE PARC DE BAGATELLE

Route de Sèvres-à-Neuilly - allée de Longchamp (16e)
✆ 01 53 64 53 80 - M° Porte Maillot

Ouvert tous les jours de 9h30 à 18h30. Tarif : 2,50 € en haute saison. Horaires et tarifs selon la saison.

Construit « pour » Marie-Antoinette, le Parc de Bagatelle a de nombreux atouts et fait partie de l'un des quatre espaces qui forment le Jardin Botanique de Paris. Ainsi, il abrite des trésors de la nature. Vous pourrez notamment y admirer sa très célèbre roseraie, de fabuleux jardins inspirés du monde entier, mais aussi une cascade, une pagode, des pièces d'eau, un château... Et, des animaux ! Les paons y circulent librement et ne sont jamais avares de démonstrations de charme : impossible de ne pas voir une roue de paon, lors de votre visite. Tout au long de la saison, de nombreux événements, concerts et fêtes se tiennent dans ce cadre extraordinaire. Les petits et grands seront ravis !

AQUARIUM

AQUARIUM DE LA CITÉ DES SCIENCES

30, avenue Corentin-Cariou (19e) ✆ 01 40 05 70 00 - Mº Porte de la Villette
www.cite-sciences.fr
Ouvert du mardi au samedi de 10h à 18h, dimanche de 10h à 19h.

Au cœur de la Cité des Sciences, vous découvrez ces 3 bassins de 10 000, 40 000 et 80 000 litres d'eau de mer. Le principe : vous donner à voir ce qu'un plongeur peut découvrir à une profondeur pouvant aller jusqu'à 50 mètres. Ici, ce sont les fonds méditerranéens que vous découvrez, de la Grèce à la Tunisie en passant par la Sardaigne à la splendide Corse. On ne vient pas à la Cité des Sciences uniquement pour cette visite, mais un passage par ces trois bassins vous donnera encore plus à apprendre dans ce haut lieu de découverte. Une chouette parenthèse.

ZOO

PARROT WORLD

Route de Guérard - **CRÉCY-LA-CHAPELLE** ✆ 01 86 70 06 84
https://www.parrotworld.fr/fr
Fermeture annuelle en février. Ouvert tous les jours de 10h à 17h. Gratuit jusqu'à 3 ans. Adulte : 18 €. Enfant : 14 €.

Voici un parc animalier pas comme les autres : Parrot World. À l'origine de cet endroit, Éric Vignot, passionné par les perroquets, a décidé d'ouvrir un lieu-sanctuaire pour ces derniers. Ici, les oiseaux vous guident au travers d'un parcours immersif, au plus près des animaux et de leurs conditions de vie. Vous vous plongez ici dans la biodiversité sud-américaine, et vous découvrez ainsi le jaguar, la loutre géante, le manchot de Humboldt, le capybara et bien évidemment de nombreuses espèces de perroquets de toutes les couleurs. De nombreuses animations sont destinées aux plus jeunes, et vous pouvez même dormir ici, dans l'un des *lodges*. Une expérience hors pair.

ENFANTS

LITTLE VILLETTE

211, avenue Jean Jaurès (19e)
Mº Porte de Pantin
Programmation et horaires variables, consulter le site internet.

Situé dans le vaste pavillon Paul Delouvrier, c'est le lieu dédié aux enfants : salle d'éveil corporel, musée numérique, salon de lecture, mur de dessin sont autant de possibilités. Ici, on propose également des week-ends thématiques, comprenant des spectacles et des projections cinématographiques. Enfin, un vaste jardin permet, à partir du printemps, une jolie découverte des choses de la nature. Notez également que l'endroit propose une très vaste programmation toute l'année, comprenant des Journées du Patrimoine dédiées aux plus jeunes et d'innombrables ateliers spécifiques dédiés. Seul bémol : une fois sur place, les enfants ne veulent plus quitter les lieux !

ENFANTS

CITÉ DES ENFANTS

30, avenue Corentin-Cariou (19e) ✆ 08 92 69 70 72
Mº ou Tramway Porte de la Villette
www.cite-sciences.fr
Plein tarif : 12 €. Tarif réduit : 9 €. Plusieurs séances par jour.

Au cœur de la Cité des Sciences, la Cité des Enfants est un lieu unique. Divisée en 2 espaces (le premier pour les 2-7 ans, le 2nd pour les 5-12 ans), elle est organisée selon plusieurs thèmes : « Je me découvre », « Je sais faire », « Je me repère », « Tous ensemble », et « J'expérimente » pour les plus jeunes, « Le corps », « Communiquer », « Le Studio TV », « Les jeux d'eau », « Le Jardin » et « L'Usine » pour les moins jeunes. Avec des parcours aussi instructifs que pédagogiques, c'est l'idée parfaite pour passer un moment avec ses enfants, les parents pouvant en effet être présents durant toute la visite. Pensez à bien réserver en ligne, il y a beaucoup d'affluence en fin de semaine.

HÔTEL

HÔTEL VICTORIA CHÂTELET***

17, avenue Victoria (1er)
✆ 01 40 26 90 17
M° Châtelet.
www.hotel-victoria-chatelet.com
24 chambres. Chambre double à partir de 142 €.

Le Victoria Châtelet est un hôtel parisien typique, bien placé place entre Seine et Halles. Il a la particularité d'être situé dans le théâtre du Châtelet. Parmi les 24 chambres, celle du top floor, mansardée, a une vue magnifique sur Beaubourg et les toits de Paris. Elles sont toutes décorées avec élégance et surtout très personnalisées avec des petits détails qui font écho au sens de l'accueil incomparable de l'équipe. L'autre avantage de cet hôtel, c'est son calme, car il n'y a presque pas de circulation dans la rue située un peu à l'écart de la place du Châtelet.

HÔTEL

SNOB HÔTEL****

84-86, rue Saint-Denis (1er) ✆ 01 40 26 96 60
M° Châtelet-Les Halles.
www.snobhotelparis.com
Ouvert toute l'année. Chambre double à partir de 175,50 €.

Grande maison bourgeoise, un tantinet décalée et originale, la demeure est le cadre du Snob Hôtel. Ne vous fiez pas au nom ! Ici, les chambres ressemblent à des boudoirs où le laiton se remarque là où on ne l'attend pas. Les portraits de famille, si sérieux d'habitude, sont détournés. Les têtes de lit aux impressions pastel contrastent avec le marbre noir des salles de bains. C'est surprenant, insolite, chic et cosy à la fois. Les lieux sont si bien pensés et décorés que le tarif des chambres est largement justifié. Mention spéciale aux chambres appelées « silencieuses » et qui vous garantissent des nuits calmes, dans un quartier très animé. Promotions régulières sur le site.

HÔTEL

123 SÉBASTOPOL****

123, boulevard de Sébastopol (2e) ✆ 01 40 39 61 23 - M° Strasbourg-Saint-Denis ou Réaumur-Sébastopol. - www.astotel.com
Chambre simple à partir de 110 € ; chambre double à partir de 122 €. Chambre familiale à partir de 279 € la nuit.

Inspiré du monde du cinéma, cet hôtel nous met immédiatement dans le bain, dès l'entrée : des noms d'acteurs sont inscrits en lettres lumineuses et des affiches de films ornent les murs, à la manière des cinémas new-yorkais. Le fil conducteur du septième art se poursuit ensuite dans la salle de petit déjeuner, conçue comme un plateau de tournage avec des accessoires et dans la salle de cinéma à l'acoustique parfaite du sous-sol. Les chambres sont également dans ce même état d'esprit. Tout est très confortable, la literie et les services sont à la hauteur, et offrent un excellent rapport qualité-prix. Si possible, demandez une chambre en hauteur. L'hôtel dispose aussi d'une terrasse.

HÔTEL

HÔTEL EDGAR

31, rue d'Alexandrie (2e) ✆ 01 40 41 05 19
M° Sentier ou Strasbourg-Saint-Denis
www.edgarhotel.com
Chambre double à partir de 240 €.

Cet ancien atelier de confection s'est transformé en un hôtel-restaurant-bar très branché. Le cogérant de l'hôtel, Guillaume Rouget, a eu l'idée de demander à ses copains d'imaginer les chambres : Yann Arthus-Bertrand a signé la chambre « LalaSalama » à l'esprit de réserve africaine ; Alain Laurens, créateur de La Cabane Perchée, et Daniel Dufour, concepteur et illustrateur des cabanes, ont bâti la « Chambre perchée ». Quant à Pascal Brault, styliste chez Chanel, et Stéphane Lubrina, scénographe, ont conçu la chambre « Ebène Rock » comme une chambre noire de labo photo. Sans oublier la chambre « Dream » de Béatrice Arthus-Bertrand et Marion Laurens. Bref, un lieu improbable à prix corrects.

HÔTEL

HÔTEL SAINT-MARC****

36, rue Saint-Marc (2e) ✆ 01 42 86 72 72 - M° Richelieu-Drouot
www.hotelsaintmarc.com
Accueil 24h/24. 26 chambres : double à partir de 240 € ; triple à partir de 540 €. Petit déjeuner : 21 €.

Un bel hôtel qui mérite largement un séjour : les propriétaires ont en effet réussi à imaginer une décoration audacieuse mêlant Art déco et esprit des années soixante-dix, donnant lieu à un ensemble totalement inattendu, et inédit ! Ainsi dans les chambres, les portes et têtes de lit sont en laiton et miroirs, les couleurs sont joyeuses (vert sapin, rose, bleu ciel, moutarde...) ; dans les couloirs, les moquettes sont imprimées avec des palmiers pour nous faire voyager. La piscine intérieure et le jardin sont les plus qui donnent envie de séjourner dans cet hôtel à l'atmosphère de calme et propice à la détente. Les prix sont élevés, mais bel et bien justifiés.

HÔTEL

HÔTEL SQUARE LOUVOIS****

12, rue de Louvois (2e) ✆ 01 86 95 02 02 - M° Quatre-Septembre
www.hotel-louvois-paris.com
Ouvert toute l'année, chambre double à partir de 250 €.

Cet hôtel parisien marie avec justesse influences haussmanniennes, Art déco et contemporaines. Dans une ambiance cocooning, les arts et lettres inspirent l'âme des 50 chambres : parquets, moulures, lustres d'autrefois, touches cuivrées et cuirs grainés. Les formes simples et confortables côtoient les lignes scandinaves subtiles. Toutes les chambres sont élégantes et d'un très grand confort. La suite de 37 m² est en duplex, ce qui n'enlève rien à son immense charme. Le plus ? Le bien-être n'est pas oublié grâce à la piscine équipée d'un banc d'hydromassage et à un espace repos avec tisanerie et la gourmandise est de mise à l'heure du petit-déjeuner et du goûter. Bref, du très haut de gamme.

HÔTEL
LA MAISON CASAÔ

108, rue Réaumur (2e) ✆ 01 47 03 92 29
M° Sentier.
www.casao-paris.com
Chambre double à partir de 185 €.

Un hôtel pas comme les autres : la Maison Casaô souhaite en effet faire vivre à ses clients une expérience de vie inspirée de l'art de vivre à la parisienne. Outre sa situation géographique idéale, l'établissement se trouvant dans le quartier de la Bourse, le lieu propose de nombreuses chambres répondant aux meilleurs standards architecturaux de la capitale : c'est chic, soigné, cosy. Ainsi les objets chinés parsèment espaces partagés (donc le joli salon de rez-de-chaussée) et chambres, qui répondent aux noms de Réaumur, Colbert, Verdeau, Vivienne ou Prestige. Si les tarifs sont relativement élevés, ils sont pleinement justifiés. Une valeur sûre du cœur de la capitale.

HÔTEL
THE HOXTON

30-32, rue du Sentier (2e) ✆ 01 85 65 75 00
M° Grands Boulevards.
www.thehoxton.com
Accueil 24h/24. Chambre double à partir de 289 €.

Plus que de simples hôtels, la marque Hoxton propose un concept chic et branché. Celui-ci, niché dans une résidence du XVIIIe siècle dans le dynamique quartier du Sentier, a pour particularité de ressembler davantage à une maison cossue. Ici, chaque chambre est unique avec des matériaux splendides, une literie irréprochable et des services multiples : du service en chambre à la possibilité de passer ses appels à l'étranger en illimité. Les 172 chambres se répartissent selon plusieurs gammes de taille, de la *cosy* à la *biggy*. Les Parisiens branchés, les touristes amateurs du beau ou simplement les curieux de passage pourront également profiter d'une brasserie et d'une boutique chic.

HÔTEL
LA CHAMBRE DU MARAIS****

87, rue des Archives (3e) ✆ 01 44 78 08 00
M° Filles du Calvaire
www.lachambredumarais.com
19 chambres. Wifi gratuit.

Idéalement situé, la Chambre du Marais est entre l'hôtel et la maison familiale. Confort et élégance sont les maîtres mots. Ici, le moindre détail a été minutieusement choisi. La literie de luxe et l'acoustique sont très soignées et complétées par des prestations hors pair : oreillers grand confort (relaxant, mémoire de forme ou anti-insomnie), masque de relaxation pour les yeux, mais aussi boisson au choix (tisanes, décaféinés, boissons relaxantes…) et des accessoires high-tech tels que des boîtiers d'endormissement, des iPad avec e-books, accès à une playlist zen. Le bar, conçu comme un salon privé très intime, est ouvert de midi à 2h du matin. Un hôtel intime et confidentiel.

HÔTEL
HÔTEL JULES & JIM

11, rue des Gravilliers (3e) ✆ 01 44 54 13 13 - M° Arts et Métiers
www.hoteljulesetjim.com
Chambre double à partir de 319 €. Petit déjeuner 14 €. Wifi gratuit.

Souvenez-vous : le tourbillon de la vie, le tourbillon de l'amour, Truffaut, Jeanne Moreau, Jules & Jim. Ce sont tous ces souvenirs cinématographiques qu'Antoine Brault et Geoffroy Sciard ont souhaité intégrer dans leur hôtel tout en hauteur. Le bar est ouvert à tout le monde, ambiance feutrée en hiver avec la cheminée qui crépite, et sereine en été dans la jolie cour intérieure ornée d'un mur végétal. Les chambres sont réparties dans trois bâtiments. Les « Hi-Macs » sont dotées d'une coque composite rétro-éclairée qui les isole du bruit et de la lumière au milieu de laquelle trône un lit très spacieux. Des expos et des soirées en live acoustique ou avec DJ sont organisées régulièrement.

HÔTEL
HÔTEL SOOKIE

2 bis, rue Commines (3e) ✆ 01 40 29 01 33
M° Filles du Calvaire.
www.hotelsookie.com
31 chambres. Chambre simple à partir de 192,72 € ; chambre double à partir de 227,04 €. Wifi.

Cosy et convivial, cet hôtel a su rapidement devenir l'un des repères du Marais. Idéalement placé, l'établissement compte 31 chambres, pour lesquelles la décoration repose sur le bois et le tissu, donnant un ensemble dans lequel on se sent immédiatement très bien. Le service, agréable et discret, très professionnel, est pleinement mobilisé pour faire de votre séjour une chouette parenthèse. Enfin en rez-de-chaussée, le *coffee shop*, ouvert sur la rue, est un trait d'union entre le cocon dans lequel vous séjournez et l'animation bouillonnante de ce quartier très prisé. Les tarifs sont certes élevés, mais justifiés, et dans la moyenne constatée dans le cœur de la capitale.

HÔTEL
SINNER

116, rue du Temple (3e) ✆ 01 42 72 20 00 - M° Arts et Métiers.
https://sinnerparis.com/
43 chambres. Chambre double à partir de 410 €. Hammam, bain bouillonnant. Restaurant.

Tout comme les autres hôtels du groupe Evok, le Sinner a une identité unique particulièrement addictive. Ici, l'impertinence, le luxe et le mystère sont à l'honneur grâce à des jeux de lumières sombres, des invitations discrètes à la séduction et un raffinement très osé. Mais, au-delà de cette image sulfureuse, vous serez ici dans un excellent hôtel au confort indéniable, aux équipements high tech et aux services attentionnés. À ne pas manquer ? Le spa éclairé à la bougie, le restaurant et le bar de l'hôtel, qui se sont rapidement imposés comme des adresses incontournables du quartier. Un must-have pour un verre à la tombée du jour ou pour un brunch gargantuesque.

ET POUR DORMIR ?

4E - 5E

HÔTEL

1ER ÉTAGE

38, rue Sainte-Croix-de-la-Bretonnerie (4e) ✆ 06 77 90 48 42
Mº Rambuteau ou Hôtel de Ville - www.1eretagemarais.com

Accueil 24h/24. 5 chambres : double à partir de 262 €. Petit déjeuner inclus. L'hôtel n'accueille pas les enfants.

Un hôtel un peu particulier qui occupe uniquement le premier étage d'un bâtiment construit au XVIIe siècle au cœur du Marais et de tout un secteur de rues animées, commerçantes avec bars et restaurants. Chaque hôte bénéficie d'une chambre privée dans un appartement parisien avec un véritable service d'hôtellerie. Pas de réception, juste un code d'accès pour accéder à la chambre. Mais, le matin, le personnel est présent pour le petit déjeuner, les conseils, la conciergerie ou encore le ménage. Le minibar est remplacé par une cuisine en libre-service et tout est compris dans le prix, même le petit déjeuner. Décoration atypique avec d'intéressantes pièces chinées.

HÔTEL

HÔTEL BOURG-TIBOURG****

19, rue du Bourg-Tibourg (4e) ✆ 01 42 78 47 39
Mº Hôtel de Ville ou Saint-Paul - www.bourgtibourg.com

Accueil 24h/24. 30 chambres. Chambre simple à partir de 220 € ; chambre double à partir de 290 €.

Dans cet hôtel du Marais, tout est en jeu d'ombres, en mystère et en exubérance, ce qui n'est pas sans rappeler quelques voyages en Orient. Les chambres ne sont pas grandes, mais pleines de charme avec une allure de boudoir féminin confidentiel : mobilier clouté et gainé, tentures lourdes et imposantes, salles de bains en granit noir avec des alcôves byzantines... Ce sont de véritables petits nids douillets où le glamour est partout. La bibliothèque propose toute une série d'ouvrages à lire entre le salon et la chambre, pour vous immerger dans l'ambiance singulière du lieu. Le service est impeccable, le petit déjeuner gourmand. Quant à la petite cour intérieure, elle a des airs de paradis !

HÔTEL

HÔTEL DUO****

11, rue du Temple (4e) ✆ 01 42 72 72 22 - Mº Hôtel de Ville
www.duo-paris.com

58 chambres. Chambre simple à partir de 160 € par nuit, double à partir de 190 € par nuit.

Ici, le luxe décontracté joue sur un tableau résolument contemporain : espaces ouverts, lignes simples, couleurs chaudes et acidulées. L'élégance et le confort sont les mots d'ordre aussi bien dans les chambres que dans le lobby convivial ou dans le lounge bar design. Dans ce décor moderne, les poutres et la rampe en fer forgé rappellent que les lieux ont un passé toujours présent. Les chambres et les salles de bains sont dans des tons de taupe, café et vanille, beaucoup plus soft, pour vous garantir des nuits sereines. Les plus ? La situation idéale en plein cœur du Marais, l'agréable patio où se reposer et les espaces bien-être comme la salle de fitness et le sauna !

HÔTEL

SO/ HÔTEL

10, rue Agrippa d'Aubigné (4e) - Mº Sully-Morland.
https://soparis.com/

Ouvert toute l'année. Chambre double à partir de 427 €. Wifi. Restauration. Vente.

On voyait cet immense bâtiment en travaux depuis bien longtemps, et on se demandait ce que nous allions y trouver : force est de constater que ce So Hôtel est une claque. De la chambre simple – déjà très luxueuse – à la suite, l'ensemble, dès le lobby, vous transporte ailleurs. Les architectes ont rivalisé d'imagination pour créer un lieu chic en diable, en préservant les vues imprenables sur la capitale, avec un bar très 70's, des suites habillées de velours aux couleurs chaudes, et une même piscine intérieure couplée d'un spa qui n'a rien à envier adresses les plus chics. Au 15e étage, Bonnie, le restaurant, propose une bistronomie qui ne s'en laisse pas compter.

HÔTEL

HÔTEL ATMOSPHÈRES****

31, rue des Écoles (5e) ✆ 01 43 26 56 02 - Mº Maubert-Mutualité.
www.hotelatmospheres.com

56 chambres (dont 6 suites et 2 appartements). Petit déjeuner buffet. Wifi gratuit. Tv satellite. Sauna. Salon de thé.

Idéalement situé au centre du Quartier latin, le cœur de Paris s'offre à vous. L'architecte Vincent Bastie a décoré l'hôtel autour de quatre thèmes : les monuments, *by night*, *urban* et salon de thé. Pour les illustrer des photos de Thierry des Ouches occupent tous les espaces depuis le hall d'entrée jusque dans les chambres et la salle du petit déjeuner. Un voyage audacieux agrémenté de couleurs parfois *flashy* parfois plus sobres. Si vous souhaitez le calme, demandez une chambre « Monuments », si vous avez des envies d'intimité et romantisme, les chambres « By night » seront idéales. Les gourmands préféreront les chambres « Salon de thé » et leur ambiance raffinée.

HÔTEL

L'HÔTEL LA LANTERNE****

12, rue de la Montagne-Sainte-Geneviève (5e) ✆ 01 53 19 88 39 - Mº Maubert-Mutualité.
www.hotel-la-lanterne.com

Accueil 24h/24. 42 chambres. Chambre double à partir de 240 €. Hammam. Piscine. Spa. Douche sensorielle.

Un boutique-hôtel qui cultive à merveille le chic parisien. Chaque objet a été chiné pour créer une atmosphère unique où se marient l'ancien et le moderne. Dans les 42 chambres, les murs sont ornés de photos noir & blanc de Paris ou d'affiches du début du siècle, et les têtes de lit sont en simili-cuir... Un hôtel de charme où les matières jouent l'élégance et le bien-être avec quelques notes colorées subtilement placées dans un univers de teintes douces… Enfin, la piscine intérieure sous voûtes avec hammam, salle de soins et fitness sont autant de commodités qui rendent l'hôtel encore plus agréable sans oublier le joli jardin intérieur si plaisant aux beaux jours.

HÔTEL

HÔTEL LES DAMES DU PANTHÉON****

19, place du Panthéon (5e) ✆ 01 43 54 32 95
M° Cardinal-Lemoine ou RER Luxembourg
www.hotellesdamesdupantheon.com
A partir de 188 € la chambre double. Wifi gratuit.

Situé au cœur du Quartier latin, Les Dames du Panthéon occupe un bâtiment du XVIIIe siècle en face du Panthéon. Ici, on a choisi de mettre à l'honneur des dames libres et indépendantes, emblématiques de leurs époques à travers une décoration subtile et colorée... Dans les 35 chambres réparties sur six étages avec ascenseur, on croise, grâce à la mise en scène de créations contemporaines et de meubles originaux reflétant leur époque, des femmes qui avaient toutes un style particulier : Edith Piaf, George Sand, Marguerite Duras, Juliette Gréco... Des services quatre étoiles !

HÔTEL

HÔTEL BAUME****

7, rue Casimir-Delavigne (6e) ✆ 01 53 10 28 50 - M° Luxembourg ou Odéon - www.baume-hotel-paris.com
Chambre double à partir de 200 € ; suite à partir de 350 €. Wifi gratuit. Tv satellite.

Cet hôtel a un style Art déco revisité. Les chambres ont toutes des ambiances singulières où les matières précieuses sont contrastées. Dans la chambre « Joaillerie », des bijoux plaqués sous verre ornent les chevets et on s'éclaire grâce à des appliques à sautoir. La chambre « Mode » est habillée de fausses plumes et de moire. Dans la chambre « Cinéma », les lampes sont des projecteurs de plateau. Certaines chambres ont des terrasses de 12 m² et de suites sont en duplex ou donnent sur des jardins. Cet hôtel devient l'une des adresses incontournables de Saint-Germain-des-Prés à 50 m du théâtre de l'Odéon, 150 mètres du jardin du Luxembourg et à 300 m de la station de métro Odéon.

HÔTEL

HÔTEL RÉSIDENCE HENRI IV****

50, rue des Bernardins (5e) ✆ 01 44 41 31 81
M° Maubert-Mutualité
www.residencehenri4.com
Tarifs de 191 à 530 €. Appartement familial disponible. Petit déjeuner : 15 €. Moins de 2 ans (lit bébé) : gratuit.

Cette résidence propose de belles chambres qui vous plongeront dans le grand siècle du bon roi Henri IV. Au cœur du Quartier latin et à deux pas de Saint-Germain-des-Prés, elle offre confort et tranquillité aux clients. Sa décoration raffinée confère une sensation de bien-être : moulures aux plafonds, cheminées en marbre d'époque, mobilier patiné, le tout agrémenté de couleurs harmonieuses. Cet hôtel-résidence dispose de 8 chambres spacieuses et de 5 appartements, tous dotés d'une kitchenette avec un four micro-ondes, réfrigérateur, cuisinière électrique et lave-vaisselle.

HÔTEL

HÔTEL LA BELLE JULIETTE****

92, rue du Cherche-Midi (6e)
✆ 01 42 22 97 40
M° Vaneau ou Sèvres-Babylone
www.hotel-belle-juliette-paris.com
Accueil 24h/24. 45 chambres. Chambre double à partir de 212 € environ.

Juliette Récamier, personnage historique du XIXe siècle, était surnommée « la Belle Juliette » d'où le nom de l'établissement, construit autour de son univers. La décoration raffinée réussit à marier un certain classicisme avec une grande modernité. Dès les beaux jours, les tables sont dressées dans le jardin où règne une quiétude apaisante. On peut aussi y boire un verre et profiter de la carte « Snackings chics » du restaurant Le Clos Belle Juliette élaborée par la chef Flora Mikula. Ne manquez pas d'aller faire une pause détente au spa et à la jolie piscine chauffée.

HÔTEL

VILLA PANTHÉON****

41, rue des Écoles (5e) ✆ 01 53 10 95 95 - M° Maubert-Mutualité
www.villa-pantheon.com
Chambre double à partir de 250 €. Petit déjeuner buffet : 15 €.

Une atmosphère *so british* pour cet hôtel situé au cœur du Quartier latin. Tout ici est raffiné, que ce soit le *lobby* avec ses canapés Chesterfield en cuir ou ses chambres pourvues de parquet huilé en bois exotique, équipées de fauteuils en cuir, décorées de belles boiseries et de meubles de marine ou exotiques. Le bar offre un joli moment de détente et invite à la découverte grâce aux mixologistes talentueux qui officient derrière celui-ci. Concernant la petite cour intérieure, vous vous y installerez avec les créations de ce « Bridge Bar » est c'est en effet un pont rêvé entre cet intérieur cosy et l'extérieur parisien. Tout ceci fait un ensemble chic et sacrément bien placé !

HÔTEL

HÔTEL LA PERLE***

14, rue des Canettes (6e) ✆ 01 43 29 10 10 - M° Saint-Germain-des-Prés
www.hotel-paris-laperle.com
38 chambres. Chambre double autour de 180 €. Parking.

L'Hôtel La Perle a conservé un charme classique, loin du design épuré actuel. Ici, les poutres et pierres apparentes du XVIIe siècle ont ce « quelque chose » réconfortant qui rappelle le passé. Les chambres donnent sur rue ou sur la cour intérieure fleurie et sont toutes parfaitement insonorisées. Leur décoration est chic et cosy. Pour plus de confort, les lits sont équipés de couette en duvet d'oie. Pour les escapades à plusieurs, l'appartement est un duplex de 45 m², composé d'une chambre avec salle de bain au premier étage et d'un grand salon transformable en chambre au rez-de-chaussée, équipé d'une autre salle de bain. Un petit déjeuner buffet est servi tous les matins dans la véranda.

HÔTEL

LEGEND HÔTEL***

151, rue de Rennes (6e) ✆ 01 45 48 97 38 - M° Saint-Placide
www.legendhotelparis.com
Accueil 24h/24. 38 chambres. Chambre double à partir de 204 € environ.

On pénètre dans un univers empreint de sensualité, très onirique, qui se joue de la transparence et des matières brutes pour une atmosphère de velours... Ce boutique-hôtel a laissé l'imaginaire de Virginie Cauet s'exprimer et le résultat est... enveloppant ! Les chambres, luttant contre l'uniformité, sont toutes différentes et revêtent une personnalité propre. Elles portent des noms évocateurs imprégnés de poésie : « Echo », « Narcisse » ou encore « Passage Secret ». La décoration, composée de tons pastel reposants, de mobilier design et d'éclairage créatif, crée une véritable bulle de douceur et une ambiance cocooning... Parfait pour se détendre après avoir arpenté la capitale !

HÔTEL

K + K HÔTEL CAYRE****

4, boulevard Raspail (7e) ✆ 01 45 44 38 88 - M° Rue du Bac
www.kkhotels.com/fr/paris
Chambre double de 159 € à 399 €. Petit déjeuner buffet inclus. Séminaires. Wifi gratuit. Tv satellite, Canal+. Sauna.

Au cœur du légendaire quartier de Saint-Germain-des-Prés, cet hôtel à la façade haussmannienne offre un design intérieur contemporain et luxueux. Les chambres se caractérisent par des lignes épurées et des couleurs chaudes, chaque décor est constitué de matières naturelles et de textiles nobles. Certaines chambres donnent sur la rue, d'autres sur un jardin japonisant beaucoup plus calme et plus agréable, même si toutes les fenêtres sont équipées de double vitrage. Ne manquez pas non plus d'admirer les tableaux d'art contemporain dans le lobby, les expositions changent régulièrement mais c'est toujours de belles trouvailles. Une bonne adresse au bon rapport qualité-prix en somme !

HÔTEL

LE CINQ CODET*****

5, rue Louis-Codet (7e) ✆ 01 53 85 15 60 - M° École-Militaire.
www.le5codet.com
67 chambres. A partir de 360 € la chambre double, wifi gratuit. Hammam, bain bouillonnant, sauna.

Cet hôtel 5 étoiles en plein du 7e arrondissement a été conçu par Jean-Philippe Nuel dans un immeuble des années 30 réinventé avec un décor contemporain. Dans cette maison riche de tableaux, vous trouverez de belles chambres aux volumes exceptionnels et des équipements de pointe. Les chambres évoquent des ateliers d'artistes, certaines suites sont en duplex avec une hauteur sous plafond de 5,5 m. Côté lieu de vie, préparez vous à des services exceptionnels : un petit déjeuner de chef, une terrasse sublime où prendre votre repas au restaurant, un bar lounge à l'ambiance d'un lumineux loft atelier ou encore un spa niché autour d'une terrasse à ciel ouvert au 3e étage.

HÔTEL

CONCORTEL HÔTEL***

21, rue Pasquier (8e) ✆ 01 42 65 45 44 - Madeleine et Concorde.
www.concortel-paris-hotel.com
Accueil 24h/24. Chambre double à partir de 205 €. Petit déjeuner continental : 11 € ; petit déjeuner express : 7 €.

Le Concortel Hôtel offre confort et calme à deux pas des fameuses boutiques de luxe du Faubourg Saint-Honoré, des grands magasins et de l'Opéra. Cet hôtel est composé de deux bâtiments, séparés par une petite cour intérieure. Les chambres standard pour une ou deux personnes sont assez simplement décorées. Elles n'en restent pas moins agréables. Les autres chambres de catégorie supérieure sont plus spacieuses, plus chics et plus recherchées dans leur ornement. Différents petits déjeuners sont proposés en chambre. Pour vous ressourcer, le patio extérieur vous offrira une halte privilégiée le temps d'un verre. Une adresse à conserver précieusement pour toutes séances de shopping effrénées.

HÔTEL

HÔTEL AMÉLIE**

5, rue Amélie (7e) ✆ 01 45 51 74 75
M° La Tour-Maubourg ou RER Invalides
www.hotelamelie-paris.com
Chambre double à partir de 228 €. Tv satellite.

Un petit hôtel charmant au cœur de Paris, dans une rue calme et dans un quartier idéal pour vos excursions touristiques, à mi-chemin entre la tour Eiffel et les Invalides. Vous serez accueilli dans une atmosphère *cosy*, chaleureuse et *arty* dans le lobby et même dans l'escalier. Chaque porte ouvre sur un univers différent avec parfois un grain de folie : bibliothèque en trompe l'œil, fresques, phrases écrites, tableaux originaux, etc. Chaque chambre a une décoration unique, poétique et colorée jusque dans les salles de bains. Certaines ont une vue imprenable sur Paris. L'accueil est sympathique et efficace. Une adresse vivement recommandée pour son très bon rapport qualité-prix !

HÔTEL

HÔTEL MAISON MALESHERBES****

11, place Saint-Augustin (8e) ✆ 01 42 93 27 66
M° Saint-Augustin - www.maison-malesherbes.com
23 chambres. Chambre double à partir de 198 €. Petit déjeuner : 16 €.

C'est une magnifique demeure bourgeoise du XIXe siècle, située tout près de la sublime église Saint-Augustin, à deux pas de la gare Saint-Lazare. Un style unique avec beaucoup de cachet : des couleurs chaleureuses, des tons fleuris délicieusement rétro, on se sent de suite happés par une atmosphère *cosy*. Proposant 23 chambres et une suite, vous séjournerez dans un environnement d'exception fait d'espaces dans lesquels vous vous sentirez terriblement bien. L'accueil et le petit-déjeuner achèvent d'en faire une véritable parenthèse enchantée. On valide avec enthousiasme.

HÔTEL
CHOUCHOU

11, rue Helder (9e) ✆ 01 45 67 89 01 - M° Chaussée d'Antin La Fayette. - www.chouchouhotel.com

63 chambres. Chambre double à partir de 170 €. Séminaires. Wifi gratuit. Restauration.

Chouchou est plus qu'un hôtel, c'est tout un concept, dont le principe repose sur une offre confortable et nombreuse (pas moins de 63 chambres tout de même !) qui joue sur les codes parisiens. Des chambres classiques ou supérieures, mais aussi des suites dédiées, et dont les noms sont évocateurs (La vie en rose, l'Anamour, l'Arrache-cœur) sont ainsi proposées. Mais on ne s'arrête pas là, puisqu'un bar-guinguette avec lampions et scène ouverte, un excellent restaurant favorisant les produits issus de circuits courts et deux comptoirs pour savourer des produits eux aussi soigneusement sélectionnés vous accueillent. L'ensemble est à deux pas de l'opéra : *so french* !

HÔTEL
HÔTEL AMOUR

8, rue Navarin (9e)
✆ 01 48 78 31 80
M° Saint-Georges.
www.hotelamourparis.fr

Accueil 24h/24. 42 chambres. Chambre double à partir de 116 €.

C'est un restaurant – très bon, surtout si vous pouvez vous installer sur la terrasse aux beaux jours – mais c'est aussi un hôtel très confortable, et réputé pour une particularité unique : on peut louer une chambre pour une demi-journée, et l'on vous laissera le soin d'imaginer la finalité d'une telle location. Pas de TV ici, on se concentre sur l'essentiel, le repos pour les uns, et d'autres activités pour les autres. La décoration est chic est contemporaine, et vaut le coup d'œil. Attention aux tarifs, qui peuvent varier du simple au quintuple selon la période, heureusement, le site internet est plutôt très bien fait, et permet d'avoir un aperçu rapidement !

HÔTEL
HÔTEL MAISON AXEL OPERA***

15, rue de Montyon (9e)
✆ 01 47 70 92 70
M° Grands Boulevards.
www.hotel-paris-axel.com

Chambre double à partir de 116 €.

L'Hôtel Maison Axel Opéra propose des chambres qui vous apparaissent comme autant de petits cocons, vous permettant de profiter d'un lieu moderne et bien placé, et allant jusqu'à la suite familiale, vaste et magnifiquement décorée. Situé au cœur de la capitale dans le quartier Drouot et ses nombreux antiquaires, à proximité des Grands Boulevards, de l'Opéra Garnier et des Grands Magasins. L'accueil est excellent, et on appréciera également la possibilité de prendre un petit déjeuner buffet à volonté très gourmand. Le rapport qualité-prix est imparable.

HÔTEL
HÔTEL OPÉRA CADET****

24, rue Cadet (9e) ✆ 01 53 34 50 50 - M° Cadet
www.operacadet.com

Ouvert toute l'année. 85 chambres. Chambre simple à partir de 110 €.

Situé en plein cœur de Paris et entre l'Opéra Garnier et de la Gare du Nord, l'Hôtel Opéra Cadet est un parfait havre de paix pour séjourner dans la capitale. L'hôtel est plutôt confortable, et son aspect assez moderne tranche avec les autres bâtiments de la rue. Il est adapté à tous les types de séjours : en famille, seul, entre amis... Au choix, de nombreuses chambres, jusqu'à la suite comprenant une offre de balnéothérapie : bien vu lorsque l'on revient d'une longue journée parisienne. C'est simple et sans chichi, et la situation est bien l'atout principal du lieu. La cour intérieure et le jardin offrent un lieu de tranquillité et de sérénité très appréciable les jours de beau temps.

HÔTEL
HÔTEL VICTOR MASSÉ**

32 bis, rue Victor-Massé (9e) ✆ 01 48 74 37 53
M° Pigalle
www.victormassehotel-paris.com/

Chambre simple à partir de 89 €.

Dans un quartier typiquement parisien et chargé d'histoire, à proximité du bouillonnant quartier de Pigalle, l'hôtel Victor Massé est très demandé. Les raisons ? D'abord et avant tout ses tarifs plus que raisonnables, offrant un chouette rapport qualité-prix. Ici, la décoration est simple mais soignée, et au-delà du quartier, il est idéalement situé entre l'Opéra et le Sacré-Cœur, à deux pas des grands magasins (Galeries Lafayette, Printemps) et à proximité des théâtres et cabarets. Vous l'aurez compris : cet hôtel convient à ceux qui recherchent un prix plutôt qu'un service et pour qui le plus important c'est le côté pratique. Attention, la demande est forte pendant les vacances.

HÔTEL
HOY

68, rue des Martyrs (9e) ✆ 01 77 37 87 20
M° Abbesses.
https://www.hoyparis.com/

Chambre double à partir de 210 €.

L'hôtel Hoy (comprenez « *House Of Yoga* »), c'est un cocon responsable et engagé. Les chambres et suites sont toutes décorées avec soin et goût et une attention particulière a été accordée aux détails et au confort. Plus qu'un simple hôtel, Hoy est surtout un lieu de vie à découvrir tout au long de la journée : des cours de yoga dans une salle à la lumière tamisée, la possibilité de s'exercer à la méditation, un bar-restaurant – appelé Mesa – avec une cuisine végétale inspirée d'Amérique du Sud, des playlists spécialement conçues pour les moments de la journée, des moments de bien-être avec deux chambres spécifiquement dédiées pour vous relaxer, des ateliers créatifs... Un havre de paix.

ET POUR DORMIR ?

9e - 10e

HÔTEL

MAISON MÈRE

7, rue Mayran (9e)
✆ 01 42 80 00 00
www.maisonmere.co/fr/
51 chambres (à partir de 169 € la nuit). Restauration.

Maison Mère est l'une des adresses branchées du quartier. Ici, l'on parle de lieu de vie qui se laisse découvrir au fil de la journée. Et ça commence dès l'arrivée, dans le lobby, où des œuvres d'artistes sont installées. Ensuite direction le bar à manger ou encore l'espace de coworking où des événements comme des bingos drag, des shows burlesques ou encore des cours de yoga sont régulièrement organisés. Dans les étages, la partie nuit est tout aussi attirante avec 51 chambres et 2 suites joliment décorées et confortables. Le concept en rappelle certes bien d'autres, mais n'en est pas moins une vraie valeur sûre. Notez que des promotions sont proposées sur internet.

HÔTEL

LE GRAND QUARTIER

15, rue de Nancy (10e) ✆ 01 76 21 61 61
www.legrandquartier.com
Ouvert toute l'année. Chambre double à partir de 175 €. Jeux pour enfants. Wifi gratuit. Restauration. Vente.

Derrière la façade, vous arrivez dans une grande cour depuis laquelle sont distribuées les activités de ce Grand Quartier, qui porte bien son nom : un restaurant, des salles de réunion, une boutique, un hôtel ! Ce havre de paix vous garantira des nuits sans faute : non seulement parce que les chambres donnent sur la cour végétale, mais aussi parce que les 83 chambres (dont certaines avec rooftop) sont belles, aérées, chics, avec literie hors pair et confort garanti. Ici, les enfants sont rois, avec de nombreuses activités organisées pour eux. Beaucoup viennent ici pour être vus, d'autres sont sincères : c'est la loi parisienne en la matière ! Mais le lieu reste une valeur sûre.

CHAMBRE D'HÔTE

MY HOME FOR YOU

10, boulevard Poissonnière (9e) ✆ 06 23 96 77 28
M° Bonne Nouvelle sortie 2. - www.my-home-for-you.paris
4 chambres (de 19 à 30 m²). Chambre double de 130 € à 295 €. Petit déjeuner inclus. Wifi.

Jean Etienne vous accueille dans ce grand appartement d'un bel immeuble de 1840, au charme parisien avec ses parquets anciens et ses moulures d'origine. Vous avez ici le choix entre 4 belles chambres de 19 à 30 m² évoquant plusieurs quartiers parisiens (« Grands Boulevards », « Trocadéro », « Palais Royal » et « Guimet »), chacune avec son style, décliné dans les moindres détails, et pouvant accueillir jusqu'à 3 personnes. Vous êtes au cœur de Paris, dans l'un des quartiers les plus animés, à moins de 15 min à pied de l'Opéra, des Grands Magasins, du Louvre, de Montmartre ou du buzz de la rue Montorgueil... sans oublier les Passages, les théâtres et les grandes brasseries... On adore !

HÔTEL

OKKO HOTELS PARIS GARE DE L'EST

30 A, rue d'Alsace (10e) ✆ 01 40 03 10 06
M° Gare de l'Est
www.okkohotels.com
Ouvert toute l'année. Chambre double à partir de 109 €.

Beaucoup ont remarqué, les longs des rails de la gare de l'Est, le chantier qui se déroulait : il est désormais terminé ! Et quel résultat : cet Okko Hôtel, conçu par un architecte de renom, épouse les rails en vous offrant des cocons de quiétude. Imparable : des couleurs chaudes, une literie confortable avec des draps italiens, une salle de bains moderne, rien ne manque ! Dans la longue série des hôtels modernes et jeunes, pas de doute, Okko est en bonne place. Notez enfin que le petit déjeuner vaut le détour : copieux, sain, *healthy*. Qualité-prix indiscutable.

AUBERGE DE JEUNESSE

GENERATOR HOSTEL

11, place du Colonel-Fabien (10e) ✆ 01 70 98 84 00
M° Colonel Fabien - www.generatorhostels.com
Accueil 24h/24. Dortoir à partir de 19 €. Chambre de 4 lits simples à partir de 96 €.

Simple, moderne, efficace : Generator Paris propose toute une sélection de chambres avec salle de bains privative et terrasse, ainsi que des chambres à partager mais toujours avec salle de bains privée. Vous pourrez admirer la vue sur le Sacré-Cœur depuis le roof-top ou profiter de l'ambiance dans le bar dont le design s'inspire d'une station de métro parisien. Le Café Fabien est orné des carreaux du métro parisien et de lampes chinées aux puces. A 15 minutes à pied de la Gare du Nord, Generator Paris est idéalement placé pour aller se promener dans le parc des Buttes-Chaumont, flâner de galeries d'art en boutiques *vintage* ou se relaxer dans un café le long du Canal Saint-Martin.

AUBERGE DE JEUNESSE

ST CHRISTOPHER'S INN - PARIS GARE DU NORD

5, rue de Dunkerque (10e)
✆ 01 70 08 52 22
A partir de 30 € le lit dans un dortoir, 90 € pour une chambre double privée avec sdb privative.

La réputation des auberges de jeunesse St Christopher's Inn n'est plus à faire : c'est un grand classique pour les *backpackers* européens ! L'établissement situé à proximité de Gare du Nord bénéficie d'un excellent emplacement en plein centre du Xe arrondissement, à proximité de la Villette et à une vingtaine de minutes de marche du cœur de la capitale. Les espaces communs sont exceptionnels, avec un grand bar, un immense salon sous verrière, et même une boîte de nuit maison. A noter que la chaîne propose une autre adresse rue de Crimée, au bord du Saint-Martin.

HÔTEL

HÔTEL DU NORD ET DE L'EST***

49, rue de Malte (11e)

✆ 01 47 00 71 70

M° République ou Oberkampf

Accueil 24h/24. 45 chambres. De 89 € à 219 € ; suite de 159 € à 299 €. Petit déjeuner : 12 €.

De l'hôtel, vous bénéficiez d'une situation centrale pour accéder aux endroits stratégiques tels qu'Opéra, Bastille, et les grands boulevards un peu plus bas, sans oublier les rues Oberkampf et Jean-Pierre Timbaud, hauts lieux de la vie nocturne parisienne. Lumineux et épuré, l'hôtel, tenu par la même famille depuis 3 générations, est accueillant, bien qu'un peu désuet. Un salon confortable vous permet de prendre un verre tout en lisant la presse, les chambres sont vastes, et vous pourrez prendre votre petit déjeuner dans la petite cour intérieure fleurie.

HÔTEL

C.O.Q HOTEL PARIS***

15, rue Edouard Manet (75013) ✆ 01 45 86 35 99

M° Place d'Italie - www.coqhotelparis.com

Chambre double à partir de 170 €. Remises fréquentes sur le site internet.

C.O.Q est l'acronyme de « Community Of Quality », mais il fait aussi référence au coq gaulois, emblème de la France. Ce nouvel établissement, à mi-chemin entre l'hôtel et la maison d'hôtes, a été créé dans un esprit club où les clients partagent les bons plans. C'est un véritable lieu de vie et d'échanges. Le salon, le lobby, le jardin d'hiver deviennent tour à tour cinéma, salle de réunion, d'exposition ou de spectacle. Des livres, un City Guide et des vinyles sont mis à la disposition des clients. La décoration est dans le même esprit et les chambres sont toutes différentes. Et comme dans une maison, on peut aussi y boire un verre de vin, un café et manger une planche.

HÔTEL

CHEZ PÉPÉ MERLE

131, rue du Chemin Vert (11e) ✆ 06 61 44 60 15

Métro 2 ou 3 - Père Lachaise.

www.chezpepemerle.fr

4 chambres. A partir de 159 €. Petit déjeuner inclus.

Bien loin des hôtels un brin impersonnels, les chambres d'hôtes de Pépé Merle sont charmantes et très intimes. La maison ne compte que 4 chambres inspirées d'un quartier : Ménilmontant, Oberkampf, Grand Palais ou Saint-Michel. La décoration est élégante et originale. On se sent ici comme dans une maison de famille, et la personnalité de l'hôte, Claire, n'y est pas pour rien. Son accueil est chaleureux et elle se plaît à vous faire découvrir son univers et sa ville. Le petit déjeuner est inclus et vaut le détour. Le tout, pour des prix assez raisonnables au vu de la qualité et de la localisation. Une adresse encore assez confidentielle, alors profitez-en avant qu'elle ne soit prise d'assaut !

HÔTEL

TOO HÔTEL

65, rue Bruneseau (75013) ✆ 01 78 90 79 90 - M° Bibliothèque François-Mitterrand. - https://toohotel.com/

Ouvert toute l'année. Chambre double à partir de 233,75 €. Wifi. Restauration.

Elles se distinguent de loin, et font partie désormais du paysage parisien : situées à l'extrémité de l'avenue de France, les deux tours Duo, imaginées par Jean Nouvel, se dressent à plus de 100 mètres de hauteur pour l'une, et près de 200 mètres pour l'autre. Et c'est au sommet de la première que se trouve le Too Hôtel, assurément l'expérience d'hébergement la plus incroyable du moment. Chambres cosy et confortables offrant des vues inédites sur Paris, intérieurs luxueux, restaurant et bar où le spectacle est autant dans les lieux qu'à l'extérieur, difficile de trouver un bémol. Et assurément pas les prix, qui prennent eux aussi de la hauteur, sans pour autant être exagérés.

INSOLITE

HÔTEL PARADISO

135, boulevard Diderot (75012) ✆ 01 88 59 20 01 - M° Nation

www.mk2hotelparadiso.com

Ouvert toute l'année. 35 chambres et 2 suites. Chambre pour deux personnes à partir de 170,10 €. Wifi. Animations.

L'état d'esprit MK2 qui se décline selon un hôtel, voilà qui devait arriver ! Ainsi, juste à côté de l'un des cinémas de l'enseigne situé à proximité de la place de la Nation, est désormais ouvert un lieu d'hébergement pas comme les autres. Vous l'aurez compris, chaque chambre dispose de son propre écran de cinéma et de ses offres en matière de films. Le toit du lieu, qui offre bien sûr une vue splendide sur la capitale, propose également... un cinéma en plein air ! Parmi les originalités, la Loge, qui surplombe le cinéma «classique», est un bar qui vous permet de programmer des films diffusés une fois la dernière séance publique terminée. 34 chambres, deux suites et bien plus encore !

HÔTEL

LE CLOS D'ALÉSIA***

8, rue Friant (75014) ✆ 01 45 42 71 91

M° Alésia ou Porte d'Orléans - www.clos-alesia.com

Ouvert toute l'année. Accueil 24h/24. 26 chambres. Chambre double de 75 € à 200 €

Le Clos d'Alésia est situé dans une rue calme, tout près du quartier animé de la rue du même nom, de l'avenue du Général-Leclerc et du parc Montsouris. Au rez-de-chaussée, la salle à manger, très lumineuse s'ouvre sur un ravissant patio fleuri. Toutes les conditions sont donc réunies pour que vous puissiez partir à l'assaut de la capitale parfaitement reposés. La literie est excellente, les salles de bains modernes, et l'accueil discret et chaleureux. Lumineuses, les chambres se déclinent selon plusieurs propositions, et sont disponibles pour deux ou trois personnes, ainsi que pour des familles. En résumé, un excellent rapport qualité-prix dans un joli coin de Paris.

HÔTEL

FRED HÔTEL***

11, avenue Villemain (75014) ✆ 01 45 43 24 18 - M° Plaisance
www.fred-hotel.com

36 chambres. Chambre double autour de 200 €. Laverie. Concierge. Restauration.

Le Fred Hôtel a gagné sa troisième étoile il y a quelques années, et personne ne songerait à la remettre en cause. Le style choisi est résolument contemporain, et offre un confort élevé et franchement d'un excellent rapport qualité-prix. Les chambres sont toutes très chics et modernes. Le décor est rehaussé par des lithographies originales qui rappellent l'époque des peintres de Montparnasse et qui donnent à chacune une touche personnelle. Les salles de bains au design épuré sont équipées de douche à l'italienne. Un petit déjeuner est servi sous forme de buffet autour de la table d'hôtes ou en table individuelle. Notez enfin que réserver sur le site de l'hôtel permet d'avoir des réductions.

HÔTEL

MAMA SHELTER - PARIS WEST

20, avenue de la Porte de la Plaine (75015)
✆ 01 70 94 14 00
M° Porte de Versailles ou Tramway T3a Georges Brassens
www.mamashelter.com

207 chambres. Tarif chambre double de 109 à 199 €. Boutique. Restauration. Parking.

Il s'agit de la seconde adresse parisienne de l'enseigne Mama Shelter, et qui propose une offre sans égal aux environs du parc des expositions. Comptant pas moins de 207 chambres, imaginé par l'architecte Jean-Michel Wilmotte et décoré par les décorateurs Dion & Arles, le lieu est splendide et développe le concept Mama avec une efficacité redoutable : chambres spacieuses et surtout très originales, offre de restauration excellente, atmosphère branchée et délicieusement décalée. Moins de deux ans après son ouverture, ce Mama-là est déjà un succès.

HÔTEL

HÔTEL DU LION**

1, avenue du Général-Leclerc (75014) ✆ 01 40 47 04 00
M° Denfert-Rochereau
www.paris-hotel-lion.com

Chambre double à partir de 100 € environ. Petit déjeuner buffet ou en chambre.

Le Lion de Belfort trône sur l'animée place Denfert-Rochereau et cet hôtel porte simplement son nom. Sur huit niveaux et 33 chambres, il offre une atmosphère bien parisienne, dans un quartier vivant. Les chambres sont simples et fonctionnelles, confortables et bien tenues. Dix d'entre elles possèdent un balcon avec une vue imprenable sur les toits parisiens. Au final, un lieu élégant et au charme discret comme on les aime : un peu hors du temps et des standards trop répétés de la modernité. C'est certes très désuet, mais l'accueil est ici vraiment empreint de proximité, et vous serez accueillis avec beaucoup de bienveillance et d'attention – parole de Petit Futé.

HÔTEL

VICE VERSA HÔTEL****

213, rue de la Croix-Nivert (75015) ✆ 01 55 76 55 55
M° Convention ou Porte de Versailles - www.viceversahotel.com

Chambre double à partir de 160 € environ. Réductions fréquentes sur le site internet. Wifi gratuit.

Succombez à la tentation... Les 7 étages de cet hôtel sont dédiés à un péché et ceux-ci sont déclinés du sol au plafond par la créatrice de mode Chantal Thomass. La « Gourmandise » est baignée dans une atmosphère de salon de thé, « l'Avarice » mène dans des espaces où les billets de banque sont en abondance, la « Colère » est décorée de tableaux tagués et de revolvers, « l'Orgueil » plonge dans une ambiance de palais étrusque, « l'Envie » attise toutes les convoitises, la « Paresse » fait goûter aux joies champêtres dans un décor très bucolique, enfin vous vous perdrez peut-être dans la « Luxure », toute de rose et de noir vêtue où tout évoque la sensualité...

HÔTEL

LE BAILLI DE SUFFREN***

149, avenue de Suffren (75015) ✆ 01 56 58 64 64 - M° Ségur
www.lebailliparis.com

Chambre double à partir de 125 €. Petit déjeuner buffet. Tv satellite. Service pressing. Réception multilingue.

Situé sur l'avenue de Suffren, à l'orée du 7e arrondissement, entre la tour Eiffel, Montparnasse et Saint-Germain, Le Bailli de Suffren a été entièrement rénové dans un style contemporain et design. Le parti pris par l'architecte fut de décliner les lieux emblématiques de la capitale dans la décoration de chaque chambre. Les chambres sont toutes équipées d'une salle de bains et d'une douche à l'italienne. La salle du petit déjeuner a elle aussi sa touche parisienne : un large skyline moderne représentant les plus beaux monuments. Le bar, design et cosy à la fois, est situé au rez-de-chaussée. Il est agrémenté d'un coin salon avec téléviseur plat et il ouvre sur l'espace petit déjeuner.

HÔTEL

HÔTEL BOILEAU***

81, rue Boileau (16e) ✆ 01 42 88 83 74 - M° Exelmans
www.hotel-boileau.com

31 chambres : double de 78 à 132 €, triple de 145 à 190 €, suite de 155 à 460 €. Petit déjeuner buffet ou en chambre.

L'hôtel Boileau est décoré de meubles anciens, tableaux, beaux objets chinés en Bretagne ou au Maghreb. Le coin salon évoque celui d'une demeure privée. A cela s'ajoutent un sol en tomettes, des boiseries et de grandes verrières : en résumé, l'ambiance est cosy à souhait. Les chambres sont personnalisées et la décoration mise au goût du jour conserve cependant quelques meubles exotiques ou anciens pour leur apporter une âme. Elles sont lumineuses, dotées de grandes fenêtres et celles qui donnent sur le joli patio fleuri sont très demandées. Elles ont, de surcroît, des salles de bains avec fenêtre. L'ambiance est familiale et très chaleureuse : ici, on se soucie de votre bien-être !

HÔTEL
HÔTEL MERCEDES - BEST WESTERN PLUS****

128, avenue de Wagram (17e) ✆ 01 42 27 77 82 - M° Wagram
www.hotelmercedesparis.com
Ouvert toute l'année. Accueil 24h/24. 37 chambres. Chambre double à partir de 150 €.

Quel charme ! De son style Art déco d'origine, cet hôtel n'a rien perdu : la salle du petit déjeuner au sous-sol est aménagée dans une rotonde ornée de quatre très beaux vitraux signés Grüber, le salon très coloré mélange moderne et années 30 tout comme les chambres, parées de teintes plus neutres. L'architecte Dorothée Delaye a, de plus, réussi à donner un côté pop à un ensemble splendide. Mention spéciale à la suite duplex, superbe et très claire : la chambre installée sur une plate-forme en demi-cercle surplombe le salon et dispose d'une vue incroyable sur la Paris !

HÔTEL
HYATT REGENCY ETOILE****

3, place du général Koening (17e) ✆ 01 40 68 12 34
www.hyatt.com
995 chambres, 34 étages. A partir de 285 € la chambre double, suite à partir de 588 €.

Rénové en 2017, l'unique hôtel gratte-ciel de Paris propose 995 chambres et suites réparties sur 34 étages avec une vue panoramique sur la capitale depuis le Windo Skybar. Son restaurant, le Mayo, surprend par ses espaces ouverts, son design contemporain et ses produits du terroir présentés de façon créative dans les assiettes. Les chambres sont très modernes et confortables, avec une vue spectaculaire sur les plus beaux monuments de Paris. Ne manquez pas le brunch du dimanche au très bon rapport qualité-prix, car on peut y manger à volonté, y compris des huîtres et des grillades. A deux pas de la Place de l'étoile, il permet de rejoindre facilement les principaux points d'intérêt.

HÔTEL
LE SPLENDOR***

38, rue Cardinet (17e) ✆ 01 46 22 07 73 - M° Wagram ou Malesherbes
www.hotel-splendor.com
Ouvert toute l'année. Accueil 24h/24. 24 chambres. Chambre double autour de 190 €.

Cet hôtel est magique de par la volonté de ses propriétaires : Jean-Michel Abecassis et son épouse Sandra. En effet, la décoration est inspirée du monde de la prestidigitation. Dès l'entrée le ton est donné grâce à un souffleur de bulles et au buste de Georges Meliès qui trône sur le comptoir. On a souvent oublié que ce réalisateur de cinéma avait été auparavant un illusionniste professionnel... Tout respire donc la magie. La moquette décorée de cartes à jouer, la bibliothèque où figurent les livres de magie, les capes et chapeaux de magicien, la salle du petit déjeuner ornée d'un plafond étoilé, même les chambres n'échappent pas à la règle... Tout un mystère !

HÔTEL
TRIBE PARIS BATIGNOLLES

176, rue Cardinet (17e) ✆ 01 42 63 50 00 - M° Brochant
www.mytribehotel.com
Ouvert toute l'année. Chambre double à partir de 197 €. Wifi. Restauration.

Un concept jeune et chic, développé par une grande marque hôtelière : tel est Tribe, dont les hôtels sont présents dans plusieurs capitales. A Paris, c'est dans le 17e, face au quartier moderne des Batignolles, que vous trouverez la déclinaison parisienne. Si l'immeuble, d'extérieur, est presque anonyme, il en est tout autrement à l'intérieur. Décoration chaleureuse, références culturelles nombreuses, espaces cosy et soigneux *mix* entre murs sombres et meubles de couleurs, l'ensemble est très réussi. Les chambres, vastes, sont elles aussi chics et sobres, avec literies irréprochables. Un excellent bar à cocktails complète un ensemble dont les tarifs sont en rapport avec la moyenne constatée.

AUBERGE DE JEUNESSE
AUBERGE YVES ROBERT

20, esplanade Nathalie-Sarraute (18e)
✆ 01 40 38 87 90 - M° Jules Joffrin - www.hifrance.org
Ouvert toute l'année. 103 chambres. Salle de bains et sanitaires partagés. Dortoir à partir de 20 €/nuit.

Située sous une ancienne halle réhabilitée en centrale solaire (les panneaux photovoltaïques qui la recouvrent fournissent toute l'énergie), l'Auberge de Jeunesse Yves Robert, aux façades de bois, s'ouvre sur un espace vert mêlant jardin couvert, planté d'arbres et bassins de plantes aquatiques. L'établissement abrite une salle de spectacle, un espace bar, une cuisine high-tech indépendante, une laverie, des restaurants bio avec une vue sur le jardin et des garages à vélo. La décoration des chambres est très simple et celles-ci comptent jusqu'à 6 lits. Un vrai bon plan, et un rapport qualité-prix parmi les meilleurs de la capitale. L'accueil se fait ici 24h/24.

HÔTEL
HÔTEL BASSS***

57, rue des Abbesses (18e) ✆ 01 42 51 50 00
M° Abbesses
www.hotel-basss.com
Chambre simple à partir de 135 €. Promotions sur le site.

Particulièrement bien situé entre les métros Blanche et Abbesses et tout près de Montmartre, l'Hôtel Basss attire énormément de touristes de toutes nationalités. Ils ont raison : son look à la fois rétro et épuré plaît beaucoup. On replonge dans les années 50 avec leurs codes graphiques spécifiques, des matériaux industriels, des carrelages géométriques et des formes curieusement découpées. Les chambres se parent de tons pastel et la décoration se veut simple, mais très fonctionnelle. Elles disposent toutes d'une salle de bains avec douche. Conseil futé : ouvrez l'œil sur les offres promotionnelles sur le site, elles permettent parfois de faire de belles économies.

ET POUR DORMIR ?

18E - 19E - 20E

HÔTEL

HÔTEL PARTICULIER MONTMARTRE****

23, avenue Junot (18e) ✆ 01 53 41 81 40
M° Lamarck - Caulaincourt - www.hotelparticulier.com
Ouvert toute l'année. Accueil 24h/24. 5 chambres. Suite de 690 € à 890 €.

Assurément l'un des plus chics hôtels de Montmartre. L'un des plus surprenants aussi : car l'hôtel particulier vient de voir ses 5 suites totalement repensées, et le résultat est unique ! Imaginées par Pierre Lacroix, elles mesurent de 35 à 80 m², et constituent chacune un petit écrin ou les objets chinés et les beaux meubles répondent aux murs aux tapisseries soigneusement choisies, aux mosaïques, aux miroirs. L'ensemble est entouré d'un écrin de verdure, et compte également un bar à cocktails et un très bon restaurant. Prix très élevé, mais très justifié !

HÔTEL

LE KUBE****

1-5, passage Ruelle (18e) ✆ 01 42 05 20 00 - M° La Chapelle
www.kubehotel-paris.com
Ouvert toute l'année. Meilleur tarif garanti sur le site internet : 188 €.

Dans une ruelle très discrète et derrière une façade XIXe siècle classée Monument historique se cache un univers totalement high-tech et novateur. Le Kube se décline en un *open space* harmonieux autour d'une cour intérieure. Les chambres classées de m à XXL, très lumineuses, au style Kubiste et aux lignes épurées conçues à la manière d'un loft font l'objet d'un maximum de confort allié à la présence d'une haute technologie... Et pour les clients qui préfèrent juste prendre un verre, il y a le Ice Kube, qui fut le premier bar de glace de l'Hexagone. On déguste des cocktails par -10 °C entouré de 20 tonnes de glace sculptée, avec de gros manteaux. Unique à Paris.

HÔTEL

TERRASS" HOTEL****

12-14, rue Joseph de Maistre (18e) ✆ 01 46 06 72 85
M° Blanche ou Place de Clichy - www.terrass-hotel.com
Chambre double classique à partir de 296 €. Restauration. Brunch le dimanche. Animaux bienvenus.

Ouvert en 1911, sa silhouette blanche se détache de l'environnement immédiat : le Terrass" Hotel, rendez-vous des artistes depuis plus d'un siècle, accueille Parisiens friands de bons plans et touristes internationaux. Ses 92 chambres s'inspirent des ateliers d'artistes, au design rétro et contemporain – et un penthouse au dernier étage. Le must : la terrasse au 7e étage, avec vue imprenable sur tout Paris. Ce *rooftop* vaut à lui seul une venue ici. Ajoutez à ceci un Spa Nuxe, des cabines de *cycling* et de *running* pour les sportifs, des espaces dédiés pour professionnels et des événements (yoga, marché de Noël, ateliers, soirées thématiques), un restaurant et un excellent brunch : tout y est !

HÔTEL

AU BŒUF COURONNÉ***

188, avenue Jean-Jaurès (19e) ✆ 01 42 39 44 44
M° Porte de Pantin - www.boeuf-couronne.com
Ouvert toute l'année. Chambre double de 80 € à 160 €. Petit déjeuner : 15 € (moins de 18 ans : 7,50 €).

Depuis quelques années maintenant, les amateurs du Boeuf Couronné, ce très beau restaurant, héritier de la tradition gastronomique de cet ancien quartier des abattoirs, compte en son sein un chouette hôtel. Imaginé par un architecte de talent, l'ensemble met en valeur les matières brutes, donnant naissance à un ensemble chaleureux. Les chambres, qui se déclinent en simples et supérieures pour deux personnes, et entre triple et communicantes pour trois personnes, sont calmes – dans un quartier qui l'est moins – et le petit déjeuner est, à l'image des offres du restaurant, très roboratives. A proximité immédiate, le parc de la Villette. Excellent rapport qualité-prix.

HÔTEL

JO&JOE NATION

59-61, rue de Buzenval (20e) ✆ 01 87 53 51 40 - M° Buzenval.
www.joandjoe.com
Chambre double à partir de 53 € ; chambre triple à partir de 120 € ; dortoir à partir de 18 €/personne. Wifi gratuit.

Un concept qui marche fort à Gentilly depuis quelque temps, et qui désormais dispose d'une nouvelle adresse dans le 20e arrondissement, à proximité de la place de la Nation. Jo&Joe, c'est une auberge de jeunesse revisitée proposant des services rarement vus pour ce type d'établissement. Pour des prix ultra-abordables, vous choisirez un hébergement entre dortoir, chambre pour 3 à 6 personnes ou, bien sûr, chambre double, l'ensemble étant clair, les teintes noires, le bois et l'ambiance skate (les fresques sont sublimes) se mariant à merveille. Ici, vous disposez également de l'un des meilleurs rooftop de Paris, avec vue imprenable sur la ville. Rapport qualité-prix imparable.

HÔTEL

MAMA SHELTER - PARIS EAST

109, rue de Bagnolet (20e)
✆ 01 43 48 48 48
M° Gambetta ou Alexandre Dumas
www.mamashelter.com
170 chambres. Chambre double à partir de 169 €. Rooftop. Boutique. DJ sets ou musique live du jeudi au samedi.

Cet hôtel situé juste à côté du cimetière du Père-Lachaise, dans le 20e arrondissement de la capitale, est un peu hors-norme.. Il est en effet sorti tout droit, entre autres, de l'imagination de Philippe Starck. Les lignes sont graphiques, la déco très urbaine. C'est le luxe accessible à tous dans un quartier populaire que les bobos, les branchés et les hommes d'affaires apprécient. Mama Shelter, face à la Flèche d'Or, a fait une entrée fracassante dans le monde de l'hôtellerie parisienne. On est dans un temple du design où l'insolite côtoie l'inattendu.

JE ME RÉGALE

Bien manger, dans la capitale française, cela va de soi ! Dans la multitude d'offres qui vous sont offertes, il est parfois bien difficile de s'y trouver : pas de souci, l'équipe du *Petit Futé* est là pour vous ! Selon vos envies, votre parcours dans la capitale et votre budget, rien ne manque ici. De bonnes tables, vous en trouverez ici : testées et approuvées, les petites brasseries de quartier sont passées par le filtre de nos enquêtes afin qu'il n'en subsiste ici que les meilleures. Envie de découvrir des saveurs venues d'ailleurs ? Asie, Afrique, Océanie : on vous donne aussi ici de quoi ouvrir vos assiettes à d'inédites sensations. Pour les amateurs de tendances ou de brunchs cosy, vous trouverez ici des établissements nouveaux, inventifs, et dans des endroits parfois totalement insolites. Si vous voulez vous faire plaisir, enfin, quelques grandes tables prestigieuses, pour des expériences uniques, sont proposées. L'ensemble n'oublie aucun arrondissement, aucun quartier, et peut même dépasser parfois les strictes limites parisiennes. A table !

VOTRE GUIDE DEVIENT
INTERACTIF

TAPEZ PETITFUTE.APP
DANS LE NAVIGATEUR DE VOTRE SMARTPHONE.

PRENEZ UNE PHOTO DE LA PAGE DÈS QU'ELLE A CE PICTO !

GASTRONOMIQUE
PALAIS ROYAL RESTAURANT

110, galerie de Valois (1er) ✆ 01 40 20 00 27
M° Palais Royal
Ouvert du lundi au vendredi de 12h à 14h et de 19h30 à 21h30. Formule du midi : 130 €.

Un lieu magique au cœur des jardins du Palais Royal revu par un architecte de talent. Il a su conserver l'esprit du passé tout en apportant une touche de modernité dans cet espace marqué par les arcades. Aux fourneaux, un jeune chef, Philip Chronopoulos, passé par l'Atelier Etoile de Joël Robuchon. Il signe une cuisine personnelle où ses plats mettent à l'honneur des produits d'exception choisis avec soin. Le menu du midi affiche par exemple une lotte avec safran, coco de Paimpol et kaffir, un porc à la prune aux oignons et à la moutarde et, en dessert, une figue au sureau et à la vanille ou tout simplement un délicieux baba au rhum... Tout est royalement préparé et présenté.

GASTRONOMIQUE
TAMARA

15, rue de Richelieu (1er) ✆ 01 71 60 91 30 - M° Palais royal-Musée du Louvre ou Pyramides
www.tamara-restaurant.com
Ouvert du mardi au samedi de 19h à 22h30. Réservation impérative. Menu : 110 € environ (avec accord vins : 50 €).

A quelques pas seulement de la place du Palais Royal se love Tamara, un haut lieu de cuisine de saison mettant à l'honneur les produits locaux. C'est là qu'avec talent Clément Vergeat sublime les saveurs grâce à des procédés hautement maîtrisés de fermentation, de fumage, de salaison et d'associations originales. Qualité, créativité et raffinement sont les maîtres mots des lieux, tous mus par un sens aigu d'éco-responsabilité. Le menu change bien entendu selon les saisons, les arrivages et l'inspiration de l'artiste. Des plats à déguster à la carte ou à partager en toute simplicité. Une belle cave et un accueil convivial pour une expérience gustative unique !

GASTRONOMIQUE
ERH

11, rue Tiquetonne (2e) ✆ 01 45 08 49 37 - M° Etienne-Marcel
www.restaurant-erh.com
Du mardi au samedi soir. Menus dégustation (en 5 ou 7 séquences) : 80 ou 150 €.

Un lieu qui marque les esprits ! La Maison du Saké a encore fait preuve de magie pour créer ce temple de la cuisine japonaise qui combine à merveille modernité, simplicité et excellence. Contraste du noir et du blanc, verrière et vaisselle : le cadre est élégant. Aux fourneaux, le chef Keita Kitamura, ancien second de Narisawa, compose chaque jour de superbes menus dégustation. Le repas se déroule à l'aveugle, parfait pour découvrir la cuisine fusion sans a priori. Saveurs et découvertes sont au rendez-vous. Pour plus d'authenticité, n'hésitez pas à demander un espace privé pour manger sur des tatamis. L'autre bijou des lieux ? La cave à whisky et saké, une véritable caverne aux trésors.

GASTRONOMIQUE
FLEUR DE PAVÉ

5, rue Paul-Lelong (2e) ✆ 01 40 26 38 87 - M° Bourse.
www.fleurdepave.com
Du lundi au samedi le midi et le soir. Menu végétal : 150 €. Menu dégustation : 210 €.

Après avoir déjà eu une étoile dans son précédent restaurant Itinérance, le chef Sylvain Sendra a renouvelé l'expérience avec Fleur de Pavé. Derrière la devanture faite de bois et de noir, il œuvre à la création d'un menu résolument végétal, mais pas pour autant végétarien, qui met sur le devant de la scène les produits du célèbre maraîcher chouchou des chefs Asafumi Yamashita. En 4 ou 6 temps, le tout ponctué de quelques amuse-bouche entre temps, vous pourrez découvrir la finesse, la précision, la technique et l'élégance de cette cuisine de terroir qui se laisse toutefois inspirée des voyages du chef. Outre les goûts justes de l'assiette, on y apprécie également l'accueil chaleureux.

GASTRONOMIQUE
MARSAN PAR HÉLÈNE DARROZE

4, rue d'Assas (6e) ✆ 01 42 22 00 11 - M° Sèvres-Babylone
www.helenedarroze.com
Ouvert du mardi au samedi, le midi et le soir. Réservation recommandée. Menus de 95 € (déjeuner) à 225 €.

Pour la réouverture du Marsan en septembre 2021, Hélène Darroze a souhaité réinventer son adresse gourmande, « se concentrer sur l'essentiel » (les producteurs, les produits vrais), « rendre hommage au Marsan », le berceau de sa famille... Dans son écrin de la rive Gauche, la jurée de *Top Chef* propose à ses convives de déguster sa cuisine soit dans la salle à manger, soit à la table du chef ou à la table d'hôtes lors d'événements. Vu à la carte un automne, une huître spéciale de Giol au caviar d'Aquitaine, un pigeonneau fermier cuit à la goutte de sang... La barre est haute !

GASTRONOMIQUE
DAVID TOUTAIN

29, rue Surcouf (7e) ✆ 01 45 50 11 10
M° La Tour Maubourg ou Invalides - www.davidtoutain.com
Du lundi au vendredi, le midi (sauf mercredi) et le soir ; Menus de 150 € à 290 € le midi, à 240 € et 290 € le soir.

Il est passé chez les plus grands (Passard, Pacaud, Gagnaire...). On le retrouve à présent dans son restaurant éponyme : David Toutain. Son style ? Parfaitement original, entre précision japonaise et culte de la nature à la scandinave, mâtiné de techniques dites moléculaires. Certains plats déjà cultes (huître à la gelée de kiwi ou chocolat blanc, chou-fleur et lait de coco) révèlent des jeux de goûts et de textures bluffants. Au rythme des plats (blette-coques-stilton, velouté de champignons de Paris-crème fouettée-anguille fumée...), les émotions vont et viennent pour un voyage sensoriel et poétique dans l'univers d'un chef aussi talentueux qu'atypique, aujourd'hui doublement étoilé.

FRUITS DE MER - POISSONS

GAYA

6, rue Saint-Simon (7e) ✆ 01 45 44 73 73 - M° Rue du Bac.
www.pierre-gagnaire.com
Ouvert du mardi au samedi, le midi et le soir. Réservation recommandée.

La table marine du talentueux Pierre Gagnaire a traversé le boulevard Saint-Germain pour investir ce qui fut autrefois le restaurant de Denise Fabre (ancienne speakerine rieuse) et surtout de son mari, le chef Francis Vandenhende. Si ce nouveau Gaya a toujours un franc-parler marin, avec des tonalités végétales, il a pris avec ce déménagement quelques accents terriens. Sur une carte ont cohabité par exemple, en entrée, une tourte d'oignons-palourdes-pétales de merlan et des encornets et, en plat, des noix de Saint-Jacques croustillantes-quartiers de potimarron grillés et un suprême de volaille-côtes de blette-girolles. Possibilité de déjeuner sur le pouce au bar en s'envoyant des huîtres.

GASTRONOMIQUE

CONTRASTE

18, rue d'Anjou (8e) ✆ 01 42 65 08 36 - Métro Madeleine.
https://www.contraste.paris/
Ouvert du lundi au vendredi midi et soir. Menus de 85 € à 140 €. Formule du midi : 49 € (entrée-plat-dessert imposés).

Stéphane Manigold, révélé pour son combat contre les assureurs pendant la pandémie, est aujourd'hui à la tête d'une belle brochette de restaurants réputés, dont certains étoilés, comme ce Contraste (1 étoile *Michelin*). Pour cette table près de la Madeleine, il fait confiance à un duo de chefs qui exécute avec brio une épatante partition jouant, on l'aura compris, sur les contrastes, comme le terre-mer avec cette langue de bœuf recouverte d'œufs de brochet fumés en entrée de notre déjeuner. On pourra (éventuellement) regretter le fait que ne soient proposés que des menus aux plats imposés, mais le menu déjeuner est franchement un bon plan à partager. Déco… contrastée et sympathique service.

GASTRONOMIQUE

LUCAS CARTON

9, place de la Madeleine (8e) ✆ 01 42 65 22 90 - M° Madeleine
www.lucascarton.com
Ouvert du mardi au samedi le midi et le soir. Menus de 100 € à 195 € (La Table). Menus à 45 € et 70 € au Petit Lucas.

Vous n'avez jamais fréquenté cette institution parisienne au prestigieux passé, qui a brillé de trois étoiles avec Alain Senderens ? Faites-vous plaisir et découvrez ce que « cuisine à la française » veut réellement dire. Le chef Hugo Bourny élabore une cuisine aussi délicieuse que délicate. A la carte de La Table (une étoile Michelin), au rez-de-chaussée orné de boiseries Majorelle, des plats raffinés, telle cette crevette impériale-bouillon aux feuilles de bergamote-raifort-brocolis grillés. Chacun est proposé avec un vin, mais sans obligation. Au Petit Lucas, à l'étage, la cuisine est plus simple – mais de qualité (ex : mijoté de lotte-curry façon thaï) – et à prix plus modérés.

GASTRONOMIQUE

ORIGINES JULIEN BOSCUS

6, rue de Ponthieu (8e) ✆ 09 86 41 63 04 - M° Franklin D. Roosevelt.
www.origines-restaurant.com
Menus de 89 €. Formule du midi : 49 à 56 €.

Après cinq années passées aux Climats, où il avait décroché un macaron Michelin, en 2019, Julien Boscus a ouvert Origines, son premier restaurant. L'enfant de Saint-Cyprien-sur-Dourdou, très attaché à ses racines, à son terroir et aux produits français de qualité, a souhaité refléter ses valeurs à travers le nom de son établissement. Associé à Thibault Souchon, complice de longue date rencontré à Séoul, le jeune chef a construit des menus élégants, délicats, parfois assaisonnés ou rehaussés d'ingrédients aveyronnais dont il a le secret ou de produits aromatiques. Comme toutes les denrées sont issues de circuits courts, les plats varient en fonction des saisons.

GASTRONOMIQUE

PAVILLON LEDOYEN

8, avenue Dutuit (8e) ✆ 01 53 05 10 00 - M° Concorde ou Champs-Elysées-Clemenceau. - www.yannick-alleno.com
Alléno Paris, lundi-vendredi le soir. L'Abysse, lundi-vendredi midi et soir. Pavyllon, tous les jours midi et soir.

Lors de la reprise du Pavillon Ledoyen par Yannick Alleno en juillet 2014, on a pu lire à l'époque que ce chef triplement étoilé depuis 2007 y faisait un travail novateur sur les sauces, avec sa fameuse technique d'extraction. Il serait réducteur de ne considérer que cet aspect de sa cuisine pour apprécier l'étendue de son talent, lui qui n'a de cesse de chercher à surprendre. Au sein du Pavillon, il propose désormais aux gourmets trois expériences gustatives différentes : Alléno Paris (restaurant gastronomique triplement étoilé), L'Abysse (comptoir à sushis, 2 étoiles Michelin) et Pavyllon (comptoir gastronomique, 1 étoile Michelin). À vous de choisir selon vos goûts… et votre budget.

BISTROT - BRASSERIE

QUI PLUME LA LUNE

50, rue Amelot (11e) ✆ 01 48 07 45 48
M° Saint-Sébastien Froissard - www.quiplumelalune.fr
Ouvert du mercredi au samedi midi & soir. Réservation conseillée. Menus : 95 à 130 €. Formule du midi : 35 € (et 65 €).

Le chef Jean-Christophe Rizet, toujours cornaqué par le créateur du lieu Jacky Ribault. Ni carte préétablie ni menu : tout est improvisé en fonction des arrivages et des contraintes alimentaires des clients. Une cuisine française sous influence japonaise. Juste des noms : Théodore et Iphigénie le midi, Théodore ou Iphigénie le soir, sans compter les accords mets et vins. L'ensemble reste tout simplement incroyable de finesse et de justesse. Les amateurs du lieu apprécieront également la décoration du lieu, entièrement repensée et se déclinant selon une salle dite minérale et une seconde considérée comme végétale. Est-ce utile de préciser que la réservation est quasi impérative ?

GASTRONOMIE

10E - 14E - 16E - 18E

GASTRONOMIQUE

VIRTUS

29, rue Cotte (10e) ✆ 09 80 68 08 08 - M° Ledru-Rollin.
www.virtus-paris.com

Ouvert le mardi soir ; du mercredi au samedi le midi et le soir. Réservation recommandée.

Cette élégante table poursuit sa route étoilée (1 étoile *Michelin*) sous la houlette du duo Frédéric Lorimier (aux fourneaux), Camille Gouyer (en salle) – qui l'a reprise à l'automne 2021. Dans un coloré et harmonieux décor vintage, vous goûterez à une cuisine plutôt sophistiquée, en tout cas inventive. Naturellement, les produits travaillés sont de saison, et les cuissons parfaitement maîtrisées, comme nous l'avons constaté ce midi-là avec ce filet de veau rôti accompagné de poitrine confite et d'un sabayon aux anchois (attention tout de même à ne pas abuser du sabayon, également présent dans l'entrée, au demeurant goûteuse). Un déjeuner en trois temps épatant ! Ce Virtus vaut le détour.

GASTRONOMIQUE

MOSUKE

11, rue Raymond-Losserand (75014) ✆ 01 43 20 21 39
Métro Gaîté. - www.mosuke-restaurant.com

Ouvert du mardi au samedi le midi et le soir. Réservation impérative. Menus de 60 € à 130 €.

Il n'était pas monté sur le podium, mais Mory Sacko avait épaté le jury de la 11e saison de *Top Chef* par sa créativité et son audace. Cette inventivité, on la retrouve aujourd'hui à la carte de son restaurant – MoSuke, contraction de Mory et de Yasuke, esclave noir devenu samouraï – avec des plats qui combinent saveurs, techniques et produits français, africains et japonais. Ici, le homard breton est agrémenté d'un miso à la tomate et de piments ; la sole est accompagnée d'attiéké (semoule de manioc), et le chocolat est mixé avec du wasabi… Une inédite cuisine gastronomique que le souriant jeune chef et son équipe servent dans un cadre épuré pour mieux l'apprécier. 1 étoile au *Michelin*.

GASTRONOMIQUE

COMICE

31, avenue de Versailles (16e) ✆ 01 42 15 55 70 - M° Mirabeau.
comice.paris

Du lundi au vendredi, le soir. Menus signature en quatre services (110 €) ou cinq services (140 €).

Comice (une étoile Michelin) est le fruit d'une belle histoire d'amour entre deux professionnels du métier ayant fait leurs armes aux États-Unis et au Canada : le chef Noam Gedalof et la sommelière Etheliya Hananova, ici en maîtresse de maison. Ensemble, mari et femme pilotent avec sûreté et élégance cet établissement à la déco raffinée (murs bleus, peintures de Peter Hoffer, canapés souris). A la carte des vins, des flacons d'artisans vignerons à la qualité irréprochable. En cuisine, la brigade joue avec les saisons – et habilité – pour élaborer une fine et séduisante partition contemporaine. Parmi les plats signature, un chou-fleur à la grenobloise et des tagliatelles aux coquillages.

GASTRONOMIQUE

LE PRÉ CATELAN

Route de Suresnes (16e) ✆ 01 44 14 41 14 - M° Porte Maillot ou Porte Dauphine
www.restaurant-precatelan.com

Ouvert du mercredi au samedi le midi et le soir. 3 Michelin. Réservation impérative. Menus de 150 € (déjeuner) à 330 €.*

Ici, tout est exceptionnel ! Le lieu, inauguré en 1856, est magique ; la décoration, signée Pierre Yves Rochon, superbe et la cuisine, auréolée de 3 étoiles Michelin. Dans cet élégant écrin au cœur du bois de Boulogne, le chef Frédéric Anton distille sa délicate et subtile cuisine d'auteur. Alors évidemment, on ne dégustera pas tous les jours son « aubergine » (en caviar, crème d'avocat et curry), son « crabe » (petit flan moelleux, dashi, fumet léger à l'anis), son « homard » (avec sa crème légère au parfum de fenouil), son « ris de veau » (caramélisé, cèpes rôtis, jus gras) ou son « pollen » (sablé, glace au miel) pour ne citer qu'eux, mais l'expérience mérite d'être vécue.

GASTRONOMIQUE

LE GRAND SALON

23, avenue Junot (18e)
✆ 01 53 41 81 40
M° Lamarck-Caulaincourt.

Ouvert tous les jours le midi et le soir. Carte : 50 € environ.

C'est dans le cadre du bien nommé hôtel particulier que vous prendrez place : à l'intérieur, dans un décor chic et sobre, où en extérieur, dans le splendide jardin, le choix est tentant. Ici, la carte oscille entre tradition française et bistronomie. Ouvert midi et soir, chaque jour, cet écrin totalement à l'écart des bruits de la ville propose des poissons de nos côtes, des viandes et foies gras issus des meilleurs producteurs, des desserts réalisés par une équipe qui connaît visiblement ses classiques. Le service est absolument adorable et prévenant. Cette parenthèse enchantée se réserve suffisamment en amont, surtout le week-end. Notez qu'un bar à cocktail agrémente l'ensemble.

GASTRONOMIQUE

L'OURS

10, rue de l'Église - **VINCENNES** ✆ 01 46 81 50 34 - M° Château de Vincennes ou RER Vincennes.
loursrestaurant.com

Du mardi au samedi de 12h à 14h et de 19h à 21h30. Menus de 65 € à 130 €.

Imaginé comme une tanière d'ours avec son ambiance feutrée et son look végétal, le restaurant l'Ours est le dernier opus du chef étoilé Jacky Ribault, déjà connu pour son restaurant Qui plume la lune à Paris dans le 11e où il avait obtenu une étoile avant de confier la cuisine à son chef Jean-Christophe Rizet. Il propose ici des plats créatifs improvisés chaque jour selon les produits. Les saveurs sont bien pensées et chaque assiette est une agréable surprise, haute en sensations. Le service est élégant et on apprécie aussi le design aux matériaux bruts et naturels. Une belle adresse gastronomique qui a décroché une étoile en 2019, la seule du Val-de-Marne. Amplement mérité !

BISTRONOMIE

LA RÉGALADE SAINT-HONORÉ

106, rue Saint-Honoré (1er) ✆ 01 42 21 92 40 - M° Louvre-Rivoli
www.laregalade.paris

Mardi-vendredi 12h15-14h, 19h15-22h30. Samedi 12h15-14h30, 19h15-22h30. Menu à 47 €. Vente à emporter.

Une valeur sûre du Paris gourmand et un haut lieu de la bistronomie (rappelons que c'est Yves Camdeborde, fondateur de la Régalade dans le 14e arrondissement, qui est à l'origine de ce mouvement). Cette Régalade de la rue Saint-Honoré – l'établissement du 14e a été fermé – offre une cuisine savoureuse, généreuse et raffinée (oui, ça n'est pas incompatible, la preuve !). On appréciera entre autres le risotto à l'encre de seiche, l'agneau de l'Aveyron confit aux épices chaudes, le soufflé chaud au Grand Marnier... De quoi ravir les becs fins qui pourront savourer en préambule une coupe de champagne Laurent-Perrier « Brut La Cuvée », voire partager une belle planche de charcuterie !

BISTRONOMIE

L'INVITÉE

8, rue Thénard (5e) ✆ 01 43 54 59 47 - M° Maubert-Mutualité
www.linvitee.fr

Du mardi au samedi : 12h-15h, 19h-23h. Menu à la carte environ 40 €.

Deux amis, Guillaume et Romain, tiennent fermement les commandes de l'endroit. Le lieu tout d'abord, qui est presque totalement entièrement bleu : murs, poutres, fauteuils et banquettes sont raccord, et donnent une totalité chic et moderne bienvenue. Ces qualificatifs s'appliquent également à la carte, menée de main de maître par le chef Matthieu Bureau : tataki de bœuf au yuzu, cochon de lait fondant... et en dessert : crème caramel au poivre long de Java (on adore !). Mention spéciale aux formules déjeuner, toujours très bien senties. En bas, un bar *lounge* sublime, appelé le « boudoir » lorsque le lieu se transforme en bar à cocktails. A tester sans hésiter.

BISTRONOMIE

JTÉPADI !

9, rue Paul Lelong (2e) ✆ 09 53 97 39 91 - M° Bourse.
www.jtepadi.fr

Ouvert du lundi au vendredi le midi et le soir. Carte : 45 € environ. Formule du midi : 24 € ou 29 €.

Une histoire d'amitié, ça donne des lieux conviviaux. Et ce n'est pas le Jtépadi qui va prouver le contraire ! En effet, le restaurant, situé à deux pas de la bourse, est l'établissement monté il y a une bonne année maintenant par Frédéric, en salle, et Benjamin, en cuisine ! La cuisine se veut ici authentique, conviviale, locale et de saison : et ça marche plutôt bien. Les offres se déclinent selon deux formules le midi, et d'autres propositions à la carte : risotto crémeux avec ses artichauts, filet de bœuf Wellington et épinards, côte de cochon basque et ses pommes boulangère, c'est excellent ! Ouvert en semaine uniquement, Jtépadi mérite bien un passage.

BISTROT - BRASSERIE

OUI MON GÉNÉRAL !

14, rue du général Bertrand (7e) ✆ 01 47 83 76 66 - Métro Duroc ou Sèvres-Lecourbe. - www.oui-mon-general.fr

Ouvert du lundi au samedi le midi et le soir ; le dimanche midi. Réservation recommandée.

Ce convivial bistrot, qu'aurait sûrement apprécié le général, régale avec entrain ses sages (et gastronomes) clients du quartier, mais pas que. Sa cuisine, au solide socle traditionnel, est franche, lisible : œuf mayo, pâté-croûte à la farine de châtaigne (qui aurait pu être un chouïa plus relevé à notre goût), civet de cerf sauvage, plantureux cœur d'entrecôte maturé, original poireau rôti au four-crème d'oignons rouges-œufs de saumon, rognon de veau en fricassée, baba au rhum (aaah ce baba, avec rhum à volonté et au choix entre trois variétés, s'il vous plaît)... Que du bon ! « Choisir, c'est renoncer », nous a lancé le serveur en nous voyant hésiter entre plusieurs plats. Il nous reverra.

BISTROT - BRASSERIE

CALUCHE

12, rue de Mirbel (5e) ✆ 01 45 87 89 40
M° Censier-Daubenton.

Du lundi au vendredi, midi et soir. Réservation recommandée. Entrées 11-19 € ; plats 25-40 € ; desserts 9 €.

Un bistrot ou café-cave qui fait mouche, c'est Caluche. La palette gustative proposée comblera les bons vivants et les plus fines bouches. Ici, les plats sont concoctés de main de maître et se conjuguent à merveille avec une sélection unique et bien sentie de vins. Du pâté en croûte de chorizo ou de l'oreille de cochon grillée au verjus à la poularde au foin, en passant par les huîtres gratinées au champagne, le picodon d'Ardèche et le cannelé bordelais croquant juste comme il faut, nul doute que les amateurs de bonne chère en auront pour leurs papilles. En somme une adresse de choix qui renoue avec une belle tradition bistrotière au cœur de Paris à découvrir sans plus attendre !

BISTRONOMIE

LES PARISIENS

5, rue du Pré-aux-Clercs (7e) ✆ 01 42 96 65 43 - Métro Rue du Bac.

Ouvert du mardi au samedi le midi et le soir. Carte : 65 € environ (entrée-plat-dessert).

Ces Parisiens ont de la gueule ! Le cadre est élégant, tout en courbes et couleurs sobres. Dans les assiettes, une cuisine lisible, gourmande et efficace. Les propriétaires du Pavillon Saint-Germain, chic et discret hôtel du 7e arrondissement, ont confié la carte de sa table à Thibault Sombardier. Le chef de Mensae (19e) et de Sellae (13e) y aligne des recettes néo-classiques (dont un vol-au-vent de la mer avec sauce normande), exécutées avec justesse. Le quasi de veau choisi à l'occasion d'un déjeuner estival était opportunément à peine rosé ; la moelleuse truite fumée façon gravlax était accompagnée de goûteuses tomates anciennes... Des plats réjouissants et un sympathique service.

BISTRONOMIE

RESTAURANT AMOUR

8, rue de Navarin (9e) ✆ 01 48 78 31 80 - Pigalle ou Notre-Dame-de-Lorette.

Tous les jours. Petit déjeuner : 8–11h30. Déjeuner, dîner : 12h-23h30. Brunch le week-end : 12–16h30. Service continu.

Dans une jolie rue calme du Paris romantique, ce restaurant dont le nom fait allusion aux hôtels de passe et rendez-vous coquins du Pigalle d'antan, est un havre de tranquillité. On le trouvera un peu secret avec sa terrasse extérieure – reconnaissable à ses chaises et parasols roses – son patio verdoyant et bucolique sous verrière et la salle principale avec son mobilier rétro. Amour, c'est un lieu idéal pour prendre son temps : casser la croûte avec des plats simples, mais aussi brunche le week-end, lire quelques pages ou prendre un verre au bar ou au patio. Un lieu où se croisent touristes et voisins de quartier, généralement tombés sous le charme de la Nouvelle Athènes.

BISTRONOMIE

BONHOMME BISTRO VIVANT

58, rue du Faubourg Poissonnière (10e) ✆ 09 87 71 69 17
M° Poissonnière. - www.bonhomme-resto.fr

Ouvert du mardi au samedi le midi et le soir. Carte : 45 € environ. Formule du midi : 22 € (autre formule à 27 €).

C'est une histoire d'amitié qui débouche sur un concept qui marche déjà très fort : Bonhomme, également appelé Bistro Vivant, vous propose une cuisine fraîche et inventive, évoluant au fil des saisons et des inspirations, sublimée par le savoir-faire d'un chef disposant de nombreuses références. Le midi, via l'une des formules dédiées, ou le soir à la carte, la bistronomie dans toute sa splendeur est à l'honneur, avec sa part de belles surprises. Le choix de vins, eux aussi soigneusement sélectionnés, est également hors pair. Et puisque le lieu est plein de vie, il vous accueille également le matin dans son cadre chic et cosy pour un petit déjeuner copieux et de qualité.

JAPONAIS

TO RESTAURANT PARIS

34, rue Beaurepaire (10e) ✆ 01 40 37 39 12 - M° République.
www.to-restaurant.com

Ouvert du mardi au dimanche le midi et le soir. Menus de 75 € à 125 €. Formule du midi : 38 € (autre formule à 77 €).

Bistronomique, avec des touches de gastronomie asiatique, et surtout très chic ! Tel est ce restaurant To, à quelques pas de la place de la République. On pénètre dans cet endroit qui, d'extérieur, pourrait semble être un hôtel de luxe, et on s'installe dans un cadre splendide, cosy, aseptisé. Difficile de résumer en quelques mots les plats proposés, eux-mêmes réalisés depuis une cuisine ouverte sur la salle. Des plats japonisants, d'autres qui apparaîtraient plus classiques mais sont rehaussés par une maestria certaine, l'expérience est unique. L'ensemble se décline selon plusieurs menus, dont les prix sont très élevés, mais largement justifiés. Une venue ici restera dans vos mémoires.

LES RESISTANTS - LE COMPTOIR

18, rue du Château d'Eau (10e) ✆ 06 40 23 28 34 - M° Jacques Bonsergent.
www.lesresistants.fr/le-comptoir

Ouvert du mardi au samedi le midi et le soir. Carte : 30 € environ. Plat du jour : 16 € (Menus du midi : 19 et 22 €).

On n'arrête plus les résistants ! La preuve avec ce comptoir, facile à trouver, puisqu'il se trouve simplement au numéro 18 de la rue, déclinaison principale du lieu initial situé au 16. Ouvert du mardi au samedi midi et soir, il développe une jolie cuisine responsable, avec des produits locaux et bios soigneusement sélectionnés par une équipe toujours aussi passionnée. Petits farcis de courgette, tartare de bonite, saucisse de porc au chou kalé, l'ensemble développé selon une carte du midi ou une jolie carte, et arrosé petits vins bios. On adore, bien évidemment.

BISTRONOMIE

DIGGITY

32, rue Saint-Maur (11e) ✆ 01 47 00 57 15
M° Rue Saint-Maur.
www.diggityparis.com

Ouvert du mardi au samedi. Carte : 30 € environ. Terrasse. Réservation recommandée.

Disons-le clairement : Diggity est l'un des meilleurs plans déjeuner ou dîner de cette rue Saint-Maur qui compte de plus en plus de chouettes adresses. Ici, des plats faits maison, originaux, créatifs, excellents. On picore entre amis ou se garde les plats pour soi, jugez plutôt : ribs braisés à la bière et au miel, croquettes de pot-au-feu (une des spécialités), tataki de thon et sa purée carotte/gingembre... les plats changent régulièrement : autant dire que les chefs ont plus d'un tour dans leurs toques. Si la terrasse est belle et cosy, que dire de l'intérieur ? Vous l'aurez compris, c'est un coup de cœur de l'équipe. Attention : réservation recommandée !

L'AVANT-POSTE

7, rue de la fidélité (10e)
✆ 09 81 41 01 07
M° Château d'Eau
www.lavantposteparis.fr

Ouvert du mardi au samedi. Carte : 30 € environ.

Le collectif Les Résistants, promoteurs d'une agriculture paysanne – comprenez responsable – officie dans plusieurs lieux du 10e arrondissement, regroupés entre les stations de métro Château d'Eau et Jacques Bonsergent. L'avant-poste n'échappe pas aux principes : de chouettes produits, cuisinés avec passion, et donnant lieu à de jolies surprises. Le lieu est prisé par les bandes d'amis amateurs de bons produits, qui se régalent ainsi de porridge de lentillons, de plats de champignons incroyables, de desserts à l'avenant, l'ensemble arrosé de petits vins bios de producteurs, que l'on dégustera avec modération mais que l'on ne laissera surtout pas passer. Réservation recommandée.

BISTRONOMIE

PIANOVINS

46, rue Trousseau (11e) ✆ 07 83 69 02 14 - M° Ledru-Rollin.
www.pianovins.com

Ouvert du mardi au samedi le midi et le soir. Menus de 55 € à 67 €. Formule du midi : 37 €.

Vingt ans d'expérience auprès du chef Guy Savoy ont forgé chez Michel et Eric un savoir-faire et une motivation qui ont donné naissance à Pianovins. Alors que le premier est en cuisine et le second à la cave, le restaurant est une magnifique découverte, qui propose des plats français revisités avec maestria. Au menu, une offre bien sentie pour le déjeuner, et deux menus en 5 ou 7 plats, appelés « Découverte » et « Grand Menu ». Le merlan et sa mousseline de brocolis, le jarret de veau confit en cocotte ou le clafoutis aux poires sont autant de parfaites illustrations. La réservation est vivement recommandée pour déjeuner comme pour dîner, surtout pour y venir le samedi.

PATTY

157, rue de Bercy (75012)
✆ 01 43 43 17 33
www.patty.fr

Ouvert du lundi au vendredi le midi et le soir. Carte : 25 € environ.

S'il est un peu compliqué de trouver un restaurant de qualité entre Gare de Lyon et l'Accor Hôtel Arena de Bercy, celui-ci remonte le niveau ! Patty, c'est un vaste établissement, à l'angle de deux rues passantes. Ici, dans une ambiance méditerranéenne où les plantes sont distillées un peu partout, installez-vous : après tout, le slogan du lieu est « tu seras bienvenu chez moi » ! Les plats oscillent entre classicisme et bistronomie : risotto veggie, ceviche de daurade et pomme *granny smith*, tataki de saumon et gambas... mais aussi des huîtres, des salades ou de petits fromages de producteur. D'autres exemples ? Le mieux est encore de s'y rendre. Attention : réservation recommandée.

BISTRONOMIE

LES PETITS PARISIENS

49, avenue Jean-Moulin (75014) ✆ 01 45 43 72 97 - M° Porte d'Orléans. - https://petits-parisiens.fr

Ouvert lundi-vendredi midi et soir. Formule du midi : 25 € (entrée-plat ou plat-dessert ; 29 € entrée-plat-dessert).

Un lieu que l'on pourrait qualifier d'historique, voire de mythique, bien que réaménagé depuis, puisque c'est là qu'a pris corps la notion de bistronomie avec Yves Camdeborde. Après Bruno Doucet, qui poursuit rue Saint-Honoré la belle histoire de la Régalade, c'est Arnaud Duhem, également propriétaire des Petits Princes à Suresnes, qui est aujourd'hui aux commandes de ce bistrot gourmand. Au piano, Rémy Danthez, un ancien de… la Régalade. La terrine de campagne est toujours là pour ouvrir joyeusement les appétits. S'en suit une partition jouée avec de beaux produits et un brin d'audace, à l'image de cette mousse au chocolat et sa glace au carambar. Belles quilles et sympathique service.

BISTRONOMIE

WADJA

10, rue de la Grande-Chaumière (6e) ✆ 01 46 33 02 02
M° Vavin - www.wadja.fr

Ouvert du lundi au vendredi de 12h à 14h30 et de 19h30 à 23h. Formule unique à 29 € (deux plats, 36 € pour trois plats).

© WADJA

© WADJA

Le Wadja est un bistrot chaleureux dans une ambiance du Montparnasse des années 30, où l'on y déguste une cuisine française fusionnant la bistronomie et la gastronomie. Vous serez accueillis par une équipe dynamique et conviviale, qui vous guidera dans vos choix de mets et de vins naturels, sélectionnés par leurs soins. Vous pouvez y aller les yeux fermés !

Quelques plats du moment : authentique pâté en croûte maison aux gibiers et girolles, poulpe grillé avec caviar d'aubergines et courgettes de couleurs, paleron de bœufs cuit 7h avec légumes grand-mère et sauce marchand de vin, ou encore une merveilleuse crème chocolat 69 % avec des noisettes caramélisées et fleur de sel !

BISTRONOMIE
17E - 18E - 19E

BISTRONOMIE

CHEZ FRANCK

46, rue Bayen (17e) ✆ 01 42 67 05 11 - M° Porte de Champerret ou Ternes. - www.restaurantchezfranck.com

Du lundi au jeudi et dimanche : 12h-14h30, 19h-23h. Vendredi : 12h-15h. Plats à la carte de 21 à 36 €.

Chez Franck, dans une ambiance à la fois chic et décontractée, vous dégusterez une bonne cuisine à base de produits de saison. Le chef a fait ses armes dans des établissements étoilés, et cela se sent : il a la pointe de créativité qu'il faut. Vu notamment à la carte : ceviche de bar, vinaigrette d'agrumes et balsamique réduit, os à moelle, fleur de sel et ses toasts, magret de canard à l'orange, filet de bar... et un des must : le fondant de bœuf de 7 heures ou bien encore le petit salé aux lentilles vertes du Puy... Pour les amateurs de sucré, les classiques du genre : crème brûlée à la vanille Bourbon, moelleux au chocolat, pavlova aux fruits rouges... Ce Franck est une valeur sûre !

BISTRONOMIE

SENS UNIQUES

44, rue Damrémont (18e) ✆ 01 42 23 04 63
M° Lamarck-Caulaincourt
www.sensuniques.fr

Ouvert tous les jours le soir ; du dimanche au vendredi le midi. Carte : 25 € environ. Formule du midi : 17 € (et 20 €).

Ici, on laisse la place aux aplats de couleurs et au mobilier contemporain version brasserie néo-chic. On peut commencer les réjouissances, car ici c'est le mot qui convient, par quelques tapas à l'heure de l'apéro pour passer ensuite aux choses plus sérieuses. Dans ce restaurant, on met un point d'honneur à cuisiner bon et fin : langoustines et déclinaisons de petits pois ou filet de lieu parfumé à l'ail par exemple. Les plats se déclinent ainsi selon « tapas », « mini-plats » et « plats ». Le midi, des formules aux prix tout doux vous permettent de vous en sortir au mieux, et le week-end, on apprécie le brunch. Un coup de cœur de l'ouest du 18e, où il conviendra de réserver.

BIO

EN VRAC

2, rue de l'Olive (18e) ✆ 01 53 26 03 94
M° Marx Dormoy
www.vinenvrac.fr

Ouvert tous les jours le midi et le soir. Carte : 25 € environ.

Caviste depuis de nombreuses années, l'heureux patron est aux commandes de cet endroit hype du quartier de La Chapelle depuis plus de 10 ans maintenant. Le principe est simple : le client arrive avec son cubi ou ses bouteilles, il les remplit depuis la cuve à vin de son choix. Pour déjeuner ou dîner, on vous sert ici une cuisine simple (on appelle ça la « cave à manger »), avec des petites viandes, des plats traditionnels, de la charcuterie, et un brunch du dimanche qui calera les plus grandes faims. Attention à l'affluence, car même si le lieu s'étend un peu dans la rue avec ses grandes tables aux beaux jours, c'est si chouette que les places y sont chères. Un excellent *spot*.

BISTRONOMIE

LES BANCS PUBLICS

2, rue de Nantes (19e) ✆ 09 80 76 36 71
M° Crimée ou Corentin-Cariou - www.les-bancs-publics.fr

Ouvert du lundi au samedi midi et soir, le dimanche midi. Carte : 28 € environ. Formules midi : 15 et 17 €.

De grandes verrières complètement ouvertes lorsque le temps le permet, une terrasse au format poche, une décoration délicieusement rétro et une cuisine qui surprend par sa fraîcheur et son originalité, voilà la formule gagnante de cette adresse du canal de l'Ourcq. Chaque jour en cuisine, des chouettes plats, distillés sur une belle ardoise. La carte suit les inspirations du chef au fil des saisons et des arrivages, le tout en formule déjeuner à prix ultra compétitif. Lou et Hamza vous proposent également quelques concerts et chouettes animations, principalement aux beaux jours et le week-end. Inutile de préciser que c'est l'un des coups de cœur de l'équipe du *Petit Futé*.

BISTRONOMIE

TERRASS" HOTEL

12-14, rue Joseph de Maistre (18e) ✆ 01 46 06 72 85 - M° Blanche ou Place de Clichy
www.terrass-hotel.com

Ouvert du mardi au samedi soir ; du mardi au vendredi midi. Brunch samedi/dimanche : 49 €. Prix moyen à la carte : 45 €.

Qui dit Terrass" Hotel dit évidemment panorama absolument unique sur Paris – et *la* plus belle vue sur la capitale disent certains. Et si l'on se dit que le regard aura du mal à ne pas se défaire des splendeurs de la ville, rien n'est plus faux. Car ici, le chef Eric Lurthy fait des merveilles, et redonne ses lettres de noblesse à une bistronomie de qualité. Les produits, soigneusement sélectionnés, sont travaillés en fonction de son inspiration, elle-même riche de ses voyages. Midi et soir, pour des rendez-vous privés ou professionnels, impossible de ne pas succomber. La réservation est impérative, et l'accès au *rooftop* est réservé au bar, pour poursuivre votre dîner.

BISTRONOMIE

TOP CHEF LE BISTROT

29, quai Galliéni - **SURESNES** ✆ 01 41 44 77 80 - Tramway T2 station «Mont Valérien» puis 10 minutes de marche.
www.lebistrot-topchef.fr

Ouvert tous les jours le midi et le soir. Menu unique à 39,99 €. Carte : 60 € environ.

Tout est dans le nom ! La célèbre émission télévisée a ouvert son propre restaurant, que l'on vous invitera à découvrir en dehors des périodes de diffusion, afin d'éviter les périodes de *rush* ! Aux commandes, notamment, le présentateur de l'émission, Stéphane Rotenberg. Le principe est simple : les célébrités issues de *Top Chef* proposent ici leurs spécialités, composant ainsi une très riche carte axée bistronomie : quai de veau de Baptiste Renouard, cabillaud de Victor Mercier, œuf à la neige coco de Thibault Sombardier, et de nombreuses autres spécialités que les fans de l'émission ne connaissaient que via le petit écran. Un menu au tarif avantageux est également proposé.

LE CAVEAU DU PALAIS

17-19, place Dauphine (1er) ✆ 01 43 26 04 28 - M° Pont-Neuf, Saint-Michel ou Cité
www.caveaudupalais.fr
Tous les jours, le midi et le soir. Réservation recommandée. Carte : 50 € environ (entrée-plat-dessert).

Le Caveau du Palais, c'est avant tout un lieu incroyable avec terrasse, sur la charmante place Dauphine de l'île de la Cité. Le chef propose une carte raffinée composée de plats gastronomiques alliant subtilité et saveurs. Des plats traditionnels à l'exécution parfaite, mais aussi des classiques revisités avec audace : par exemple un boudin noir avec chou braisé et jus à la bière, des moules au chimichurri, une entrecôte française à la plancha ou une poire pochée à l'hibiscus. Les plus : le Caveau du Palais offre un service aux petits oignons, dispense des conseils avisés et a bâti une jolie carte des vins. Bref, une excellente maison où l'on revient pour un moment de plaisir.

BISTROT - BRASSERIE

LE GRAND VÉFOUR

17, rue de Beaujolais (1er) ✆ 01 42 96 56 27
M° Palais-Royal
www.grand-vefour.com
Ouvert du mardi au samedi. Réservation indispensable.

On a connu la table du Grand Véfour pour sa haute gastronomie et si l'établissement est aujourd'hui une brasserie accessible à une plus large clientèle, le décor est resté dans son jus, avec en sus places sous les arcades ou face au jardin. Et qu'à cela ne tienne, les plats de saison signés Guy Martin, à la carte ou bien déclinés dans le semainier, offrent un raffinement qui ne fait pas défaut à la renommée du Véfour. D'ailleurs les crus proposés restent haut de gamme et accompagneront à merveille la dorade royale ou les joues de porc fondantes. On ne refusera pas non plus le vacherin au citron ou la forêt noire. Bonne nouvelle, on pourra même récidiver au goûter avec quelques pâtisseries…

MIMOSA

27, rue du Pont-Neuf (1er)
✆ 01 40 26 30 74
M° Châtelet-Les Halles.
Ouvert tous les jours, le midi et le soir. Carte : 30 € environ. Chèque Restaurant. Terrasse.

Décoration chic et parisienne pour cette brasserie à deux pas du Forum des Halles, et qui bénéficie d'une belle terrasse entre Rivoli et la Canopée, agrémentée d'un surplus de place sur les places de stationnements. La cuisine, classique, est de bonne facture. Beaucoup de standards, mais plutôt bien sentis, et servis énergiquement par un personnel habillé de manière moderne et originale. Le jour de notre passage, les ravioles à la crème de truffe étaient fines et aériennes, juste comme il fallait. Mention spéciale aux planches pour l'heure de l'apéro, et qui sont copieuses. Bref, une adresse qui n'est pas un attrape-touristes, ce qui change dans l'hypercentre parisien.

BISTROT - BRASSERIE

LE PETIT BOUILLON PHARAMOND

24, rue de la Grande-Truanderie (1er) ✆ 01 40 28 45 18
M° Étienne Marcel
www.petitbouillonpharamond.com
Ouvert de 12h à 0h. Service en continu. Carte : 23 € environ.

Le Pharamond est devenu le Petit Bouillon Pharamond en 2019 ! Même décor sublime, mais des prix considérablement plus bas dans l'esprit bouillon, ces restaurants populaires et pas chers. Le restaurant s'est mis au goût du jour avec une carte bistrotière, une addition légère et un service continu, sans réservation. Vous pourrez par exemple vous régaler avec un gravlax de truite à la crème d'aneth et à la vinaigrette au pin douglas en entrée pour seulement 6,90 € et des tripes à la mode de Caen depuis 1879 pour seulement 10,90 €. Un vrai bon plan qui fait du bien !

BISTROT - BRASSERIE

AU PIED DE COCHON

6, rue Coquillière (1er) ✆ 01 40 13 77 00 - M° Louvre-Rivoli, Les Halles, Châtelet ou RER Châtelet-Les-Halles.
www.pieddecochon.com
7j/7 : 8h-11h ; 11h30-5h. Réservation recommandée. Formule pied de cochon 19,90 €, planche de pied de cochon 29,50 €.

Ouvert depuis 1947, Au Pied de cochon accueille sur plusieurs niveaux les affamés pour un moment de partage autour des grands classiques de la brasserie parisienne, comme le plateau d'huîtres ou de fruits de mer, la soupe à l'oignon gratinée et évidemment les incontournables pieds de cochon grillés à la béarnaise ou farcis façon périgourdine. Autres spécialités maison : la Tentation de Saint-Antoine (une assiette 100 % cochon), la double côte de cochon Baiama et l'andouillette AAAAA Duval. Ceux qui ne sauraient clore un repas sans une touche sucrée opteront pour le vacherin du Pied de cochon (glace à la vanille bourbon, sorbet framboise, meringue et chantilly).

BISTROT - BRASSERIE

RESTAURANT PAUL

15, place Dauphine (1er) ✆ 01 43 54 21 48
M° Pont Neuf, Cité ou Saint-Michel
www.restaurantpaul.fr
Ouvert du lundi au samedi, midi et soir. Réservation recommandée. Carte : 55 € environ.

Cet authentique bistrot donne directement sur la calme et charmante place Dauphine, un havre de paix en plein cœur de Paris, sur l'incontournable île de la Cité. Tables nappées et serviettes en tissu, agréable terrasse chauffée l'hiver, et à la carte, les classiques s'enchaînent pour le plus grand plaisir des connaisseurs les escargots sauvages de Bourgogne « King Size » pour commencer. Pour les amateurs, le foie de veau poêlé mérite le détour, comme le dos de Cabillaud rôti avec endive braisée et sa fondue de pousses d'épinards. Desserts tout aussi généreux que les plats : baba au rhum, abricots frais au miel et romarin avec crème et glace vanille, pêche rôtie au miel...

BONNES TABLES

2E

BISTROT - BRASSERIE

LA BELLE ÉPOQUE

36, rue des Petits Champs (2e) ✆ 01 42 96 33 33
M° Bourse ou Pyramides. - www.labelleepoqueparis.fr
Du lundi au vendredi : 12h-14h30 et 18h-2h. Samedi : 12h30-2h. Prix moyen à la carte : autour de 50 €.

La Belle Epoque est une brasserie idéalement située en plein cœur du Paris historique, à deux pas des galeries Vivienne et de Choiseul et du Palais Royal. On y trouvera un cadre unique au décor 1920 et, bien sûr, une cuisine de bistrot à la fois traditionnelle et tendance. On apprécie la belle carte des vins qui accompagne à merveille les plats du chef, notamment le bar de ligne rôti avec sa purée de topinambour, ses endives caramélisées et son émulsion au Noilly Prat, le filet de bœuf bio normand sauce au poivre de Kampot avec purée de pommes de terre maison. Enfin, les desserts raviront les amateurs : tarte citron au basilic ou l'énorme mousse au chocolat, à partager ou pas !

BISTROT - BRASSERIE

LE BOUGAINVILLE

5, rue de la Banque (2e) ✆ 01 42 60 05 19
M° Bourse ou Sentier
Du lundi au samedi le midi, du mardi au samedi le soir. Plats froids servis entre les services. Réservation recommandée.

Au Bougainville, la devise pourrait être « plus c'est simple, plus c'est bon » ! Grignotages au comptoir pour ceux qui le veulent, avec assiettes de charcuterie auvergnate, dont l'exceptionnel jambon de Coche (issu de très grosses truies dont la viande est séchée très longtemps) et nombreuses propositions de vins au verre du Jura, ou direction la salle. Bien sûr la carte évolue régulièrement, mais certains basiques transcendent les saisons. C'est le cas notamment d'entrées comme le persillé du Cantal, l'œuf dur mayonnaise, voire la faisselle de chèvre-émulsion aux herbes, et de desserts tels que les tartes aux fruits. En plat de résistance, la blanquette de veau se défend plutôt bien.

LE BOUÏ BOUÏ

11, rue Marie-Stuart (2e)
✆ 01 42 36 40 94
Ouvert toute l'année. Du mardi au samedi le midi et le soir. Réservation recommandée. Carte : 35 € environ.

Malgré son nom, Larousse ne qualifierait pas ce lieu de « bouï-bouï », tellement ce bistrot chaleureux conjugue modernité et tradition. Ici, les produits du terroir sont à l'honneur : charcuteries d'Espalion, fromage de Laguiole, viande de Salers, mais aussi gratin de saint-nectaire à la fondue de poireau, tartare auvergnat poêlé, bacon cantal fondu, oignon et tomates ou carré de veau de cantal, lentilles du Puy. La nouveauté c'est le burger de l'Aveyron au bœuf d'Aubrac. Si un vin de Marcillac de la cave de Valady peut accompagner vos mets, une tarte aux myrtilles ou un birlou liqueur pomme-châtaigne avec une boule de sorbet peut conclure et enchanter votre repas.

BISTROT - BRASSERIE

AUX CRUS DE BOURGOGNE

3, rue Bachaumont (2e) ✆ 01 42 33 48 24 - M° Sentier
www.auxcrusdebourgogne.com
Ouvert tous les jours le midi et le soir. Entrées : 6,50 €-24 € ; plats : 19 €-44 € ; desserts : 8 €-15 €.

Derrière cette devanture bordeaux – on devrait plutôt dire « bourgogne » en l'espèce – se cache un vieux bistrot bourré de charme, qui se définit lui-même comme une « maison sérieuse ». C'est vrai qu'ici, on ne badine pas avec la cuisine. Dans les assiettes, du costaud ; des plats traditionnels, classiques, mais parfaitement exécutés. Une cuisine qui se marie à merveille avec les vins de… Bourgogne. A la saison des morilles, par exemple, on retrouve ces divins champignons à la carte simplement, associés à des plats de boeuf ou à des tagliatelles. Pâté en croûte, œufs mayo, escargots, steak au poivre, onglet aux échalotes, poisson du jour, profiteroles… Les amoureux du terroir apprécieront !

BISTROT - BRASSERIE

LE MESTURET

77, rue de Richelieu (2e) ✆ 01 42 97 40 68
M° Bourse ou Quatre-Septembre
www.lemesturet.com
Ouvert tous les jours de 12h à 23h. Service continu. Sans réservation. Menus de 28 € à 34 €.

Le bistrot traditionnel parisien dans toute sa splendeur ! Nichée entre Bourse et Opéra, cette « auberge de ville » a tout bon grâce à son gérant, Alain Fontaine, aux commandes depuis des années. Passionné de vins et de terroir, Alain partage son amour pour les bons produits avec une clientèle d'habitués. Parmi nos gourmandises préférées, les grands classiques comme le foie gras ou la brandade ou des plats plus originaux comme la pastilla d'escargots ou le canard burger. A noter, si les viandards trouvent forcément leur bonheur ici, de bons plats végétariens sont également proposés ! Avant de partir, ne manquez pas de goûter la sélection de fromage et les desserts !

POLLOP

15, rue d'Aboukir (2e) ✆ 01 40 41 00 94
M° Sentier ou Bourse
www.pollop.fr
Déjeuners du lundi au vendredi. Dîners du mardi au samedi. Formule midi : 23 à 26 €. Formule soir : 34 à 38 €.

C'est dans le quartier du Sentier qu'a ouvert il y a quelques années déjà le Pollop. Ici, la cuisine bistronomique se mêle aux saveurs de l'Asie avec délicatesse et justesse. Le chef exprime sa créativité au fil des saisons en fonction des approvisionnements du jour puisque la carte change quotidiennement. Les belles propositions s'enchaînent de l'entrée au dessert : tartare de bœuf, nuoc mam, coriandre, sésame, énoki, gochujang ; poireaux, kiwi, câpres, vinaigrette, yaourt, pistaches ; maquereau, mousseline de carottes, radicchio, agrumes ; mi-cuit au chocolat, crème anglaise à la cardamome... autant d'illustrations du talent d'un chef qui arrive à nous faire voyager en douceur et délice.

BISTROT - BRASSERIE

LE PROGRÈS

1, rue de Bretagne (3e)
✆ 01 42 72 01 44
M° Filles du Calvaire.
Ouvert tous les jours de 7h30 à 2h. Plat de 12 à 17,50 €. Terrasse.

Cette brasserie a été rénovée et le rendu est superbe : un décor traditionnel avec mosaïques au sol et sur les piliers, mur en stuc, lampadaires années 60... Ici, le chef mitonne une bonne cuisine bistrot : souris d'agneau, magret tagliatelle de céleri... Tout est « maison », desserts compris et l'on s'y régale à toute heure. Rien d'étonnant, donc, à ce qu'elle soit dans les brasseries les plus connues de Paris. Bien que placée dans une rue très « branchée », les clients sont des habitués du quartier qui viennent et reviennent. Pour s'installer, la salle à l'étage offre une vue sur la rue Turenne et la rue Vielle du Temple et la terrasse est on ne peut plus agréable aux beaux jours.

BISTROT - BRASSERIE

LE SANCERRE

87, rue des Archives (3e) ✆ 01 42 72 65 20
M° Filles du Calvaire ou Arts et Métiers - www.lesancerre3.com
Ouvert du lundi au samedi de 7h à 2h ; le dimanche de 8h à 1h. Carte : 30 € environ.

Le Sancerre a le charme des brasseries parisiennes qui se vivent tout au long de la journée. Un petit déjeuner en terrasse ? Possible. Un brunch le dimanche ? De même. À d'autres moments, vous y viendrez aussi bien pour un verre entre amis avec une planche que pour y apprécier un repas de cuisine ménagère. La carte se décline entre classiques intemporels et plats du jour de saison : burger du Sancerre au bleu et pain charbon, velouté de châtaigne à l'huile de truffe, cocotte de poisson, filet de bœuf grillé, et, pour conclure, crumble mangue-ananas ou crème brûlée à la vanille par exemple. Le choix est large et gourmand. Coup de cœur pour sa terrasse joyeuse.

BISTROT - BRASSERIE

L'ARSENAL

36, rue Saint-Antoine (4e) ✆ 01 42 74 45 77
M° Saint-Paul
Tous les jours le midi et le soir. Service continu. Carte : 20 € environ.

Ce bar-brasserie, idéalement placé à 200 mètres de la place de la Bastille, offre un décor typique des années 60-70. Véritable institution dans le quartier, il tient principalement son succès de la personnalité de son patron : Jean-Paul Azémar, un bon vivant originaire de Castelnau-de-Mandailles dans l'Aveyron. On s'y bouscule tous les midis et tous les soirs pour y goûter une cuisine traditionnelle et chaleureuse. Les plats, servis par une équipe toujours flanquée d'un foulard autour du cou, se déclinent en aligot-saucisse, truffade et viande de Salers. N'oubliez pas de terminer sur une note sucrée en dégustant le fabuleux flanc à la louche de L'Arsenal : un vrai goût de nostalgie !

BISTROT - BRASSERIE

BOFINGER

5/7, rue de la Bastille (4e) ✆ 01 42 72 87 82 - M° Bastille
www.bofingerparis.com
Ouvert tous les jours, y compris jours fériés. Menu Bofinger (entrée-plat-dessert) tous les jours, midi et soir : 33 €.

Établie en 1864, cette enseigne à la déco Belle Époque est l'un des repères gastronomiques du quartier de la Bastille. Première grande brasserie alsacienne de la capitale à servir de la bière pression, Bofinger a su fidéliser une clientèle parisienne, tout en attirant de nombreux touristes désireux de vivre une expérience gourmande très *frenchy*. On y vient bien sûr pour la choucroute, le plat phare de la maison, mais pas que. Il y a aussi les huîtres et fruits de mer, les plats tradi de brasserie (magret de canard, rognons de veau, tartare de bœuf...) et des spécialités, comme le pâté en croûte, le vol-au-vent ou le baeckeoffe de bar au gewurztraminer... Ça fait vraiment envie !

GRANDE BRASSERIE

6, rue de la Bastille (4e) ✆ 09 75 80 99 72
M° Bastille.
www.grandebrasserie.fr
Ouvert du mercredi au dimanche le midi et le soir. Carte : 50 € environ.

Si vous cherchez une véritable brasserie parisienne, dans la plus pure tradition de l'exercice, elle est là : la Grande Brasserie, située à quelques mètres de la place de la Bastille, vous invite à redécouvrir l'exercice que chacun pense bien connaître, au moyen d'une montée en gamme indiscutable. Serveurs en habits, cadre chargé et banquettes de cuir, tout y est, du ris de veau à la côte de cochon fermier, des fromages aux desserts habilement réalisés. Mention spéciale à l'œuf mayonnaise, élus les meilleurs de la capitale : le secret ne tient pas à son accompagnement de céleri, mais a l'excellence du produit, et de la légèreté de la fameuse sauce qui le surmonte.

LE LOUIS PHILIPPE

66, quai de l'hôtel de ville (4e)
✆ 01 40 33 04 84
M° Pont Marie.
Ouvert tous les jours le midi et le soir. Carte : 30 € environ. Réservation recommandée.

Cette institution ouverte depuis le milieu du XIXe siècle a vu défiler d'illustres convives, parmi lesquels d'anciens présidents de la République. Le décor, inchangé depuis des décennies, est fait de miroirs, de carrelages et de boiseries : magnifique. Et ici, la cuisine est en rapport : traditionnelle, classique, faisant la part belle aux spécialités des régions de France, des ravioles au bœuf bourguignon en passant par les viandes cuites exactement comme vous le souhaiterez. Vous aurez le choix ici pour vous installer : à l'intérieur, ou à l'extérieur. Si vous optez pour cette seconde option, préférez le côté Marais (et non Seine), le plus calme, donnant sur une petite place.

BONNES TABLES

4E - 5E

LES MARRONNIERS

18, rue des Archives (4e)
✆ 01 40 27 87 72
M° Hôtel de Ville

Ouvert tous les jours le midi et le soir. Carte : 25 € environ. Chèque Restaurant. Terrasse.

Un incontournable ! Rien de plus normal : sa terrasse, son ambiance et sa carte ont tout bon. Côté plats, vous pourrez déguster des burgers, des viandes, des salades... C'est simple, roboratif et surtout bon. Le service est efficace et rapide. Ne manquez pas d'admirer la souplesse des serveurs qui se faufilent entre les tables ! Mais le véritable atout du lieu est sa belle, grande et joyeuse terrasse ! On y voit souvent des stars sur le retour, d'anciennes gloires, des personnes qui veulent voir et être vues... C'est un spectacle permanent qui se joue dans ce haut lieu du Marais. Une excellente étape pour prendre des forces avant une tournée des très nombreux lieux nocturnes du quartier.

LE PAVÉ

7, rue des Lombards (4e) ✆ 01 44 54 07 20 - M° Hôtel de Ville ou Châtelet
www.lepave.fr

Ouvert toute l'année. Tous les jours et les jours fériés le midi. Réservation recommandée. Menus Pavé à 22 € et 27 €.

Voilà un resto bien de chez nous. La cuisine – française donc – y est classique et excellente, surtout la viande, de l'Aubrac bien sûr, avec une spécialité d'aligot qui accompagnera à merveille la côte de bœuf pour 2 personnes. L'un des plats emblématiques de la maison est la poitrine de bœuf confite pendant 7h, servie avec un gratin au saint-nectaire. Le jour de la fête des Pères 2021, par exemple, on pouvait déguster un bœuf bourguignon. On retourne souvent au Pavé, ne serait-ce que pour la gourmandise et la franchise gaillarde et bon enfant de Patrick Quintard, originaire de l'Aveyron, et de son équipe. Belle terrasse, où l'on ne fume pas. Coup de cœur de l'équipe !

LE SARAH BERNHARDT

2, place du Chatelet (4e)
✆ 01 42 72 00 71
www.lesarahbernhardt.fr

Ouvert toute l'année. Tous les jours et les jours fériés de 7h à 0h. Carte : 16 € environ. Vin au verre.

Sarah Bernhardt, voix d'or d'après Victor Hugo, « Divine », « Impératrice du théâtre » est une figure du quartier, et plus particulièrement du théâtre du Châtelet. Face à la salle, sur la place du même nom, ce restaurant au magnifique décor Art déco a voulu rendre hommage à cette grande tragédienne en lui donnant son nom et en lui insufflant un peu de son esprit artiste et élégant. Si le cadre laisse émerveillé, les plats, eux, ne sont pas en reste. Ici, vous pourrez déguster une bonne cuisine française de tradition. Des plats typiques, des bonnes sauces, du fait maison... Vous ne serez pas déçu par le très bon rapport qualité-prix. Les plus ? La terrasse et les serveurs agréables.

BISTROT - BRASSERIE

LE SULLY

6, boulevard Henri-IV (4e) ✆ 01 42 72 94 80
M° Sully-Morland

Du lundi au samedi. Service continu de 7h15 à 20h. 18 € (entrée-plat-café ou plat-dessert-café).

Faïences murales, carrelages rétro, boiseries vintage... Au Sully, à côté du Pavillon de l'Arsenal, la déco raconte une longue et belle histoire. Cette brasserie incontournable dans le quartier, créée en 1917, en est aujourd'hui avec Romain à sa quatrième génération de Vidal. Elle s'est imposée en maître du bon goût et du fait maison, avec un titre de Maître-Restaurateur décerné en 2013. La carte fait défiler les bons souvenirs gustatifs : de l'œuf dur (bio) mayo aux tartes maison, en passant par le rognon de veau à la moutarde à l'ancienne. Ce midi-là, notre choix s'était porté sur un fondant onglet de bœuf Hereford avec sa sauce à l'échalote. Ambiance chaleureuse et service impeccable.

BISTROT - BRASSERIE

BEAUREPAIRE

1, rue de la Bûcherie (5e) ✆ 01 43 29 73 57
M° Maubert-Mutualité ou RER Saint-Michel-Notre-Dame
www.beaurepaire.fr

Ouvert tous les jours : 11h-23h. Carte : 40 € environ.

C'est sur une petite place au calme, sous le regard de Notre-Dame, que l'on déniche cette charmante adresse, et ce Beaurepaire a de quoi nous satisfaire à travers une carte variée qui suit les saisons. Les spécialités et produits basques sont mis à l'honneur. Les planchettes de charcuteries de Navarre, Choricitos ou lomo sont de parfaites introductions avant l'arrivée de l'axoa de veau du Labourd ou du parmentier de boudin noir. Les gourmands pourront terminer leur repas sur une note sucrée grâce aux desserts de la maison : croustade aux pommes à l'armagnac, gâteau de pain perdu crème anglaise et caramel, cœur coulant chocolat noir... Véritable concentré made in Pays basque !

BISTROT - BRASSERIE

CAVE LA BOURGOGNE

144, rue Mouffetard (5e) ✆ 01 47 07 82 80
M° Censier-Daubenton

Ouvert toute l'année. Tous les jours le midi et le soir. Carte : 30 € environ.

Bar à vins et cuisine traditionnelle se rencontrent dans ce lieu du quartier Mouffetard. Situé dans une rue très animée, avec vue sur l'église Saint-Médard, on prend plaisir à s'y attabler entre deux découvertes touristiques. On déjeune et dîne d'un pavé de rumsteck, d'une entrecôte, d'un tartare de bœuf, d'une andouillette AAAAA, d'un bar à la plancha, ou d'une belle salade, entre autres. On se déplace également pour passer un bon moment avec ses amis et pour boire un verre quand on le souhaite, grâce au service continu. En toute saison, on peut s'installer en terrasse, chauffée en hiver et ensoleillée l'été. Bref, c'est bon, pas très cher et surtout très bien placé.

BISTROT - BRASSERIE

LE COMPTOIR DU PANTHÉON

5, rue Soufflot (5e)
✆ 01 43 54 75 36
RER B Luxembourg.
Ouvert tous les jours le midi et le soir. Carte : 30 € environ.

Si les brasseries sont nombreuses dans le quartier, attention à bien choisir l'une des meilleures. Et celle-ci, la plus proche du Panthéon, à quelques mètres seulement, en fait partie. Une vaste terrasse et plusieurs salles vous permettent de choisir parmi des propositions classiques, mais bien faites, et très copieuses. Les salades sont fraîches, les viandes tout autant, et on appréciera ici la rapidité du service. Il faut dire qu'entre touristes, employés du quartier et étudiants, on a appris à s'organiser ici. On ne rechignera pas à prendre son café ou son demi sur la terrasse s'il reste de la place : c'est incontestablement l'un des meilleurs *spots* du quartier.

LE JARDIN DES PÂTES

4, rue Lacépède (5e)
✆ 01 43 31 50 71
M° Place-Monge ou Jussieu
Tous les jours 12h-14h30, 19h-23h. Carte : autour de 30 €.

Cette institution du Quartier Latin fait le bonheur des passants depuis 1984. Le concept : des pâtes fraîches réalisées chaque jour à partir de diverses céréales (seigle, sarrasin, châtaignes). Les produits sont cultivés sans engrais ni pesticides. Les pâtes sont ensuite accompagnées de légumes, poissons ou de viandes en fonction des ingrédients du jour. Pâtes de seigle et jambon à l'os, courgettes, vin blanc, crème fraîche et comté râpé, pâtes de châtaigne aux filets de canard, noix de muscade, crème fraîche et champignons, ou encore, omelette aux pâtes aux légumes. En dessert, la cuisine réalise une belle tarte au chocolat accompagnée d'une marmelade d'oranges aux zestes de citron.

BISTROT - BRASSERIE

LA GRANGE AUX CANARDS

23, rue Frédéric Sauton (5e) ✆ 01 44 41 14 09
M° Cluny-La Sorbonne - www.lagrangeauxcanards.fr
Mercredi-vendredi 18h30-22h30. Samedi 12-14h, 18h30-22h30. Dimanche 18h30-22h30. Carte autour de 40 €. Menus 35 ou 58 €.

Près du boulevard Saint-Germain et de Notre-Dame, l'établissement propose une cuisine généreuse et une ambiance conviviale - on est du Sud-Ouest ou pas ! Oubliez les attrape-touristes des rues avoisinantes, ici vous êtes accueilli comme de la famille et nourri comme un prince. La bonne fée des lieux, Sissi, confectionne toutes ses assiettes à coup de produits frais bien choisis, entre autres : rillettes d'oie, le gros cassoulet de Sissi, croustade aux pommes et à l'armagnac, etc. Des spécialités du Sud-Ouest qui s'accompagnent de belles références d'Occitanie et d'Aquitaine. A deux ou entre amis, on y passe un très bon moment et on se régale de cette belle cuisine sans artifices.

KOKORO

36, rue des Boulangers (5e) ✆ 01 44 07 13 29
M° Cardinal-Lemoine ou Jussieu
www.restaurantkokoro.fr
Lundi-vendredi : midi (sauf lundi) dès 12h15, dîner dès 19h30. Menu midi 21 et 26 €. Plat à la carte de 25 à 34 €.

Le Kokoro – « cœur » en japonais – est une adresse pleine de charme située dans le centre du Quartier latin. Aux fourneaux, on retrouve un couple franco-japonais : elle s'occupe du sucré, lui du salé. Au menu, de purs délices comme les langoustines croustillantes à l'aneth, fruits de la passion, la soupe de pois chiches aux épices douces, le pavé de truite à la plancha, sauce au citron et oseille... La présentation, d'une exquise délicatesse, fait qu'avant même d'y toucher, on est complètement séduit. On se laisse tout autant emporter par les desserts comme le chocolat grand cru du Vietnam 65 %, caramel betterave... A noter que le pain est fait maison... Une valeur sûre du quartier.

HÉBÉ

15, rue Frédéric Sauton (5e) ✆ 01 46 34 08 91
M° Maubert-Mutualité. - www.heberestaurant.com
Lundi-jeudi 19-22h30. Vendredi 12-14h, 19-23h. Samedi 12-14h30, 19-23h. Dimanche 12-14h30, 19-22h30. Carte 55 € environ.

Aucune discussion possible : quand le chef étoilé Michel Portos et le chef Clément Courtemanche travaillent ensemble en cuisine, le résultat est fameux ! Dans ce restaurant au décor épuré, on se concentre sur le contenu des assiettes, et comme on aura raison ! On prendra ici les meilleurs produits, les plus frais, ceux qui correspondent le mieux à la saison, et on laissera faire les chefs : réussite indiscutable, inoubliable ! On a hésité entre le lieu noir grillé à la plancha et l'onglet de veau avant de se laisser tenter par les fraises avec crème au chocolat blanc, granola caramélisé. Aucun regret, sauf peut-être celui de ne pas être venus avant, notamment pour les desserts !

L'AGRUME

15, rue des Fossés-Saint-Marcel (5e) ✆ 01 43 31 86 48
M° Saint-Marcel ou Gobelins
www.restaurant-lagrume.fr
Mardi 12h-14h30. Mercredi à samedi 12h-14h30, 19h30-22h30 Formules déjeuner 23 € et 26 €. Carte autour de 65 €.

La cuisine de Franck Marchesi-Grandi est synonyme de fraîcheur et pas seulement pour le thème des agrumes. En effet, ici, la fraîcheur tonne dans les assiettes réalisées sous les yeux des clients, depuis les tabourets du comptoir ouvert sur les fourneaux et, semble-t-il, plus prisés que les tables classiques. La carte est créative et originale : nage de homard bleu avec asperges et shiitakes, poulpe rôti à l'ail, filet de turbot rôti avec poireaux et curcuma... le tout complété par un beau choix de fromage et de desserts gourmands mais subtils. L'ensemble a un certain coût, et on aura du mal à faire du lieu sa cantine. Mais qu'à cela ne tienne : venir ici, c'est un événement !

LE PETIT CAFÉ

6, rue Descartes (5e) ✆ 01 44 07 35 69
M° Maubert-Mutualité
www.le-petit-cafe.fr
Ouvert tous les jours de 9h à 2h. Carte : autour de 30 € environ. Terrasse.

Très fréquenté par une population jeune – il faut dire que la vaste terrasse et l'emplacement idéal au cœur du 5e ne sont pas pour déplaire –, ce Petit Café propose une gastronomie simple et pleine de saveurs. Les viandes sont cuites à cœur, le foie gras fameux, le risotto crémeux à souhait, et il y en a pour chaque goût, y compris pour les végétariens. La carte des vins mérite à elle seule le détour : blanc, rouge, rosé, rien ne manque ! Le service est efficace, et le rapport qualité-prix franchement pas mauvais du tout. Un conseil : pour manger, rien de mieux que l'intérieur, car aussi sympathiques que soient les étudiants, ils sont parfois, surtout le soir, très bruyants.

LE SALON DU PANTHÉON

13, rue Victor-Cousin (5e) ✆ 01 56 24 88 80
RER B Luxembourg
www.cinemadupantheon.fr
Ouvert du lundi au vendredi de 12h à 19h. Carte : de 16 à 35 € environ.

Paris regorge de trésors, le Salon du Panthéon est l'un d'entre eux. Cet ancien gymnase transformé en cinéma en 1907 accueille spectateurs et gourmets pour une expérience inédite. Lieu de grands noms, il fut autrefois fréquenté par Jean-Paul Sartre et Jacques Prévert. Aujourd'hui, Catherine Deneuve et Christian Sapet sont en charge du décor. Ils ont fait le choix d'aménager un immense espace façon loft au premier étage du cinéma et de prolonger le tout par une terrasse chauffée. Installé sur les confortables canapés qui meublent la salle on admire la courte carte de la cuisine : soupe du jour, assiette de saumon, tortillas, escalope de veau, cake au citron, il y en a pour tous les appétits.

BISTROT - BRASSERIE

L'ABRAISE

117, rue du Cherche-Midi (6e) ✆ 01 45 48 39 28
Métro Duroc.
Ouvert tous les jours, le midi et le soir. Plats : de 20,50 € (tartares) à 33,50 € (entrecôte maturée) €.

Autrefois, cet emplacement, qui jouxte le bien connu et traditionnel Chez Dumonet, était occupé par Le Bien Décidé, le restaurant de Gérard Depardieu. Aujourd'hui, c'est L'Abraise qui occupe les lieux. La spécialité de la maison est la cuisson au feu de bois. Et franchement, ça change tout ! Extrêmement tendre et parfaitement cuit (soit rosé pour nous), le quasi de veau de l'Aveyron, choisi lors de notre visite, était d'un goût « savoureusement bon ». Notre voisin, qui avait opté pour une entrecôte, semblait aussi ravi de son choix. A la carte également, des côtes de bœuf d'Aubrac, Rouge des Flandres et Simmenthal, du ris de veau… Les « viandards » apprécieront. Accueil sympathique.

ANICIA

97, rue du Cherche-Midi (6e) ✆ 01 43 35 41 50
M° Vaneau.
www.anicia-bistrot.com
Du mardi au samedi. Formule du midi : 36 € (2 plats), 45 € (3 plats). Menu dégustation le soir : 65 € ou 82 €.

François Gagnaire signe ce bistrot « nature » en référence à sa région d'origine, l'Auvergne. Sa cuisine, alliant originalité – à l'instar de ce rafraîchissant melon et compagnie-soupe à l'estragon-chorizo de thon – et raffinement, met en scène des produits du Velay (lentilles, viandes, fromages…) sourcés avec soin. Plus bistrot le midi, Anicia se la joue plus gastronomique en soirée avec un menu dégustation en quatre ou six services. Parmi les plats « signature » du chef, un Caviar du Velay, à base de lentilles, avec une gelée de crustacés, et une Pastorale de légumes accompagnée de fruits et de champignons au printemps. D'enthousiasmants voyages gustatifs !

BISTROT - BRASSERIE

BOUILLON RACINE

3, rue Racine (6e) ✆ 01 44 32 15 60 - M° Cluny – La Sorbonne ou Odéon - www.bouillon-racine.com
Ouvert tous les jours, midi et soir. Formule du midi : 17,50 € (entrée-plat, plat-dessert ou plat-café). Menu à 35 €.

Les frères Chartier ne se sont pas contentés de leur bouillon éponyme du faubourg Montmartre ; en 1906, ils ont aussi ouvert ce Bouillon Racine, avec la même volonté d'y proposer une cuisine à prix serrés. Ce petit bijou Art nouveau est aujourd'hui classé Monument historique. Et les prix ont été desserrés pour s'établir à un niveau quasiment comparable à ceux d'une brasserie parisienne. À la carte, de la tradition (foie gras de canard, filet de turbot, travers de porc laqué au miel, pièce du boucher…), comme des recettes contemporaines (œuf parfait façon meurette, assiette végétarienne, tartare de bar-mangue-groseilles-citron vert…). Du plaisir des yeux à celui de la table, on valide !

LA CLOSERIE DES LILAS

171, boulevard du Montparnasse (6e) ✆ 01 40 51 34 50 - M° Vavin, RER Port-Royal
www.closeriedeslilas.fr
Ouvert tous les jours midi et soir. Carte (restaurant) : autour de 80 €. Carte (brasserie) : autour de 55 €.

La Closerie des Lilas fut un haut lieu de la vie artistique parisienne. Des parnassiens aux surréalistes en passant par Verlaine, Baudelaire, Hemingway… La Closerie en a vu passer du beau monde. Son propriétaire le Serbe Miroslav Siljegovic et son fils Alexandre ont réalisé des travaux pour rendre les lieux encore plus accueillants. Du restaurant au bar, tout n'est qu'élégance et raffinement : sol en mosaïque, banquettes de moleskine rouge, terrasse ombragée, service irréprochable. Côté cuisine deux cartes, l'une pour la brasserie et l'autre pour le restaurant plus chic. Epaule d'agneau confite ou longe de veau, pour l'un, filet de bœuf Hemingway au poivre noir, pour l'autre.

BISTROT - BRASSERIE

LE COMPTOIR

9, carrefour de l'Odéon (6e) ✆ 01 44 27 07 97
M° Odéon

Tous les jours de 12h à 23h. Sans réservation. Entrées de 5 € à 26 € ; plats de 18 € à 39 € ; desserts de 11 € à 13 €.

Que ce soit pour déjeuner ou pour dîner, autant vous prévenir tout de suite : si vous ne vous présentez pas tôt au Comptoir du médiatique Yves Camdeborde, inutile d'espérer vous asseoir à une table, ou alors il vous faudra patienter... un certain temps. Mais si par chance, vous décrochez le Graal, dans ce cas laissez-vous bercer par la cuisine sincère et vraiment gourmande du chef. Le jour de notre passage – en septembre –, la maison proposait en plats du jour une brandade de morue au pesto et un magret de canard rôti (Sud-Ouest oblige). En entrée, on pouvait légitimement hésiter entre le pâté en croûte de volaille au foie gras et la poêlée de cèpes du Cantal à l'échalote. Que du bon !

BISTROT - BRASSERIE

LES ÉDITEURS

4, carrefour de l'Odéon (6e) ✆ 01 43 26 67 76 - M° Odéon
www.lesediteurs.fr

Ouvert tous les jours. Restauration en service continu à partir de 12h. Menu des Éditeurs : 39,90 €. Brunch : 29,50 €.

Voici un établissement, au Carrefour de l'Odéon, qui est à la fois un café, un restaurant, un bar lounge, un salon de thé et... une bibliothèque. Dans un cadre élégant, vous pouvez à toute heure dévorer un roman en même temps qu'un plat ou lire la presse en prenant un café. La cuisine, variée, s'adresse aux petites et grandes faims. Pour les premières, un croque-monsieur ou une bruschetta de mozzarella di buffala. Pour les secondes, des escargots de Bourgogne, un foie gras de canard, une aile de raie à la grenobloise, un steak de thon à la plancha ou un cheeseburger. Et en dessert, pourquoi pas une tartelette du moment, une pavlova aux fruits rouges ou un gâteau au chocolat noir ?

GERMAINE

130, boulevard Saint-Germain (6e)
✆ 01 46 34 66 31
www.germaineparis.fr

Ouvert tous les jours de 8h à 2h. Carte : 25 € environ (plat-dessert).

Germaine fait partie de ces établissements qui séduisent avec leur bon rapport qualité-prix. L'adresse, reprenant les codes des bistrots traditionnels dans sa déco, déroule une carte tout en saveurs et sincérité. La plupart des mets proposés ici sont préparés maison. Côté plats, par exemple, on pouvait piocher dans une carte automnale un poulpe grillé, un saumon teriyaki, ou une entrecôte-frites. Des salades, un carpaccio de bœuf, des tartares, le burger du Germaine, un risotto et des escargots complétaient l'offre ce jour-là. Les amateurs de douceurs quant à eux pouvaient légitimement hésiter entre le cheesecake, le moelleux au chocolat et le baba au limoncello. Cornélien !...

LAPÉROUSE

51, quai des Grands-Augustins (6e)
✆ 01 43 26 68 04
M° Saint-Michel.
www.laperouse.com

Ouvert du lundi au samedi, le midi et le soir. Très beaux salons.

Une institution parisienne datant du XVIIIe siècle et qui a vu défiler au fil des années dans ses salons privés le gratin culturel (mais pas que) parisien. Premier restaurant à avoir décroché 3 étoiles Michelin, en 1933, Lapérouse a depuis connu des fortunes diverses. Pour redorer son blason et concevoir sa carte, cette splendide maison (sur le plan de la déco) a fait appel à un duo de choc : Jean-Pierre Vigato, ancien chef d'Apicius, pour le salé, et Christophe Michalak pour le sucré. Vu à la carte un jour d'été : carpaccio de bar-pickles, bouillon Colette aux légumes de saison, daurade royale flambée à l'absinthe-fenouil grillé, suprême de volaille-crème aux morilles, pour ne citer qu'eux.

BISTROT - BRASSERIE

LIPP

151, boulevard Saint-Germain (6e) ✆ 01 45 48 53 91
M° Saint-Germain-des-Prés - www.brasserielipp.fr

Ouvert tous les jours 9h-0h45. Réservation recommandée. Carte : 50 € environ. Plat du jour : de 24 € à 28,50 €.

Cette table, haut lieu germanopratin classé par les Monuments historiques pour son décor, a toujours su ignorer les modes. La carte n'a guère changé avec le temps. Des écrivains (Françoise Sagan, Joseph Kessel...), des hommes politiques (Léon Blum, François Mitterrand...) et des artistes (Yves Montand, Jean-Paul Belmondo...) se sont assis ici pour déguster des plats traditionnels de brasserie (filets de hareng pommes à l'huile, choucroute garnie, andouillette, jarret de porc...) et autres spécialités (cervelas rémoulade, sardines millésimées...). Chaque jour, la maison propose deux plats du jour. Le lundi, par exemple, c'est pavé de bœuf au poivre ou haddock poché au beurre blanc. Vous hésitez ?

MAISON SAUVAGE

5, rue de Buci (6e)
✆ 01 46 34 26 26
M° Mabillon ou Odéon.
www.maison-sauvage.fr

Ouvert tous les jours de 7h à 2h. Brunch le week-end.

Impossible de louper la Maison Sauvage quand vous êtes dans la rue de Buci, c'est le bar/restaurant à la façade végétalisée. On retrouve d'ailleurs cette expression végétale à l'intérieur. La maison, ouverte toute la journée, se déploie sur deux étages, mais si vous le pouvez, car les places sont chères, c'est en terrasse qu'il faut être, aux beaux jours comme en hiver. Outre siroter un cocktail, on peut y déguster des plats simples : les désormais incontournables avocado toast et quinoa bowl, des salades (lentilles, Caesar), des burgers (poulet, végan), un saumon-haricots verts (vus à la carte un hiver)... Une cuisine du moment qui pioche dans les registres culinaires à la mode.

AU PETIT SUISSE

16, rue de Vaugirard (6e) ✆ 01 85 08 40 58
M° Odéon.
www.aupetitsuisse.fr
Ouvert du lundi au vendredi de 6h30 à 2h ; le week-end de 7h30 à 2h. Plat du jour : de 15,80 € à 17,50 €.

Vous voici dans l'un des plus vieux bistrots de Paris (1791), là où résidait la garnison qui gardait Catherine de Médicis, entre la Sorbonne et le jardin du Luxembourg. Aujourd'hui, on y croise des sénateurs, des artistes, des étudiants de la Sorbonne et des touristes venus du monde entier. Certains y viennent pour son cadre et sa terrasse ensoleillée l'après-midi ; d'autres pour ses plats bistrotiers (œuf mayo, bol de soupe à l'oignon, magret de canard sauce au miel et aligot, ballottine de poulet aux légumes, planche fromagère – cantal, roquefort, saint-nectaire, camembert…). Le dimanche, c'est poulet rôti ! Bref, une cuisine traditionnelle et généreusement savoureuse.

LE PRINCE RACINE

22, rue Monsieur Le Prince (6e)
✆ 01 43 29 83 35
Ouvert tous les jours le midi et le soir. Carte : 30 € environ.

Une belle découverte que cet établissement, qui cache bien des merveilles. La première, c'est une décoration cosy et feutrée, idéale pour un repas discret. La seconde, c'est la surprenante terrasse, située dans l'arrière-cour du restaurant : calme et ombre (idéal pour les chaleurs estivales) sont garantis. Enfin, la carte tient largement la route. Entre classique et bistronomie, celle-ci propose chaque jour plusieurs nouveautés : c'est frais, bon, et les prix sont particulièrement corrects pour la qualité du repas. Le service, enfin : efficace, sympa, aux petits soins, bref, mention spéciale pour celui-ci. Assurément un des meilleurs plans pour un quartier très fréquenté.

LE RELAIS DE L'ENTRECÔTE - ST GERMAIN DES PRES

20, rue Saint-Benoît (6e) ✆ 01 45 49 16 00
M° Saint Germain des Près.
www.relaisentrecote.fr
Ouvert tous les jours le midi et le soir. Entrecôte : 27,50 €. Entrecôte + dessert : environ 35 €.

L'institution par excellence ! Ceux qui ne connaissent pas encore le Relais de l'Entrecôte – et qui sont amateurs de bonne viande – doivent tester cet établissement – l'enseigne en compte deux autres dans Paris – au moins une fois. Le principe est simple : ici, on ne mange que de l'entrecôte, et les serveuses en habit viennent simplement vous demander la cuisson. Ensuite, place au plat, cuit juste comme il faut, fondant, avec une sauce dont le secret est intact, et accompagné de fines pommes allumettes, que l'on viendra vous resservir. Les desserts sont irréprochables.

BISTROT - BRASSERIE

LA ROTONDE MONTPARNASSE

105, boulevard du Montparnasse (6e) ✆ 01 43 26 48 26 - M° Vavin. - www.rotondemontparnasse.com
Ouvert toute l'année. Tous les jours de 7h30 à 0h. Menu unique à 48 € (trois plats). Terrasse.

Les années passent, et la Rotonde reste un solide roc gastronomique de Montparnasse. Prisée du monde de l'édition et de la culture en général, cette table est aussi très fréquentée par la gent politique. Emmanuel Macron, pour ne citer que lui, y a fêté sa qualification au second tour de l'élection présidentielle en 2017. Pour autant, La Rotonde n'a pas pris le melon et continue imperturbablement à célébrer haut et fort le terroir français. Petit florilège : œufs cocotte bio à la crème de cèpes, émincé de pied de porc poêlé, pavé de turbot poché, tartare de bœuf, côte de veau rôtie… Et sur le banc de l'écailler trône la fine fleur des fruits de mer. On vous a mis l'eau à la bouche ?

BISTROT - BRASSERIE

VAGENENDE

142, boulevard Saint-Germain (6e) ✆ 01 43 26 68 18 - M° Odéon ou Saint-Germain-des-Prés - www.vagenende.com
Ouvert tous les jours, service continu de 12h à 22h30. Plat du jour : 23,50 €.

Cette institution germanopratine, fondée en 1904, est un peu une machine à remonter le temps. Classé, son décor Art nouveau est d'origine et brillamment restauré. La carte, variée, propose chaque jour un plat du moment : vu un hiver, aile de raie aux câpres, pied de cochon grillé, bavette de bœuf Angus et fricassée de rognons de veau pour ne citer qu'eux. Mais Vagenende s'est adapté aux nouveaux goûts des clients. Si la tête de veau sauce gribiche-pommes vapeur a toujours du succès, le risotto arborio aux champignons et parmesan est apprécié, tout comme le dos de cabillaud rôti sauce vierge. Côté desserts, baba au rhum, mi-cuit au chocolat, poire pochée aux épices... Bref, une valeur sûre !

ZE KITCHEN GALERIE

4, rue des Grands-Augustins (6e) ✆ 01 44 32 00 32
M° Saint-Michel.
www.zekitchengalerie.fr
Ouvert du lundi au vendredi. Réservation recommandée. Formule du midi : 41 € (entrée-plat ou plat-dessert) et 48 €.

S'il fallait résumer la philosophie de William Ledeuil, on pourrait dire : l'art du goût et le goût de l'art. L'art du goût… La vie du talentueux chef de Ze Kitchen Galerie est ponctuée de séjours en Asie. Il voue une passion pour ce continent et ses produits ; il y puise son inspiration, considérant les bouillons, piliers de sa cuisine, comme « une palette de parfums et de saveurs ». Sur la carte d'un dîner de septembre cohabitaient ainsi un maigre de ligne avec du wasabi comme condiment et un agneau de pré-salé préparé avec du curry jaune et du safran. Le goût de l'art… Car le dressage des plats est toujours minutieusement travaillé, et des œuvres d'art tapissent les murs du restaurant.

BISTROT - BRASSERIE

7ÈME VIN

68, avenue Bosquet (7e) ✆ 01 45 51 15 97 - M° École Militaire.
www.restaurant7emevin.fr

Du lundi au samedi, midi (sauf samedi en automne-hiver) et soir. Menus : 29,90 € à 35,90 €. Formule du midi : 17,90 €.

Le 7ème vin, près du Champ-de-Mars et de l'École militaire, c'est une cuisine du terroir, traditionnelle et faite maison. Une cuisine qui ne souffre d'aucune contestation possible : le rapport qualité-prix du menu du midi est top, et le soir les menus du chef le sont tout autant. Dans un décor de bistrot chaleureux – très campagne avec tête de sanglier et cor de chasse –, les convives se régalent de plats de saison. Vu à la carte « entrée de l'automne » : un velouté de potiron et pistou, une fricassée de coco de Paimpol, chorizo et champignons, une cocotte de sanglier vigneronne… Classiques desserts bistrotiers. Pour arroser tout ça, Hervé a déniché de jolis flacons à tous les prix.

BISTROT BELHARA

23, rue Duvivier (7e) ✆ 01 45 51 41 77
M° École Militaire
www.bistrotbelhara.com

Ouvert du mardi au samedi le midi et le soir. Menus de 46 € à 60 €. Formules du midi : 26 € et 36 €.

Le chef Thierry Dufroux, qui a aiguisé son talent chez Loiseau, Guérard et Ducasse, a posé ses ustensiles dans ce charmant bistrot *old school* et rend hommage par petites touches à sa région natale, le Pays basque (Belharra, avec deux r, est le nom d'une vague géante au large d'Urrugne). Sur l'ardoise, le meilleur de la charcuterie locale : boudin, chorizo, quindillas… Dans les assiettes, et au gré des saisons, risotto aux céréales-gambas-asperges vertes, pintxo chipiron-poulpe à la plancha-pommes de terre à l'Ossau-Iraty, mijoté de veau à la sauge, cœur de ris de veau-poêlée de cèpes, millefeuille croustillant-fraises et rhubarbe dans leur jus… Une cuisine qui surfe sur le haut de la vague !

CAFÉ DE L'ESPLANADE

52, rue Fabert (7e)
✆ 01 47 05 38 80
M° La Tour-Maubourg
https://cafe-de-lesplanade.fr/

Ouvert tous les jours le midi et le soir.

Dans la famille Costes, je demande le Café de l'Esplanade. Stratégiquement implantée à l'angle des rues Fabert et de Grenelle, cette élégante brasserie mondaine a pour atout sa vue sur l'hôtel des Invalides. Les fauteuils de couleur brique et les lustres « boulets de canon » des débuts ont laissé place à une déco plus sobre, mais tout aussi raffinée, avec des fauteuils cette fois verts et toujours ce jeu de glace qui donne l'impression que la salle se décline à l'infini. Dans les assiettes, une cuisine… mondaine qui pioche dans un répertoire international. Une carte d'automne mêlait ainsi dim sum aux crevettes, rigatoni tomate-basilic, omelette aux cèpes et club sandwich.

BISTROT - BRASSERIE

CAFÉ DES MINISTÈRES

83, rue de l'Université (7e) ✆ 01 47 05 43 62
M° Assemblée Nationale.
www.cafedesministeres.fr

Ouvert lundi au dîner, et du mardi au vendredi (déjeuner et dîner). Plat du jour : 19 €.

Ne vous fiez pas au décor. Plutôt impersonnel avec cette bichromie noir & blanc. Concentrez-vous sur la carte et vos assiettes. A deux bancs du Palais Bourbon, ce Café des Ministères s'est imposé sans crier gare comme une très jolie table du quartier. Roxane (en salle) et Jean Sevegnes (le chef) ont choisi le registre d'une élégante cuisine française, exécutée avec brio et avec juste ce qu'il faut de modernisme pour ne pas désemparer les gardiens du temple gastronomique – leur vol-au-vent traditionnel est déjà une référence. Un midi, notre merlu acquérait ses lettres de noblesse sur un lit de quinoa. Flacons de belle origine, service impeccable. N'hésitez pas à réserver !

BISTROT - BRASSERIE

CAFÉ LIGNAC

139, rue Saint-Dominique (7e) ✆ 01 47 53 73 34
Métro École Militaire. - https://cafelignac.com/

Ouvert tous les jours de 7h30 à 23h. Deux services le midi et le soir.

Un chef médiatique a succédé à un autre chef médiatique : Christian Constant a laissé les clés de son café de la rue Saint-Dominique à Cyril Lignac. Un changement dans la continuité puisque, comme son aîné du Tarn-et-Garonne, la star cathodique aveyronnaise inscrit sa table du 7e dans la tradition, en composant une cuisine bourgeoise réconfortante avec jus et sauces. Vu à la carte un automne : artichaut vinaigrette, moules gratinées, *vitello tonnato*, vol-au-vent de ris de veau, omelette aux champignons-parmesan, baba au rhum, mille-feuille vanille… Notre paleron de bœuf confit à l'ail était fondant à souhait, et le soufflé au chocolat parfaitement maîtrisé. Personnel très aimable.

BISTROT - BRASSERIE

CINQ-MARS

51, rue de Verneuil (7e) ✆ 01 45 44 69 13
M° Rue du Bac
http://cinq-mars-restaurant.com

Tous les jours, le midi et le soir.

Près du musée d'Orsay, ce Cinq-Mars séduit à double titre. Pour son ambiance chaleureuse d'une part ; la déco façon loft, avec en fond de salle un inattendu lustre à pampilles, explique certainement cela. Pour sa cuisine d'autre part, que l'on qualifiera de classique. Dans une carte automnale, l'œuf mayo et les poireaux vinaigrette côtoyaient en entrée une poêlée de palourdes et la terrine de campagne maison. En plat, une poêlée (décidément) de calamars frais se tenait aux côtés d'une saucisse-purée et d'une côte de cochon élevé au lin servie avec une purée de céleri. Pour les becs sucrés, crumble aux pommes, île flottante, profiteroles… Du tradi, on vous dit. Souvent, ça réconforte.

7E

BISTROT - BRASSERIE

LA DÉMOCRATIE

34, boulevard Raspail (7e) ✆ 07 67 69 85 33
Mº Sèvres-Babylone.
www.restolademo.com
Ouvert du lundi au vendredi, le midi et le soir. Beau jardin.

La Démocratie… Un nom plutôt surprenant pour un restaurant mais qui, en l'espèce, se justifie : le lieu accueillait autrefois *La Démocratie*, journal créé par Marc Sangnier, fondateur du Sillon. Si la salle, sobrement décorée, peut paraître presque austère en dépit de confortables fauteuils club dans un coin salon, le paisible jardin clos avec ses quelques tables est une bénédiction. Dans l'assiette, une cuisine de saison, qui mise sur l'origine et la qualité des produits. Le jour de notre passage : tartare de thon, gaspacho andalou, filet de bar-caponata, entrecôte d'Argentine, tartare de bœuf Polmard, salade de fruits, mousse au chocolat, clafoutis aux fruits de saison. Prix plutôt élevés.

BISTROT - BRASSERIE

L'AMI JEAN

27, rue Malar (7e) ✆ 01 47 05 86 89 - RER Pont-de-l'Alma
www.lamijean.fr
Du mardi au vendredi le midi et le soir, et le samedi midi. Réservation impérative.

« Faire du neuf avec du vieux », c'est ce que Stéphane Jego, breton d'origine et basque de cœur, estime avoir fait en réalisant des travaux dans son restaurant L'Ami Jean. Si la cuisine (physique) a été revue en totalité, la cuisine (dans les assiettes) enchante toujours les habitués. Généreuse et savoureuse – à l'image de la côte de porc fermier ou du mythique riz au lait –, et inventive, comme la Terre brûlée (mélange d'herbes, de graines et de légumes)… Connu pour son caractère trempé et son esprit de partage, ce chef engagé propose aujourd'hui d'emporter L'Ami Jean chez soi. Bonne idée, mais asseyez-vous d'abord à sa table pour vivre une expérience gustative de haute volée.

PERTINENCE

29, rue de l'Exposition (7e) ✆ 01 45 55 20 96 - Mº Ecole Militaire
www.restaurantpertinence.com
Du mardi au samedi le soir ; du mercredi au samedi le midi. Déjeuner : menus à 55 € (3 services) et 80 € (4 services).

Lors de son ouverture en 2017, Pertinence était la nouvelle sensation gastro du 7e arrondissement. Sa réputation reste intacte depuis. Dans un sobre écrin blanc au design minimaliste – attention, quelques tables seulement, mais espacées –, on y déguste de la haute cuisine française concoctée par le couple (à la ville, comme aux fourneaux) Ryunosuke Naito et Kwen Liew. A l'occasion d'un déjeuner, ce talentueux duo, auréolé d'un macaron au Michelin, nous a envoyé de sa cuisine ouverte une poêlée de girolles et champignons en persillade avec un œuf parfait saupoudré de parmesan, une canette rôtie-pommes grenaille et une soupe de melon-mousse de citron-sorbet yaourt. Une gourmande parenthèse !

BISTROT - BRASSERIE

AU PETIT TONNEAU

20, rue Surcouf (7e) ✆ 01 47 05 09 01 - Mº La Tour Maubourg
www.aupetittonneau.fr
Ouvert tous les jours le midi ; du mercredi au dimanche le soir. Menu de la semaine 35 € (trois plats).

Les habitants du 7e arrondissement (côté Champ de Mars), amateurs de cuisine authentique et de saison, le connaissent bien, ce Petit Tonneau. Ils savent qu'ici, ils vont se délecter de plats traditionnels qui font la réputation de la cuisine française : des escargots de Bourgogne à la crème caramel, en passant par la blanquette de veau (chère au commissaire Maigret, un habitué des lieux), la sole meunière, le pigeon en deux cuissons et la tarte de figues fraîches ou la tarte Tatin. C'est classique certes, bourgeois diront d'autres, mais c'est gourmand, généreux, réconfortant, et surtout exécuté dans les règles de l'art par un chef formé dans les cuisines d'Éric Frechon, au Bristol.

LA TABLE DE LA GRANDE ÉPICERIE

38, rue de Sèvres (7e) ✆ 01 44 39 81 00
Mº Sèvres-Babylone.
www.lagrandeepicerie.com
Tous les jours, de 11h30 à 15h ; l'après-midi, de 15h à 17h30. Formules : 29 € et 36 €.

Ce temple de la *hype* gourmande a idéalement situé sa Table sous une verrière, puits de lumière qui rend le lieu fort agréable. Dans l'assiette, des plats dans l'air du temps, avec des figures imposées comme, la salade César ou le saumon gravlax, ou encore la blanquette de veau. Autrement dit, des assiettes qui restent dans la zone de confort d'une certaine clientèle habituée de l'enseigne. Pour autant, la carte affiche des propositions *on the cutting edge*, tel ce croque volaille langoustine et son beurre blanc crustacé, et des assiettes iodées, comme celle de l'écailler.

BISTROT - BRASSERIE

BISTRO LES 4 SAISONS

268, rue du Faubourg Saint-Honoré (8e) ✆ 01 42 12 99 15 - Mº Ternes.
https://bistroles4saisons.fr/
Ouvert tous les jours. Carte : 30 € environ. Menu enfant : 12,90 €.

Située à proximité de la place des Ternes, non loin de l'Arc de Triomphe, cette chouette brasserie de quartier, bien connu dans l'arrondissement, est assurément l'une des plus conviviales adresses du secteur. A l'intérieur, l'enfilade de tables - l'établissement est tout en cœur - et l'arrière-salle, à l'écart du bruit de la rue, vous permettent de profiter des nombreuses offres : viandes, poissons, excellents desserts, rien ne manque, l'ardoise débordant littéralement de propositions. C'est frais, réalisé sur place et franchement très bon. Une chouette terrasse agrémente l'ensemble, même si cette dernière est souvent le repaire des jeunes cadres du quartier pour un *after-work*.

VIANDE

BRAISE

19, rue d'Anjou (8e) ✆ 01 44 70 00 99 - M° Madeleine
www.braise.paris
Ouvert du lundi au vendredi le midi et le soir. Formule du midi : 39 € (entrée-plat-dessert).

Amateurs de cuisson au feu, voici une table pour vous. On la doit à Stéphane Manigold, bien connu dans le monde de la restauration pour avoir déjà ouvert, entre autres, Substance, Granite et Contraste (situé juste en face). Pour cette nouvelle adresse, il fait confiance à Sylvain Courivaud, passé notamment au Meurice. Ce jeune chef charentais fait ici feu de tout de bois (nous ne pouvions résister) : cuissons au gril, au barbecue (big green egg, binchotan pour les connaisseurs), à la plancha, à la flamme… Résultat : des viandes d'exception, mais aussi des poissons et des légumes à l'étonnant goût fumé et/ou grillé. De belles quilles pour la soif. Élégant décor avec différents espaces.

LA MAISON DE L'AUBRAC

37, rue Marbeuf (8e) ✆ 01 43 59 05 14
M° Franklin D. Roosevelt
www.maison-aubrac.com
Du dimanche au mardi 12h-1h ; le mercredi et le jeudi 12h-7h ; le vendredi et le samedi 12h-8h. Carte : 45-55 €.

A deux pas des Champs-Élysées, Christian Valette représente tout ce qu'il y a de meilleur en Aubrac. Il propose des produits de sa ferme des Vialars dans deux salles cosy. Vous aurez le choix entre des pièces de bœuf maturées 3 semaines et d'autres 7 semaines (beaucoup plus chères). Sur le menu, le schéma d'un bœuf et les différentes appellations de viande permettent d'apprendre ce que l'on a dans l'assiette ! Alors pavé de bœuf, bavette, cœur de rumsteak, entrecôte, filet, côte de bœuf, faux-filet, poire, hampe ou pièce du boucher ? A accompagner d'une salade, de haricots verts, de frites maison ou de légumes du jour. Très jolie sélection d'environ 800 crus.

BISTROT - BRASSERIE

BRASSERIE LA LORRAINE

2, place des Ternes (8e) ✆ 01 56 21 22 00 - M° Ternes
www.brasserielalorraine.com
Dimanche et lundi 8h-23h ; du mardi au jeudi 8h-23h30 ; vendredi et samedi 8h-0h. Formules midi : 29,50 € ou 37,50 €.

Institution de la Place des Ternes créée en 1919, La Lorraine est l'une des plus belles brasseries de la capitale. Rénovée en 2004, elle arbore fièrement des allures de paquebot transatlantique dans un style Art nouveau, grandiose et lumineux grâce aux lustres en cristal de Saint-Louis, aux miroirs, au marbre et aux bois précieux (ébène et érable). Côté cuisine, une carte classique et bien fournie avec des plats exécutés de main de maître. En sucré, les profiteroles au chocolat chaud, la crème brûlée à la vanille Bourbon, les crêpes flambées au Grand Marnier et le riz au lait crémeux vous feront hésiter. Clientèle d'habitués, d'hommes d'affaires et de touristes.

BRITANNIQUE

MALINS FISH AND CHIPS

7, rue de Castellane (8e) ✆ 01 40 06 94 72
M° Madeleine.
www.malinsfishandchips.fr
Ouvert du lundi au vendredi. Carte : 15 € environ.

Il n'est pas forcément très aisé de trouver ce petit lieu de restauration. En effet, vous devrez emprunter le passage couvert reliant les rues de Castellane et Tronchet, désormais un peu mieux signalé depuis l'installation d'une grande enseigne de bricolage. Au milieu de ce passage, une petite placette avec de nombreux *take away*, parmi lesquels Malins. Si l'on peut emporter son repas, on peut également s'installer ici pour déjeuner – uniquement – les propositions originales de cet endroit ouvert depuis des années : ici, uniquement des poissons panés, dans la plus pure tradition britannique, avec frites, purée de pois ou autres originalités d'outre-Manche. Les prix sont attractifs.

LAZARE

Rue Intérieure / Parvis de la gare Saint-Lazare (8e)
✆ 01 44 90 80 80 - M° Saint-Lazare
lazare-paris.fr
Ouvert du lundi au samedi de 7h30 à 22h ; le dimanche de 11h45 à 22h. Plat du jour : 22 €.

Vous êtes ici dans la brasserie du chef triplement étoilé Eric Fréchon qu'il a ouverte à Saint-Lazare, dans la gare. A la carte, des plats classiques et/ou du terroir : artichaut entier et haricots verts, œuf de poule bio mimosa, saumon rôti accompagné d'un écrasé de ratte au citron confit, « la meilleure saucisse purée de Paris » (dixit la carte), onglet de bœuf avec sa sauce au poivre vert, clafoutis aux fruits de saison-glace vanille et bien sûr le Paris-Deauville, dessert signature de la maison (un gâteau au caramel), pour ne citer qu'eux. Sinon, à chaque jour son plat. Un lundi de septembre, ce n'était pas raviolis, mais quenelles de brochet-sauce (forcément) Nantua !

LE MARESQUIER

12, place Saint-Augustin (8e)
✆ 01 44 69 00 22
www.lemaresquier-paris.com
Ouvert du lundi au vendredi de 7h30 à 1h ; le samedi de 10h à 1h. Carte : 45 € environ.

Le Maresquier est une adresse raffinée, dans laquelle on savoure d'excellents plats d'inspiration très française : cassolette de cèpes, œuf poché et chips de lard fumé ; terrine de foie gras maison, gelée de vin doux et pain de campagne toasté ; agneau de 7 heures ; orgotto (risotto de blé) au homard et aux pétoncles… Les gourmets se précipitent aussi dans cet établissement pour les desserts de haut vol concoctés par le chef pâtissier Hervé Lecoeur : yaourt d'antan maison et sa compotée de pommes vanillées ; poire en tajine au pistil de safran… De véritables chefs-d'œuvre de gourmandise, servis, comme l'ensemble de la carte par une équipe aussi professionnelle qu'attentionnée.

BONNES TABLES

8E - 9E

LE MARIGNAN

18, rue Marignan (8e)
✆ 01 43 59 59 15
Ouvert du lundi au vendredi de 7h à 23h ; le samedi de 8h à 20h. Carte : 22 € environ.

Refaite à neuf il y a trois ans, mais restant toujours dans l'esprit des années 1930, voilà une brasserie bien agréable et accueillante. Le service y est impeccable, ce qui fait du Marignan une table des plus intéressantes à proximité des Champs-Elysées. D'abord la maîtresse des lieux se nomme Gisèle Pouget, une Laguiolaise qui ne renie pas son terroir et son goût pour le bien-manger. A la carte, vous trouverez des burgers, des salades, des tartines qui sont plutôt de bonne composition. La pâtisserie est aussi maison et le vin de saison. Le Marignan est une maison, vous l'avez compris, que nous recommandons chaudement pour un excellent rapport qualité-prix – chose rare dans le quartier.

CAFE DE L'OLYMPIA

2, boulevard de la Madeleine (9e) ✆ 01 40 07 14 26
M° Madeleine.
https://cafedelolympia.fr
Ouvert tous les jours le midi et le soir. Café ouvert de 6h à 2h. Carte : 30 € environ.

Un lieu plein de vie, dans un quartier qui l'est tout autant. Fréquenté par des locaux, des amateurs de musique avant ou après une représentation à l'Olympia (qui se trouve à 50 mètres) ou par des touristes, cet endroit est un café, dès 6 heures du matin, mais on peut aussi y manger. En terrasse ou à l'intérieur, on développe ici des standards de la gastronomie française, bien réalisés et servis avec efficacité. Simples et efficaces, les propositions vont du confit de canard au burger en passant par le *fish and chips* et les différentes propositions de pâtes. Pour accompagner l'ensemble, le choix de vins est lui aussi très vaste : évidemment de quoi satisfaire chacun.

ITALIEN ET PIZZERIA

CAFE LIMO

4, place Gustave Toudouze (9e)
✆ 01 48 78 39 84
M° Saint Georges
Ouvert tous les jours le midi et le soir. Carte : 25 € environ.

C'est l'un des plus fréquentés des restaurants qui donnent à la place Gustave Toudouze son animation. Entre Pigalle et Saint-Georges, le Café Limo propose une carte de plats italiens traditionnels mais très bien réalisés : le rapport qualité-prix est excellent, le service efficace et l'ambiance toujours très vivante. Les pizzas constituent la trame de l'offre, et se déclinent sous de nombreuses propositions. Et comme on reste dans la tradition transalpine, on ne saura que trop vous conseiller le tiramisu, excellent. En dehors des heures de repas, le Café Limo est un chouette café, dont la terrasse est très prisée, notamment par les groupes d'amis qui viennent savourer planches et verres.

BISTROT - BRASSERIE

CHARTIER

7, rue du Faubourg Montmartre (9e) ✆ 01 47 70 86 29
M° Grands Boulevards - www.bouillon-chartier.com
Ouvert 7j/7, de 11h30 à minuit. Entrées : à partir de 1 €. Plats : à partir de 7 €. Desserts : à partir de 2 €.

Le Bouillon Chartier, dans le quartier des grands boulevards, est l'un des rares bouillons encore en activité. Dans le plus pur style Belle Époque, sa grande salle a été classée à l'inventaire des Monuments historiques en 1989. La cuisine, à petits prix (on comprend la queue à chaque service), est familiale : poireaux vinaigrette, céleri rémoulade, escargots, poulet fermier rôti frites, andouillette grillée, confit de canard pommes grenailles… En dessert ? Mousse au chocolat, crème caramel ou simple compote de pommes. Le service est assuré par des garçons de salle en veste Rondin et tablier blanc. Début 2019, la maison a (r) ouvert un second établissement, au 59 boulevard du Montparnasse.

BISTROT - BRASSERIE

LES FILS À MAMAN

7 bis, rue Geoffroy-Marie (9e) ✆ 01 76 28 47 26
M° Grands Boulevards
www.lesfilsamaman.com
Tous les jours, le midi et le soir (sauf dimanche soir).

C'est l'histoire de trois potes qui ont traîné dans les jupes de leurs mères quand celles-ci cuisinaient. Quoi de plus naturel qu'ils se retrouvent plus tard pour partager leur passion pour tout ce qui mijote, mitonne, cuit… A partir de produits frais, ils concoctent une cuisine familiale, sans être familière, qui joue la carte de la nostalgie : croquettes au Babybel, mégacheeseburger, cordon bleu de poulet, coquillettes à la crème de comté-jambon à la truffe noire du Piémont, tiramisu au Kinder, cheesecake au petit-suisse citron… On adore cette décontraction et l'incontournable Roue des Gourmands, que l'on actionne quand la carte de fidélité est remplie. Joyeusement régressif !

BISTRONOMIE

LOLO BISTRO

53, rue du Faubourg-Poissonnière (9e) ✆ 01 53 62 95 68 - M° Poissonnière.
Ouvert du lundi au samedi le soir & du mardi au vendredi le midi. Carte : 35 € env. Formules midi : 22 € et 28 €.

Beaucoup de talent, pas mal de bonnes *vibes*, un paquet de très bon plats mais aussi la quasi-obligation de réserver pour avoir la chance de venir déjeuner ou dîner dans cette adresse très prisée des amateurs, qui se refilent discrètement l'adresse. Car ce Lolo Bistro, vient renforcer l'offre de Loïc et Christophe, qui développe déjà une cave à manger à proximité, rue de Châteaudun. On passe sur la décoration, brute et faite de néons, et on vient ici pour savourer et découvrir une cuisine inventive, sans égal dans le quartier, et qui inspire le respect. On crée, on braise, on mijote de petits plats bien sentis, servis dans une ambiance très bobo – à l'image de la clientèle.

BISTROT - BRASSERIE

LORETTE & LES GARÇONS

9, rue Saint-Lazare (9e) ✆ 01 42 06 94 98
M° Notre-Dame-de-Lorette.
www.lorette-lesgarcons.fr
Ouvert du lundi au samedi le midi et le soir. Formule du midi : 19 € (deux plats ; plat du jour 14,50 €).

A deux pas de Notre-Dame-de-Lorette, deux garçons – Pierre, le cuisinier, et Vincent, en salle – ont ouvert leur restaurant, avec l'envie de « retrouver les codes du bistrot authentique » et « le goût des casseroles de mamie ». Un dîner estival nous a permis de constater que les codes bistrotiers sont respectés – au niveau de la déco et de la carte –, et qu'avec le poulet rôti fermier-frites et le pain perdu brioché servi avec une glace vanille – nos choix ce soir-là –, nous avons retrouvé des goûts de notre enfance. En entrée du jour, les gambas flambées à l'armagnac étaient fermes et goûteuses. Courte, mais jolie sélection de vins. Seul bémol : une salle un peu bruyante.

BISTROT - BRASSERIE

LE PANTRUCHE

3, rue Victor-Massé (9e) ✆ 01 48 78 55 60 - M° Pigalle
www.lapantruchoise.com
Ouvert du lundi au vendredi le midi et le soir. Réservation recommandée. Menu unique à 39 € (dîner).

Si Pantruche fait dans le rétro côté déco – joli bar en bois, banquettes réhaussées de barres en laiton… –, dans l'assiette, en revanche, cette table bien connue des fines gueules parigotes joue une partition bistronomico-gourmande tout à fait actuelle. Un jour d'été nuageux, l'hésitation était possible, en entrée, entre de la seiche snackée avec sa purée de poivron ou du porc confit accompagné d'artichaut barigoule. En plat, le chef proposait des cuisses de canard braisées et une selle d'agneau farcie. Et pour clore dignement ces agapes, vous aviez le choix entre un soufflé Grand Marnier et des abricots pochés-crumble au thym. Hmmm ! Quelques plats avec suppléments dans la formule.

BISTROT - BRASSERIE

BOUILLON CHARTIER GARE DE L'EST

5, rue du 8 Mai 1945 (10e) ✆ 01 42 05 20 02 - Métro Gare de l'Est.
www.bouillon-chartier.com
Ouvert tous les jours de 11h30 à 24h. Sans réservation. Carte : 18 € environ (entrée, plat, dessert).

La fameuse chaîne des Bouillon Chartier se décline également du côté de la Gare de l'Est. Toujours la même carte des plats français traditionnels que l'on adore avec entre autres : œuf mayonnaise, terrine, escargots en entrée, bœuf bourguignon, choucroute, quenelle, tête de veau en plat principal et les fameuses profiteroles pour dessert à moins que vous n'optiez pour la dame blanche. L'ambiance bistrot à l'ancienne est très réussie, avec de vieilles caisses enregistreuses, un phonogramme, plein d'affiches : du Bouillon Chartier comme l'on aime.

BISTROT - BRASSERIE

BRASSERIE BELLANGER

140, rue du Faubourg Poissonnière (10e)
M° Barbès-Rochechouart. - www.nouvellegardegroupe.com
Ouvert tous les jours de 9h à minuit. Carte : 28 € environ (trois plats).

Une brasserie à l'ancienne, avec quelques différences : pas de nappes à carreaux ici mais un intérieur cosy, et des plats traditionnels revisités par une touche de bistronomie bien à propos. Telle est Bellanger, où les produits proviennent de circuits courts, sont donc de saison et où l'équipe, dynamique, ne manque pas de chouettes idées pour agrémenter les saveurs. Mentions spéciales aux petits toasts du chef, à l'épaule d'agneau confite, au fondant au chocolat à la noix de pécan ou au traditionnel Paris-Brest superbement réalisé : voilà qui ne manque ni d'atouts ni de saveurs. On valide ce dynamique lieu, situé dans un coin un peu éloigné du 10e bobo. Réservation recommandée.

DANTE

14, rue de Paradis (10e) ✆ 01 45 23 57 98
M° Château d'eau.
www.danterestaurant.info
Ouvert du mardi au samedi le midi et le soir. Carte : 45 € environ. Formule du midi : 23 € (autre formule midi à 28 €).

L'enfer de Dante est bien loin ici, et on se rapprocherait plutôt du paradis tant le lieu est une petite pépite au cœur du 10e arrondissement. Dans ce très bel endroit, lumineux, les stars, ce sont les plats. Le chef est un petit malin : des classiques sacrément bien réalisés, comme l'œuf mimosa et la mousse au chocolat, coexistent sur la carte avec des créations originales comme ce ris de veau au sautoir avec courgette, cette aubergine mirin-girolles, et un paquet de jolies découvertes qui vous laisseront sans voix. Le midi, le déjeuner tient largement la route mais attention : c'est très demandé ! Assurément un gros coup de cœur de l'équipe, on peut y aller sans hésiter !

PEDZOUILLE L'ETABLE

66, rue du Faubourg Poissonnière (10e) ✆ 09 86 40 42 42 - M° Poissonnière.
www.pedzouille.fr
Ouvert le lundi soir ; du mardi au samedi le midi et le soir. Carte : 20 € environ.

Dans la gamme Pedzouille, qui développe un *rooftop* dans le 15e et un *take-away* non loin de là, dans le 2e, je demande l'étable ! Ici, vous êtes prévenus : on vous sert que du français, et il n'y a « ni burger ni coca ». En effet, on vous sert ici, certes un peu à la manière d'un fast-food, mais uniquement de la viande française snackée et tranchée, accompagnée de frites maison, avec une chouette sauce. Les tarifs sont corrects, mais peuvent monter très vite si vous prenez du vin. Le lieu, dans la décidément très à la mode rue du Faubourg-Poissonnière, compte de longues tables où l'on s'installera sans déplaisir – de préférence en groupe, avec des amis, l'endroit s'y prête !

BONNES TABLES

10E - 11E - 12E

POULICHE

11, rue d'Enghien (10e) ✆ 01 45 89 07 56
M° Bonne Nouvelle
www.poulicheparis.com
Du lundi au samedi le midi et le soir ; le dimanche midi. Menu unique à 62 €. Formule du midi : 28 €.

Pouliche, un hommage aux anciennes écuries situées à proximité, est la pépite d'Amandine Chaignot, véritable maîtresse des lieux. Le maître-mot : la fraîcheur. Celle de sa cuisine, inventive, truffée de saveurs, et élaborée à base de produits éco-responsables et soigneusement sélectionnés. Les plats revisités, et les originalités ne manquent pas. Ici, le mercredi est végétarien, on peut également commander de chouettes paniers pour pique-niquer avec chic et goût. Le dimanche, le *lazy brunch* proposé n'a pas d'égal dans le quartier, d'où son succès bien mérité. Pour en profiter, réserver est bien souvent impératif. Notez enfin que le lieu est entièrement privatisable.

MAGMA

9, rue Jean-Pierre Timbaud (11e) ✆ 01 48 05 56 90
M° Oberkampf.
www.restaurantmagma.com
Ouvert du mardi au samedi midi et soir. Menus de 27 € à 30 €. Carte : 45 € environ. Menus dégustation de 55 à 70 €.

C'est la nouvelle sensation gastronomique de la rue Jean-Pierre Timbaud. Les chefs Lucie Paulhan et Ryuya Ono, qui n'ont plus rien à prouver, ont ainsi décidé de taper fort en proposant Magma, un lieu unique, où la carte change chaque jour. Courte, elle n'en laissera pas moins une forte impression : l'excellence des produits et l'audace quotidienne sont les marques de fabrique. Pêle-mêle, lotte sauce maïs, porcelet et jus de coques, et desserts à l'avenant. On valide donc, et même si la note reste salée (sauf pour le déjeuner du midi, qui a notre préférence), l'expérience vaut le détour. La réservation, quelques mois après l'ouverture, reste fortement recommandée.

BISTROT - BRASSERIE

BRASSERIE MARTIN

24, rue Saint-Ambroise (11e) - Métro Rue Saint-Maur.
https://nouvellegardegroupe.com
Du dimanche au jeudi et les jours fériés de 8h30 à 0h ; le vendredi et le samedi de 8h30 à 0h30. Plats : 13 € - 16 €.

Dans la revue sur la brasserie Bellanger, nous écrivions que le duo fondateur n'en resterait probablement pas là. Bingo ! Et il n'a pas traîné : ouverture, en 2021, de la brasserie Dubillot, rue Saint-Denis, suivie, un an plus tard, par celle de cette brasserie Martin, près du square Gardette. Comme on ne change pas une recette qui gagne, on retrouve ici les marqueurs de la Nouvelle Garde, structure regroupant les trois maisons : des produits français, des prix modérés et des plats simples (avec régulièrement des nouveautés), mais alléchants : œuf mayo, poireaux vinaigrette, saucisse-purée, Paris-Brest… Avec en plus, chez Martin, des viandes cuites à la broche. Vraiment un bon plan !

BISTROT - BRASSERIE

CHEZ PRADEL

3, rue du Pasteur Wagner (11e) ✆ 01 43 55 09 59
M° Bastille.
Ouvert du mardi au dimanche le midi et le soir. Carte : 25 € environ.

C'est fièrement inscrit sur la carte qui fait office de set de table : « Chez Pradel, depuis 1897 ». Si le tout premier établissement date bien de cette année-là, il s'agit en fait de celui situé dans le 18e. Aucune importance, celui de Bastille étant le même, tant au niveau de l'aménagement que de la cuisine. C'est ici un repaire d'habitués qui apprécient les plats sans prétention de ce typique bistrot et ses assiettes débordant de générosité, à l'instar de l'œuf mayo posé sur sa salade de pommes de terre, filet de turbot et ses girolles, viandes choisies avec soin indiscutable et cuites exactement comme il faut : C'est tout simplement bon et à des prix qui font mouche.

CAFE BASTILLE

8, place de la Bastille (11e)
✆ 01 43 07 79 95
M° Bastille.
Ouvert tous les jours le midi et le soir. Carte : 25 € environ.

Il peut être compliqué de trouver une bonne table aux environs de la place de la Bastille : l'offre est très nombreuse, et oscille entre le très moyen et le très bon. C'est dans cette dernière catégorie que se situe le bien nommé Café Bastille, situé à l'angle formé avec la rue de la Roquette. La terrasse donne sur la place récemment rénovée, et l'intérieur, joliment décoré, propose un intérieur plutôt chic. Le service, rapide et efficace, vous propose une carte simple mais efficace, dans laquelle on trouve les standards de la gastronomie française. Points positifs : les quantités, non négligeables, et les prix pratiqués, en plein rapport avec la prestation.

AMARANTE

4, rue Biscornet (75012) ✆ 07 67 33 21 25
M° Bastille
www.amarante.paris
Ouvert du vendredi au mardi, le midi et le soir. Menu du travailleur (midi) : 27 € (entrée-plat-dessert).

Ceux qui affectionnent les décos à la scandinave avec mobilier en bois blond et luminaires design passeront leur chemin. Ici, ils trouveront une salle sans chichis : murs blancs, banquettes rouge… amarante et simples tables en bois sans nappe. Les amateurs de plats fusion, quant à eux, tout comme les appétits d'oiseau, fuiront. Car, chez Christophe Philippe, c'est la généreuse cuisine de tradition française qui est à l'honneur : foie gras, cervelle de veau, agnelle du Limousin, ris de veau, cochon des Aldudes, fondant au chocolat, crème glacée vanille… Des plats élaborés avec des produits au pedigree irréprochable. En résumé, une cuisine coup de cœur et de qualité pour solides estomacs !

LE CAFÉ DE PAULINE

9, rue de l'Ambroisie (75012)
✆ 01 43 40 45 79
M° Cour Saint-Émilion
Ouvert tous les jours de 7h30 à 24h. Service toute la journée. Réservation recommandée. Carte : 22 € environ.

C'est l'une des terrasses les plus calmes de Paris, dans le parc de Bercy : Le Café de Pauline est un peu excentré de la cour Saint-Emilion. Pauline, c'est un hommage à la grand-mère aveyronnaise de la famille. Une brasserie avec une déco moderne de velours rouge et zébré et de béton ciré où l'on déguste les incontournables d'une carte de brasserie. Quelques spécialités aveyronnaises, assiettes de charcuteries et de fromages, fameux farçous, vins de Marcillac du domaine Laurens, et à la carte une excellente côte de bœuf, l'incontournable saucisse aligot, des Saint-Jacques et risotto, sans oublier un grand choix de salades. Le service est agréable et efficace.

LE PARIS LYON

12, boulevard Diderot (75012)
✆ 01 43 43 49 72
M° et RER Gare de Lyon.
Ouvert du lundi au vendredi le midi. Carte : 25 € environ.

Beaucoup se sont retrouvés dans cette situation : quel restaurant choisir aux alentours directs de la gare de Lyon, et comment choisir un bon établissement dans cette multitude d'offres différentes ? Heureusement, on a testé pour vous et, parmi les possibilités, le Paris Lyon tire assez largement son épingle du jeu. Les raisons ? Une carte plutôt courte qui permet de se régaler de bons plats frais et préparés sur place, une chouette (mais un peu bruyante) terrasse, et un service rapide et très sympa ! Le rapport qualité-prix est très bon, que demander d'autre ? Fermé le week-end, le lieu fait régulièrement le plein à l'heure du déjeuner, ce qui ne nous surprend pas.

NEW DAME AUGUSTINE

32, avenue des Gobelins (75013)
✆ 01 83 92 85 98 - M° Les Gobelins.
www.dameaugustine.com
Ouvert mardi soir, du mercredi au dimanche midi & soir. Menu à 47 €. Carte : 50 € env. Formules du midi : 26 € et 34 €.

La table se veut gourmande et élégante : elle l'est assurément ! Car cette Dame Augustine, menée par Lilian Douchet, également appelé Doudou Kitchen sur un célèbre réseau social qui lui vaut depuis une belle renommée culinaire, vaut le détour ! Des tons clairs et sobres, histoire de bien se concentrer sur son repas, qui vaut bel et bien le détour. Ici, c'est un repaire de bistronomie assumée : filet de maigre et purée de brocolis au gingembre ou poire pochée avec biscuit madeleine au caramel au beurre salé le jour de notre passage étaient autant de propositions excellentes ! Notez enfin que le lieu développe de chouettes formules midi, et propose de bons cocktails en journée !

BISTROT - BRASSERIE

PARTIE DE CAMPAGNE

36, cour Saint-Emilion (75012) ✆ 01 43 40 44 11
M° Cour Saint-Émilion
www.partiedecampagne.com
Ouvert tous les jours de 12h à 0h30. Ouvert dès 9h le dimanche, formule petit déjeuner. Carte : 15 € environ.

© D.R. / PARTIE DE CAMPAGNE

© D.R. / PARTIE DE CAMPAGNE

Une jolie terrasse donnant sur le cour Saint-Emilion : idéal se dit-on pour siroter un verre ou s'attarder autour d'un plat, de grandes salades aux fromages affinés par Xavier Thuret, meilleur ouvrier de France. Le Burger Partie de campagne avec viande des grisons, raclette gratinée, steak haché de l'Aubrac œuf au plat constitue à lui seul un repas aux confins de la tradition et de la modernité. Les desserts ne sont toutefois pas en reste : profiteroles maison, tarte au citron, crêpe au caramel et beurre salé. Une adresse qui privilégie le terroir, celui de l'Aveyron et une qualité culinaire, dans un esprit d'aujourd'hui et une ambiance jeune et sympathique.

BONNES TABLES

13E - 14E - 15E

UNDER THE SEA

160, avenue de France (75013) - M° Bibliothèque François Mitterrand.
www.ephemerarestaurant.com
Tous les jours le midi et le soir. Carte : 25 € environ. Formule du midi : 13 €. Vin au verre.

C'est une plongée au fond de l'océan que nous propose Ephemera avec ce restaurant immersif. Des écrans qui ondulent dans toute la salle et des projections marines qui varient : un récif corallien avec des tortues, des bancs de poissons, des dauphins, une baleine ou une nuée de méduses. Côté cuisine, des entrées/tapas marins, un poulpe très bien cuisiné et en plat plusieurs propositions dont un ceviche très réussi. Les poissons, star de l'assiette, sont tous issus de pêche française et durable. La carte est réduite, de saison et surtout de qualité ! Le service en habit marin est attentionné et tout sourire. L'expérience vaut la peine d'être vécue, on ne manquera pas de réserver.

BISTROT - BRASSERIE

VERBALON

198 bis, rue de Tolbiac (75013) ✆ 09 82 22 03 25 - M° Tolbiac
www.leverbalon.fr
Fermé le dimanche. Ouvert du lundi au samedi le midi et le soir. Carte : 30 € environ. Formules du midi : 21 et 27 €.

Situé à la Butte-aux-Cailles, ce restaurant mérite largement la visite : finesse des produits, plats revisités, cadre très bien pensé, rien ne manque pour en faire l'un de nos coups de cœur de l'arrondissement. Le chef propose ainsi une cuisine bistronomique, tendance terroir toujours bien exécutée. Il déroule tout ce que l'on aime, du tendron de veau au curcuma au petit épeautre du Ventoux le jour de notre passage, rien ne manque. Les desserts sont excellents, et le midi, deux formules proposent un joli rapport qualité-prix. On ne saura que trop vous recommander de réserver, notamment le samedi, car les places sont prises très vite. Une valeur sûre du quartier, testée et validée !

L'ATLANTIQUE

37, rue du départ (75014) ✆ 01 43 20 83 62
M° Montparnasse-Bienvenüe.
www.atlantique-montparnasse.fr
Ouvert tous les jours le midi et le soir. Service non-stop dans la journée. Carte : 25 € environ.

Il n'est pas forcément évident de faire le bon choix dans la très vaste palette d'offres en matière de restaurants que l'on trouve aux environs de la gare Montparnasse. Que vous soyez en transit entre deux trains ou que vous souhaitiez sortir dans le quartier, cette brasserie, dont le nom rappelle les destinations accessibles en train juste à quelques mètres, vous permet de trouver ici de quoi vous restaurer selon des principes simples : rapidité, efficacité et juste prix. La brasserie, qui dispose d'une terrasse courant le long de sa vaste devanture (on préfère toutefois l'intérieur) est animée par un service sans défaut, proposant salades, plats et chouettes desserts. On valide !

LE DÔME

108, boulevard du Montparnasse (75014)
✆ 01 43 35 25 81
M° Vavin.
www.restaurant-ledome.com
Tous les jours le midi et le soir. Réservation recommandée. Menu Ernest : 39 € ou 45 €.

Depuis le début du XXe siècle, et surtout pendant les Années folles, cette institution de Montparnasse a vu défiler son lot de personnalités du monde politique et des arts et lettres, ainsi qu'une bonne partie de la colonie littéraire américaine. Aujourd'hui, on fréquente le Dôme surtout pour les fruits de mer et les poissons, d'une fraîcheur irréprochable. Que vous optiez pour la brasserie, conçue comme un jardin d'été, ou pour le restaurant, les produits sont admirablement cuisinés. Belle sélection d'huîtres, bouillabaisse marseillaise traditionnelle, filet de saint-pierre ou de turbot rôti… Autant d'appels du large auxquels il est bien difficile de résister.

BISTROT - BRASSERIE

AFARIA

15, rue Desnouettes (75015) ✆ 01 48 42 95 90 - M° Convention
www.restaurant-afaria.fr
Du mardi au samedi, le midi et le soir. Réservation recommandée. Menu dégustation : 46 €. Formules du midi : 24 €/28 €.

Julien Duboué a conquis le quartier, et au-delà, avec sa cuisine aux parfums basques. Sous sa houlette, Afaria, porte-parole d'une bistronomie sans complexes, s'est hissé parmi les meilleures tables du 15e arrondissement. Depuis, le chef landais est passé rive droite, mais Afaria maintient le cap, avec un duo féminin aux commandes. Terrine d'artichaut gratinée au lard fumé, œuf croustillant au parmesan-crème au chorizo, magret de canard rôti sur l'os, civet de sanglier aux châtaignes, cuisse de volaille farcie au cochon… Lors de notre passage, la carte puisait toujours dans le registre du terroir, en conservant un accent du Sud-Ouest. Grande table d'hôtes à l'entrée pour partager des tapas.

BISTROT - BRASSERIE

LE BÉLISAIRE

2, rue Marmontel (75015) ✆ 01 48 28 62 24
M° Convention ou Vaugirard. - www.restaurant-belisaire.paris
Du lundi au vendredi, midi et soir, et samedi soir. Menu Découverte midi et soir, 55 €.

L'enthousiasme et la joie de recevoir de Mathieu Garrel sont deux des ingrédients du succès de son bistrot, très fréquenté (pensez bien à réserver). Mais le principal est sans conteste sa cuisine, « souvent recherchée », en tout cas « joyeuse et généreuse », à l'image de ce chef d'origine bretonne. Ses racines expliquent la cohabitation, sur l'ardoise, de recettes marines et de plats du terroir. Parmi les premières, le homard à la parisienne, la marinière de coques façon Bélisaire ou l'huître à la japonaise. Côté terre, l'os à moelle au foie gras, le pot-au-feu tout cochon et le lièvre à la royale sont quelques-uns des plats signature du chef. Du classique revisité avec bonheur et talent !

LA BELLE ÉTINCELLE

59, boulevard Pasteur (75015)
✆ 01 45 38 53 93
https://labelleetincelle.fr
Ouvert du mardi au samedi le midi et le soir. Formule du midi : 21 € (entrée-plat ou plat-dessert).

Ce samedi-là, c'étaient Emma et Antoine qui étaient de service en salle au déjeuner. Des serveurs presque comme les autres, à ceci près qu'ils doivent être encadrés, car ce sont des personnes à handicap, comme leurs deux collègues en cuisine et les quatre autres qui les remplacent au dîner. Pour leur faciliter la tâche, les plats sur l'ardoise sont accompagnés de pastilles de couleur, et une fiche spéciale a été conçue pour prendre les commandes. Quant à la cuisine, de bistrot, elle est généreuse et goûteuse. Bonne idée, chef, de préparer les harengs pommes à l'huile en tartare ! Réservez à La Belle Étincelle, vous y passerez un moment gourmand et soutiendrez une réjouissante initiative.

BISTROT - BRASSERIE

LE CAFÉ DU COMMERCE

51, rue du Commerce (75015) ✆ 01 45 75 03 27
M° La Motte-Piquet–Grenelle. - www.lecafeducommerce.com
Ouvert tous les jours, midi et soir. Carte : 37 € environ (3 plats). Formule du midi : 18,50 € (plat-dessert-café).

Le Café du Commerce, c'est d'abord une histoire : en 1921, l'immeuble est devenu un restaurant à prix modiques, « Aux mille couverts », fréquenté par les ouvriers de l'industrie automobile ; il s'inscrit alors dans la lignée des « bouillons » parisiens. C'est aussi un cadre : les tables sont réparties sur trois niveaux, avec un puits de lumière au centre et une verrière qui s'ouvre aux beaux jours. C'est enfin – et surtout – une classique brasserie parisienne, servant des plats de tradition bien exécutés : de la terrine de lapereau au vacherin du Commerce, en passant par l'aile de raie à la grenobloise et le pied de porc grillé maison. Sans oublier les huîtres et fruits de mer.

MAMA SHELTER PARIS WEST RESTAURANT

20, avenue de la Porte de la plaine (75015)
✆ 01 70 94 14 14
Métro Porte de Versailles.
Ouvert tous les jours, matin (petit déjeuner), midi et soir. Menus du jour : 21 € (2 plats) et 24 € (3 plats).

Grands espaces, déco trendy, ambiance funky : tout est conçu pour que les clients des tables Mama Shelter passent un agréable moment gustatif. Avec ses assiettes au goût du jour (tataki de saumon, poulpe frit, ceviche de bar, pavé de thon…) et ses plats tradis/régressifs (coquillettes-jambon, poulet rôti…), la cuisine du Mama Paris West séduisait ce soir-là automnal une large palette de palais. Notre saucisse-purée était convaincante, mais nos mini-babas, servis un peu trop frais et manquant de rhum à notre goût, l'étaient un chouïa moins. Brunch du tonnerre le dimanche.

BISTROT - BRASSERIE

MARIE ROSE

172, rue de Vaugirard (75015)
Métro Pasteur.
Ouvert du lundi au samedi 7h-2h ; le dimanche de 8h-2h. Formule du midi : 17,90 €.

Remontant quotidiennement la rue de Vaugirard à vélo, nous avons pour ainsi dire participé à l'aménagement de Marie Rose (prénom de la grand-mère du patron). Avec ses branches de fleurs artificielles – des roses vous l'aurez deviné – le long du store et son néon rose « I love Marie Rose » sur l'un des murs intérieurs, difficile de manquer ce café-brasserie du côté de Pasteur. Comme nous nous l'étions promis, nous nous sommes assis un soir pour dîner. A la carte, du classique – de l'œuf mimosa (à la truffe tout de même) au fromage blanc-coulis de fruits rouges, en passant par les burgers, tartare et autre poulet rôti –, mais du bon (le faux-filet était tendre et saignant, comme demandé).

PEDZOUILLE LA GRANGE

4, avenue de la Porte de la Plaine (75015)
✆ 01 88 33 23 69
M° Porte de Versailles.
Ouvert du mercredi au dimanche le midi et le soir. Carte : 30 € environ.

Son petit surnom ? « La cantine perchée »... difficile de trouver meilleur raccourci pour ce restaurant dont le nom ne s'oublie pas : Pedzouille - La Grange ! Situé tout en haut de l'hôtel Novotel du parc des expositions, le restaurant se tient sur le toit de ce dernier, offrant une vue exceptionnelle sur la capitale. Faisant partie des plus belles terrasses de la capitale pour beaucoup, il offre, dans une décoration volontairement bucolique (avec guirlande et verdure) une carte simple et efficace, qu'il s'agisse de daurade, de poulet grillé ou d'aubergine rôtie. Attention, on pensera à bien réserver en amont, car le lieu est légitimement très prisé. Souvenirs inoubliables en vue !

BISTROT - BRASSERIE

LES PÈRES SIFFLEURS

15, rue Gerbert (75015) ✆ 01 48 28 75 63 - M° Vaugirard.
www.lesperessiffleurs.com
Ouvert du mardi au samedi le midi et le soir. Formule du midi : 23 € (28 € entrée-plat-dessert).

En face de l'église Saint-Lambert, sur une place à la tranquillité toute provinciale, ces Pères siffleurs entretiennent la joyeuse foi des bons vivants de Vaugirard en une cuisine moderne de bon aloi. Leur liturgie égrène des plats habilement composés. Lors de notre passage, un soir de novembre, l'ardoise affichait notamment une terrine de campagne-fruits secs et châtaignes, un tartare de veau-stracciatella-noisettes, une tentante joue de bœuf braisée au vin rouge, un filet de bar accompagné de trompettes de la mort, de cèpes et d'épinards sautés. Ceux qui avaient encore un petit creux pouvaient clore le dîner avec un mont blanc aux marrons-confiture de myrtilles. Maline sélection de vins.

BONNES TABLES
15E - 16E - 17E

VILLA M
24-30, boulevard Pasteur (75015) ✆ 01 70 61 70 40
Métro Pasteur.
https://villa-m.fr/
Ouvert tous les jours le midi et le soir. Deux plats : entre 35 et 40 €. Terrasse.

L'initiative est originale. Elle est menée par le Groupe Pasteur Mutualité qui a conçu cette Villa m comme « un lieu unique de partage et d'échanges » dédié notamment aux professionnels de santé. A l'extérieur, une rafraîchissante façade végétalisée ; à l'intérieur, un centre de prévention, une salle de boxe et fitness, un hôtel et… un restaurant. On y accède dès la porte d'entrée franchie. L'espace, vaste, est confortable, élégant, avec canapés et tapis. Sous la houlette de Paris Society, la table est dans l'air du temps : ceviche de daurade, tataki de thon rouge, crispy chicken, cabillaud façon tom yum (de bonne tenue), coquillettes-jambon, tartare de bœuf… Prix de bonne tenue également.

LE VITIS
8, rue Falguière (75015) ✆ 01 42 73 07 02
M° Falguière
www.levitis.fr
Ouvert du mardi au samedi le midi et le soir. Formule du midi : 20 € (entrée-plat + café + un verre de vin).

Le Vitis, c'est avant tout une histoire de vigne et de vin. Faites confiance à Marc Delacourcelle (en salle), qui se fera un plaisir de vous faire découvrir sa sélection de vins de propriétaire. La cuisine – du terroir – est canaille et généreuse, avec des pointes d'exotisme. Aux beaux jours, elle n'hésite pas à prendre l'accent du Sud. Le jour de notre passage, l'ardoise affichait notamment en entrée une poêlée de couteaux au gingembre et une salade de poulpe aux poivrons rouges ; en plat, un boudin noir et une bavette accompagnés d'une purée fumée ; et pour finir, une crème de citron au pralin, une truffade de chocolat noir et des fraises à la verveine. Très compétitive formule déjeuner.

BISTROT - BRASSERIE
LES MARCHES
5, rue de la Manutention (16e) ✆ 01 47 23 52 80
M° Iéna
www.lesmarches-restaurant.com
Ouvert tous les jours et les jours fériés, le midi et le soir.

Blotti dans une ruelle qui donne d'un côté sur les quais et de l'autre sur l'escalier menant au Palais de Tokyo, ce bistrot continue de conquérir les cœurs et les palais, avec ses recettes ménagères joliment mitonnées et servies avec le sourire. Au fil du service, les décibels montent, mais qu'importe, ça transpire la vie et la joie. On dévore ici une cuisine traditionnelle de copains. A la carte, un soir de décembre : œuf mayo, pâté en croûte, poireaux mimosa, onglet béarnaise, chou farci, *fish & chips*, à côté des classiques bœuf bourguignon et blanquette de veau. Les desserts sont à l'avenant : gourmand baba au rhum, île flottante aux pralines roses, nougat glacé…

FRUITS DE MER - POISSONS
PETIT VICTOR HUGO
143, Avenue Victor Hugo (16e) ✆ 01 83 26 00 01 - M° Victor Hugo.
www.petitvictorhugo.fr
Ouvert tous les jours de 9h30 à 2h. Formule du midi : 25 € (entrée-plat ou plat-dessert ; 29 € entrée-plat-dessert).

Ce Petit Victor Hugo – PVH pour les intimes – a repris du poil de la bête depuis qu'il a été revampé. Un dimanche midi de décembre, c'était carton plein ! Familles et bandes d'amis – en semaine, la clientèle d'affaires reprend le dessus – avaient du goût à se retrouver dans cette ambiance d'inspiration seventies (murs lambrissés, plafond miroir, méga-plantes, giga-bar, banquettes hyper confortables…). Dans les assiettes, la tonalité est avant tout marine (quelques plats de viande tout de même), avec des produits ultra fais et bien tracés, ambition écoresponsable oblige. Vu nos gambas *crispy* sauce curry et nos moules à la crème, cette brasserie sait tenir son rang… et ses promesses !

ANONA
80, boulevard des Batignolles (17e) ✆ 01 84 79 01 15 - M° Rome ou Villiers
www.anona.fr
Déjeuner : mardi-vendredi. Dîner : lundi-vendredi. Menus simples de 39 à 45 €. Menus gastronomiques à partir de 75 €.

Cette nouvelle adresse qui a ouvert au printemps 2019 fait le bonheur des gastronomes. Après avoir officié au palace le George V puis avoir fait ses armes aux côtés d'Alain Senderens, le chef Thibaut Spiwack est désormais aux fourneaux chez Anona. Il propose ici une cuisine en micro-portions où la part belle est donnée aux produits de qualité et de saison tandis que leur préparation se fait aussi dans le respect de l'environnement. Lors de notre visite, on avait par exemple pu se régaler avec un homard bleu confit, une tourte de sanglier, un thon du golfe de Gascogne... La déco, très naturelle et aux lignes épurées, est en parfait accord avec le style de cuisine.

FAN DE CAROTTE
34, rue Lemercier (17e) ✆ 01 74 64 45 68
M° La Fourche.
www.fandecarotte.com
Semaine 12-19h30 (jusqu'à 14h15 sur place et 20h en take away). Week-end 11-17h (+ brunch). Formule midi 17 à 22 €.

Une agréable cantine-traiteur dans le 17e arrondissement de la capitale, avec un décor chaleureux et contemporain. Une table particulièrement adaptée aux familles accompagnées d'enfants. Le lieu est en effet « kids friendly » avec des chaises hautes, des couverts adaptés aux tout petits, etc. Le week-end, c'est aussi le temps du brunch. Plus généralement on trouvera au menu des plats sains et gourmands préparés à partir de produits de saison, comme les assiettes de printemps accompagnés de boulgour ou encore les aubergines rôties... Une adresse bien pensée et unique en son genre à Paris ! Le lieu fait également épicerie de quartier et propose des produits frais (fruits, légumes, crèmerie) !

LES FRANÇAISES

87, rue Legendre (17e) ✆ 01 42 57 61 46
M° La Fourche ou Brochant
www.lesfrancaises.paris
Déjeuner : lundi-vendredi. Dîner : lundi-samedi. Brunch le week-end. Carte : 35 € environ.

Dans une salle lumineuse au look élégant, mais chaleureux, on se régale ici de petits plats à partager, des mini-portions de qualité où la part belle est donnée aux produits de saison et à un zeste de créativité. Lors de notre passage, on pouvait par exemple se régaler d'une crème brulée au foie gras, pain d'épice croustillant et d'un mi-cuit chocolat, cœur crème de marron, marrons grillés, tuile de châtaigne... Le restaurant propose aussi des croque-monsieur variés le midi et quelques belles assiettes, soit des portions de plats plus classiques, mais on a préféré l'idée du partage, et les mini assiettes à déguster vraiment originales. Service très convivial. Une adresse coup de cœur !

LA PETITE LULU

18, rue Cardinet (17e) ✆ 01 47 63 79 14
M° Courcelles
lapetitelulu.business.site
Ouvert du lundi au vendredi de 10h à 15h. Carte : à partir de 20 € env. Formules à emporter de 12 à 18 €.

La Petite Lulu, c'est un restaurant très sympa et aussi une cantine pour beaucoup, et non sans de nombreuses bonnes raisons ! Ce bel endroit chaleureux propose en effet une cuisine bien sentie, traditionnelle et revisitée avec de bons produits, soigneusement sélectionnés. Ici, vous vous installez dans un cadre cosy et pratique, très animé. Car ici, les allers-retours sont incessants, les clients pouvant venir choisir leurs plats et les emporter chez eux ou au bureau. Les formules en la matière sont nombreuses, franchement d'un très bon rapport qualité-prix et évidemment savoureuses. Notez enfin qu'ici, on peut livrer à domicile : alors, on attend quoi maintenant ?

LA BRASSERIE CHAPELLE

2, rue de la Chapelle (18e)
M° Marx Dormoy.
Ouvert tous les jours le midi et le soir. Carte : 20 € environ.

Changement d'enseigne, mais pas de qualité pour cette enseigne qui a eu le bon goût de prendre le nom du quartier, histoire d'être bien identifiée. Ici, on vous sert chaque jour, midi et soir, des plats traditionnels de brasserie, avec de chouettes produits et une carte renouvelée régulièrement. Dans ce quartier très vivant, le lieu, à deux pas du métro, dispose d'une vaste terrasse ou vous pourrez certes déjeuner, mais aussi prendre un verre entre amis. Mention spéciale à la décoration intérieure, immuable et faite de boiseries, renforçant l'atmosphère cosy du lieu. Au final, c'est une valeur sûre, où l'on continuera à se rendre sans hésiter. On valide largement le lieu !

AU CADET DE GASCOGNE

4, place du Tertre (18e) ✆ 01 46 06 71 73
M° Abbesses puis Funiculaire de Montmartre.
www.cadet-de-gascogne.com
Ouvert tous les jours de 9h à 2h. Menu : 34 €. Carte : 40 € environ. Menu enfant : 10 €.

L'environnement est magique, légitimement fréquenté par de nombreux touristes, et l'offre en matière de restauration est importante. Difficile, toutefois, de distinguer les bons restaurants de ceux qui le sont moins : heureusement, le Petit Futé est là ! Au Cadet de Gascogne fait en effet partie de cette catégorie de restaurants qui propose du bon, du frais et à toute heure. La cuisine ici est faite maison, et développe des standards de la gastronomie hexagonale, dans une chouette ambiance, souvent musicale – mention spéciale au menu du Tertre, un vrai bon rapport qualité-prix. Le service est irréprochable, et on se pliera en quatre ici pour vous trouver une place.

BISTROT - BRASSERIE

LE CAFE D'ALBERT

117, rue Ordener (18e) ✆ 01 42 64 71 92 - M° Jules Joffrin.
www.cafedalbert.fr
Ouvert tous les jours le midi et le soir. Carte : 20 € environ. Menu enfant : 12 €. Vin au verre. Brunch : 24 €.

Un sacré lieu de vie : voici le café d'Albert, à quelques pas de la mairie du 18e. En effet, ouvert tôt le matin et ouvert jusque tard le soir, animé par une équipe drôle, enthousiaste, bénéficiant d'une large terrasse aux beaux jours, vous y serez rapidement dans l'ambiance. Côté plats, un choix vaste et un service rapide : des viandes, des burgers, quelques omelettes sur le pouce sont proposés. Mention toute spéciale aux salades, fraîches, dont il sera parfois compliqué de venir à bout. Si vous venez entre amis, on vous propose également plusieurs plats à partager, façon tapas. Et puis, chose rare, on arrivera toujours à vous trouver une place. Un haut lieu du 18e.

COCOTTE ET TIRE BOUCHON

184, rue Marcadet (18e) ✆ 09 53 35 42 83
M° Lamarck-Caulaincourt.
www.cocotte-et-tire-bouchon.com
Ouvert tous les jours le soir, le week-end le midi. Carte : 35 € environ. Formule : 17 €.

Un très chouette restaurant sur la pente sud de la butte Montmartre : on propose ici une offre bistronomique qui rend à cette notion un peu galvaudée toutes ses lettres de noblesse. En effet, ici on prend de jolis produits, de belles recettes – parfois traditionnelles – et on les revisite. Les plats sont souvent présentés en cocotte, des plats nouveaux sont proposés chaque jour, les saveurs sont incroyables. Le choix de vin est vaste, et le sommelier de la maison propose des crus que lui seul semble pouvoir dénicher. Notez enfin que l'ensemble est dûment labellisé en raison de son strict respect de l'environnement : un bon point supplémentaire qui donne au global un sans-faute.

LES FISTONS

5, rue des Abbesses (18e)
✆ 01 30 50 57 07
M° Abbesses.
Ouvert tous les jours le midi et le soir. Carte : 25 € environ.

Idéalement situé, à deux pas de la station de métro Abbesses, ce café est un joli bar de quartier où prendre un verre dans la journée, depuis tôt le matin jusque tard le soir, c'est aussi, et surtout pour certains, un bon petit restaurant. Des classiques sont à la carte, avec quelques plats du jour (un très bon dos de julienne le jour de notre passage), l'ensemble servi avec rapidité et efficacité. Les tarifs pratiques sont plutôt inférieurs à la moyenne constatée dans le quartier, ce qui ne gâche rien. Si vous en avez la possibilité, venez ici plutôt en semaine, car le week-end, c'est la foule ! C'est aussi la rançon de la gloire d'un quartier devenu un *must* touristique !

NORD NORD

80, rue Riquet (18e)
✆ 01 42 41 12 95
M° Marx Dormoy
www.nordnord.cafe
Ouvert tous les jours le midi et le soir. Carte : 25 € environ.

Derrière une devanture de bois blond, place à une cuisine fraîche et inventive, le plus souvent sous forme de tapas ou de petits plats à partager entre amis. Car ici, les plats se succèdent, et si la carte est relativement courte, on comprend pourquoi : les saveurs défilent, on cuisine du frais, de saison, et c'est un feu d'artifice : betterave fumée, joue braisée, lieu jaune. Si le matin, on y petit-déjeune, le soir on y vient entre amis. Cet endroit pas comme les autres s'est fait une jolie réputation en trois années d'existence, dans un quartier qui ne cesse de compter de nouveaux endroits dans le genre. Mention spéciale à l'intérieur, ultra-cosy et joliment décoré.

LE LIEU DIT

6, rue Sorbier (19e)
✆ 01 40 33 26 29
M° Ménilmontant.
https://lelieudit.com
Ouvert du mardi au dimanche de 17h à 2h. Carte : 20 € environ.

Un endroit un peu à part que ce Lieu Dit : café culturel, lieu d'expositions et de rencontres, il est emblématique de ce quartier où les gens se découvrent dans une ambiance dépourvue de chichis et autres frivolités. Sur sa terrasse, très fréquentée, la jeunesse du coin se retrouve le soir – puisque le lieu ouvre ses portes à 17h. Côté repas, quelques propositions de snacking, et des plats simples mais franchement très bons. Lors de notre passage, le choix s'est porté sur un riz aux légumes avec une sauce au curry : on pourrait croire l'exercice facile, et pourtant le plat nous a agréablement surpris. Le service est à l'image du lieu : très sympa. On recommande !

RESTAURANT

O MOKA BAR

43, rue de la Chapelle (18e) ✆ 09 51 10 10 35
M° Marx Dormoy.
www.omokabar.eatbu.com
Ouvert du lundi au samedi le midi ; le dimanche soir. Carte : 18 € environ.

C'est un lieu pas comme les autres, et qui vaut le détour. Si vous cherchez un endroit calme, cosy et propret, passez votre chemin ! En revanche, si vous êtes à la recherche d'un endroit convivial, où l'ambiance est au rendez-vous, très fréquenté et avec des plats simples et pas chers, vous tenez le bon plan de cette rue de la Chapelle très passante. O Moka Bar, ce sont des tartines, des planches à partager, des grillades et des plats typiques de brasserie, servis avec le sourire et en quantité. L'addition s'en ressent, et reste dans des marges largement acceptables. Le soir, le lieu s'anime de concerts réguliers, avec une préférence pour les musiques du monde.

VIANDE

AU BŒUF COURONNÉ

188, avenue Jean-Jaurès (19e) ✆ 01 42 39 44 44
M° Porte de Pantin
www.boeuf-couronne.com
Ouvert tous les jours le midi et le soir. Menu «Club Affaire» : 39 €. Menu enfant : 10 €.

Ce bel endroit est le seul restaurant qui ait survécu à l'époque des abattoirs. Il évoque les années 1930 par ses suspensions de laiton, ses banquettes de cuir et son linge de table immaculé, l'enseigne ayant même été rénovée en 2016. On y déjeune et on y dîne à l'ancienne et ici, c'est la gastronomie française qui est à l'honneur : escargots de Bourgogne, terrines, sardines, os à moelle, et puis évidemment la star : le bœuf ! Vous le retrouverez en tartare, en onglet, en entrecôte, en rumsteck ou en burger. Bavette d'aloyau à la plancha et poulpe poêlé sont aussi à la carte ! Les desserts sont également irréprochables. Les prix sont un peu élevés, mais largement justifiés.

BISTROT - BRASSERIE

LES ROUTIERS

50 bis, rue Marx-Dormoy (18e) ✆ 01 46 07 93 80 - M° Marx Dormoy, ligne 12.
Ouvert du lundi au samedi de 12h à 14h30 et de 19h30 à 22h30. Menus de 25 € à 34 €. Carte : 40 € environ. Vin au verre.

Une valeur sûre, qui surpasse largement les bistrots prétendument traditionnels : ici, dès que l'on pousse la porte, on a le sentiment de revenir au siècle dernier, avec ambiance et personnel typiquement parisien. Si le choix est immense, il n'a d'égal que les quantités servies, qui sont gargantuesques. Ici, tout est fait maison, des frites à la mayo en passant par la quiche lorraine, les endives au jambon, le filet de carrelet, les cuisses de grenouilles et l'andouillette, donc les dimensions sont à tomber. Dans ce véritable routier, l'authenticité prime, et on mange sous le portrait de Georges Brassens et les publicités pour les alcools d'autrefois. On adore !

LE NAZIR

56, rue des Abbesses (18e) ✆ 01 46 06 07 17 - M° Abbesses, puis 5 minutes de marche.
www.lenazir.fr
Ouvert tous les jours et les jours fériés de 10h à minuit. Carte : 20 € environ. Menu enfant : 11 €.

Facile à trouver, ce Nazir ! Situé à l'angle de la rue des Abbesses et de la rue Tholozé, c'est-à-dire en plein cœur de l'animation de ce quartier touristique, ce lieu aux banquettes rouges est un des phares du quartier : c'est un café, c'est aussi une excellente brasserie aux multiples possibilités : du *snacking,* avec des croques et des sandwiches délicieux, mais aussi – et surtout pour beaucoup – de délicieux plats, traditionnels et élaborés avec de très bons produits. Salades, viandes, poissons, burgers ou pâtes s'offrent à vous au travers d'une carte bien chargée, bien sentie. Le service est très efficace, parfois drôle, toujours pro, et le *must* est bien ici de s'installer en terrasse.

MAMA SHELTER LA DEFENSE - MAMA'S RESTAURANT

10, rue Jean Jaurès
PUTEAUX
✆ 01 40 89 11 22
M° Esplanade de la Défense.
Ouvert tous les jours le midi et le soir. Menu unique à 40 €.

C'est une expérience sans égal : un restaurant du dernier étage du tout dernier Mama, inauguré il y a quelques semaines à la Défense. Ici, le finaliste de *Top Chef* Pierre Chomet a co-signé un menu de haute volée, que vous savourerez dans une ambiance très Mama, avec une vue unique et époustouflante sur la capitale. Au programme, une bistronomie fine et soigneusement élaborée : brandade de la mama, suprême de volaille des Landes, poulpe au chorizo, et des desserts aux saveurs folles. Le week-end, le même lieu s'anime autour du bar central de soirées musicales. On adore.

LE BOUGAINVILLIER

73, route de la Reine
BOULOGNE-BILLANCOURT
✆ 01 46 05 06 36
Ouvert du lundi au samedi le midi. Carte : 18 € environ.

Situé à l'angle de deux rues très fréquentées de Boulogne-Billancourt, ce bar-brasserie tout simple est animé du matin au soir par une clientèle de locaux, nombreux à venir prendre un verre ici. Beaucoup viennent également pour trouver une cuisine toute simple, généreuse, bien réalisée et servie avec rapidité et efficacité. Un plat du jour est proposé, et la carte, très fournie, met en avant les standards hexagonaux, de l'œuf mayonnaise (cette dernière étant largement fournie) aux desserts les plus classiques. L'addition reste sage, ce qui n'est pas si fréquent dans la ville. On ne peut donc que recommander sans la moindre hésitation : un vrai bon plan futé !

LA PRESSE

9, place de la République **CLICHY**
✆ 01 41 05 07 42
M° Saint-Ouen.
Ouvert du lundi au samedi midi et soir ; le dimanche midi. Carte : 25 € environ. Brunch du week-end : 21 €.

C'est une petite pépite, découverte un peu au hasard des pérégrinations de l'équipe, juste de l'autre côté du périphérique. En effet, c'est sur la jolie et circulaire place de la République de Clichy que se trouve, dans une ancienne boutique de journaux, ce chouette restaurant appelé La Presse. Animé par une équipe jeune, c'est le repaire des épicuriens : chaque jour, une courte carte de plats concoctés par le chef et issus de meilleurs standards de la gastronomie hexagonale, vaut le détour. Cave à vin, c'est aussi un endroit où sont proposé de nombreux ateliers de découverte autour de vins – on y revient ! – et de spiritueux. Un vrai coup de cœur, réservation recommandée !

www.petitfute.com
1er site d'information touristique
GUIDES DE VOYAGE
ADRESSES ET AVIS
EXPÉRIENCES
IDÉES DE SÉJOURS
JEUX CONCOURS
BONS PLANS
PLUS D'INSPIRATION SUR

PROVENCE

UN JOUR À PEYRASSOL

13, rue Vivienne (2e) ✆ 01 42 60 12 92 - Mº Bourse
www.unjourapeyrassol.com
D'avril à octobre : lundi-vendredi 12h30-14h et 19h30-22h. + samedi soir de novembre à mars. Carte : 66 € environ.

Bienvenue au paradis de la truffe ! Le Jour à Peyrassol est une épicerie-restaurant où les vins du domaine éponyme côtoient la cuisine méditerranéenne et, surtout, les produits truffés, la star de la maison. Ici, vous goûterez et achèterez les produits récoltés et travaillés dans ce domaine du Var, qu'il s'agisse de la truffe, du vin, ou encore de l'huile d'olive. Que vous soyez installé dans le discret sous-sol en pierres voûté ou dans le romantique petit salon, les spécialités provençales se succèdent et vous invitent au voyage. Tous ceux-ci étant, bien sûr, arrosés de vins du domaine, de vins italiens ou d'autres vignobles français. Décidément, un repas placé sous le signe du soleil.

TAPAS

A NOSTE

6 bis, rue du 4-Septembre (2e) ✆ 01 47 03 91 91
Mº Bourse
www.a-noste.com
Du lundi au samedi, midi et soir. Plats/tapas : de 11 € à 50 €.

C'est Julien Duboué qui, après Afaria, dans le 15e arrondissement, a lancé A Noste (« chez nous » en patois gascon) à deux pas de la Bourse. Une table passée depuis sous pavillon « Maison Guy Martin », tout comme Pasco dans le 7e et Augustin dans le 14e. Pour autant, ce discret changement de propriétaire n'a pas entraîné de bouleversement majeur. L'esprit du Sud-Ouest règne toujours sur cette adresse conviviale où une clientèle plutôt d'affaires le midi et de joyeux copains le soir vient se régaler de tapas à partager : panisses au chorizo, croustillants de polenta de maïs bio au magret fumé, chipirons frits au piment d'Espelette, cœurs de canard en persillade… Des plats réjouissants !

CRÊPERIE

BREIZH CAFÉ

109, rue Vieille-du-Temple (3e) ✆ 01 42 72 13 77
Mº Saint-Sébastien - Froissart - www.breizhcafe.com
Gluten-free friendly. Ouvert tous les jours de 12h à 20h30. Carte : 20 € environ.

En 2021, Le Breton Bertrand Larcher a fêté les 25 ans de Breizh Café. Que de chemin parcouru depuis sa première crêperie au japon, à Tokyo ! Depuis, l'enseigne s'est fortement développée au pays du Soleil-Levant (Tokyo, Kawasaki, Nagoya…), mais aussi à Paris, sans oublier bien sûr les établissements bretons, à Cancale et Saint-Malo. Une *success story* qui s'explique notamment par le fait que la maison n'utilise que des produits de qualité. Des galettes « spécialités » surprenantes en association de goûts qui donnent définitivement envie de revenir ! Les traditionnelles complètes délicatement « améliorées » par la touche du chef, sans oublier les crêpes dessert qui se dégustent sans faim...

ALSACE

L'ALSACIEN

6, rue Saint-Bon (4e) ✆ 01 42 77 64 22 - Mº Châtelet.
www.lalsacien.com
Tous les jours de 12h à 22h30. Formule du midi : 10,90 € (salade+flammekueche+café). 16,90 € la flammekueche à partager.

Une table conviviale, décontractée et dédiée à un produit alsacien phare : la flammekueche. La maison propose plusieurs variantes de cette spécialité jusqu'au dessert, avec pour commencer des produits/plats de la région, comme la saucisse de Strasbourg et sa salade de pommes de terre, et un pâté en croûte ou les fameux spaetzle au munster. Le cadre rustique avec les longues tables en bois rappelle le style des auberges alsaciennes modernisées en bar à flammekueche. On discute facilement avec son voisin entre deux bouchées, et on repart repu avec l'impression d'être parti en Alsace. L'enseigne a ouvert un second établissement parisien, situé 9 rue René-Boulanger dans le 10e arrondissement.

SUD-OUEST

BISTROT DE L'OULETTE

38, rue des Tournelles (4e) ✆ 01 42 71 43 33 - Mº Bastille ou Chemin Vert.
www.l-oulette.com
Ouvert lundi, mardi et du jeudi au samedi, le midi et le soir. Formule Bistrot express (le midi) : 18 €.

Entre Saint-Paul et la place des Vosges, ce Bistrot de l'Oulette associe parfaitement l'ambiance parisienne aux terroirs du Sud-Ouest. Aux commandes de la maison, le chef Sylvain Tracard propose une cuisine revisitée et de saison tout en restant soucieux de faire découvrir à ses clients le meilleur des saveurs de sa campagne périgourdine. Qui du foie gras (confit ici au vin d'épices), qui du cassoulet, qui encore des magrets et confits de canard. Lors de notre passage, la carte incluait aussi un parmentier d'agneau à la patate douce et, en plus light, un filet de dorade royale accompagné tout de même d'un cake de potimarron au parmesan. Jolie carte des vins et d'armagnacs.

CRÊPERIE

CRÊPERIE BEAUBOURG

2, rue Brisemiche (4e) ✆ 01 42 77 63 62 - Mº Rambuteau, Châtelet ou Les Halles.
www.creperiebeaubourg.com
Ouvert tous les jours de 12h à 23h. Menu crêpe sucrée et salée avec verre de cidre 9,90 €.

A priori, la Crêperie Beaubourg n'a pas beaucoup d'atouts : quartier ultra-touristique, carte de crêpes traditionnelle… mais en réalité vous y prendrez vite goût et vos enfants aussi. Avec une grande terrasse située sur une zone piétonnière donnant sur la fontaine Stravinsky et les célèbres statues de Niki de Saint Phalle, les petits pourront jouer tranquillement sous votre surveillance. Du côté des assiettes, jolies surprises avec des prix très attractifs – il faut dire qu'il est bien difficile de séparer les bons plans des mauvais ici. La famille d'origine bretonne fait honneur à sa région, et prépare ses spécialités de manière artisanale, avec les saveurs qui vont avec !

CORSE

LE COSI

9, rue Cujas (5e) ✆ 01 43 29 20 20 - RER B Luxembourg ou M° Maubert-Mutualité - www.restaurant-le-cosi.fr

Lundi-jeudi : 12h-14h30, 19h-22h30. Vendredi-samedi : 12h-14h30, 19h-23h. Carte (entrée, plat, dessert) autour de 50 €.

La cuisine corse est sans conteste l'un des plus beaux patrimoines culinaires de notre pays. Si vous en doutez, rendez-vous au Cosi où vous vous ferez une petite idée de la richesse de la culture et de la gastronomie de l'île de Beauté. Dans un cadre familial et élégant, Olivier Andréani – le patron – vous accueillera avec sa bonne humeur légendaire. Le repas se déroule au son de la musique corse et face à de nombreuses photos du maquis. Dans nos assiettes se succèdent des beignets de courgettes, un stufatu de veau aux olives, des fromages et confiture de figues maison… On cède même à la gourmandise en commandant le soufflé à la châtaigne et crème de mascarpone aux marrons.

CORSE

U MULINU

28, boulevard de l'Hôpital (5e) ✆ 01 43 37 78 76
M° Saint-Marcel ou Gare d'Austerlitz
www.umulinu.fr

Tous les jours : 12h-14h30/19h30-23h. Réservation recommandée. Carte : autour de 48 € (entrée, plat, dessert).

Dans la famille des repaires corses, il y a U Mulinu. L'adresse nous livre une cuisine authentique qui arrive à convaincre même les plus récalcitrants à l'air du maquis. Le chef a fait le choix de travailler avec des producteurs passionnés – la plupart corses – et des fruits et légumes bio. Difficile de choisir parmi les spécialités corses que nous propose l'équipe : la charcuterie de tradition de Pascal Flori, l'huile d'olive bio Oltremonti à Bravone, le miel artisanal d'Antoine Carli à Canavaghja, le miel Valentini, alors on y retourne encore et encore pour tout goûter. La décoration a également été confiée à un architecte de l'île de Beauté : splendide !

CRÊPERIE

CRÊPERIE LE POT' O LAIT

41, rue Censier (5e) ✆ 09 83 26 76 80 - M° Censier-Daubenton
www.lepotolait.com

Tous les jours le midi et le soir : 11-14h30/19-22h30. Carte : 20 € environ. Formules du midi : 12, 14,90 et 15,90 €.

La carte regorge de propositions alléchantes : galette savoyarde, galette western, galette fermière, galette robiquette, crêpe de l'écureuil ou encore banana-choco… Toutes les galettes sont confectionnées sans gluten et sans arachide afin de pouvoir convenir à tous les publics. Si vous êtes d'humeur raisonnable, quelques salades et glaces tout aussi variées complètent bien l'offre. Il est possible de privatiser la salle de l'établissement et recevoir des petits groupes pour des occasions comme un enterrement de vie de jeune fille, un anniversaire ou une rencontre professionnelle. Une belle terrasse s'ouvre aux beaux jours et permet de profiter du cadre charmant du Quartier latin.

CRÊPERIE

L'ATELIER ARTISAN CRÊPIER

10, rue Mabillon (6e)
✆ 01 43 26 30 05
M° Mabillon.

Du lundi au jeudi 11h-23h ; vendredi 11h-0h ; samedi 10h30-0h ; dimanche 10h30-22h.

En passant devant cet Atelier, vous êtes attirée par son lumineux décor contemporain avec canapé (les faïences de Quimper et bahuts en bois foncé ne sont pas ici de mise). A l'entrée, le ton est donné avec le slogan de la maison gravé sur le bar et imprimé sur une affiche : *In crêpes, we trust*. L'accueil est sympathique. Sur la carte, les galettes et les crêpes sont réparties dans deux catégories : Tradition et Exception. Votre complète vous rassasie – elle aurait pu être un peu plus croustillante. En dessert, la crêpe miel-citron ravive des souvenirs d'enfance.

SUD-OUEST

LA FORGE

14, rue Pascal (5e) ✆ 01 47 07 77 78 - M° Gobelins
www.restaurant-la-forge-paris5.com

Ouvert le lundi soir ; du mardi au samedi le midi et le soir. Carte : 45 € environ.

Une charmante petite auberge de campagne du Sud-Ouest à deux pas de la rue Mouffetard. Le patron vous propose un foie gras mi-cuit d'enfer, cuisine le gibier comme pas deux à la saison, adore les champignons, le cabécou et les fraises – tout ce qui fait la réputation gastronomique de son pays. Même s'il a une préférence pour la viande, il ne néglige pas les produits de la mer et il sait mettre un bar ou turbot en bonne compagnie. Il sait aussi prendre un peu de distance avec la cuisine de chez lui et apporter sa petite touche de créativité. Parmi les incontournables de l'établissement, on trouve de la cuisse de canard confite, du cassoulet, une salade de cabécou, des pruneaux d'Agen…

CUISINE RÉGIONALE

LA LOZÈRE

4, rue Hautefeuille (6e) ✆ 01 43 54 26 64 - M° Saint-Michel-Notre-Dame - www.lozere-a-paris.com

Ouvert du mardi au samedi le midi et le soir. Formule du midi : 22,50 €. Vin au verre. Menu Producteurs : 38,50 €.

Une conviviale adresse, cette Lozère, table de la Maison de… la Lozère. C'est surtout un bel ambassadeur de la gastronomie de ce département. Revu en 2020-21, son décor est aujourd'hui contemporain, avec photos en noir et blanc, suspensions modernes et pierres apparentes. De l'entrée au dessert, le chef et son équipe envoient avec générosité des spécialités locales. Parmi des entrées vues à la carte, une farinette (galette de fromage), de la cochonnaille des Causses et un pélardon rôti ; en plat, vous n'échapperez probablement pas à l'entrecôte de l'Aubrac et à la saucisse avec son aligot, à moins que l'on vous propose un ris de veau aux morilles. Bref, du terroir, du solide et du bon !

BASQUE
OSABA

29, rue Saint-Placide (6e) ✆ 01 43 35 57 17 - M° Saint-Placide ou Rennes. - www.osaba.fr

Ouvert du lundi au samedi de 11h à 23h (sauf lundi soir). Vente à emporter. Boutique.

Au préalable, sachez qu'Osaba – prononcez Otchaba – signifie « tonton » en basque... Cela dit, ce rustique restaurant-bar à tapas-épicerie invite les Parisiens du 6e arrondissement (mais pas que) à un périple gourmand du côté de Bayonne et de sa région (la maison soutient visiblement l'Aviron Bayonnais, club de... rugby). Au premier rang des spécialités servies ici sur des planches ou ardoises ou en tapas, de la charcuterie et des fromages, accompagnés d'Irouléguy, l'un des plus petits vignobles français. A la carte également, des quiches, des salades (avec jambon et fromage là encore) et, en dessert, l'incontournable gâteau basque. Parfait pour une troisième mi-temps entre potes.

ALSACE
FLODERER

7, cour des Petites Ecuries (10e) ✆ 01 47 70 13 59 - M° Strasbourg-Saint-Denis ou Château d'Eau. - www.floderer-paris.com

Ouvert tous les jours le midi et le soir. Menus de 28 € à 41 €. Carte : 40 € environ. Formule du midi : 23 €.

Il vous faudra traverser une petite cour très animée par la présence de nombreux bars et restaurants, avant de gagner cette brasserie plutôt chic, et qui vous propose les standards de la gastronomie alsacienne : de la choucroute bien évidemment, mais pas n'importe laquelle, puisque l'on parle de celle du chef Guy-Pierre Baumann. Un régal, cuit le temps qu'il faut, avec les produits qu'il faut, et qui se déclinent selon la strasbourgeoise, bien sûr, mais aussi au jarret de porc, au saumon où avec d'autres produits de la mer. Franchement délicieux. Le reste de la carte, classique, est aussi de grande qualité. La carte propose plusieurs menus, et on peut y aller sans hésiter.

CORSE
À LA CHÂTAIGNE

22, rue de Miromesnil (8e) ✆ 01 40 07 90 86 - M° Miromesnil.
www.alachataigne.com

Ouvert du lundi au samedi de 12h à 15h et de 19h à 22h30. Carte : 40 € environ.

Ce restaurant rend hommage à la cuisine corse à travers des plats orchestrés par le talentueux chef Yann Rebillard. La châtaigne n'est pas présente dans tous les plats, mais elle tient tout de même son rang. Incontournables, l'assortiment de charcuteries corses, les cannellonis au brocciu et la terrine de sanglier. Vu au menu également une déclinaison de saucisses nustrales au bruccio et sa polenta de châtaigne, un stufatu de sanglier ou encore une côte de veau au miel. Le tout accompagné d'une Pietra ou d'un verre de vin corse. Parmi les desserts, impossible de passer à côté du « pains des Maures » (façon pain perdu et sa boule de glace) ! Une cuisine authentique et surtout gourmande.

AUVERGNE
LE PLOMB DU CANTAL

4, boulevard Saint-Denis (10e) ✆ 01 42 08 01 11 - M° Strasbourg Saint-Denis.
www.leplombducantal.fr

Ouvert tous les jours le midi et le soir. Carte : 30 € environ.

Ceux qui veulent faire un repas roboratif, savoureux, qui colle au corps, bref, auvergnat, c'est le Plomb du Cantal qu'il vous faut. Si l'enseigne dispose de deux établissements rive gauche, celui situé sur les grands boulevards est bel et bien le lieu dédié pour manger auvergnat de l'autre côté de la Seine. Les viandes sont bonnes, et vous choisirez l'aligot ou les frites maison, servies en quantité et dans une jolie casserole de cuivre. Le soir, jusque tard, l'ambiance se fait plus animée, et le repas sera moins calme, mais plus chaleureux. Les plats ont un petit prix, mais vous ne serez pas déçus, car la qualité est franchement au rendez-vous. Belle ambiance le soir.

SUD-OUEST
LA TUTE

7, rue Rossini (9e) ✆ 01 40 15 65 65
M° Richelieu Drouot.

Du lundi au vendredi, de 9h à 1h. Le samedi, pour les groupes et sur réservation. Plat du jour : environ 19,50 €.

Lors de notre visite à l'heure du déjeuner, trois personnes jouaient aux dés. Indice qui nous a fait penser que la maison devait être conviviale. C'est bien le cas, l'accueil de Virginie et de Laurent étant très chaleureux. Depuis qu'ils ont repris en 2018 ce traditionnel bistrot, à la belle mosaïque protégée au sol, ils ont un peu fait évoluer le décor hétéroclite du rez-de-chaussée, en accrochant quelques nouveaux tableaux. La cuisine, qui évolue au gré des saisons, joue l'esprit régionaliste tendance Sud-Ouest et Pyrénées. Terrines, chipirons, boudin, jambon de coche de Bigorre, confit de canard, rognon grillé... Il y a de la générosité dans les plats de La Tute. Que c'est agréable !

CRÊPERIE
TANGUY

15, rue de l'Échiquier (10e) ✆ 01 42 46 01 41
M° Bonne Nouvelle.
www.tanguy-crepes.fr

Ouvert du mardi au samedi le midi et le soir. Carte : 20 € environ.

Sur place ou à emporter, les crêpes et galettes proposées par cette maison revendiquant fièrement, mais discrètement, son ascendance bretonne est une chouette adresse que l'on se refile entre initiés ! Et pour cause : ici, les produits viennent de l'Ouest, et les propositions, oscillant entre la simple crêpe à l'œuf aux réalisations plus élaborées, sont autant de délices réalisés dans les règles de l'art. On pensera à bien réserver, car le lieu est souvent complet, notamment le midi et le samedi. Le service est convivial et sympa, l'objectif ici étant de vous faire partager les délices culinaires bretons, sans chichi mais avec professionnalisme. On valide largement !

CUISINE DE NOS RÉGIONS

11E - 12E - 13E

SAVOIE

LE CHALET SAVOYARD

58, rue de Charonne (11e) ✆ 01 48 05 13 13 - M° Ledru-Rollin ou Charonne.
www.chalet-savoyard.fr
Ouvert tous les jours le midi et le soir. Menu unique à 38 €. Carte : 40 € environ. Menu enfant : 13 €.

Une maison de bois contemporaine, une salle claire et aérée qui donne bien envie de s'installer : tout y est ! Sur des étagères de vrais appareils à raclette, un mur en rondins près de la cuisine et le tour est joué pour apporter une certaine authenticité. A la carte des raclettes et des fondues en veux-tu en voilà, sauf que Leidi est un petit malin. Pour se différencier de ses concurrents, il crée des raclettes au bleu ou à la tomme de chèvre et des fondues tomates-basilic, au chèvre et au miel, au champagne, au poivre vert et cognac. Et ça marche. En dessert, la coupe du Chalet (glace myrtille, fraise, framboise, coulis de fruits rouges, chantilly) est parfaite pour la digestion.

SAVOIE

LES DEUX SAVOIE

23, boulevard Diderot (75012)
✆ 01 43 43 29 59
M° Gare de Lyon.
www.lesdeuxsavoie.fr
Ouvert tous les jours le midi et le soir. Carte : 25 € environ.

Facile à trouver, cette brasserie située juste en face de la gare de Lyon accueille des voyageurs venus du Sud et des Alpes, principalement. Rien d'étonnant, donc, à ce que le nom de cette enseigne soit en rapport avec les Savoie, et que sa carte soit d'abord et avant tout constituée de spécialités du coin : tartiflettes et raclettes, mais aussi fondues se déclinent selon une quinzaine de propositions, qui devraient satisfaire les plus grandes faims. En parallèle, vous trouvez ici une offre de brasserie classique, ainsi que du *snacking* sans chichis et de bonne facture. Le service, qui fonctionne efficacement, anime un lieu dont les plages d'ouverture sont très vastes.

CRÊPERIE

PARIS-BREIZH

177, avenue Daumesnil (75012) ✆ 01 43 45 16 10
M° Daumesnil
www.creperieparisbreizh.fr
Du lundi au samedi le midi et le soir.

Décoration contemporaine chic, ambiance agréable et personnel soucieux de la clientèle. A la carte, des galettes classiques, complètes, gourmandes qui portent pour beaucoup des noms de villes/villages bretons (la farine de blé noir est bio). La galette Fouesnant a du caractère : boudin noir, pommes rissolées, emmental, salade. La Goulien – saumon fumé, crème fraîche, citron, baies rouges – n'en est pas dépourvue. Comme la tentation est forte, on optera par une crêpe sucrée. Difficile de choisir parmi les spécialités, mais l'Arz (chocolat maison, banane, flambage rhum) ou la Logoden (pommes rissolées, caramel beurre salé, glace vanille, brisures de noisette) sont bien séduisantes.

SUD-OUEST

AU TROU GASCON

40, rue Taine (75012) ✆ 01 43 44 34 26 - M° Daumesnil
www.autrougascon.fr
Du lundi au vendredi, le midi et le soir. Menus carte : 48 € ou 58 €. Menu signature : 78 € (au déjeuner et au dîner).

Alain Dutournier, chef du Carré des Feuillants, a débuté sa carrière parisienne ici. D'ailleurs, ce restaurant lui appartient toujours. Aujourd'hui, c'est Laurent Bouveret qui officie en cuisine après avoir été le second du chef étoilé. Pour avoir un aperçu de son talent, optez pour le menu carte. Entre autres plats proposés un jour d'automne, des queues de langoustines marinées-émulsion de crème de tête, un velouté de châtaignes à la truffe d'automne-aiguillettes de poule faisane, un cassoulet « tradition » aux haricots de maïs, une escalope de lotte laquée-filaments d'épinards, et en dessert une fine croustade landaise-glace pruneau-armagnac. Une fière cuisine « qui chante le sud Adour ».

BASQUE

AUBERGE ETCHEGORRY

41, rue Croulebarbe (75013) ✆ 01 44 08 83 51 - M° Corvisart.
www.etchegorry.fr
Ouvert du mardi au samedi midi et soir. Menu unique à 36 €. Carte : 45 € environ. Formule du midi : 20 € & 28 €.

Au fronton de l'Auberge Etchegorry on peut lire une curieuse inscription : Cabaret de madame Grégoire, et en dessous : Restaurant basque. Dominique Laborde, la propriétaire des lieux, est intarissable sur l'histoire de son établissement, tenu par sa famille depuis près de 60 ans. L'adresse est typique, comme la cuisine. Dans ce cadre provincial où rien ne semble avoir bougé depuis des lustres, les plats ont un accent béarnais ou basque et tout est fait maison, même le boudin. Le restaurant se trouve au rez-de-chaussée du bel Hôtel du Vert Galant, avec ses balcons fleuris et son cadre romantique, un bel écrin où les romantiques et les touristes apprécient loger.

AVEYRON

LE PERROQUET

25, avenue des Gobelins (75013) ✆ 01 45 35 05 97
M° Les Gobelins.
www.leperroquet.paris
Ouvert du lundi au samedi le midi et le soir. Réservation recommandée. Carte : 25 € environ.

Un vaste comptoir de deux mètres (autour duquel l'happy hour du soir met une sacrée ambiance), mais aussi – et surtout – une trentaine de places en salle, ainsi qu'une petite terrasse. Bref, un endroit à taille humaine. Dans la salle et sur la carte, une identité très aveyronnaise. Ainsi, le bœuf Aubrac peut se retrouver avec une sauce yakitori et une julienne de légumes. La volaille fermière, qui vient d'Huparlac en Aveyron, est excellente. Chaque jour, une salade prend place sur le menu, et les fromages Les Buronniers de Laguiole sont pleins de saveurs. Moralité : si l'établissement n'est pas le plus visible – loin de là – de l'avenue, c'est certainement l'un des meilleurs.

CRÊPERIE

LA BELLE RONDE

19, rue Daguerre (75014) ✆ 01 43 20 20 79
M° Denfert-Rochereau - www.labelleronde.com

Ouvert tous les jours de 12h à 23h30. Formule du midi : 11,90 € (1 galette + 1 crêpe + 1 boisson).

Avec sa terrasse arborée, à l'abri de l'agitation urbaine, et sa salle design, à la déco contemporaine et colorée, La Belle Ronde se distingue par son ambiance chaleureuse ainsi qu'un service efficace et rapide. Les galettes et crêpes, réalisées avec de la farine bio, sont plus que sympathiques. Bien garnies, elles sont pour certaines originales, comme cette Oxford (poitrine fumée bien grillée, deux œufs et épinards frais) ou l'alléchante Péché mignon (compote de pommes et caramel maison, glace vanille, chantilly, amandes grillées) vues à la carte. Possibilité de consommer tout au long de la journée et de combler ainsi une petite faim subite. Les enfants adorent, on les comprend.

AUVERGNE

L'ÉCIR

59, boulevard Saint-Jacques (75014)
✆ 01 45 65 22 15
M° Saint-Jacques

Ouvert tous les jours et les jours fériés le soir. Carte : 25 € environ.

L'Écir fait partir de ce qu'il y a de meilleur sur le boulevard Saint-Jacques, plutôt dépourvu côté restauration. Si vous vous trouvez dans le quartier à l'heure du déjeuner, n'hésitez pas à vous y asseoir. Vous y croiserez une clientèle de quartier séduite par une carte d'une grande générosité. C'est frais et excellent. Les serveurs, dynamiques au possible, ne rechignent pas un instant pour vous trouver une place et vous servir avec rapidité. Les burgers sont savoureux, les viandes excellentes, tout comme les salades. Les desserts, enfin, méritent à eux seuls le détour : entièrement réalisés sur place, ils achèvent le repas avec maestria. On valide et on recommande.

CRÊPERIE

LA CUILLÈRE EN BOIS

108, rue des Entrepreneurs (75015) ✆ 01 44 93 73 24
Métro Commerce. - www.creperie-cuillere-en-bois15.com

Ouvert tous les jours le midi et le soir. Galettes : 7,90 €-17,90 € ; crêpes : 4,90 €-9,50 €. Formule du midi : 14,90 €.

A chaque passage devant sa devanture et sa terrasse éphémère, c'était la même rengaine : il faudra bien tout de même que nous testions cette crêperie à la lumineuse petite salle (elle dispose d'une seconde salle au sous-sol) et à la sobre déco. Ce fut chose faite par une fraîche soirée de septembre, un temps idéal pour déguster une « complète » et une « flambée Grand-Marnier », notre traditionnel menu test (parfois, notre choix se porte aussi sur une simple crêpe au citron). Le dîner fut des plus sympathiques : galette et crêpe furent à la hauteur – même si nous aurions préféré une galette un chouïa plus croustillante –, et le service fut convivial, avec un patron très en verve.

CUISINE RÉGIONALE

L'ALIGOT

73, avenue Niel (17e) ✆ 01 44 40 28 15 - M° Péreire Levallois ou Ternes.

Mardi-samedi midi et le soir. Carte : 52 € environ. Formule du midi : 27 € (vin compris).

Près de la Porte de Champeret et de Pereire, Dorian Alverhnes, Cédric Broussole et la fine équipe de l'Auberge aveyronnaise qui font fureur dans le 12e arrondissement ont ouvert un restaurant très chic et cosy. Un voiturier peut même vous attendre. Les recettes utilisent des produits nobles comme le confit de canard de Corrèze, du bœuf fermier d'Aubrac de chez Conquet, l'agneau de Chez Greffeuille, escargots de Bourgogne Sauvages... Et des produits de la mer aussi : du saumon, du cabillaud... Le tout complété par de beaux fromages (bleu d'Auvergne, Laguiole et Saint-Nectaire) et surtout d'un petit vin en provenance d'une bonne cave. Un restaurant chic, qui sent bon la bonne cuisine du pays.

CRÊPERIE

BRUTUS

99, rue des Dames (17e) ✆ 09 86 53 44 00 - M° Rome ou Villiers.
www.brutus-creperies.com

Du lundi au vendredi 12h-14h30 et 19h-23h ; samedi 12h-23h ; dimanche 12h-16h. Brunch le dimanche. Carte autour de 18 €.

Dans la rue des Dames, Brutus, crêperie moderne, déploie avec bonheur sa belle devanture bleue et sa salle lumineuse. Ici, on se revendique « crêpophile » et « cidrologue » (ce fut le premier bar à cidres à ouvrir à Paris). On y déguste bien évidemment des galettes (les Marie-José, Soizig et autre Yvonne) à base de farine de sarrasin, sans gluten, en provenance... de Bretagne. Les recettes sont plutôt originales, comme cette Paulette au poulet en tajine-grillade d'aubergines-chips de céleri-emmental-amandes effilées. En clôture, des crêpes gourmandes, à l'instar de la Martine (compotée de pommes maison-crème de marrons-fromage blanc frais-éclats de spéculos). Ça se laisse goûter, non ?

AVEYRON

AU PETIT CHAVIGNOL

78, rue de Tocqueville (17e) ✆ 01 42 27 95 97 - M° Wagram.
www.aupetitchavignolparis.fr

Service du mardi au samedi de 12h-16h et 19h-22h45. Carte : 35 € environ.

Vous avez ici affaire à des produits d'exception et variés : des plats végétariens aux jambons de pays, 12 mois de séchage, sans oublier les frites maison, et les saucisses de chez Conquet. On n'oublie pas non plus la poêlée de ris de veau à la moutarde à l'ancienne, la cuisse de canard confite maison et les tripoux de l'Aveyron immanquablement servis avec des pommes vapeur. On sent bien que le patron, qui a repris l'affaire en 2000, l'a fait évoluer vers une cuisine plus aveyronnaise, mais en tant que fin gourmet ouvert d'esprit, il n'oublie pas le nom de son établissement, et fait toujours honneur au crottin de Chavignol, servi chaud sur salade. Du classique, mais rudement bien fait !

CORSE

LE LAMARCK

8, rue Lamarck (18e) ✆ 01 53 41 01 60
M° Anvers ou Lamarck-Caulaincourt.
www.lelamarck.fr

Ouvert du mardi au samedi le midi et le soir. Carte : 35 € environ.

Un intérieur entièrement blanc, des tables noires et l'un des meilleurs établissements de la butte. Ici, le chef Antoine Versini – formé auprès des meilleurs – développe son incroyable savoir-faire. Le rapport qualité-prix est excellent pour de telles prestations : la pêche du moment et sa polenta au citron confit, sa côte de cochon en croûte d'épice ou, en dessert, sa ricotta au citron jaune. On notera également une splendide cave à vins, et un beau choix de whiskies, de rhums, d'armagnacs. Enfin, un conseil : on viendra ici en amoureux ou en famille de préférence. Au final, l'une des meilleures tables du quartier, et que l'on conseille très fortement ! Réservation fortement conseillée !

AVEYRON

AU COCHON DE LAIT

23, avenue Corentin-Cariou (19e) ✆ 01 40 36 85 84 - M° Corentin Cariou
www.aucochondelait-paris.com/

Ouvert du lundi au vendredi le midi et le soir. Carte : 30 € environ.

Cette adresse est l'un des derniers restaurants dans l'esprit des « bistrots à viande » des abattoirs de La Villette. Au menu du jour, vous trouverez par exemple : carbonade flamande, risotto aux légumes, fricassée de poulet au cidre... La cuisine travaille beaucoup avec la viande notamment le travers de porc, les pieds de cochon, et surtout l'onglet Villette (servi en rondin) : un plaisir pour tous les carnivores, et une référence que beaucoup adorent. Les sauces qui les accompagnent sont faites « minute » et les légumes frais du jour. On quitte Au Cochon de Lait le ventre plein et le palais ravi. Bref, un lieu complètement authentique à ne pas manquer – on n'oublie pas de réserver !

SAVOIE

LE REFUGE DES FONDUS

17, rue des Trois-Frères (18e) ✆ 01 42 55 22 65
M° Abbesses

Ouvert tous les jours le soir de 19h à 2h. Carte : 25 € environ. Accueil des groupes.

D'innombrables années que ce restaurant très animé se trouve au pied de Montmartre, et qui ne désemplit pas. Pour cause : dans cet antre des amateurs de fondues, il faut un peu jouer des coudes pour trouver sa place, mais après, le principe est immuable. Ici, le vin est servi dans de vrais biberons : terriblement régressif pour les uns, imparable pour les autres... Savoyardes ou bourguignonnes, les fondues sont très bonnes. Aux murs beaucoup de couleurs, des mots (cette fois écrits !) et des dessins laissés par des habitués, des étudiants et touristes. La réservation de ce lieu, souvent fréquenté par des groupes, et très fortement conseillée, surtout le week-end !

CORSE

TRATTORIA - LA ROTONDE STALINGRAD

6-8, place de la Bataille de Stalingrad (19e) ✆ 01 80 48 33 40
M° Stalingrad.
www.larotonde.com

Ouvert du lundi au samedi le midi et le soir. Carte : 35 € environ.

C'est un haut lieu du nord-est de la capitale, un point de rendez-vous unique : la rotonde de Stalingrad. Lieu culturel, celle-ci compte aussi une vaste terrasse, mais aussi une *trattoria* absolument délicieuse ! Si ce nom sonne bien italien, c'est pourtant un amoureux des produits corses qui tient la barre, et le mélange est fameux. Les pizzas se recouvrent de tomme de l'île ou de viandes locales, des plats dédiés vous feront sentir à Corte ou Bonifacio, les charcuteries ou le brocciu sont tout simplement à tomber. Réservation quasi obligatoire.

CRÊPERIE

LA CANTINE BRETONNE

22 bis, rue de l'Ourcq (19e) ✆ 01 42 00 86 09
M° Ourcq.
www.lacantinebretonne.com

Ouvert tous les jours le midi et le soir. Carte : 25 € environ.

Voici une crêperie pas comme les autres, connue comme telle, et qui s'est imposée comme une valeur sûre de la gastronomie bretonne. Côté déco, on baigne ici dans le bleu et le rosé, avec de chouettes banquettes en demi-cercle, conviviales à souhait ! Alors ici, on développe les crêpes et les galettes selon des offres simples ou plus élaborées, et c'est excellent. Mais ce n'est pas tout : on a également ici des moules, une viande, un poisson, des salades. Rien à redire, c'est excellent. Vous trouvez également une très maline petite épicerie bretonne, située dans l'enceinte du lieu, et qui vous permettra de trouver les produits de la région : là aussi, on aime !

SUD-OUEST

LA CONFIDENTE

125, avenue Gambetta (20e) ✆ 01 40 31 63 48
M° Pelleport

Ouvert du lundi au samedi le midi et le soir ; le dimanche. Service en continu. Carte : 30 € environ.

Certes, la terrasse de ce bistrot contemporain donne sur la tumultueuse avenue Gambetta, mais son intérieur feutré est tout autre. Le parquet au sol, les murs lambrissés, les sièges garnis de velours composent un cocon chic où les heures s'écoulent et la cuisine reste ouverte, pour mieux tenter notre appétit. Burgers bien sentis, rumsteak à la crème de truffe blanche, cannelloni au canard ou encore quelques jolies créations végétariennes, comme ces rigatonis, l'un – lui aussi – à la crème de truffe blanche et l'autre aux légumes et pesto tendre : voici pour l'aperçu ! Le service est rapide et efficace, et l'ambiance totalement décontractée. Mention spéciale aux pizzas.

VÉGÉTARIEN

HANK

55, rue des Archives (3e) ✆ 09 72 44 03 99
]M° Rambuteau.
http://hankrestaurant.com
Ouvert tous les jours de 11h45 à 22h.

Voilà une échoppe de burgers végétariens, végétaliens même, bien pensée et qui propose également des alternatives sans gluten. Chez Hank, tous les produits – du pain aux sauces en passant par les steaks – sont végans, bios, frais, bien sourcés et faits maison. Les steaks sont élaborés à partir de tofu, champignon, riz, céréales, épices et les burgers sont tous garnis de tomates, cornichons, oignons, salade et de fromage végétal. Ils sont ensuite déclinés en 8 recettes avec des potatoes, une petite salade ou du coleslaw. Les curieux pourront aussi goûter la « hankiflette » ou les nuggets végétaux. De la junk food qui plaira aussi bien au public ciblé qu'à leurs amis carnassiers !

VÉGÉTARIEN

JUDY

18, rue de Fleurus (6e) ✆ 01 43 25 54 14
M° Rennes ou Saint-Placide - www.judy-paris.com
Ouvert du lundi au vendredi de 8h à 18h ; le week-end et les jours fériés de 9h à 19h. Carte : 27 € environ.

Quand on sort des avenues bondées du quartier, on a le plaisir de découvrir de jolies rues, comme la rue de Fleurus située à deux pas du jardin du Luxembourg. Celle-ci cache une cantine « qualitarienne » : chez Judy, tous les plats sont maison, frais, bio, locaux et de saison, en bref, à base de produits de qualité ! On vient pour une pause gourmande (le combo chaï latte et pancakes à la banane est à tester !) ainsi que pour le déjeuner (avocado toast, Buddha bowl, tartare de saumon Bölmo, soupe ou encore pad thai au konjac pour ceux qui font attention à leur ligne). La décoration est apaisante et chaleureuse (plantes vertes et plancher). On y passerait bien l'après-midi entière !

VÉGÉTARIEN

LE GRENIER DE NOTRE-DAME

18, rue de la Bûcherie (5e) ✆ 01 43 29 98 29
M° Maubert-Mutualité ou RER Saint-Michel Notre-Dame
www.legrenierdenotredame.fr
Ouvert toute l'année. Tous les jours le midi et le soir. Carte : 25 € environ. Accueil des groupes.

C'est l'un des pionniers de la cuisine végétarienne et macrobiotique à Paris. Depuis 1978, Le Grenier travaille avec les mêmes producteurs et la passion de la gastronomie se transmet de père en fils. Un parfait petit restaurant situé dans une rue très calme à deux pas de la cathédrale. En salle, de grands miroirs aèrent et agrandissent l'espace. Dans les assiettes, au hasard : tartare avocat et mangue, falafels, gaspacho, assiette berbère, couscous végétarien, poke bowl, gâteau carotte-coco... On aime le savoir-faire et l'ancienneté de ce restaurant qui se sent bien dans son assiette, et qui avait, avant la mode actuelle, su mettre à l'honneur ce type de cuisine.

VÉGÉTARIEN

42 DEGRÉS

109, rue du Faubourg-Poissonnière (9e) ✆ 09 73 65 77 88 -
M° Poissonnière - www.42degres.com
Du lundi au samedi, midi et soir. Brunch le dimanche : 35 €. Menus de 37 € à 42 €. Formules déjeuner : 16 € ou 20 €.

Le 42 Degrés a été le premier restaurant en France à proposer une cuisine 100 % raw, végétarienne-végétalienne, totalement bio et sans gluten. La *raw food*, rappelons-le, consiste à ne manger que des aliments crus ou déshydratés, qui ont une meilleure teneur en nutriments. Une cuisine certes crudivore, mais aussi bistronomique, c'est en tout cas l'ambition d'Emil et de Fabien, à l'origine de cet établissement. On a ainsi vu à la carte un tartare d'algues coupé au couteau avec des condiments acidulés, un burger de champignon portobello et ses allumettes de courgette et une lasagne végétale farcie aux noix pour ne citer qu'eux. Une expérience à faire au moins une fois dans sa vie !

VÉGÉTARIEN

LE PUITS DE LÉGUMES

18, rue du Cardinal-Lemoine (5e) ✆ 01 43 25 50 95
M° Cardinal Lemoine - le-puits-de-legumes.business.site
Lundi-samedi : 12h-15h/19h-22h. Formules déjeuner : 12 €, 15,50 € et 18 €.

Non loin des quais de Seine, c'est un chouette restaurant végétarien qui dispose d'une belle réputation depuis plusieurs années déjà. Le Puits de Légumes vous propose en effet sa cuisine 100 % biologique ou tout y est fait maison, à partir de produits frais, et tout le monde y trouve son compte, végétariens bien sûr, mais aussi amateurs de cuisine macrobiotique, végétaliens et omnivores. La cuisine est faite avec le cœur dans un esprit de partage et de convivialité, à commencer les salades, dont une au tartare d'algues... On y trouve également des jus de fruits et de légumes, une belle palette de thés (Yunnan, sencha...), d'infusions (prêle, anis, reine des prés...) mais aussi de vins !

VÉGÉTARIEN

FLOWER FOOD

6, rue de Caumartin (9e)
Métro Opéra.
Ouvert du lundi au vendredi de 11h à 18h.

La cuisine *feel good* a le vent en poupe, et Flower Food, cantine végétarienne avec des options végétaliennes, en est l'un des dignes représentants. Pour ceux qui hésitent encore, la cuisine végétalienne n'inclut aucun produit d'origine animale, donc ni viande, ni poisson, ni produits laitiers, ni œufs. Mais revenons à Flower Food... Dans cette bonbonnière fleurie, l'amateur de cuisine *healthy* se régalera de plats élaborés pour être goûtus et riches en saveurs. À la carte notamment, des tempuras (chou-fleur, courge...), des pokes, des pâtes (comme des *penne* de curry vert), des burgers concoctés avec des steaks végans Beyond Meat... Et en prime, le nombre de calories de chaque plat.

VÉGÉTARIEN

ELSA ET JUSTIN

202, rue du faubourg Saint-Martin (10e)
✆ 09 83 90 89 30
M° Château-Landon ou Louis Blanc
Ouvert du lundi au vendredi de 11h à 14h30. Carte : 15 € environ.

Un traiteur végétal : voilà qui n'est pas si fréquent ! Et pourtant, Justin et Elsa s'attellent chaque jour ou presque à mitonner de véritables délices, bio et végétariens. Quelle maestria ! En effet, les productions des petits jardins bio soigneusement sélectionnés conjuguées au savoir-faire des deux amis donnent, chaque jour, de chouettes plats à emporter ! Virevoltent ainsi des falafels, des veloutés, des quiches, et des sandwichs et beaucoup d'inattendus, comme cette focaccia au brie, l'ensemble étant pané ! Le lieu vaut également le coup d'œil, en plus du coup de fourchette. Mais manger bon et responsable se mérite, car l'endroit est souvent très fréquenté.

VÉGÉTARIEN

SOL SEMILLA

23, rue des Vinaigriers (10e) ✆ 01 42 01 03 44
M° Jacques Bonsergent ou Gare de l'Est.
www.sol-semilla.fr
100 % Bio. Ouvert le dimanche et le lundi le midi, du mardi au samedi le midi et le soir. Carte : 30 € environ.

Ambiance tamisée et carrelage à damier, Sol Semilia n'est pas un restaurant ordinaire. Les plats sont 100 % biologiques et saupoudrés de superaliments, qui sont réputés pour n'être que du positif pour le corps et pour l'esprit, et c'est pour ça que la cuisine de Sol Semilla est si particulière. Vous y découvrirez de nouvelles saveurs, tout ça en faisant le plein d'énergie : superbowls, desserts, boissons aux saveurs inconnues, c'est bon, et la patronne du lieu, Joelma, y veille. Sol Semilla compte également, dans ses murs, une jolie boutique : celle-ci n'est pas destinée qu'aux initiés, et on prend le temps de vous expliquer ici les avantages de chaque produit proposé.

VÉGÉTARIEN

AVOCATERIA

52, rue Basfroi (11e) ✆ 01 45 66 44 85 - M° Bastille.
www.avocateria.fr
Ouvert du mercredi au vendredi de 10h à 15h ; le week-end de 10h à 17h. Carte : 20 € environ.

Tout est dans le nom : Avocateria, c'est l'avocat mis à l'honneur sous toutes ses formes. Dans ce joli établissement coloré (et qui compte deux déclinaisons, l'une dans le Sentier, l'autre à proximité de la gare de Lyon), vous est proposée plus largement une cuisine saine et bonne pour la santé. Les végétariens sont au paradis ici, et les propositions sont multiples et parfois surprenantes : l'avocat se décline selon bowls, burgers ou encore pancakes. Quelques desserts – dont certains à l'avocat – et d'excellents smoothies complètent l'ensemble. On mange sain dans une chouette ambiance. Ouvert le midi en semaine (sauf le lundi), l'endroit bascule en mode soir le week-end.

VÉGÉTARIEN

SOYA

20, rue de la Pierre-Levée (11e) ✆ 01 48 06 33 02 - M° Goncourt
www.soya-cantine-bio.fr
Fermé le lundi. Ouvert tous les jours midi et soir. Réservation recommandée. Carte : 18 € environ.

Cette ravissante cantine bio à la déco branchée a su conquérir le cœur des Parisiens végétariens, mais aussi des autres. On opte pour la terrasse les beaux jours, pour la tablée accueillante du centre pour manger en bonne compagnie ou encore pour les canapés confortables plus en retrait quand on veut dîner aux chandelles... Au menu, houmous au dukkah soit une onctueuse purée de pois chiches à la crème de tahina et mélange d'oléagineux et épices (amandes, noix de cajou, cumin, anis, fenouil...), tartare d'algues ou encore assortiment de mezzés avec caviars végétaux et légumes rôtis pour des entrées pleines de goût. Le sucré n'est pas en reste : un endroit que l'on recommande !

VÉGÉTARIEN

LA BONNE HEURE

72, rue du Moulin des Prés (75013) ✆ 01 45 89 77 00 - M° Tolbiac.
www.labonneheure.org
Ouvert le mardi, le mercredi et le dimanche le midi ; du jeudi au samedi le midi et le soir. Carte : 25 € environ.

Ce joli petit restaurant, situé à proximité immédiate de la Butte aux Cailles, a tout d'une cantine de quartier. Ici, on développe, dans une chouette ambiance, toute une gamme de propositions végétariennes à base de produits bios. Dans cet intérieur où les styles se mélangent, on fait la part belle aux produits de la coopérative située toute proche de là. Le menu, qui change régulièrement, est toujours bien senti : le jour de notre passage, la courge bleue de Hongrie et son riz basmati et le yaourt au lait de soja à la fleur de lavande étaient irréprochables. On vient et on revient ici, l'esprit léger et le ventre bien rempli. Une belle adresse, pleine de valeurs et de saveurs.

VÉGÉTARIEN

BUJA VÉGÉTARIEN

19, rue du Père Guérin (75013)
✆ 01 42 28 54 48
M° Place d'Italie
Ouvert du lundi au samedi le midi et le soir. Carte : 20 € environ.

C'est un restaurant asiatique végétarien, très facile à trouver puisqu'il se situe à deux pas (et pas davantage) de la Place d'Italie ! Si les plats sont simples, ils n'en sont pas moins excellents : les *bo buns* sont copieux et remplis de belles saveurs, les soupes de légumes bien réalisées et notre mention spéciale va aux pâtes de riz. Ce dernier plat, très consistant, et pour cette raison parfois un peu lourd, trouve ici le moyen d'être presque aérien. Les prix pratiqués sont très raisonnables, l'accueil est affable. Le lieu en lui-même, s'il ne paie pas de mine, est pratique. Une chouette adresse du quartier que les initiés se refilent – et que l'on vous conseille !

VÉGÉTARIEN

SEASON SQUARE

3, rue Louise-Weiss (75013) ✆ 09 86 72 86 15 - M° Chevaleret ou Bibliothèque François Mitterrand. - www.season-square.com

Ouvert du mardi au vendredi le midi ; le samedi midi et soir. Sans réservation. Carte : 12 € environ.

Lorsque deux amis s'associent avec l'envie et l'enthousiasme de proposer un endroit pas comme les autres, ça donne Season Square ! Ici, c'est la cuisine végétale qui est l'honneur, et le restaurant fait souvent le plein. Leur cinnamon roll est incroyable, et introuvable ailleurs ! La mayonnaise épicée pour les frites est également à tomber par terre, et les desserts sont furieusement addictifs, comme le muffin poire-chocolat. Mention spéciale aux tarifs, parmi les plus intéressants de l'offre du coin. Attention, on le redit, la fréquentation est souvent forte, alors on n'arrivera pas à la dernière minute, d'autant que le lieu ne prend pas de réservation. A bon entendeur...

VÉGÉTARIEN

LE FAITOUT

23, avenue Simon-Bolivar (19e) ✆ 01 42 08 07 09
M° Pyrénées
www.lefaitout.fr

Ouvert du mardi au dimanche le midi et le soir. Carte : 25 € environ.

On se restaure ici de manière végétarienne et même végétalienne, en privilégiant les produits frais, bio et locaux, et on arrive (enfin) à conjuguer saveurs et valeurs. A l'heure de midi, l'ardoise se remplit de suggestions appétissantes, comme le steak végétal aux pommes de terre rôties, la soupe épaisse au tofu et à la courgette. Il y a du taboulé aux pois chiches, du gaspacho à la pastèque, du riz aux épices... Après une assiette de fromage élaboré sans lait, on se tourne vers les desserts. Ils peuvent proposer un crumble aux figues, une tarte au citron, une Tatin à la pêche et aux amandes, si bien qu'on a plus d'une raison d'être tenté par l'un de ces plaisirs gourmands.

VÉGÉTARIEN

POLICHINELLE

51-53, quai de Grenelle (75015) ✆ 01 87 44 69 14 - M° Bir-Hakeim.
http://polichinelle-restaurant.com

Ouvert tous les jours le midi et le soir. Formule du midi : 32 € (2 plats), 38 € (3 plats). Brunch le week-end : 65 €.

Christophe Michalak ne se contente pas d'être l'un des meilleurs pâtissiers français : avec le fondateur de Big Fernand, l'enseigne de burgers, il a ouvert Polichinelle au sein de l'hôtel Yooma, à Beaugrenelle. Un restaurant où le légume est roi et qui remet au goût du jour le concept de buffet. Dans un décor design ou en terrasse, les convives savourent donc ici une cuisine légumière, élaborée avec des produits bio autant que possible. Au menu un été, côté salé, tempura de légumes de saison, panna cotta de tomates, aubergine panée au miso, carottes nouvelles en risotto entre autres, et côté sucré, mousse chocolat et chou garni d'une marmelade de fruits exotiques notamment.

VÉGÉTARIEN

CANTINE PRIMEUR

4, rue Lemon (20e) ✆ 01 71 70 95 28 - M° Belleville
www.cantineprimeur.fr

Ouvert du dimanche au jeudi le midi ; le vendredi et le samedi le midi et le soir. Carte : 25 € environ

Tout en sobriété, l'aménagement de cette cantine utilise les teintes claires et les lignes épurées d'un mobilier de bistrot de style ancien. A la fois bio, végétarienne et végane, la carte répond aux envies de repas léger, sain et goûteux. Les plats du jour, tels que le curry masala, les lasagnes ou le burger sans viande du dimanche sont autant d'appels. On aura du mal à ne pas évoquer le steak végétal, qui fait généralement fuir la majeure partie des amateurs de viande, et avec lequel vous devriez ici vous réconcilier. Les desserts sont à l'avenant, pas les plus originaux, mais franchement très bons. Au bilan, une addition un peu salée, mais justifiée – c'est le principal.

VÉGÉTARIEN

LE MYRHA

70, rue Myrha (18e) ✆ 09 73 21 78 43
M° Château Rouge

Ouvert du mardi au samedi et les jours fériés ; le vendredi et le samedi. Carte : 20 € environ. Formule du midi : 16 €.

Ne dites pas restaurant, mais cantine ! Cet établissement et l'un des lieux de ralliement de celles et ceux qui veulent manger bio, bon et végan dans le 18e arrondissement. Car ici, la majeure partie des propositions culinaires arborent fièrement leurs valeurs, et c'est amplement mérité. Car le Myrha, c'est le lieu *healthy* que l'on se refile sous le manteau. Tout est fait maison avec des fruits et des légumes bios, avec fromages végans, jus fermentés et laits végétaux, mais aussi des vins naturels et des bières artisanales pour l'apéritif. Le dimanche c'est brunch ! Et tout ça dans un esprit bon enfant, dans une pièce lumineuse entourée de baies vitrées : immanquable.

VIETNAMIEN

MÂY BAY

33, Rue des Laitieres - **VINCENNES** ✆ 06 03 24 51 22 -
M° Saint-Mandé.
www.maybayparis.com

Ouvert du lundi au samedi midi & soir. Menus de 31,50 € à 35,50 €. Carte : 35 € env. Formules midi : 20,90 € & 22,50 €.

Vietnamien et végétarien : tel est le concept simple, mais pas si fréquent pour la gastronomie de ce pays d'Asie, de Mây Bay. Dans un cadre contemporain et cosy, mais sans être d'une grande originalité, on pourra se concentrer sur les propositions culinaires, et elles sont nombreuses ! Si certains plats sont déjà connus, comme les nems ou les raviolis, sont bien au rendez-vous, d'autres sont totalement inexplorés pour bon nombre des clients. C'est le cas de ces brochettes grillées de viande végane, de ces crêpes vietnamiennes à la vapeur ou de ces bananes aux perles de tapioca en dessert. Assurément une chouette découverte, qui se décline selon plusieurs menus.

SPÉCIALITÉS

1ER - 2^E^ - 3^E^ - 4^E

VIANDE

HONORÉE

7, rue des Prouvaires (1er) ✆ 07 57 12 63 25 - M° Les Halles
www.lebistrotdulouchebem.fr

Du mardi au dimanche, midi et soir. Carpaccio à volonté au déjeuner et de 19h à 20h30. Plat du jour semainier : 21 €.

Honorée, ancien bistrot du Louchébem, est le petit frère de son voisin, le célèbre Louchébem. Dans ce petit établissement de quartier, en plein cœur des Halles, on savoure évidemment des classiques, comme l'incontournable os à moelle (20 cm de long !) ou le foie gras maison, mais aussi un vaste choix de viandes : bœuf (entrecôte, bavette, tartare…), volailles (magret et confit de canard, poulet fermier), veau (rognon, foie…)… La carte des desserts ne laissera pas les gourmands indifférents, avec le baba au rhum notamment. Jolie sélection de vins par la cave Saint-Honoré. Aucune hésitation à s'y rendre, l'endroit, très convivial, est un incontournable du quartier !

VIANDE

LOMBEM

22, passage des Panoramas (2e) ✆ 01 45 08 54 45
M° Grands Boulevards - www.lombem.paris

Du mardi au samedi : midi et soir. Dimanche : midi. Formule du midi : 16 ou 20 €.

Selon une expression populaire de bouchers, « lombem » veut dire « bon », mais dans ce restaurant spécialisé en grillades, on est loin des étals de bouchers traditionnels... La salle est design et l'ambiance feutrée tandis qu'un grill imposant permet de faire rôtir les viandes. Dans les assiettes, c'est consistant et créatif sans trop de chichis. On vous recommande le tartare au couteau, assaisonné au chimichurri ou la bavette d'Aloyau, montée en brochette qui ravira les amateurs. Pour les végétariens, les entrées et les salades (houmous de betteraves, avocat grillé...) et le burger végan sont appréciables. En soirée, ne manquez pas le bar en sous-sol pour une petite séance de rodéo.

BIO

MÛRE

6 rue Saint-Marc (2e) - M° Grands Boulevards.
www.mure-restaurant.com

Du lundi au vendredi : 8h30-15h30. Samedi : 11h-17h. Formules à 9,50-12,50-15,50 €. Goûter : 4,70 €.

Du potager à l'assiette, il n'y a qu'un pas ! C'est le credo de cette mini cantine gourmande installée en plein cœur de Paris et qui a décidé de se servir essentiellement des produits issus dans sa propre ferme à 30 km de là. Ici, vous pourrez composer vous-même votre formule en choisissant parmi plusieurs propositions qui changent tous les jours. A la carte, vous trouverez généralement, un ou deux plats cuisinés comme des gratins, des soupes ou des focaccias, des quiches et des pizzas, mais aussi des assortiments de salades créatives et des desserts simples et savoureux. Tout est bio et cuisiné avec un sens du goût précis. Le tout pour des prix tout à fait abordables !

VIANDE

L'ALLER RETOUR

5, rue Charles-François-Dupuis (3e) ✆ 01 42 78 01 21
M° Temple. - www.laller-retour.com

Ouvert du lundi au vendredi de 12h à 14h30 et de 19h30 à 22h30 ; le week-end de 19h30 à 22h30. Carte : 25 € env.

Au cœur du Marais, une adresse parfaite pour les amateurs de viande et de bon vin au décor 100 % improbable ! Livres en pagaille, papier peint en toile de Jouy, comptoir en tôle ondulée, déco façon appartement vétuste, on se demande à quelle sauce on va être cuisiné. Béarnaise, poivre ou roquefort, elle accompagnera de toute façon les frites maison. A déguster, des viandes tendres et savoureuses qui n'ont pas à rougir de leur origine : tartare de bœuf charolais, carpaccio, burger, la côte de bœuf Simmenthal pour 2 personnes. En dessert, des pâtisseries US signées Rachel's sont à la carte. Le tout à des prix très raisonnables qui permettent de se faire plaisir dans le choix du vin.

FRUITS DE MER - POISSONS

HOMER LOBSTER

21, rue Rambuteau (4e) - M° Rambuteau.
www.homerlobster.com

Ouvert tous les jours. Service en continu de 12h à 23h. Lobster roll taille normale : 20 €. Taille XL : 25 €.

Le Homer Lobster est un concept qui nous vient tout droit de la côte est des Etats-Unis. Il s'agit simplement d'un sandwich au homard, mais pas de n'importe quel sandwich. Terriblement onctueux et addictif, ce pain brioché fabriqué de manière artisanale est fourré avec une farce de homard dont les recettes varient, thon, saumon, crabe, selon vos envies. Cette fameuse farce est concoctée de diverses manières : le homard est haché et mélangé avec une chouette mayonnaise, ou tiédi et assaisonné de beurre citronné. On craque particulièrement pour le lobster roll avocado avec guacamole, homard et épices « old bay ». Une carte courte, mais efficace qui fonctionne à merveille.

FRUITS DE MER - POISSONS

LES PINCES

29, rue du Bourg Tibourg (4e) ✆ 09 83 56 47 93 - M° Blanche.
www.lespinces.com

Ouvert le lundi de 19h à 22h30 ; du mardi au dimanche de 12h30 à 15h et de 19h à 22h30. Sans réservation.

Le concept est simple : démocratiser le homard ! Après avoir reçu un bavoir maison estampillé Les Pinces, on pourra choisir entre un homard entier rôti au four, ou un *lobster roll*, c'est-à-dire un homard dans un pain toasté. Il est possible et c'est nouveau pour les gros mangeurs, un surf et turf, un mer et terre, un demi-homard avec une côte de bœuf. Ou si vous n'aimez pas, une côte de bœuf de 500 g provenant d'Irlande, nourri au près. Et avec tout cela, bien évidemment, une sauce citronnée et toujours une petite salade et des frites maison. La carte des vins choisie et les desserts faits maison, mousse au chocolat, crumble boule vanille, cheesecake clôturent un belle carte.

FRUITS DE MER - POISSONS

BAR À IODE

34, boulevard Saint-Germain (5e) ✆ 01 43 29 99 21
M° Jussieu
www.baraiode.fr
Ouvert du mardi au samedi le midi et le soir. Carte : 30 € environ.

Un air marin souffle sur le boulevard Saint-Germain avec ce Bar à Iode qui se veut « un bar de la mer à prix caviste ». Derrière ce concept, Valentine et Antoine, deux amoureux de la mer qui ont créé leur temple en 2014, et l'ont développé avec 2 autres adresses dans la capitale. Sur les conseils d'Antoine, on commence par s'intéresser à la cave où toutes les régions sont représentées. Des blancs, *of course*, mais aussi des rouges et des rosés. Puis on passe à la carte totalement iodée : des assiettes d'huîtres (fines de claire N° 4, creuse de Cancale N° 3, spéciale Utah Beach N° 2), des coquillages, des plateaux de crustacés, des soupes et une belle carte de plats cuisinés...

FRUITS DE MER - POISSONS

LE VENT D'ARMOR

25, quai de la Tournelle (5e) ✆ 01 46 34 50 99 - M° Cardinal-Lemoine ou Pont-Marie
www.le-vent-darmor.com
Ouvert du lundi au samedi le midi et le soir. Carte : 60 € environ.

Très certainement l'un des meilleurs restaurants de poissons (et plus généralement de produits de la mer) de la rive gauche parisienne. Dans cet endroit (où l'on sent immédiatement la patte chic du maître des lieux), la carte est belle (on ne trouve pas d'autre mot) et fait la part belle aux produits bretons, on l'aurait deviné : les poissons et crustacés sont ici sublimés, et toujours rehaussés par la maestria du chef, en fonction des arrivages et des saisons. Bref, c'est excellent, et la carte des vins est, elle aussi, sans la moindre faute ! Si le repas ici a un coût, il les vaut très largement. La réservation est fortement recommandée, notamment le week-end.

FROMAGES

HEUREUX COMME ALEXANDRE - SAINT-MICHEL

24, rue de la Parcheminerie (5e)
✆ 01 43 26 49 66
M° Saint-Michel ou Cluny-La-Sorbonne
Ouvert tous les jours le midi et le soir. Fondue ou pierrade : 18 €.

Une bonne adresse en plein cœur du Quartier latin pour savourer d'excellentes fondues et pierrades et on adore les prix qui ne suivent pas du tout l'inflation. Dans cette chaîne bien implantée dans le Quartier latin, pas un centime d'euro d'augmentation depuis des lustres. Au programme, des fondues bressanes, savoyardes, bourguignonnes ou landaises et des pierrades avec assortiment de bœuf, poulet et magret. En dessert, la fondue au chocolat est excellente – il faut juste avoir encore de la place. Le patron a assemblé un grand choix de vins en bouteille, demie et quart.

FRUITS DE MER - POISSONS

HUGUETTE, BISTRO DE LA MER

81, rue de Seine (6e) ✆ 01 43 25 00 28 - M° Mabillon.
www.huguette-bistro.com
Tous les jours et les jours fériés de 12h à 2h. Formule du midi : 20 € (entrée-plat ou plat-dessert).

On pourrait se croire sur le bassin d'Arcachon, dans un spot tendance sentant bon l'iode et les vacances. Cet établissement excelle à accorder poissons et fruits de mer dans de jolies assiettes fraîches et colorées. De la friture d'éperlans au ceviche en passant par les huîtres évidemment, les crustacés, les moules, le fish & chips, le bar ou le turbot proposé en entier… Les amateurs de produits de la mer trouveront forcément leur bonheur. Pour les autres, quelques viandes à la carte et des dim sum. Intéressante formule au déjeuner, sinon prix plutôt élevés.

FROMAGES

L'ASSIETTE AUX FROMAGES

25, rue Mouffetard (5e) ✆ 01 43 36 91 59 - M° Place Monge
www.lassietteauxfromages.fr
Ouvert toute l'année. Tous les jours le midi et le soir. Carte : 30 € environ.

Les sports d'hiver sont loin derrière vous et vous n'avez pas à la maison le matériel nécessaire pour organiser une « fondue party » ? Vous pouvez aller dans ce restaurant dédié aux grandes spécialités fromagères de la montagne qui s'est donné pour mission de faire partager quelques-unes de ses spécialités et en toutes saisons. Au programme, des fondues, des tartiflettes sans oublier l'éternelle raclette. Quelques plats supplémentaires sont proposés à la carte. Les desserts sont bien moins originaux – dommage – mais soit, on veut être honnêtes, il faut vraiment avoir un gros appétit pour qu'il vous reste de la place. Le service est parfois un peu débordé, notez-le en amont.

FRUITS DE MER - POISSONS

L'AVANT-COMPTOIR DE LA MER

3, carrefour de l'Odéon (6e) ✆ 01 42 38 47 55
M° Odéon
Ouvert tous les jours de 12h à 23h. Service continu. Vente à emporter.

Avec son Comptoir du Relais et ses quatre Avant-Comptoirs, il s'étend le Camdeborde, il s'étend ! Ces avant-scènes culinaires sont formatées sur le même modèle : tout se passe au comptoir. Dans la version marine, il faut lever la tête pour découvrir les tapas en photos, pendues au plafond : croustillant de crevettes au basilic, sardines au beurre Bordier, ceviche de poisson-granny smith… D'autres propositions sont inscrites à l'ardoise : harengs marinés, friture d'éperlans, poêlée de lieu noir... Sans oublier les huîtres bien sûr. Difficile de résister à cet appel du large.

FRUITS DE MER - POISSONS

LA MÉDITERRANÉE

2, place de l'Odéon (6e) ✆ 01 43 26 02 30
M° Odéon
www.la-mediterranee.com
Tous les jours, le midi et le soir. Menus : 31 € et 37 €.

Créé par un ami de Jean Cocteau qui en a dessiné le logo, ce restaurant à l'atmosphère cosy et chaleureuse attire depuis toujours les personnalités du monde entier. Spécialiste des bouillabaisses, des poissons en tout genre (daurade royale, lotte, barbue, sole…), des huîtres et des fruits de mer, La Méditerranée propose des produits de qualité d'une extrême fraîcheur. Les clients habitués se régalent d'une cuisine aux cuissons justes, ne manquant pas parfois d'originalité (telle cette noix d'entrecôte accompagnée d'un jus aux anchois). Belle carte des vins alignant de jolies maisons. La vue sur le théâtre de l'Odéon ajoute un brin d'histoire à cette adresse qui en est déjà bien chargée.

FRUITS DE MER - POISSONS

MERCERIE MULLOT

19, rue Bréa (6e) ✆ 01 43 26 08 06
M° Vavin.
Du mercredi au dimanche midi et soir. Menus de 48 € à 68 € le soir ; 38 € le midi. Menu du week-end : 38 €.

Pas la peine de pousser la porte de la Mercerie Mullot pour trouver des aiguilles et du fil... Ici, on détricote poissons et fruits de mer. D'ailleurs, c'était marqué avant sur la devanture : huîtres, coquillages et crustacés. Depuis, le registre s'est un peu élargi pour inclure des produits de la terre. En tout cas, pas de chichis dans la déco et une carte courte, présageant que rien ne traîne dans les frigos. Tout est ultra-frais ! Un automne, une lotte du Guilvinec fricotait avec des carottes de Solange pendant qu'une paume de ris de veau se liait à des pommes de terre de Noirmoutier et que des tagliatelles de seiche de Palamos cohabitaient avec des asperges vertes. C'est du joli… et bon.

FRUITS DE MER - POISSONS

SEULEMENT SEA

9, rue Lobineau (6e) ✆ 01 43 26 71 95 - M° Mabillon, Odéon.
www.seulementsea.com
Mardi-samedi 12h-23h. Menus déjeuner : 19 € (entrée-plat ou plat-dessert), 24 € (entrée-plat-dessert).

Pour être franc, c'est le nom qui nous a harponnés. Seulement Sea… Les carnivores peuvent rebrousser chemin, ici ils ne trouveront à la carte que des produits de la mer (huîtres, homard selon arrivage, moules en saison…) et éventuellement « une entrecôte pour celui ou celle qui, dans un groupe, n'aime pas le poisson ou préférera une viande », nous a indiqué le patron de cette table marine. Lors de notre passage, un printemps, le chef proposait en plats du jour des crevettes en tempura et un filet de lingue poché, sauce citronnée. Sinon, la carte affichait un tartare de lieu jaune aux épices servi avec un sorbet avocat-coco et un bar entier-orange-basilic. Bonne pêche (à prix raisonnables) !

RESTAURANT DE BURGER

PÈRE ET FILS BURGER PAR ALLÉNO

53-57, rue de Grenelle (7e) ✆ 01 84 74 21 21 - Métro, Sèvres-Babylone ou Rue du Bac. - https://perefilsparalleno.com
Ouvert du lundi au vendredi le midi et le soir ; le week-end de 12h à 22h. Burgers : 14 €-17 € ; salades : 12 €-21 €.

L'adresse de Yannick Alléno à Beaupassage s'est muée en un *diner* où son fils Antoine, tragiquement décédé en 2022, a lancé un concept de burgers haut de gamme en duo avec son père. En mémoire du jeune homme, le chef poursuit l'aventure. Si le décor a été revu – comptoirs et larges banquettes au rez-de-chaussée, ambiance loft au premier –, le principe reste inchangé : des burgers gastro (Alléno oblige), avec des ingrédients au pedigree irréprochable. Des pépites gourmandes – dont l'Empereur (viande marinée au soja) – à savourer avec un verre de vin de l'Allénothèque.

FRUITS DE MER - POISSONS

BARBOT

47, avenue Trudaine (9e)
Métro Pigalle ou Anvers.
Mardi-jeudi : 16h-1h ; vendredi : 12h-1h ; samedi : 12h30-1h30 ; dimanche : 12h30-22h. 6 huîtres 13 €, la douzaine 24 €.

Après sa péniche parisienne sur la Seine et sa guinguette à Nogent-sur-Marne, l'équipe des Maquereaux a continué de tracer son sillon marin avec l'ouverture, en mai 2021, de Barbot dans le quartier de SoPi. Comme il faisait beau ce dimanche-là, c'est en terrasse – imposante – que se pressaient familles et bandes d'amis pour déguster huîtres, bulots, crevettes, fish & chips, poisson et autres moules marinières (la maison a tout de même prévu quelques produits « pied-à-terre », comme cette salade de poulet pané façon César). Fraîcheur garantie. De plus, le personnel est jeune et sympathique. Assurément, on reviendra s'asseoir à la table de cet agréable bar à crustacés.

INSOLITE

LES BARIOLÉS DE MAUD

12, rue Buffault (9e) ✆ 09 73 17 01 68 - M° Cadet ou Le Peletier.
www.lesbariolesdemaud.fr
Ouvert du lundi au vendredi, 10h45-16h ; le week-end, 10h-16h. Brunch tous les jours.

Sans connaître le concept, le nom intrigue : bariolé. De prime abord, on s'attend à de la couleur. De fait, cette « coque » (puisqu'elle renferme un petit plat salé ou une garniture sucrée) triangulaire est teinte tout à fait naturellement en fonction de son contenu. Sa composition est tenue secrète. Et en bouche ? Les bariolés que nous avons goûtés étaient exquis à souhait. Un automne, la maison proposait notamment le Doré, à la crème de châtaigne et aux pommes dorées au four, et le Fourmidable (fourme d'Ambert-chou kale-ricotta). Une cuisine originale, idéale pour un déjeuner rapide ou un apéro entre amis (les bariolés sont alors servis en tapas). Petite salle, donc rapidement affluence.

BRUNCH

BON BOUQUET CAFÉ

29, rue de Trévise (9e) - Métro Cadet ou Grands Boulevards.
www.bonbouquet.fr

Tous les jours, de 9h à 17h. Cuisine ouverte jusqu'à 16h. Plats salés : 13,50 €-14,50 € ; plats sucrés : 11 €-12,50 €.

On associe quasi systématiquement le brunch au week-end. Il est vrai que l'on se lève alors plus tard et que l'on cumule volontiers petit déjeuner et déjeuner en invitant amis et/ou famille pour une pause gourmande et conviviale. Bon Bouquet a fait le pari qu'il était tout à fait possible aussi de déguster un brunch en semaine. Cette charmante cantine au décor floral affiche à sa carte les classiques du brunch – avocado toast (avec du houmous de betterave maison un automne), œufs benedict, granola, pancakes salés et sucrés… – accompagnés de pâtisseries. Une production maison avec des ingrédients frais. Attention, nombre restreint de tables et pas de réservation possible.

FRUITS DE MER - POISSONS

JUSTE

48, rue Lafitte (9e) ✆ 09 82 34 90 29
M° Le Peletier.
http://juste-producteur.com

Ouvert du lundi au vendredi, le midi et le soir. Vente à emporter.

L'ambition de Juste ? Démocratiser la consommation d'huîtres et de fruits de mer. Cette cabane réduit ainsi au minimum la chaîne qui va du producteur au consommateur en s'associant avec un ostréiculteur de Riec-sur-Bélon, la Maison Thaëron. Du coup, les prix sont très compétitifs : 20 euros la douzaine de N° 3 ! A Paris, c'est plutôt rare, d'autant que la qualité – et une certaine inventivité – sont au rendez-vous. Outre des huîtres, des bulots-mayo, des couteaux et un demi-homard, pour ne citer qu'eux, la carte de Juste affiche au gré des marées des réjouissances océanes, telles ces noix de Saint-Jacques et leur écrasé de butternut. Vraiment, ça vaut le coup d'accoster ici.

FRUITS DE MER - POISSONS

MERSEA

6, rue du Faubourg-Montmartre (9e) ✆ 09 73 22 46 13 -
M° Grands Boulevards. - www.merseaparis.com

Ouvert du mardi au samedi midi et soir. Service continu le samedi. Tapas : 6,95 €-10,95 € ; plats : 12,95 €-17,95 €.

Une enseigne pour *fish lovers* ! Mersea, en effet, est le premier concept de street food de qualité entièrement dédié au poisson. Les recettes sont élaborées par Olivier Bellin, chef breton doublement étoilé, qui a conçu une carte courte. C'est bon signe ! Un automne, on y trouvait notamment, outre des plats à partager (fish nuggets, fish balls…), un tartare de thon avec betteraves et sauce tosazu (association de vinaigre de riz et de bouillon dashi), un falafish (pita, fish balls, légumes croquants) et, en nouveauté, une blanquette de la mer. Mais la star de la maison est le fish & chips, à la croustillante panure, à déguster avec une sauce tartare par exemple. C'est bon et frais !

INSOLITE

PRIVÉ DE DESSERT

4, rue Lallier (9e) ✆ 01 85 15 24 33 - M° Pigalle ou Anvers
privededessert.com

Du lundi au vendredi, de 19h à 23h ; le week-end, de 12h à 14h30 et de 19h à 23h. Carte : 25 € environ (plat-dessert).

C'est une fois la carte entre les mains que le nom de l'établissement prend sens : tous les plats salés sont revisités sous forme de desserts. L'expérience est pour le moins surprenante… En entrée, le nougat est en fait du chèvre frais avec des fruits secs et un coulis moutarde-miel. Le cappucino, de son côté, est un tartare de saumon-fenouil-cacahuète-émulsion de houmous. Et derrière le riz au lait se cache du cabillaud cuit à basse température accompagné de riz à la crème d'amande citronnée. Ne négligez pas les desserts en trompe-l'œil : le champignon est en réalité une poire pochée à la vanille avec un chou myrtille-cassis et du crumble cacao. Pour le reste, on vous laisse la surprise !

BRUNCH

BRUNCHY ZOYA

219, rue Saint-Maur (10e) ✆ 07 66 82 21 27
M° Goncourt ou Colonel Fabien. - www.lezoya.fr

Du samedi au lundi et le jeudi de 9h à 16h ; le vendredi de 9h à 13h30. Brunch avec boisson chaude : autour de 15 €.

Après une nuit de fête, on a toujours besoin de refaire le plein d'énergie et de bonnes choses. C'est au Brunchy Zoya que vous trouverez votre bonheur, tout près du canal Saint-Martin et du quartier de Belleville, dans un cadre cosy et sympa avec des plats généreux tout en couleurs et très gourmands. Des brunchs à croquer que l'on apprécie également si l'on a envie de prendre son temps ! A la carte, des pancakes sucrés et salés, des tranches de pain au cheddar épicé, des brioches, des granola bowls, des œufs Bénédicte, des options véganes, des jus pressés, des smoothies... le tout fait maison, et bien sûr des selfie coffees que l'on vous laisse le soin d'ouvrir sur place !

BRUNCH

IMMERSION

8, rue Lucien Sampaix (10e) - M° Jacques Bonsergent.
www.immersionparis.fr

Ouvert du lundi au vendredi de 10h à 16h ; le week-end de 9h à 19h. Carte : 20 € environ.

C'est un principe simple, et pourtant Alexis et Laura ont été les premiers à y penser ! Amateurs de saveurs et entrepreneurs dans l'âme, ces deux passionnés vous invite à partager un concept simple : proposer des brunchs chaque jour ! Ce déjeuner, habituellement dévolu aux dimanches, s'est ainsi démocratisé Ainsi est Immersion, ce lieu à la décoration cosy : on vient ici, on choisit à la carte quels délices (toasts, burgers, gaufres, assiettes complètes) on va déguster et on découvre le plaisir d'un vrai brunch sans restriction de date ! C'est excellent, pas très cher et l'accueil est excellent. Notez qu'une seconde enseigne est ouverte rue Danielle Casanova, dans le cœur de la capitale.

SPÉCIALITÉS

11E - 13E - 14E

VIANDE

BIDOCHE

7, rue Jean-Pierre-Timbaud (11e) ✆ 09 81 12 59 81 - M° Oberkampf
www.bidoche.fr

Ouvert du mardi au samedi le soir. Carte : 35 € environ. Accueil des groupes. Boutique.

En journée, Alexandre de Toulmon vous accueille dans sa boucherie. Élégante, elle propose à la vente une belle sélection de viandes, il faut dire que le monsieur ne lésine pas sur la qualité. Mais le soir l'adresse se transforme… On vous invite à vous faufiler dans un petit passage au fond de l'établissement, une fois le détour effectué vous ne pouvez qu'être surpris ! A la carte, des grillades proposées au poids, des morceaux maturés, des mijotés de saison, ainsi qu'une offre végétarienne. Au moment de passer commande, vous choisissez votre morceau, votre persillage, le degré de cuisson et le poids de la bête. Pour les petites faims, notez que les planches de charcuterie sont divines.

VIANDE

BRIGADE - OBERKAMPF

103, rue Oberkampf (11e)
M° Parmentier
www.la-brigade.fr

Ouvert du lundi au dimanche midi et soir. Carte : 20 € environ.

C'est une enseigne que les amateurs de plats copieux adorent, et qui dispose de quatre adresses à Paris (Opéra, Réaumur, La Défense) mais aussi à Sénart. Produits de qualité, plats roboratifs, accompagnements élaborés sur place, les codes sont simples et efficaces. A l'origine de ce projet, on trouve Tristan et Edouard, qui ont décidé d'investir les rues de Paris, armés de viande bouchère grillée. Le look des établissements reprend les codes des camions parisiens : devanture noire, espace extérieur *take-away*, barquettes en guise de contenants, c'est très *in*, et c'est très logiquement très prisé : on en redemande, sous réserve de réserver en amont, surtout le week-end !

BRUNCH

CAFÉ MAREVA

38, rue du Faubourg du Temple (11e) ✆ 01 43 38 64 57
M° Goncourt. - www.cafemareva.com

Ouvert du lundi au vendredi 9h-17h ; le week-end 9h-18h. Carte : 20 € environ. Brunch (proposé chaque jour : 24 €).

L'endroit idéal pour un moment de partage entre amis : chez Maréva, on vient se rassasier de produits sympas, garantis sans gluten et sans lactose ! Ainsi des pancakes géants cuits au four se déclinent selon plusieurs propositions sucrées ou salées, les gaufres de patate douce se conjuguent avec avocat, saveurs italiennes ou triptyque bacon-laitue-tomate. Les pâtisseries sont faites sur place, les bowls sont copieux, que demander de plus ? Peut-être une place sur la petite terrasse ? Dans ce cas, anticipez votre venue, car l'endroit est fort logiquement très prisé, principalement le week-end. Notez enfin que, dans la lignée de la cuisine, le café vient de la chouette maison Lomi.

INSOLITE

LES PETITES CANTINES

94, boulevard Vincent Auriol (75013) ✆ 07 65 79 09 59 -
M° Nationale. - https://paris.lespetitescantines.org

Ouvert du mardi au samedi. Rendez-vous à 9h30 pour préparer, et à 12h30 pour manger ! Du mercredi au vendredi, même système à 17h et 19h30 !

Une belle idée ouverte à tous : les Petites Cantines, c'est un réseau de cantines de quartier qui favorisent l'échange, la solidarité et la rencontre. Le principe en est simple : ici, vous venez le matin, aidez à préparer, partagez vos recettes avec d'autres participants, et à 12h30, tout le monde déguste ! Vous pouvez également choisir de passer juste pour le repas. Ici, le financement est libre, mais vous devrez en préalable adhérer à l'association. Et puis votre soutien financier permet également à des personnes démunies de disposer de repas à moindres coûts. Au final, une chouette initiative, belle et généreuse, qui vous procure beaucoup de plaisirs : gustatifs et humains.

BIO

YUMAN

70, rue du Chevaleret (75013) ✆ 01 73 74 44 79
M° Bibliothèque François-Mitterrand.
www.yuman-restaurant.com

Ouvert du lundi au samedi le midi et le soir. Carte : 25 € environ.

Un concept bio pluriel sympathique imaginé par Gilles Tessier, qui a fait de son établissement un restaurant « éclairé ». Yuman propose une cuisine élaborée à partir d'ingrédients biologiques, ultra frais et riches en nutriments. Pour la plupart, ils sont produits en France : les plats proposés sont réalisés sur place, par les cuisiniers de Yuman, à partir de ces produits sélectionnés avec soin. Vous avez plusieurs formules, la carte est courte avec trois entrées, trois plats et trois desserts et c'est en général plutôt végétarien, et on tient aussi à vous proposer des références sans gluten, au gré de propositions qui changent très régulièrement. Vous pouvez vous faire livrer !

FRUITS DE MER - POISSONS

LA CAGOUILLE

10, place Constantin-Brancusi (75014) ✆ 01 43 22 09 01 -
M° Gaîté - www.la-cagouille.com

Tous les jours, le midi et le soir. Entrées : 12 €-32 € ; plats : 22 €-48 € ; desserts : 4 €-13 €.

Sur une petite place tranquille, un peu à l'écart du bouillonnant quartier de Montparnasse, la Cagouille est une table qui sort du lot. Son équipe s'active au quotidien – la maison est ouverte toute l'année – pour offrir aux clients une qualité irréprochable, tant dans le service qu'en cuisine, et ce depuis 1981. Il y a également l'ambiance, le décor moderne, les tables espacées où l'on se sent à l'aise et la très belle terrasse prise d'assaut aux beaux jours. Ce restaurant est exclusivement voué aux produits des mers et des rivières, gardez-le en tête si vous êtes carnivore (aucune viande à la carte). Une référence plébiscitée par les habitués ! Belle sélection de vins et cognacs.

FRUITS DE MER - POISSONS

LE DUC

243, boulevard Raspail (75014) ✆ 01 43 20 96 30 - M° Raspail ou Edgar Quinet.
http://restaurantleduc.com
Ouvert du lundi au samedi, le midi et le soir. Formule du midi : 55 €.

Les modes passent, les ouvertures de cambuses se multiplient… Ici, depuis plus de cinquante ans, le plaisir reste intact. Le décor est peut-être suranné, diront les uns ; d'autres prétendront que les recettes peuvent manquer d'originalité… Une chose est sûre : chez Le Duc, on maîtrise la cuisson du poisson. On sait aussi préparer Saint-Jacques et saumon pour les servir crus. Tous les classiques sont au rendez-vous : de la sole meunière au homard breton à la nage (les versions sauté à l'orange ou grillé sont également à la carte), en passant par les rougets barbets poêlés à l'huile d'olive et les langoustines à la nage. Et on n'oublie pas les fruits de mer ! Ambiance feutrée.

FOOD COURT

HOBA

44, rue Bernard Buffet (17e) ✆ 01 44 83 04 88
M° Brochant ou Porte de Clichy. - www.hoba.paris
Du lundi au jeudi de 12h à 23h ; le vendredi et le samedi de 12h à 12h ; le dimanche de 12h à 21h.

Si Hoba évoque pour certains le cri du Marsupilami, pour d'autres – et ils auront raison – le nom rimera avec cuisine gourmande et durable, mais pas n'importe où. En effet ce lieu de vie, sis au cœur du parc Martin Luther King, précède le HO (*food court*) avec le BA qui offre dorénavant une vaste programmation axée sur les enjeux liés à l'alimentation (conférences, podcasts, cours de cuisine…) autour d'un café installé dans une forge du XIXe s. En venant ici vous nourrirez donc votre esprit en plus de satisfaire vos papilles : 5 chef(fe)s engagés vous concocteront d'excellents plats inspirés du ramen, du falafel, du muffin so british, des bowls méditerranéens et de la cuisine végétale !

VIANDE

MELT CAMBRONNE

103, rue Cambronne (75015)
✆ 01 42 57 71 47
Ouvert tous les jours le midi et le soir. Carte : 24 € environ (burger double steak + side + dessert).

Après les Batignoles et Oberkampf, Melt a ouvert sa troisième adresse à Cambronne. L'expert des barbecue texan y régale les carnivores du quartier, venus là pour déguster qui des burgers – la majorité des commandes, d'après ce que l'on a pu constater lors de notre visite –, qui du porc (poitrine, travers) ou du poulet mariné et fumé. Notre effiloché de cochon était honorable, accompagné d'une gourmande salade de pommes de terre. Dommage, selon nous, que les pickles et oignons marinés soient servis à même le plateau… Attention, la maison est visiblement très fréquentée le week-end et ne prend pas de réservation. Mais le service est plutôt fluide, et le personnel sympathique.

BRUNCH

CAFE MAREVA MONTMARTRE

27, rue de Clignancourt (18e) ✆ 09 88 03 12 00
M° Château Rouge - www.cafemareva.com
Ouvert du jeudi au lundi de 9h à 17h. Carte : 15 € environ. Brunch : 24 €.

Idéal pour un moment entre amis, ce café Mareva est situé entre Barbès et Montmartre, dans un quartier très vivant. Seconde déclinaison de l'enseigne qui exploite déjà un premier lieu éponyme du côté de République, il propose de faire une pause, avec de chouettes produits, garantis sans gluten et sans lactose. Au menu, des gaufres uniques et selon plusieurs choix, puisque certaines sont à base de patates douces, et d'autres sucrées, des pancakes ou des toasts à base de pain fait maison, évidemment ! Le week-end, c'est brunch, mais attention, il est très prisé : son rapport qualité-prix explique l'engouement. Le lieu n'est pas immense mais bougrement sympathique.

FRUITS DE MER - POISSONS

BAR À IODE MIRABEAU

11 bis, avenue de Versailles (16e) ✆ 01 46 51 40 84 - RER C Avenue du Président Kennedy-Maison de Radio France.
baraiode.fr
Du mardi au samedi, midi et soir. Formules déjeuner : 18 € (entrée-plat ou plat-dessert) ou 23 € entrée-plat-dessert).

Après le boulevard Saint-Germain et le quartier de Charonne, le Bar à iode a choisi l'avenue de Versailles, côté Maison de la Radio, pour planter sa « cabane » dans l'Ouest parisien. Le concept reste identique : des fruits de mer, du poisson et du vin. Les huîtres de Cancale choisies en entrée lors d'un déjeuner automnal étaient irréprochables : fraîches et bien ouvertes. Pour continuer – et tester la maison –, on s'était laissé tenter par un fish & chips. Là encore, rien à redire, si ce n'est peut-être que, comme ici la panure est (très) fine, les amateurs de ce traditionnel plat britannique ne retrouveront pas son habituel côté croustillant. Mais qu'importe ! Sympathique service.

BIO

EN VRAC

2, rue de l'Olive (18e) ✆ 01 53 26 03 94
M° Marx Dormoy
www.vinenvrac.fr
Ouvert tous les jours le midi et le soir. Carte : 25 € environ.

Caviste depuis de nombreuses années, l'heureux patron est aux commandes de cet endroit hype du quartier de La Chapelle depuis plus de 10 ans maintenant. Le principe est simple : le client arrive avec son cubi ou ses bouteilles, il les remplit depuis la cuve à vin de son choix. Pour déjeuner ou dîner, on vous sert ici une cuisine simple (on appelle ça la « cave à manger »), avec des petites viandes, des plats traditionnels, de la charcuterie, et un brunch du dimanche qui calera les plus grandes faims. Attention à l'affluence, car même si le lieu s'étend un peu dans la rue avec ses grandes tables aux beaux jours, c'est si chouette que les places y sont chères. Un excellent *spot*.

SPÉCIALITÉS

18E - 19E - 20E

FRUITS DE MER - POISSONS

LA MASCOTTE

52, rue des Abesses (18e) ✆ 01 46 06 28 15
M° Abbesses.
www.la-mascotte-montmartre.com
Ouvert tous les jours le midi et le soir. Carte : 60 € environ.

On connaît tous la Mascotte, cette institution parisienne en matière de brasserie. Sa Mascotte, c'est ni plus ni moins que cet étal absolument incroyable et sublime, et qui comprend les fruits de mer de celui-ci. Huîtres Gillardeau, Tsarskaya, Bouzigues... Saumons et fumaisons Safas... Cet endroit très iodé se fournit auprès des meilleurs producteurs de nos proches terroirs maritimes. Accompagnées d'un bon pain de seigle, de mayonnaise ou de vinaigrette à l'échalote, ces merveilles se dégustent sans hésitation. Dans le restaurant, on se régalera également de savoureux plateaux, que l'on peut également commander et emporter chez soi. Bref, un immanquable du quartier !

INSOLITE

LE MOULIN ROUGE

82, boulevard de Clichy (18e) ✆ 01 53 09 82 82
M° Blanche
www.moulinrouge.fr
Ouvert tous les jours.

Si la table du Moulin Rouge fait partie de nos coups de cœur, c'est pour son spectacle unique, mais aussi pour la finesse incroyable de ce repas. Une carte renouvelée à chaque saison, ce sont autant de possibilités de revenir, et découvrir une cuisine nouvelle, faisant du cabaret le lieu mythique que l'on sait, mais aussi une belle table. Des propositions pour amateurs de cuisine végétarienne, végétalienne, mais aussi pour les enfants complètent une offre culinaire magnifiant des produits nobles. Ensuite, laissez dérouler un programme haut en couleur et émotions : l'une des plus belles revues, mondialement connue depuis 1889, que représente l'actuel spectacle « Féerie ».

BIO

LA RECYCLERIE

83, boulevard Ornano (18e) ✆ 01 42 57 58 49
M° Porte de Clignancourt - www.larecyclerie.com
Ouvert du lundi au jeudi de 8h à 0h, vendredi de 8h à 2h, samedi de 11h à 2h, dimanche de 11h à 22h.

Installée une ancienne gare de la petite ceinture, la Recyclerie est un tiers lieu écoresponsable. Non content de posséder une superbe terrasse, ce lieu de vie ambitionne de sensibiliser le public aux valeurs écoresponsables. A la Recyclerie, la restauration n'est pas en reste ! Découvrez son café-cantine avec une cuisine responsable et abordable : des plats faits maison, des produits frais, de saison et rentrant dans une démarche locavore, des plats végétariens à la carte chaque jour de la semaine... Social, culturel, culinaire, le spot a toutes les qualités. Le plus ? Tous les déchets organiques sont recyclés et donnés aux animaux de la « Ferme urbaine » installée sur place.

VIANDE

AU BŒUF COURONNÉ

188, avenue Jean-Jaurès (19e) ✆ 01 42 39 44 44
M° Porte de Pantin
www.boeuf-couronne.com
Ouvert tous les jours le midi et le soir. Menu «Club Affaire» : 39 €. Menu enfant : 10 €.

Ce bel endroit est le seul restaurant qui ait survécu à l'époque des abattoirs. Il évoque les années 1930 par ses suspensions de laiton, ses banquettes de cuir et son linge de table immaculé, l'enseigne ayant même été rénovée en 2016. On y déjeune et on y dîne à l'ancienne et ici, c'est la gastronomie française qui est à l'honneur : escargots de Bourgogne, terrines, sardines, os à moelle, et puis évidemment la star : le bœuf ! Vous le retrouverez en tartare, en onglet, en entrecôte, en rumsteck ou en burger. Bavette d'aloyau à la plancha et poulpe poêlé sont aussi à la carte ! Les desserts sont également irréprochables. Les prix sont un peu élevés, mais largement justifiés.

RESTAURANT DE BURGER

DR. AUGUSTE

9, place Auguste Métivier (20e) ✆ 01 46 36 52 57
M° Père-Lachaise.
www.docteurauguste.com
Ouvert du lundi au samedi le midi et le soir. Carte : 25 € environ.

Pas de doute : ce docteur-là prescrit d'excellentes médications, principalement à base de bagels. Et en effet, ici, on est dans une maison toute dédiée, avec ces merveilleux pains et leurs accompagnements sous un grand nombre de propositions, à commencer par celle appelée « Burgel » : un hamburger dans un pain bagel, il fallait y penser ! Pour le reste, ce sont des salades fraîches (pour la ligne), des frites à volonté (pour l'inverse) et un brunch le samedi qui est franchement très honnête, et pour un rapport qualité-prix dont on ne se lassera pas. On peut consulter sans hésiter ce docteur ! Notez qu'une seconde adresse existe dans le 9e arrondissement, rue Bergère.

BIO

LA PETITE FABRIQUE

15, rue des Vignoles (20e) ✆ 01 43 73 57 88
M° Avron ou Buzenval
Ouvert du lundi au samedi le soir ; du mardi au dimanche le midi. Carte : 30 € environ.

Prenez un parquet de bois clair, des tables et chaises coordonnées, des murs blancs ou couverts de briques brutes : vous voici dans ce restaurant bio où l'on confectionne, depuis la cuisine ouverte sur la salle, de belles assiettes avec des produits issus de l'agriculture biologique. Sympathiques et appétissantes, elles mettent tout en œuvre pour satisfaire chaque palais, dont celui des enfants. Cake aux légumes, tartes végétariennes, de chouettes salades copieuses, des viandes idéalement cuites. Des valeurs sûres, que l'on apprécie beaucoup dans le quartier, à juste titre ! Un lieu bien différent de ceux que l'on peut habituellement découvrir dans le quartier.

OÙ BRUNCHER À PARIS ?

Voici notre sélection : éclectique, répartie dans les différents quartiers, et pour tous les goûts !

MAISON SAUVAGE – 5, rue de Buci – PARIS 6

Derrière la façade végétalisée de la Maison Sauvage, le brunch du même nom, avec toast à l'avocat, thé glacé ou yaourt aux différentes saveurs, vaut le détour. (Dimanche midi, 25 €)

LA ROTONDE STALINGRAD – Place Stalingrad – PARIS 19

Dans la rotonde elle-même, chef d'œuvre d'architecture, le brunch, appelé Gustu, est composé de nombreux produits corses. Réservation fortement recommandée. (Dimanche de 12h à 16h, 29 €)

MAMA SHELTER LA DEFENSE – 10, rue Jean Jaurès 92 800 PUTEAUX

Si vous cherchez du *hype*, rendez-vous aux portes de la Défense : une vue dingue sur la capitale et buffets qui valent le détour. (Dimanche midi, 46 €)

LE LAMARCK – 8, rue Lamarck 75 018 PARIS

Derrière la butte Montmartre, ce brunch bistronome vous propose hot-dog de bœuf confit ou le combo gagnant burrata – patates douces. Unique. (Samedi et dimanche midi, 30 €)

LIZA – 14, rue de la Banque 75 002 PARIS

Le brunch dominical de la libanaise Liza Soughayar est une invitation à bruncher hors du temps et de la grisaille, entre mezzés, houmous et baklawa. (Dimanche midi, 42 €)

LA FELICITA – 55, boulevard Vincent Auriol 75 013 PARIS

L'immense *food court* de la station F ne manque pas de propositions pour le dimanche. Et si ici, le brunch était multiple, en picorant un peu à chaque comptoir ? (Le samedi et le dimanche)

YAYA – 33, avenue Secrétan 75 019 PARIS

Dans cette ancienne halle Baltard, cette adresse propose un brunch à la grecque, avec standards de la gastronomie hellénique : *kefte*, *pita* et autres desserts typiques. (Le dimanche de 12h à 15h, 36 €).

TI CASE CREOLE – 115, rue Didot 75 14 PARIS

Une ambiance d'enfer pour ce brunch antillais. Ils ne sont pas si nombreux à Paris, alors on garde bien l'adresse au chaud. (Le dimanche, 26 €)

IMMERSION – 8, rue Lucien Sempaix 75 010 PARIS

Le brunch est le concept, puisqu'il est quotidien. On choisit sur la carte, et on se croit comme un dimanche ! (Ouvert tous les jours, prix moyen : 20 €)

CAFE MAREVA – 38, rue du Faubourg du Temple 75 011 PARIS

De l'original pour ces brunchs servis chaque jour, entre gaufres de patates douces et bowls, à deux pas de Bastille. (Ouvert tous les jours, 24 €)

SAVEURS MÉDITERRANÉENNES

1er - 2e

ITALIEN ET PIZZERIA

CINQUECENTO

38, rue Saint-Thomas (1er)
✆ 01 42 21 99 16
M° Châtelet-les-Halles.
Ouvert tous les jours le midi et le soir. Carte : 20 € environ.

Une valeur sûre du quartier, ouverte chaque jour jusque tard, et dont la situation géographique – en plein cœur de la capitale – et la qualité des propositions en font un lieu très fréquenté. C'est ici le temple de la pizzéria et autres spécialités italiennes. Sans monter dans des niveaux très élevés, on appréciera ici le rapport qualité-prix, suffisamment rare dans le coin pour être souligné. Touristes et jeunes viennent ici dans une ambiance joyeusement bruyante, et le personnel virevolte entre les tables pour satisfaire tout le monde. Au milieu du restaurant, une véritable ancienne voiture italienne a donné son nom à l'endroit, que l'on recommande sans hésiter.

ITALIEN ET PIZZERIA

KUCCINI

165, rue Saint-Denis (2e) ✆ 01 83 56 76 64
M° Réaumur-Sébastopol ou Étienne-Marcel
www.kuccini.net
Tous les jours le midi et le soir. Pâtes et risotto : 21,50 €-25 € ; viandes et poissons : 21 €-26 €.

Des plats traditionnels italiens (pâtes, risotto…), une équipe jeune et dynamique, de chouettes cocktails, des prix plutôt abordables pour le quartier (le tronçon de la rue Saint-Anne entre la rue de Turbigo et la rue Réaumur) : Kuccini a plus d'un atout dans sa manche. Cette cantine de poche au look boisé est pleine de caractère. Son nom vient des « cicchetti », la version italienne des tapas (la maison en propose). Si vous êtes pressé(e), ne vous inquiétez pas, le chef vous préparera en vitesse un plat à emporter. Si vous aimez prendre votre temps, c'est en terrasse, aux beaux jours, voire à la grande table du fond que vous prendrez place. Bref, un voisin précieux !

ITALIEN ET PIZZERIA

PRESTO FRESCO

14, rue Montmartre (1er) ✆ 01 40 26 83 94 - M° Etienne Marcel ou Les Halles - www.prestofresco.fr
Ouvert tous les jours : 12h-15h/19h-23h. Réservation recommandée. Carte : 30 € environ (pizzas à partir de 12 €).

Beaucoup d'inventivité et d'authenticité à la table de cette trattoria ! Tout est cuisiné « maison » à partir de produits de qualité provenant d'Italie, de Sicile et de Sardaigne. Un choix impressionnant de plats à la carte… Contempler les denrées appétissantes exposées au comptoir, choisir les antipasti de la grande vitrine proposés par portion pour une, deux ou trois personnes ainsi que les raviolis farcis à la citrouille, avec raisins, noix de muscade, sauce napolitaine, pignons…, amaretti, copeaux de parmesan et tomates marinées… De véritables délices à déguster sur place ou à emporter. En dessert, grand choix de glaces artisanales. Une flanquée de *people* fréquente l'établissement.

LIBANAIS

LIZA

14, rue de la Banque (2e) ✆ 01 55 35 00 66 - M° Bourse
www.restaurant-liza.com
Du mardi au vendredi : midi et soir ; samedi : soir ; brunch le dimanche. Menu à 22 €. Brunch le dimanche : 42 €.

Partez au Liban sans quitter le quartier de la Bourse grâce à ce restaurant incontournable. Du nom de son auteure, Liza Soughayar, ce restaurant fait la part belle aux saveurs orientales dans un décor moderne et élégant. Ici, vous pourrez goûter aux plats du jour typiques (comme le couscous libanais ou des kebbes) grâce au semainier, à des assortiments « comme un bento » ou encore à des plats et mezzés à la carte le midi. Le soir, optez pour plusieurs plats et mezzés à la carte à partager (ou pas). Tout est très bon, jusqu'aux desserts comme le baklawa, sorbets et autres douceurs. À noter : le brunch de la maison est parfait pour avoir un aperçu de cette cuisine de haute volée.

CUISINE ORIENTALE

DALIA

93, rue Montmartre (2e) ✆ 01 53 40 88 13
M° Bourse ou Sentier.
www.dalia-paris.com
Ouvert tous les jours le midi et le soir. Carte : environ 30 €.

La gastronomie levantine a de beaux jours devant elle à Paris et cette nouvelle adresse du très branché quartier du Sentier en est la preuve. Ici, la décoration est à la pointe de la mode avec du rose, du rotin et des grandes tablées. Les assiettes, en plus d'être savoureuses, sont très jolies. Pourtant, loin des clichés, c'est une cuisine pleine de goûts et créative que vous pourrez découvrir ici. La chef reconnue Or Bitan a créé une carte joyeuse et réjouissante avec notamment un carpaccio d'aubergine pistache et rose à tomber, des viandes mijotées – à commencer par un excellent agneau – un houmous goûteux ou encore des desserts diaboliques. Un véritable sans-faute.

ESPAGNOL

LA NOCERIA

58, rue d'Aboukir (2e)
✆ 01 53 40 81 67
M° Sentier.
Ouvert tous les jours le midi et le soir. Carte : 25 € environ.

Un vrai restaurant espagnol, dont les propositions sont excellentes, et à l'ambiance des plus festive ! Cette Noceria, qui a pris ses quartiers rue d'Aboukir, a rapidement trouvé une clientèle jeune, branchée et qui a vite compris le potentiel de cette chouette adresse. Car cette histoire d'amitié qui s'est concrétisée ici propose non seulement, dans un cadre plutôt chic où chaque détail est pensé, le meilleur de la gastronomie espagnole, mais c'est aussi un lieu festif, où beaucoup se retrouvent pour passer des soirées à trinquer selon les multiples propositions de cocktails. Au final, un vrai coup de cœur de l'équipe du *Petit Futé*, et un lieu où l'on revient sans faute.

MAROCAIN

LE TRAITEUR DE LA BOURSE

27, rue Saint Marc (2e) ✆ 01 40 15 64 70 - M° Bourse.
www.letraiteurdelabourse.fr
Ouvert du lundi au vendredi de 8h30 à 15h. Menus de 7,90 € à 15 €.

La propriétaire du Traiteur de la Bourse, Jamila, vous accueille dans ce restaurant marocain où l'on retrouve tous les grands classiques de la cuisine orientale : couscous (agneau, veau, merguez, boulettes ou végétarien), tajines, pastilas, tchatchouka mais aussi un large choix d'entrées froides et chaudes ainsi que des desserts. Ce voyage culinaire assuré ne s'arrête toutefois pas aux portes du restaurant : vous pouvez également faire appel au Traiteur de la Bourse pour organiser vos événements familiaux ou professionnels (anniversaire, mariage, séminaire, pot de départ...). Vous aurez la possibilité de commander un buffet salé et/ou sucré, jusqu'à 60 convives.

ITALIEN ET PIZZERIA

CARBONI'S

45, rue de Poitou (3e) ✆ 01 42 72 49 12
M° Temple.
www.carbonisparis.com
Ouvert du mardi au samedi le midi et le soir. Carte : 70 € environ.

Le principe de Carboni's est simple : des classiques italiens, mais réalisés avec des produits très soigneusement sourcés, et réalisés sans la moindre faute, faisant ressortir des saveurs incroyables que l'on pensait oubliées. Les pâtes sont évidemment réalisées sur place (mention spéciale à la *Chitarra all'Amatriciana*), les desserts sont sans faute. Comme on est à Paris, on vous propose une carte de cocktails, mais on préférera les délicieux vins italiens. C'est très bon, ça peut paraître très cher aussi : les prix ne sont pas injustifiés, mais restent dans la moyenne haute. Notez enfin que les groupes sont acceptés jusqu'à 10 personnes maximum, et sur réservation !

ITALIEN ET PIZZERIA

LA MASSARA

70, rue de Turbigo (3e)
✆ 01 42 74 13 94
www.la-massara.fr
Ouvert tous les jours le midi et le soir. Carte : 25 € environ.

Située dans la très passante rue Turbigo, cette petite adresse est bien connue des gens du quartier, qui aime l'ambiance 100 % italienne, et la qualité des produits utilisés pour la réalisation des nombreuses propositions proposés ici : lasagnes, salades ou pizzas qui se déclinent selon de très nombreuses propositions, rien ne manque. Le service est efficace, rapide et très sympathique. A l'intérieur, vous aurez le choix entre une salle au rez-de-chaussée et une seconde en sous-sol. Aux beaux jours, une terrasse rajoute quelques dizaines de places supplémentaires à l'offre. Réservation fortement recommandée pour le week-end. On vous recommande sans hésiter le lieu !

ITALIEN ET PIZZERIA

THE BROOKLYN PIZZERIA

33, boulevard Beaumarchais (3e) ✆ 01 48 87 98 92
M° Chemin Vert. - www.thebrooklynpizzeriaparis.fr
Ouvert tous les jours en continu de 8h à minuit. Brunch américain de 8h à 16h samedi et dimanche.

Cette adresse italienne cartonne dans le Marais avec sa Margherita de 26 cm à seulement 4 euros. C'est la pizza napolitaine la moins chère de Paris. La décoration, signée Pierre Canot, reconstitue l'ambiance de Brooklyn, à travers une salle cosy et l'immense four à pizzas vous met tout de suite dans l'ambiance. On vous recommande notamment la pizza aux truffes fraîches du Molise (mozzarella DOP, œuf de caille, roquette crème de truffe) ou la Cheesus Christ (tomates San Marzano DOP, mozzarella DOP, ricotta, gorgonzola, scarmorza fumée), sans oublier les bonnes pasta maison. Et si vous avez encore un peu de place pour le dessert, laissez-vous tenter par la pizzetta au nutella. Coup de cœur !

ITALIEN ET PIZZERIA

EATALY PARIS MARAIS

37, rue Sainte-Croix de la Bretonnerie (4e) ✆ 01 83 65 81 00
M° Hôtel de Ville. - www.eataly.net
Ouvert tous les jours de 10h à 22h30. Vente à emporter de 10h à 21h.

Une belle référence pour partir à la découverte de la gastronomie italienne. Installé sur 2 500 m² organisés sur trois niveaux, dont un autour d'une Piazza Centrale, ce vaste et lumineux magasin créé par Oscar Farinetti comprend des comptoirs spécialisés (charcuterie, fromage, boulangerie, légumes...), des restaurants et des bars-cafés (la Pasta e la pizza, l'Osteria del vino, le Bar Torino...), une cave à vins et une épicerie. Mais Eataly, c'est aussi une expérience que sa devise « Eat Shop Learn » résume bien : on peut y acheter les ingrédients qu'utilisent les chefs et apprendre à les cuisiner à la *Scuola* (sur réservation) : pâtes fraîches, pizzas, lasagnes, sauces, risottos…

ITALIEN ET PIZZERIA

PIZZA SANT' ANTONIO

1, rue de la Verrerie (4e) ✆ 01 42 77 78 47
M° Hôtel de Ville.
Ouvert toute l'année. Tous les jours le midi et le soir. Carte : 25 € environ. Chèque Restaurant.

C'est régulièrement bondé, et la situation n'y est pas pour rien. En plein cœur de la capitale, face à une place cernée de restaurants multiples, Pizza Sant'Antonio propose de nombreuses spécialités italiennes, vous l'aurez compris. Comme son nom ne l'indique pourtant pas, vous pouvez également choisir ici salades, viandes et pâtes. Le service est rapide, midi comme soir, et l'ensemble tourne à plein. Le week-end, surtout lorsqu'il fait bon, les places en terrasse sont chères, il faudra alors vous rabattre vers l'intérieur, un peu bruyant. Idéal pour une sortie entre amis, un peu moins pour une soirée en amoureux. Le rapport qualité-prix est correct pour le quartier.

GREC

LES DÉLICES D'APHRODITE

4, rue de Candolle (5e) ✆ 01 43 31 40 39
M° Censier – Daubenton.

Tous les jours : 12h-14h30, 19h-22h30. Formule midi : 24,50€ Carte : 35-40 € environ.

Avec plusieurs établissements dans la capitale, les frères Mavrommatis (qui disposent aussi d'un restaurant éponyme dans l'arrondissement) sont des incontournables de la cuisine grecque à Paris. La devanture bleue et blanche, style taverne grecque, et la terrasse de ces Délices d'Aphrodite invitent à entrer, et l'on aurait tort de s'en priver. Les *pikilias* (assiette de dégustation de 8 petites entrées) constituent un plat unique. Le calamar farci fond en bouche, la moussaka se décline selon plusieurs propositions, les boulettes d'agneau et veau à la menthe fraîche sont réalisées dans les règles de l'art. Un mot sur le choix de vins grecs : vaste, et surtout très surprenant – agréablement !

GREC

MAVROMMATIS

42, rue Daubenton (5e) ✆ 01 43 31 17 17 - M° Censier–Daubenton
www.mavrommatis.com

Ouvert du mardi au samedi le soir de 19h à 22h. Menus de 80 € à 145 €.

Les Mavrommatis, des frères d'origine chypriote, comptent quatre adresses parisiennes. Ici, c'est la table haut de gamme, récompensée par une étoile Michelin. Andréas (Mavrommatis), le chef, y associe « le meilleur des produits issus des terroirs grecs aux techniques de la cuisine française ». Qu'est-ce que ça donne dans les assiettes ? Par exemple, l'aubergine confite est parfumée au thym sauvage ; le homard est cuisiné en cannelloni ; la selle d'agneau est rôtie au halloumi et le bœuf est confit aux épices. Ce vent méditerranéen souffle aussi sur la carte des desserts, avec notamment une ganache au chocolat aux olives accompagnée d'une glace à la fleur d'oranger. Voyage gourmand assuré !

ESPAGNOL

EL CERVANTES

46, rue Daubenton (5e) ✆ 06 78 00 75 65
M° Censier-Daubenton

Ouvert du mardi au vendredi le midi et le soir ; le samedi soir. Carte : 20 € environ. Accueil des groupes. Terrasse.

Un formidable bar à tapas en plein cœur du quartier Mouffetard où tout est fait maison et tenu par un souriant patron qui sert plats et sangria à prix très attractifs. Et en plus, c'est excellent ! Le service est sympathique et chaleureux, on se croirait à Madrid ou Séville, avec une ambiance qui attire les étudiants du coin, les amateurs d'ambiance festive et ceux qui adorent la bonne cuisine ibérique. Certes, l'endroit est petit, mais c'est aussi son charme. Une fois casé, le choix devient cornélien entre les patatas bravas, le chorizo, le jambon Serrano, le saucisson Iberico, la tortilla, le ceviche, le boudin et bien d'autres. Tout est servi très copieusement.

ITALIEN ET PIZZERIA

ANIMA

78, rue du Cherche-Midi (6e) ✆ 01 40 47 90 41 - M° Vaneau
www.anima.paris

Ouvert tous les jours le midi et le soir. Pizzas : 14 €-26 €. Terrasse. Vente à emporter.

Les blasés ravalent leur morgue après un passage ici. Les pizzas d'Anima ont un quelque chose en plus. Est-ce au niveau de la pâte, de la cuisson, des ingrédients mêlés et entremêlés avec un savoir-faire inédit ? En tout cas, le résultat est des plus exquis, comme avec cette Valtellina (mozzarella di bufala, tomates cerises, bresaola, roquette, parmesan, basilic) ou cette Vegana, aux légumes comme son nom le laisse supposer (crème de courgettes, champignons, artichauts, tomates cerise, olives noires). Même chose avec les quelques plats à la carte. Les desserts (tiramisu, stracciatella…), classiques sur le papier, sont eux aussi à tomber. Attention, on pense bien à réserver.

ITALIEN ET PIZZERIA

L'ÉLICA

28, rue des Ecoles (5e) ✆ 01 43 54 68 44
M° Cluny-La Sorbonne ou Cardinal Lemoine

Ouvert du lundi au samedi le midi et le soir. Carte : 25 € environ. Vente à emporter.

Cet établissement, à l'angle de la rue des Carmes et de la rue des Ecoles, propose de belles assiettes italiennes dans un cadre entièrement vitré ensoleillé tout au long de la journée. A l'intérieur, on y mange un peu au coude à coude, c'est l'inconvénient des établissements à succès. Dans la salle, on apprécie tout particulièrement l'accent chantant des serveurs et l'espace épicerie fine, installé au fond de la salle, qui permet aux clients de rapporter un petit bout d'Italie à domicile. La carte est bien fournie et les assiettes sont joliment présentées. Des ingrédients de qualité, pizza, pasta, antipasti, tout y est et avec du goût. Ce lieu appelle d'autres visites...

ITALIEN ET PIZZERIA

CHEZ BARTOLO

7, rue des Canettes (6e) ✆ 01 43 26 27 08 - M° Mabillon ou Saint-Germain-des-Prés.

Tous les jours, le midi et le soir. Formule midi : 16,50 € (pâtes ou pizza + dessert + café)

Au premier semestre 2019, Chez Bartolo, pizzeria napolitaine, a dévoilé un nouveau visage. Si le vert de la façade – éclairci – a été conservé, la morne déco précédente a laissé place à une lumineuse modernité. Certes, ce *revival*, qui se traduit aux beaux jours par une plus grande ouverture sur l'extérieur avec une belle terrasse, va probablement modifier la typologie de la clientèle, mais la qualité de la cuisine est toujours là. Ouverte en 1950, la première pizzeria parisienne – elle revendique fièrement ce statut – envoie toujours de fameuses pizzas et de savoureuses pâtes, comme ces *rigatoni alla norma* (tomates, aubergines grillées, scamorza fumée) cuites à la perfection.

ITALIEN ET PIZZERIA

BIO MAMMA

142, boulevard Saint-Germain (6e) ✆ 01 56 81 60 54
M° Mabillon ou Odéon.

Ouvert tous les jours. Pizzas de 10,50 € à 21,50 €. Terrasse. Vente à emporter.

Notre œil a été attiré par l'aménagement plutôt élégant du local, et par le fait qu'ici, on réalise des pizzas bio conçues par un champion du monde et de France de pizza… Mais faire du bio n'implique pas forcément que les pizzas soient bonnes. Il fallait donc goûter, ce que l'on a fait en choisissant « Le coup de soleil » (sauce tomate, champignons, courgettes et aubergines grillées, tomates séchées, choux graffiti) et « Vol direct Marrakech » (sauce tomate, burrata, bœuf 4 épices, oignons confits, poivrons grillés). Verdict : les pizzas, fines, sont moelleuses et croustillantes, avec une pâte faible en gluten et des recettes originales. Possibilité de consommer sur place.

ITALIEN ET PIZZERIA

MARCO POLO

8, rue de Condé (6e) ✆ 01 43 26 79 63
www.restaurant-marcopolo.com

Ouvert tous les jours, le midi et le soir. Formule Marco Polo (entrée + pâtes + dessert) : 39,50 €.

Une institution fréquentée par des hommes et femmes politiques (rien d'étonnant, le patron est le frère de… Non, le *name dropping* n'est pas le genre du *Petit Futé*), mais aussi des artistes et figures du quartier. Depuis plusieurs décennies, Renato tient les rênes de cette table raffinée et discrète. Ici, pas de pizzas, mais des pâtes (les *primi piatti*) ainsi que des poissons et viandes diversement préparés. Parmi les spécialités de la maison, *ricotta e spinaci con salsa* (ricotta et épinards avec sauce) et les *spaghetti mezzanotte sarda* (spaghetti de minuit). Pour commencer, régalez-vous avec une assiette d'*antipasti* (carpaccio d'artichaut, jambon, *bruschetta pugliese*…). Service sympathique.

GREC

EVI EVANE

10, rue Guisarde (6e) ✆ 01 43 54 97 86 - M° Mabillon.
www.evievane.com

Ouvert du mardi au samedi, midi et soir. Formules du midi : 22,50 € (2 plats) et 27,50 € (3 plats).

Un signe ne trompe pas. Sur la devanture est apposée une plaque indiquant que le Collège Culinaire de France (institution fondée par de grands chefs, comme Alain Ducasse et Yannick Alléno) reconnaît Evi Evane comme un restaurant de qualité. De fait, cet élégant établissement est l'une des meilleures tables grecques de la capitale. La cheffe Dina Nikolaou compose une carte mêlant plats traditionnels et touches inattendues. Une cuisine pleine de fraîcheur et de saveurs, à l'image de ces boulettes de veau et leur purée de pommes de terre avec feta. Un conseil : s'il est à la carte le jour de votre venue, gardez une place pour un *karidopita*, un gâteau aux noix. *Evi Evane* (« à votre santé ») !

ITALIEN ET PIZZERIA

PIZZA CHIC

13, rue Mézières (6e) ✆ 01 45 48 30 38 - M° Saint-Sulpice.
www.pizzachic.fr

Ouvert tous les jours midi et soir. Service en continu les samedi/dimanche. Antipasti : 11 €-18 € ; pizzas : 10 €-21 €.

Décor noir et blanc, tables nappées, serveurs en cravate et tablier blanc… Cette Pizza Chic, qui est aussi le nom d'une des pizzas à la carte (au *lardo di Colonnata* de Fausto Guadani), affiche un style de brasserie parisienne très Saint-Germain-des-Prés. Elle n'a donc rien à voir avec les traditionnelles pizzerias qui jalonnent les rues de la capitale. Avec des produits frais et surtout des cuissons parfaites, ses pizzas – *rosse* ou *bianche* selon qu'on y incorpore ou non de la sauce tomate – sont effectivement de luxe, avec une pâte réalisée avec de la farine italienne et de la farine de soja pour leur donner plus de goût. Selon les gourmets, elles figurent parmi les meilleures de Paris.

ITALIEN ET PIZZERIA

IL VICOLO

34, rue Mazarine (6e) ✆ 01 43 25 01 11 - M° Odéon ou Mabillon.
www.ilvicolo.fr

Ouvert du lundi au samedi, midi et soir. Le midi : 23 € (plat + boisson) et 30 € (entrée + plat + verre de vin + café).

Derrière l'Institut – ce qui explique la présence fréquente d'académiciens –, Il Vicolo (ruelle ou allée en italien) dégage un charme indéniable. Très élégamment et chaleureusement tenue par Loredana Schettino, cette discrète table italienne affiche une décoration tout en sobriété et raffinement. Un écrin qui concourt au plaisir qu'ont les clients à déguster une cuisine fine et créative. Une semaine de novembre, la carte affichait notamment dans les menus du jour un carpaccio de betteraves rouges-olives-câpres, des *farfalle* au caviar d'aubergine, un sauté de veau aux pommes de terre et champignons ou bien encore des *penne* aux quatre fromages. Comme dirait Roberto Benigni, *la vita e bella* !

ITALIEN ET PIZZERIA

SFIZIO

8, rue Notre-Dame des Champs (6e) ✆ 09 54 96 00 38 -
M° Rennes ou Notre-Dame-des-Champs. - www.sfiziofamily.com

Ouvert du lundi au samedi de 11h30 à 15h. Pâtes : de 8 € à 12 € selon le type de sauce. Vente à emporter.

Au début des années 2000, Alain Ducasse proposait déjà aux convives de son Spoon version 1.0 de composer eux-mêmes leur plat à partir d'un ingrédient principal, qu'ils accompagnaient ensuite d'une garniture et d'une sauce de leur choix. Ce principe a depuis fait des émules. Prenez Sfizio par exemple. Eux, ils le déclinent avec les pâtes (avec les gnocchis et les raviolis aussi). Des *mafaldine* – petits rubans aux bords dentelés –, des *maccheroni*, des *spaghetti*… Pour la sauce, des classiques (tomates-basilic frais-Grana Padano…) ou des gastronomiques, comme la polpette (boulettes de bœuf, oignons caramélisés) Côté *dolci*, tiramisu ou une *torta della donna*. A déguster sur place ou à emporter.

SAVEURS MÉDITERRANÉENNES

7E - 9E

ITALIEN ET PIZZERIA

EPOCA

17, rue Oudinot (7e) ✆ 01 43 06 88 88
epoca.paris

Du mardi au dimanche, le midi et le soir. Lundi, uniquement à emporter. Réservation conseillée.

On vient dans ce bel écrin d'inspiration Art déco pour se régaler d'une rassurante cuisine italienne, celle de l'époque de la grand-mère du chef, originaire de Calabre. Les plats, conçus par le talentueux Denny Imbroisi, sont à la fois authentiques et pleins de créativité. Lors de notre passage, nous étions très tentés, en entrée, par un thon mariné et saisi à la plancha et par le *vitello tonnato*. En plat, nous hésitions entre les *linguine di Angelo* avec sauce aux crustacés, homard et poutargue, et la traditionnelle *cotoletta alla milanese*. Une brasserie/trattoria hautement fréquentable dans une partie plutôt calme du 7e arrondissement. A tester, si ce n'est déjà fait !

ITALIEN ET PIZZERIA

MARZO

5, rue Paul-Louis Courier (7e) ✆ 01 43 35 08 05
Métro Rue du Bac. - www.marzo-paris.com

Ouvert tous les jours midi et soir (deux services). Antipasti : 7 €-19 € ; pizzas : 14 €-18 € ; desserts : 10 €-12 €.

Tout comme Pizza Chic, sa grande sœur, dans le 6e arrondissement, Marzo ne fait pas dans la trattoria populaire kitsch, avec moult photos de célébrités signées au mur. Ici, on a fait le choix de l'épure, de l'immaculé : tables et murs blancs, bar en carreaux de faïence blanche. En fond de salle, sa majesté le four. C'est là que la pelle du pizzaïolo dépose les Ortolana (sauce tomate, mozzarella, légumes grillés, tomates), Capra (fromage de chèvre, miel, romarin), Puttanesca (sauce tomate, ail, câpres, anchois, olives Taggiasche, origan) et autres Contadina (provola fumée, spianata, poivrons grillés, oignons rouges, olives Taggiasche, basilic). Pour démarrer, jolie sélection d'*antipasti*.

ITALIEN ET PIZZERIA

SAPORI DI PARMA

56, avenue de la Bourdonnais (7e) ✆ 01 45 56 19 38
M° École Militaire ou La Tour Maubourg.

Tous les jours de 12h à 15h et de 19h à 23h. Sans réservation. Menu à 25 €. Formule du midi : 14,80 €. Vente à emporter.

Voici un des petits secrets bien gardés du 7e : un petit restaurant italien qui vous fait sentir dans un troquet de Naples, Gênes ou Rome, sans chichi mais plein de vie, avec une cuisine aux saveurs inégales et des prix tout petits. Aux commandes du Sapori di Parma, Grazia, qui vient de prendre la relève de Vincenzo, et Gennaro en cuisine. Dans ce lieu qui fait aussi épicerie, la formule du midi compte de très nombreux adeptes, attirés par les saveurs, mais aussi la très chouette et prisée terrasse en été. Attention, ici, on compte huit tables, et pas une de plus. Un vrai bon plan que l'on se refile discrètement, de peur qu'il ne devienne un *spot* trop fréquenté.

ITALIEN ET PIZZERIA

DULCINEA

41, rue Pierre Fontaine (9e) ✆ 01 48 74 56 26 - M° Blanche.
www.dulcinea-paris.com

Ouvert tous les jours le midi et le soir. Pizzas : 11,90 €-19,50 € ; pâtes : 13,50 €-27 € ; desserts : 8,90 €-9,50 €.

Messieurs, vous pouvez inviter votre dulcinée chez Dulcinea sans hésitation. Vous ne risquez pas – mais on ne peut jurer de rien – le faux pas avec ce restaurant italien. À un coup d'aile du Moulin Rouge, Dulcinea assure avec des pizzas et des pâtes premium. Tous les grands classiques du genre s'affichent à la carte : côté pizzas, la *Bresaola*, la *Regina*, la *Quattro formaggi* ; côté pâtes, les *linguine a la vongole*, les *penne all'arrabiata*, les tagliatelles à la carbonara... En entrée, des *antipasti* bien sûr. Et pour clore les festivités, les traditionnels tiramisu ou panna cotta. Au registre aussi de la maison, quelques viandes et poissons que vous dégusterez dans un décor rouge et blanc.

ITALIEN ET PIZZERIA

PAPACIONU

7, rue Cadet (9e) ✆ 01 45 23 90 03 - M° Cadet
www.papacionuparis.fr

Ouvert du lundi au samedi le midi et le soir. Réservation recommandée. Carte : 25 € environ. Terrasse.

Papacionu, qui veut dire « bon vivant » en corse, est devenu en quelques années si réputé qu'il est compliqué d'y venir sans avoir réservé. Clonage parisien d'un vénérable établissement d'Ajaccio, il repose sur un triptyque simple : antipasti, pizzas, desserts. Les premiers peuvent être partagés, les secondes se déclinent selon de nombreuses propositions, et les derniers se font *tiramisu*, *cheescake* et même *pavlova*. La jeune équipe aux commandes a trouvé la bonne recette : une ambiance conviviale, la totalité des propositions réalisées sur place avec des produits dûment sélectionnés, et des prix franchement acceptables pour un quartier très prisé où les restaurants sont nombreux.

ITALIEN ET PIZZERIA

PIZZA CAPRI

49, rue Richer (9e) ✆ 01 47 70 25 61 - M° Grands Boulevards
www.capriricher.fr

Ouvert du lundi au vendredi le midi et le soir ; le week-end le soir. Carte : 20 € environ.

Elle ne paie pas de mine, cette pizzéria située dans une petite rue faisant la jonction entre les Folies Bergères et le faubourg Montmartre, et pourtant ! Dans ce petit établissement, souvent complet, la carte propose des spécialités de la botte italienne – vous l'aurez compris – en grand nombre. Les pizzas sont réalisées devant vous, les pâtes sont généreuses et les viandes richement accompagnées. Les pâtes et viandes sont également proposés en nombre. En dessert, on ne saura que trop conseiller le tiramisu maison, découpé directement dans un immense plat, preuve qu'ici, tout est fait maison. Un rapport qualité-prix imparable en fait une valeur sûre du quartier, que l'on aime beaucoup !

CUISINE MÉDITERRANÉENNE

MIZNON CANAL

37, quai de Valmy (10e) ✆ 01 48 03 47 22 - M° République.
www.miznonparis.com
Ouvert du dimanche au jeudi de 12h à 23h ; le vendredi de 12h à 16h. Carte : 15 € environ.

De la couleur et du soleil : voici les fondamentaux de ce Miznon, qui compte trois enseignes dans la capitale, dont l'une face au canal Saint-Martin. Eyal Shani, toujours aux commandes, propose ici une cuisine formidable de générosité, issue de la meilleure tradition culinaire juive. Et c'est formidablement réussi : falafels, ratatouilles diverses, kebabs, pitas sont dégoulinants de saveurs. Mention spéciale à la patate douce rôtie, que nous ne connaissions pas, et qui est (elle aussi) à tomber. Seul bémol : l'affluence. Autant vous prévenir de suite : anticipez votre venue, arrivez aux heures creuses, mais faites quelque chose pour ne pas patienter trop longtemps.

ITALIEN ET PIZZERIA

IL PELLICANO

31, rue traversière (75012) ✆ 01 43 07 02 23
M° ou RER Gare de Lyon.
www.restaurant-pellicano.com
Ouvert du lundi au vendredi le midi et le soir ; le samedi soir. Carte : 25 € environ.

Situé dans une petite rue entre la gare de Lyon et l'avenue Daumesnil, ce restaurant italien a pignon sur rue depuis des années : c'est en effet une petite adresse que l'on se refile sous le manteau, et qui est fréquentée majoritairement au déjeuner par les nombreux travailleurs du quartier. Si l'intérieur est classique, le secret de la réussite du lieu tient ici aux nombreuses propositions, excellentes, réalisées entièrement sur place - et donc de qualité. Au choix, majoritairement des pâtes et des pizzas, ainsi que des viandes (mention spéciale pour *l'escaloppa a la bolognese*), et de desserts à tomber. L'ensemble pour des tarifs parmi les meilleurs du quartier.

ITALIEN ET PIZZERIA

RESTAURANT PELLICANO

31, rue traversière (75012) ✆ 01 43 07 02 23
M° ou RER Gare de Lyon.
www.restaurant-pellicano.com
Ouvert du lundi au vendredi le midi et le soir ; le samedi soir. Carte : 22 € environ.

C'est une vieille maison familiale, située dans une rue proche de la gare de Lyon. Si l'enseigne fait un peu vieillotte de l'extérieur, c'est parce que l'adresse est bien connue, et sa réputation se suffit à elle-même ! Et c'est vrai que les salades, pizzas et pâtes sont absolument délicieuse, réalisées dans la plus pure tradition italienne. Le choix, vaste, vous laissera perplexe face à tant de chouettes propositions. Le lieu, très fréquenté le midi par de nombreux travailleurs du quartier, mérite bien que l'on passe un coup de fil avant de venir, histoire de garantir sa place ! Les prix sont finalement assez légers, et on se prendra sans complexe à revenir ici !

ITALIEN ET PIZZERIA

LA FELICITA

55, boulevard Vincent Auriol (75013)
M° Bibliothèque François Mitterrand et Chevaleret.
www.lafelicita.fr
Ouvert du mardi au dimanche le midi et le soir. Carte : 20 € environ.

La Felicita c'est un immense *food market* au look *arty* signé Big Mamma, le fameux groupe de restauration spécialisé dans la cuisine italienne à base de bons produits de la botte. Installé dans le même bâtiment que Station F, le grand campus de startups, on trouve plusieurs espaces de restauration qui proposent principalement de la cuisine italienne : pasta, pizzas, panna cotta, tiramisu... mais aussi un impressionnant bar. On reconnaît bien la touche Big Mamma et la déco très street art avec beaucoup d'objets de récupération, parmi lesquels de véritables wagons. Aux beaux jours, on peut profiter d'une belle et grande terrasse au calme. Attention, l'endroit est extrêmement fréquenté.

ALGÉRIEN

CHEZ MAMANE

23, rue des Cinq-Diamants (75013)
✆ 01 45 89 58 87
M° Corvisart ou Place d'Italie
Ouvert tous les jours de 19h à 23h. Carte : 23 € environ.

Juste en face du célèbre Gladines presque toujours complet surtout le samedi soir, ce petit bar qui fait l'angle ne paie pas de mine mais on a l'assurance d'y manger un couscous simple, si bien préparé qu'il peut servir de référence ! D'ailleurs vu le monde, on sait d'emblée que l'adresse est bonne. Monsieur Abderrahmane servait Coluche qui avait élu ripaille à cette table toute simplette, modeste mais d'une générosité monstrueuse quand débarquent les assiettes de couscous ! Une belle semoule comme on n'arrive jamais à faire à la maison, des légumes fondants, de la viande fraîche en garniture et bien sûr le thé à la menthe pour finir, convivialité comprise.

GREC

LA MAISON DES CYCLADES

96, rue Saint Charles (75015) ✆ 09 52 15 08 58
www.lamaisondescyclades.fr
Ouvert du mardi au samedi 10h-20h ; le dimanche 10h-14h. Formule du midi : 13,50 € (deux plats, 16,50 € trois plats).

C'est ici que l'aventure de La Maison des Cyclades a démarré, en 2015. Elle est menée par un jeune couple franco-grec, la famille de Grégory étant originaire de l'île de Serifos, dans les… Cyclades. Au fil des années, cette maison s'est agrandie, avec des dépendances dans les 17e et 20e arrondissements et à Levallois-Perret. Une croissance tout à fait méritée vu la qualité des produits et recettes. Dans un sobre décor blanc ou en terrasse l'été, La Maison des Cyclades vous invite à une escapade gourmande ensoleillée. Mézés, salade de poulpe, moussaka, boulettes de viande, calamar ou poivron farci pour ne citer qu'eux : tout ici est authenticité et fraîcheur. On recommande sans hésiter.

ITALIEN ET PIZZERIA

QUINDICI TRATTORIA

257, rue de Vaugirard (75015) ✆ 01 40 45 12 96
Métro Volontaires ou Vaugirard

Ouvert tous les jours le midi et le soir. Réservation recommandée. Formule du midi : 25 €.

Denny Imbroisi aurait-il fait de la rue de Vaugirard sa rue fétiche ? Déjà présent du côté du boulevard du Montparnasse avec Ida, le voilà aussi installé au Novotel Paris Vaugirard qui, pour la réouverture de son restaurant, a fait appel au chef italien, à la tête également d'Epoca (7e). Pour cette table aux vives couleurs, l'ancien concurrent de *Top Chef* a conçu une carte où trônent des classiques de la cuisine transalpine, histoire de satisfaire le plus grand nombre (hôtel oblige) : pizzas, pâtes, *burrata*, escalope de veau à la milanaise, lasagnes de la *mamma* (bonnes, incontestablement, mais pas assez onctueuses à notre goût). Des plats gorgés de soleil et aux séduisantes saveurs.

ESPAGNOL

CARMONA

10, avenue de New-York (16e) ✆ 01 49 53 01 79
Mº Iéna.
www.carmona-paris.fr

Ouvert du mardi au samedi le midi et le soir. Carte : 40 € environ.

Chic et unique : voici comme résumer (trop) brièvement cette enclave ensoleillée dans le 16e arrondissement. Sous la houlette du jeune chef Esteban Salazar Martinez, vous découvrez ici un lieu coloré, dont les murs sont habillés en partie de coquillages. Une fois la bonne surprise passée, place au repas avec une carte recensant le meilleur de la gastronomie andalouse. Voici ainsi venir le paleron de Castille grillé, ce crudo de daurade avec ses légumes macérés ou ce praliné d'amandes torréfiées et sa glace à l'huile d'olive ! La réservation est fortement recommandée, et la mention spéciale de l'équipe est adressée aux cocktails du lieu, qui sont sans le moindre défaut.

ITALIEN ET PIZZERIA

MADISON CAFFE

10, Chaussée de la Muette (16e) ✆ 01 45 03 14 84
www.madisoncaffeparis.fr

Ouvert tous les jours de 8h à 0h. Service en continu. Happy hour de 15h à 19h.

Coup de cœur pour ce Caffe du 16e qui propose de très bonnes pâtes – une dizaine de variétés – faites à la main, en plus de jolies pizzas napolitaines aux formes parfois originales. De style industriel (murs de briques, néons…) avec des balançoires suspendues, la déco vitaminée et branchée ainsi que la terrasse végétalisée d'une centaine de places tranchent dans un quartier où les restaurants manquent parfois d'un peu d'audace dans ce domaine. La cuisine, authentiquement italienne, est élaborée avec des produits de la Botte. Au tout début de l'automne 2021, la maison s'est dédoublée, avec l'ouverture de Central Park Terrazza sur la place de Breteuil, dans le 7e.

CUISINE MÉDITERRANÉENNE

DOUBLE VIE

2, rue Poulet (18e) - Mº Château Rouge.
www.doublevieparis.com

Ouvert du lundi au vendredi de 18h à 2h ; le samedi de 12h à 2h ; le dimanche de 12h à 0h. Carte : 30 € environ.

Ce tout nouveau lieu a pris le relais du Floors, restaurant de burgers que chacun connaissait dans le quartier. Dans cette ancienne imprimerie à l'architecture reconnaissable, à l'angle de deux rues très fréquentées, place maintenant à Double Vie ! Le restaurant se positionne sur un positionnement bien différent, puisqu'ici, c'est de cuisine méditerranéenne dont il s'agit. Ici, on partage des assiettes, petites ou grandes, et on viendra ici de préférence entre amis : focaccias, agneau confit, poisson rôti, olives marinées ou loukoumades (on adore le terme) comptent parmi les plus chouettes propositions de ce lieu qui réchauffe les papilles. On pensera à réserver – uniquement sur le site.

GREC

ETSI - L'OUZERI

41, rue du Ruisseau (18e) ✆ 09 73 88 24 17
Mº Jules Joffrin.
www.etsi-paris.fr

Ouvert du mardi au samedi le midi et le soir. Carte : 25 € environ.

Après l'ouverture d'un bistrot sous l'enseigne Etsi, voici désormais, non loin, l'ouzeri – ce qui signifie, en grec, un lieu où l'on déguste de l'ouzo. On n'y fait pas que cela, loin de là, et l'on développe ici toutes les merveilles de la gastronomie grecque. On revendique ici une gastronomie sans chichi : de la feta bien sûr, mais aussi des brochettes, du pain pita aux saveurs uniques, l'ensemble regorgeant de soleil. Assurément l'un des meilleurs restaurants du genre, pour lequel il vous faudra bien réserver, de préférence sur le site internet : cette adresse, que l'on se refile discrètement, est en effet souvent bien remplie, notamment le samedi : à bon entendeur…

CUISINE DU MONDE

RIV'K

35, rue Véron (18e) ✆ 09 81 39 31 67 - Mº Blanche.
www.rivkparis.fr

Ouvert le mercredi et le jeudi le soir ; du vendredi au dimanche le midi et le soir. Carte : 45 € environ.

Cette jolie table, située dans une petite rue entre les Abbesses et Pigalle, est inspirée par la cheffe Rebecca Rohmer, qui a décidé ici de mixer les influences gastronomiques israéliennes et asiatiques pour laisser place à un voyage gastronomique sans égal. Dans ce lieu à la décoration cosy, chic et sobre, tendance Art déco, la carte se veut courte et change régulièrement. Parmi les découvertes de l'équipe, les nems d'avocat avec un houmous unique, une assiette orientale elle aussi sans égal, mais également l'un des plats signature du lieu, le pain perdu revisité. Le brunch est un must, et le lieu est ouvert en continu le week-end. Un vrai coup de cœur de l'équipe !

ITALIEN ET PIZZERIA

SALE E PEPE

30, rue Ramey (18e)
✆ 01 46 06 08 01
M° Jules Joffrin
Ouvert tous les jours le midi et le soir. Carte : 25 € environ.

Depuis des années, Sale E Pepe, situé dans le haut de la rue Ramey, rythme l'ambiance gastronomique du coin, mais frustrant également bon nombre de personnes. Pourquoi ? La file d'attente qui, parfois, se trouve sur le trottoir. On comprend pourquoi : l'établissement est aussi convivial que petit, et surtout propose d'excellentes pizzas, pâtes, petits plats, légumes frais, servis avec sourire et conscience de l'excellence des propositions. Les viandes, comme les *scalopine alla saltimboca*, sont irréprochables, et les desserts restent dans un domaine classique mais sont parfaitement réalisés. Si votre chemin passe par ici, c'est bien l'un des meilleurs restaurants italiens du quartier.

GREC

YAYA SECRÉTAN

33, avenue Secrétan (19e) ✆ 01 42 41 12 86 - Station Bolivar (métro 7B), Station Jaurès (métro 2 et 5).
www.yayarestaurant.com
Ouvert du lundi au samedi le midi jusqu´à 14h et le soir. Carte : 30 € environ. Brunch du dimanche : 36 €.

Aux côtés des établissements qui existent à Saint-Ouen, La Défense et Antony, ce Yaya-là se trouve dans la Halle Secrétan, un ancien marché à la structure métallique construit par Baltard, au cœur du 19e arrondissement. Dans une salle lumineuse sur deux étages, au look épuré, mais chaleureux aux tons bleus et blancs, on est transporté en Grèce. Côté plats, c'est la cuisine grecque de grand-mère qui est revisitée avec une bonne touche de créativité et des plats que l'on peut partager en entrée, un peu comme des tapas ! Agneau, moussaka revisitée ou espadon grillé prennent le relais, et les desserts ne manquent pas d'originalité. C'est sans faute, et dans une chouette ambiance !

IL PADRINO

49, rue Custine
Paris (18e)
☒ 01 42 23 24 35
Du dimanche au jeudi : 8h30-23h30. Le vendredi et samedi : 18h-00h.

Il Padrino... Le Parrain en italien : un clin d'œil appuyé à l'univers de Coppola et à Marlon Brando. Le patron reconnaît ne pas faire régner la loi du silence : le restaurant est très animé, tables serrées et ton élevé, bonne cuisine oblige. Une ambiance souvent joyeuse et autour des tables, le service est alerte : ronde ininterrompue des plateaux... là arrive un antipasti, ici un vin blanc sicilien, plus loin des pâtes aux fruits de mer. Suivant l'inspiration du chef, le poulpe peut être en ragoût ou en salade et son jugement ne se discute pas : un plat passera aux oubliettes si la qualité n'est pas au rendez-vous. Le restaurant n'est pas très grand, aussi réservez votre table.

ESPAGNOL

CHEZ RAMONA

17, rue Ramponeau (20e) ✆ 01 46 36 83 55
M° Belleville ou Couronnes
www.belleville-belleville.com
Ouvert du mardi au dimanche de 14h à 2h. Carte : 30 € environ.

C'est une histoire de famille, mais c'est aussi une institution : c'est là que les Espagnols de Paris viennent faire leurs courses. Chez Ramona, c'est en effet d'abord une épicerie : entre le chorizo, les jambons, les salamis et les vins, on découvre toutes sortes de produits ibériques. Mais ici, c'est aussi, au bout d'un escalier en colimaçon, que se trouve la salle de restaurant. Elle est petite (on se serrera autant que possible), décorée d'affiches colorées anciennes, et c'est ici que vous dégusterez l'une des meilleures paëllas de la capitale. On adore, et on passe ici un moment hors du temps, dans un établissement familial depuis des décennies. A ne surtout pas manquer.

ITALIEN ET PIZZERIA

CORSO QUAI DE SEINE

10-12, quai de la Seine (19e) ✆ 01 40 37 02 81
M° Stalingrad ou Laumière
www.corsoparis.fr/quai-de-seine
Ouvert tous les jours de 9h à 21h. Carte : 25 € environ. Terrasse.

Accolé au MK2 Quai de Seine, ce « café à l'accent italien » bénéficie d'un cadre exceptionnel. Il possède en effet une superbe terrasse au bord du canal de l'Ourcq, avec vue dégagée. A l'intérieur la déco, très contemporaine, a été conçue en collaboration avec l'artiste Robert Stadler, un designer autrichien qui marie à merveille art et fonctionnalité : tons cuir, table orange, banquette confort… La carte, plutôt bien fournie, affiche de gourmandes assiettes. En entrée ou à partager, de la burrata ou de la *mozza di bufala*, du tartare de veau, du jambon de Parme… En plat, du poisson, des burgers, du veau… Et pour clore les festivités, tiramisu et baba notamment. *Viva Italia !*

ITALIEN ET PIZZERIA

PEPPE PIZZERIA

2, place Saint-Blaise (20e) ✆ 01 45 35 59 13
M° Alexandre Dumas ou Porte de Bagnolet.
www.peppeparis.fr
Ouvert tous les jours le midi et le soir. Carte : 30 € environ.

Attention, petite pépite ! Cette pizzéria, compte trois adresses à Paris, accumule les distinctions. La dernière en date ? Tout simplement celle de la 3e meilleure pizzéria au monde – excusez du peu – par le fameux « 50 Top Pizza ». Aux fourneaux, une équipe menée de main de maître par Giuseppe Cutraro. Il faut bien reconnaître qu'ici, les pizzas ne ressemblent à aucune autres : fines, aériennes, avec une pâte qui renouvelle totalement l'expérience et des saveurs qui sortent des sentiers battus. Que dire des *antipasti* et des desserts ? Rien, sauf que l'excellence touche l'ensemble de la carte. Attention, la réservation est logiquement fortement recommandée – vous vous en doutez.

SAVEURS D'ASIE

1ER - 2E

CORÉEN

BISTROT MEE

5, rue d'Argenteuil (1er) ✆ 01 42 86 11 85
M° Pyramides ou Tuileries
Du lundi au samedi : midi et soir. Dimanche : soir. Carte : 30 € environ.

Déjà propriétaire du Gwon's Dining, restaurant coréen semi-gastronomique très réputé dans le 15e arrondissement, Gwon Hyun Mee a lancé ce bistrot il y a quelque temps déjà. Le cadre de briques et de bois inspiré d'un loft new-yorkais donne une ambiance jeune et moderne. La carte est inventive, fine et délicate. On pourra déguster en entrée un yatche tuïguimm, des beignets composés de cinq légumes et en plat de résistance un ojingoh dopbap, calamars poêlés et légèrement pimentés. Autre surprise : le odonghoh gui, maquereau poêlé au sel de Guérande. Une adresse coréenne dans la pure tradition culinaire du pays, sans surprise, mais sans déception non plus, bien au contraire !

JAPONAIS

HOKKAIDO

14, rue Chabanais (2e) ✆ 01 42 60 50 95
M° Pyramides
www.hokkaido.kintarogroup.com
Tous les jours : 11h30-22h30. Ramen : 11,50-13,50 €

Hokkaido, c'est d'abord une île au nord du Japon, non loin de la Russie. La deuxième île la plus importante de l'archipel nippon. C'est aussi un très bon restaurant japonais, situé rue Chabanais, là où était implantée autrefois l'une des plus célèbres maisons closes de Paris. Mais revenons à Hokkaido… Au rez-de-chaussée, la cuisine, à droite, est ouverte sur la salle ; au sous-sol, voûté, l'ambiance est plus intime. Dans les assiettes, des plats traditionnels de la cuisine japonaise : ramen, gyoza, yakisoba, katsudon, tonkatsu (porc pané sur un bol de riz)… C'est l'un des meilleurs rapports qualité-prix du quartier et cela se sait ; en témoigne le monde qui s'y presse le midi.

JAPONAIS

KODAWARI RAMEN TSUKIJI

12, rue Richelieu (1er) ✆ 01 42 61 34 60 - M° Pyramides.
www.kodawari-ramen.com
Du lundi au dimanche en continu : 11h45-23h. Carte (entrée, plats, dessert) : autour de 30 €. Ramen : 13,50 €-14 €.

En japonais, *kodawari* signifie « le souci du détail ». La seconde adresse de cette enseigne de ramen en est une fois encore l'illustration. Ici, c'est ambiance marché aux poissons, plus précisément celui de Tsukiji à Tokyo, qui a fermé ses portes en 2018. Étals de poissons plus vrais que nature, bande-son rendant l'ambiance d'un marché tokyoïte… l'immersion est totale. Les ramens (5 variantes : à la daurade, aux sardines grillées ou marinées…) sont goûtus, avec des poissons de nos côtes. À noter, côté sucré, un surprenant riz au lait à la Saint-Jacques. Seul bémol : il faut savoir être patient avant de pouvoir profiter des lieux, la maison ne prenant pas de réservation.

INDIEN

JUGAAD

16, rue Favart (2e) - M° Richelieu-Drouot
www.jugaad.paris
Mardi–samedi : 12h-14h ; 19h–23h. Plats : 23-31 €. Accompagnements : autour de 7 €.

Manoj Sharma est bien connu de la scène foodistique parisienne. Il a officié au Shirvan Café Métisse d'Akrame Benallal et ouvert Seoul Mama avec son épouse coréenne. On le retrouve aujourd'hui derrière l'Opéra Comique où il a lancé Jugaad, sa première table indienne. Ce talentueux chef, ou plutôt son équipe, y envoie de bien jolies assiettes – comme ce poisson mariné cuit dans une feuille de banane – inspirées de l'Inde du Nord comme du Sud. Certaines viandes sont traditionnellement cuites sous nos yeux – la cuisine est ouverte – dans des fours tandoor. Hormis les accompagnements (riz, pommes de terre…) en supplément et un fond musical type lounge inutilement fort, on valide des deux mains !

À EMPORTER

OMUSUBI GONBEI

27, Rue des Petits champs (1er)
✆ 09 84 17 60 18
Ouvert tous les jours de 11h à 19h. Omusubi : 2,50 €. Bento : 9 €.

Situé en plein cœur du Little Tokyo parisien, dans le quartier Sainte-Anne, Omusubi Gonbei est l'endroit idéal pour s'improviser un petit pique-nique nippon dans les jardins du Palais Royal à deux pas. On craque bien sûr pour leur fameuse spécialité, l'omusubi, une délicieuse boulette de riz collant garnie au choix de poulet, thon, saumon, tomate-olive et entourée d'une feuille de nori, une algue riche en minéraux. Lunch boxes pour les gourmands avec Omusubis, poulet frit à la japonaise, Edamame, galette de citrouille et l'incontournable Bento à concevoir soi-même… De quoi découvrir un bel échantillon de saveurs, le tout fait main sur place, comme si on y était !

CHINOIS

SWEET RAVIOLIS

50, rue Rambuteau (2e) ✆ 01 73 75 94 00
M° Rambuteau.
Ouvert du lundi au samedi de 11h à 15h et de 17h à 21h30. Menus de 5 € à 10 € (raviolis 4 pièces à 5 €, pâtes à 10 €).

Autant le dire tout de suite, Sweet Raviolis, c'est un bon plan comme on les aime ! Situé à deux pas des Grands Boulevards, ce petit restaurant chinois tout récent et très bien tenu a tout pour plaire : petits prix pour des plats délicieux et sains ! En effet, vous trouverez ici des raviolis et des pâtes fraîches sous label AB bio naturellement colorés avec des jus de légumes. Tout est fait maison, même les sauces ! On vous recommande les raviolis fondants et juteux comme il faut. Sachez que le chef propose aussi des options vegan comme les raviolis aux épinards, des salades fraîches, un délice ! Pour finir des mochis crème (mangue, thé vert…)… Ce serait dommage de ne pas se laisser tenter !

CHINOIS

LA TOUR DE JADE

20, rue de la Michodière (2e) ✆ 01 47 42 07 56
M° Quatre Septembre - www.latourdejadeparis.com
Ouvert du lundi au samedi 11h30-14h30 et 18h30-23h. Menus de 10,90 € à 29,90 €. Formule du midi : 11,90 € et 13,90 €.

Depuis 1989, ce restaurant familial, à quelques pas de l'Opéra Garnier, propose une cuisine asiatique, chinoise, cantonaise et vietnamienne de qualité. Au menu, on retrouve des grands classiques parfumés comme l'incontournable riz Loc Lac (dés de bœuf très tendres caramélisés et accompagnés de riz sauté à la tomate) ou les traditionnelles crevettes sel poivre, mais aussi des plats sur plaque chauffante comme le bœuf au poivre noir, la spécialité de cette adresse. L'établissement propose des formules à prix très compétitif pour un déjeuner rapide dans un cadre chaleureux. Mais, il est également possible de commander des plats à emporter. Une adresse immanquable dans le quartier !

TIBÉTAIN - NÉPALAIS

JOON

13, rue Commines (3e)
✆ 09 88 55 37 04
M° Filles du Calvaire.
Ouvert tous les jours le midi et le soir. Carte : 20 € environ.

Ce restaurant du haut-Marais a ouvert il y a un peu plus d'une année, et c'est peu de dire qu'il est rapidement devenu une cantine pour beaucoup. Répondant au nom facile à retenir de Joon, celui-ci propose une cuisine qui conviendra d'abord aux végétariens, et plus largement à celles et ceux qui souhaitent découvrir des saveurs originales. Les Dal Bhat (mélange de riz et de lentilles) iront à merveille avec le curry de légumes, les bols de pâtes avec bouillon vous font voyager à eux seuls, et les desserts vous surprendront sans aucun doute. Le service est chaleureux, mais attention : le lieu est relativement petit, alors ne venez pas trop tard, conseil de Petit Futé !

CUISINE ASIATIQUE

KIM LY

15, rue Royer-Collard (5e) ✆ 09 50 39 98 66
RER Luxembourg.
Ouvert du lundi au vendredi le midi ; le week-end le midi et le soir. Carte : 15 € environ.

C'est un petit restaurant, dans une rue étroite coincée entre le jardin du Luxembourg et la rue Gay-Lussac, dans lequel on se sent immédiatement bien. L'accueil est ici d'une grande gentillesse, et chez Kim Ly, la gastronomie asiatique se décline selon de belles propositions avec ou sans gluten (tout est bien indiqué ici), à commencer par les raviolis. Si vous en êtes amateurs, alors vous serez aux anges ici. Vous en trouvez en effet selon plusieurs belles propositions. Idem pour les soupes, nouilles, et le plat du jour (un excellent bœuf sauté lors de notre passage). Heureuse surprise : l'addition est basse, ce qui ne gâche rien. Un très bon plan dans un quartier très prisé.

BAR - CAFÉ

WAKAZE

31, rue de la Parcheminerie (5e) - RER B arrêt Saint-Michel Notre-Dame. - www.wakaze-sake.com
Lundi-samedi : 18h-23h. Menus : 50-65 €. Sakés : 8-12 €. Cocktails : 12-13 €. Réservation (en ligne) indispensable.

Une perle rare ou plus précisément une *sakagura* (maison de production de saké) en plein Paris produisant un élixir nippon des temps modernes. Loin des sempiternelles adresses à sushis et ramen revisités ou pas, dans ce lieu unique crée par Takuma et Shoya, se dévoilent toute une palette de saveurs subtiles ainsi que – vous l'aurez compris – le premier saké artisanal français produit dans les règles de l'art, et ce à partir d'un riz de Camargue IG, de citrons de Menton et d'une aqua simplex francilienne, le tout vieillit en fût de chêne. En bref, une magie alliant savoir-faire français et japonais. Côté cuisine, les mets sont préparés selon les techniques traditionnelles japonaises. On adore.

JAPONAIS

BENCHY

50, rue du Cherche-Midi (6e)
M° Sèvres-Babylone ou Saint-Placide.
Ouvert du mardi au samedi de 11h à 17h. Menus de 12 € à 19 € (un sando ou deux onigiris + dessert + soft).

On connaît les sandwichs à l'anglaise, de forme triangulaire, au jambon/fromage, poulet/avocat ou bacon/cheddar. Moins connus sont les sandos, aujourd'hui des classiques de la street food japonaise. Ces petits trésors de saveurs confectionnés aussi avec du pain de mie ont fait une entrée remarquée sur la scène food parisienne. Avec Benchy, à proximité du Bon Marché, Kaito Hori nous en livre une version irréprochable avec un pain fait maison. Au pastrami, au thon, au porc mijoté ou tout simplement aux œufs, ses sandos salés sont délicieusement croustillants. Sur place, vous les dégusterez, tout comme ses graphiques sandos aux fruits (kiwi, fraise...), dans un décor épuré, en écoutant du jazz.

JAPONAIS

HANDO PARISIAN HANDROLL

89, rue de Sèvres (6e) ✆ 07 56 90 22 21
Métro Vaneau ou Sèvres-Babylone.
www.hando-paris.com
Ouvert du mardi au samedi le midi et le soir.

La cuisine asiatique, et japonaise en particulier, a le vent en poupe. Pour preuve, la multiplication des enseignes dédiées aux spécialités nippones, comme le sando ou le mochi. Porté sur les fonts baptismaux par Adrien Albou, directeur artistique de Paul & Joe Homme, et par le chef Le Cheng (Plus de piment), l'épuré Hando a choisi de mettre à l'honneur le *hand roll*, cousin du sushi en version XL. A l'avocat, au saumon ou, plus haut de gamme, au homard ou au bœuf Wagyu, les savoureux *hand rolls* de Hando, préparés sous vos yeux, renferment les ingrédients dans de délicates et fines algues *nori* destinées au Japon à des restaurants étoilés. Exquis mochis signés Tomo.

THAÏLANDAIS

THE CRYING TIGER

72, rue du Cherche-Midi (6e) ✆ 01 40 47 07 54
Métro Saint-Placide. - https://www.thecryingtiger.fr/
lundi-samedi, le midi et le soir. Formules du midi : 26 € (entrée-plat ou plat-dessert), 30 € (entrée-plat-dessert).

Il manquait à la rue du Cherche-Midi une table asiatique digne de ce nom. Ce manque est à présent comblé avec l'ouverture de The Crying Tiger au début de l'automne 2021. L'espace a été conçu comme un bistrot traditionnel revisité, avec des éléments comme les sièges avec cannage, la banquette vert anglais et le bois sombre du bar. Dans les assiettes, des plats thaïs faits maison : currys, pad thaïs, salades… et un tigre qui pleure, notre choix (quasi évident) ce midi-là, avec du bœuf Angus très tendre. Les raviolis poulet et crevettes pris en entrée étaient quant à eux fins et délicieusement parfumés. Faute de temps, pas de dessert, mais on reviendra. Prix conformes au quartier.

CHINOIS

BLEU BAO

8, rue Saint-Lazare (9e) - M° Notre-Dame-de-Lorette.
www.baofamily.co/bleu-bao
Tous les jours le midi et le soir. Bao & dim sum : entre 8 € et 11 € ; plats : entre 11 € et 19 € ; desserts : 6 €.

La famille Bao s'est agrandie. Après le Petit Bao dans le 2e arrondissement et le Gros Bao dans le 10e, l'enseigne a planté ses baguettes dans la gourmande rue Saint-Lazare (9e), à deux pas de la rue des Martyrs. Comme son nom l'indique, c'est le bleu – couleur de la porcelaine chinoise – qui domine dans ce bel et grand espace sur deux niveaux. Cela n'empêche pas la convivialité, avec une ambiance cosy dans l'une des salles du haut. Ce midi-là, notre choix s'était porté sur de croustillants rouleaux de printemps et de délicates brioches vapeur. Suivaient de goûteuses moules de bouchot au basilic thaï et un fondant porc dongpo, le plat signature de la maison. Bonne pioche !

NEW

JAPONAIS

YAKUZA KATSU SANDO & COFFEE

3-5, rue des Quatre Vents (6e) - Métro Odéon.
yakuzasando.com
Ouvert du mardi au samedi de 10h à 22h. Sandos salés : 14 €-22 € ; sandos sucrés : 7 €-9 €. Vente à emporter.

Habitué des grandes maisons, l'ancien chef de l'Hoxton Paris, Walter Ishizuka, aurait pu voler de ses propres ailes en ouvrant un énième restaurant bistronomique. Finalement, il a préféré implanter un coffee shop dédié au sando, le traditionnel sandwich japonais, dans l'animé quartier de l'Odéon. Pour autant, il reste toujours aussi exigeant quant à la qualité des produits. Ses pains blanc et charbon, par exemple, moelleux à souhait, il les a élaborés pendant plusieurs semaines avec la maison Julhès. Quel que soit votre choix en salé ou en sucré, vos papilles jubileront !

JAPONAIS

NEKO RAMEN

6, rue de la Grange Batelière (9e) ✆ 01 71 21 40 00
M° Grands Boulevards ou Le Peletier. - www.nekoramen.fr
Ouvert 7j/7 : 11h30-23h. Entrées 3 €-6 €. Ramens 9,50 €-12 €. Autres plats 12,50 €-13,50 €. Desserts 2,50 €-4,50 €.

Forcément, quand vous venez chez Neko Ramen, vous vous demandez ce que peut bien vouloir dire « neko ». Quelques indices livrent la réponse : au fond de la salle, une fresque avec des chats ; sur le menu, un chat dégustant un ramen… Mais oui, c'est bien sûr, « neko » signifie chat en japonais. Sedrik Allani, le chef de la maison, est diplômé de la meilleure école japonaise de ramens. Et ça se sent. Le Tonkotsu ramen, choisi parmi les trois ramens proposés, était goûtu, avec du porc bio très savoureux. A la carte aussi, du poulet frit ou du porc pané sur un curry japonais, ou encore des nouilles sautées au wok. En dessert, mochi glacé, cookies matcha ou cheesecake au yuzu. Bon appétit !

JAPONAIS

YATAI RAMEN

127, rue du Faubourg Saint-Honoré (8e) ✆ 01 44 07 22 82 - M° Saint-Philippe-du-Roule. - https://yatairamen.fr/
Ouvert du lundi au samedi le midi et le soir. Formule du midi : 22 € - 28 €.

A ceux qui, comme nous avant que nous googlesions, ne savent pas ce que signifie *yatai* en japonais, sachez que c'est un stand ambulant de restauration en plein air. Pas de stand extérieur, chez Yatai Ramen, mais une cuisine rudement bien troussée par James Shi, passé par l'Institut Bocuse. Son ramen du moment, savouré un soir d'hiver, était une réconfortante bombe gustative, avec son bouillon de poulet à la tomate, sa poitrine de bœuf et ses nouilles faites maison à partir d'une farine bio. Ses gyozas, quant à eux, choisis pour se mettre en bouche, étaient tout bonnement à tomber. Bref, une table à fréquenter *asap*, l'enseigne comptant aussi deux autres établissements, dans le 2e et le 9e.

CHINOIS

NOUILLES CEINTURES

69, rue du Faubourg Poissonnière (9e) ✆ 09 52 42 99 89
https://nouillesceintures.fr
Ouvert du lundi au samedi de 12h à 21h. Formule du midi : 9,80 € (ou 10,80 €).

Le nom donne une idée (à peu près) de ce qui vous attend dans cette cantine trendy au format XS : des nouilles dont vous choisissez vous-même la largeur et qui sont faites à la main avec de la farine de froment. Concrètement, les XL, par exemple, mesurent entre quatre et cinq centimètres de large, et près de quarante de long. Impressionnant… Ces nouilles, vous les dégusterez accompagnées, selon les recettes, de bouillon ou pas, d'œufs brouillés à la tomate, de bœuf braisé, de porc ou de travers de porc mijoté, et toujours d'ail, de coriandre, de ciboulette et de chou chinois. Ah oui, c'est à vous aussi de choisir le niveau de piment. Vous cherchiez un concept fun pour déjeuner ? Vous l'avez.

CUISINE ASIATIQUE

PINGWOO COFFEE GARDEN

24, rue Saint-Lazare (9e) ✆ 09 81 34 23 24
Mº Notre-Dame de Lorette. - www.pingwoo.fr
Ouvert du lundi au vendredi de 11h à 18h30. Carte : 15 € environ. Formules déjeuner de 13 à 18 €.

Un café jardin dans un quartier d'affaires, c'est plutôt une surprise agréable. Le cadre est magnifique avec beaucoup de fleurs séchées : grimpez vers la salle du haut, étonnamment très champêtre, comme un havre de paix. Au rez-de-chaussée, quelques tables également, juste en face du comptoir, où l'on peut sentir les odeurs de bons petits plats, tous à base de produits frais et maison. La cuisine proposée est de style fusion, entre l'Inde, la Thaïlande et la France. Les exemples sont nombreux, le service impeccable et les possibilités de menus pour le déjeuner proposent un excellent rapport qualité-prix. Assurément l'un des meilleurs rapports qualité-prix du quartier.

PHILIPPIN

REYNA

41, rue de Montreuil (11e) ✆ 01 40 09 06 82
www.reyna.paris
Ouvert du mardi au samedi le midi et le soir ; le dimanche midi. Carte : 45 € environ.

Ceux qui passent à côté ne s'en rendent pas forcément compte, tant l'enseigne ne se distingue pas de l'extérieur, et pourtant ! Le chef Eric Paredes a en effet décidé d'ouvrir ici un restaurant philippin – son pays d'origine – mais, comme on est dans la capitale des expériences culinaires, les spécialités locales sont agrémentées de petites touches d'originalité. Des ingrédients de saison sont convoqués pour, ces derniers temps, réaliser des aubergines sauce cacahuète, un poulet frit et son yaourt à l'ail rôti, ou son cabillaud sauce gingembre. L'ensemble peut être accompagné de petits vins naturels eux aussi bien sélectionnés. Réservation évidemment très recommandée !

CHINOIS

OH MY BAO

11, rue de Paradis (10e) ✆ 09 85 00 96 05 - Mº Château d'Eau.
www.ohmybao.fr/
Ouvert tous les jours le midi et le soir. Carte : 18 € environ.

Quelques mois après l'ouverture d'un premier établissement dans le 17e arrondissement, l'équipe de Oh My Bao a décidé de se lancer dans un second établissement, situé celui-ci dans la bien nommée rue de Paradis ! Ici, comme le nom l'indique, la star c'est le bao : cette petite brioche fourrée, évidemment réalisée sur place, se décline selon de nombreuses possibilités (au chou, au porc, et parfois même avec des plats bien français !). On accompagnera l'ensemble d'un *ricebowl* ou de *baozi*, et l'ensemble, très copieux (les brioches tiennent bien au corps !) est proposé à un tarif au final largement acceptable. Les prix pratiqués, enfin, sont vraiment en rapport avec la quantité et la qualité.

VIETNAMIEN

DO & COCO

24, rue Cotte (75012) ✆ 01 43 41 09 64
Mº Ledru-Rollin.
Ouvert du lundi au samedi, le midi et le soir. Formules du midi : 17,50 € (2 plats), 21 € (3 plats).

La famille qui tient Do & Riz, très appréciée – à juste titre – cantine vietnamienne de la rue Cotte, a ouvert sur le trottoir d'en face une seconde table, Do & Coco, où le registre culinaire se veut plus globalement asiatique. La déco, contemporaine, a été particulièrement soignée, avec une panoplie de couleurs très Farrow & Ball. A la carte ce jour-là, un poulet sauce au sel et au poivre-kumquat-salade croquante, des crevettes à la plancha-nouilles à la sauce tomate-ananas légèrement épicé, des bentos divers et variés et, dans nos bols, de joufflus raviolis poulet-crevettes-chou et un bento porc haché au galanga-basilic-œuf plat. Une cuisine toute en fraîcheur et en saveurs.

JAPONAIS

TO RESTAURANT PARIS

34, rue Beaurepaire (10e) ✆ 01 40 37 39 12 - Mº République.
www.to-restaurant.com
Ouvert du mardi au dimanche le midi et le soir. Menus de 75 € à 125 €. Formule du midi : 38 € (autre formule à 77 €).

Bistronomique, avec des touches de gastronomie asiatique, et surtout très chic ! Tel est ce restaurant To, à quelques pas de la place de la République. On pénètre dans cet endroit qui, d'extérieur, pourrait semble être un hôtel de luxe, et on s'installe dans un cadre splendide, cosy, aseptisé. Difficile de résumer en quelques mots les plats proposés, eux-mêmes réalisés depuis une cuisine ouverte sur la salle. Des plats japonisants, d'autres qui apparaîtraient plus classiques mais sont rehaussés par une maestria certaine, l'expérience est unique. L'ensemble se décline selon plusieurs menus, dont les prix sont très élevés, mais largement justifiés. Une venue ici restera dans vos mémoires.

JAPONAIS

JINCHAN SHOKUDO

154, rue du Faubourg Saint-Antoine (75012) ✆ 01 43 47 25 50 - Métro Faidherbe-Chaligny. - https://www.jinchan.fr/
Ouvert tous les jours le midi et le soir. Entrées : 2 €-13 € ; plats : 8 €-22 € ; desserts : 6 €. Terrasse.

En résumé, l'isakaya est au Japon ce qu'est le bistrot en France ou le pub en Angleterre. Autrement dit, un endroit où l'on vient prendre un verre que l'on accompagne de plats chauds ou froids. En ouvrant ce Jinchan Shokudo, Miyo et Alban ont voulu recréer l'ambiance conviviale d'un isakaya et proposer une cuisine japonaise populaire de qualité. C'est réussi ! Le cadre est sympa (chaises en formica, murs en bois recouverts de publicités), et les plats – qu'il s'agisse par exemple de notre salade de *daïkon* (radis blanc) et du *kaisen don* choisis ce soir d'été – sont convaincants. Si vous ajoutez à cela une équipe accueillante, vous avez là une table que l'on valide sans hésitation.

CORÉEN

COMPTOIR CORÉEN

17, boulevard Jourdan (75014) ✆ 01 40 19 63 26
RER Cité universitaire - https://www.cite.comptoircoreen.fr/
Ouvert du lundi au samedi le midi et le soir ; le dimanche midi. Dimanche soir uniquement à emporter. Plats : 11 €-18 €.

Il faut vraiment vouloir aller au Comptoir coréen, car l'accès n'est pas franchement facile. Avant de vous asseoir à une table, vous devez traverser une partie de la Cité internationale universitaire de Paris. Mais rien que pour ça, ça vaut le coup, parce que le site, avec tous ses pavillons, mérite le détour. Qui plus est, ledit Comptoir, installé dans la maison de… la Corée, est un sympathique restaurant. Si le décor est plutôt banal, la cuisine est une bien agréable et généreuse invitation à un voyage gustatif au « pays du matin calme ». Raviolis (grillés à souhait), bibimbap, bulgogi (savoureux), plats inspirés de la street food locale… Une table sans prétention, mais de bonne tenue.

CHINOIS

TROIS FOIS PLUS DE PIMENT

27, rue Mouton-Duvernet (75014)
✆ 01 86 65 99 63
M° Mouton-Duvernet.
https://troisfoisplusdepiment.fr/
Ouvert le lundi, le mardi et du jeudi au samedi le midi et le soir. Menus de 17,80 € à 19,80 €. Vente à emporter.

Deux fois, Trois fois, Cinq fois plus de piment… Il a trouvé le bon filon, Lee Cheng, pour nommer ses restaurants. De prime abord, on comprend que la cuisine est plus ou moins épicée selon l'enseigne. En fait, quel que soit le restaurant, vous choisissez un niveau de piment (de 0,5 à 5) avec le plat commandé. A ce Trois fois plus de piment, par exemple – enseigne plutôt dédiée aux nouilles et aux raviolis –, on s'était contenté du niveau 1 pour la sauce des raviolis, costauds, et la soupe de nouilles au bœuf, bluffante, avec une viande hypra-moelleuse. Bien nous en a pris !

CORÉEN

BONG

42, rue Blomet (75015) ✆ 01 47 34 73 62 - M° Volontaires
https://15eme.bongrestaurant.com/
Ouvert tous les jours, le midi et le soir. Formule du midi (entrée-plat) : 15 €.

Disposant de deux établissements à Paris – le second est situé 6 avenue de la République dans le 11e –, l'enseigne Bong est assurément une bonne table coréenne. D'ailleurs, les collaborateurs du *Petit Futé* n'hésitent pas à s'y attabler pour varier leur ordinaire et savourer l'une des spécialités du « Pays des matins calmes ». Au premier desquelles le barbecue… coréen : de la viande marinée et des légumes que l'on fait cuire à sa table sur des plaques individuelles. C'est toujours bon et ici plutôt copieux. Autre spécialité de la maison : le ragoût, dans sa version bœuf épicé. Et s'il vous reste une petite place pour du sucré, le gâteau de riz noir fera très bien l'affaire.

JAPONAIS

BLOOM

99, rue Jouffroy d'Abbans (17e) ✆ 01 42 27 26 16
M° Courcelles ou Wagram.
www.bloomsushi.fr
Du mardi au samedi, midi et soir. Menus : 25-36 €.

Ce restaurant du 17e arrondissement a tout d'une petite révolution dans le monde des sushis. En effet, Bloom propose des sushis intégralement végétariens ! A la tête de cet établissement résolument novateur, on retrouve Christian Ventura, chef cuisinier originaire du Mexique qui a fait ses armes à Montréal, là où un premier Bloom fait un réel carton. Vous l'aurez compris ; les grands classiques de la cuisine japonaise sont revisités pour un résultat 100 % végétarien et, selon nous, 100 % savoureux ! Ici, les sauces audacieuses et les alliances originales de produits de saison sauront sans aucun doute vous convaincre à travers un large choix de mets à prix tout à fait abordables.

THAÏLANDAIS

SOUKOTHAI

44, rue Custine
Paris (18e) ✆ 01 46 06 45 78
Ouvert du jeudi au mardi de 12h à 14h30 et de 19h à 23h. Carte : 25 € environ. Formule du midi : 17,50 €. Chèque Restaurant.

Un joli petit endroit, situé derrière le Sacré Cœur, alors que les pentes de la butte se poursuivent jusqu'à la mairie de l'arrondissement. Ayant fait l'objet de travaux et bénéficiant maintenant d'un bar élargi, d'une décoration plus lumineuse, le lieu est autant fréquenté par la communauté asiatique que par des locaux, qui se donnent cette bonne adresse comme un secret bien gardé. Les spécialités uniques que vous pourrez y trouver sont la salade de riz grillé, la salade de crevettes hachées, le tartare de bœuf thaï, les gambas sautées à l'ail et au poivre, et bien d'autres saveurs insolites et remarquables... Le rapport qualité-prix reste largement appréciable.

VIETNAMIEN

LE SOURIRE DE SAÏGON

54, rue du Mont-Cenis
Paris (18e) ✆ 01 42 23 31 16
www.souriredesaigon.fr
Ouvert tous les jours le soir de 18h30 à 23h. Carte : 40 € environ.

Ce restaurant est devenu une institution de la cuisine vietnamienne à Paris. Une décoration sobrement coloniale, un cadre raffiné, des lumières tamisées, une musique lounge et le sourire des hôtesses en tenue traditionnelle donnent immédiatement envie de s'installer dans l'un des fauteuils très confortables. La carte est longue comme un inventaire à la Prévert avec tous les grands classiques, quelques spécialités plus originales et des plats à base de tofu laissant un choix intéressant aux visiteurs végétariens. La cuisine est subtile et raffinée. Ce restaurant offre également une superbe carte des vins, digne des grands restaurants. Bref, des immanquables, bien pensés et bien réalisés.

CUISINE ORIENTALE

BALAGAN

9, rue d'Alger (1er) ✆ 01 40 20 72 14 - M° Tuileries ou Pyramides.
www.balagan-paris.com

Ouvert tous les jours midi et soir. Réservation recommandée. Formule du midi : 25 et 30 € ; soir : autour de 55 €.

Si *Balagan* veut dire « bordel » en yiddish, depuis un bon moment déjà c'est surtout un excellent restaurant aux influences orientales et situé à quelques pas du Louvre. Associé avec l'équipe du bar à cocktail Expérimental, à quelques centaines de mètres, dans le quartier Montorgueil, ce collectif de chefs connaît ses thèmes, ses saveurs et ses recettes. Les influences méditerranéennes se mélangent pour le meilleur et même si les prix sont un peu élevés, l'expérience est incroyable. L'agneau *al-ha'esh* est unique à Paris, le risotto Ptitim merveilleux, le bar aux légumes confits aussi. Beaucoup de *happy fews* dans ce lieu décoré avec soin où le service est efficace. Une belle surprise.

CUISINE AFRICAINE

VILLA MAASAÏ

9, boulevard des Italiens (2e) ✆ 01 42 33 16 03
www.villamaasai.fr

Ouvert tous les jours le soir. Carte : 45 € environ. Réservation recommandée.

Une fois passée la porte, vous êtes immédiatement dans l'ambiance : masques d'animaux, tableaux, papiers peints, vous êtes bien en Afrique ! Et c'est bien l'un des plus réputés restaurants de ce continent qui vous attend ici. Si la réservation est vivement recommandée, ce n'est pas par manque de place (plus de 300 couverts), mais bien parce que la Villa Maasaï est très prisée. Une fois à table, place au festival de saveurs, qu'il s'agisse de grandes salades appelées « Exotica », de grillades, de mafé, de yassa et d'autres nombreuses possibilités ! L'ambiance, chaleureuse, se fait régulièrement musicale, notamment le week-end, lorsqu'un DJ prend les commandes. Un lieu sans égal.

CUISINE OCÉAN INDIEN ET PACIFIQUE

HAWAIIAN POKÉ

152, rue Montmartre (2e) ✆ 09 82 52 51 90
M° Grands-Boulevards ou Bourse. - www.hawaiianpoke.fr

Ouvert du lundi au vendredi de 12h à 14h30. Formules autour de 10,90 € ou de13,90 €.

Dans cet établissement à la jolie décoration hawaïenne, tropicale et colorée, où résonne souvent une douce musique de ukulélé tandis que passent des clips de Hula sur grand écran, des serveurs en chemise hawaïenne vous attendent derrière le comptoir... L'immersion à Hawaï est immédiate. Ici, la spécialité, c'est le poké, un onctueux plat hawaïen à base de poisson cru mariné et de différents épices ou légumes. Un délice aux multiples variantes ! Dans les accompagnements, on recommande particulièrement la spécialité de la maison : l'inari, du tofu farci au riz et au furitaké. A déguster dans une ambiance vraiment authentique ! *Mahalo* (merci), comme on dit à Hawaï.

RESTAURANT DE BURGER

IL ÉTAIT UN BURGER

78, Rue Mouffetard (5e)
www.just-eat.fr

Fermé le lundi. Du mardi au jeudi 11h30-23h, vendredi 18h-0h, samedi et dimanche 11h-23h.

Il était une fois un petit restaurant cosy au cœur de la charmante rue Mouffetard qui a su trouver un concept bien adapté aux familles du quartier et aux jeunes étudiants : le burger sur mesure ! Vous cochez tout simplement vos ingrédients favoris parmi un large choix de légumes, sauces, fromages... Le tout accompagné de bonnes fêtes maison et servi avec le sourire. Si l'inspiration ne vient pas ou que vous doutez dans le choix de votre composition, laissez-vous tenter par la carte qui ne manque d'originalité et de produits de qualité : bœuf Angus, cheddar affiné 9 mois, émincé de bœuf maison, bacon de bœuf... Petite sélection de salades et desserts pour les gourmands. On en redemande !

CUISINE DU MONDE

UMA NOTA

86, rue Réaumur (2e) - M° Sentier ou Réaumur-Sébastopol.
www.uma-nota.com

Déjeuner du lundi au vendredi : 12h-14h. Dîner du lundi au samedi : 18h jusque tard ! Carte : 35 € environ.

La cuisine nippo-brésilienne, vous connaissez ? C'est tout simplement une fusion entre les gastronomies japonaise et brésilienne. C'est ce que vous pourrez déguster chez Uma Nota, ce restaurant qui a d'abord ouvert une première adresse à Hong Kong où elle a connu un vif succès. Un export bien réussi dans la capitale française ! Les portions sont à partager dans un cadre convivial, spacieux et coloré où l'art mural à la part belle. Mention spéciale pour le ceviche amarillo, le plat signature d'Uma Nota, et le yakitori de poulpe. Vous pourrez aussi siroter de très bons cocktails, comme une caïpirinha. Vos papilles, délicieusement stimulées, danseront la samba !

COLOMBIEN

BAZURTO

5, rue de l'Ancienne Comédie (6e) ✆ 01 43 20 92 22
Métro Mabillon ou Odéon. - www.bazurtorestaurant.com

Ouvert tous les jours et les jours fériés le midi et le soir. Formule du midi : 27 € (entrée-plat ou plat-dessert).

Que de chemin parcouru depuis son arrivée à Paris à l'âge de 18 ans et son apparition dans *Top Chef* ! Le dynamique et entrepreneur Juan Arbelaez a fait souche, en ouvrant notamment ses Yaya (Secrétan et Défense). Avec Bazurto, nouvelle corde à son arc gourmand à Odéon, il rend hommage à la cuisine de son pays natal, la Colombie, sur deux niveaux. Au rez-de-chaussée, un bar à cocktails ; à l'étage, une salle à la chic déco contemporaine où prend place une clientèle venue ici déguster *empanadas*, ceviches et autres plats cuits à la braise (la marque de fabrique de la maison). Dans l'assiette lors d'un déjeuner estival : ceviche de gambas mangue-coco et filet de mulet-légumes grillés.

AILLEURS DANS LE MONDE

6E - 7E - 9E

BURGER

BLEND

4, rue de l'Ancienne-Comédie (6e) ✆ 01 42 49 28 35
M° Odéon
www.blendhamburger.com
Ouvert tous les jours de 11h30 à 23h.

Ce qui étonne d'abord en pénétrant chez ce Blend de l'Odéon – l'enseigne compte 5 adresses parisiennes –, c'est l'élégance du décor : sol bleu, murs tapissés de bois blond veiné… Un *deli* version miniature et plutôt classieux. Mais si l'on vient ici, c'est d'abord pour la qualité des burgers. Viande goûteuse (le steak haché a été mis au point par Yves-Marie Le Bourdonnec), buns signés Frédéric Lalos, sauce barbecue concoctée par un chef américain… La maison a compris que pour appâter l'amateur exigeant, il ne fallait pas lésiner sur les produits. Résultat : des burgers savoureux, dont un surprenant West aux trois cheddars (le bun est retourné et toasté). La qualité a un prix.

AMÉRICAIN

RALPH'S

173, boulevard Saint-Germain (6e) ✆ 01 44 77 76 00
M° Saint-Germain-des-Prés - www.ralphlauren.fr
Basse saison : tous les jours, 12h-17h et 19h-22h30. Haute saison : tous les jours, 12h-17h et 19h-23h.

Au lancement de Ralph's, Ralph Lauren souhaitait que ce restaurant, installé avec la boutique dans un splendide hôtel particulier, soit « le meilleur de sa catégorie à Paris » et propose « une excellente cuisine américaine dans un cadre merveilleusement élégant et romantique ». S'il est difficile de savoir si son premier vœu est exaucé, il peut être rassuré quant au cadre, raffiné et romantique grâce à la cheminée et aux boiseries à l'intérieur ; à la verdure et aux coussins moelleux à l'extérieur. Et la cuisine ? Américaine comme il se doit, avec steaks et burgers (Ralph, Santa Fe, au thon, veggie), saumon et homard grillés, salade Caesar, *Southwestern* chili, steak Black Angus, cheesecake…

AMÉRICAIN

MARCEL

15, rue Babylone (7e) ✆ 01 42 22 62 62 - M° Sèvres - Babylone.
www.restaurantmarcel.fr
Ouvert du lundi au vendredi de 10h à 23h ; le week-end de 10h à 19h. Brunch le week-end. Vente à emporter.

Quel contraste ! Après le branché 18e arrondissement, Marcel s'est dédoublé en 2013 sur l'autre rive de la Seine, dans ce qui est l'un des coins les plus rive gauche de la rive gauche : le carrefour Bac-Babylone (depuis, l'enseigne s'est aussi implantée dans le 16e, 15 rue Mesnil, et à La Défense). Cela dit, cette cantine à l'américaine y a trouvé aisément sa clientèle qui vient se restaurer ici dans un cadre néo-indus anthracite. Au choix notamment : en ouverture, halloumi fries ou nachos ; en pièce maîtresse, halloumi burger ou fried chicken ; et s'il vous reste encore un peu de place, cheese-cake ou tarte au citron vert. A noter aussi, belles salades et tables à touche-touche.

BRITANNIQUE

ROSE BAKERY

24, rue de Sèvres (7e) ✆ 01 42 22 60 00 - M° Sèvres-Babylone.
www.rosebakery.fr
Du lundi au samedi de 10h à 18h ; le dimanche de 11h à 18h. Sans réservation.

Rose Bakery a élargi son horizon. Triplement implantée du côté de la rue des Martyrs, l'enseigne « so biotiful » a choisi le deuxième étage du Bon marché pour ouvrir sa première adresse rive gauche. Avec une touche vert-de-gris qui rappelle les tons de la maison-mère, ce salon de thé bon chic-bon genre partage bien sûr l'ADN de l'enseigne : du bio et du fait maison. Au déjeuner, au choix, salades (avec la possibilité de composer son assiette à partir de différentes salades du jour), quiches (style saumon-courgette-épinards) ou plats (genre saumon fumé, burger ou œuf Benedict). Pour conclure, ou à l'heure du thé, de moelleux cakes, comme ce rose-citron ou ce lime-noix de coco sans gluten.

AMÉRICAIN

FLESH

25, rue de Douai (9e)
✆ 01 42 81 21 93
M° Blanche et Pigalle
Ouvert du mardi au samedi, le midi et le soir.

Désolé pour les végétariens, mais cette adresse ne les concerne pas. Ici, c'est le royaume de la viande, grillée à la braise. La maison a d'ailleurs été l'une des premières à opter pour ce positionnement dans la capitale. À la carte, des pièces classiques – bœuf Black Angus en version 180 ou 280 g, cuisse de poulet et travers de porc fermiers – et un poisson, tout de même, qui varie au gré des saisons. Chaque pièce est escortée d'une sauce (barbecue, fromage bleu, chimichurri…) et d'un *side* : frites (nature ou à l'ail), caesar salade-poireau ou légumes de saison. Pour finir dignement, le choix se fait entre un brownie au chocolat, un *apple cake* et le dessert du moment. C'est tentant !

PÉRUVIEN

ISANA

7, rue Bourdaloue (9e) ✆ 01 42 45 18 72 - M° Notre-Dame-de-Lorette
www.isanaparis.com
Du mardi au samedi, le midi et le soir. Dimanche, le midi (brunch).

Dans cette jolie cantine colorée, on se régale de recettes latino-américaines, souvent bio. Au déjeuner, une restauration pour gens plutôt pressés avec salades, plat du jour et ceviches. Au dîner, une carte plus fournie avec tacos de porc grillé, ceviche et plats chauds, comme ce poivron vert grillé farci de légumes et ce poulet mariné au lait de coco proposés un soir de septembre. Quant au brunch, il offre l'occasion de se retrouver autour de ceviches, de brochettes de viande marinée, de tartares concombre-avocat et œuf mollet, de *causas* de gambas, de brioches maïs-avocat-piment, d'*empanadas*… Pour se désaltérer, dirigez-vous vers les cocktails de fruits ultravitaminés.

ISRAËLIEN

MIZNON GRANDS BOULEVARDS

3, rue de la Grange Batelière (9e) ✆ 09 71 43 71 96
Métro Grands Boulevards. - www.miznonparis.com
Ouvert du dimanche au jeudi de 11h à 23h ; le vendredi de 12h à 15h.

Après le Marais et le canal Saint-Martin, Miznon a retenu les grands boulevards pour sa troisième implantation parisienne. Preuve que le concept de street food méditerranéenne développé par le chef israélien Eyal Shani séduit toujours autant locaux et touristes. Il faut dire que ses pitas sont de haut vol. Hésitant – les propositions sont toutes alléchantes (bœuf bourguignon, steak 'n egg, chicken salad, poisson épicé, ratatouille…) –, nous avons finalement opté ce midi-là pour la relevée (à cause des oignons rouges) pita kebab d'agneau, accompagnée de tendres pommes de terre. « *Le menu parfait* », selon l'employé à la caisse. On ne saurait dire, mais c'était franchement bon !

NEW
UKRAINIEN

PIROJKI BAR

29, rue Richer (9e)
www.pirojkibar.com
Ouvert du lundi au samedi de 10h30 à 21h30. Menus de 13,50 € à 15,50 €.

La gastronomie au service de la paix, c'est ce qui a motivé Elena Biktimirova à ouvrir le Pirojki Bar trois mois seulement après le début des hostilités en Ukraine en 2022. L'objectif de cette jeune femme d'origine ukrainienne est en effet de combiner « dans un même menu des plats traditionnels ukrainiens et russes afin d'unir les gens déchirés par la guerre ». A la carte de son (petit) établissement, décoré gracieusement par des street-artistes : des pirojki (petits pains briochés farcis), vareniki (raviolis ukrainiens), zakouski (hors-d'œuvre), pelmini (raviolis tatars à la viande) et autres medoviks (gâteaux aux notes de miel et de vanille). A emporter ou à la livraison.

PÉRUVIEN

VILLA MIKUNA

2, rue Frochot (9e)
✆ 01 49 29 50 50
https://villamikuna.fr
Ouvert tous les jours le midi et le soir. Formule du midi : 24 €.

Il y a Mikuna dans le 8e et Villa Mikuna dans le 9e. La différence ? Ce sont deux établissements frères, spécialisés dans la cuisine péruvienne. A la fois restaurant et bar (ce dernier est logé dans un ancien théâtre en rond), la seconde revêt les atours d'une table plus sophistiquée, à la déco vitaminée. Vous y admirerez de superbes vitraux Art déco. Dans les assiettes, de frais et colorés ceviches – notre choix, sans grand risque, s'était porté ce soir-là sur la version au thon –, des tiraditos, cousins du ceviche, et des plats plus solides, comme ce filet de bœuf sauté au wok ou cette souris d'agneau confite. Une cuisine modeuse – le ceviche a la cote – plutôt bien ficelée.

LIBANAIS

AFENDI

84, rue du Faubourg Saint-Denis (10e) ✆ 01 56 92 28 01 - M° Château d'Eau
www.afendi-paris.com
Ouvert du lundi au samedi le midi et le soir, le dimanche midi. Brunch le dimanche. Carte : 25 € environ.

La cuisine, chez les Farroukh, est une affaire de famille. Si le père a exercé en Afrique, le fils est arrivé il y a une vingtaine d'années dans la capitale avec un objectif : faire découvrir la *street food* locale. Généreuse, roborative, bourrée de saveurs, celle-ci gagne non seulement à être connue, mais surtout à être savourée, sous réserve de trouver le bon établissement. Pas de doute, celui-ci en fait partie. Des mezzés, chauds et froids (mention spéciale au houmous « de mon père », qui n'a rien à voir avec ce que vous connaissiez jusqu'à présent). *Kafta*, *roz* ou *chawarma* sont également excellents. La réservation est fortement recommandée, surtout le week-end.

MALIEN

BMK PARIS - BAMAKO

14, rue de la Fidélité (10e) ✆ 09 82 54 17 48 - M° Gare de l'Est ou Château d'Eau
www.bmkparis.com
Ouvert du lundi au jeudi de 11h30 à 22h30, vendredi & samedi de 11h30 à 23h, dimanche de 11h30 à 16h. Carte : 20 € env.

Une adresse qui est devenue complètement tendance, ce BMK situé entre la gare de l'Est et la rue du Faubourg Saint-Denis ! Dans cette cantine exotique, les recettes africaines sont mises à l'honneur, dans un joli cadre bien fait et bien pensé, avec de bons produits frais. Baobab, papaye, manioc, jujube… les novices, et ils sont nombreux, se laisseront guider au gré de la carte et des conseils. Et il y a du choix entre le mafe, le matoke, le yassa et bien d'autres surprises totalement typiques… L'ensemble est accompagné de jus aux saveurs inédites. Mention spéciale à la décoration, colorée, riche, belle. Notez enfin que le lieu est également une épicerie.

BRÉSILIEN

BOTECO LAPA

48, rue de l'Échiquier (10e) ✆ 09 73 53 47 10
M° Bonne Nouvelle. - www.boteco.paris
Lundi au mercredi 18h-minuit, jeudi 18h-1h, vendredi et samedi 18h-2h.

Au cœur du 10e arrondissement, c'est une véritable petite enclave brésilienne qui s'anime chaque soir du lundi au samedi. Et en effet, on peut déguster ici une multitude de tapas typiquement brésiliennes mais aussi la fameuse *picanha*, les *pasteis de queijo*, du crabe gratiné au lait de coco, sans oublier le ceviche. Ce voyage des papilles se poursuit dans le monde réel car la décoration du restaurant, très exotique, vous plonge tout de suite dans une atmosphère très Rio de Janeiro, São Paulo ou Brasilia, où l'on vient entre amis. Réservation impérative pour ce véritable voyage à moindres frais, car le rapport qualité-prix y est excellent. *Tudo bem*, comme on dit là-bas !

CANADIEN

MAISON DE LA POUTINE - PARMENTIER

82, avenue Parmentier (11e) ✆ 01 47 00 30 39 - M° Parmentier.
www.poutine.fr

Ouvert du mardi au dimanche de 11h45 à 22h. Menus de 16,50 € à 18,50 €.

Disons-le tout de suite : pour ceux qui ne connaîtraient pas la Poutine, il ne s'agit pas d'une spécialité initiée par le dirigeant d'un pays, et qui fait tristement les unes de l'actualité depuis plusieurs mois. Non, la Poutine, c'est une délicieuse spécialité québécoise à base de frites fraîches, de fromage en grains et d'une sauce secrète. Et une fois qu'on y a goûté, on devient vite accro ! Multi-primée, l'enseigne a remporté le prix de la meilleure Poutine du monde (hors Québec) en 2019 et 2020 ! Plusieurs sortes de cette spécialité vous sont ici proposées.

AMÉRICAIN

MELT OBERKAMPF

74, rue de la Folie Méricourt (11e) ✆ 09 81 36 42 76
M° Parmentier
www.melt-oberkampf.fr

Ouvert 7j/7 midi et soir. Prix moyen à la carte : 25 €.

Restaurant de barbecue s'il en est, Melt est le royaume des carnivores, avec un créneau bien précis : le barbecue fait comme au Texas. Concrètement, la cuisson est longue (mais anticipée avant votre venue, rassurez-vous !) et se fait exclusivement au feu de bois, dans un four dédié. « Brisket », « Pulled Pork », « Smoked Chicken » sont autant de propositions savoureuses, avec des accompagnements parfois surprenants (on vous laisse la surprise). On viendra plutôt entre amis qu'en couple ici, le lieu étant très vivant, ce n'est pas le plus romantique. Au final, le repas est délicieux. Notez une chouette formule du midi, et de larges horaires d'ouverture. Bien vu.

LIBANAIS

TAWLET PARIS

2, rue de la Fontaine au Roi (11e) ✆ 06 73 92 49 12
M° Goncourt.

Ouvert du mardi au samedi midi & soir ; le dimanche midi. Formule buffet soir : 39 €. Formules du midi : 14 € et 29 €.

Inspirée de la cuisine réalisée depuis des générations par des mères et grand-mères, Tawlet développe toute la vaste palette de gastronomie issue du Liban. Dans cet endroit, qui est aussi une épicerie fine où les habitués viennent se ravitailler, vous pouvez venir déjeuner ou dîner, avec plusieurs formules. On recommandera ici le buffet : si ce dernier terme peut apparaître péjoratif à certains, ici, c'est une succession de petites merveilles à découvrir ou redécouvrir. Chaque jour, une région bien spécifique du Liban est mise à l'honneur dans les assiettes, et le dimanche, beaucoup viennent pour le *brunch*, qui compte parmi les plus originaux de la capitale. On adore !

CUISINE AFRICAINE

CAFE MAASAÏ

34, avenue Pierre Mendès-France (75013) ✆ 01 45 83 46 11
www.cafemaasai.fr

Ouvert du lundi au vendredi le midi et le soir ; le week-end le soir. Carte : 35 € environ.

Si vous connaissez la Villa Maasaï, cet immense restaurant africain des grands boulevards, vous adorerez sa déclinaison rive gauche, version bistrot, et qui répond au nom de Café Maasaï ! En effet, la cuisine africaine y est également à l'honneur, dans ce quartier moderne à quelques pas de la gare d'Austerlitz. Le choix est vaste, les plats savoureux et les propositions nombreuses : mafé malien, poulet yassa du Sénégal, poulet DG du Cameroun sont autant de possibilités. Le lieu, chic et aéré, propose également de chouettes desserts (tiramisu mangue, dégué...) et d'excellents cocktails. Très fréquenté le midi en semaine, le café propose également des menus pour les groupes.

INTERNATIONAL

CAP TIEDO

192, rue de Tolbiac (75013)
✆ 01 75 57 69 83

Ouvert du lundi au samedi de 12h à 15h et de 19h à 23h. Carte : 20 € environ. Vente à emporter.

Une belle devanture bleue qui dévoile un intérieur cosy et tendance jungle. Vous êtes bien chez Cap Tiedo, un petit restaurant fort sympathique au pied de la butte aux cailles. La carte, courte, décline poke bowl savoureux, burgers originaux – avec des propositions végétariennes et véganes – ainsi que jus de fruits pressés et desserts gourmands. Une attention particulière est portée à la qualité des produits. Ici, on mange bien dans tous les sens du terme, et surtout on se fait plaisir. Les portions sont généreuses et les saveurs au rendez-vous, entre cuisine hawaïenne, accent tex-mex ou encore indien. Mention spéciale au banana bread avec son insert cheesecake, gourmand à souhait !

CUISINE DU MONDE

NOSSO

22, promenade Claude Lévi-Strauss (75013) ✆ 01 40 01 95 17 - M° Bibliothèque François Mitterrand. - www.nosso-restaurant.fr

Ouvert du lundi au vendredi le midi ; du mercredi au vendredi le soir. Carte : 45 € environ.

On célébrait l'année passée ce chouette Nosso, mené de main de maîtresse par l'autodidacte brésilienne Alexandra Montagne. Et pour cause : son nouvel écrin, vaste et bénéficiant d'une jolie et calme terrasse, prenait ses quartiers aux alentours de la bibliothèque François Mitterrand avec succès. Aujourd'hui, on peut légitimement parler de valeur sûre, tant l'endroit a trouvé sa voie. Au menu, des merveilles hexagonales revisitées – souvent rehaussées de saveurs brésiliennes – et parfois l'inverse ! La carte ne s'arrête pas là, et explore également d'autres contrées. Le voyage vaut le détour, et l'addition est, vu la qualité des produits, finalement toute douce !

CUISINE D'AMÉRIQUE ET CARAÏBES

GALIA

123, rue Didot (75014) ✆ 09 83 38 08 18 - M° Plaisance
www.restaurantgalia.com
Du mardi au samedi, midi et soir ; le dimanche, le midi. Formule du midi : 17 € (deux plats), 21,50 € (trois plats).

A celles et ceux qui n'ont pas l'habitude d'aller dans le bas du 14e arrondissement, voici une bonne raison de changer d'avis : Galia. Aux manettes, Maxim Godigna, qui a grandi au Venezuela. Il agit ici en chef d'orchestre, qui fait virevolter les saveurs dans une farandole de propositions gastronomiques à propos desquelles on évoque tantôt une cuisine fusion franco-sud-américaine, tant de la bistronomie, voire les deux à la fois. Ce talentueux cuisinier a ainsi marié un ceviche de poisson à la goyave, le magret rôti au café vénézuélien... Parallèlement, il fait découvrir la street food vénézuélienne (*empanadas, pastelitos*...) chez Mikopüy, au 3 rue des Plantes, toujours dans le 14e.

AMÉRICAIN

MELT BATIGNOLLES

83, rue Legendre (17e) - M° La Fourche, M° Brochant
www.meltparis.com
Lundi-vendredi : 12-14h ; 19-22h. Samedi : 12-15h ; 19-22h30. Dimanche : 12-15h ; 19h-22h. Menus autour de 30 €

Étrange paradoxe... La consommation de viande diminue, mais les restaurants spécialisés en côtes de bœuf, *spare ribs* ou autres poulets grillés ont toujours la cote. C'est le cas de Melt Batignolles, petit frère du Melt Oberkampf. L'enseigne s'est spécialisée dans les viandes cuites au barbecue, comme au Texas. Selon les recettes, élaborées par une pointure américaine du BBQ, la cuisson, au bois de chêne – mais le Melt du 17e s'est doté aussi d'un grill au charbon de bois –, peut durer de 4 à 18 heures. Les amateurs de *brisket* (poitrine de bœuf Angus), de *pulled pork* (épaule de cochon confite) ou de *fried chicken,* accompagnés de frites ou de coleslaw, se régaleront. Ambiance conviviale.

CUISINE D'AMÉRIQUE ET CARAÏBES

TI CASE CREOLE

115, rue Didot (75014) ✆ 01 45 43 37 85 - M° Plaisance.
www.ti-case-creole.com/
Ouvert tous les jours le midi et le soir. Carte : 35 € environ. Menu enfant : 15 €. Brunch du dimanche : 26 €.

Si l'on imagine un restaurant antillais avec des couleurs chatoyantes un peu partout, celui-ci renouvelle l'exercice ! Car Ti Case Créole, c'est une décoration plutôt chic et une atmosphère qui, si elle n'est pas feutrée, se veut propice à vous concentrer entièrement sur votre repas. Et quel repas ! Car ici sont convoqués les meilleurs standards de la gastronomie des Caraïbes, du colombo au court-bouillon de poisson en passant par le poulet grillé, et la langouste à la créole. C'est aussi excellent que roboratif, les saveurs exultent et donnent furieusement envie de renouveler l'expérience. Notez que le dimanche, c'est brunch : celui-ci sort des sentiers battus, vous l'aurez compris.

INTERNATIONAL

FOOD SOCIETY PARIS

68, Avenue du Maine (75014) - M° Gaîté - Joséphine Baker.
https://foodsociety.fr/
Ouvert du dimanche au jeudi de 8h à 1h ; le vendredi et le samedi de 8h à 2h.

C'est depuis le 20 octobre dernier, dans les Ateliers Gaîté, que la Food Society a débarqué pour donner un coup de boost au paysage culinaire de la rive gauche. Pensez donc : un *food court* de 3 500 m² et pas moins de 15 stands de *street-food* variés, avec aux fourneaux, des chefs reconnus comme des étoiles montantes. Cuisine italienne, syrienne, marocaine, bretonne, coréenne... et bien d'autres spécialités encore, toutes cuisinées dans le respect du concept à la base de Food Society : des produits sourcés en circuit court dans un esprit écoresponsable. Concerts, conférences et autres animations sont aussi d'ores et déjà proposés : le succès ne s'est pas fait attendre.

PÉRUVIEN

LE COMPTOIR DU PÉROU

41, rue de la Croix Nivert (75015) ✆ 01 45 66 50 08 - Métro Cambronne, Avenue Emile-Zola. - www.comptoirduperou.fr
Ouvert du mardi au samedi, le midi et le soir. Formules du midi en semaine : 15,50 € et 20,50 €. Terrasse.

Une parenthèse fraîche et colorée : c'est ainsi que l'on pourrait qualifier notre déjeuner au Comptoir du Pérou par un samedi caniculaire. En entrée, une *causa* au thon au goût citronné (un plat froid avec de la purée de pommes de terre, du thon et de l'avocat), puis un ceviche Nikkei (du thon – très moelleux – mariné dans une sauce au soja et sésame). A la carte aussi, d'autres ceviches, *the* spécialité de la maison, avec du saumon ou du poisson blanc marinés et légèrement pimentés. En accompagnement, des fruits (fraises, mangue...), du poulpe, du maïs, de la patate douce... Pour les végétariens, un poké bowl sans poisson (légumes de saison, avocat, riz ; quinoa). Accueil chaleureux.

INTERNATIONAL

LA BELLEVILLOISE

19-21, rue Boyer (20e) ✆ 01 46 36 07 07
M° Gambetta ou Ménilmontant
www.labellevilloise.com
Ouvert du jeudi au samedi le soir. Brunch le dimanche. Carte : 35 € environ.

Dans cet édifice historique style Art nouveau, le décor industriel est rendu verdoyant par des oliviers en pot, d'où le nom du restaurant de la Bellevilloise : la cave aux oliviers. On arrive de préférence à l'heure des concerts dès 20h en semaine. Au son de musiques éclectiques, on se laisse charmer par la carte qui mixe plusieurs influences : salade de quinoa, tartine de brie de Meaux, filet de dorade au lait de coco, et des desserts à l'avenant, en passant par la madeleine-financier avec crème yuzu et sorbet framboise. Le jazz brunch du dimanche est évidemment le *must*, mais attention, la réservation est totalement indispensable sous peine de rester sur le trottoir.

BIO

BIOBURGER

45, rue des Petits Carreaux (2e) ✆ 01 42 86 15 09 - M° Sentier ou Bonne Nouvelle - www.bioburger.fr

Tous les jours, de 11h30 à 23h45. Formules : 8,90 à 15,90 €. Vente à emporter. Livraison.

Vous souhaitez savourer un excellent burger sans tomber dans le cercle vicieux de la *junk food* ? Bioburger est l'adresse qu'il vous faut. Ici, l'ambiance est jeune et le service rapide, à peine 10 min pour profiter de sa commande. Et quelle commande ! Nous n'avons pas pu résister à l'appel du Poivre Bacon : steak de bœuf, poitrine fumée, cheddar, tomate, confit d'oignons, salade, sauce au poivre. Un vrai bonheur dont on décèle, avec une très grande facilité, la fraîcheur. En accompagnement, nous avons opté pour les frites, maison évidemment, qui ont fait sensation grâce au goût intense de la pomme de terre. Et en boisson, un thé glacé. En résumé, un régal !

NEW SANDWICHERIE

LE CUL DE COCHON

98, Rue Montorgueil (2e) ✆ 01 42 36 28 99

Métro Etienne Marcel.

www.culdecochon.com

Ouvert tous les jours de 10h à 20h. Livraison ubereats et deliveroo.

On ne parle surtout pas de malbouffe au cul de cochon, ici les produits sont bons, sélectionnés et même livrés chez vous ou sur votre lieu de travail. Cette entreprise familiale propose depuis 1930 une belle sélection de « frometons », « charcutaille » sans conservateurs ou nitrites et « douiches » faits sur place, des planches apéro qui font saliver, bref un doux mélange de savoir-faire et de producteurs de nos régions qui vous donneront envie de revenir, et le succès est au rendez-vous puisque pas moins de cinq boutiques vous accueillent désormais dans la capitale ! Tout l'engagement qu'on aime, du bon, du bio, du direct, et le service apéro livré chez vous !

SANDWICHERIE

LES PETITES PEPITES

17, rue Saint-Marc (2e)

✆ 06 85 85 72 10

M° Grands Boulevards ou Bourse.

www.lespetitespepites.com

Ouvert du lundi au vendredi le midi. Carte : 15 € environ.

Le lieu porte bien son nom, car les mini-burgers proposés ici sont bel et bien de petites pépites. A l'origine de cette idée qui marche fort dans le cœur de Paris – et au-delà – Cyrille et Romain, qui ont opéré un changement intégral de vie professionnelle pour ouvrir leur lieu, il y a près de deux ans maintenant. Ici, les crédos sont multiples : du frais, de bon, de l'original, avec des produits soigneusement sourcés, jusqu'au pain, croustillant, moelleux, à tomber ! On vient sur place le midi (le lieu ne compte que dix places) et beaucoup passent commande pour leurs événements privés, ou tout simplement pour les savourer chez eux. Grand succès, largement mérité !

BURGER

BAO & ME

89, rue du Faubourg Poissonnière (9e) ✆ 01 83 91 95 50 - M° Poissonnière

www.baoandme.fr

Du lundi au vendredi de 12h à 14h30 et de 19h à 22h30 ; samedi de 19h à 22h30. Formules déjeuner : 15,50 à 21,50 €.

Voici un restaurant de burgers originaux et délicieux. On y déguste des burgers de style asiatique aux recettes variées. L'originalité vient notamment du pain appelé (en chinois) *bao* et qui est cuit à la vapeur. Lors de notre passage, on avait pu se régaler avec un burger black bun avec bœuf mariné ; oignon confit, chèvre, miel, thym, pousse d'épinard, courgette, crème balsamique. En accompagnement, on vous recommande le riz gluant en bambou, comme au Laos. Et en boisson, ne manquez pas de tester un des *bubble teas* qu'on préparera juste devant vous. Manger au Bao & Me, c'est une vraie expérience et un mini voyage en Asie, pas un simple repas. Coup de cœur !

LA CANTINIÈRE

78, rue de Dunkerque (9e)

✆ 07 69 34 14 01

M° Anvers.

Ouvert du lundi au vendredi de 8h30 à 15h. Carte : 15 € environ.

Un endroit aussi convivial que possible, et qui vous accueille chaque jour dès le matin, pour de chouettes petits déjeuners, jusqu'au milieu de l'après-midi pour un verre ou un café, et le midi pour de chouettes déjeuners. Ici, tout est fait maison, et les propositions sont nombreuses, souvent *healthy* (comprenez bonnes pour la santé) et savoureuses. Des salades d'une fraîcheur sans égal, un bol renouvelé chaque jour avec légumes frais et de saison, d'excellents sandwichs toastés et d'excellents desserts constituent la trame de l'offre, plébiscitée par une clientèle faite de touristes (Montmartre n'est pas loin) et de travailleurs du quartier principalement. Un vrai bon plan.

INDIEN

G BY GASPARD PIGALLE

6, rue de Douai (9e) ✆ 01 71 18 60 60

M° Pigalle.

www.gbygaspard.fr

Ouvert du mardi au vendredi le soir ; le samedi midi et soir.

La spécialité de G by Gaspard, c'est le naan, ce pain d'Asie centrale et du Sud. Mais on n'ouvre pas un restaurant en ne proposant que du naan, nous direz-vous, et vous avez raison. En fait, la maison l'associe à des saveurs/recettes du monde entier et vous propose de le rouler après l'avoir garni de différents ingrédients. Il y a ce qu'elle appelle les naans quotidiens – le naan poulet (poulet mariné, tomates séchées, tzatziki…) et le naan v'Gie (courgettes et aubergines grillées, tomates séchées, carottes…) par exemple – et les naans de passage, comme le poulet tikka ou, plus original, l'auverGnat (saucisse au couteau grillée, tuiles de cantal jeune). Voyage gustatif assuré.

BURGER

MANGEZ ET CASSEZ-VOUS !

39, rue Taitbout (9e) ✆ 01 49 70 66 88 - Mº Chaussée d'Antin-Lafayette.

Ouvert du lundi au samedi le midi et le soir. Burgers : 3,40 € ; frites : 1,20 €-2,80 € ; desserts : 1,50 €.

Des prix imbattables – moins de trois euros le burger à l'époque – et une vidéo sur Tik Tok avaient engendré une telle affluence que Mangez et cassez-vous avait été contraint de fermer son restaurant du 11e, étant dans l'incapacité de bien répondre à la demande. Quelques semaines plus tard, la jeune enseigne a rouvert les portes de son adresse du 11e et ouvert ce deuxième établissement, où il est possible de manger sur place (en 2022, un troisième restaurant, dans le 12e, est venu compléter l'offre). Armez-vous de patience pour passer commande, mais ça vaut le coup. Les burgers, faits maison comme les frites et les desserts (fondant au chocolat, crème brûlée), sont franchement au niveau.

TRAITEUR

BOUTIQUE FESTINS

211, avenue Daumesnil (75012) ✆ 01 43 44 86 36
Métro Daumesnil.
www.festins.fr

Ouvert tous les jours de 8h à 21h30.

Vous n'avez qu'une heure pour un déjeuner de travail ? Dans ce cas, plutôt que d'aller au café du coin où vous n'êtes pas sûr(e) d'être servi(e) dans les temps, sans parler de la qualité de la cuisine, commandez des plateaux-repas chez Festins. Vous êtes certain(e) de cumuler fraîcheur, qualité et plaisir. Parmi les versions proposées, les plateaux végétarien, exception, du chef, volaille, saumon… Egalement à la carte une formule *bowl* (poulet, cabillaud, veggie). Cette maison bourguignonne, implantée aussi à Auxerre et Dijon, aiguise son savoir-faire depuis 1922. Réceptions, buffets, cocktails, plateaux-repas… La gastronomie française en version prêt à emporter, elle maîtrise !

SANDWICHERIE

PICTO

Place Henri Fresnay (9e) ✆ 0 11 97 44 87 - Mº Gare de Lyon.
www.picto.paris

Ouvert du lundi au samedi de 6h15 à 20h ; le dimanche de 11h45 à 20h. Carte : 10 € environ.

On se demande bien comment d'autres n'y avaient pas pensé avant : on trouve chez Picto des sandwichs avec uniquement des produits soigneusement choisis auprès de petits artisans français. L'enseigne, qui a volontairement choisi de s'implanter dans les lieux de passage, a ainsi mis en place des partenariats avec des producteurs dûment sélectionnés. Cela donne des sandwichs réalisés devant vous, à l'ancienne, selon votre choix. Ainsi Le « Bougnat » est composé de jambon du Tarn et de fromage de Laguiole, le « Poulet fermier » de mayonnaise (maison évidemment) et de volaille venue du Maine, et la liste est longue. Côté boissons, des jus de fruits de saison pressés, par exemple. On dit oui !

JAPONAIS

OKAWARI

199, rue de Vaugirard (75015) ✆ 06 26 52 51 64
www.okawari.fr

Lundi de 18h30 à 22h ; du mardi au samedi de 11h30 à 14h et de 18h30 à 22h. Sur place, le soir du mercredi au vendredi.

Une adresse confidentielle que l'on apprécie tout particulièrement au *Petit Futé*. Okawari n'est pas comme les nombreux restaurants japonais que l'on peut trouver dans la capitale. Ici, pas de sushis, on vous propose une cuisine japonaise authentique : des bentos, des currys et des udons. Le poulet teriyaki est tendre à souhait et les croquettes de maïs un vrai régal. Pour déguster ces petites merveilles, la commande se fait par internet. Pour manger sur place, c'est uniquement le soir du mercredi au vendredi. Vous pourrez alors goûter au taiyaki, la fameuse gaufre en forme de poisson fourrée à la pâte de haricot rouge. On aime l'esprit brocante de la décoration.

BURGER

EAST SIDE BURGERS

60, boulevard Voltaire (11e) - Mº Saint-Ambroise ou Richard Lenoir
www.eastsideburgers.fr

Ouvert du mardi au samedi le midi et le soir ; le dimanche midi. Carte : 15 € environ.

Un resto de burgers fait pour les végétariens. On peut soit emporter son burger soit le manger sur place, même si celles-ci ne sont pas très nombreuses. Chaque jour, l'équipe propose des burgers au choix parmi plusieurs recettes. Parmi les nouveautés : le « western » avec sa galette de tofu fumé, ou le « big smack » avec la même galette, mais aussi son cheddar végétal (à tester !). Vous l'aurez compris, on n'hésite pas ici à faire appel aux céréales, à l'épeautre, aux oignons rouges, au pâté végétal… Les desserts sont à l'avenant. Evidemment, les végans sont les bienvenus, et les recettes s'adaptent à leurs demandes. Bref, on vous prouve que tout peut s'adapter quand on est végétarien.

À EMPORTER

ROSETTE ET CORNICHON

112, rue de Sèvres (75015)
Mº Sèvres-Lecourbe

Ouvert du lundi au vendredi, de 10h30 à 19h.

En passant devant à vélo, le nom nous a interpellés… et fait sourire. Il a un côté humoristique qui indique (à peu près) ce que propose la maison. A peu près, car on aurait pu penser, sans voir les lieux, qu'il s'agit d'une charcuterie, alors qu'on a affaire en réalité à une sandwicherie artisanale implantée juste en face de l'hôpital Necker. Sur la carte, une dizaine de sandwichs aux noms évocateurs, confectionnés avec des produits de premier choix : *primus inter pares* le Rosette bien sûr, Le Mans, le Paname, le Normand (camembert-pommes rôties-noix), le Végé (tapenade de légumes-champignons rôtis-feta-noisettes)… À cela s'ajoutent quelques plats. Le tout à déguster sur place ou à emporter.

TRAITEUR

LA MAISON DES CYCLADES PARIS

21, rue de Levis (17e) ✆ 09 54 05 38 37 - M° Villiers
www.lamaisondescyclades.fr
Du mardi au samedi 10h-20h ; dimanche 10h-14h. Menus : 8,90-16,50 €.

Ce restaurant-traiteur propose des spécialités grecques authentiques à base de produits frais et bio, directement importés de Grèce. Une invitation au voyage par les papilles dans une ambiance chaleureuse rythmée par les bouzoukis. A la tête de cet établissement, un jeune couple franco-grec originaire d'une petite île dans les Cyclades appelée Serifos. Entre autres réjouissances culinaires : dolmades, assiette de tarama, mezzés et autres plaisirs… Pour terminer en beauté, les gâteaux faits maison. Une référence pour un repas grec de qualité !

SANDWICHERIE

SABABA

7, rue de l'Olive (18e) ✆ 06 03 27 11 38 - M° Marx Dormoy.
www.sababastreetfoodparis.fr
Ouvert tous les jours de 11h à 16h45. Sandwich à partir de 8,50 €.

La petite rue de l'Olive est assurément celle qui monte dans l'est du 18e arrondissement. Au-delà du marché, on y trouve des restaurants de plus en plus nombreux, et qui permettent de disposer de différents types de cuisine. Parmi les nouveaux arrivants, une offre de restauration à emporter : Sababa. On revendique ici la plus petite cuisine du monde : 5 m² seulement ! Mais ici, la taille ne va pas de pair avec la qualité, puisque les sandwichs reflètent parfaitement toute la diversité du paysage méditerranéen en la matière ! Pois chiche, pain de semoule ou pastrami sont au rendez-vous, et c'est excellent ! L'un des meilleurs spots en la matière : on recommande !

LES MARMITES VOLANTES

69, rue Armand Carrel (19e)
✆ 09 51 66 72 22
M° Jaurès ou Laumière.
www.marmitesvolantes.com
Ouvert du lundi au vendredi de 12h à 14h. Menus de 15,50 € à 19,50 €. Plats du jour : 11,50 € & 13 €. Vente à emporter.

Les Marmites Gourmandes, ce sont deux restaurants (à Jaurès et à Montreuil) et un service de livraison disponible dans l'est parisien. L'idée est simple : proposer chaque jour des marmites équilibrées, réalisées à partir de produits de saison, à des prix défiant toute concurrence. Et tout ça donne par exemple : du bœuf à la chinoise, des saucisses pimentées, un financier, un *carrot cake*… Tous les midis, les Marmites concoctent de très chouettes formules végétariennes et avec viandes afin de satisfaire toutes les exigences. Le pari est réussi et personne ne pourra dire qu'il est impossible d'être à la fois écoresponsable, diététique et extrêmement gourmand.

SUR LE POUCE

LE PAVILLON DES CANAUX

39, quai de la Loire (19e) ✆ 01 73 71 82 90 - M° Laumière
www.pavillondescanaux.com
Ouvert tous les jours le midi et le soir. Carte : 25 € environ. Formules du midi : 16 € et 19 €. Terrasse.

Sous les grands parasols de toile verte au bord du bassin de la Villette, les chaises de métal peint et les tables de bois annoncent un univers dédié au grignotage bohème. On commande au comptoir une quiche, une salade composée, des lasagnes ou un croque-monsieur, une assiette de charcuterie, de fromage ou de spécialités végétariennes. L'intérieur doux et lumineux, moitié chic, moitié tendance. Difficile de passer à côté des pâtisseries, cakes, muffins et beignets qui sont placés à côté de l'ardoise, elles sont excellentes. Avec un café ou un chocolat chaud, sous réserve de trouver de la place – surtout l'été lorsque le temps est beau – vous êtes ici au top, avec une vue imprenable.

ITALIEN ET PIZZERIA

NATURALE

40 bis, rue du Faubourg Poissonnière (10e) ✆ 09 81 67 62 83 - M° Bonne Nouvelle.
www.naturale-paris.fr
Ouvert du lundi au vendredi de 12h à 21h ; le samedi de 10h30 à 19h. Carte : 15 € environ.

Si vous apercevez une longue file, à l'heure du déjeuner, devant la vitrine de cet établissement, on vous conseille vivement de la suivre aussi ! Car Naturale, lancé à l'initiative de trois amis amoureux de la gastronomie italienne, propose des petits plats, des desserts et surtout des focaccias incroyables. Le levain de ces dernières est en effet entièrement réalisé par la maison, dans le plus pur respect des standards en la matière. Déclinées selon de nombreuses possibilités, elles ne comptent que de chouettes produits, eux aussi soigneusement sourcés. Le rapport qualité-prix est excellent, et les propositions changent des habitudes : une valeur sûre, et en devenir !

TRAITEUR

YOURCHEF

8, rue des Dunes (19e)
✆ 06 33 05 52 60
www.yourchef.paris

C'est plus qu'un simple chef à domicile : YourChef, c'est d'abord et avant tout Fatiha, dont la grande expérience en matière de cuisine l'a amenée à développer de nombreuses activités. Ici, c'est la cuisine qui vient à vous, et non l'inverse : pratique. Ainsi, vous pourrez disposer des services hors pair de Fatiha à domicile, pour des cours de cuisine ou même pour bénéficier d'un repas haut de gamme qu'elle préparera à domicile, avant de s'éclipser pour vous laisser profiter de votre soirée. L'offre est également valable pour les *brunchs*, à savourer entre amis bien évidemment. L'offre s'adresse également aux professionnels, pour leurs repas d'affaire ou buffets.

BISTRONOMIE

LES APOTH'S

15, rue du Marché - **BRIE-COMTE-ROBERT**
✆ 09 83 65 32 33
Ouvert du mardi au samedi midi & soir, le dimanche midi. Carte : 25 € env. Formules du midi : 14,90 € et 17,90 €.

C'est un endroit pas comme les autres dans le centre de la ville, juste en face du château. La cuisine se décline selon de bons plats, élaborés avec talent et servis dans de belles quantités. On notera les formules du midi, dont le rapport qualité-prix est franchement l'un des meilleurs de Brie. Mais les Apoth's, ce sont aussi des rendez-vous pour le moins originaux, comme ces repas médiévaux, ces concerts, ces invitations faites à des tatoueurs pour venir exercer leur art ! Aux commandes, une équipe soudée, souriante et ultra-professionnelle : on peut y aller sans la moindre hésitation, y compris tout au long de la journée pour prendre un petit déjeuner ou un verre.

L'ATELIER 28

28, rue Saint-Hilaire - **SAINT-MAUR-DES-FOSSÉS**
✆ 01 48 86 55 76 - RER station La Varenne-Chennevières.
www.latelier28.com
Du mardi au samedi : 12h30-14h, 19h-23h. Carte : autour de 40 € environ.

Première précaution : ici, on réserve, et pour cause, puisque ce sont moins de dix tables que ce joli petit établissement compte. L'Atelier 28 est ainsi : on chouchoute le client, on ne fait que du frais et du cuisiné maison, et des plats du jour qui changent… chaque jour ! Du filet de bar à la plancha, du saumon mi-cuit, une excellente raviole, des desserts à tomber à la renverse que vous risquez de ne jamais avoir rencontrés dans vos expériences culinaires : un passage ici, on s'en souvient ! Le service est agréable et discret, et les patrons de ce chouette lieu, Joana et Paul, sont décidément à la tête de l'un des *must* de la ville. Un vrai coup de cœur, on recommande vivement !

BIRD RESTAURANT

38, rue Charles de Gaulle - **YERRES**
✆ 01 79 93 28 81
www.bird-restaurant.com
Ouvert du mardi au samedi le midi ; le vendredi et le samedi le soir. Menus de 26 € à 32 €. Carte : 40 € environ.

C'est sous la houlette de Thomas, en cuisine, qui l'on vient une nouvelle fois se rendre dans ce très bel établissement. L'espace est sobre, lumineux avec ses grandes fenêtres, et les tons de blanc et gris se mêlent au bois. La carte change régulièrement avec des plats de saisons et souvent de chouettes petites touches d'originalité. Lors de notre passage, rien à redire au tataki de bœuf, au mignon de cochon avec ses légumes et ses condiments au raifort, au dessert chocolat praliné-noisette. L'ensemble est proposé selon deux menus, dont le rapport qualité-prix est probablement l'un des plus intéressants de la ville. Enfin, on accueille ici vos événements privés.

LE BISTROT DU 11

10, rue de Satory - **VERSAILLES**
✆ 01 75 45 63 70
www.lebistrotdu11.com
Ouvert du mardi au samedi le midi et le soir. Menus de 45 € à 60 €. Formule du midi : 34 €.

Dans la famille, il y a le restaurant gastronomique, appelé « La table du 11 », mais aussi la déclinaison bistronomique, « Le bistrot du 11 ». En plein cœur de Versailles, la devanture sombre cache un petit intérieur joliment décoré, où le bleu du sol répond à la même couleur déclinée sur certains fauteuils. A la carte, plusieurs propositions, l'une pour le midi (avec plats), et deux autres pour le soir, qui peuvent monter à 3 ou 5 séquences : cabillaud, chou et agrumes ; volaille, topinambour et poivre ; moules, champignons et curry sont par exemple proposés. Réservation fortement recommandée pour ce bistrot qui ne désemplit pas. En été, une petite terrasse agrémente l'ensemble.

BISTROT - BRASSERIE

LES CANAILLERIES DU MARCHÉ

15, place du Marché
CHAVILLE
✆ 01 71 22 18 75
www.lescanailleriesdumarche.fr
Ouvert du lundi au samedi le midi ; du mardi au samedi le soir. Menus de 25,90 € à 41,90 €. Formule du midi : 17,90 €.

Tout est – presque – dans le nom ! Ici, on s'inspire de la cuisine gourmande et canaille d'autrefois (et on le revendique fièrement) et on vous propose des plats généreux, savoureux, évidemment élaborés à partir de chouettes produits ! Terrines, viandes avec accompagnements d'exception, poissons comme on aimerait en déguster plus souvent, bref, on adore ! L'intérieur, où domine la couleur rouge, n'est pas des moins chaleureux, et en été, la vaste terrasse vous accueille. La réservation est recommandée le week-end, le lieu étant un immanquable sur Chaville !

BISTROT - BRASSERIE

LES CANAILLES

49, boulevard de Vanves - **CHÂTILLON** ✆ 09 53 95 37 34
www.lescanailleschatillon.fr
Ouvert du mardi au samedi le midi et le soir. Menus de 27,90 € à 44,90 €. Formule du midi : 23,90 €. Terrasse.

Un établissement que l'on prend plaisir à visiter chaque année et qui, immanquablement, nous plaît. Tout est dans le nom : pas de fausse pudeur ici, car chez ces canailles-là, on aime bien manger et on le dit haut et fort ! Dans un décor fait de nombreuses affiches et étagères qui, souvent, présentent de jolis vins, vous savourez du frais et du cuisiné maison, avec l'accent mis sur le terroir : terrines, tartares, jarrets ou civets sont appelés à la rescousse pour ne manquer de cocher aucune case, y compris les poissons. Pour les (très) grandes faims, la formule « tout compris » comprend apéritif, entrée, plat, dessert, boisson et café : difficile de ne pas être rassasié avec ce programme !

BISTROT - BRASSERIE

LA CANTINE DU TROQUET

1, avenue des Savoies - **RUNGIS** ✆ 01 41 80 96 18
www.lacantinedutroquet.com

Ouvert du lundi au vendredi de 6h à 17h. Carte : 40 € environ (trois plats). Privatisable le soir et le samedi.

Marché oblige, vous pouvez vous attabler à la Cantine du Troquet de Rungis dès 5h30 le matin pour un solide casse-croûte. Installée dans la halle bio, cette cantine diffère également des autres établissements de Christian Etchebest dans Paris intra-muros par ses taille et aménagement : grande hauteur sous plafond, longues tables, cuisine ouverte, bar en zinc, rôtissoire… Sinon, les amateurs de la cuisine du célèbre chef béarnais ne seront pas dépaysés : outre une ambiance conviviale, ils retrouveront ici authenticité et franchise dans les assiettes de Stéphane Bertignac, auquel le chef très connu a confié les clés de l'établissement. Beaucoup d'initiés ici, mais vous êtes les bienvenus !

BISTROT - BRASSERIE

DOCK B

1, place de la Pointe - **PANTIN** ✆ 01 41 71 49 69
M° Église de Pantin - www.dockbpantin.com

Ouvert le mardi de 8h30 à 15h ; du mercredi au samedi de 8h30 à 23h45 ; le dimanche de 10h à 19h. Carte : 30 € environ.

Véritable symbole de l'histoire industrielle parisienne, ce bâtiment emblématique du port de Pantin vit depuis 2018 une seconde jeunesse. Bâtis en 1929, les « anciens Magasins Généraux » forment le décor d'un lieu hybride et vivant. En ces murs, la culture est en effervescence, qu'elle soit culinaire, artistique et surtout innovante. On déjeune, boit, se rencontre au cœur de cet assemblage d'adresses électriques : les galeries fréquentent les restaurants et les bars, les animations s'enchaînent. On ne repart pas avant d'avoir fait un tour sur l'incroyable terrasse, plaisir garanti dans un territoire vivant, où il fait bon se retrouver ou simplement flâner au bord de l'eau.

JAPONAIS

GOMA

15, rue d'Ariane - **CHESSY** ✆ 09 53 79 49 30
www.goma-restaurant.com

Ouvert du mercredi au samedi le soir ; du jeudi au samedi le midi. Poke Bar.

Dans la famille Goma (sésame en japonais), je demande d'abord le Poke Bar. Comme son nom l'indique, on y débite des poke bowls, ce plat hawaïen qui fait fureur depuis plusieurs années déjà, ainsi que des rolls, chirashis, makis, sashimis et autres sushis. Et pas n'importe quels sushis ! Des sushis préparés par Éric Ticana, chef sushi et par ailleurs fondateur-entraîneur de l'équipe de France de sushi. Parallèlement, celui-ci exploite Omakase, un restaurant japonais. Et là, changement de registre, de salle et d'ambiance. Notre expert ès sushis concocte sous les yeux de ses convives une série de propositions culinaires voyageuses (neuf au dîner). Une bonne idée de dîner entre amis.

GASTRONOMIQUE

OCHRE

56, rue du Gué - **RUEIL-MALMAISON** ✆ 09 81 20 81 69
www.ochre.fr

Ouvert du mardi au samedi le midi et le soir. Menus de 75 € à 140 €. Formule du midi : 49 € (autre formule midi à 57 €).

Un véritable claque culinaire, voici ce qui vous attend à Ochre, cet incroyable gastronomique de Rueil. Après avoir travaillé auprès des plus grands chefs, et avoir brillé dans une célèbre émission culinaire, Baptiste Renouard propose une cuisine qui se veut poétique, équilibrée, inspirée de la terre. Le chef veut ainsi « raconter une histoire » à chaque plat, et en effet, le cabillaud cuit nacré, la volaille et ses salsifis laqués, ou le chocolat – on vous laisse la surprise – sont très évocateurs. Les menus se déclinent selon deux propositions du midi, et d'autres, appelées « Dégustation », qui elles-mêmes comptent des propositions en 5 ou 7 services. Réservation recommandée.

GASTRONOMIQUE

L'OR Q'IDÉE

14, rue Marcel Rousier - **PONTOISE** ✆ 01 34 35 47 10
www.lorqidee.fr

Ouvert mardi & mercredi midi, jeudi & vendredi midi & soir ; le samedi soir. Menus de 42 € à 83 €. Menu enfant : 32 €.

C'est la table gastronomique de Pontoise, tenue de main de maître par Naoëlle Hainaut, dont le parcours l'a menée dans les plus grandes cuisines. Elle met dans son établissement toute sa passion pour vous proposer des menus absolument incroyables, dont celui appelé « dégustation » en 6 plats, réalisés à partir de petites productions soigneusement choisies. Les saveurs voltigent entre originalité, savoir-faire et excellence, et le lieu, splendide, est le cocon idéal pour savourer une cuisine d'exception. La réservation est vivement conseillée, surtout le week-end. Une venue ici reste une expérience unique, et pour laquelle on cassera sa tirelire, mais le voyage culinaire le vaut bien.

BISTROT - BRASSERIE

AU PETIT VANVES

34, avenue Victor Hugo - **VANVES** ✆ 01 46 42 13 46 - M° Malakoff-Plateau de Vanves
www.bistrot-lepetitvanves.fr

Ouvert le lundi midi ; du mardi au vendredi le midi et le soir ; le samedi soir. Formule du midi : 19,50 €.

Il suffit de franchir le périphérique pour tomber presque nez à nez avec cette chouette table, réconfortante à souhait. Ici, pas de chichis, de la cuisine de bistrot, avec le cortège des classiques dédiés à ce genre d'adresses. Et on ne va pas s'en plaindre ! Situé à l'angle de deux rues passantes, le lieu est très fréquenté, et bénéficie de la fréquentation du parc des expositions tout proche. Que trouve-t-on ici ? Des travers de porc caramélisés, du poulet de Bresse dûment labellisé et son jus de thym, des burgers maison, de l'os à moelle en persillade, bref, de l'hexagonal ! La formule du midi est d'un excellent rapport qualité-prix, et l'accueil est très sympa.

LE RESTAURANT DES JARDINS DE COURANCES

14, rue du Château - **COURANCES**
✆ 01 69 90 54 01
restaurantdesjardinsdecourances.com
Ouvert du jeudi au dimanche le soir. Brunch le samedi et le dimanche. Menus de 39 € à 53 €. Brunch : 30 €.

C'est dans le cadre unique du Domaine de Courances, splendide ensemble architectural entouré d'un jardin remarquable, que vous pouvez profiter du Restaurant et de la Boutique des Jardins de Courances. Ouvert pour le dîner du jeudi au dimanche, et le week-end pour le brunch, il vous invite à la détente dans un cadre chic et boisé. Dans les assiettes, du fait maison, avec des produits soigneusement sourcés, locaux, cuisinés avec inventivité et la créativité d'une équipe assurément talentueuse. C'est excellent : raison supplémentaire de réserver en amont !

LE PRÉAU

1, Place Jean Jaurès
LE PRÉ-SAINT-GERVAIS
✆ 01 80 60 49 64
www.lepreau93.fr
Ouvert tous les jours : horaires sur le site. Carte : 30 € environ.

Les amis à l'origine de ce chouette lieu ont largement réussi leur pari de créer un lieu de vie inclusif où chacun peut apprécier le décor moderne et la cuisine créative. Vous ne pourrez pas passer à côté de l'enseigne gigantesque qui trône sur la place ! Les cafés et les cocktails sont créatifs et originaux, et chaque jour, un menu frais, inventif et original est proposé : poireaux vinaigrette et suprême d'orange, portobello farci et chou-figue avec chantilly le jour de notre passage. Le week-end est servi un délicieux brunch, avec un *baby brunch* réservé aux plus petits : l'endroit est ultra *kid friendly*. De nombreux événements, vernissages et concerts sont programmés par Lara.

GASTRONOMIQUE

LE QUINCANGROGNE

7, rue de l'Abreuvoir - **DAMPMART** ✆ 01 64 44 44 80
Ouvert du mercredi au samedi midi & soir & dimanche midi. Menus 70 € à 100 € (midi : 45 €). Enfants : 29 € et 35 €.

C'est un merveilleux hôtel, et c'est un tout aussi extraordinaire restaurant. Son nom, qui se retient, est comme un synonyme de magnifique table dans le coin : le Quincangrogne. Après avoir appris auprès de nombreux grands chefs, Franck Charpentier est aujourd'hui aux commandes d'un lieu sans égal, original, accueillant. Si les propositions du midi permettent de disposer d'un rapport qualité-prix excellent, celles du soir développent toutes les palettes du talent de ce dernier, allant jusqu'au plus prestigieux des menus, appelé « En toute confiance » : comme son nom l'indique, vous vous reposez sur la *maestria* en cuisine, et découvrez au fur et à mesure de petites pépites. Unique.

MAROCAIN

LES SAVEURS DU MAROC

12 bis, route de la Reine - **BOULOGNE-BILLANCOURT**
✆ 01 46 05 48 56 - M° Porte de Saint-Cloud.
www.lessaveursdumaroc92.fr
Ouvert du mardi au dimanche de 11h à 15h et de 18h30 à 22h30. Formule du midi : 16,20 €.

Nous n'avions que trop attendu avant de revenir ici, quelle erreur de notre part ! Car c'est toujours un plaisir de venir s'y restaurer. Le tagine d'agneau, de poulet ou de poisson, le couscous et les grillades se disputent le haut du pavé – et des préférences. Le restaurant, qui vous accueille du mardi au dimanche dans un décor oriental coloré et authentique, se situe à proximité immédiate de la capitale. L'accueil est véritablement aux petits soins, et on vous invitera à ne surtout pas oublier les desserts – les pâtisseries orientales, la salade d'oranges… –, qui sont de petites merveilles. N'hésitez pas à commander. Les livraisons à domicile se font sur Boulogne et dans le 16e.

LE VILLAGE

3, Grande-Rue - **MARLY-LE-ROI**
✆ 01 39 16 28 14
www.restaurant-levillage.fr
Ouvert du mardi au samedi le midi et le soir ; le dimanche midi. Réservation recommandée. Menus de 58 € à 130 €.

Du haut de gamme, et pas à moitié ! Tel est ce Village, géré de main de maître Tomohiro Uido, qui a donné son nom au menu le plus inventif, créatif et chic des environs. Difficile en quelques lignes de souligner combien l'expérience ici est unique. Multi-primé, étoilé et encensé, le restaurant ne déçoit pas, loin de là. Les menus se déclinent selon plusieurs propositions, avec en star celui auquel le chef a donné son nom, et qui compte pas moins de 10 plats, parmi lesquels le *Goï Cuôn* de Homard Bleu et son foie gras, et surtout le fameux bœuf Wagyu du Japon. Immanquable, imparable, l'endroit nécessite de réserver, vous l'aurez compris, et de prévoir une dépense certaine : logique.

LE VIN SUR VIN

122, rue de Sannois - **ERMONT**
✆ 01 34 14 64 19
www.vinsurvin-ermont.fr
Ouvert le mardi et du jeudi au samedi le midi et le soir ; le mercredi midi. Menu unique à 74 €. Formule du midi : 43 €.

Une petite pépite au cœur d'Ermont : ce Vin sur Vin mérite bien cette notation qu'il s'est donné à lui-même donné. On tutoie ici une cuisine gastronomique à des prix certes un peu élevés, mais largement en dessous de la moyenne pour un tel repas. La carte d'Hervé Horne change chaque jour, et le chef a su faire de cet endroit un irrésistible restaurant plein de vie. Ici, deux menus, un pour le midi, un pour le soir, avec la possibilité de disposer d'un accord mets & vins. Les plats sont à tomber, et le succès de l'endroit est largement mérité. Attention toutefois, la réservation est quasi-impérative, et encore davantage le week-end. Un coup de cœur dans ce petit coin du Val-d'Oise.

GASTRONOMIQUE

LE PINCEMIN

10, boulevard du Roi - **VERSAILLES** ✆ 09 83 50 29 64
www.lepincemin.com
Ouvert du mardi au samedi le midi et le soir. Menus de 60 € à 90 €.

Après avoir œuvré au Trianon Palace chez Gordon Ramsay, Xavier Pincemin, lauréat d'une célèbre émission culinaire il y a quelques années, a ouvert son premier établissement, éponyme, il y a 4 ans maintenant. Le Pincemin propose donc des menus épousant les cycles de la nature et les couleurs du ciel et des plats uniques par leur présentation, qui se déclinent selon plusieurs menus bien sentis. Tout est fait maison, et le chef cuisine régulièrement sous les yeux des clients. Les tarifs pratiqués sont relativement élevés, mais assurément justifiés. Autre proposition, le Lafayette, un bar-gril situé juste à côté, et qui propose des offres culinaires bistronomiques.

L'OURS

10, rue de l'Église 94300 Vincennes ✆ 01 46 81 50 34
loursrestaurant.com
contact@loursrestaurant.com
Du mardi au samedi de 12h à 14h et de 19h à 21h30. Menus de 65 € à 130 €.

Imaginé comme une tanière d'ours avec son ambiance feutrée et son look végétal, le restaurant l'Ours est le dernier opus du chef étoilé Jacky Ribault, déjà connu pour son restaurant Qui plume la lune à Paris dans le 11e où il avait obtenu une étoile avant de confier la cuisine à son chef Jean-Christophe Rizet. Il propose ici des plats créatifs improvisés chaque jour selon les produits. Les saveurs sont bien pensées et chaque assiette est une agréable surprise, haute en sensations. Le service est élégant et on apprécie aussi le design aux matériaux bruts et naturels. Une belle adresse gastronomique qui a décroché une étoile en 2019, la seule du Val-de-Marne. Amplement mérité !

VILLA 9TROIS

71, rue Hoche
93100 Montreuil ✆ 01 48 58 17 37
www.villa9trois.com - contact@villa9trois.com
Ouvert du lundi au samedi midi & soir, le dimanche midi. Menus de 59 € à 79 €. Carte : 80 € env.

La Villa9Trois, cette institution de l'Est parisien, a récemment fait peau neuve, et la rénovation des lieux est particulièrement réussie. Tout aussi intéressante est la cuisine, sous la houlette du jeune et expérimenté chef Camille Saint M'Leux. Les nombreux établissements dans lesquels il a officié, ainsi que l'équipe très professionnelle qui l'entoure, donnent naissance à une cuisine inventive, fine et subtile, avec des produits soigneusement sélectionnés : le turbot meunière et sa moelle de bœuf, ou encore le ris de veau gratiné et son vieux comté, sa brioche et ses choux-fleurs en témoignent. L'accueil est excellent, et le lieu dispose d'un parking privé.

MANAYAKI

139, avenue de la République
92120 Montrouge
✆ 01 40 91 64 21 - 01 42 37 90 09
www.manayaki.fr
Ouvert du lundi au samedi le midi et le soir. Carte : 18 € environ.

Lorsque la cuisine japonaise, la vraie, vous est proposée avec parfois quelques pointes occidentales, notamment concernant les ingrédients : telle est la promesse – tenue – de Manayaki, situé sur l'une des principales avenues de Montrouge. Autre possibilité ici : celle de choisir une viande ou un poisson cuits selon la méthode « teppanyaki », l'équivalent du barbecue là-bas. Evidemment, les traditionnels sushis sont également proposés, permettant de faire de Manayaki un restaurant avec une offre complète. Les prix sont corrects, et on pensera bien autant que possible à réserver sa place avant de venir ici. Bilan : un bon plan futé, que l'on valide sans hésiter !

LES MEROVINGIENS

32, avenue Emile Cossonneau
93160 Noisy-le-Grand ✆ 01 43 03 67 78
www.lesmerovingiens.fr
Ouvert tous les jours. Service continu. Carte : 50 € environ. Menu enfant : 15 €. Brunch : 45 et 55 €.

En s'éloignant – modérément – de la capitale, le chef Jacky Ribault a ouvert en plein cœur de Noisy-le-Grand un restaurant aux multiples possibilités, et qui vient bousculer le paysage local. La bistronomie est ici au rendez-vous, avec la réédition de nombreux standards rehaussés d'inventivité (jambon et gel de cornichon, cuisse de volaille marinée au saké, rouelle de gigot d'agneau et caviar d'aubergines fumées...) et la possibilité de venir ici à toute heure ! Une carte et un semainier constituent la trame de l'offre déjà plébiscitée par les locaux, et de nombreux Parisiens qui viennent ici. Un brunch hors pair est également proposé dans ce lieu vaste à la très chic décoration.

O BOUI BOUI THAI STREET FOOD

67, avenue Laplace
94110 Arcueil ✆ 01 49 10 95 32
www.obouiboui.com - contact@obouiboui.com
Ouvert du lundi au vendredi le midi et le soir ; le samedi soir. Carte : 20 € environ.

Le principe est simple : Ô Boui Boui vous propose un voyage gustatif en Asie, à travers une sélection de plats typiquement thaïlandais et faits maison. Une carte simple et efficace qui assure la fraîcheur des produits majoritairement bio et issu de circuits courts. La démarche environnementale porte également sur l'utilisation d'emballages et de contenants recyclés, recyclables ou compostables pour la vente à emporter. La cuisine ouverte est un plus. L'intérieur quant à lui, est chaleureux et lumineux, et les prix, enfin, restent très corrects au vu de la prestation.

JE FAIS MON MARCHÉ

Difficile de trouver les petits commerçants, les bons produits, ceux qui vous permettent de consommer de manière responsable, lorsque l'on est dépourvu d'un outil concentrant le meilleur de ces adresses : quoi de mieux que cette partie entièrement destinée à ces offres dans votre guide ? Quel que soit l'arrondissement ou le quartier dans lequel vous résidez ou qui est le cadre de votre visite, rien ne vous manquera. Des petits producteurs - dont certains situés au cœur même de Paris, avec les possibilités désormais offertes avec l'agriculture urbaine. Des marchés généralistes ou spécialisés, couverts ou itinérants. Des artisans qui ont pignon sur rue depuis des générations, ou certains nouvellement arrivés. Vous trouverez ici la sélection, non pas exhaustive mais pointue, qui vous manquait peut-être pour faire vos courses, principalement alimentaires. Les auteurs de votre guide, ici comme pour les autres parties, n'ont ménagé ni leurs efforts ni leur temps, afin de vous donner ici de quoi faire un choix responsable, qualitatif et surtout dûment vérifié !

VOTRE GUIDE DEVIENT
INTERACTIF

TAPEZ **PETITFUTE.APP**
DANS LE NAVIGATEUR DE
VOTRE SMARTPHONE.

PRENEZ UNE PHOTO
DE LA PAGE DÈS
QU'ELLE A CE PICTO !

MON PANIER GARNI

1ER - 6E

POISSONS - FRUITS DE MER

L'ÉCUME SAINT-HONORÉ

6, rue du Marché-Saint-Honoré (1er) ✆ 01 42 61 93 87
M° Pyramides - www.ecume-saint-honore.fr
Poissonnerie : mardi-jeudi 9h30-20h, vendredi-samedi 9h30-22h. Restaurant : mardi-jeudi 11-19h, vendredi-samedi 11-22h.

À deux pas de la place du marché Saint-Honoré, la poissonnerie et restaurant de l'Écume propose le meilleur des produits de la mer à Paris : des homards, des Saint-Jacques, des merlans, des soles, des bars et de magnifiques plateaux de fruits de mer. Vous souhaitez déjeuner ou dîner sur place ? Prenez donc le temps de vous installer en salle et de déguster le plat de votre choix : douzaine d'huîtres, crevettes, bulots ou assiette atlantique, le tout accompagné d'un petit verre de vin. La décoration, très maritime, vous emmènera sur les flots de l'Atlantique, et le fond sonore vous bercera de cris de mouette : tellement dépaysant que vous risquez d'oublier que vous êtes à Paris !

FOIE GRAS

J. BARTHOUIL

41, rue Charlot (3e) ✆ 01 42 78 32 88 - M° Filles du Calvaire.
www.barthouil.fr
Du mardi au vendredi de 10h à 13h et de 15h30 à 20h ; le samedi de 10h à 20h ; le dimanche de 10h à 13h.

Implantée à Peyrehorade, dans le sud des Landes, depuis des lustres, la famille Barthouil est montée à la capitale, comme on disait autrefois, et y a ouvert deux boutiques : l'une rue Charlot donc et la seconde dans le 5e arrondissement, rue Monge. Cette noble maison, spécialisée au départ dans les conserves de foie gras, a au fil du temps ajouté de nouvelles cordes à son arc : la production de saumon fumé à l'ancienne et de taramas, la boutargue, d'autres œufs de poisson, les caviars, sans oublier les plats cuisinés (confits, magrets, cassoulet…). Ses foies gras, dont celui de canard « À ma façon », sont fabriqués dans le plus pur respect de la tradition landaise.

EPICERIE

ÉPICES ROELLINGER

51 bis, rue Sainte-Anne (2e) ✆ 01 42 60 46 88 - M° Pyramides
www.epices-roellinger.com
Ouvert du mardi au samedi de 10h à 19h. Fermeture annuelle en août. Cours de cuisine.

Le célèbre chef breton Olivier Roellinger a raccroché son tablier, mais pas ses envies d'exotisme. Ce passionné d'épices a ouvert avec sa femme cette boutique parisienne où, comme à Cancale et à Saint-Malo, les deux autres boutiques, il fait vivre senteurs et saveurs du monde entier : épices, piments, poivres, vanilles, fleurs de mer, huiles et condiments, ainsi que quelques douceurs. Les mélanges proposés subliment les viandes, poissons et légumes auxquels on peut les associer subtilement. Le site Internet décline tout ce que l'on peut trouver en boutique. C'est absolument fabuleux, et on se surprend à considérer l'association des épices comme un véritable art de vivre.

EPICERIE

KAVIARI DELICATESSEN

60, rue François Miron (4e) ✆ 01 42 77 23 08
M° Saint-Paul.
www.kaviaridelikatessens.com
Ouvert du lundi au samedi de 9h à 21h ; le dimanche de 9h à 14h.

Dans ce nouveau et grand delicatessen, inspirés des lieux hybrides nordiques ou new-yorkais, vous pourrez faire vos courses d'épicerie fine, savourez un apéro raffiné ou faire une petite pause tout au long de la journée. À la carte, des plats aux diverses influences comme les *smorrebrod*, des tartines suédoises de pain noir avec du poisson ou de la viande, des tartinades, des salades ou des douceurs danoises, tel le roulé à la cannelle, ou polonaises comme le strudel. Et, évidemment, le caviar de la maison, que celle-ci fournit aux plus grands chefs, est à déguster sur place sur un blini ou à emporter. Tout est fait maison, minute, et en majorité bio et responsable. Une très bonne adresse.

EPICERIE FINE

LE DOUKANE

212, rue Saint-Martin (3e) ✆ 09 75 20 93 70
M° Rambuteau ou Arts et Métiers
Ouvert du dimanche au jeudi de 11h à 22h ; le vendredi et le samedi de 11h à 23h.

Depuis quelques années, Alan Geeam se taille une jolie place sur la scène culinaire levantine à Paris. Déjà à la tête du restaurant étoilé éponyme, du bistrot Qasti et de Sâj, un comptoir street-food de galettes libanaises, ce chef autodidacte a ajouté en 2022 une nouvelle adresse à son tableau : Le Doukane (« épicier » en libanais). Ouverte avec Anthony Rahayel, influenceur food, cette épicerie fine, installée dans les murs d'une ancienne bonneterie, travaille en direct avec des producteurs du pays du cèdre. Huiles d'olive, vins, miels, confitures, épices, pâtisseries, mais aussi produits frais… Tout le nécessaire pour vous constituer un garde-manger levantin digne de ce nom !

BOUCHERIE

BOUCHERIE LE BOURDONNEC

43, rue du Cherche-Midi (6e) ✆ 01 42 22 35 52
Métro Sèvres-Babylone ou Saint-Placide.
Ouvert du mardi au samedi de 9h à 20h ; le dimanche de 9h à 13h.

Selon le site Internet d'Yves-Marie Le Bourdonnec, ce serait la plus petite boucherie de Paris : 15 m². À droite, le billot ; à gauche, l'armoire vitrée où sont conservées des pièces de viande d'exception, qui ont maturé 30, 45, 60 jours. Autant le dire, il faut être un « viandard » distingué pour s'approvisionner ici… et ne pas être regardant à la dépense. Car le T-bone (faux-filet d'un côté et filet de l'autre) d'Angus ou l'entrecôte persillée juste comme il faut ont un prix, mais les amateurs, quels que soient leurs préférences – des viandes avec plus ou moins de mâche et au goût plus ou moins concentré – apprécieront. Service jeune, professionnel et sympathique.

EPICERIE

COMPAGNIE FRANÇAISE DES POIVRES ET DES EPICES

7, rue de Furstemberg (6e)
✆ 09 54 75 06 05
https://cofrapep.com
Du lundi au dimanche, de 11h à 13h puis de 14h15 à 19h.

Les épices, à ne pas confondre avec les aromates, rehaussent avec bonheur les recettes les plus basiques. Vous ne connaissez que le poivre du Sechuan ? Vous découvrirez, dans l'élégant écrin de la Compagnie sur la charmante place de Furstenberg, que le poivre peut être vert, blanc, noir, rouge ; que, selon ses origines, ses arômes sont fruités, boisés, fleuris. Ici, tous les produits sont le fruit d'une démarche d'excellence et responsable, garantissant traçabilité et qualité. La majeure partie d'entre eux sont certifiés bio. Seconde adresse au Printemps du Goût.

POISSONS - FRUITS DE MER

POISSONNERIE VIOT

6, rue Lobineau (6e) ✆ 06 78 38 31 24 - M° Odéon
www.poissonnerie-viot.com
Ouvert du mardi au vendredi de 8h à 13h et de 16h à 20h ; le samedi de 8h à 20h ; le dimanche de 8h à 13h.

C'est dans le magnifique Marché Saint-Germain, près de l'Odéon, que le couple Viot a ouvert depuis près de 3 ans sa poissonnerie éponyme. Si celle-ci est réputée pour l'excellence de ses produits (crustacés et poissons, notamment), elle l'est également car ici, surprise, pas de glace sur les étals, et les produits reposent dans la vitrine réfrigérée, comme dans une boucherie. Au-delà de l'aspect environnemental, et contrairement aux idées reçues, cela permet de faire ressortir les goûts, tout en évitant les microbes liés à la présence d'eau. Et puis ici, rien ne se perd : à la découpe, on garde tout et on réalise, par exemple, un tarama hors pair, bien différent des habituels.

EPICERIE

GIRAUDET

16, rue Mabillon (6e) ✆ 01 43 25 53 00 - M° Chemin Vert.
www.giraudet.fr
Ouvert du lundi au samedi de 10h à 19h ; le dimanche de 14h30 à 18h.

C'est d'abord le roi de la quenelle bressane, une spécialité qu'il bichonne depuis 1910. Mais depuis, Giraudet a étoffé son offre avec une collection de soupes (dont plusieurs bio) et de ravioles (beaufort, comté…). Nature (dont une version bio), au brochet sauvage, à la volaille fermière, aux tomates séchées, aux légumes grillés, au jambon… Au total, la maison propose une dizaine de quenelles artisanales – dont parfois des séries limitées, comme cette Exotique, une quenelle thaïe crevette-citron vert –, ainsi que 27 références en barquette. Pour les accompagner ou pour les pâtes, des sauces, dont la classique nantua. Autre adresse : 6 rue du Pas de la mule (3e).

EPICERIE FINE

LA GRANDE ÉPICERIE DE PARIS

38, rue de Sèvres (7e)
✆ 01 44 39 81 00
M° Sèvres-Babylone ou Vaneau.
www.lagrandeepicerie.fr
Ouvert du lundi au samedi de 9h à 20h30 ; le dimanche de 9h à 12h45.

A ses débuts, en 1923, elle était le « comptoir de l'Alimentation » du Bon Marché, qui ne proposait alors que thés et conserves haut de gamme. Après plusieurs liftings, l'offre s'est démultipliée. La Grande Ep' est aujourd'hui une étape presque obligée pour tout gourmet à la recherche de produits d'exception. Déambuler dans ses allées est un plaisir pour l'œil gourmand. Très fournie cave en sous-sol, impressionnant mur d'eaux minérales, rayon produits de la mer de qualité, nombreux espaces de restauration… Et une implantation au 80 rue de Passy, dans le 16e arrondissement.

CHARCUTERIE

MAISON VEROT

3, rue Notre-Dame-des-Champs (6e) ✆ 01 45 48 83 32 - M° Vavin ou RER Port-Royal - www.maisonverot.fr
Ouvert du mardi au vendredi de 9h à 20h ; le samedi de 9h à 19h30. Livraison possible (service traiteur).

Avant d'être la star parisienne de la charcuterie – même si d'autres talents ont éclos depuis 1997 –, la famille Verot a commencé par briller sur la scène charcutière de Saint-Etienne. Il y a d'abord eu Jean, puis Pierre et Alexandre. Aujourd'hui, ce sont Gilles (fils de Pierre), Catherine, son épouse, et leurs équipes qui tiennent le flambeau. A goûter notamment les pâtés en croûte, spécialités maison, dont l'Oreiller de la belle Aurore (gibiers, volailles, farces de porc et de veau, foie gras de canard, morilles) disponible uniquement en septembre. A chaque saison des nouveautés, comme cette Hure cubiste (langue de cochon-canard-foie gras-pomme-noisettes torréfiées) à l'automne-hiver 2022.

FOIE GRAS

LAFITTE FOIE GRAS

47, rue Cler (7e) ✆ 01 44 05 10 31
M° Ecole Militaire.
www.lafitte.fr/paris7
Du mardi au samedi : 10h-13h, 14h-19h. Dimanche : 10h-14h.

Du foie gras venu des Landes, bien évidemment ! Vous le trouverez ici sous forme de produit cru, mais également en terrine ou en pâté ! Et puis vous trouverez ici les classiques de la gastronomie landaise : magrets, confits sous vide, cassoulet, garbure, lamproie à la bordelaise, ainsi que des accompagnements salés et sucrés comme des pêches aux cinq épices ou des pommes granny façon Tatin, bref tout ce qui donne sens à la cuisine du Sud-Ouest. Tout est préparé de façon artisanale dans les cuisines landaises de la maison familiale de Montaut, suivant des recettes traditionnelles. Les canards sont engraissés au maïs grain entier et proviennent de petits élevages.

JE FAIS MON MARCHÉ

MON PANIER GARNI

7E - 12E

TRAITEUR

LASTRE SANS APOSTROPHE

188, rue de Grenelle (7e) ✆ 01 40 60 70 27
M° La Tour-Maubourg.
Ouvert le mercredi de 10h à 14h ; du jeudi au samedi de 10h à 18h.

Yohan Lastre, champion du monde 2012 du pâté en croûte, réenchante le métier de traiteur. Avec sa compagne Marion Sonier, ce cuisinier – ancien du Ritz notamment – propose de purs délices, comme ce pâté Cazal-Pastis 51-fenouil sauvage. Tous les pâtés vous taperont dans l'œil : du fermier (cochon-volaille-pistache) au terre-mer homard-volaille, en passant par le poulet-citron confit-graines de moutarde et le cochon-chorizo-piquillos. Chaque recette est conçue avec des ingrédients de qualité. Parallèlement, une offre traiteur salée (terrine 100 % légumes à la provençale, club sandwich, jambon persillé…) et sucrée (mousse au chocolat…) qui, bien sûr, varie avec les saisons.

EPICERIE

BERRIE

39, rue Saint-Lazare (9e)
✆ 09 80 85 58 11
M° Notre-Dame-de-Lorette ou Trinité-d'Estienne d'Orves.
Ouvert du lundi au samedi de 10h30 à 20h.

En plein cœur du 9e, dans un quartier plus dédié aux affaires que résidentiel, Berrie a été créé par trois amis d'enfance originaire du… Berry. C'est à la fois une épicerie (un garde-manger, selon ses concepteurs) et une cantine, les deux espaces étant contigus. Dans la première, des produits sélectionnés avec exigence : des fruits et légumes, des fromages, des viandes et de la charcuterie, des huiles, du pain, du vin… Bref, tout ce que l'on trouve habituellement dans un magasin d'alimentation générale. Dans la seconde, une offre de salades, quiches, sandwichs, desserts pour un déjeuner tout en fraîcheur. Autres magasins au 21 rue des Martyrs (9e) et au 45 rue des Moines (17e).

EPICERIE FINE

CAUSSES

55, rue Notre-Dame de Lorette (9e) ✆ 01 53 16 10 10
M° Saint-Georges
www.causses.org
Ouvert du lundi au samedi de 10h à 21h.

Pendant un temps, ce fut « the biotifull » épicerie la plus *hype* de Paris. Depuis, d'autres magasins sont venus concurrencer cette enseigne d'« alimentation générale et de qualité » qui a contribué à promouvoir le locavore et favorisé l'engouement pour les produits toujours plus frais et traçables. Qu'y trouve-t-on ? Des fruits et légumes évidemment, des charcuteries d'artisans, des fromages d'origines protégées, des vins nature, des douceurs sans colorants ni arômes artificiels, ainsi que des produits en vrac. On aime, comme on apprécie aussi le restaurant pour une pause déjeuner dans le même esprit : une cuisine saine et de saison. Service de petit-déjeuner en semaine et brunch le samedi.

EPICERIE FINE

LAFAYETTE GOURMET

35, boulevard Haussmann (9e) ✆ 01 40 23 52 25
M° Havre–Caumartin ou Chaussée d'Antin–La Fayette.
https://gourmet.galerieslafayette.com/
Boutique en ligne. Livraison gratuite partout en France.

Sur 3 500 m² répartis sur deux niveaux, le Lafayette Gourmet est incontestablement l'une des meilleures adresses parisiennes – en termes d'offre – pour faire ses courses alimentaires ou pour trouver un cadeau gourmand. Les Parisiens et les touristes gourmets le fréquentent certes pour l'épicerie, les chocolats, les pâtisseries et autres produits frais avec de jolis noms (Le Bourdonnec, Vérot, Alain Ducasse, Philippe Conticini, Mariage Frères…), mais aussi pour s'y restaurer. L'enseigne abrite de nombreux comptoirs et tables qui proposent aux personnes travaillant dans le quartier soit des formules déjeuner, soit de déjeuner sur place. Très belle cave pour les amateurs de beaux flacons.

FROMAGERIE - CRÈMERIE

TAKA ET VERMO

61 bis, rue du Faubourg Saint-Denis (10e) ✆ 01 48 24 89 29 - M° Strasbourg-Saint-Denis. - www.takavermo.fr
Ouvert du mardi au samedi de 9h30 à 20h30 ; le dimanche de 9h30 à 13h.

Voilà une maison qui a rapidement su trouver ses habitués et qui reste un immanquable pour les amateurs de fromage du quartier (celui du faubourg Saint-Denis). Il faut dire que, formés par de grands noms du secteur (Martine Dubois à Paris et Rodolphe Le Meunier à Tours), Laure Takahashi et Mathieu Vermorel – vous comprenez à présent d'où vient le nom de l'enseigne – sélectionnent, affinent et proposent le meilleur, sans exception. Ils vont même plus loin, avec des créations originales alliant fromages et autres produits (plantes sauvages, fruits, épices…). Cela donne le picodon aux fleurs d'ail des ours ou le désormais classique gruyère à l'aspérule odorante. Convaincu(e) ?

BOUCHERIE

BOUCHERIE LES PROVINCES

20, rue d'Aligre (75012) ✆ 01 43 43 91 64 - M° Ledru-Rollin
www.boucherie-lesprovinces.fr
Mardi-samedi 8h-14h30, 15h30-19h30 ; dimanche 8h-13h30. Restaurant : mardi-dimanche 12h-14h, jeudi-vendredi 19h-21h30.

Une entrecôte ou une bavette ? A manger sur place ou à emporter ? Chez Christophe Dru c'est comme ça… Nous sommes dans sa boucherie-étable à manger. Ce fils de boucher, boucher lui-même, a eu l'idée de se démarquer en offrant aux clients la possibilité de cuisiner les produits qu'ils lui achètent, moyennant un droit de cuisson, et de les déguster sur place. Sinon, il y a la possibilité de s'asseoir à une table et de choisir un plat à la carte parmi les viandes de bœuf, d'agneau, de veau ou de porc proposées. Juste à côté, la maison, qui régale aussi ses clients avec de la charcuterie et des produits tripiers, a ouvert Les Provinces d'à côté, bar à tapas, rôtisserie et cave à vins.

PRODUITS GOURMANDS

L'AMIE PAULETTE

37, rue Bobillot (75013) ✆ 01 45 81 14 06
M° Place d'Italie.
Ouvert du mardi au vendredi de 10h à 13h et de 15h à 20h ; le samedi de 10h à 20h.

Entre la place d'Italie et la butte aux cailles se trouve assurément l'une des plus sympathiques fromageries de la rive gauche : l'amie Paulette. Si cette dernière n'est pas aux commandes, vous trouverez en lieu et place Raphaël, qui saura avec gentillesse vous aiguiller vers les meilleurs choix. Car ici, les arrivages sont fréquents, en provenance de toutes les régions françaises, et avec des petites pépites que l'on trouve peu ailleurs. Ajoutez à cela une jolie sélection de vin, et quelques autres produits gourmands vous réservant parfois de belles surprises, et vous avez au final une jolie petite échoppe, comme on les aime et où on se rend toujours avec le même plaisir.

POISSONS - FRUITS DE MER

POISSONNERIE DU DÔME

4, rue Delambre (75014) ✆ 01 86 65 21 36
M° Vavin ou Edgar Quinet.
www.poissonneriedudome.com
Ouvert du mardi au samedi de 8h à 13h et de 16h à 19h ; le dimanche de 8h à 13h.

Installé au cœur du quartier Montparnasse depuis 1987, derrière la célèbre brasserie éponyme, Jean-Pierre Lopez fournit un travail remarquable de qualité et de constance. A pied d'œuvre au milieu de la nuit pour choisir le meilleur des arrivages quotidiens (poissons, coquillages et crustacés), il est sur le pont avec son équipe dès 6 h du matin pour préparer les étals de sa poissonnerie. Un métier ardu exercé avec passion ! L'œil vif, l'écaille brillante, son poisson, qui peut être préparé sous différentes formes (émincé, tartare...), est irréprochable, mais la qualité a un prix. Sélection de plats à emporter. Livraison gratuite dans Paris à partir de 50 euros d'achat.

CHARCUTERIE

CHARCUTERIE JOLY

89, rue Cambronne (75015) ✆ 01 47 83 79 85
Métro Volontaires ou Vaugirard. - www.charcuterie-joly.fr
Ouvert du mardi au samedi de 8h30 à 20h ; le dimanche de 9h à 13h30.

En 2018, Pascal Joly, Meilleur Ouvrier de France (MOF), a opéré « sa propre révolution », en proposant dans sa boutique du 15e arrondissement – il est aussi présent dans le 16e (29 rue du Docteur Blanche) – une charcuterie 100 % naturelle. Autrement dit des produits sans nitrites ajoutés, sans additifs et sans allergènes. Les amateurs du bon et du bien manger apprécieront ! Tout chez lui fait saliver : le fromage de tête, avec lequel il remporte le championnat de France de la catégorie en 2014, le pâté en croûte, les terrines, les saucisses, les salades et quiches, la pissaladière (charnue)... La maison fait aussi traiteur. Bonne nouvelle, Florian, le fils de Pascal, est là pour la relève.

PRODUITS GOURMANDS

COMPTOIR CORREZIEN

8, rue des Volontaires
Paris (15e) ✆ 01 47 83 52 97
www.comptoir-correzien.fr
Du mardi au samedi de 9h30 à 13h30 et de 15h à 19h30.

Le Comptoir, fournisseur de restaurants étoilés parisiens et de grands chefs de la bistronomie, recèle de trésors venus de la Corrèze, qui regorge de spécialités ancrées dans son terroir : des foies gras, mais aussi des champignons séchés, des magrets, des truffes en conserve, des petits pâtés bien goûteux, des confits, du caviar de France... La sélection est effectuée auprès de très bons producteurs, reconnus au-delà des frontières régionales. Vous y trouverez quelques produits frais, selon la saison : champignons, truffes, volailles de Challans... Juste avant les fêtes, la maison ouvre ses portes le dimanche matin. L'accueil est à l'image des produits : de grande qualité.

FROMAGERIE - CRÈMERIE

MAISON LILLO

35, rue des Belles-Feuilles (16e) ✆ 01 47 27 69 08
M° Victor-Hugo.
www.maisonlillo.com
Ouvert du mardi au samedi de 9h à 13h et de 16h à 19h15.

Une maison hautement recommandable et reconnue comme un « producteur artisan de qualité » par le Collège culinaire de France. A l'origine, le couple Lillo, qui cède en 2002 son historique commerce de la rue des Belles-Feuilles au duo Thibault de Saint Laumer-François Hombrouck. Avec leur équipe, ces derniers entretiennent avec ferveur ce goût de la qualité et étoffent au fil des saisons la gamme traiteur. Des crêpes, des gnocchis, des gratins, du hachis parmentier, des salades, des plats du jour, des desserts... Une panoplie de recettes où figurent en *guest stars* les tartes aux pommes et au fromage, le gratin dauphinois et le risotto à la truffe. En parallèle, belle offre de fromages.

VOLAILLER

AU POULET DE BRESSE

30, rue des Belles-Feuilles (16e) ✆ 01 47 27 88 31
M° Victor-Hugo
Ouvert du mardi au vendredi de 8h à 19h ; le samedi de 8h à 19h30 ; le dimanche de 8h à 13h15.

Les successeurs de Pierre Desjardin, qui a créé ce commerce il y a une soixantaine d'années, poursuivent l'activité dans la même direction. Les origines des volailles n'ont pas changé : les canards viennent de Challans et les poulets de Bresse ou des Landes ; les lapins, quant à eux, ont été élevés dans le Gâtinais. Des rayons traiteur et boucherie complètent cette offre : agneau de Lozère, veau de lait de Corrèze label rouge, viande bovine d'Aquitaine... Que du « beau linge » ! Avec sa devanture un brin rétro, cette boutique ne peut se rater dans la commerçante rue des Belles-Feuilles. Une adresse fort appréciée, si l'on en juge par la queue, le dimanche matin, pour un poulet grillé.

HALLE COUVERTE

MARCHÉ DES ENFANTS-ROUGES

39, rue de Bretagne (3e)
M° Temple ou Filles du Calvaire.
Le mardi, le mercredi, le vendredi et le samedi de 8h30 à 20h30 ; le jeudi de 8h30 à 21h30 ; le dimanche de 8h30 à 17h.

Bienvenue dans le plus vieux marché alimentaire de Paris ! L'ambiance ici est plutôt familiale, version bobo. Les principaux métiers de bouche sont représentés, avec la présence de quelques producteurs bio et d'ostréiculteurs. Peu de fruits et légumes toutefois, et les prix se situent plutôt en haut de fourchette. On vient aux Enfants-Rouges autant pour faire ses courses que pour se restaurer. Le choix est varié, avec des stands de spécialités marocaines, italiennes, asiatiques, libanaises… Il est possible, pour certaines, de les déguster sur place.

MARCHÉS - HALLES

MARCHÉ SAXE-BRETEUIL

Avenue de Saxe (7e)
M° Ségur.
Ouvert le jeudi de 7h à 13h30 ; le samedi de 7h à 14h30.

Dans ce quartier (derrière l'École militaire et le siège de l'Unesco) où les commerces ne sont pas légion, ce grand et beau marché s'installe sur le terre-plein central de l'avenue de Saxe deux fois par semaine, sous l'œil gourmand de la tour Eiffel. Il y règne un peu une ambiance de village. Les prix pratiqués se situent plutôt en haut de la fourchette. En contrepartie, les produits sont de qualité. Présence fournie de marchands des quatre saisons, plusieurs stands de producteurs (volailles, légumes…), d'excellents poissonniers et un très bon tripier-volailler… Mais ce serait faire injure aux autres commerçants présents de ne pas dire que leurs produits sont aussi de premier ordre.

MARCHÉS - HALLES

MARCHÉ BIOLOGIQUE RASPAIL

Boulevard Raspail (6e)
M° Sèvres-Babylone et Rennes.
www.paris.fr
Ouvert le dimanche de 7h à 14h30.

Sur l'allée centrale du boulevard Raspail, entre la rue de Rennes et la rue du Cherche-Midi, voilà un marché très rive gauche. C'est certainement le marché bio le plus chic de la capitale – d'où des prix dans le haut de la fourchette –, en tout cas le plus ancien. Vous êtes assuré(e) de trouver ici qualité et fraîcheur. Majoritairement des fruits et légumes de saison, des viandes et volailles, des fromages, des pâtisseries et des pains, mais aussi des jus de fruits, des huiles essentielles… Profitez également de la proximité de la terrasse du Tourne-Bouchon !

MARCHÉS - HALLES

MARCHÉ D'ANVERS

Place d'Anvers (9e)
M° Anvers
Ouvert le vendredi de 10h à 20h30.

On croise sur ce marché d'Anvers – le premier marché alimentaire découvert du 9e (création en 2004) – des bobos du bas de la Butte et des habitants des quartiers proches, plus populaires. Son grand atout est qu'il se tient l'après-midi ; c'est l'un des rares à Paris à offrir un tel avantage. En s'adaptant ainsi aux rythmes de vie d'une population qui a profondément changé au cours de ces dernières années, ce marché lui permet de faire des courses en rentrant du travail. On y fait souvent de bonnes affaires avant la clôture. Au total, plus d'une vingtaine de commerçants se retrouvent tous les vendredis. N'oubliez pas, ce marché n'a lieu qu'une fois par semaine.

HALLE COUVERTE

MARCHÉ SAINT-GERMAIN

4/6, rue Lobineau (6e) - M° Mabillon
marchesaintgermain.com
Ouvert du mardi au samedi de 8h à 20h ; le dimanche de 8h à 13h30.

Toujours élégant, en plein cœur du 6e arrondissement, le marché Saint-Germain a rouvert ses portes en 2017 après une importante transformation qui n'a en rien entamé la beauté du lieu. Les travaux ont permis de lui rendre ses lettres de noblesse architecturale, les commerces sur place (primeurs, poissonniers, fromagers…) bénéficiant à présent d'un site aussi fonctionnel que beau. C'est 7j/7, avec une moindre amplitude horaire le dimanche, que le marché alimentaire, les épiceries et autres grandes enseignes sont ouverts. Un parfum de vie de quartier flotte ici, car certains commerçants y sont installés depuis des années. Le lieu, vivant, n'a rien perdu de son attrait.

HALLE COUVERTE

MARCHÉ SAINT-MARTIN

31/33, rue du Château-d'Eau (10e)
M° Château d'Eau.
Ouvert du mardi au samedi de 9h à 20h ; le dimanche de 9h à 14h.

De l'architecture ancienne on a conservé quatre porches en pierre qui s'intègrent parfaitement dans la façade moderne. Ce marché se veut différent, par ses commerces ouverts sur l'extérieur qui offrent aux chalands des services complémentaires aux produits alimentaires proposés à l'intérieur. Il est très animé, limite bouillonnant à certaines heures, notamment le dimanche matin. En revanche, peu de stands donc peu de choix, mais des sélections de belle qualité. Depuis quelques mois le marché abrite La Pépinière du Village, une sorte de tremplin pour des jeunes chefs qui font leurs premières armes. On y trouve des pâtisseries, du vin, des smoothies, des tapas, etc.

HALLE COUVERTE

MARCHÉ SAINT-QUENTIN

85 bis, boulevard Magenta (10e) - M° Gare de l'Est.

Ouvert le mardi de 7h à 13h30 ; du mercredi au samedi de 8h à 20h ; le dimanche de 8h à 13h30.

Bienvenue sur le plus grand marché couvert de Paris sous une halle Baltard. Si vous ne le connaissez pas encore, courez-y. Outre le grand nombre de commerces de bouche, y compris des traiteurs spécialisés dans la cuisine étrangère, vous y découvrirez un étal de droguerie-quincaillerie, ce qui est de plus en plus rare. On trouve ici évidemment de chouettes produits alimentaires, mais aussi (et de plus en plus) des fleurs. On croise enfin beaucoup de touristes, y compris étrangers, qui trouvent le lieu « so French ». On ne boudera pas notre plaisir. Certes, il y en a toujours qui affirmeront que l'endroit est moins typique qu'auparavant… Pas faux, mais pas suffisant pour ne pas y aller.

MARCHÉS - HALLES

MARCHÉ DE BELLEVILLE

Terre-plein du boulevard de Belleville (11e)

M° Belleville

Ouvert le mardi et le vendredi de 7h à 13h30.

Un gros marché à prix très intéressants. C'est surtout un marché de fruits et légumes (près de 70 étals) et de produits orientaux (boulangerie, épices) ; il manque une boucherie-charcuterie traditionnelle alors qu'il y a plusieurs boucheries halal. On y trouve aussi de nombreux poissonniers, dont un qui vend parfois des sushis, et La Ferme de Savoie, un fromager qui propose un bon choix de fromages et des œufs frais. Il est également présent sur le marché d'Alésia (14e). C'est l'un des marchés les moins chers de la capitale, très populaire et très prisé. Conseil : si vous le pouvez, venez le plus tôt possible, afin de pouvoir faire vos courses en toute sérénité ! Vous voilà prévenus.

HALLE COUVERTE

MARCHÉ BEAUVAU - MARCHÉ D'ALIGRE

Place d'Aligre (75012)

M° Ledru-Rollin

www.paris.fr

Ouvert du mardi au dimanche de 7h30 à 13h.

Pour être exact, le marché Beauvau est le marché couvert, celui qui se tient sous la halle à la belle charpente. Le marché d'Aligre, quant à lui, réunit la halle Beauvau et tous les étals à l'extérieur. Il est devenu au fil des années l'un des marchés les plus populaires de la capitale. C'est un marché aux prix très compétitifs et majoritairement de vendeurs de fruits et légumes, mais aussi d'objets vintage et de vêtements de seconde main. L'ambiance y est joyeuse, bigarrée. Pour tout ce qui est poissons, viandes, fromages, pâtisseries, c'est sous la halle que ça se passe.

MARCHÉS - HALLES

MARCHÉ AUGUSTE-BLANQUI

Boulevard Blanqui (75013)

M° Corvisart ou Place d'Italie

Ouvert le mardi et le vendredi de 7h à 13h30 ; le dimanche de 7h à 14h30.

Très ou trop fréquenté le dimanche matin, ce grand marché qui va de la place d'Italie à la rue Barrault, n'est pas pour autant désert les autres jours. Ne vous laissez pas arrêter par la foule, réunie ici pour profiter avec vous des prix raisonnables qu'affichent les produits proposés sur les étals. En plus, vous passeriez à côté d'une offre très large. Vous y trouverez même une vendeuse de produits russes. Les personnes qui fréquentent ce marché viennent parfois des villes limitrophes, et on comprend pourquoi : il est facile d'accès et, une nouvelle fois, très bien achalandé. Bref, c'est l'un des plus importants du sud de la capitale, vous voilà prévenus !

MARCHÉS - HALLES

MARCHÉ VINCENT-AURIOL

Boulevard Vincent-Auriol (75013)

M° Nationale ou Chevaleret.

Ouvert le mercredi de 7h à 13h30 ; le samedi de 7h à 14h30.

Du boulevard Vincent-Auriol jusqu'au croisement de la rue Jeanne-d'Arc, ce marché n'est pas qu'alimentaire. Un temps, la partie la moins chère se situait dans le bas du marché près de la station de métro Chevaleret ; plus on remontait, plus les prix grimpaient… Aux heures de pointe, il est difficile de circuler. On retiendra les (nombreux) stands de fruits et légumes bio, un fromager absolument impeccable, des pains et des viennoiseries excellentes (ce n'est pas toujours le cas sur les marchés). Si vous venez pour la première fois, comptez une bonne heure pour tout parcourir, car oui, ce marché est très grand – le plus vaste de l'arrondissement probablement.

MARCHÉS

MARCHÉ BIOLOGIQUE BRANCUSI

Place Constantin-Brancusi (75014)

M° Gaîté

www.paris.fr

Ouvert le samedi de 7h à 14h30.

Cet agréable marché de quartier, à quelques pas de la tour Montparnasse et proche de la place de Catalogne, est de petite taille puisqu'il ne s'étend que sur deux allées. Mais il offre tout ce qu'il faut pour remplir votre garde-manger/frigo et manger sain et bio. Vous y trouverez des marchands des quatre saisons, ainsi que des fromagers, boucher, poissonnier, traiteur (qui propose aussi du pain et des pâtisseries), épicier, caviste... Des professionnels rigoureux et prêts à vous informer sur la provenance de leurs produits. Ici on joue la transparence !

MARCHÉS - HALLES

MARCHÉ EDGAR-QUINET

Boulevard Edgar-Quinet (75014)
M° Edgar-Quinet
Ouvert le mercredi de 7h à 13h30 ; le samedi de 7h à 14h30. Entre la rue du Départ et le 36 boulevard Edgar-Quinet.

C'est plutôt un grand marché, calme et traditionnel, installé sur le terre-plein du boulevard Edgar-Quinet. Les prix sont plutôt raisonnables. Quasiment tous les commerces de bouche sont représentés : maraîcher bien sûr, mais aussi poissonnier, boucher, volailler, fromager, marchand d'olives... Sans oublier quelques stands proposant des spécialités étrangères. La partie sur l'allée Georges-Besse est peut-être plus alimentaire. Au gré de vos courses, jetez un coup d'œil aux différents stands de bijoux, vêtements, chaussures et autres paniers qui ont investi le marché : peut-être y ferez-vous des affaires. Le mercredi de notre passage, il était même possible de prendre un cours de cuisine.

MARCHÉS - HALLES

MARCHÉ CONVENTION

Rue de la Convention (75015)
M° Convention
Ouvert le mardi et le jeudi de 7h à 13h30 ; le dimanche de 7h à 14h30.

Un vaste ou plutôt long marché dans une rue où les commerces (parfumeries, librairies...) sont nombreux à être ouverts le dimanche matin. Les étals se déploient des deux côtés de la rue de la Convention, entre le carrefour avec la rue de Vaugirard et la rue de l'Abbé Groult. Il est parfois difficile de circuler, les trottoirs étant étroits et les habitants du quartier nombreux à faire leur marché en famille, avec poussette et chariot. Certains commerçants proposent des produits de l'agriculture biologique. Après avoir rempli votre panier, asseyez-vous à une terrasse sur la petite place à l'angle Convention-Vaugirard pour prendre un café et/ou offrez un tour de manège à votre dernier (ère).

MARCHÉS - HALLES

MARCHÉ GRENELLE

Boulevard de Grenelle (75015)
M° La Motte-Piquet–Grenelle.
Ouvert le mercredi de 7h à 13h30 ; le dimanche de 7h à 14h30. Entre la rue Lourmel et la rue du Commerce.

C'est certainement l'un des plus importants marchés de la capitale (si son emplacement a été déplacé depuis, il s'agit du marché historique du village de Grenelle, commune rattachée à Paris en 1860). Les étals se déploient autour d'une allée unique sous le métro aérien entre les stations La Motte-Piquet et Dupleix. Pratique quand il pleut ! Le dimanche, en fin de matinée, c'est l'affluence ; il faut jouer des coudes pour se frayer un passage. Maraîchers, poissonniers, bouchers, charcutiers, traiteurs, fromagers, pâtissiers, de nombreux étals bio... L'offre alimentaire est pléthorique, chacun ayant bien sûr ses fournisseurs attitrés. Quelques stands de vêtements à prix modérés.

MARCHÉS - HALLES

MARCHÉ D'AUTEUIL

Place Jean-Lorrain (16e)
M° Michel-Ange–Auteuil.
Ouvert le mercredi de 7h à 13h30 ; le samedi de 7h à 14h30.

Quand on arrive sur ce marché, coincé entre les rue d'Auteuil et Jean-de-la-Fontaine, on a un peu l'impression d'être sur la place d'un village (normal, direz-vous, puisque vous êtes au nord du village d'Auteuil). Il faut simplement faire abstraction du bruit des voitures. Un primeur qui a toujours des fruits exotiques, plusieurs stands bio qui proposent de beaux produits et des légumes d'autrefois, des bouchers et charcutiers... Ce marché alimentaire, bien fourni, affiche des prix qui restent plutôt dans la limite du raisonnable – ce qui n'était pas gagné vu le quartier. Facile d'accès, le métro n'est qu'à quelques pas. Des affaires possibles en fin de marché. A bon entendeur...

HALLE COUVERTE

MARCHÉ DE PASSY

Place de Passy (16e)
M° La Muette.
Du mardi au vendredi 8h-13h et 16h-19h ; samedi 8h-13h et 15h30-19h ; dimanche 8h-13h.

Cette halle commerçante, avec le nom du marché inscrit en grandes lettres rouges à l'extérieur et une partie de sa façade en carreaux vitrés, date des années 50. Elle abrite une vingtaine de stands, où s'étalent des produits de qualité à des prix plutôt élevés, sans pour autant être astronomiques. Androuet y propose sa belle sélection de fromages, tandis qu'un peu plus loin, un marchand des quatre saisons séduit le chaland avec ses fruits et légumes bio. Outre le fleuriste Stéphane Bellot et la crêperie Maison Belleguic sont aussi présents d'autres maraîchers, bouchers, traiteurs... Bref, tout ce qu'il faut pour préparer un déjeuner tout simple ou un dîner festif.

BIO

MARCHÉ BIOLOGIQUE DES BATIGNOLLES

Boulevard des Batignolles (17e)
M° Rome ou Place de Clichy
www.paris.fr
Tous les samedis 7h-14h30.

Plus petit que le grand marché du boulevard Raspail, le marché biologique des Batignolles réunit quelques fleurons de l'agriculture bio francilienne. Vous pourrez garnir votre cabas de pain, de fromages, de fruits et légumes, de viande, de volailles... Escales obligées notamment chez Philippe Grégoire, fromager, Michel Renard, maraîcher, et Laure et Mathieu Thiriet, bouchers. A deux pas, des cafés vous ouvrent grand les bras pour une pause en terrasse. Un vrai moment de détente pour bien commencer le week-end. S'il est très fréquenté, ce marché n'est pas pris d'assaut.

HALLE COUVERTE

MARCHÉ DE L'OLIVE

10, rue de l'Olive (18e)
M° Marx Dormoy.
Ouvert du mardi au samedi de 9h à 19h ; le dimanche de 8h30 à 13h30.

C'est le cœur de ce quartier en pleine « boboïsation » ! Cette halle couverte, avec sa structure métallique type Baltard – ce qui est devenu plutôt rare dans la capitale –, compte une vingtaine de commerçants : des maraîchers au fromager, en passant par les traiteurs et quelques espaces de restauration. Populaire, ce marché est essentiellement fréquenté par les habitants du quartier, mais aussi de plus en plus par des touristes, qui trouvent le lieu *so French*. Les produits sont de qualité, et les prix corrects. Assurément l'un des meilleurs marchés de la capitale, entouré de petites rues piétonnes avec de nombreuses terrasses où prendre un café avant de remplir le panier.

MARCHÉS - HALLES

MARCHÉ ORNANO

Boulevard Ornano (18e)
M° Simplon
Ouvert le mardi de 7h à 13h30 ; le vendredi de 7h30 à 13h30 ; le dimanche de 7h à 14h30.

Entre les rues du Mont-Cenis et Ordener, ce marché très étendu est populaire et vivant. Les prix sont intéressants et, en fin de marché, les commerçants ont tendance à brader. Certains habitués prétendent que le côté impair serait moins cher et plus varié… A voir. Outre des fruits et légumes, bien sûr, ce marché propose des produits orientaux et comprend notamment un beau stand d'herbes aromatiques. Plus largement, il est difficile de ne pas y trouver de quoi satisfaire ses envies. Comptez une bonne heure pour pouvoir découvrir la totalité des stands, tant ils sont nombreux. Et favorisez les transports en commun pour venir ici, car l'on s'y gare très difficilement…

MARCHÉS - HALLES

MARCHÉ CRIMÉE-CURIAL

Côté pair de la rue de Crimée entre les n° 236 et 246 (19e)
Ouvert le mardi et le vendredi de 7h à 13h30.

Le marché Crimée-Curial, c'est beaucoup des fruits et légumes, les prix étant comme l'ambiance, conviviaux. A côté des stands de vêtements, on notera tout de même la présence d'un chouette poissonnier, qui propose des produits franchement très abordables. On aime beaucoup ce petit marché à l'ambiance populaire et à proximité de cette avenue Jean-Jaurès qui a beaucoup évolué ces dernières années et qui offre une belle panoplie de jolis commerces. Une fois votre marché effectué, à vous les belles promenades dans le quartier : vers l'est, les Buttes-Chaumont ne se trouvent qu'à quelques centaines de mètres. Même chose à l'ouest, avec le canal et son animation quasi permanente.

HALLE COUVERTE

MARCHÉ SECRÉTAN

33, avenue Secrétan (19e)
M° Bolivar
Ouvert du lundi au mercredi, le vendredi et le samedi de 8h à 19h30 ; le jeudi et le dimanche de 8h à 13h30.

Ce marché, qui existe depuis la fin du XIXe siècle, a connu une totale rénovation il y a maintenant quelques années. Adieu les crieurs d'autrefois, l'endroit accueille aujourd'hui un supermarché bio appelé les « 5 fermes » et qui propose de délicieux produits élaborés en circuit court. Ce n'est pas tout, puisque le site compte également un café, une salle de sport et un restaurant. On n'a donc pas ici un marché comme les autres, ni même un marché couvert comme les autres, mais plutôt un concept. Et si celui-ci vous plaît un peu moins que des marchés plus traditionnels, alors contentez-vous de l'architecture du lieu, absolument magnifique et qui vaut le coup d'œil.

MARCHÉS - HALLES

MARCHÉ MORTIER

Boulevard Mortier (20e)
M° Saint-Fargeau ou Pelleport
Ouvert le jeudi de 7h à 13h30 ; le dimanche de 7h à 14h30.

Entre l'avenue de la Porte-de-Ménilmontant et la rue Maurice-Berteaux, ce marché se tient à deux pas de ce lieu charmant baptisé « la campagne à Paris », qui comprend encore quelques maisons et de paisibles jardins. En revanche, le marché est installé sur le boulevard Mortier tout proche. Si celui-ci avait perdu pas mal de sa superbe le temps des travaux du tramway, il y a quelques années, il a mis un certain temps avant de retrouver son rythme de croisière. On y dénombre une bonne vingtaine de commerçants, alimentaires principalement, et qui sont fréquentés essentiellement par des locaux. Mais un petit détour ici est le bienvenu, d'autant que le marché est modérément fréquenté.

MARCHÉS - HALLES

MARCHÉ RÉUNION

Place de la Réunion (20e)
M° Alexandre-Dumas
Ouvert le jeudi de 7h à 13h30 ; le dimanche de 7h à 14h30.

En bordure du square du même nom, ce chouette marché se donne des airs de lieu de promenade familiale à condition de ne pas craindre la foule, souvent compacte, notamment le dimanche matin. On y trouve essentiellement des vendeurs de fruits et légumes, dont certains sont plus chics et plus chers que d'autres. C'est un marché agréable où les commerçants sont souriants, et les clients pour la plupart des habitués. Un traiteur de plats cuisinés délicieux y exploite également un stand ; franchement c'est notre petit coup de cœur ! De manière générale, parmi les nombreux marchés de l'est parisien, celui-ci est l'un de nos préférés. Un passage par ici est toujours un bon moment.

PÂTISSERIE
ANGELINA
226, rue de Rivoli (1er) ✆ 01 42 60 82 00
M° Concorde ou Tuileries - www.angelina-paris.fr
Ouvert du lundi au jeudi de 8h à 19h ; du vendredi au dimanche de 8h30 à 19h30. Vente en ligne. Brunch : 42 €.

Angelina est sans doute le plus célèbre des salons de thé parisiens, au charme d'antan. On y vient avant tout pour déguster son onctueux et épais chocolat chaud accompagné d'un petit pot de crème fouettée, ainsi que pour se régaler avec son Mont-Blanc, une meringue fourrée de crème fouettée recouverte de vermicelles de crème de marrons. Le chef pâtissier dévoile deux fois par an ses collections tel un styliste. Récemment, il a fait défiler sur son podium Trocadéro, l'association du chocolat au lait avec un croquant à la noisette. Angélina possède aussi sa boutique où vous pourrez acheter ses douceurs et d'autres produits sucrés. À déguster chez vous ou bien en flânant dans Paris.

PÂTISSERIE
TORAYA
10, rue Saint-Florentin (1er) ✆ 01 42 60 13 00
M° Concorde ou Madeleine.
www.toraya-group.co.jp/toraya-paris
Lundi-vendredi : 11h-18h30 (dernière commande : 18h). Samedi : 11h-19h (dernière commande : 18h15).

Ce salon de thé ouvert en 1980 par Toraya, la célèbre enseigne japonaise de pâtisseries, est une petite merveille. Un des lieux les plus raffinés de la capitale. L'antenne parisienne, repensée par Sylvain Dubuisson, distille une ambiance reposante qui colle à merveille avec la pâtisserie traditionnelle (*wagashi* en japonais). A base de farine de riz, de blé, d'agar-agar et de haricot, la pâtisserie nipponne est un hymne à la beauté de la nature ; aussi, chez Toraya, les délices – *yokan, suiko, monaka, namagashi*... – se dégustent au gré de la saisonalité. Toraya propose également toute une gamme de thés verts, indissociables de la pâtisserie, dont le divin *gyokuro*.

PÂTISSERIE
BO & MIE
18, rue de Turbigo (2e) ✆ 09 80 53 79 53 - M° Étienne Marcel.
www.boetmie.com
Ouvert du lundi au samedi de 7h30 à 20h ; le dimanche de 8h à 19h.

Dans les classements des meilleures boulangeries parisiennes, Bo & Mie squatte quasiment toujours les premiers rangs. Son pain est fabriqué dans les règles de l'art, avec de l'eau, de la farine (dans certains cas biologiques), un peu de sel... et du levain naturel, c'est ce qui fait la différence. Ici, aucune trace d'additifs. La fermentation est longue/lente, notamment pour développer les arômes. Même philosophie qualitative pour les viennoiseries et la pâtisserie, faite avec peu de sucre. Depuis l'ouverture de cette première boutique, l'enseigne s'est développée avec deux autres implantations parisiennes – l'une rue de Rivoli, l'autre rue Saint-Martin – et un point de vente à Barcelone.

PAINS - GÂTEAUX - CHOCOLATS
CÉDRIC GROLET OPÉRA
35, avenue de l'Opéra (2e) ✆ 01 83 95 21 02
M° Opéra
www.cedric-grolet.com
Ouvert du mercredi au dimanche de 9h30 à 18h.

Chef pâtissier du Meurice, élu meilleur pâtissier du monde en 2017... On ne présente plus Cédric Grolet ! C'est sur la touristique avenue de l'Opéra que ce titulaire d'un CAP de boulanger a ouvert sa première adresse en propre. Dans cette boulangerie-pâtisserie, il propose non seulement ses plus belles créations pâtissières – son mythique Saint-Honoré, ses Fleurs (chocolat, citron vert, vanille...) –, mais aussi sa version des classiques de la boulangerie : pain au chocolat, croissant, pain aux raisins... Offre de sandwichs à midi et de baguettes l'après-midi. Espace salon de thé au premier étage. En virée à Londres, retrouvez les gâteaux du chef dans sa boutique à l'hôtel The Berkeley.

PÂTISSERIE
PÂTISSERIE TOMO
11, rue Chabanais (2e) ✆ 09 67 77 96 72
M° Quatre-Septembre
www.patisserietomo.fr
Ouvert tous les jours de 12h à 19h. Végan-friendly.

Romain Gaia, un Français passionné par le Japon, a décidé de poursuivre son apprentissage au pays du Soleil levant. De retour à Paris, il a lancé Tomo pour y faire découvrir le dorayaki, pâtisserie japonaise iconique. Takanori Murata, issu d'une famille de fabricants de wagashi (pâtisserie traditionnelle nipponne) installée dans la région de Nagoya, l'a rejoint dans cette aventure. Tous deux souhaitent proposer un vrai produit artisanal respectant la tradition à la fois du wagashi japonais et de la pâtisserie à la française, et favoriser autant que possible des ingrédients bio d'origine française. Mission accomplie. Seconde adresse : 16 rue Grégoire de Tours (6e).

PAINS - GÂTEAUX - CHOCOLATS
THE FRENCH BASTARDS
181, rue Saint-Denis (2e) - Métro : Réaumur-Sébastopol.
https://thefrenchbastards.fr
Ouvert du lundi au vendredi de 8h à 20h ; le samedi de 8h30 à 19h30. Tradition : 1,20 €, croissant 1,20 €.

C'est l'une des trois adresses des boulangers « bâtards », les deux autres étant rue Oberkampf et place Saint-Ferdinand, dans le 17e. Ici, échoppe toute de noir vêtue, vous retrouverez les grands classiques de la maison : la baguette bâtarde, des pains spéciaux (mention... spéciale pour le pain plus noir que noir au charbon et au sésame) et des viennoiseries à se damner. Deux écoles s'affrontent, sur le plan gourmand bien sûr : ceux qui ne dévient pas des basiques (croissant, pain au chocolat...), et les dingues du cruffin (croisé du croissant et du muffin) ou des cinnamon rolls, d'inspiration US. Et vous, dans quel camp êtes-vous ? Exquise offre pâtissière et belle gamme salée.

CAFÉ

BRÛLERIE CARON

32, rue Notre-Dame-de-Nazareth (3e) ✆ 01 40 09 23 17 - M° Temple
www.cafecaron.com
Ouvert du mardi au samedi de 10h30 à 13h30 et de 14h30 à 19h.

Elue « Meilleure torréfactrice » en 2017, Anne Caron pérennise l'héritage et le savoir-faire de sa famille. Depuis environ 40 ans, la maison Caron excelle dans la sélection de cafés, la torréfaction – sa brûlerie est implantée à Saclay – et la composition de mélanges signature. Si sa boutique de 60 m² dans le Haut-Marais est dédiée en premier lieu au produit lui-même avec la mise en avant de grains d'exception, vous y trouverez également machines et accessoires. Très régulièrement, des ateliers sont organisés à l'étage pour se familiariser avec l'univers du café. Si vous souhaitez préparer un café *latte* comme un barista, vous savez maintenant ce qu'il vous reste à faire…

GLACIER

GLACE BACHIR

58, rue Rambuteau (3e) ✆ 09 52 79 73 00
M° Rambuteau.
www.bachir.fr
Ouvert tous les jours de 12h30 à 22h30.

Dans un quartier toujours animé, Bachir offre une pause douceur plus que bienvenue. Ici, vous dégusterez d'authentiques glaces bio et faites maison à partir de lait et de mastic comestible selon la recette libanaise. Les connaisseurs n'hésiteront pas et commanderont la spécialité, l'achta, aux parfums de crème de lait et de fleur d'oranger, recouverte de pistaches concassées, la marque de fabrique de Bachir. Les autres propositions sont tout aussi goûtues : citron, pétale de rose, vanille, amande, pistache, chocolat... Le plus difficile est de choisir, mais il est toujours possible d'avoir plusieurs parfums dans le même pot… Sachez tout de même que les portions sont plutôt généreuses.

PÂTISSERIE

LES DUNES BLANCHES

54, rue des Archives (4e)
Métro Rambuteau.
www.dunesblanches.fr
Ouvert tous les jours de 10h à 19h30.

Tout a commencé au Cap-Ferret, sur le bassin d'Arcachon. C'est, dixit le site Internet, le fils du boulanger Pascal Lucas, installé dans l'un des villages de la presqu'île, qui, de retour de soirée, prit une chouquette et la remplit de crème préparée par son père. La « Dune blanche » était née. Cette petite perle gustative – la crème est vraiment légère – s'exporte aujourd'hui au-delà du bassin, à Paris notamment. Deux versions sont disponibles : la classique, proposée en permanence, et l'éphémère, produite chaque fin de semaine en associant la crème à des fruits de saison (cerise noire, fraise, pomme…) ou à du café, du caramel, du miel… Les becs sucrés du Marais apprécient. Fort justement.

PÂTISSERIE

L'ÉCLAIR DE GÉNIE

14, rue Pavée (4e) ✆ 01 42 77 86 37
M° Saint-Paul.
www.leclairdegenie.com
Ouvert tous les jours de 11h à 19h.

Christophe Adam s'est très vite fait une réputation avec son Eclair de Génie. Fin 2022, l'enseigne comptait trois points de vente, dont cette historique boutique du Marais et L'Éclair de Génie Café, rue Montmartre. Difficile de décrire toute l'offre, reconnaissable à ses couleurs *flashy*, mais on vous garantit qu'elle vaut le détour ! Pour vous donner un avant-goût si vous ne connaissez pas encore la maison, une collection de Noël incluait par exemple un éclair renne avec un chocolat noir mexicain et un éclair Père Noël à la pistache. Sinon, vous pouvez craquer aussi pour les billes gaufrettes, les tablettes de chocolat, les cookies sans gluten… Créatif, le pâtissier breton !

PAINS - GÂTEAUX - CHOCOLATS

EDWART CHOCOLATIER

17, rue Vieille du Temple (4e) ✆ 01 42 78 48 92
M° Hôtel de Ville.
Ouvert le lundi et le mardi de 11h à 12h et de 13h à 20h ; du mercredi au dimanche de 11h à 20h.

Depuis 2014, Edwin Yansané, le fondateur d'Edwart Chocolatier, nous fait voyager grâce à des chocolats forts en cacao grand cru et en épices du bout du monde. Dans cette mini-échoppe du Marais, vous retrouverez toutes les douceurs de ce génie du goût : des tablettes racées, des assortiments de chocolats aux pralinés et ganaches tantôt douces et rassurantes, tantôt audacieuses et surprenantes, des barres chocolatées inspirées des classiques de notre enfance et aussi, des créations éphémères et surtout, des pâtes à tartiner à tomber (celle à la pistache a déjà conquis tous les gourmands !). De quoi vous donner envie de venir et revenir. Le plus ? Edwart a deux autres boutiques à Paris.

PÂTISSERIE

MAISON ALEPH

20, rue de la Verrerie (4e) ✆ 09 83 03 42 02
M° Hôtel de Ville.
www.maisonaleph.com
Ouvert tous les jours.

Une adresse unique pour un savoir-faire qui l'est tout autant. La maison Aleph, pâtisserie immanquable du centre de la capitale, cumule deux excellences, la française et l'orientale. Résultat : des propositions gourmandes uniques, rares, merveilleuses. Dans ce lieu au design épuré (la star ici, c'est le gâteau), vous retrouverez des florentins revisités, des cakes inédits, des « 1001 feuilles » alliant à la perfection les expertises pâtissières du Levant et de l'Occident, ou encore des nids, à base de cheveux d'ange croustillants, et déclinés selon différentes façons. Bilan : un endroit sans équivalent dans la capitale, et qui ne pourra que vous surprendre agréablement.

GLACIER

LA FABRIQUE GIVREE

26, rue Soufflot (5e) ✆ 09 54 16 73 75 - RER Luxembourg
www.lafabriquegivree.com
Dimanche-jeudi : 13h-20h ; jeudi : 13h-21h ; vendredi : 13h-22h ; samedi : 11h-22h.

La Fabrique Givrée... Retenez bien ce nom, et surtout cette adresse. Car s'il s'agit de l'un des derniers (en date) glaciers parisiens, il s'agit aussi, selon nous, de l'un des meilleurs. L'enseigne ardéchoise, sous la houlette du jeune Jérémie Runel, confectionne des parfums si originaux qu'ils sont appelés pour certains « glacetronomiques ». Des produits locaux, qui vont des figues d'Uzès aux pousses de sapin du Vercors, donnent naissance à des petites merveilles que vous pourrez déguster en coupe ou en cornet, et que vous pourrez vous procurer en grands pots à partager. pour les déguster à la maison. L'enseigne fait déjà fureur, à en juger par la file d'attente : logique.

GLACIER

IL GELATO DEL MARCHESE

2, rue de Condé (6e) ✆ 01 46 34 75 63
M° Odéon
www.ilgelatodelmarchese.com
Basse saison : ouvert du mardi au dimanche de 13h à 20h.

Créées par un glacier romain, les glaces et desserts glacés de Veronika et Renato Squillante Montoro sont fabriquées avec des produits frais de saison, sans additifs, colorants, conservateurs et arômes artificiels. L'une des stars de cette *gelateria artigiana* est la glace à la pistache d'Iran. Sachez qu'ici, les sorbets sont officiellement certifiés « vegan », et les crèmes glacées sont sans gluten. Mais la particularité de cette noble enseigne – Renato est marquis –, c'est qu'elle élabore des glaces salées aux parfums surprenants, telle cette glace à l'avocat et au gorgonzola. Plutôt original, non ? Petit choix de pâtisseries... italiennes bien sûr (cannolo, maritozzo).

PÂTISSERIE

CHRISTOPHE MICHALAK

8, rue du Vieux-Colombier (6e) ✆ 01 45 49 44 90
Métro Saint-Sulpice.
www.christophemichalak.com
Ouvert tous les jours de 10h à 19h.

Avec Pierre Hermé, Christophe Adam, Claire Damon, Cédric Grolet et quelques autres, Christophe Michalak a assurément donné un coup de jeune à la pâtisserie française. Et un coup de projecteur sur cette discipline. C'est lorsqu'il était le chef-pâtissier du Plaza Athénée, après avoir travaillé chez Fauchon et Ladurée entre autres, qu'il est sorti de l'anonymat, notamment en décrochant en 2005 le titre de champion du monde de la pâtisserie. Depuis, le succès ne se dément pas. Ses plus fidèles supporters relèvent son esprit innovant et ne tarissent pas d'éloges sur ces créations (klassik, kosmik, Fantastik, Krumchy...). Au final, une pâtisserie bien dans ses bottes et dans son époque !

PÂTISSERIE

LA MAISON DU MOCHI

39, rue du Cherche-Midi (6e) ✆ 02 47 34 05 59
M° Sèvres-Babylone.
www.maisondumochi.fr
Ouvert du mardi au samedi de 11h à 19h30. Boutique en ligne.

Une boutique très sobre – zen, pourrait-on dire avec facilité – et élégante, avec ses murs roses et son carrelage noir et blanc. Face au comptoir, des petites tables rondes et une banquette pour savourer sur place la spécialité de la maison : le mochi. Mais peut-être n'êtes-vous pas féru(e) de pâtisserie japonaise... Dans la version *daifuku* proposée ici, le mochi est une petite boule à l'enveloppe de riz gluant fourrée généralement avec une pâte de haricot sucrée (*anko*). Mais l'enseigne varie les plaisirs avec des versions pistache, sésame noir, matcha, yuzu citron ou chocolat. Des douceurs sans matière grasse ni gluten. Autres boutiques au 120 rue de Turenne (3e) et 30 rue Legendre (17e).

BOULANGERIE

L'ÉTOILE DU BERGER

54, rue Saint-Placide (6e) ✆ 09 80 72 84 79
M° Saint-Placide
www.letoileduberger.fr
Ouvert du lundi au samedi de 10h30 à 19h.

Dans la galaxie des boulangeries-pâtisseries, vous pouvez vous fier sans réserve à cette Etoile du Berger. A l'origine de l'enseigne, lancée dans les Hauts-de-Seine, le passionné Franck Debieu, qui a beaucoup travaillé – il continue d'ailleurs – sur la fermentation du levain pour fabriquer des pains innovants et savoureux à partir d'ingrédients de qualité, comme des farines bio ou CRC (Culture Raisonnée Contrôlée). Dans sa gamme de pains bio, goûtez religieusement au Saint Père, son pain signature, à la tourte de seigle ou au pain du moment, proposé pendant deux mois (un été, on a vu un pain au chorizo-noisettes). Belle panoplie de viennoiseries et de pâtisseries.

PAINS - GÂTEAUX - CHOCOLATS

MAISON PARIÈS

9 bis, rue Sainte-Placide (6e) ✆ 01 45 44 64 64
Métro Sèvres-Babylone. - www.paries.fr
Ouvert du mardi au samedi, 10h-19h. Labels EPV, EFC et Collège Culinaire de France. Vente en ligne

La Maison Pariès propose aux Parisiens des gourmandises et spécialités basques : le gâteau basque, bien sûr, décliné en plusieurs versions (crème, cerises noires et aussi agrumes, chocolat, noisettes), des tourons, du chocolat, qui a fait la réputation de la maison... ça c'est pour les Espelines®, délicieuses amandes torréfiées et caramélisées au piment d'Espelette. Autres gourmandises : les fameux Kanougas® (délicieux caramels tendres), les célèbres Mouchou® du mot basque « muxu » qui signifie « bisou » (petits biscuits moelleux aux amandes) et une large variété de chocolats qui font la réputation de la maison, une gamme de pâtisseries, glaces artisanales et sorbets plein fruit.

PÂTISSERIE

LA MERINGAIE

41, rue du Cherche-Midi (6e) ✆ 01 42 22 67 87
M° Sèvres-Babylone, Rennes. - www.lameringaie.com
Du mardi au jeudi de 9h à 14h et de 15h à 19h30 ; le vendredi et le samedi de 9h à 19h30 ; le dimanche de 9h à 14h.

Depuis plusieurs années, c'est la mode des boutiques sucrées mono-produit. L'Eclair de génie, Popelini (pour rester dans le registre de la pâte à choux), La Maison de la chantilly… et La Méringaie, une histoire de famille avec Madame (Marie), Monsieur (Benoît) et, au départ, la cousine Charlotte. Le couple et ses équipes mettent en scène ce produit d'antan qu'est la meringue dans un décor immaculé et différents rôles : en solo (les Meringuettes) ou comme base de pavlova avec crème fouettée et fruits frais. Le jour de notre passage, la Désirée (crème fouettée au lait de coco, mangue, kiwi, grenade) était la « Meringaie » de la semaine. Une pavlova exotique… et tout à fait désirable.

PÂTISSERIE

PIERRE HERMÉ

72, rue Bonaparte (6e) ✆ 01 43 54 47 77 - M° Saint-Sulpice.
www.pierreherme.com
Ouvert du lundi au jeudi de 11h à 19h ; le vendredi et le samedi de 10h à 20h ; le dimanche de 10h à 19h.

C'est à Tokyo qu'a été ouverte en 1998 la première boutique Pierre Hermé. Celle de la rue Bonaparte, la deuxième, l'a été en 2001. Depuis, le succès ne se dément pas. Les macarons de ce pâtissier star font se pâmer jusqu'aux demoiselles les plus à cheval sur leur ligne : d'une part, les « Infiniment » (vanille, citron, chocolat, pistache…), d'autre part les « Signature » (Mogador, Chloé…). Côté pâtisserie, les créations se répartissent là aussi entre deux catégories : les incontournables, tels l'Ispahan (rose, framboise, litchi) et le 2000 feuilles, et les gâteaux au gré des saisons. Possibilité de déguster un café au Café Pierre Hermé, de l'autre côté de la rue Bonaparte, au 61.

BOULANGERIE

POILÂNE

8, rue du Cherche-Midi (6e) ✆ 01 45 48 42 59 - M° Sèvres - Babylone ou Saint-Sulpice. - www.poilane.com
Ouvert du lundi au samedi de 7h15 à 20h. Jours fériés (sauf samedi, horaires habituels) : 8h-19h.

L'enseigne, devenue une référence à Paris (cinq boutiques) est implantée à présent à Londres, dans le chic quartier de Belgravia. La fille de Lionel Poilâne, Apollonia, a repris le flambeau et poursuit l'œuvre de son père. Dans la boutique mère, rue du Cherche-Midi, toute la gamme de la maison est à portée de bras. Aux premières loges, le fameux pain Poilâne classique, produit à partir de farine de blé broyée à la meule, de sel marin et de levain naturel. À ses côtés, le seigle, le pavé aux noix ou au maïs, le seigle aux raisins, le pain de mie et le poivré. Des viennoiseries, des tartes aux pommes et surtout les Punitions (des petits sablés) viennent combler agréablement un petit creux.

CONFISERIE - DRAGÉES

PUYRICARD

24, rue du Cherche-Midi (6e) ✆ 01 42 84 00 18
M° Sèvres-Babylone.
www.puyricard.fr
Ouvert du mardi au samedi de 10h à 13h et de 14h à 19h.

C'est dans le village de… Puyricard, en Provence, qu'un couple d'origine belge a ouvert la chocolaterie éponyme après un séjour au Congo. Depuis, la maison a prospéré en Provence-Alpes-Côte d'Azur et au-delà, avec notamment trois boutiques à Paris, dont celle-ci située derrière l'hôtel Lutétia. Preuve d'un savoir-faire indéniable, elle fut en 2010 la première entreprise agroalimentaire à obtenir le label d'Entreprise du Patrimoine Vivant. Chocolat « fait main », calissons d'Aix riches en amandes – l'autre spécialité de l'enseigne –, citronnettes/orangettes, marrons glacés, caramels, nougats et autres guimauves… Vous aurez bien du mal à résister à toutes ces tentations.

CONFISERIE - DRAGÉES

Q & K CONFISERIE

10, rue Vavin (6e)
✆ 06 79 27 68 93
www.qkconfiserie.fr
Ouvert du lundi au samedi.

Rencontrant un fort succès dans ses diverses déclinaisons régionales, il n'était pas étonnant que Q & K (*comprenez Queen and King*) Confiserie finisse par s'implanter dans la capitale ! C'est chose faite depuis septembre dernier, au 6 de la rue Vavin. Pour celles et ceux qui ne connaîtraient pas le principe, il est simple : des bonbonnières, dans lesquelles vous retrouvez des gourmandises anglaises, irlandaises et même américaines. Des découvertes et des valeurs sûres sont ainsi proposées, permettant de faire le choix le plus original, pour vous, vos enfants ou vos proches. Enfin, un très pratique site internet vous invite à passer votre commande en ligne : malin !

BOULANGERIE

DES GÂTEAUX ET DU PAIN

89, rue du Bac (7e) - Métro Rue du Bac.
www.desgateauxetdupain.com
Ouvert le lundi et du mercredi au samedi de 10h à 20h ; le dimanche de 10h à 18h.

Claire Damon est passée par de grandes maisons et quelques-uns des plus beaux palaces parisiens : Ladurée, Le Bristol, Le Plaza Athénée... Cette pâtissière, dont les grands-parents cultivaient des fraises à Saint-Geniez-d'Olt, cite pourtant ses racines auvergnates et ses vacances aveyronnaises, pour expliquer l'empreinte très naturelle et végétale qui caractérise son travail. Dans sa boutique de la rue du Bac, tout comme dans celle du boulevard Pasteur, ses créations – des pains au bon goût de l'authentique et des pâtisseries aussi délicieuses qu'évocatrices, comme la tarte Abella (pâte sablée-crème et mousse au miel de Provence, éclats d'amandes de Provence) – sont des hymnes à la nature.

PÂTISSERIE
OH OUI !
95, rue du Bac (7e) ✆ 01 43 22 36 65
M° Rue du Bac.
www.ohoui.com
Ouvert du mardi au samedi de 11h à 19h.

La pâtisserie qui va vous réconcilier avec la pâtisserie : Oh oui, c'est en effet la possibilité rêvée de consommer à l'envi des délices sucrés. Pourquoi ? Car l'enseigne, via ses deux fondatrices Delphine et Fanny, a trouvé le moyen de se passer de sucre blanc, en le remplaçant par des produits naturels ! Pour arriver à ce résultat, qui peut faire descendre la teneur en sucre jusqu'à -65 %, la maison s'est associée avec l'Institut Pasteur de Lille. Au bilan, des pâtisseries, mais aussi des cookies, par exemple, à tomber par terre. On vous accueille dans la très chouette boutique de la rue du bac, et le site internet, très pratique, peut également recevoir vos commandes.

PÂTISSERIE
C'CARRÉ
15, rue Henry-Monnier (9e)
M° Pigalle
www.c-carre.com
Ouvert du mardi au dimanche de 11h à 19h.

Il y a le shortbread, traditionnel sablé écossais (en résumé, une proportion de sucre, deux proportions de beurre et trois proportions de farine), et il y a le shortbread millionnaire, un shortbread classique recouvert de caramel onctueux, lui-même chapeauté de chocolat croquant. Autant dire une bombe calorique, mais si réconfortante… C'Carré en a fait sa spécialité. Dans sa boutique lumineuse de SoPi, l'enseigne créée par Charlotte et Rémy en décline trois variétés : les classiques (chocolat noir, chocolat au lait et chocolat noir-fleur de sel) ; les crunchy (noisettes caramélisées, riz soufflé…) et les fruités (framboise, yuzu…). Il ne vous reste plus qu'à succomber à tant de saveurs !

PAINS - GÂTEAUX - CHOCOLATS
LADURÉE
16-18, rue Royale (8e) ✆ 01 42 60 21 79
M° Concorde ou Madeleine - www.laduree.fr
Boutique : du lundi au vendredi 8h30-19h30, samedi 9h-19h30, dimanche 9h30-19h.

Véritable éloge de la gourmandise et de l'art de vivre à la française, la maison Ladurée poursuit son épopée à travers les siècles. Depuis l'ouverture, en 1862, de son premier salon de thé, au 16 rue Royale justement, de nombreux Ladurée ont ouvert leurs portes à travers le monde. Les inconditionnels viennent ici déguster ce qu'ils considèrent comme les meilleurs macarons de Paris, des croissants fourrés et autres douceurs. Au rez-de-chaussée, vous serez charmé·e par le salon décoré de fresques et de boiseries du XIXe siècle ; à l'étage, deux espaces vous invitent à savourer une cuisine simple et savoureuse. La boutique dédiée à la vente à emporter se situe juste à côté, au 18.

BISCUITS
CHÂTEAU SABLÉ
28, rue la Bruyère (9e)
✆ 01 53 20 90 02
M° Pigalle
Ouvert du mardi au samedi de 10h à 20h.

Tous les pâtissiers ont une approche esthétique de leur métier. C'est d'autant plus de vrai de Thibault de Chastenet qu'avant de devenir chef pâtissier, en se formant notamment à Ferrandi et chez Dalloyau, il a eu une carrière de peintre, dessinateur et illustrateur. Depuis 2022, il est aux manettes de Château Sablé. Sa spécialité ? Le sablé. Mais plutôt que la version gâteau sec, il propose la version tarte sablée garnie de confiture et rehaussée d'éclats d'amandes et/ou de noisettes pour varier les textures. Au répertoire : framboise-pistache, mangue-passion, citron-gingembre, poire-chocolat… Des lichouseries disponibles dans différents formats selon l'appétit et les circonstances.

CONFISERIE - DRAGÉES
À LA MÈRE DE FAMILLE
35, rue du Faubourg-Montmartre (9e) ✆ 01 47 70 83 69 - M° Grands-Boulevards ou Le Peletier - www.lameredefamille.com
Ouvert du lundi au samedi de 9h30 à 20h ; le dimanche de 10h à 19h30.

C'est ici que débute en 1761 cette saga gourmande, avec l'ouverture d'une boutique par Pierre-Jean Bernard. Sa compagne Marie-Adelaïde la fait prospérer et embourgeoise ce qui est alors une épicerie, que l'on baptise en 1810 « À la mère de famille », en référence à cette belle veuve, mère de quatre enfants et commerçante de bon goût. L'épicerie à la mode se spécialise en confiserie dès 1856. Sa devanture est inscrite en 1984 à l'inventaire des Monuments historiques. En 2000, reprise par la famille Dolfi, qui perpétue la tradition, toujours dans l'excellence, les chocolats, glaces et confiseries de l'illustre maison continuant de ravir les connaisseurs de Paris et d'ailleurs.

PÂTISSERIE
PATISSERIE EMMA DUVERE
41, rue Sedaine (11e) ✆ 09 83 20 99 55 - M° Bréguet-Sabin.
www.emmaduvere.fr
Ouvert du mercredi au dimanche de 9h à 19h. Brunch (28 €) samedi et dimanche de 11h à 15h.

Une pâtisserie – et bien plus encore – pas comme les autres. Car ici, on élabore des merveilles avec des produits respectueux de l'environnement : des ingrédients de saison, bio ou issus de l'agriculture raisonnable. Ainsi les financiers, cookies et autres cheesecakes sont non seulement délicieux, mais donnent bonne conscience ! Dans ce joli lieu, où Emma et son équipe vous accueillent avec bienveillance et sourire, on pourra s'installer (aux beaux jours) sur la terrasse pour savourer une offre du midi irréprochable (bol, salade, quiche, plat du jour, scone salé). Enfin, le samedi et le dimanche, c'est brunch : tarif abordable, qualité au rendez-vous, réservation fortement conseillée.

PÂTISSERIE

CINQSENS SAINT-ANTOINE-ALIGRE

16, rue de Cotte (75012) ✆ 01 40 19 00 33
Métro Faidherbe-Chaligny. - cinqsensparis.com
Ouvert du mardi au samedi de 10h à 20h ; le dimanche de 10h à 17h.

C'est par hasard, après un déjeuner à l'Atelier Annam situé quasiment en face, que nous avons découvert cette nouvelle boutique du pâtissier Nicolas Paciello. Et hasard là encore, il était présent, la pâtisserie ayant ouvert seulement une semaine auparavant. Alliant tradition et modernité, cette deuxième adresse de l'ancien chef pâtissier du Fouquet's propose une gamme sucrée identique à celle de la boutique du 15e (gâteaux, choux, chocolat…). L'offre étant là aussi régulièrement renouvelée avec systématiquement une tarte et un dessert intemporel (flan, Paris-Brest…).

ARNAUD LAHRER

53, rue Caulaincourt Paris (18e)
✆ 01 42 57 68 08
www.arnaud-larher.com
contact@arnaud-larher.com
Ouvert du mardi au samedi de 10h à 19h.

Derrière sa devanture orange, des sourires et des gourmands. Chocolatier, pâtissier et glacier, accroché sur le flanc de la Butte Montmartre, Arnaud Larher a beaucoup appris de son passage chez Pierre Hermé. Il travaille aussi consciencieusement que discrètement. Ses chocolats sont d'une grande finesse. Il est aussi le créateur du fameux Rocher de Montmartre qui se décline en amandes grillées et caramélisées, avec des écorces d'oranges et fleur de sel enrobées de chocolat au lait 36 % de cacao, ainsi que du gingembre confit et fleur de sel enrobé de chocolat noir 70 % de cacao. Les gâteaux sont aussi vibrants que ses chocolats, notamment ses gâteaux de voyage.

BOULANGERIE

BORISSOU

93, rue du Commerce (75015) ✆ 01 48 28 65 86
M° Commerce.
Ouvert du mardi au samedi de 7h30 à 20h ; le dimanche de 7h30 à 19h.

Elle est toute pimpante cette maison Borissou. Une boulangerie-pâtisserie bio franco-coréenne, ouverte par Jusik Bae qui a travaillé en Corée et au Japon. Sur des étagères en bois, une large gamme de pains bio – complet, à l'épeautre, au lin, au kamut (blé ancien d'Égypte)… – ou confectionnés avec des farines sans gluten. Sur et dans les présentoirs, des viennoiseries et des gâteaux non bio cette fois, mais tout aussi légers les uns que les autres : des roulés soufflés (au thé vert, au yuzu…), un gâteau aux fraises, un chiffon cake au thé vert, une forêt noire… Accueil sympathique. Formule déjeuner à 8 € (sandwich + dessert + boisson). Au fait, Borissou signifie « tilleul » en coréen.

PÂTISSERIE

PANADE

35, rue Violet (75015) ✆ 01 42 65 73 02
Métro Avenue Émile Zola - panade-paris.com
Ouvert du lundi au vendredi de 7h30 à 19h30 ; le samedi de 8h à 19h30 ; le dimanche de 8h à 18h.

Une chose est sûre : il a de l'humour, Merouan Bounekraf. On avait déjà pu le constater en regardant la saison 10 de « Top chef » dont il était l'un des candidats (il est allé jusqu'en neuvième semaine). On s'en rend compte à nouveau en égrenant le nom des créations aussi bien salées que sucrées qu'il propose aux clients de sa boulangerie-pâtisserie ouverte en octobre 2021 au cœur du 15e arrondissement : les tartes « Haut comme 33 pommes » et « Framboyante », la « Blackguette » (une baguette tradition avec de la farine de malt fumé au bois de hêtre), la tartine « Avocat commis d'office », pour ne citer qu'elles. Mais la liste est longue. De l'humour donc, mais aussi et surtout du talent !

PÂTISSERIE

POPELINI

95, rue du Commerce (75015) - Métro Commerce.
Ouvert du mardi au samedi de 11h à 19h30 ; le dimanche de 10h à 15h.

L'enseigne, lancée par la famille Koumetz, étend progressivement son implantation parisienne et en proche banlieue. Après les rues Debelleyme et des Martyrs, et ses incursions à Neuilly, Boulogne et Vincennes, elle a franchi la Seine pour s'installer rue du commerce, près de l'église Saint-Jean-Baptiste de Grenelle. On retrouve dans cette septième boutique tous les petits – et variés – trésors de la maison, reconnaissables à leur pâte au craquelin et à leur glaçage coloré. Du traditionnel chou au chocolat aux choux éphémères, comme ce chou façon rocher (crème chocolat au lait, cœur coulant caramel, cacahuètes) proposé un début novembre, chacun trouvera « chou à sa bouche ».

THÉ

THE MERRY MONK

67, rue de la Convention (75015) ✆ 06 07 12 95 87
M° Boucicaut
Ouvert du mardi au vendredi de 10h à 13h et de 15h30 à 19h ; le samedi de 10h à 19h.

C'est un certain Peter Lategan, importateur d'épicerie fine d'Afrique du Sud et anglo-saxonne, qui a créé The Merry Monk en 1991. Cette maison a été le premier importateur, en France, de rooibos, appelé aussi thé rouge et considéré comme la boisson nationale de l'Afrique du Sud. Chacun trouvera ici son thé parmi une sélection comprenant plus de 200 références. On peut également y acheter confitures, théières, services à thé et autres accessoires. En plus de trente ans, cette enseigne est devenue familière à beaucoup. Si vous n'avez pas encore franchi la porte de sa boutique du XVe arrondissement ou de celle du second établissement à Fontenay-aux-Roses (92), il est temps de le faire.

PÂTISSERIE

LAOUZ

23, rue Poncelet (17e) ✆ 01 46 22 52 37 - M° Ternes.
www.laouz.com

En restauration rapide, nombreux plats à moins de 10 €. Pâtisseries à l'unité ou en assortiments.

Un pont gourmand entre la France et l'Algérie... Laouz offre une vision contemporaine de la pâtisserie algérienne, mêlant saveurs d'hier et d'aujourd'hui. Le résultat : des douceurs haut de gamme aux goûts étonnants – coquelicot, pamplemousse, praliné, pistache, yuzu... La première boutique parisienne a été ouverte en 2016, rue St-Honoré. Le succès ne se démentant pas, l'enseigne comptait fin 2022 cinq boutiques, dont celle-ci. Parallèlement aux créations pâtissières, elle propose aussi des spécialités boulangères (*kesra, khoubz dar, matloo*...), ainsi qu'un service de restauration (formules déjeuner à emporter ou à déguster sur place) et de traiteur événementiel. En résumé, une valeur sûre !

PÂTISSERIE

BRACH PARIS LA PÂTISSERIE

1-7, rue Richepin (16e)
✆ 01 44 30 10 00
M° Rue de la Pompe.

Ouvert tous les jours de 10h à 20h. A partir de 7h30 pour les viennoiseries.

Tout comme celles de Cédric Grolet, chef pâtissier du Meurice, les pâtisseries de Yann Bris, chef pâtissier de l'hôtel Brach, sont elles aussi disponibles à la vente. Les spécialités de ce Meilleur Ouvrier de France ? La tarte au citron meringuée, le tiramisu (revisité), le mont-blanc, le flanc ou bien encore les cakes en version citronnée ou chocolatée pour ne citer qu'eux. Moins médiatisé que ses collègues Grolet ou Michalak, Yann Bris n'en est pas moins un professionnel reconnu, à l'origine du « tourbillon », une technique de pochage désormais répandue dans le milieu.

PAINS - GÂTEAUX - CHOCOLATS

LA TOQUE CUIVRÉE - CANELÉS DE BORDEAUX

Gare Montparnasse (75015)
✆ 06 21 98 97 63

Du lundi au samedi : 6h30-11h, 11h45-16h, 16h45-20h ; le dimanche : 7h-11h, 11h45-16h, 16h45-20h.

© LA TOQUE CUIVRÉE

Impossible de parler du Bordeaux gourmand sans évoquer le canelé ! De la farine, des œufs, du lait, de la vanille et du rhum... mais un vrai challenge à réaliser soi-même. Bonne nouvelle pour ceux qui ne souhaitent pas relever le défi : ici les canelés sont réalisés dans le respect des traditions, déclinés en trois versions : 17 gr, 30 gr et 60 gr. Sinon, laissez-vous tenter par les autres spécialités, comme les tourtières, les caramels aux éclats de canelés et la pâte à tartiner aux canelés. Vous pouvez aussi commander ces gourmandises en ligne, la livraison étant effectuée sous 24h.

PÂTISSERIE

JEFFREY CAGNES

24, rue des Moines (17e) ✆ 01 46 06 94 62 - M° Brochant.
www.jeffreycagnes.fr

Ouvert du mardi au samedi de 9h à 20h ; le dimanche de 8h à 20h.

La porte du 24 rue des Moines franchie, vous voilà chez Jeffrey Cagnes, ancien chef pâtissier chez Stohrer. Un paradis regorgeant de douceurs à se damner : viennoiseries, gâteaux et chocolats aux arômes d'antan, mêlant tout en finesse caramel, miel, épices à des farines et des fruits religieusement sélectionnés, circuits courts et saisonnalité obligent. Ici, la tarte chocolat-tonka et le saint-honoré sont des œuvres d'art. Éclair vanille, babka, flan... de quoi émoustiller les plus fins palais qui emporteront jalousement leurs délices, sucrés ou salés (sandwichs et buns), ou les savoureront sur place. Bon à savoir : le chef anime régulièrement des master class (voir le site pour les dates).

BOULANGERIE

MIETTES

9, rue de l'Olive (18e) ✆ 06 67 56 61 95
M° Marx Dormoy.

Ouvert du mardi au samedi de 8h à 19h ; le dimanche de 8h à 13h.

Ouverte depuis quelques mois, cette boulangerie située en plein cœur du quartier de la Chapelle, face au marché couvert, a réussi à conquérir une clientèle nombreuse et fidèle. Rien de surprenant à tout ceci, puisqu'ici, on mise d'abord et avant tout sur le bio. Les pains, qui se déclinent selon de très nombreuses propositions, et les viennoiseries, classiques et délicieuses, sont proposés en nombre, dans un espace totalement rénové. L'accueil et rapide et efficace, et le lieu est ouvert tous les jours. Au final, un endroit qui renouvelle le genre : l'équipe du *Petit Futé* valide unanimement ce lieu qui propose, en plus, des prix très largement acceptables. Que demander de plus ?

COMMERCE ÉQUITABLE

ALTERMUNDI

5, boulevard du Temple (3e) ✆ 01 55 28 97 13
M° Filles du Calvaire.
www.altermundi.com
Ouvert tous les jours de 10h à 19h30.

Décoration, mode, jouets pour les enfants, soins pour booster son bien-être, jeux de société… on trouve pas mal de choses dans les espaces Altermundi ! Spécialisé dans l'éthique et le commerce équitable, l'enseigne propose des produits de qualité et l'accueil est toujours irréprochable. On est ici face à des gens concernés, qui ne sont pas avares de conseils. Notez la présence, entre autres, de la première marque de baskets équitable (son nom commence par V...). Mais pas de prosélytisme… Plus généralement, la démarche est globale et sympathique, Altermundi proposant une autre façon d'aborder les échanges par une rémunération juste du travail. Cela mérite qu'on s'y intéresse !

BIO

BIEN L'ÉPICERIE

20, rue Saint-Gilles (3e) ✆ 01 44 61 30 95 - M° Saint-Paul
www.bienlepicerie.com
Ouvert du lundi au samedi de 8h45 à 20h15 ; le dimanche de 10h à 20h15. Végan-friendly.

Bien, enseigne (re) connue dans le mode du bio, a vu le jour sous l'impulsion d'un épicurien, Fabrice Sarfati, passionné de voyages, de découvertes, de goût et de bien-être. Sur les étals, des produits de qualité issus de modes de production biologiques, respectueux de l'environnement. L'équipe, très professionnelle, saura vous conseiller et vous guider au mieux parmi le vaste choix de références gourmandes et de saison. Les fruits et légumes sont frais et goûteux, l'épicerie, fournie, constituant une véritable source d'inspiration culinaire. L'offre est assez complète, puisqu'elle va des produits frais aux cosmétiques, en passant notamment par l'aromathérapie et la boulangerie.

HUILE D'OLIVE

À L'OLIVIER

23, rue de Rivoli (4e) ✆ 01 48 04 86 59
M° Saint-Paul
www.alolivier.com
Ouvert le lundi de 14h à 19h ; du mardi au samedi de 9h30 à 19h.

A Paris depuis 1822, A L'Olivier dispose d'une bien jolie boutique aux abords du Marais. L'huile y est déclinée sous ses formes les plus variées. Côté cuisine, les huiles d'olive sont légion : extra-vierge, nature ou aromatisée, il y en a pour tous les goûts (par exemple l'huile d'olive à la tomate séchée de Sicile). Les huiles sont déclinées en gamme que vous distinguerez grâce aux différentes couleurs des bidons de fer. On craque pour les huiles d'olive aromatisées qui font merveille sur des pâtes, une salade ou un poisson. A l'Olivier propose aussi un joli choix de produits d'épicerie fine, comme la tapenade, mais aussi quelques spécialités qui fleurent bon la Provence !

MIEL - CONFITURE

LA CHAMBRE AUX CONFITURES

20, rue de Buci (6e)
✆ 09 86 27 16 43
Métro ligne 6 Odéon.
www.lachambreauxconfitures.com
Ouvert le lundi 14h30-19h30 ; du mardi au samedi 10h30-14h et 14h30-19h30 ; le dimanche 11h-14h et 14h30-18h45.

Rien que des confitures, il fallait oser... Lise Bienaimé l'a fait ! Autrefois experte marketing chez L'Oréal, elle a préféré vivre de sa passion, la confiture. Pour cela, elle a fait appel à des producteurs afin d'exploiter une gamme très large. Le classique – les traditionnelles confitures à l'orange, à l'abricot ou à la mirabelle pour ne citer qu'elles – côtoie l'original et le surprenant : la mangue-coco-chocolat blanc, la banane-passion-gingembre, ou la rhubarbe-géranium. L'enseigne développe aussi une gamme bio, qui s'enrichit au fil du temps.

HUILE D'OLIVE

TOMAT'S

12, rue Jacob (6e) ✆ 01 46 07 36 58
M° Mabillon
www.tomats.net
Fermé lundi et dimanche.

Cette épicerie confidentielle à découvrir au fond d'une cour classée a repris entre autres mets qui enchanteront les gourmets et les gourmands, la gamme de produits de l'huilerie artisanale Jean Leblanc située à Iguerande en Bourgogne. Celle-ci a pour principale activité la fabrication de très belles huiles. Broyés à la meule de pierre, puis pressés, fruits et graines donnent des coulées merveilleuses. D'autres producteurs sont aussi à l'honneur. Ces huiles sont l'authenticité régionale, transportée au cœur de Paris. Sur les étagères, vous pourrez également choisir entre des moutardes et des vinaigres au goût divin, de quoi réaliser des assaisonnements princiers pour des plats savoureux !

BIO

SO.BIO

101, rue de Sèvres (7e) - M° Vaneau.
www.sobio.fr
Ouvert du lundi au samedi de 9h30 à 21h ; le dimanche de 9h30 à 13h.

A l'origine, c'était une enseigne régionale implantée uniquement dans le Sud-Ouest, avec une dizaine de points de vente à l'été 2019 et l'ambition de rendre le bio le plus accessible possible. Depuis son rachat par Carrefour en 2018, So.bio, qui ne commercialise donc que des produits bio, s'est bien développé : près de 80 points de vente en novembre 2022, dont ce grand supermarché de la rue de Sèvres. Epicerie, produits frais (de beaux rayons de viandes et de fromages), fruits et légumes, cosmétiques, compléments alimentaires, produits en vrac (graines, pâtes…) et même des aliments pour animaux de compagnie… Au total, des milliers de références. Les *bio addicts* du quartier sont aux anges !

MIEL - CONFITURE

LA MAISON DU MIEL

24, rue Vignon (9e) ✆ 01 47 42 26 70
M° Madeleine ou Havre – Caumartin
www.maisondumiel.com
Ouvert du lundi au samedi de 9h30 à 19h.

Cette institution, créée en 1898, est dédiée aux miels des régions françaises et du monde entier, dont certains sont bios. Parisiens et touristes viennent ici déguster avant d'approuver et, bien généralement, d'acheter. Des coffrets découverte de 5 pots de 45 g, 125 g ou 250 g, ou encore des pots de 250 g, 500 g et 1 kg : le choix est large et le conseil avisé. A vous de faire votre sélection parmi les multiples textures, régions d'origine, goûts… Le miel d'acacia serait le plus prisé de tous les miels monofloraux… L'enseigne propose également gelée royale, propolis, pollen et autres produits d'épicerie fine à base de miel (bonbons, biscuits, infusions, vinaigres, moutarde…).

BIO

NATURALIA VEGAN

39, rue Merlin (11e)
✆ 01 48 06 04 48
M° Père Lachaise
Livraison à domicile, click and collect.

Enseigne (re) connue pour proposer des produits biologiques, Naturalia a franchi une nouvelle étape en ouvrant des magasins Naturalia Vegan (une adresse à Paris et une autre à Vincennes à la fin 2022). On l'aura compris, cette nouvelle chaîne est dédiée à 100 % au véganisme, avec pour slogan « Entrez en Véganie », une invitation aux non-initiés à venir découvrir les bienfaits de ce mode de vie. Ce point de vente compte quelque 2 000 références : du vrac (légumineuses, oléagineux, fruits et légumes…), des fromages végétaux, des simili-carnés, des gâteaux, des plats préparés, des boissons, des produits d'entretien… Une nouvelle adresse soucieuse du bien-être des animaux.

BIO

LES POIREAUX DE MARGUERITE

51, rue Saint Maur (11e)
✆ 09 83 76 52 46
M° Rue Saint-Maur.
Ouvert du mardi au samedi de 10h à 20h.

Joliment appelée « les poireaux de Marguerite », l'enseigne propose deux offres complémentaires. Premièrement, l'offre en magasin, où des produits en circuit court, issus des filières bio, culture raisonnée ou « bleu-blanc-cœur », vous attendent : des légumes, des fruits, de la viande et des produits laitiers aussi frais que savoureux. Tous ces produits sont disponibles également en paniers. C'est la seconde offre, celle à emporter. Sachez que ces paniers peuvent vous être livrés à domicile. Précision utile : Ils sont de taille et donc de tarifs variables.

BIO

LE BOCAL

80, rue Claude Decaen (75012)
M° Dugommier ou Michel Bizot ou Bel-Air
https://lebocal.paris
Ouvert du mardi au vendredi de 10h à 20h ; le samedi de 9h à 20h.

Une chouette histoire que ce Bocal ! Le fruit d'une rencontre, celle entre Stéphanie et Sophie qui travaillaient dans le même magasin bio. Ensemble, elles ont bâti pendant deux ans le projet de cette épicerie en accord avec leurs valeurs. Une épicerie bio où les produits sont vendus en vrac ou conditionnés sous verre. Des fruits et légumes, de la crémerie, des produits secs, des produits d'hygiène et pour la maison… Leurs maîtres mots ? La qualité bien évidemment, la responsabilité (la démarche est respectueuse de l'environnement), l'indépendance et l'accessibilité (les deux entrepreneuses souhaitent que leur Bocal soit accessible au plus grand nombre). On ne peut que les soutenir.

CAFÉ

EARLY BIRD

Place d'Aligre (75012) ✆ 06 64 70 32 21 - M° Faidherbe-Chaligny.
https://earlybirdcoffee.fr/
Ouvert du mardi au vendredi de 8h à 13h et de 16h à 19h30 ; le samedi de 8h à 19h30 ; le dimanche de 8h à 13h30.

Lors d'un passage au marché Beauvau, surtout faites un crochet par l'atelier du jovial artisan torréfacteur Joseph Loughney et de son épouse Candyce. Et dégustez l'un de leurs cafés de spécialité et de saison, fraîchement torréfié. Vous ne le regretterez pas. Séduit(e), il est même possible que vous repartiez avec un ou plusieurs paquets de café choisis, selon votre goût (corsé, acidulé…), dans une gamme que le couple a constituée avec rigueur et passion. Quelle que soit leur origine, les cafés sont issus de petites fermes ou de coopératives locales. Car ici, on privilégie éthique, partage et qualité, une philosophie récompensée par le prix du Goût d'Entreprendre 2022 de la Ville de Paris.

FRUITS - LÉGUMES

CURIOSITÉS

18, rue Wurtz (75013) ✆ 06 30 19 69 63 - M° Glacière.
www.curiosites-paris.com
Mardi-mercredi-vendredi : 10h30-13h30 et 15h-19h30 ; jeudi : 15h-19h30 ; samedi : 9h30-14h et 14h30-18h.

Le constat est simple : la standardisation des critères visuels et le gaspillage de nourriture pour des raisons futiles font des ravages. Bon nombre de fruits et légumes considérés comme « moches » sont irrémédiablement jetés avant même d'être consommés : des carottes biscornues, des tomates arborant un gros nez, des fraises difformes… Avec Curiosités, terminé le gaspillage, bonjour les légumes et fruits originaux – et non moches – qui gardent toute leur saveur et, qui plus est, apporteront pour beaucoup une touche inédite à vos plats. Cerise sur le gâteau, l'enseigne met un point d'honneur à rétribuer au mieux les producteurs concernés. A noter aussi le rayon épicerie bien fourni.

BOULANGERIE

FARINEZ-VOUS

74, rue Clisson (75013)
M° Nationale.
www.farinez-vous.com
Ouvert du lundi au vendredi de 7h30 à 19h.

C'est tout un concept, et même bien davantage : rue Clisson, Farinez-vous a ouvert sa troisième boulangerie parisienne. Le principe ? Proposer aux clients d'excellents produits, qu'il s'agisse de pain, de viennoiseries ou d'offres de *snacking*, et réalisés par des personnes en situation de réinsertion professionnelle. La nouveauté ici, c'est l'école de formation qui permet aux travailleurs d'acquérir les bases pour pouvoir devenir autonomes, et poursuivre avec ces acquis leurs vies professionnelles. Une très belle initiative, et un coup double pour les clients qui, en plus de faire une belle action en venant ici, bénéficient de réalisations excellentes et savoureuses.

NEW

À EMPORTER

L'ENTREDEUX

220, Rue de Vaugirard (75015) ✆ 01 73 75 62 85
https://lentredeuxepicerie.com/
Ouvert le lundi et le mardi de 8h45 à 20h ; du mercredi au vendredi de 8h45 à 21h30 ; le samedi de 8h45 à 16h30.

C'est l'histoire d'un duo – Paul-Aurélien et Guy-Florian – originaire de Normandie et parti « à l'assaut de Paris », comme le mentionne le site Internet de l'Entredeux, pour ouvrir un lieu où partager une cuisine à la fois généreuse et conviviale. Une cuisine maison élaborée à partir de produits ultra-frais, à consommer sur place ou à emporter. Du salé – blanquette, pâtes, saumon, tomates farcies, burgers, lasagnes… – et du sucré (d'appétissantes pâtisseries). Du mercredi au vendredi, les deux compères concoctent aussi des tapas, dont un inattendu préfou, une spécialité vendéenne (pain au levain, beurre, ail, herbes), pour accompagner bières et cocktails. Du simple et du bon, comme on aime !

BIO

ELAN NATURE

107 bis, avenue du Général-Leclerc (75014) ✆ 01 45 42 35 00 - M° Alésia ou Porte d'Orléans. - www.mypimlicomarket.fr/
Ouvert du lundi au samedi de 9h30 à 20h ; le dimanche de 9h30 à 13h.

Cette boutique travaille avec des dizaines de fournisseurs : paysans, éleveurs, artisans, petits industriels… Comme un pont entre producteurs et consommateurs franciliens. On y trouve (quasiment) tout pour une alimentation et une hygiène bio, saines et naturelles : des fruits et légumes bien évidemment, des produits cosmétiques, d'épicerie et d'entretien, des granolas faits maison et sans gluten, des laits de chèvre en poudre, des aliments pour animaux… Organisation régulière de dégustations (biscuits, huiles d'olive, vins…) et de démonstrations/animations. Autres boutiques dans le 12e (88 rue de Charenton et 4 place Félix-Eboué) et dans le 15e (8 rue des Morillons). Boutique en ligne.

BIO

ÉPICERIE BOC'S

47, rue Balard (75015) - Métro Javel-André-Citroën
https://epicerie-bocs.fr
Le lundi 13h-19h30 ; du mardi au jeudi 9h-14h et 16h-19h30 ; le vendredi et le samedi 9h-19h30 ; le dimanche 9h-13h.

C'est souvent comme ça. Comme elles ne trouvaient pas la boutique qui leur convenait, Anne-Laure et Sophie ont décidé d'ouvrir leur propre point de vente : Boc's. Une « épicerie de quartier éco-responsable ». Le succès a été rapidement au rendez-vous, puisque la boutique, au look plutôt design, a déjà été agrandie. Ici, pas de gaspi, on privilégie le vrac, le zéro-déchet, les produits bio et locaux… et la qualité bien sûr. Sur les étals, des fruits et légumes, des céréales, des jus, des confitures, de la bière, de la viande, des produits d'hygiène et d'entretien… La maison propose également aux clients d'y déposer leur compost, bocaux de verre vides et autres boîtes d'œuf. Épatant !

BIO

LA RUCHE D'ALÉSIA

43, rue Bezout (75014) ✆ 09 50 90 45 33 - M° Alésia.
http://ruchebiocoop.com
Ouvert le lundi de 14h à 20h ; du mardi au samedi de 10h à 20h ; le dimanche de 10h à 13h.

La dénomination de ce magasin rend hommage aux abeilles et à leur rôle essentiel dans le maintien de la biodiversité. Plus largement, La Ruche d'Alésia, du réseau Biocoop, fait partie d'une coopérative regroupant plusieurs magasins bio (à Tolbiac, Mouffetard et Glacière), des producteurs bio et ce que le réseau appelle des consom'acteurs. Dans un cadre agréable et chaleureux, un brin design vert, cette Ruche propose ce que la nature offre de mieux pour notre plaisir gourmand : des fruits et légumes de qualité. Sur les étagères, côté épicerie fine, une gamme de produits d'artisans respectueux de l'environnement, et dans le rayon frais, une alléchante gamme de fromages et de charcuteries.

BIO

NATURENVILLE

5, rue du Docteur Jacquemaire-Clemenceau (75015)
✆ 01 45 67 25 97 - M° Commerce.
www.naturenville.fr
Ouvert du mardi au samedi de 10h à 20h ; le dimanche de 9h30 à 13h.

Cette enseigne, au nom poétique, étend progressivement son implantation à Paris (et en proche banlieue, puisqu'elle a ouvert un magasin à Levallois-Perret et à Chaville). Et avec l'engouement des consommateurs pour les produits bio, il y a fort à parier qu'elle a de beaux jours devant elle. D'autant plus que les prix pratiqués ici sont plutôt attractifs, le principe étant de travailler en direct avec les producteurs. Les fruits et légumes proposés – le choix est étendu – sont quasiment tous bio, ceux qui ne le sont pas provenant d'une agriculture responsable. À la vente également, du moins dans ce point de vente juste en face du square Saint-Lambert : du fromage, des œufs et du vin.

EPICERIE EN VRAC
LES VOLONTAIRES DU VRAC

226, rue de Vaugirard (75015) ✆ 01 88 48 80 20
Métro Volontaires.
Ouvert le lundi de 15h à 20h ; du mardi au samedi de 9h à 20h ; le dimanche de 9h à 14h.

Le nom est franchement bien trouvé. Volontaires, parce que la boutique se situe près du métro éponyme, mais aussi, et peut-être surtout, pour le côté proactif, militant. Et vrac, parce qu'ici, point de pâtes dans des paquets de 500 g ou d'amandes dans des sachets en plastique… Tout est en vrac. Enfin, le maximum de références possibles. A côté des fruits, des légumes et des produits frais (fromages, pâtisseries…), Imane, à l'origine de cette épicerie bio et écoresponsable, propose aussi des produits du quotidien (cosmétique…). Plus largement, elle incite sa clientèle à bien et à mieux consommer, par exemple en organisant des ateliers culinaires, dégustation ou *do it yourself*. On soutient.

MAISON EN BOIS
LA LESSIVE DE PARIS

189, rue d'Aubervilliers (18e) ✆ 01 86 86 05 12 - Tramway T3b Porte d'Aubervilliers.
www.lalessivedeparis.fr
Commandes sur le site internet.

Un concept qui marche fort : de la lessive écologiquement responsable, réalisée à Paris, et conditionnée en bouteilles consignées. Evidemment, avec un tel concept on s'éloigne largement des rives de la surconsommation, et on profite de produits qui sont très efficaces. Ils peuvent être livrés par vélo (bien sûr !) à domicile, et se déclinent également selon gel et liquide de rinçage pour le lave-vaisselle, savon et autre gel hydro-alcoolique. Vous pouvez également venir retirer vos produits directement sur place, dans le nord-est de Paris, facilement accessible en transports en commun. En bref, une nouvelle manière de considérer votre rapport à ces produits.

BIO
LA RÉCOLTE

18, boulevard des Batignolles (17e) ✆ 01 44 69 03 87
M° Place de Clichy - www.la-recolte.net
Ouvert du lundi au samedi de 9h à 20h. Retrait en magasin et livraison.

La Récolte est un magasin de produits frais, de saison, en direct de producteurs bio (ou pratiquant l'agriculture dite « sauvage »). Ses concepteurs s'engagent sur deux missions : soutenir une agriculture durable et offrir à la population urbaine la possibilité de s'alimenter avec des produits frais et de saison. La boutique se subdivise en espaces bien distincts : fruits et légumes, viande – avec traçabilité pour chaque animal – et charcuterie, crémerie, fromagerie, boulangerie, poissonnerie avec traçabilité par bateau, épicerie, vins et boissons, et un excellent rayon traiteur. A cela s'ajoute une offre de légumes secs en vrac et de plats préparés maison à emporter le midi. Bon plan !

BOULANGERIE
SHINYA PAIN MONTMARTRE

41, rue des Trois Frères (18e)
Ouvert du jeudi au dimanche de 16h30 à 19h30.

Un lieu pas comme les autres, et qui ouvre en fin d'après-midi uniquement, et seulement 4 jours par semaine ! Ici, Shinya, japonais d'origine venu en France il y a de nombreuses années. Ici, on fait du bio, et on le revendique. Chaque matin est diffusé sur le compte Instagram du jeune homme ce qui sera proposé dans la journée : original, et surtout très bon ! Sont proposés focaccias, brownies, cookies, brioches et d'innombrables variétés de pains, pétris à la main et issus de plusieurs blés différents. On adore, et on n'est pas les seuls, à en juger par la forte fréquentation, qui prend parfois des allures de longue file sur le trottoir de cette rue de Montmartre !

BIO
COOPÉRATIVE LA LOUVE

116, rue des Poissonniers (18e) - M° Simplon
http://cooplalouve.fr
Ouvert du mardi au samedi de 9h à 21h ; le dimanche de 9h à 13h.

La Louve, premier supermarché coopératif et participatif de Paris ! Tout le monde peut y faire ses courses, à condition d'avoir adhéré à la coopérative et de fournir une participation bénévole au fonctionnement du magasin. Les coopérateurs deviennent copropriétaires de ce supermarché de quelque 1 500 m² après l'achat d'une part sociale. Ils s'engagent à consacrer trois heures par mois au projet. Pour vous renseigner, inscrivez-vous à une réunion d'accueil sur le site Internet. Après plus de cinq ans d'existence et malgré le succès du nombre d'adhérents, les avis demeurent encore partagés sur l'Intérêt final de la démarche. Mais une chose est sûre : celle-ci se poursuit.

BIO
NAMO BIO

15, rue de la Réunion (20e) ✆ 01 43 56 00 08 - M° Maraîchers.
www.namobio.fr
Ouvert du lundi au samedi de 9h30 à 20h ; le dimanche de 9h30 à 13h.

En panne de sauce soja bio un dimanche matin ? Pas de problème. Ce magasin bio-végétarien présente l'avantage d'être ouvert tous les jours. Plutôt futé ! On y dénombre plus de 7 500 références, de l'important rayon de légumes et de fruits frais aux fromages à la coupe, en passant par le pain et les viennoiseries, les distributeurs en vrac de céréales, farines, légumineuses et autres fruits secs, et les produits d'épicerie qui vous aideront à agrémenter une alimentation végétarienne (miso, huiles, vinaigres, gomasio, tamari, épices, boissons, produits à base de soja, seitan…). En complément, cette agréable boutique propose des cosmétiques et des produits d'entretien.

BRASSERIE

BIÈRES CULTES

14, rue des Halles (1er) ✆ 09 81 98 93 32 - M° Châtelet ou M° Châtelet-les-Halles. - www.bierescultes.fr

Ouvert du lundi au jeudi de 15h à 21h30 ; le vendredi de 15h à 22h ; le samedi de 11h à 22h.

Vous trouverez dans cette sympathique échoppe près de 500 références de bières : des mousses françaises bien sûr, mais aussi belges, suisses, anglaises, néerlandaises, espagnoles, suédoises, écossaises, irlandaises, ou encore danoises. À sa tête, des vrais passionnés soucieux de sortir des circuits de grande distribution et désireux de « démocratiser les bières artisanales issues de productions de qualité ». Pour les amateurs, des dégustations, propices aux découvertes, sont régulièrement organisées par des brasseurs. Une bonne adresse pour les fans avides de trouvailles ! L'enseigne compte deux autres boutiques parisiennes : 44 rue des Boulangers (5e) et 25 rue Legendre (17e).

ALCOOL

LA MAISON DU SAKÉ

11, rue Tiquetonne (2e) ✆ 09 67 61 97 03
www.lamaisondusake.com

Ouvert le lundi de 14h à 19h ; du mardi au samedi de 11h à 21h30.

Alcool de riz prisé en Asie, et plus particulièrement au Japon, le saké se dévoile de plus en plus sur la scène gastronomique française. A l'image des gins, whiskies et autres vodkas, il est bien plus complexe et varié que ce que certains pourraient penser. C'est pour combattre les idées reçues que la Maison du Saké a donc été créée. Dans ce temple de 500 m², à la fois restaurant, épicerie-cave et bar à saké, vous pourrez découvrir une offre de plusieurs milliers de bouteilles et tout l'univers de ce breuvage. Ici, partage, goût et passion sont les maîtres mots. Ainsi, en plus de la boutique, la maison propose des ateliers de dégustation pour vous aider à percer les mystères de cet alcool.

ALCOOL

A'RHÛM

203, rue Saint-Martin (3e) ✆ 01 42 77 85 92
M° Rambuteau ou Étienne-Marcel - www.arhum.fr

Ouvert le lundi de 14h30 à 20h ; du mardi au samedi de 10h30 à 20h.

Voilà une enseigne de référence en matière de rhum, avec une dénomination jouant habilement sur les mots arôme et rhum. Son ambition est de mettre en avant toute la richesse de ce breuvage, produit dans le monde entier (Amériques, Asie, Europe, océans Indien et Pacifique…). Au total, plus de 500 références de rhums blancs, vieux, arrangés, agricoles, d'exception, avec ponctuellement des gins, des cognacs, des punchs, de la cachaça (ingrédient de base de la caïpirinha)… Franchement, dans Paris, il est difficile de trouver un équivalent en la matière ! Une adresse où les amateurs de rhum trouveront leur bonheur, à n'en pas douter, et qui organise régulièrement des ateliers dégustation.

VINS - ALCOOL

LA NOUVELLE CAVE

55, rue de Turbigo (3e) ✆ 06 45 65 58 06 - M° Arts et Métiers.
www.lanouvellecave.fr

Ouvert du lundi au mardi de 14h à 21h, du mercredi au samedi de 10h30 à 21h.

Ce n'est plus un caviste, c'est une expérience : si la Nouvelle Cave répond à un nom classique, le lieu, en plein cœur du Marais, l'est déjà moins. Rose et gris, très aéré, il change des empilements de caisses et cartons. C'est aussi la possibilité de participer à des ateliers réguliers, animés évidemment par des experts, et couvrant un large spectre, allant du vin à la bière en passant par les cocktails. A l'heure où nous mettons la dernière main à cette nouvelle édition de votre guide, était proposé un atelier de dégustation de Noël. Décidément, un lieu pas comme les autres, ou l'accueil n'est pas un vain mot – ce qui ne gâche rien. Vraiment à tester sans hésiter.

CAVISTE

LA CAVE DU CHERCHE-MIDI

29, rue Saint-Placide (6e) ✆ 01 73 75 80 41 - M° Rennes ou Saint-Placide.
https://lescavesduvaletblanchet.com/

Ouvert du mardi au samedi de 11h à 20h.

Stratégiquement bien placée, à l'angle des rues Saint-Placide et du Cherche-Midi, cette petite (par la surface) cave à vins est reconnue pour sa sélection pointue, qui mêle vins de petits producteurs et domaines reconnus. C'est l'une des cinq antennes parisiennes de la maison Duvalet & Blanchet. Aux manettes, Clémentine qui, lorsque l'on interroge sur son vignoble préféré, répond le Languedoc pour les rouges et la Bourgogne pour les blancs. Pour autant, sa sélection englobe des flacons de tous les terroirs viticoles hexagonaux. Dégustations régulières et gratuites pour les amateurs en quête de nouveautés. En vente également, quelques produits d'épicerie (rillettes…).

CAVISTE

DILETTANTES

22, rue de Savoie (6e) ✆ 01 70 69 98 68 - M° Saint-Michel
www.dilettantes.fr

Ouvert le mardi, le mercredi, le vendredi et le samedi de 11h à 19h30 ; le jeudi de 11h à 21h.

Une cave entièrement dédiée au champagne ! Fanny Heucq, la maîtresse des lieux et fille de vigneron, a sélectionné des champagnes de terroir de haute qualité, conçus dans des exploitations de petite taille qui, pour la plupart, n'ont pas accès à la distribution à grande échelle. Au total, c'est le travail de plus de 20 artisans vignerons, au savoir-faire n'ayant rien à envier aux plus grands, qui est ici mis à l'honneur. Pour ceux qui veulent affiner leurs connaissances en « fines bulles », Dilettantes propose dégustations et ateliers d'œnologie. Achat possible sur place ou sur le site Internet (environ 130 références de champagnes de terroir, plus celles de grandes maisons).

ALCOOL

MAISON RYST-DUPEYRON

79, rue du Bac (7e) ✆ 01 45 48 80 93 - M° Rue du Bac
www.maisonrystdupeyron.com
Ouvert le lundi de 12h30 à 19h30 ; du mardi au samedi de 10h30 à 19h30.

Vous cherchez un cadeau d'anniversaire pour un amateur d'alcool fort ? Pourquoi ne pas lui offrir une bouteille d'armagnac de son année de naissance ? Vous la trouverez à coup sûr chez Ryst-Dupeyron, une institution de la rue du Bac. La boutique, tout en boiseries, vaut à elle seule le détour. Fondée en 1905, la maison s'enorgueillit de pouvoir proposer une centaine de millésimes d'armagnac (au fait, vous saviez que cet alcool est la plus ancienne des eaux-de-vie de France ?). Ryst-Dupeyron, c'est aussi un négociant en vins à Bordeaux, un importateur des whiskies Captain Burn's et des portos J. W. Hart. Les connaisseurs apprécieront. Petite offre gourmande (foie gras…) et boutique en ligne.

BRASSERIE

BAPBAP

79, rue Saint-Maur (11e) ✆ 01 77 17 52 97 - M° Rue Saint-Maur.
www.bapbap.paris
Boutique et bar ouverts du lundi au vendredi de 17h à 22h, et le samedi de 14h à 22h. Visite : 25 €.

BAPBAP – pour Brassée à Paris, Bue à Paris – est une microbrasserie née de la passion de deux entrepreneurs désireux de produire une bière artisanale locale. En 2014, l'entreprise a pris ses quartiers non loin de République dans un bâtiment de 1 800 m² à la structure métallique. Du concassage des grains à l'embouteillage, les bières sont toutes produites sur place. A l'automne 2022, BAPBAP en proposait neuf permanentes, dont l'Originale (la première sortie des cuves), la Blanc Bec (fruitée et légèrement amère) et trois bières bio, ainsi que des bières éphémères et barriquées. Visites les vendredi et samedi pour ceux qui souhaitent en savoir plus sur le processus de fabrication.

ALCOOL

LA MAISON DU WHISKY

20, rue d'Anjou (8e) ✆ 01 42 65 03 16 - M° Madeleine
www.whisky.fr
Ouvert le lundi de 9h30 à 19h ; du mardi au vendredi de 9h30 à 20h ; le samedi de 9h30 à 19h30. Livraison possible.

Un temple créé pour les amateurs de whisky et de spiritueux ! Depuis plus de 60 ans, cette adresse séduit les Parisiens à la recherche de saveurs et de noms rares. En proposant près de 1 300 références du monde entier, cette maison ne faillit pas à sa réputation. On vient s'y approvisionner en nectars subtils, tels ce North British 1962 et ce Port Ellen 1982, ou y dénicher quelques raretés et curiosités, comme du whisky breton. Elle organise régulièrement dans son Lab des dégustations et formations. L'enseigne s'est aujourd'hui démultipliée, avec des boutiques au carrefour de l'Odéon et rue Tiquetonne, chacune avec des vitrines où sont exposés des flacons d'excellence.

VINS - ALCOOL

VIGNERONS ET CAVISTE

99, rue du Chemin Vert (11e) ✆ 07 62 18 14 45
M° Saint-Ambroise. - www.vignerons-et-caviste.fr
Ouvert du mardi au vendredi de 10h30 à 13h et de 16h à 20h ; le samedi de 10h30 à 20h.

C'est une idée simple : la mise en commun du savoir-faire et des moyens d'une vingtaine de producteurs de vins, qui ont ouvert dans le 11e arrondissement la première cave de producteurs. Vous trouverez donc ici des vins des grandes appellations hexagonales, et vendus en circuit court, garantissant un produit de qualité à moindre coût. Le choix est vaste, et les producteurs sont souvent présents sur place pour vous proposer leurs crus et vous permettre d'échanger avec eux. A noter que la grande majorité des vins proposés ici sont bios : les amateurs du genre se régaleront. Le conseil est bien évidemment excellent, et les horaires sont larges, surtout le samedi puisque c'est journée continue.

CAVES - MAISONS DES VINS

LA DISTILLERIE DE PARIS

60, rue du Faubourg Saint-Denis (10e) ✆ 06 24 33 24 37 - M° Château d'Eau.
www.distilleriedeparis.com
Ouvert du mardi au samedi, de 12h à 14h30 et de 15h à 20h.

Des distilleries à Paris, ce n'est pas monnaie courante ! Celle-ci est la première. Créée par les frères Sébastien et Nicolas Juhlès, elle a été financée par une campagne de crowdfunding. Dans cet antre animé par des passionnés, on expérimente, on fabrique, on savoure. On y trouve de tout : des whiskies et des rhums, des vodkas et des gins, ainsi que des sakés, qui n'ont rien à envier aux meilleures productions japonaises, et d'autres créations originales. Dernière surprise : à partir de ses alcools, la maison réalise également des parfums (la boutique propose aussi des bougies parfumées). Fragrances, alcools : un temple du bon goût. Possibilité de visiter la distillerie.

CAVISTE

ICI-MÊME

68, rue de Charenton (75012) ✆ 01 43 40 00 99 - M° Ledru-Rollin.
www.ici-meme.com/
Ouvert le lundi de 17h à 23h30 ; du mardi au samedi de 10h30 à 23h30 ; le dimanche de 10h30 à 19h.

L'idée de départ était séduisante : créer un espace polyvalent où cohabitent une galerie d'art et une cave à vins. En 2018, ce projet, lancé par Claire, Fabienne et Bertrand, rejoints en 2014 par Claude, s'est finalement recentré sur la cave à vins, qui propose aussi de la petite restauration. Avec succès apparemment, vu le monde attablé le soir de notre passage devant de belles quilles accompagnées de charcuterie, de fromages, d'assiettes végétariennes… Plus que les têtes de gondole, Ici-Même privilégie les pépites méconnues, souvent produites en biodynamie. Et à prix contenus pour se faire plaisir plus souvent. Egalement en vente des produits d'épicerie fine (terrines, confitures…).

C'EST À BOIRE QU'IL NOUS FAUT

13E - 19E

BRASSERIE

BIÉROCRATIE

32, rue de l'Espérance (75013) ✆ 01 53 80 16 10 - M° Corvisart ou Tolbiac - www.bierocratie.com

Ouvert les mardi, jeudi, vendredi et samedi de 11h à 20h, et le mercredi de 16h à 20h. Accès PMR. Gay-friendly.

Beaucoup le savent, la Butte-aux-Cailles est l'un des quartiers les plus animés de la capitale, notamment grâce à son vivier de bistrots et d'offres en matière de vin et de bière. La Biérocratie, elle aussi très vivante, accueille en toute convivialité les amateurs de mousse. Bières artisanales de tous horizons sont proposées à la carte et régulièrement mises en valeur lors d'événements divers et variés : soirées bières & fromages, échanges de recettes pour brasser vous-même, sélections du mois… Ici, on développe les initiatives, à l'image de ces « collaborations » avec diverses brasseries, qui ne sont pas sans rappeler une terminologie en cours dans la haute couture. Immanquable !

CAVISTE

EN VRAC

2, rue de l'Olive (18e) ✆ 01 53 26 03 94 - M° Marx Dormoy
www.vinenvrac.fr

Ouvert du lundi au jeudi de 10h à 21h ; le vendredi et le samedi de 10h à 23h ; le dimanche de 10h à 17h.

Qui se souvient qu'on allait chez l'épicier chercher le vin à la tirette avec ses bouteilles posées dans un porte-bouteilles en fer avec une poignée en bois ? Ici, c'est simple : le client arrive avec son cubi ou ses bouteilles, il les remplit depuis la cuve à vin de son choix. S'il n'a pas de bouteilles, la maison lui en procure de jolies, dessinées sur le modèle des anciennes bouteilles de limonade. Elles sont consignées – le slogan du lieu est « le retour de la consigne » – de même que les cubis. Et que trouve-t-on dans ces cuves ? Des vins pour la plupart nature ou biodynamiques. Cours d'œnologie et événements divers sont organisés ici. On adore, et on n'est pas les seuls.

BIO

TERRA BACCHUS

127, rue d'Alesia (75014) ✆ 09 82 45 36 88
M° Alésia
www.terrabacchus.fr

Ouvert tous les jours de 10h à 21h.

Avec un tel nom, on penserait ne trouver ici que des vins et spiritueux. Pas du tout ! Terra Bacchus est un concept global qui propose d'excellents produits bio. Evidemment, les vins, soigneusement sélectionnés auprès de vignerons travaillant en bio et en biodynamie, sont aussi bons que respectueux de l'environnement. Mais, parallèlement, le trio Jessica, Kim et Michaël propose une offre composée de fruits et légumes et de produits d'épicerie (cafés, thés, huiles, confitures…). Pour ceux qui souhaitent déjeuner (ou dîner) sur le pouce en poursuivant l'expérience du bio, la maison a conçu une gamme de snacking (soupes, salades, plats cuisinés) à partir de produits vendus dans le magasin.

BRASSERIE

AH ! LA POMPE À BIÈRE

7 ter, rue Duvergier (19e) ✆ 07 83 29 05 52
M° Riquet.
www.alpabiere.fr

Ouvert du lundi au samedi de 10h à 12h et de 13h à 20h.

Une sélection qui compte pas moins d'un millier de références, des dizaines de pays représentés et une expérience sans égal : voici le principe de cette enseigne, coincée entre l'avenue de Flandres et le canal. Si vous pouvez déguster un certain nombre d'entre elles sur place (à la bouteille ou, pour certaines, en pression), on prendra aussi des conseils, toujours avisés. Car si on croit en connaître un rayon sur la bière, on s'apercevra que ça reste l'affaire de pros. Bouteilles, fûts, les formats sont nombreux et on ne manquera pas de vous proposer ce qui va autour, à commencer par les verres. Pour votre cave ou votre soirée à venir, on vous en vend des fraîches, bien sûr.

CAVISTE

AUX VINS VIVANTS BEAUGRENELLE

9, rue Beaugrenelle (75015)
✆ 01 83 89 04 69
https://vinsvivants.fr

Amateurs de vins bios, naturels ou biodynamiques, voilà une adresse pour vous. Aux manettes, Arthur Pétillault notamment qui, dans une vie antérieure, a travaillé dans la communication, passé un CAP de cuisine et tenu deux restaurants. Dans son échoppe de Beaugrenelle, tout comme dans ses cinq autres caves, des centaines de références sélectionnées avec rigueur : des vins de « vrais vignerons » avec la très grande majorité desquels le caviste travaille directement, des vins bios ou naturels... vous contribuerez quoi qu'il arrive au développement d'une agriculture durable.

CAVISTE

LES CAVES DE LA VILLETTE

21, rue Eugène Jumin (19e)
✆ 09 86 28 00 11
M° Porte de Pantin

Ouvert du mardi au samedi de 9h30 à 20h.

Installé non loin du canal de l'Ourq, au cœur de la rue Eugène Jumin, c'est un petit coup de cœur de l'équipe. Toujours à cheval sur la qualité, ici, on vous prend au sérieux ! Vous retrouverez dans cette cave tout l'amour que l'on peut porter pour le bon vin, de belles références et des conseils sérieux et bienveillants. Vous serez surpris par les suggestions d'accords mets-vins audacieux du caviste, mais suivez-les, vous ne le regretterez pas ! Sont également proposés des cours de dégustation (avec planches à grignoter en prime !), qui sont organisés selon des rendez-vous réguliers, et réservés pour un maximum de 10 personnes. Une excellente idée de cadeau !

ASIE

K-MART OPÉRA

4-8, rue Sainte-Anne (1er) ✆ 01 40 59 42 72 - M° Pyramides
www.k-mart-opera.fr

Ouvert tous les jours de 10h à 21h. Trois autres magasins dans Paris. Livraison possible.

K-Mart c'est une épicerie proposant un large choix de produits coréens et japonais. Les rayons sont bien fournis, avec un grand espace fruits et légumes, des étals de poissons et de viande où les produits délicatement rangés dans des barquettes sous vide sont alignés avec rigueur. Tous les classiques sont bien sûr là : nouilles, riz, sauces en tout genre, ainsi que de nombreuses variétés de miso, de tofu, d'onigri et de kimchi (un chou coréen fermenté et pimenté). Les fans de cuisine asiatique seront heureux de trouver ici des produits plus confidentiels comme le mentaïko, à base d'œufs marinés de cabillaud, des feuilles de shizo et de sésame, des champignons coréens et du radis green meat.

MÉDITERRANÉE

DELIZIUS

134, rue Mouffetard (5e) ✆ 01 42 17 00 23
M° Censier – Daubenton.

Ouvert le lundi 9h-19h30 ; du mardi au vendredi de 9h30 à 19h30 ; le samedi de 9h à 19h30 ; le dimanche de 9h à 13h30.

Epicier et traiteur italien, Delizius a ouvert trois points de vente dans la Capitale, reconnaissables à leur façade noire : deux rive droite – au 40 rue de l'Annonciation (16e) et au 30 rue des Moines (17e) – et celui-ci, rive gauche, en plein cœur de la pittoresque rue Mouffetard et à proximité de l'église Saint-Médard. La tradition gastronomique transalpine y prend des accents modernes. Quasiment toutes les régions de la Botte y sont représentées, à travers une offre diversifiée : des légumes ensoleillés aux fromages, des antipasti à la charcuterie (jambons, mortadelle…), des pâtes fraîches aux produits d'épicerie (huiles d'olive…)… On ne peut que succomber à tous ces délices.

MÉDITERRANÉE

MMMOZA

57, rue de Bretagne (3e) ✆ 01 42 71 82 98
M° Arts et Métiers.

Ouvert lundi-jeudi de 10h à 15h et de 16h à 20h ; le vendredi et le samedi de 10h à 20h ; le dimanche de 10h à 14h30.

La rue de Bretagne fourmille de bonnes adresses de bouche, cette épicerie italienne au nom si éloquent en faisant incontestablement partie. Là, vous pourrez goûter tout ce que le pays de la Botte a de meilleur à offrir en direct des producteurs. Dans la vitrine, une sélection alléchante de mozzarellas, burratas et autres fromages tutoie des charcuteries variées bien sourcées. Tout est excellent ! Ne manquez pas aussi de piocher dans les produits secs, sauces, biscuits et autres classiques d'épicerie de la maison. Le midi, une petite carte de sandwichs et d'assiettes est proposée, à déguster sur le banc devant la boutique ou à emporter en même temps que son cabas bien chargé !

PROCHE ET MOYEN-ORIENT

EVI EVANE TRAITEUR

20, rue Saint-Placide (6e) ✆ 01 71 70 60 59
M° Sèvres-Babylone.
www.evievane.com

Ouvert du lundi au samedi de 10h à 20h.

A l'origine de ce traiteur grec, les sœurs Maria et Dina (la cheffe) Nikolaou. Elles ont judicieusement pensé à celles et ceux qui sont pressés ou qui ont envie de déguster leur cuisine chez eux et/ou avec des amis. C'est la Grèce et plus largement la Méditerranée qui investissent les assiettes ! Tout est fait maison à base de produits frais uniquement. Large choix de plats/spécialités – moussaka, tarama, boulettes diverses et variées, galatopitas… – et de produits artisanaux de qualité – huile d'olive, miels, vins, boutargue, pain pita, pâtes artisanales… sans oublier les livres de cuisine grecque de Dina. Plusieurs formules déjeuner. Petite terrasse l'été.

AMÉRIQUES ET CARAÏBES

BOCAMEXA

127, rue Mouffetard (5e) ✆ 01 73 77 28 22
M° Censier-Daubenton - www.bocamexa.com

Ouvert du dimanche au jeudi de 11h30 à 22h ; le vendredi et le samedi de 11h30 à 23h.

Fast-food mexicain très apprécié des ressortissants et des curieux, Bocamexa est aussi une chouette épicerie où l'on peut s'approvisionner en produits pour préparer des plats du pays. Sur les étals, des sauces, épices, marinades, conserves diverses (comme les fameux « cactus opales »), tortillas et, bien sûr, des boissons, dont les incontournables téquilas. Pour vos dîners entre amis ou les apéros, rien de mieux que ces délices exotiques pour favoriser la convivialité. Notez que Bocamexa propose des horaires d'ouverture très larges, calés sur le restaurant éponyme. Un plus ! Avec le temps, l'enseigne s'est développée et comptait fin 2022 six autres adresses sur Paris.

THÉ

JUGETSUDO

95, rue de Seine (6e) ✆ 01 46 33 94 90
M° Odéon ou Mabillon.
www.jugetsudo.fr

Ouvert du lundi au samedi de 11h à 19h.

Cette maison a été fondée à Tokyo en 1854. Jugestsudo est une chouette dédiée aux thés japonais et à tous les accessoires nécessaires à la dégustation (théières, tasses, bols à matcha, boîtes à thé…). Originalité : au sous-sol, on peut s'initier à la cérémonie du thé dans les règles de l'art. Le lieu est empli de « zénitude » : de la pierre, une forêt de bambous suspendus et au centre de la pièce une authentique table en hinoki, du bois de luxe très prisé par les Japonais. Assis sur un tatami, dans un silence qui prête à la méditation, on assiste à un spectacle où chaque geste compte. Ensuite c'est le moment de dégustation des différentes gammes de thés verts.

SAVEURS DU MONDE

6E-11E

MAGHREB

MASMOUDI

106, boulevard Saint-Germain (6e) ✆ 09 67 14 57 89
M° Odéon ou Cluny-La Sorbonne.
www.patisseriemasmoudi.fr
Ouvert du mardi au samedi de 10h à 19h45.

Trouver un petit coin de Tunisie en plein cœur de Paris, c'est possible grâce à la pâtisserie Masmoudi. Fondée dans la ville de Sfax, la maison revendique « *un noble secret familial et un savoir-faire exclusif* ». Promesse tenue ! En plus d'être mises en valeur – sous cloche sur des étals de style oriental –, les pâtisseries vendues ici sont vraiment délicieuses. Les baklavas, nougat royal, cornes de gazelle, cookies, mlabes, dattes enrobées de chocolat, samsas et autres makrouts pour ne citer qu'eux font le bonheur des gourmands. Différents coffrets sont proposés pour leur servir d'écrin. Et pour ne rien gâcher, l'accueil est enthousiaste. Pâtisseries et bonne humeur, le mélange parfait !

MÉDITERRANÉE

BELLOTA BELLOTA® TOUR EIFFEL

18, rue Jean-Nicot (7e) ✆ 01 53 59 96 96 - M° La Tour-Maubourg
www.bellota-bellota.com
Du lundi au samedi 10h-22h30. Livraison possible.

Bienvenue dans ce petit bout d'Espagne au cœur du 7e arrondissement ! Avec son décor typique, cet établissement chaleureux porte le nom du célèbre jambon espagnol, produit avec du porc essentiellement nourri aux glands. Outre une très belle charcuterie espagnole, vous pourrez vous y procurer des huiles, des conserves de poissons et de délicieuses tapas. Parmi les plats servis au restaurant, le Burger Iberico, une recette 100 % espagnole avec un steak haché de presa Bellota saisi à la plancha. Rien à redire, une valeur sûre pour les amateurs de bonne chère ibérique !

AMÉRIQUES ET CARAÏBES

CARNAR

13, rue de la Comète (7e) ✆ 01 47 05 96 61
M° La Tour-Maubourg.
www.carnar.fr
Ouvert du lundi au samedi de 10h à 13h et de 14h à 18h.

Depuis 1980 qu'elle importe de la viande d'Argentine, la société Carnar fournit particuliers et professionnels. Reconnue pour sa grande qualité, la viande arrive directement par avion et est stockée dans les meilleures conditions. Les carnivores à la recherche d'une viande d'exception seront comblés par les noix d'entrecôte, faux-filet, aiguillette baronne ou de rumsteak, bavette et autres morceaux de choix ! De la viande (fraîche ou congelée), mais aussi (toujours d'Argentine) un grand choix de vins, de produits traiteur (*empanadas*, *alfajores*...), de yerba matés et... un accueil toujours souriant. Livraison possible à Paris ou en proche banlieue 24 à 48 heures après la commande.

PROCHE ET MOYEN-ORIENT

HERATCHIAN FRÈRES

6, rue Lamartine (9e)
✆ 01 48 78 43 19
M° Cadet
Ouvert du mardi au samedi de 9h à 19h.

Une institution qui a ouvert ses portes en 1925... On est fan parce que « les clients Heratchian vivent plus longtemps » – en tout cas, c'est ce qu'il y avait d'écrit sur les sachets orange de la boutique... Trêve d'humour, on est fan surtout parce que les produits du Proche et du Moyen-Orient qui s'offrent ici à vous – et il y en a – sont d'une grande qualité. Des Arméniens n'hésitent pas à traverser Paris pour venir s'approvisionner en boulgour, riz, pois cassés, lentilles rouges et autres semoules stockés dans des sacs à même le sol, ou en fruits secs, amandes, conserves... Georges Kourounis a longtemps été à la tête de ce « bazar contrôlé », aujourd'hui dirigé par Sézar Gokoglu.

EUROPE

ADRIANA ET MARGOT

14, rue des Goncourt (11e) ✆ 01 47 00 64 50 - M° Goncourt
www.adrianaetmargot.fr
Ouvert du mardi au samedi de 10h30 à 19h.

A la tête de cette épicerie-salon de thé d'inspiration polonaise, Margot, la mère, et Adriana, sa fille. Elles y proposent de savoureuses spécialités de l'Est à déguster sur place ou à emporter. Pour votre sandwich du midi, par exemple, vous aurez le choix entre différents pains, crudités et autres accompagnements : pastrami, dinde fumée... A moins que vous ne préfériez un börek aubergines-champignons... La maison a aussi un rayon traiteur bien fourni, avec des crêpes farcies au fromage et aux champignons, des maquereaux fumés, des harengs (marinés, à la moutarde...), du caviar de poivrons, des choux farcis et des raviolis (fromage-pommes de terre et chou-champignons). Belle gamme de pâtisseries.

MÉDITERRANÉE

KANOUN

98, rue de Charonne (11e) ✆ 09 50 30 74 26 - M° Charonne.
www.kanoun-paris.com
Ouvert du mardi au dimanche de 10h à 23h (22h le dimanche). Vente sur place et à emporter. Restauration.

C'est un salon de thé sans équivalent, qui mérite que l'on s'y attarde. Et ce, d'abord pour son intérieur. Les réactions sont unanimes, et très positives, lorsque l'on franchit le pas de la porte pour la première fois. Du marbre, des lustres Art déco, des banquettes spacieuses et ondulées, un beau parquet : le lieu a un charme indéniable. Il n'y a pas à dire, Stéphane et Lamine ont réussi leur projet ; Kanoun est un chouette salon de thé oriental (qui propose aussi une offre de restauration). Mais si l'on y vient, c'est aussi – et surtout – pour les pâtisseries au goût authentique, fines, à déguster avec de délicieux thés. On ne peut que conseiller un passage chez Kanoun, à 100 % !

ASIE

TANG FRÈRES

48, avenue d'Ivry (75013) ✆ 01 45 70 80 00
M° Tolbiac ou Porte d'Ivry
www.tang-freres.fr
Ouvert du mardi au vendredi de 9h à 20h ; le samedi de 8h à 20h ; le dimanche de 8h à 13h.

Qui dit Tang Frères, dit supermarchés asiatiques. C'est la référence en la matière. Un peu d'histoire : ce supermarché de l'avenue d'Ivry, créé en 1976 par deux frères chinois originaires du Laos, est le premier, le plus connu, le plus grand et le plus fourni. Depuis, la famille Tang en a ouvert d'autres, dans le 13e (avenue de Choisy) et au-delà (à Noisiel, Vitry-sur-Seine, Pantin…). « Ce que tu ne trouves pas chez Tang Frères, il y a peu de chances que tu le trouves ailleurs : c'est que ça n'existe pas », a-t-on déjà entendu dire… Venez ici pour le dépaysement et l'inspiration, puis lancez-vous dans ces recettes d'ailleurs qui réveilleront les papilles de vos commensaux !

MÉDITERRANÉE

EL BIERZO

29, rue de l'Ouest (75014) ✆ 01 43 20 41 52
M° Gaité ou Pernety
www.elbierzo.fr
Ouvert du mardi au samedi de 10h à 14h et de 15h à 19h45.

Avant d'être un repère ibérique du 14e, à proximité de la place de Catalogne, El Bierzo est une région de la communauté autonome de Castille-et-León. C'est donc aussi un triptyque gourmand : une charcuterie (à son ouverture en 1997, elle était la première de Paris), un restaurant-traiteur et une épicerie. Plus besoin de franchir les Pyrénées ! La première est une mine inépuisable de jambons, chorizos, *morcilla* (sorte de boudin noir), *cecina* (de bœuf, une spécialité du León)… Dans la *bodega*-épicerie, à quelques pas de là, vous commanderez une paella (à déguster sur place ou à emporter) ou des tapas. Avant de repartir, un coup d'œil aux produits d'épicerie (vins, huiles, *turrón*…) s'impose.

MÉDITERRANÉE

LA BONTÀ DI GIOIA

94, rue de Cambronne (75015) ✆ 06 59 53 75 51 - Métro Vaugirard.
https://www.lebontadigioia.com/
Ouvert le dimanche et le lundi de 10h à 14h ; du mardi au vendredi de 10h à 20h30 ; le samedi de 10h à 21h.

© PETIT FUTÉ

Quand on lui demande ce que signifie *La bontà di Gioia*, Andrea, le sympathique propriétaire de cette épicerie italo-sicilienne, originaire de Catane, vous répond avec un large sourire : « *Les bonnes choses de Gioia, ma petite fille.* » Et des bonnes choses, il y en a dans cette *bottega siciliana* : les traditionnels produits d'épicerie italiens (pâtes, huiles, vins…), de la charcuterie, des fromages et des plats maison, comme ces divines *polpette*… Andrea propose également des *pinse romane*, de savoureuses pizzas romaines croustillantes et légères, fabriquées avec trois farines (blé, riz et soja). À emporter ou à déguster aux beaux jours en terrasse. Une adresse hautement recommandable !

MÉDITERRANÉE

EPIRE

15, rue Daguerre (75014)
✆ 01 43 20 59 84
M° Denfert-Rochereau.
Ouvert du lundi au samedi de 9h à 20h ; le dimanche de 9h à 14h.

Auparavant, le nom complet de cette boutique était Pelops Epire. Un peu d'histoire… Pelops, fils de Tantale et d'Euryanassa, est originaire d'Asie Mineure d'où il émigre en Grèce. Dans sa jeunesse, son père l'a servi en guise de mets aux dieux de l'Olympe pour éprouver leur clairvoyance. Mais aucun ne s'y est trompé, à l'exception de Déméter qui lui a mangé l'épaule. Vassilios Moutevelis raconte cette histoire avec plaisir. De Grèce, il importe de nombreux délices, vins et alcools. A la carte, un grand choix d'entrées (tarama, ktipiti…), de plats (moussaka, boulettes de viande aux herbes…) et de desserts réalisés en partie sur place et à goûter chez soi ou en terrasse aux beaux jours.

MÉDITERRANÉE

LA TÊTE DANS LES OLIVES

54, rue du Couédic (75014) ✆ 09 51 31 33 34 - M° Alésia.
www.cedriccasanova.com
Tous les mardis de 10h à 16h et sur créneaux personnalisés du mardi au vendredi sur rendez-vous par sms.

Cédric Casanova a une passion héritée de sa grand-mère sicilienne : l'huile d'olive vierge. Les blondes, les ambrées, les vierges… Sur les étagères, on remarque des cuves au nom curieux : Bianca, Felicia, Katia, Francesco, en fait que des prénoms et toutes sont protégées par une statuette de Madone. Chacune porte également le nom du producteur d'origine. On y trouve également une sélection pointue de produits siciliens et, bon plan entre amis, cette épicerie fait table pour six hôtes, sur réservation. À emporter aussi du thon, des tomates séchées, câpres au sel et d'autres produits issus de cueillette d'aromatiques sauvages, des fromages et bien sûr des olives.

SAVEURS DU MONDE

15ᴱ - 19ᴱ

PROCHE ET MOYEN-ORIENT

ESKAN

62 bis, rue des Entrepreneurs (75015) ✆ 01 45 77 06 16 - M° Charles Michels
www.maisoneskan.fr
Ouvert tous les jours de 9h à 21h.

Dans cette épicerie tenue par la famille Varam, vous trouverez tous les produits nécessaires à la confection de plats perses – riz, herbes, épices, noix, pétales de fleurs… – à côté de journaux et de CD de musique iranienne. Pour épater vos amis, faites-leur goûter les fameux nougats d'Ispahan ! La maison, créée en 1990, est bien connue des Iraniens qui n'hésitent pas, pour certains, à traverser Paris afin d'y faire le plein de produits d'excellente qualité (l'accueil est lui aussi de qualité). Aux murs, des photos du pays vous feront voyager pendant que vous déambulez dans le magasin. Bref, une vraie caverne d'Ali Baba ! Possibilité de faire ses courses en ligne.

EPICERIE

LA MAISON DE LA MOZZARELLA

24, rue de Lourmel (75015) ✆ 09 88 06 62 08
www.lamaisondelamozzarella.fr
Ouvert du mardi au vendredi de 10h à 14h et de 16h à 20h ; le samedi de 10h à 20h ; le dimanche de 10h à 13h30.

L'histoire de La Maison de la Mozzarella a démarré en 2014, rue Violet, dans le 15ᵉ. C'est là que les frères Rosa, des Napolitains, ont créé le tout premier atelier italien de production artisanale (et quotidienne) de mozzarellas à Paris. Succès aidant, ils ont ouvert en 2019 une épicerie rue de Lourmel. Les amateurs de gastronomie transalpine y trouveront, outre des mozzarellas, burratas et autres scamorzas, des produits napolitains (charcuterie, pâtisseries, chocolats…) et des plats faits maison (lasagnes, pâtes fraîches…), avec des matières premières majoritairement bio.

MÉDITERRANÉE

LA MAISON DES CYCLADES

96, rue Saint Charles (75015) ✆ 09 52 15 08 58
www.lamaisondescyclades.fr
Ouvert du mardi au samedi de 10h à 20h ; le dimanche de 10h à 14h.

La Maison des Cyclades, c'est celle de Maja et Grégory dont la famille est originaire de l'île de Serifos, dans les… Cyclades. C'est ici que l'aventure a débuté en 2015. Car, depuis, ils ont ouvert d'autres boutiques traiteur, dans les 17ᵉ et 20ᵉ arrondissements et à Levallois-Perret. Du tarama aux poivrons grillés, en passant par les dolmades (les feuilles de vigne) et la salade de poulpe ; de la moussaka aux boulettes de viande, en passant par les aubergines farcies et les brochettes de poulet mariné, sans oublier les pâtisseries : tout ici respire fraîcheur et authenticité. Côté épicerie, belle sélection d'olives, d'huiles d'olive et de vins. Possibilité de déjeuner sur place.

CASHER

DAMYEL

33, avenue Raymond-Poincaré (16ᵉ) ✆ 01 47 27 60 69 - M° Boissière - www.damyel.com
Ouvert du lundi au jeudi de 10h à 14h et de 15h à 19h30 ; le vendredi de 9h à 15h ; le dimanche de 10h30 à 17h30.

Fondateur de la marque Damyel, Richard Uzan, aujourd'hui disparu, poursuivait un double objectif : proposer des produits d'excellence qui soient également casher. Objectif atteint ! Damyel est synonyme de qualité et, grâce à cette enseigne, la communauté juive pratiquante a aujourd'hui accès au meilleur dans les secteurs du chocolat et de la confiserie. L'histoire de la maison a débuté à Sarcelles (95) en 1988. Outre la boutique historique du Val-d'Oise, la marque exploite cinq points de vente à Paris, dans les 4ᵉ, 11ᵉ, 16ᵉ, 17ᵉ et 19ᵉ. Sur les présentoirs, du chocolat en bouchées et en tablettes, des spécialités chocolatées (mendiants, orangettes…), des macarons… Une offre bien tentante.

EUROPE

PARIS - PORTO

100, rue des Martyrs (18ᵉ) ✆ 01 42 59 35 91 - M° Abbesses
www.paris-porto.fr
Ouvert du lundi au samedi de 10h à 21h30, le dimanche de 10h à 20h30.

Tout est dans le nom ! Cette jolie échoppe est une véritable petite enclave lusophone sur les pentes de Montmartre. Ici, on prend un *cafezinho* (inutile de vous traduire) dans une ambiance dépaysante. Mais ce n'est pas tout, loin de là, car Paris-Porto, ce sont des gâteaux (à commencer, bien sûr, par les *pastéis de nata*, mais il y a plus encore à découvrir), et des *pesticos* salés, comme le *tosta mista* (le croque-monsieur portugais), des planches de charcuterie et de fromage. Vous trouverez aussi des vins, de la musique… Bref, c'est une ambiance qui vous saisira d'emblée. Les horaires sont larges, et le lieu accueille indistinctement habitués de la culture portugaise et novices.

EUROPE

SAVEURS D'ITALIE

49, rue de Meaux (19ᵉ) ✆ 01 42 39 19 89 - M° Bolivar.
www.saveurs-italie-paris.fr
Ouvert du lundi au vendredi de 9h30 à 13h30 et de 16h à 20h ; le samedi de 9h30 à 20h ; le dimanche de 9h30 à 13h30.

Voilà un nom qui annonce la couleur – ou plutôt la saveur. Disposant d'un autre point de vente dans le 12ᵉ arrondissement, l'enseigne Saveurs d'Italie est un joli condensé de ce que la Botte nous offre de meilleur : on vous épargnera une liste trop longue de produits qui vous pourrez ramener à la maison (jambon de Parme, pâtes, parmesan...) et on insistera sur les offres de traiteur et de plats à emporter, que vous découvrirez ici avec plaisir : *arrancini* de Sicile, gratin d'aubergine, *saltimbocca, focaccia*... c'est frais, c'est bon, et le rapport qualité-prix est tout à fait acceptable. L'accueil ne manque pas d'énergie, et on trouvera toujours un produit pour vous.

JE SORS JE ME CULTIVE

C'est aussi – et avant tout pour beaucoup – la raison principale pour monter à la capitale : les possibilités infinies de sorties et de découvertes culturelles. Si le sujet est vaste, au point que certains peuvent se perdre dans les milliers de possibilités, cette partie de votre guide a été conçue pour vous permettre de vous y retrouver. Les amateurs de sorties nocturnes sont à l'honneur via deux rubriques distinctes, regroupant bars dans leur multiplicité pour l'une, et endroits pour danser de l'autre. Pour cette dernière, l'équipe a redoublé ses enquêtes, pour vous donner à découvrir les spots les plus connus, mais aussi les derniers endroits discrets en la matière. Vous cherchez un endroit cosy, bouillonnant ou culturel pour prendre un thé ? Ces sorties-là sont également comprises dans ce chapitre, il vous suffit de la parcourir ! Les amateurs de culture ne sont pas non plus oubliés : spectacles, librairies et lieux de lecture, ou ateliers divers pour apprendre et développer ses talents sont aussi dûment listés. Impossible de ne pas y trouver votre bonheur.

THÉ OU CAFÉ

1ER - 4E

COFFEE SHOP ET SALON DE THÉ

ANGELINA

226, rue de Rivoli (1er) ✆ 01 42 60 82 00
M° Concorde ou Tuileries
www.angelina-paris.fr
Ouvert du lundi au dimanche de 9h à 19h.

Salon de thé... ou plutôt salon de chocolat ? Offrez-vous le luxe de goûter au meilleur chocolat chaud à l'ancienne de Paris. Dénommé l'Africain, il doit son nom aux origines des trois cacaos qui le composent. Dégageant des arômes puissants et de caractère, il fait l'orgueil de la maison qui garde jalousement le secret de sa recette, tout comme celle du Mont-Blanc, cette pâtisserie gourmande qui allie le croquant de la meringue à la légèreté d'une crème chantilly et à la douceur des vermicelles de crème de marron. Aujourd'hui, on vous conseille de vous armer de patience pour pouvoir profiter du salon, car cette adresse incontournable attire des milliers de touristes.

COFFEE SHOP ET SALON DE THÉ

BUBBOLITAS - BUBBLE TEA BAR

17, rue Quincampoix (4e) ✆ 09 52 60 39 62
M° Châtelet ou Rambuteau
www.bubbolitas.fr
Ouvert du mardi au dimanche de 12h30 à 20h. Vente à emporter, Click and collect, livraison à domicile.

Chaud ou froid, le *bubble tea* compte de nombreux adeptes, et logiquement pas mal de lieux de vente, dont celui-ci. L'un de nos préférés est un bien petit magasin appelé Bubbolitas à proximité de Beaubourg. Ici, on vous proposera mille saveurs, mais on vous fera aussi découvrir bien des merveilles : gâteaux, milk-shake, smoothie à base de thé... bref, l'idéal pour recharger les batteries avant de tourner dans ce bouillonnant quartier. Et puis, si vous ne pouvez sortir, ou si vous êtes calés chez vous mais avez envie de ces thés, on pourra vous livrer à domicile.

BAR - CAFÉ

LE FUMOIR

6, rue de l'Amiral-Coligny (1er) ✆ + 33 1 42 92 00 24
M° Louvre - Rivoli - www.lefumoir.com
Ouvert tous les jours de 9h à 1h. Petit déjeuner : 10 €. Complet : 25 €. Brunch : 32 €.

Toutes les raisons sont bonnes pour venir goûter à l'atmosphère de ce lieu calme et raffiné. Bien calé dans un fauteuil Club, vous pourrez tranquillement feuilleter la presse, parmi la quinzaine de journaux du jour mis à votre disposition, ou bien vous plonger dans l'un des livres de la bibliothèque. Outre son attrait esthétique, celle-ci a de bien belles histoires à vous raconter. En journée, vous serez bercé par le va-et-vient des serveurs en chemise blanche et cravate. Le soir, l'ambiance se réchauffe autour d'un des nombreux cocktails, le bar est soudainement investi par une population plutôt bien mise, étudiants et hommes d'affaires confondus. Le brunch du dimanche est excellent.

COFFEE SHOP ET SALON DE THÉ

MARIAGE FRÈRES

30, rue du Bourg-Tibourg (4e) ✆ 01 42 72 28 11
M° Hôtel de Ville ou Saint-Paul
www.mariagefreres.com
Ouvert tous les jours. Restaurant et salon de thé de 12h à 19h. Boutique de 10h30 à 19h30. Réservation recommandée.

Avec son atmosphère exotique, ses innombrables jarres de thé plus envoûtantes les unes que les autres, les théières et tasses raffinées et délicates, Mariage Frères n'a pas fini de vous séduire. Le salon de thé et le restaurant permettent quant à eux de goûter au thé sous toutes ses formes : cuisine au thé, avec par exemple un saumon avec son infusion de thé poudre de Jade, les desserts au thé, comme la crème brûlée au thé Marco Polo, ou encore des cocktails de fruits au thé, comme le Habibi, un mélange givré au sirop de thé vert et noir Casablanca. Vous l'aurez compris, l'une des enseignes les plus connues ne manque pas d'atouts, et de belles idées, pour vous.

COFFEE SHOP ET SALON DE THÉ

KAFÉ BUKI

20, rue Poissonnière (2e) ✆ 01 42 33 96 39
M° Bonne Nouvelle.
www.kafebuki.com
Ouvert du lundi au vendredi de 8h à 18h ; le samedi de 10h à 19h.

Un petit air de Japon à Paris ? Vous le trouverez au Kafé Buki, dont l'excellent café est préparé selon les techniques traditionnelles de l'archipel... Vous voilà dans un roman de Murakami ou cap sur les *Chroniques de l'oiseau à ressort*... L'or noir à déguster en fin gourmet façon latte ou avec des arômes mûris, infusés au goutte-à-goutte pendant 24h ; un art dont les deux patrons connaissent les secrets. Mais ce n'est pas tout. Outre la spécialité maison – le Kurimu –, on pourra feuilleter un manga en goûtant une délicieuse pâtisserie, un donburi ou un onigri maison, et tout ça sous les bons auspices d'Amaterasu, déesse japonaise du Soleil qui a inspiré le design des lieux.

COFFEE SHOP ET SALON DE THÉ

LE SULLY

6, boulevard Henri-IV (4e)
✆ 01 42 72 94 80
M° Sully-Morland
Ouvert du lundi au vendredi de 7h à 20h ; le samedi de 11h à 19h.

Cette brasserie familiale, installée depuis 1917 au cœur du 4e arrondissement de Paris sur les rives de Paris face à l'île Saint-Louis, a gardé sa déco d'antan avec son carrelage d'époque bleu et jaune. Au-delà de sa cuisine maison midi et soir, elle fait aussi salon de thé et propose de très bons produits pour faire une pause l'après-midi : café de qualité, thés Mariage Frères, glaces Berthillon, jus et nectars Alain Milliat, mais aussi des vins de propriété pour ceux qui auraient envie de passer à l'apéro avant l'heure. Une bonne adresse donc pour faire une halte détente au cœur de Paris et reprendre des forces pour ceux qui sont en balade dans la capitale.

COFFEE SHOP ET SALON DE THÉ

+82 PARIS

11bis, rue Vauquelin (5e)
M° Censier-Daubenton.
Lundi-samedi : 9h-19h.

Voici un coffee shop atypique ! +82 vous propose une immersion en Corée du Sud. Sa spécialité : les fameux bingsus, un dessert à base de glace finement pilée traditionnellement recouverte de haricots rouges bouillis (mais le bingsu se décline aussi en d'autres parfums). En période estivale, c'est parfaitement rafraîchissant, on se régale ! +82 Paris vous fera aussi découvrir d'autres douceurs à la sauce coréenne, comme des cookies au matcha. Le lieu est cosy, le personnel accueillant et aux petits soins. Petit bémol cependant : il faudra parfois s'armer d'un peu de patience avant de vous attabler ; l'espace n'est pas très grand, mais plébiscité par les amateurs.

BAR - CAFÉ

JOZI CAFÉ

3, rue Valette (5e) ✆ 06 12 32 02 67
M° Cardinal-Lemoine
Du lundi au vendredi 8h-16h30. Week-end 9h-17h30. Terrasse. Restauration. A emporter. Brunch 20 €. Pâtisseries 2-4 €.

Le café Jozi a une idée en tête : celle d'offrir à ses clients le meilleur café de la capitale. Les variations sont nombreuses, délicieuses et possèdent une touche sud-africaine qui n'est pas pour déplaire ni sans origine puisque l'équipe est tout droit venue de Johannesburg. A la carte, les cafés issus des meilleurs torréfacteurs (Kawa, The Barn, Coutume) sont rejoints par des thés fantastiques, des viennoiseries, des pâtisseries maison, des tartines... et puis aussi (et surtout pour beaucoup) d'excellents pancakes... On vient aussi découvrir les boissons fraîches (jus pressés). La plupart des produits sont fournis par des producteurs locaux, on l'aura compris.

COFFEE SHOP ET SALON DE THÉ

DOSE

73, rue Mouffetard (5e) - M° Place Monge
www.dose.paris
Ouvert du mardi au vendredi de 8h à 17h30 et le week-end de 8h30 à 18h. Terrasse. Restauration. A emporter.

C'est au cœur du Quartier latin, dans la très typique rue Mouffetard, que l'originale maison Dose ne s'en laisse pas compter. En effet, l'établissement fait le bonheur des habitants du quartier et des promeneurs : inspirée des coffee shops anglo-saxons, la marque revisite le café à la française en proposant une gamme de produits faits maison. Jus frais, café de qualité, gourmandises, Dose attire, et ça se comprend : entre la terrasse calme et ensoleillée, l'intérieur cosy et les préparations à emporter, un beau mélange entre bistro et café cosy. Les habitants du quartier des Batignolles bénéficient également d'un emplacement, développant la même belle offre sur un plus grand espace.

COFFEE SHOP ET SALON DE THÉ

NUANCE CAFÉ

16, rue Linné (5e) ✆ 01 71 50 06 19 - M° Jussieu
www.nuancecafeparis.net
Mercredi-vendredi : 9h-17h ; week-end : 10h-18h. Restauration. Brunch (27 €).

On ne sait pas ce qui attire le plus lorsqu'on passe devant le Nuance Café : est-ce la belle vitrine qui expose les lieux ? Les délices qui s'affichent sur la carte ? Nul besoin de choisir, car l'adresse dispose de tous ces atouts ! Dans ce jeune coffee-shop très design, on s'installe pour un verre, un repas, et même pour travailler. D'ailleurs, les étudiants des facultés voisines y travaillent, et ont simplement trouvé « the place to work ». Entre bouchées sucrées, plats *healthy* et desserts maison, le choix devient vite difficile. Idem pour les cafés et les thés, nombreux à la carte et toujours aussi délicieux ! Le *brunch* ici est un *must*, mais attention, il est très prisé !

JEUX VIDÉO

EXTRA LIFE CAFÉ

9, Passage des Patriarches (5e)
✆ 01 77 11 42 86
Fermé le mardi. Organisation d'anniversaires pour enfants. A partir de 6 € pour une heure avec boisson.

Ce petit café caché dans un petit passage du quartier Mouffetard est le rendez-vous pour les geeks, gamers et fous de mangas ! Un espace conçu sur deux niveaux, avec au sous-sol un large choix d'arcades et de jeux vidéo vintage pour les addicts au rétro gaming ainsi qu'une impressionante bibliothèque de mangas. Le bar vous propose une belle sélection de sirops à l'eau et de quoi vous restaurer entre deux parties. Deux options possibles, soit vous profitez du café au calme tout confort au RDC, soit vous descendez dans l'antre du jeu parmi les street fighter, Mario et autres Donkey Kong. Une équipe très sympathique, qui organise des événements avec le sourire et beaucoup de professionnalisme !

COFFEE SHOP ET SALON DE THÉ

COLOROVA PÂTISSERIE

47, rue de l'Abbé-Grégoire (6e) ✆ 01 45 44 67 56
M° Saint-Placide ou Rennes - www.colorova.fr
Lundi-Vendredi : 9-18h. Week-end : 10-18h. Entrée ou dessert + plat 24 €. Entrée + plat + dessert 29 €. Brunch 38 €.

Un salon de thé qui mérite le détour, notamment les week-ends pour son brunch copieux et raffiné. Un juste équilibre insufflé par le maître des lieux qui œuvre sur l'originalité, les saveurs et les couleurs. Difficile de choisir entre les pâtisseries fines, les viennoiseries dont la brioche façon pain perdu avec des confitures faites maison, les gnocchis, le poulet en panure avec fruits secs, la crème amandine cacahuète, le financier à la vanille tonka... autant de promesses à la carte largement tenues, le tout dans un cadre chaleureux et impeccable au look vintage pop. Un personnel sympathique qui assure aussi les livraisons à domicile... le top pour une matinée cocooning et gourmande.

THÉ OU CAFÉ

9E - 10E

COFFEE SHOP ET SALON DE THÉ

CAFÉ MARLETTE

51, rue des Martyrs (9e) ✆ 01 48 74 89 73 - M° Pigalle
www.marlette.fr
Ouvert du lundi au vendredi de 8h30 à 19h ; le week-end de 9h30 à 19h. Brunch jusque 14h30 en semaine, 16h le week-end.

Marlette, la maison de l'île de Ré bien connue (et appréciée) pour ses préparations de gâteaux et ses ustensiles culinaires, a eu la bonne idée de décliner sous forme de salon de thé ses merveilles. Et ça marche fort : disposant de plusieurs lieux dans la capitale, dont un dans le 9e arrondissement, l'enseigne propose de très nombreuses références. On vient dans ce chouette espace – et dans cette rue très branchée – déguster un thé, un café, prendre un déjeuner ou un brunch. Attention, ce dernier est extrêmement prisé, aussi n'hésitez pas, surtout le week-end, à arriver assez tôt pour éviter la traditionnelle file d'attente qui peut s'étirer sur le trottoir. Vous êtes prévenus !

COFFEE SHOP ET SALON DE THÉ

HANOI CORNER

7, rue Blanche (9e) ✆ 01 72 34 79 42
M° Trinité d'Estienne d'Orves
www.hanoicorner.fr
Ouvert du lundi au vendredi de 10h à 17h ; le samedi de 11h à 18h.

Ici, le Vietnam et ses arômes sont à la manœuvre, et les cafés venus de cette terre, parfois injustement méconnus, valent le détour. Pour les cafés, une sorte de filtre en laiton fait ressortir les saveurs et arômes les plus pointus, tandis que les infusions sont à tomber. Pour arranger encore les choses, on vous prépare ici quelques accompagnements pour savourer les breuvages avec tout autant de finesse, puisque l'endroit est aussi une petite cantine. Notez que vous pouvez ici vous procurer thés et cafés du Vietnam. Le lieu est comme un petit cocon, tout en douceur, avec sa devanture bleu pastel qui annonce joliment la couleur. Franchement, on adore et on recommande !

COFFEE SHOP ET SALON DE THÉ

KB CAFÉ SHOP

53, avenue Trudaine (9e) - M° Pigalle.
www.kbcafeshop.com
Ouvert du lundi au vendredi de 7h45 à 18h30 et le week-end de 9h à 18h30.

Au coin de l'avenue Trudaine et de la rue des Martyrs, dans le si prisé quartier de « So-Pi », comprenez South Pigalle, ce café de jour est double face : comprenez chaleureux à l'intérieur comme à l'extérieur (la sympathique terrasse est prise d'assaut lors des beaux jours). Ce *coffee shop* vous propose évidemment différents types de cafés (dont notamment des productions maison), sélectionnés et torréfiés avec soin. Sur les larges tables en bois de la salle, en plus de votre café, on se laisse tenter par les pâtisseries, faites maison elles aussi. A noter : un brunch le dimanche. Une valeur sûre du quartier qui attire autant les *hipsters* des alentours que les Parisiens et touristes.

COFFEE SHOP ET SALON DE THÉ

5 PAILLES

79, rue du Faubourg Saint-Denis (10e) ✆ 06 31 86 74 34
www.5pailles.com
Ouvert du lundi au vendredi de 9h à 15h ; le week-end de 10h à 16h.

Cette rue du Faubourg-Saint-Denis s'affirme de plus en plus comme l'une des artères les plus bobos de la capitale, et il est parfois compliqué de faire le tri. Voici donc une valeur sûre : ces 5 Pailles proposent en effet une restauration pleine de saveurs ensoleillées et un brunch hors pair, est un spot idéal pour une pause, de quelques instants ou de plus longtemps. Car ici, le café c'est sacré ! Chaud ou froid (ceux qui ne l'ont pas encore tenté savent), il vous redonnera envie de savourer le trop décrié café américain. Ceux qui rajoutent un peu de lait auront même la possibilité d'en rajouter du végétal. On pense à tout, c'est sans chichis, mais pourtant terriblement à la mode.

COFFEE SHOP ET SALON DE THÉ

HOLYBELLY 5

5, rue Lucien-Sampaix (10e) ✆ 01 82 28 00 80
M° Jacques Bonsergent
www.holybellycafe.com
Ouvert tous les jours de 9h à 17h. Dernière commande à 16h.

Facile à trouver, cet Holybelly 5 ! Ce bistrot à l'anglo-saxonne propose pancakes, *eggs* en tout genre, mais est également un chouette endroit pour prendre un thé ou un café. Et lesquels ! Filtre ou expresso, avec ou sans lait, de grande ou de petite taille, les boissons torréfiées sont juste délicieuses. C'est normal : la brûlerie toute proche de Belleville est à l'origine de ces merveilles. Du côté des thés, du rouge d'Afrique au noir de Chine en passant par l'incontournable Earl Grey, rien ne manque. Et c'est bien pourquoi on aime bien se rendre, et prendre ses habitudes, dans ce lieu très *hype*. Notez enfin qu'un établissement de la même enseigne se trouve au numéro 19 de la même rue.

BAR - CAFÉ

RADIODAYS CAFE

15, rue Alibert (10e)
M° Goncourt.
www.radiodays.cafe
Ouvert tous les jours de 9h à 17h.

Un endroit comme on les aime ; sympa, simple et proposant des produits de qualité ! Radiodays, c'est un café qui propose des nectars soigneusement sélectionnés et torréfiés sur place. On vient ici entre amis ou sur le chemin du travail, on prend ses habitudes (si tel n'est pas le cas, on vous conseillera avec efficacité) et on fait du lieu une étape obligée dans son parcours quotidien ! Mention spéciale également aux chouettes cookies, très bons. Notez enfin que l'on propose également des Manakichs : ces galettes libanaises se déclinent selon de nombreuses possibilités, et sont aussi savoureuses que prisées. Si vous passez par la rue Alibert, vous savez où vous arrêter !

COFFEE SHOP ET SALON DE THÉ

TEN BELLES

10, rue de la Grande-aux-Belles (10e) ✆ 01 42 40 90 78 - M° Colonel Fabien. - www.tenbelles.com
Ouvert du lundi au vendredi de 8h30 à 17h30, le week-end de 9h à 18h.

Cette petite échoppe, dynamique en diable, est un espace un peu hors du temps dans l'animation dense de la capitale. Cette boulangerie écoresponsable, dont le pain au levain est excellent, vous invite également à passer un peu de temps ici. On vient pour une pause-café qui s'impose, et l'esprit ambiant vous invite à prendre votre pause ici en regardant le spectacle de la rue. Le café (torréfié non loin, à Bonneuil-sur-Marne) est savoureux, et la carte propose des viennoiseries, pâtisseries et autres sandwichs. Ten Belles propose également d'autres établissements, rue Bréguet dans le 11e et rue du Cherche-Midi, rive gauche, dans le 6e. Un vrai coup de cœur de l'équipe.

COFFEE SHOP ET SALON DE THÉ

HEXAGONE

121, rue du Château (75014)
M° Pernety
www.hexagone-cafe.fr
Du lundi au vendredi : 8h30-17h. Week-end : 10h-18h. Boutique.

On s'y rend entre amis ou en famille, seul ou accompagné, mais il n'y a jamais de mauvais moment pour se rendre à l'Hexagone. Ce coffee shop vous aide à ralentir le rythme, vous apprend à vous relaxer, le tout grâce à un cadre zen et un service souriant. On accompagne les cafés, cappuccino et autres breuvages de la maison, de délicieuses pâtisseries maison. Mais ce qui fait toute la qualité de l'Hexagone c'est le fait que la société a pour spécialité la torréfaction. L'attention de la marque est portée sur toute la chaîne de production, de la plantation jusqu'à la tasse. Sur place, on trouve aussi tous les accessoires nécessaires, ainsi que du café à la vente, en grains ou moulu.

COFFEE SHOP ET SALON DE THÉ

BOBA TEA COFFEE

44, avenue d'Ivry (75013) ✆ 01 45 86 08 89 - M° Porte d'Ivry
www.bobateacoffee.com
Du lundi au samedi : 10h30-19h. Dimanche : 11h-19h. Thés : 4,10-6,10 €.

Ce salon de thé se situe au cœur du quartier asiatique de Paris, dans un centre commercial – pas forcément le plus évident pour savourer un thé tranquillement - mais on passera par-dessus cette considération, l'important n'étant pas la forme mais le fond ! Le thé est une culture, une vraie philosophie pour cet établissement qui propose également quelques milk-shakes. Vous pourrez aussi y déguster d'excellents sandwiches chauds accompagnés de savoureux Bubble Tea. Très présent sur les réseaux sociaux, ce salon de thé possède une communauté de fidèles solide et jeunes : un bon signe. D'ailleurs les *bubble tea* ont déferlé en masse dans les rues parisiennes et les enseignes se sont multipliées.

COFFEE SHOP ET SALON DE THÉ

PARTAGE CAFÉ

31, rue Lecourbe (75015) ✆ 07 66 17 19 29
M° Sèvres-Lecourbe - https://partagecafe.business.site/
Ouvert du lundi au vendredi de 8h à 17h30 ; le week-end de 9h à 18h.

Il y a des indices qui ne trompent pas. Quand on a vu que la maison faisait ses cafés avec une La Mazorcco, on s'est dit qu'elle ne devait pas être mauvaise. Un sentiment renforcé par l'affluence vue à l'heure du déjeuner – il n'est pas rare d'y croiser des collaborateurs du *Petit Futé* – et le week-end pour le brunch. Il faut dire que les établissements de la sorte – des coffee shops de qualité – ne se bousculent pas dans ce quartier du haut 15e. On apprécie ce Partage Café aussi bien pour un petit déjeuner costaud (style double expresso + scones ou tartines + granola) que pour ses formules déjeuner (sandwich ou salade ou plat + dessert) ou son brunch partagé en terrasse aux beaux jours.

COFFEE SHOP ET SALON DE THÉ

TEATHÉTCHA

119, rue de la Glacière (75013) ✆ 01 53 80 48 29
M° Glacière
www.teathetcha.com
Du mardi au vendredi : 10h-19h. Samedi : 9h30 à 19h.

Patrick Loustalot-Barbé a installé sa boutique-salon de thé face au marché de la rue de la Glacière depuis plus de 20 ans maintenant : autant dire que l'endroit est bien connu des habitués. On peut y prendre un thé, un chocolat, une pâtisserie, mais aussi choisir parmi l'une des 250 sortes de thés proposées. Ils viennent de Chine, de Formose ou d'Inde. Ce sont en général de grandes origines posées dans une sorte de bibliothèque tournante qui n'est pas sans rappeler les moulins à prières... notez que vous pourrez également trouver ici de la vaisselle fine pour vos cafés et thés (tasses, mugs, théières...) et vous installer, bien évidemment, pour en déguster certains !

COFFEE SHOP ET SALON DE THÉ

CAFÉ PIMPIN

64, rue Ramey (18e) ✆ 021 42 46 54 09 - M° Jules Joffrin.
www.cafepimpin.fr
Ouvert du lundi au vendredi de 8h30 à 18h ; le week-end de 11h à 18h.

Une jolie étape, sortie de l'imagination de deux amies, Marie Genet et Clémentine Touton, et qui marche si fort qu'il dispose d'un second établissement dans le 17e. Le principe : un lieu pensé comme un petit cocon, dans lequel on se sent immédiatement bien. Les couleurs claires et le bois sont les principales matières utilisées, et c'est en effet très réussi. On vient ici pour manger de bons plats sains, mais aussi pour prendre un jus de fruits frais (car ici, on se dit – et on est – *healthy*). On se délecte également d'un cocktail façon Spritz que l'on pourra prendre en été sur le banc situé sur le trottoir. Certes, celui-ci n'est pas large, mais l'idée est excellente.

ET SI ON PRENAIT UN VERRE ?

1ER - 2E

MUSIQUE - SPECTACLE

LE CAFÉ OZ

18, rue Saint-Denis (1er) ✆ 01 40 39 00 18 - M° Châtelet
www.cafe-oz.com
Lundi 17h-1h ; mardi 17h-2h ; mercredi, vendredi et samedi 17h-5h ; jeudi 17h-4h ; dimanche 17h-12h.

Il faut aller au Café Oz pour ce qu'il est, c'est-à-dire un grand pub australien facile d'accès. Vous pourrez y boire une pinte de bière importée tout droit d'Australie ou de Nouvelle-Zélande, regarder un match de rugby, de football australien, voire de cricket sur les écrans géants, apprécier la décoration boisée typique des pubs et une ambiance festive. Attention, on ne vient pas ici pour un rendez-vous en amoureux, ou une discussion secrète. On vient ici entre amis, pour des soirées arrosées, des afterworks ou des fêtes où la bonne humeur est de mise. Notez que le Café Oz est également une chaîne : il y a plusieurs établissements du même nom à Paris, souvent bondés le week-end.

BAR - CAFÉ

CAFÉ JOYEUX

23, rue Saint-Augustin (2e) ✆ 01 42 21 02 78
M° Quatre Septembre - www.cafejoyeux.com
Ouvert le lundi de 11h à 15h ; du mardi au vendredi de 9h à 16h ; le samedi de 11h à 19h.

Permettre aux personnes en situation de handicap mental et/ou cognitif de pouvoir travailler, et de belle manière, voici l'un des objectifs de ce Café Joyeux, qui compte deux autres déclinaisons à Paris (Champs-Elysées et à proximité de l'Olympia) mais aussi à Rennes, Lyon, Tours ou Bordeaux. Cuisiniers ou serveurs, ceux-ci sont les maîtres des lieux, une chouette réalité qui en masque pourtant une autre, moins glorieuse : près de 90 % des personnes en situation de handicap aujourd'hui sont sans emploi. Ce café-là est situé à côté du passage Choiseul, dans un quartier qui fourmille de vie. Et on aurait tort de passer à côté des salades, des soupes et autres pâtisseries proposées ici.

BAR - CAFÉ

DERNIER BAR AVANT LA FIN DU MONDE

19, avenue Victoria (1er) ✆ 01 53 00 98 95
M° Châtelet, Hôtel de Ville ou Pont Neuf - www.dernierbar.com
Du lundi au jeudi de 16h à 0h ; le vendredi de 16h à 2h ; le samedi de 11h30 à 2h ; le dimanche de 11h30 à 0h.

Ce bar dédié aux cultures de l'imaginaire s'étend sur plus de 400 m². Bien connu de tous les geeks de la capitale et très souvent bondé, alors pensez à arriver tôt si vous souhaitez goûter aux cocktails de la maison (Poison Ivy ou Fulguro Poing) ou même manger un morceau. Le décor vaut particulièrement le détour, entre la figurine d'E.T. grandeur nature, ambiance *Star Wars* et les jeux de société dans les rayons. Des événements sont également organisés régulièrement (blind test, soirées à thèmes), ainsi que des conférences diverses et variées sur le thème de la pop culture.

BAR À WHISKY

EXPERIMENTAL COCKTAIL CLUB

37, rue Saint-Sauveur (2e)
✆ 01 45 08 88 09
M° Réaumur-Sébastopol.
Du lundi au samedi : 19h à 2h. Dimanche de 20h-2h.

Ce petit bar est composé d'une unique grande pièce avec pierres, poutres apparentes et gros fauteuils en fond de salle. Le week-end, on est serré comme des sardines. En semaine, c'est un peu plus calme, notamment en début de soirée. Alors oui, on n'y voit pas grand-chose, mais cela va bien avec l'atmosphère. Les cocktails sont souvent originaux et confectionnés selon un savoir-faire quasi unique dans Paris. L'Expérimental c'est donc une bonne adresse pour les amateurs de vrais cocktails. Les fans de beuverie se sentiront bien seuls en revanche...

KARAOKÉ

BAM KARAOKE BOX SENTIER

50, rue d'Aboukir (2e) ✆ 01 84 25 95 39 - M° Sentier
www.bam-karaokebox.com
Ouvert tous les jours. Réservation sur site internet impérative. Tarifs variables selon l'horaire.

On connaît l'établissement de la rue Richer, et on adore tout autant celui de la rue d'Aboukir. Le concept est toujours le même : s'éclater entre amis dans des salles de karaoké privatives et high-tech. Au Bam Karaoké Box Sentier, 5 salles de 6 à 12 personnes sont donc désormais disponibles pour tous ceux qui veulent pousser la chansonnette sans se prendre la tête. L'expérience immersive et festive est vraiment une réussite avec écrans tactiles et jeux de lumière, et évidemment la possibilité de se faire apporter sur place les boissons que vous désirez. Un conseil : anticiper au plus tôt sa venue, c'est la garantie d'avoir de la place, surtout le week-end. A bon entendeur....

BAR À COCKTAIL

LE JEFREY'S

14, rue Saint-Sauveur (2e)
✆ 01 42 33 60 77
M° Etienne Marcel ou Sentier
Ouvert tous les jours de 19h à 2h.

Dans une rue calme du quartier de Montorgueil, le Jefrey's offre retrait et volupté. Quelques fauteuils très cosy, le magnifique canapé gris à partager à deux, l'alignement des bouteilles de la vitrine... On n'attend plus que vous ! Les barmen sont des virtuoses, ils vous serviront des cocktails qui vous feront décoller, avant de s'en aller à pas de loup. On se laisse tenter par les créations originales de cocktails ou alors par la carte riche d'une très belle sélection de whiskies issus des principales distilleries écossaises et internationales, de *fine spirits* (dont on notera la rareté de certains flacons) ou encore d'apéritifs, de vins et de champagnes.

ET SI ON PRENAIT UN VERRE ?

6E - 9E

BAR À VIN

LA COMPAGNIE DES VINS SURNATURELS

7, rue Lobineau (6e) ✆ 09 54 90 20 20
M° Mabillon ou Odéon
www.compagniedesvinssurnaturels.com
7j/7 : 18--1h.

A deux pas du marché Saint-Germain se trouve ce lieu un peu unique à Paris. La Compagnie des Vins Surnaturels sort des sentiers battus : la déco est très soignée avec ses canapés et fauteuils confortables, et la carte est racée. Si les prix affichés peuvent vous refroidir, laissez-vous tenter par les vins « entrée de gamme » qui sont déjà de haute qualité. Ici, tous les mets et boissons proposés valent le détour et plus de 3 000 références de vins ont été sélectionnées pour émoustiller vos papilles. Enfin, des sommeliers sont sur place pour vous conseiller au mieux.

BAR - CAFÉ

CHEZ MONA

9, rue de Vaugirard (6e) - M° Odéon.
www.chezmona.com
Du jeudi au vendredi : 9h-20h. Week-end : 11h-20h. Plats : 5,90-9,50€. Boissons : 2-3 €. Cookies : 3,50 €.

Chez Mona, situé en plein centre de Paris, vous pourrez bien sûr boire un verre et manger un morceau dans un cadre chaleureux et confortable, mais aussi rejoindre une cité audacieuse où se retrouve une communauté de femmes porteuses d'un projet et avides d'échanger. Si vous souhaitez des conseils ou bien partager votre expérience et vos idées, vous êtes au bon endroit ! Ici le credo, c'est apprendre à tous les âges, donner vie à des envies ! Dans ce lieu de *brain storming*, sachez que chaque mois de nouveaux projets sont soutenus, des événements organisés et de nouvelles questions abordées. N'hésitez pas à consulter la programmation diversifiée ; vous y trouverez forcément votre bonheur.

BAR À COCKTAIL

PRESCRIPTION COCKTAIL CLUB

23, rue Mazarine (6e)
✆ 09 50 35 72 87
M° Mabillon ou Saint-Germain-des-Prés
www.prescriptioncocktailclub.com
Ouvert du lundi au jeudi de 19h à 2h, les vendredi et samedi jusqu'à 4h, le dimanche de 20h à 2h.

C'est l'équipe de l'Experimental qui signe cette Prescription. Il compte dorénavant parmi les meilleurs bars à cocktails de la capitale. Ambiance select et cosy garantie avec une carte qui évolue régulièrement comme une cuisine de saison. Au cœur d'Odéon, l'établissement est un bar où l'on saura vous guider si par hasard, vous n'êtes pas expert dans l'art des cocktails. Si vous l'êtes, c'est bon aussi, vous pourrez expérimenter les créations originales et réussies. L'adresse propose de nombreux événements dont vous trouverez le programme en ligne. Et on adore.

BRASSERIE

BRUSSELS BEER PROJECT

1, rue de Bruxelles (9e) ✆ 06 31 49 99 90 - M° Blanche.
www.beerproject.be
Ouvert du dimanche au mardi de 17h à 0h ; le mercredi et le jeudi de 17h à 1h ; le vendredi et le samedi de 17h à 2h.

Voici assurément l'une des plus intéressantes initiatives en matière de bar à bières de ces dernières années et, outre l'établissement de Pigalle, vous trouverez le concept ailleurs dans Paris (vers le canal), en Belgique et au Japon. En effet, on recense ici pas moins de 20 bières pression, une sélection soigneuse, affirmée, généreuse pour laquelle on vous expliquera tout. Alors ici on passe un bon moment entre amis et amateurs de bières (on peut même réserver sa table le week-end) et malin, on peut repartir avec ses bières en bouteille, un endroit dédié vous est proposé. Les habitués appellent le lieu BBP : à vous de tester, et d'adopter vous aussi l'acronyme !

BAR À COCKTAIL

LULU WHITE DRINKING CLUB

12, rue Frochot (9e)
M° Pigalle
www.luluwhite.bar
Ouvert du mercredi au dimanche de 20h à 2h.

Voici un endroit dans lequel la star, c'est le cocktail, que l'on savoure avec concentration. Et on comprend pourquoi : outre des standards et des breuvages originaux, chez Lulu, on travaille l'absinthe. Plusieurs cocktails en sont pourvus, et c'est bien cela qui fait de cette expérience un moment unique. On appréciera grandement le côté *cosy* du lieu, où l'on s'installe confortablement, entre amis (de préférence calme et désireux ici de passer un moment qui le sera tout autant !). Notez bien qu'aussi prisé qu'il soit, le lieu ne demande aucune réservation : le premier arrivé est le premier servi, comme ils disent. Pensez-y, surtout le week-end en cas d'affluence élevée !

BAR - CAFÉ

MOLOKO PIGALLE

26, rue Pierre Fontaine (9e) ✆ 01 42 06 87 24
M° Blanche.
molokopigalle.com
Ouvert du jeudi au dimanche de 20h à 2h.

C'est chic et terriblement branché, assurément l'un des lieux les plus courus de Pigalle. Car Moloko, c'est tout un concept. Si on peut dîner ici de créations inspirées de la gastronomie asiatique, on vient également ici savourer des cocktails, dans un endroit cosy en diable, aux lumières tamisées, avec larges canapés bas. D'inspiration asiatique eux aussi, les cocktails comptent parmi les plus originaux et se déclinent selon une carte bien sentie sur laquelle figurent nos préférés, appelés « signature ». A partir d'une certaine heure, la clientèle se lève pour bouger au son de sets de musique que vous devinez soul ou funk, principalement. On vient ici en couple ou entre amis.

BAR À COCKTAIL

NO ENTRY

20 bis, rue de Douai (9e) ✆ 09 83 55 94 52
www.bigmammagroup.com/fr
Ouvert du lundi au mercredi de 19h à 1h ; du jeudi au samedi de 19h à 2h.

Au sous-sol du Pink Mamma, un des restaurants de la bande italianisante de Big Mamma, se trouve un bar caché et vraiment bien caché ! Pour y accéder, il faut pousser une lourde porte métallique où il est justement inscrit « No entry ». On arrive alors dans une salle aux lumières tamisées qui fait très cocon cosy. A la carte, c'est un festival de cocktails qui met en avant les ingrédients de 15 régions italiennes. Alors évidemment ici, le dépaysement est hors pair, et on ne manquera pas d'admirer ces jeux de lumière à faire perdre la tête. Un bar unique en son genre à ne surtout pas manquer, et dans lequel vous vous sentirez comme un privilégié, partageant un secret avec les autres clients.

BAR - CAFÉ

LE PIGALLE

9, rue Frochot (9e) ✆ 01 48 78 37 14
M° Pigalle
www.lepigalle.paris
Ouvert jusqu'à 2h du lundi au dimanche.

Installé dans un édifice néo-classique magnifiquement bien restauré, le Pigalle Hotel possède un lobby baptisé *groundfloor* qui est aussi un grand bar de style à la fois furieusement vintage et contemporain où se mêlent bibliothèque de vinyles, kiosques à journaux, livres, table-dance... Le tout sur fond de DJ sets le week-end. Dans ce lieu de sorties ouvert à tous s'entremêlent clients de l'hôtel et Parisiens branchés de tous bords dans une ambiance bon enfant. Lorsque l'on vous dit que la rue Frochot est décidément l'une des artères les plus cotées du moment, si représentative de South Pigalle (dites « *Sopi* »), et ne manque en rien de jolis lieux où prendre un verre.

BAR DE QUARTIER

LE SYPHAX

26, rue de Châteaudun (9e) ✆ 09 50 56 54 57
M° Notre-Dame-de-Lorette
Ouvert le lundi de 9h à 1h45, du mardi au vendredi de 9h à 1h30, le samedi de 16h à 1h30. Happy hours. Restauration.

Ce très chouette bar, situé sur la très passante rue de Châteaudun, se distingue par une activité bouillonnante – et ce ne sont pas les matchs de la Coupe du Monde, pas encore terminée au moment où nous terminons ce guide, qui nous démentirons. Mais la véritable raison pour laquelle tant de jeunes viennent ici, ce sont les prix : dans un quartier très animé, c'est en effet très rare de voir des tarifs si bas, et la clientèle ne s'y trompe pas. L'*happy hour*, notamment, propose des pintes et autres boissons à des prix défiant toute concurrence. Notez enfin que le lieu propose une chouette offre de restauration à partager entre amis, à commencer par de jolies pizzas.

BAR - CAFÉ

À LA PINTE DU NORD

38, rue Saint Quentin (10e)
✆ 01 45 26 11 89
M° ou RER Gare du Nord.
Ouvert du lundi au dimanche.

Voilà un café, chambre de voyageurs qui ne peut que nous donner la nostalgie des temps anciens : une adresse ancienne tenue par Thierry, Aveyronnais d'Espalion. Pas de confort superflu dans cet hôtel de voyageurs qui est resté dans son jus et ses tapisseries d'époque avec ses prix défiant toute concurrence. Un accueil populaire et chaleureux qui rappelle les galères d'antan : c'est vraiment une authentique adresse, un bar à l'ancienne, qui sent bon le Nord, une gorgée de bière, une omelette, une portion de frites, des salades ou sandwichs... on se croirait presque dans un film, les passages ici étant d'autant plus réguliers que quelques chambres sont disponibles.

BAR - CAFÉ

ALABAMA BAR

32, rue Albert Thomas (10e)
✆ 06 45 51 23 86
M° République
Ouvert du mardi au samedi de 17h à 2h.

Cheveux longs, tatouages et musique forte sont légion ici, dans ce lieu pas fermé du tout pour autant, et qui est une référence en termes de rock. On comprend pourquoi : le tenancier n'est autre que Mikkey Dee, ancien batteur du mythique groupe Motörhead. L'endroit sent parfois la sueur, les concerts y sont en effet très fréquents, et les murs sont prématurément vieillis : toute une atmosphère ! Au programme également, des *blind-tests*, des *quizz* et la possibilité donnée aux clients de choisir la *playlist* rock qu'ils entendront ici. Et il n'y a pas à dire, la programmation vaut le détour tant en quantité qu'en qualité. Le choix de bières enfin, laisse parfois place à de jolies surprises.

BAR - CAFÉ

LE COMPTOIR GÉNÉRAL

80, quai de Jemmapes (10e) ✆ 01 44 88 24 48
M° Goncourt ou Jacques Bonsergent
www.lecomptoirgeneral.com
Tous les jours et les jours fériés de 11h à 2h.

Le Comptoir G, comme disent les habitués, est devenu au fil des ans une institution de la nuit parisienne, caché dans une petite cour le long du canal Saint-Martin. La mezzanine prend des allures berbères, avec coussins au sol, et le reste du bar propose une ambiance directement inspirée de la Californie des années 1980. Le bar principal, véritable plongée dans le continent africain avec ses chaises de coiffeur, ses petits salons aménagés à la va-vite et sa jungle luxuriante et franchement réussie. Ces dernières années, le lieu a fait l'objet de lourds travaux pour gagner encore un peu plus d'espaces, avec de nouvelles propositions qui en ravissent plus d'un !

ET SI ON PRENAIT UN VERRE ?

10E - 12E

BAR - CAFÉ

CHEZ PRUNE

71, quai de Valmy (10e)
✆ 01 42 41 30 47
M° République
Ouvert tous les jours.

Idéalement installé sur le canal Saint-Martin, ce bar avec terrasse est l'un des principaux points de rencontre de tous les bobos du quartier, qui viennent ici le matin pour un café, au déjeuner pour savourer la chouette cuisine, le week-end pour – si possible en terrasse – profiter du spectacle du quartier. Facile à trouver, car sa devanture de couleur prune (vous l'auriez deviné) se situe à l'angle de la rue Beaurepaire et du quai de Valmy, l'endroit mérite bien un détour. Le spectacle est autant à l'intérieur (ambiance bistrot, murs bleus et jaunes, mosaïque au sol) qu'à l'extérieur, et vous donne, lorsque vous êtes en terrasse, l'impression d'être un vrai Parisien !

BAR À VIN

LA RETRAITE

55, rue des Vinaigriers (10e)
✆ 09 50 13 89 07
Ouvert du lundi au samedi de 18h à 0h.

C'est un chouette lieu incontournable du quartier, dans cette petite rue des Vinaigriers, dont on se refile l'adresse entre initiés des bons plans. Car la Retraite, ce sont des cépages soigneusement sélectionnés et des assiettes hors pair à partager, l'ensemble mené de main de maître par une équipe de jeunes passionnés. Et quelle réussite : on se sent bien d'office, le lieu est plein de vie – tant que la musique, pourtant bien choisie, est à peine audible, et a du mal à arriver jusque vos oreilles ! Surprise : ici, les découvertes ne manquent pas, à l'image de ce vin orange le soir de notre venue. Attention, l'affluence peut être forte, principalement le vendredi et le samedi !

MUSIQUE - SPECTACLE

L'ALIMENTATION GÉNÉRALE

64, rue Jean-Pierre-Timbaud (11e) ✆ 01 43 55 42 50
M° Parmentier - www.alimentation-generale.net
Ouvert le mercredi, le jeudi et le dimanche de 19h à 2h ; le vendredi et le samedi de 19h à 5h. Entrée club : 10 €.

Dans cette « boutique », on trouve de tout : de quoi manger façon cantine italienne, boire et écouter de la musique au cours de concerts ou de sets de DJ. On peut aussi y assister à des projections de films, des spectacles de marionnettes, des performances ou y voir des œuvres d'art. Pour la musique, vous avez le choix entre électro, rock, groove, world, hip-hop, disco ou musette ! Allez-y en vous attendant à tout, ou bien consultez le programme sur le site Internet. Vous trouverez à coup sûr une ambiance festive et sympathique. On aime ! Les fins de semaine riment avec chaleur humaine, autant vous dire qu'il vous faudra jouer des coudes pour accéder au fumoir étriqué du sous-sol !

MUSIQUE - SPECTACLE

LE BADABOUM

2 bis, rue des Taillandiers (11e) ✆ 01 48 06 50 70
M° Bastille
www.badaboum.paris
Club : jeudi : 23h30–6h ; vendredi et samedi : 23h30–7h.

Un mobilier vintage et un lieu du genre alternatif pour passer une longue, très longue nuit : bar à cocktails et tapas, salle de concert, club et même une « secret room », le Badaboum est bien l'un des meilleurs lieux pour la jeune scène musicale actuelle, et pour aller boire un verre et souvent pouvoir y danser. Très tendance, le lieu a connu quelques évolutions ces derniers temps, avec un dancefloor étendu, et pour cause, puisque l'on peut se trémousser sur la scène. Alors on ne va pas bouder notre plaisir, et on pourra très facilement terminer sa soirée du côté de Bastille. Les plus insomniaques pourront ensuite prendre le petit déjeuner dans les bars du coin.

BAR - CAFÉ

LES PETITES FLÈCHES

49, rue Jean-Pierre Timbaud (11e) ✆ 01 43 55 65 89
M° Parmentier - www.lespetitesfleches.com
Lundi : 18-0h. Mardi, mercredi : 18-1h. Jeudi, vendredi : 18-2h. Samedi : 15h30-2h. Dimanche : 15h30-23h.

Boire un verre, c'est bien, le partager avec d'autres, c'est encore mieux mais jouer aux fléchettes avec des potes ou des inconnus, c'est franchement cool. A proximité du métro Parmentier, on a trouvé le combo qu'il faut : jouer, dans un lieu bien décoré, chaleureux, avec des scores qui s'affichent en direct sur un écran. Sans compter qu'ici, on peut grignoter, principalement des mezzés, et surtout bien boire (avec modération toujours) : bières artisanales, cocktails, mojitos, petits vins de producteurs choisis avec soin... Bref, on vous le dit, ici on passe de bons moments + rires garantis. Attention, l'affluence est plus forte le week-end, ce qui est tout à fait normal.

BAR - CAFÉ

PAPA CABANE

Rue Paul Belmondo (75012)
✆ 06 95 15 79 24
M° Bercy Bourgogne-Pays D'Auvergne.
De mi-mai à fin août. Du mercredi au dimanche de 18h à 23h.

Certainement l'une de plus belles et des plus chaleureuses terrasses estivales de Paris. Terrasse en bois, meubles cosy, coussins colorés, animations dignes d'un club de vacances, cours de salsa, musique latine et tubes de l'été avec un bon DJ, mais aussi terrain de pétanque et table de ping-pong... Le bar propose de son côté de bons cocktails et, selon nous, un des meilleurs mojitos de la capitale, mais aussi des boissons sans alcool et du vin à la carte. Pour éponger tout cela, un food truck sert salades, sandwiches et burgers, près du terrain de pétanque, et c'est plutôt bien préparé pour de la restauration rapide. Une bonne adresse festive comme on en rêvait.

JEUX VIDÉO

LE GOB

58, avenue des Gobelins (75013) ✆ 01 47 07 60 09 - M° Gobelins
www.legob.fr
Ouvert du lundi au vendredi de 13h à 2h, le week-end de 17h à 2h. Happy hours (de 17h à 21h). Animations.

Décalé, le Gob l'est assurément ! Bien décidée à « fédérer les geeks et geekettes du monde entier », c'est avec un humour à tomber que l'équipe de cet incontournable vous accueille chaque jour pour des après-midi, ou des soirées complètement folles. Difficiles de s'ennuyer ici : outre les soirées, des quizz, des jeux de société ou vidéo, rien ne manque. La carte des breuvages semble elle aussi venue tout droit d'une autre planète : des bières (le choix est juste immense), des cocktails, on ne sait que choisir – notez aussi que l'*happy hour* est une religion ici. Bref, dans une ambiance complètement décalée et ultra-chaleureuse, le Gob mérite un passage, et même plusieurs !

BAR - CAFÉ

LE MERLE MOQUEUR

11, rue de la Butte-aux-Cailles (75013)
M° Corvisart
Ouvert tous les jours de 17h à 2h.

Le Merle Moqueur est une petite, toute petite adresse de quartier, mais comme elle est aussi une institution, la voilà très vite comble. Et puisque les spécialités de la maison sont les rhums arrangés, vendus notamment à la dizaine, attendez-vous à transpirer et à profiter. Mais qu'importe, ici, c'est une ambiance joviale et décontractée, sans conteste l'adresse la plus animée du coin : bonne humeur assurée. A découvrir entre amis pour un bain de foule arrosé. Mention spéciale pour les créations du Merle, à commencer par le ti punch et les rhums arrangés, que l'on consommera autant que possible avec modération, mais que l'on adorera quand même. Un chouette endroit.

S'AMUSER - SORTIR

TOO TAC TAC

65, rue Bruneseau (75013) ✆ 01 78 90 79 90
M° Bibliothèque François-Mitterrand
www.toohotel.com
Ouvert du dimanche au mercredi de 16h à 0h ; du jeudi au samedi de 16h à 2h.

Perché à 120 mètres d'altitude, tout en haut de l'une des deux tours Duo imaginées par Jean Nouvel, le Tac-Tac est partie intégrante de l'ensemble Too, qui compte également hôtel et restaurant. Pas besoin cependant d'avoir réservé une chambre ou une table pour venir ici déguster un cocktail, danser sur l'un des chouettes *sets* et, surtout, profitez de la vue incroyable : Paris est littéralement à vos pieds, et la terrasse attire d'abord et avant tout pour cette situation exceptionnelle, à tester au moins une fois. La réservation n'est pas obligatoire, mais le succès est tel qu'un coup de fil est conseillé. Enfin, la tenue correcte – ni bermuda ni sportswear – est exigée.

BAR - CAFÉ

CAFÉ SIGNES

33, avenue Jean-Moulin (75014) ✆ 01 45 39 37 40
M° Alésia ou Porte d'Orléans
www.esat-france.eu/le-cafe-signes/
Ouvert du lundi au vendredi de 8h à 18h. Restauration.

Vous l'aurez peut-être compris au nom du lieu : le langage des signes l'emporte ici sur la parole. En effet cet établissement est géré et fréquenté conjointement par des personnes sourdes et entendantes. Toutes les générations s'y retrouvent, les actifs comme les passifs, et on déguste un café ou un repas pour rire et échanger sur les choses de la vie. Dénuée de cadre, l'adresse favorise la rencontre, l'échange et la cohabitation spontanés. Il y a le langage des gestes et il y a le langage des mots. Toute la richesse des uns peut se partager avec les autres. Le Café Signes est le témoignage d'une envie d'universelle : celle de vivre ensemble dans toutes nos richesses.

BAR - CAFÉ

GUINGUETTE LA JAVELLE EFFERVESCENTE

(75015) - M° Cour Saint-Emilion ou Porte de Charenton.
www.lajavelle.com
Ouvert le week-end de 12h à 0h. Haute saison : du mardi au vendredi de 17h à 0h. Terrasse. Animations.

Les beaux jours venus, le lieu est un spot festif incontournable du sud de la capitale. Dans un cadre décontracté avec des transats en terrasse et des food-trucks servant sandwiches et glaces, sans oublier de très bonnes pizzas, on se retrouve entre amis sur du bon son de concert ou de DJ. On se prend à *chiller* en terrasse lors des beaux jours et à s'agiter sur la piste de danse quand la fraîcheur se fait sentir. L'établissement est également le terrain de nombreux spectacles et cours de salsa, ateliers de relooking de meubles, démos de taï-chi, concerts de flamenco…

MUSIQUE - SPECTACLE

TRINQUET VILLAGE

8, quai Saint-Exupéry (16e)
M° Porte de Saint-Cloud
www.trinquet-village.fr
Du mardi au samedi : 10h à 2h. Restauration

Un bar pas vraiment branché mais pour le moins insolite ! En effet c'est le Pays basque qui a posé ses valises sur les quais de Seine avec tout ce qu'il a de plus joyeux : de bons petits plats, des retransmissions de matchs de rugby – mais aussi des matchs de foot importants – et des parties de pelote basque endiablées. Les lieux – 9 000 m² – sont très prisés en été car la terrasse est immense et l'ambiance devient très festive dès l'apéro ! Tout au long de la journée, c'est un délice et un plaisir de s'y installer. Puis, lorsque la nuit tombe, les platines prennent le relais et la piste de danse s'enflamme. En bref, ce petit village est un immanquable du 16e.

KARAOKÉ

SINGING STUDIO

6, boulevard du Bois le Prêtre (17e) ✆ 01 42 63 95 01 - M° Porte de Clichy ou Porte de Saint-Ouen - www.singing-studio.com

Animations et organisation d'événements, de séminaires, de soirées, etc. par formules ou sur devis.

Si vous avez envie d'organiser une soirée d'entreprise, un séminaire inédit ou vous faire un karaoké pas comme les autres, rendez-vous au Singing Studio. Inspiré d'un concept en provenance des quartiers branchés de l'Upper East Side à New York, Singing Studio s'est d'abord installé à Lille avant de débarquer à Paris. A l'inverse des classiques bars de karaoké, vous pourrez donner de la voix dans de véritables studios privatifs équipés d'un matériel son et vidéo dernier cri. Une fois votre session terminée, vous pourrez vous remettre de vos émotions avec un bon cocktail dans le superbe lounge. Le Singing se déplace aussi en extérieur ! Bon plan pour une sortie entre amis ou collègues !

BAR - CAFÉ

WINDO SKYBAR

3, place du Général Koening (17e)
✆ 01 40 68 51 31
M° Porte Maillot.
www.windoparis.com
Ouvert 7j/7 de 17h à 1h.

Au 34e étage de l'hôtel Hyatt Etoile, à 140 m d'altitude et à deux pas de la Porte-Maillot, ce bar offre une vue splendide sur Paris, et ce de jour comme de nuit grâce à ses immenses baies vitrées. On pourra ainsi admirer la tour Eiffel, l'Arc de Triomphe, etc., tout en sirotant tranquillement un cocktail à choisir parmi diverses compositions inspirées par des personnalités qui ont marqué l'histoire de la ville. En semaine, c'est le lieu parfait pour une séance de *chill-out* entre amis, voire pour des soirées un peu plus festives. Une chose est sûre : vous en prendrez plein la vue dans ce lieu magique qui incarne à merveille une des plus belles villes du monde !

BAR - CAFÉ

LE BAR FONDAMENTAL - LBF

6, rue André Antoine (18e)
M° Pigalle
www.lbf-biere.fr
Ouvert du mardi au samedi de 18h à 2h.

Cette brasserie est faite par ou pour des amateurs de bières. Derrière le comptoir, pas moins de 15 bières à la pression, dont une réalisée sur place. Evidemment ici, on mise sur le conseil, et l'équipe ne manquera ni d'enthousiasme, ni de bonnes idées pour partager avec vous ces breuvages délicieux. Le lieu est boisé, chaleureux et la verdure au plafond n'enlève rien à cette atmosphère, autour d'un bar en arc de cercle. Le LBF – son surnom – propose également à des brasseries de bière de venir prendre les commandes du bar pour une durée ponctuelle, un peu comme lorsqu'un DJ vient pour un set. Et puis on peut accompagner son moment ici de chouettes choses à grignoter.

BAR - CAFÉ

LA FOURMI

74, rue des Martyrs (18e) ✆ 01 42 64 70 35
M° Pigalle
Ouvert du lundi au jeudi de 8h à 2h, le vendredi et le samedi de 8h à 4h, le dimanche de 10h à 2h.

Un incontournable, situé juste à côté de la Cigale et disposant à Paris de la même notoriété – ou presque. En effet, ce bar branché à la déco industrielle et boisée, sur plusieurs niveaux, se situe juste à côté de la fameuse scène. C'est ici que la jeunesse branchée se donne rendez-vous avant ou après avoir partagé un moment musical, mais c'est surtout un point de ralliement très vivant. Le soir, évitez d'en faire un endroit pour un rendez-vous romantique, la foule y est dense, et on préférera venir ici en bande. Les consommations sont abordables pour le quartier, et la terrasse immanquable en été. En bref, une institution de Pigalle, remplie du matin au soir.

BAR - CAFÉ

AU GAMIN DE PARIS

55, rue Doudeauville (18e) ✆ 01 55 79 13 21
M° Château Rouge ou Marx Dormoy.
Ouvert le lundi et du jeudi au samedi 12h-21h30 ; le mardi et le mercredi 11h30-21h ; le dimanche 13h30-19h30.

Voici un lieu qui se distingue dans le paysage commercial de cette très animée rue Doudeauville. Avec sa devanture rouge, ses néons, ses affiches, ce Gamin de Paris tient en respect le numéro 55. Ici, on vient pour manger (des spécialités hexagonales, avec prédilection pour celles d'Auvergne). Vous l'aurez compris : c'est roboratif ici ! Mais beaucoup passent aujourd'hui en journée, ou en début de soirée, pour savourer un verre de l'un des crus sélectionnés par Didier, le maître des lieux, par ailleurs membre de la Confrérie-Commanderie du Clos de Montmartre. Un véritable personnage, qui tient bon la barre de ce lieu que l'on recommande sans hésiter, surtout les soirs de concerts.

BAR - CAFÉ

TAGADA BAR

40, rue des Trois Frères (18e)
✆ 06 84 43 31 97
M° Abbesses.
Ouvert du mardi au samedi de 17h à 2h.

Une institution, qui ne change pas et qui fait tant de bien : à celles et ceux qui ne le connaîtraient pas, le Tagada Bar vaut au moins une visite, et bien davantage ! Ce petit lieu, coloré, est tenu (peut-être devrions-nous dire animé) par Jean-Mi et Max, est une petite pépite chaleureuse et sacrément conviviale. On vient boire un verre (mention spéciale aux breuvages concoctés sur place, et à la sélection de petits vins de producteurs), et beaucoup se délectent également de chouettes planches entre amis, de tapas ou de jolis encas eux aussi savoureux. La devanture rouge, reconnaissable, n'attend donc plus que vous, et la terrasse, aux beaux jours, est un immanquable du sud de la butte !

BAR - CAFÉ

UN ZÈBRE À MONTMARTRE

38, rue Lepic (18e) ✆ 01 42 23 97 80
M° Abbesses ou Blanche.
www.zebreamontmartre.fr
Ouvert tous les jours de 9h à 2h.

C'est l'adresse idéale pour un apéro et un grignotage de fin de journée. Situé sur les hauteurs de la rue Lepic, face à l'agitation de la rue des Abbesses, l'établissement dispose, en plus d'une longue et chaleureuse salle avec tableaux aux murs dépeignant la vie de quartier, d'une jolie petite terrasse, avec tables en mosaïque colorée. Avec les beaux jours, inutile de le préciser, celle-ci est bondée puisque totalement ensoleillée. Mais prenez le temps de vous trouver une place dans ce bistrot lyonnais, parmi la clientèle bigarrée, et c'est toute une vie de quartier qui se jouera sous votre nez. Affluence forte le week-end, beaucoup plus acceptable en semaine !

MUSIQUE - SPECTACLE

25 DEGRÉ EST

10, place de la Bataille-de-Stalingrad (19e)
✆ 09 53 27 68 16
M° Jaurès ou Stalingrad
Ouvert toute l'année. Tous les jours et les jours fériés de 11h à 2h. Happy hours. Terrasse.

Deux grandes terrasses ensoleillées, le clapotis, les jeux de lumière sur le canal, on se croirait presque à la campagne dans ce 25 Degrès Est qui est progressivement devenu un incontournable de l'extrémité du bassin de la Villette. Les tarifs sont abordables, et une petite restauration est prévue à toute heure. Toutefois, on vous conseille de venir ici simplement pour profiter de la terrasse et prendre un verre et de ne pas vous attarder dans la salle de restaurant, certes sympathique, mais assez sombre. Attention, l'affluence est très forte et les places en terrasse sont chères, principalement aux beaux jours, et principalement sur celle située sur le toit.

BAR - CAFÉ

LE BASTRINGUE

67, quai de Seine (19e) ✆ 01 42 09 89 27
M° Riquet
Ouvert du lundi au vendredi de 9h à 2h, le samedi de 17h à 2h, le dimanche de 10h à 20h.

Si le quai de Seine (comme celui de la Loire, tout proche) compte un nombre grandissant d'établissements, ce Bastringue mérite bien un détour. Valeur sûre du quartier, dans lequel il est implanté depuis de nombreuses années, il accueille les amateurs de pauses-café dans la journée, avant de s'animer immanquablement le soir, en semaine comme le week-end. Car en effet, entre les cocktails, les petits vins et les bières pression, les groupes d'amis se retrouvent ici, jouant parfois des coudes pour se frayer un chemin et trouver une place, et commandant d'excellentes planches à partager, à moins que vous ne choisissiez l'un des excellents plats à la carte. On recommande !

BAR - CAFÉ

BELUSHI'S

159, rue de Crimée (19e) ✆ 01 40 34 34 40 - M° Crimée ou Riquet
www.belushis.com/bars/paris/canal
Ouvert toute l'année. Du dimanche au jeudi de 7h à 2h ; le vendredi et le samedi de 7h à 5h.

Connu à Prague, Berlin, Londres ou Amsterdam, le Belushi's de Paris se situe dans l'enceinte d'un bâtiment au design écolo, le long du canal de l'Ourcq. Il attire une population jeune et variée, des *backpackers* à la clientèle de quartier, tout ce beau monde se mélange. Et puisqu'il s'agit d'éclectisme, le bar, composé d'une terrasse et de deux grandes salles, dont l'une en sous-sol, propose des soirées karaokés, *clubbing*, étudiantes, retransmissions de match, billards… C'est plein de vie, ambiance auberge de jeunesse à souhait, et les retransmissions sportives sont nombreuses. Le must : prendre un café situé sur la petite terrasse longeant le canal, au niveau de l'eau.

BAR À COCKTAIL

COMBAT

63, rue de Belleville (19e)
✆ 09 80 84 78 60
M° Belleville
Ouvert du mercredi au lundi de 18h à 2h.

En moins de trois années, Combat est devenu l'un des spots à cocktails du Nord-Est parisien, et ce n'est pas notre dernier passage ici qui va nous démentir. Si vous venez ici pour la première fois, vous serez surpris par les vastes baies qui changent des standards habituels en matière de décoration, par la clientèle souvent novice et branchée, et surtout par les cocktails réalisés devant vous, et bien sûr excellents. Six créations sont les stars de la carte – sous réserve que vous appréciez l'amertume. Un peu d'olive et de fromage complètent l'offre. L'endroit, très bien perçu par les amateurs, connaît une fréquentation souvent importante, notamment le week-end.

GUINGUETTE

KILOMÈTRE 25

12, rue Ella Fitzgerald (19e) ✆ 01 40 36 55 65 - Tramway T3b station Ella Fitzgerald.
www.kilometre25.fr
Ouvert du mercredi au dimanche.

Ouvert en 2021, le lieu ne cesse d'étonner. Il faudra bien repérer en amont avant de venir ici pour la première fois, car le lieu se mérite. En effet, situé sous le périphérique, entre les portes de Pantin et de la Villette, Kilomètre 25 est le bouillon de culture dans l'Est parisien – n'étant pas sans rappeler Grand Train, il y a plusieurs années dans le 18e. Boutiques, *foodtrucks*, ateliers, jeux, projections et autres rendez-vous difficiles à lister de manière exhaustive sont proposés ici, et les concerts sont nombreux, avec notamment pas mal d'électro le week-end. Sur 2 200 m², ce n'est pas la place qui manque. Reste à savoir combien de temps durera ce lieu prévu pour être temporaire.

ET SI ON PRENAIT UN VERRE ?

19E - 20E

BAR À BIÈRE

PANAME BREWING COMPANY

41 bis, quai de la Loire (19e) ✆ 01 40 36 43 55 - M° Crimée.
www.panamebrewingcompany.com
Ouvert tous les jours de 10h à 1h. Déjeuner de 12h à 15h et dîner de 18h30 à 23h. Wifi. Terrasse. Restauration.

Le Paname Brewing Company, ou PBC pour les intimes, propose des bières artisanales brassées ici même, à Paris. Plusieurs bières sont à découvrir : la Barge du Canal, l'œil de Biche, un Singe en Hiver, la saison Casque d'or ou encore la Bête noire black IPA par exemple. En plus de ces classiques, régulièrement des arrivages de saison sont proposés. Lorsque vous aurez choisi votre breuvage, il ne vous restera plus qu'à profiter de la terrasse qui donne sur le canal. Et si vous avez une petite faim, sachez que de délicieux menus *street food* sont à consommer à côté des cuves de bière. Mention toute spéciale pour les pizzas, fines et bien faites. Affluence forte en été.

BAR À VIN

PÉNICHE LA BOUGEOTTE

Bassin de la Villette (19e) ✆ 07 67 72 99 01
M° Riquet ou Laumière.
www.peniche-labougeotte.com
Ouvert du mardi au vendredi de 17h à 0h, le samedi de 12h à 0h. Présence quai de Loire d'octobre à mi-mai.

Voici une péniche pas comme les autres : non pas en raison de sa présence à Paris de l'automne au printemps, et en Bourgogne en été, mais parce que son concept est parmi les plus originaux. D'abord ici, on boit du bon vin : des dizaines de références, récupérées au fil des pérégrinations du bateau, et soigneusement sélectionnées. Ensuite, parce que l'on mange de chouettes planches, avec vue sur le canal à travers des hublots, et ça, on adore ! Enfin, parce qu'ici, on fait la promotion d'un moyen de transport respectueux de l'environnement, on crée du lien, on fait découvrir des produits d'excellence : un vrai coup de cœur, devenu un incontournable du quartier.

BAR DE QUARTIER

MONCŒUR BELLEVILLE

1, rue des Envierges (20e) ✆ 01 43 66 38 54
M° Pyrénées
www.moncoeurbelleville.com
Ouvert toute l'année. Tous les jours de 10h à 2h. Concerts.

L'établissement possède l'une des plus belles terrasses donnant sur la tour Eiffel, pourtant éloignée de plusieurs kilomètres. Situé sur le Belvédère, le Moncœur Belleville est un sport incontournable du quartier. Le chef propose une cuisine chic et de saison à petit prix. Côté boisson, le staff se montre très inventif avec par exemple des morceaux de concombre dans des bouteilles d'eau pour vous rafraîchir durant l'été. Toute l'année, des concerts de jazz, de pop et de chant a cappella sont organisés. Et des jeux de société sont toujours disponibles, idéal pour profiter de ce bar à vue pendant des heures ! Bref, vous l'aurez compris, c'est un spot incontournable.

BAR - CAFÉ

AU PETIT TONNEAU LEVALLOIS

100, rue Marius Aufan
LEVALLOIS-PERRET
✆ 01 47 58 56 37
M° Anatole France
www.aupetittonneaulevallois.com
Ouvert du lundi au vendredi toute la journée.

Un lieu plein de vie dans le cœur de Levallois, tel est ce Petit Tonneau que l'on vous recommande très vivement ! En semaine le midi, on déjeune ici de plats traditionnels soigneusement réalisés : des valeurs sûres sans mauvaise surprise, tant et si bien que beaucoup ont fait du lieu leur cantine ! Au-delà, l'endroit est un joli bar, qui est le cadre de plusieurs possibilités : petit déjeuner le matin, verre tout au long de la journée, et le soir, dans une chouette ambiance, l'afterwork est très prisé, tout autant que le choix de vins et les chouettes planches à partager.

EPICERIE FINE

BEERS & RECORDS

17, rue de l'Église - **MONTREUIL**
✆ 06 18 22 88 69
M° Croix de Chavaux
Ouvert du lundi au samedi.

Une équation aussi originale que bien pensée : les vinyles, dont le retour en force ne se dément pas, sont ici proposés en nombres, et couplés dans les propositions avec des bières, que vous pourrez donc vous procurer dans le même lieu. Si on peut consommer sans modération uniquement les premiers, on notera que le funk et le groove se taillent la part du lion. Du côté des breuvages, des dizaines de références. Et l'ensemble fonctionne bien : l'ambiance est familiale, tout le monde semble bien se connaître, et les nouveaux arrivants sont les bienvenus. Plutôt représentatif de ce nouveau Montreuil où éclosent bien des initiatives bienvenues, Beers & Records en est l'un des étendards.

BAR - CAFÉ

MAMA SHELTER PARIS LA DEFENSE - MAMA'S ROOFTOP

10, rue Jean Jaurès - **PUTEAUX** ✆ 01 40 81 02 02
M° Esplanade de la Défense.
Du lundi au mercredi 6h30-0h, jeudi/vendredi 6h30-2h, samedi 7h-2h, dimanche 7h-0h. Brunch le dimanche : 12h-16h.

Un nid cosy et tendance dans un environnement qui l'est tout autant : voici le dernier-né des rooftops de la Défense, signé Mama Shelter, qui a ouvert ici son dernier établissement. Au 14e étage, vous prenez ici un verre la tête dans les nuages, et la vue rivée vers la capitale, qui s'étend à vos pieds. L'ambiance très Mama – conviviale et tendance – est bien évidemment unique. Le lieu est animé par un service hors pair et très sympa, et la carte propose cocktails et boissons plus classiques. C'est bien le tout dernier lieu à tester sans hésiter.

ET SI ON PRENAIT UN VERRE ?

3^E^ - 5^E^

BAR À COCKTAIL

BISOU

15, boulevard du Temple (3e) ✆ 01 40 27 82 85
M° Filles du Calvaire
www.bar-bisou.fr
Ouvert toute l'année. Tous les jours de 17h à 2h.

Il est tout en profondeur, ce Bisou ! Pour ceux qui aiment, et c'est notre cas, la playlist musicale ne se la joue pas intimiste, et développe les standards des années 90 et 2000, la plupart du temps. Le long bar est propice aux discussions, la terrasse avec ses rondins de bois très *trendy*, et les cocktails, qui sont tous au même prix, sont vraiment bien pensés. Cerise sur le gâteau, la majeure partie des breuvages est composée de bons ingrédients qui ne sont dévoilés qu'après absorption. Oui, il faut se lancer avant de faire son choix, de prendre un risque mais au final celui-ci sera très mesuré. Un très bon point, en dépit de la fréquentation, très importante !

BAR À COCKTAIL

CANDELARIA

52, rue de Saintonge (3e) ✆ 01 42 74 41 28
M° Filles du Calvaire
www.candelaria-paris.com
Ouvert tous les jours de 18h à 2h. Restauration.

La Candelaria est avant tout une *taqueria*, autrement dit un bar à tapas. Mais si vous poussez la porte du fond de la salle, vous arriverez dans son bar caché, véritable paradis de la tequila et d'autres spiritueux ! Dans cet endroit qui ressemble à une grotte (les pierres au mur sont grattées, ceci explique cela), vous ouvrez la carte et lisez attentivement les descriptions des cocktails proposés, assorties d'un dessin mystérieux et d'une citation. Vous vous sentez audacieux ? Le Lari-Lari du Pérou devrait vous convenir. Aventureux ? El Chupacabras du Puerto Rico, avec son rhum de prestige, devrait vous faire voyager ! Au final, un endroit pas comme les autres.

BAR À COCKTAIL

FAT

8, rue de Beauce (3e) ✆ 01 83 87 99 14
M° Arts et Métiers ou Temple
www.fat.paris
Ouvert le mardi et le mercredi de 18h à 0h ; du jeudi au samedi de 18h à 2h.

De la culture, des couleurs, un lieu complètement différent, et qui gagne à être connu et qui commence à faire partie des bars incontournables de la capitale. Vous rentrez ici dans un lieu dont les murs sont tellement chargés que l'on jettera très rapidement un œil sur la carte des cocktails : belle et riche idée ! On parle ici de « boutique à cocktails », avec son plus connu, le fameux *No Diggity*. C'est aussi un endroit où l'on peut se restaurer à grand renfort de *street food*. Et puis franchement on ne s'ennuie pas ici, avec pas mal de stand-up qui sont proposés de manière régulière. C'est bien fait, c'est bon, c'est très à la mode : attention à la fréquentation le week-end !

BAR - CAFÉ

LE NID - COCON LUDIQUE

227, rue Saint-Martin (3e) ✆ 07 82 75 23 00 - M° Arts et Métiers
www.lenid-coconludique.com
Lundi : 17h30-0h. Mardi à samedi : 13h30-1h. Dimanche : 13h30–22h (12h pour les résa « Petit déjeuner »).

En plein cœur de Paris, le Nid vous accueille dans un bel espace de 100 m² qui compte plus de 500 jeux de société ! Ici, les passionnés invétérés comme les néophytes apprécieront les conseils des gérants et les événements proposant de tester des prototypes d'auteurs reconnus. Au bar, une petite carte de bières et de vins, qu'il faut légalement accompagner de quelque chose à grignoter (saucisson, grignotes, planches de charcuterie ou de fromage). Et si le jeu que vous avez testé vous a plu, sachez que le Nid est aussi une boutique ! Vous déambulerez ici au milieu de joueurs, alors attention à ne pas déranger les parties en cours. Une adresse vraiment originale et ludique en effet !

BAR À BIÈRE

LA RUÉE VERS L'ORGE

6, rue des Fontaines du Temple (3e)
✆ 01 49 96 53 70
M° Temple.
Ouvert le dimanche et le lundi de 15h à 23h.

Voici une chouette adresse de bar à bière à découvrir au cœur du 3e arrondissement : ici, ce sont plus de 250 références de bières artisanales qui vous attendent à température fraîche, idéale pour la dégustation. Très régulièrement, les breuvages sont renouvelés, et proposés bien évidemment selon vos goûts, mais aussi selon le degré d'alcool contenu – l'ensemble est bien évidemment à consommer avec la plus grande modération. Le cadre, enfin, est ultra-convivial : dans une cave voûtée avec pierres apparentes, ce n'est certes pas très grand, mais la relative étroitesse des lieux ne participe-t-elle pas à cette ambiance qui fait entièrement partie de la réputation du lieu ?

BAR À VIN

AU DOUX RAISIN

29, rue Descartes (5e)
✆ 01 43 29 31 13
M° Cardinal Lemoine
www.audouxraisin.com
Lundi-samedi : 18h-2h. Dimanche : 12h-2h.

C'est évidemment d'abord un restaurant, qui compte à sa carte des spécialités bien françaises, hors pair, cuisinée avec cœur. Mais c'est aussi un très chouette endroit pour savourer de grands crus soigneusement sélectionnés avec un peu de charcuterie. Et on aime fort ! L'endroit arrive à éviter les clichés, et n'est ni un bougnat, ni un bistrot d'antan, mais bien un lieu de vie à part entière, avec sa personnalité propre. Alors on boit de bons produits, mais on a également l'impression – vérifiée – d'être dans un lieu authentique. De même, le patron est ici un personnage, qui parle franc et qui aura à cœur de vous faire découvrir son endroit et ses trouvailles. On adore.

CAFÉ-CONCERT

BAISER SALÉ

58, rue des Lombards (1er) ✆ 01 42 33 37 71 - M° Châtelet
www.lebaisersale.com
Ouvert de 15h à 4h. Concerts à partir de 19h et autour de 20 € par personne.

À l'origine de ce fameux club de jazz, on trouve les Gibson's Brothers, trio martiniquais très populaire des années 1970-1980. De cette naissance sous des auspices caraïbes est resté le goût des musiques afro, au sens large du terme. On a aussi beaucoup entendu de formations de style jazz fusion. Quelques noms d'artistes qui ont marqué plus de deux décennies de musiques très chaudes : Richard Bona, Angélique Kidjo, Monica Passos, Mario Canonge… Et l'aventure continue sur les mêmes rythmes. Cependant, le Baiser Salé est également un bar avec terrasse très apprécié pour ses *happy hours* généreuses. Il ne faudra pas arriver trop tard si vous souhaitez profiter de sa terrasse !

CONCERT

THÉÂTRE DU CHÂTELET

1, place du Châtelet (1er) ✆ 01 40 28 28 28
M° Châtelet ou Hôtel de Ville - www.chatelet.com
Ouvert toute l'année. Horaires et tarifs variables selon les spectacles à l'affiche.

Le Théâtre du Châtelet a été inauguré en 1862 au temps de Napoléon III. On aurait presque oublié que le théâtre a connu, pendant une longue période et jusqu'en 2020, une profonde rénovation : le lieu reste pourtant toujours aussi beau. Inscrit aux Monuments historiques, il compte pas moins de 2 010 places. Comédies musicales, musique classique, récitals divers, la programmation reste toujours aussi éclectique et de qualité. Des ateliers et spectacles pour le jeune public sont également proposés, et vous pouvez également vous procurer des cartes cadeaux : le théâtre sait vivre avec son temps ! En bref, un immanquable lieu culturel de Paris, dont la municipalité est propriétaire.

THÉÂTRE

COMÉDIE-FRANÇAISE

1, place Colette (1er) ✆ 01 44 58 15 15
M° Palais Royal - Musée du Louvre
www.comedie-francaise.fr
Programmation en ligne. Par téléphone : du lundi au samedi de 11h à 18h. Boutique.

Aussi connue sous le nom du « Français », cette institution fut créée voilà bientôt 340 ans. C'est au roi Louis XIV, grand amateur de divertissements, qu'on doit sa création. Les pièces de Molière y sont évidemment jouées mais aussi celles de Racine ou de Scarron qui, rappelons-le, épousa celle qui devint la dernière épouse du roi, Madame de Maintenon. Au cours des siècles, la Comédie française n'a pas bougé de la place Colette, à deux pas du palais royal. Prenez le temps d'entrer dans le hall et de visiter le musée. Mais on ne saurait trop vous recommander d'assister à une représentation : classique ou création contemporaine, vous aurez l'embarras du choix.

CINÉMA

LE GRAND REX

1, boulevard Poissonnière (2e) ✆ 01 45 08 93 89
M° Bonne Nouvelle. - www.legrandrex.com
Ouvert tous les jours. Horaires des séances sur le site internet. Boutique.

Classé Monument historique, c'est un cinéma géant composé de sept salles. Ouvert en 1932 par Jacques Haïk, le Rex connaît un succès immédiat avec sa décoration luxueuse, ses 2 000 m² et son plafond en voûte étoilée culminant à plus de 30 m. La qualité de la projection est exemplaire. Mais le Grand Rex, c'est aussi un lieu où sont présentés des concerts et des comédies musicales capables de remplir une salle comprenant plus de 2 700 places environ sur trois niveaux. Un musée et une discothèque complètent le vaste ensemble. Notez qu'à l'occasion de ses 90 ans, le Grand Rex a dévoilé une refonte de la sublime façade, dans le respect du classement Art déco dont elle bénéficie !

CAFÉ-CONCERT

LE DUC DES LOMBARDS

42, rue des Lombards (1er) ✆ 01 42 33 22 88 - M° Les Halles
www.ducdeslombards.com
Lundi-jeudi : 19h30 à minuit. Vendredi, samedi : 19h30-4h. Deux concerts par soir du lundi au samedi : 19h30 et 22h.

Temple des amateurs de jazz et doté d'une acoustique exceptionnelle, Le Duc programme des talents d'aujourd'hui avec une exigence constante. Solistes et groupes de jazz, parfois venus de très loin, se succèdent pour proposer les *sets* les plus aboutis, performants, envoûtants. A noter qu'il est aussi possible de s'installer sur une banquette confortable au premier étage et déguster un délicieux cocktail ou encore combler un petit creux avec au menu des planches de fromages et de charcuterie, voire des assortiments plus gourmands comme l'assiette de foie gras et son confit... Et puis on ne confondra le lieu avec la chapelle du même nom, qui elle est située vers Bastille !

SALLE POLYVALENTE

LE MÉLO D'AMÉLIE

4, rue Marie-Stuart (2e) ✆ 01 40 26 11 11
M° Etienne Marcel
www.lemelodamelie.com
Spectacles selon jours et horaires : du mardi au dimanche.

Le Mélo d'Amélie, c'est un très chouette lieu qui se distingue par la multiplicité, et la diversité des spectacles qui y sont proposés : comédies de boulevard, *one man shows*, spectacles pour jeune public… De jeunes talents mais aussi des comédiens chevronnés montent sur les planches de ce théâtre qui se dit « convivial » – à juste titre. Au fil du temps, le Mélo d'Amélie – quatre-vingt-dix places – est également devenu un producteur de spectacles pour d'autres salles parisiennes. Notez également que le lieu propose des stages et formations, comme ceux en rapport avec l'improvisation, ou la possibilité d'acquérir les bases pour jouer la comédie, sur des planches et même face à la caméra.

TOUT UN SPECTACLE !

3E - 4E

CAFÉ-CONCERT

LE CONNÉTABLE

55, rue des Archives (3e) ✆ 01 42 77 41 40 - M° Rambuteau.
www.leconnetable.e-monsite.com
Lundi au samedi de 19h à 5h. Restaurant de 19h à 23h. Bar de 18h30 à 5h.

Juste en face des Archives nationales, voici une adresse originale puisque cet hôtel particulier abrite une superbe salle aux poutres apparentes qui fait taverne et salle de concert. On peut aussi y manger une bonne cuisine française à base de produits du terroir et les assiettes sont bien garnies. Si la journée le restaurant a des airs très chics, le soir la taverne accueille des noctambules de tous les âges qui viennent y écouter les groupes qui se produisent dans la cave voûtée, généralement à partir de 21h. C'est plutôt de la chanson française et les artistes sont assez doués. Un bon plan pour écouter de la musique dans un lieu inattendu et jusqu'à pas d'heures...

ART & CULTURE

MASSIMO DE CARLO - PIÈCE UNIQUE

57, rue de Turenne (3e)
M° Chemin Vert ou Saint-Paul.
www.massimodecarlo.com
Ouvert du mardi au samedi de 11h à 19h.

Le principe est aussi simple qu'original : faire d'un petit espace commercial en rez-de-chaussée le lieu d'exposition d'une unique œuvre. Ainsi, passant rue de Turenne, le concept, appelé logiquement « Pièce Unique » du galeriste Massimo de Carlo, vous donne à voir, sans autre fioriture que l'espace nu, une pièce soigneusement choisie. Signé par l'architecte japonais Kenzo Kuma, l'endroit vous donne à apprécier, au moment où nous rédigeons cet article, la création « Clay Baby » de Kaari Upson. Vous qui passez par ici, prenez quelques instants pour admirer cette merveille !

SPECTACLE

LA GAÎTÉ LYRIQUE

3 bis, rue Papin (3e) ✆ 01 53 01 52 00 - M° Réaumur-Sébastopol
www.gaite-lyrique.net
Du mardi au vendredi de 14h à 20h ; le week-end de 12h à 19h. Ouverture les soirs en fonction de la programmation.

Ce superbe lieu est entièrement consacré aux arts numériques, et se trouve dans un ancien théâtre construit en 1862. Investi par l'éphémère parc d'attractions Planète Magique en 1989, le théâtre est resté inoccupé pendant vingt ans. Seuls la façade, l'entrée et le foyer du premier étage sont d'origine. À la place de l'ancienne salle ont été créés des espaces quasiment nus où les artistes utilisant des techniques numériques peuvent s'exprimer librement. La programmation fait preuve de beaucoup d'imagination et vous réserve de belles surprises à travers des expositions, des performances, des concerts et une multitude d'événements. Vous trouverez la programmation complète sur le site internet.

SALLE POLYVALENTE

CAFÉ DE LA GARE

41, rue du Temple (4e) ✆ 01 42 78 52 51
M° Hôtel de Ville ou Rambuteau.
www.cdlg.org
Ouverture en fonction de la programmation.

Pour vivre heureux, vivons cachés ? Bien que célébrissime, le café-théâtre se niche depuis toujours derrière une porte cochère, dans la cour d'un ancien relais de poste, l'auberge de l'Aigle-d'Or. Créé en 1969, à l'initiative de Coluche et Romain Bouteille, il révolutionne alors la scène parisienne et c'est un peu le précurseur du Splendid. La salle, qui a fêté ses 50 ans en 2019, a vu défiler beaucoup d'humoristes célèbres sur ses planches : Smaïn, Marc Jolivet, Farid Chopel, Elie et Dieudonné, Chevallier et Laspalès, Benoît Poelvoorde, Patrick Timsit, Dany Boon, Didier Porte... On compte près de 400 places dans ce lieu particulièrement chargé d'histoires – drôles bien sûr.

ART & CULTURE

GALLERIA CONTINUA

87, rue du Temple (3e)
M° Rambuteau
www.galleriacontinua.com
Ouvert du mardi au dimanche de 10h à 18h.

Les trois Italiens passionnés d'art qui ont ouvert au début des années 1990 leur galerie en Toscane ont fait un sacré bout de chemin. Ainsi, de Rome à São Paulo en passant par Pékin, leurs espaces sont situés un peu partout. Spécialiste de l'art contemporain, Galleria Continua propose dans son espace parisien, sur plus de 800 m², de très nombreuses références. L'enseigne se veut ainsi comme un lieu de rencontres et même d'achat d'objets. On peut ici déambuler librement, prendre un café, et en prendre plein les yeux. Les novices ou simples curieux sont également les bienvenus ici, car la notion de partage ne s'arrête pas, selon la philosophie maison, aux initiés.

ART & CULTURE

LE PAVILLON DE L'ARSENAL

21, boulevard Morland (4e)
✆ 01 42 76 33 97
M° Sully Morland
www.pavillon-arsenal.com
Ouvert du mardi au dimanche de 11h à 19h. Gratuit.

Abrité sous une grande halle métallique du XIXe siècle, au cœur du Paris historique, le Pavillon de l'Arsenal est l'espace vivant de toutes les disciplines urbaines. Attentif à la fabrication de la métropole, pionnier des architectures émergentes, le centre d'urbanisme et d'architecture de Paris et de la Métropole est un lieu d'échanges et de découverte gratuit et accessible à tous. Expositions, conférences, visites, ateliers jeune public, le Pavillon de l'Arsenal propose toute l'année, de nombreuses manifestations pour inviter tous les publics à comprendre la transformation de la ville telle qu'elle s'invente aujourd'hui. Sans oublier une jolie librairie !

SALLE POLYVALENTE

LE POINT-VIRGULE

7, rue Sainte-Croix-de-la-Bretonnerie (4e) ✆ 01 42 78 67 03
M° Hôtel de Ville - www.lepointvirgule.com

Ouvert toute l'année. Horaires variables. Tarif plein pour un spectacle : 21€.

C'est un des cafés-théâtres les plus célèbres de la capitale ! Des comédiens alors inconnus, ainsi que des metteurs en scène et des auteurs, reprennent cette salle à leur compte dans les années 70 et la baptisent le Point-Virgule. Dans ce café-théâtre, on a vu Jean-Marie Bigard, Pierre Palmade, Elie Kakou, Sophie Forte, Jean-Jacques Devaux, Michel Muller, Albert Meslay, Virginie Lemoine, Florence Foresti, Anne Roumanoff, Stephane Guillon, Chantal Ladesou… Vous l'aurez donc compris, pas mal de futurs grands sont passés par ici, et les pépites de demain sont probablement en train de s'y produire. A noter enfin que ce lieu propose également des spectacles pour le jeune public.

SPECTACLE

THE JOKE COMEDY CLUB

37, rue Quincampoix (4e) ✆ 01 88 40 03 40
M° Châtelet.
www.thejoke.fr

Ouvert tous les jours. Billets à partir de 5 €.

L'endroit révolutionne l'exercice : ouvert il y a environ une année, The Joke est un Comedy Club pas comme les autres. Bien différent de bon nombre de lieux similaires, ici vous prenez place dans un lieu cosy et intimiste pour boire un verre en regardant les talents confirmés, ou ceux de demain, sur scène. Ce confort, qui est également valable pour les artistes, va de pair avec une programmation qui se décline selon les artistes, entre débutants et figures bien connues. Le public peut également être sollicité, par exemple lors des sessions Hold-up : le public est appelé à élire le plus drôle des talents, ce dernier repartant avec la caisse. Assurément un immanquable du genre !

THÉÂTRE

THÉÂTRE ESPACE MARAIS

22, rue Beautreillis (4e) ✆ 01 48 04 91 55 - M° Sully-Morland ou Saint-Paul ou Bastille.
www.theatreespacemarais-evenements.com

Ouvert toute l'année. Programmation sur le site internet.

Le théâtre est installé dans un lieu historique bâti en 1676, l'hôtel de Charny. Baudelaire y a habité et Cézanne y installa un atelier. Particularité de la salle : les spectateurs entourent la scène, et sont assis dans un fauteuil ou sur une banquette ou en placement libre (tarifs plus bas). Le programme affiche toute l'année un grand nombre de pièces classiques et contemporaines signées Molière, Beaumarchais, Marivaux, Voltaire, Feydeau ou des adaptations de textes littéraires de Camus, Zweig, Sartre, Genet. Le théâtre est aussi un lieu de formation pour les enfants, les adolescents et les adultes, du niveau débutant à avancé, amateurs ou semi-pro (cours et stages).

CABARET

LE PARADIS LATIN

28, rue du Cardinal-Lemoine (5e) ✆ 01 43 25 28 28
M° Cardinal-Lemoine ou Jussieu
www.paradislatin.com

Tarifs et horaires selon spectacles et prestations (midi et soir).

On célèbre ici l'amour et la magie de Paris devant sept cents couverts ! La revue comprend des numéros dansés et chantés – dont du french cancan –, des attractions – trapèze, jonglage… Relancé dans les années 1970, ce lieu a retrouvé sa destination première, contrariée pendant des décennies. Au début de son histoire, on trouve Gustave Eiffel. Eh oui, celui-ci n'a pas construit que des ponts et une tour ! On lui doit ce Paradis Latin, bâti sur les fondations d'une autre salle de spectacle, le théâtre Latin. Cet établissement ouvert en 1803 avait été détruit par un incendie en 1870. Il connut un beau succès et fut fréquenté par Honoré de Balzac, Alexandre Dumas père et fils, Prosper Mérimée…

THÉÂTRE

THÉÂTRE DE LA HUCHETTE

23, rue de la Huchette (5e) ✆ 01 43 26 38 99 M° Saint-Michel ou Cluny-La Sorbonne, RER B et C Saint-Michel-Notre-Dame
www.theatre-huchette.com

Consulter la programmation.

Le metteur en scène Georges Vitaly est à l'origine de la création de cette salle ouverte en 1948. De jeunes comédiens y ont fait leurs premières dents : Jacqueline Maillan, Claude Gensac, Pierre Mondy, Jean-Louis Trintignant… Parti pour diriger le théâtre de La Bruyère en 1952, Vitaly cède la direction de la salle à Marcel Pinard qui permet à Ionesco de voir monter ses œuvres. Depuis le 16 février 1957, *La Cantatrice chauve* et *La Leçon* de ce même Ionesco sont jouées ici. C'est un record de longévité mondial ! Cependant, dans cette petite salle de 100 places, en seconde partie de soirée, se joue une pièce récente, cette fois comme dans n'importe quel théâtre.

THÉÂTRE

LE LUCERNAIRE

53, rue Notre-Dame-des-Champs (6e) ✆ 01 45 44 57 34 -
M° Notre-Dame-des-Champs ou Saint-Placide
www.lucernaire.fr

Ouvert tous les jours. Programme et tarifs en ligne. Restauration. Librairie. Cinéma. Théâtre.

Le Lucernaire a été créé en 1968 par Christian Le Guillochet et Luce Berthommé, comédiens, auteurs et metteurs en scène. Il se trouvait impasse d'Odessa, à Montparnasse, dans une usine désaffectée. Sept ans plus tard, il s'installe dans un nouvel espace et, en 1984, le Lucernaire reçoit le label de centre national d'Art et Essai. De grands artistes comme Laurent Terzieff et Daniel Emilfork, ainsi que de jeunes compagnies y ont créé ou revu des textes contemporains et classiques. On y trouve deux salles, l'une « noire », l'autre « rouge ». En outre, le Lucernaire dispose de trois salles de cinéma classées Art & Essai, d'une galerie d'art, d'une librairie et même d'un restaurant.

TOUT UN SPECTACLE !

8E - 9E

CABARET

CRAZY HORSE

12, avenue George-V (8e) ✆ 01 47 23 32 32
M° Alma Marceau
www.lecrazyhorseparis.com
Tarifs et horaires selon programme choisi.

Le plus célèbre des cabarets parisiens était à l'origine une cave à vin. Aujourd'hui, les paillettes et le glam de la troupe lui ont même permis de s'offrir sa propre cuvée de champagne. C'est dire si les danseuses ont su attirer les sourires émoustillés d'un public conquis ! Dernièrement, le cabaret a présenté le spectacle *Totally Crazy !*, rétrospective des tableaux les plus emblématiques du Crazy Horse depuis ses 65 ans d'existence. Retrouvez ainsi les créations les plus mythiques du cabaret, de 1951 à aujourd'hui. Lancé par le non moins mythique Alain Bernardin, l'endroit accueille de manière irrégulière des personnalités, qui se prêtent au jeu. Bluffant – parfois !

CABARET

CASINO DE PARIS

16, rue de Clichy (9e) ✆ 08 92 69 89 26 - M° Liège, Trinité d'Estienne d'Orves, Saint-Georges - www.casinodeparis.fr
Ouvert toute l'année. Consulter le site pour connaître les horaires des différents spectacles.

La mythique salle au passé chaotique (promise à la démolition au début des années 1980 avant de connaître une profonde rénovation à la fin des années 2000) est l'une des valeurs sûres. Auparavant dédié aux spectacles assis, le Casino de Paris présente également des spectacles aussi divers que concerts, soirées, défilés de mode, revues, one man show... Aujourd'hui, misant sur l'humour, l'endroit fait le plein régulièrement, et il n'est pas rare de voir de longues files d'attente s'étirer sur le trottoir de cette rue en pente douce. Parmi les derniers spectacles, celui d'Hubert-Félix Thiéfaine, mais aussi des ballets, comme *Casse-Noisette* ou *le Lac des Cygnes* par exemple.

THÉÂTRE

THÉÂTRE DE LA MADELEINE

19, rue de Surène (8e) ✆ 01 42 65 07 09
M° Madeleine
www.theatre-madeleine.com
Ouverture selon les spectacles. PMR : réservation par téléphone.

C'est une superbe salle à l'italienne dotée de sept cent trente places. Le théâtre de la Madeleine possède une élégance remarquable. Il a été construit en 1924 à l'emplacement d'un manège de chevaux. Sacha Guitry y a donné de nombreuses pièces dans les années 1930 et 1940 comme par exemple « N'écoutez pas, Mesdames », de même qu'André Roussin durant les décennies suivantes. Le couple de comédiens Simone Valère et Jean Desailly en a assuré la direction de 1972 à 2002. Frédéric Franck et Stéphane Lissner en ont ensuite pris la tête, avant de nouveaux changements de direction. Ces dernières années, Audrey Tautou, Eddy Mitchell ou encore Roschdy Zem y ont rencontré un franc succès.

THÉÂTRE

COMÉDIE CAUMARTIN

25, rue Caumartin (9e) ✆ 01 47 42 43 41 - M° Havre-Caumartin ou Madeleine.
www.comedie-caumartin.com
Ouverture selon programmation.

La Comédie Caumartin fait partie de ces théâtres populaires où le rire s'invite chaque soir depuis plusieurs décennies. Y été jouées ici de nombreuses pièces de Georges Feydeau, Tristan Bernard et Sacha Guitry. On peut y voir aussi des « seul en scène » à l'instar de Sandrine Alexi, Franck Dubosc ou encore Jean-Luc Lemoine… Bâti en 1906, ce théâtre de 400 places a été nommé comédie Royale avant d'adopter son nom actuel en 1923. Il ferme en 1932 et reprend vie 20 ans plus tard grâce à la troupe de Jacques Fabbri. De 1960 à 1980, il présente Boeing Boeing, le vaudeville inusable de Marc Camoletti repris ensuite au théâtre Michel. Depuis, s'enchaînent les pièces de boulevard.

THÉÂTRE

THÉÂTRE TRISTAN-BERNARD

64, rue du Rocher (8e) ✆ 01 45 22 08 40
M° Villiers ou Saint-Lazare
www.theatretristanbernard.fr
Horaires selon séances.

Cette salle de quatre cents places située en dehors des théâtres de boulevard existe depuis 1911. D'abord nommée théâtre Albert-Ier, son nom actuel vient du fait que le lieu a été dirigé par le dramaturge Tristan Bernard dans les années 1930. Il adopte le patronyme du comédien Charles de Rochefort quand celui-ci en prend la direction quelque temps après, à la veille de la guerre. Il y présente des pièces à énigmes policières. Durant les vingt dernières années, le théâtre Tristan-Bernard a connu de beaux succès tels que André le Magnifique et Brèves de comptoir. Aujourd'hui dirigé par Pascal Guillaume, le théâtre propose une programmation éclectique de spectacles.

CABARET

LES FOLIES BERGÈRE

32, rue Richer (9e) ✆ 08 92 68 16 50 - M° Grands Boulevards, Cadet ou Poissonnière. - www.foliesbergere.com
Ouvert toute l'année. Réservation par téléphone : lundi- vendredi 10h-14h ; 15h-18h. Au guichet : mardi et jeudi 12-14h.

Très belle salle de concert à la façade Art déco et à l'accueil rococo ! Internationalement connue depuis son ouverture il y a plusieurs décennies, elle ne désemplit pas ! Il faut dire que cet espace aux rideaux roses et sièges de velours rouge est excellent niveau acoustique. Aujourd'hui, les Folies changent de costumes régulièrement : salle de concert le jour, club branché la nuit. Ce cabaret mythique a encore de belles heures à vivre ! Après avoir connu des heures moins fastes, il a retrouvé toute sa splendeur et propose une programmation originale, alternant one man (ou woman) shows, concerts et même quelques comédies musicales. Une salle mythique d'où l'on repart rarement déçu !

ART & CULTURE

FONDATION TAYLOR

1, rue La Bruyere (9e) ✆ 01 48 74 85 24
M° Saint Georges.
www.taylor.fr
Ouvert du mardi au samedi de 13h à 19h. Gratuit.

Fondée par le baron Taylor, l'association du même nom regroupe peintres, sculpteurs, graveurs, architectes et dessinateurs. Son but ? Soutenir la création artistique selon deux biais : l'attribution de bourses et de prix, d'une part, et l'organisation d'expositions, d'autre part. Cette dernière possibilité de visite, entièrement gratuite, propose plusieurs salles sur différents niveaux dans un très bel immeuble. En ce moment, les peintures de Carlos Araya Vargas, les dessins d'Elise Steiner ou encore les sculptures de Jeanne Rimbert sont exposés. Enfin, avis aux artistes : vous pouvez déposer vos dossiers pour le concours 2023 ! Artistes en herbe, c'est donc à vous de jouer !

CABARET

LA NOUVELLE ÈVE

25, rue Pierre-Fontaine (9e) ✆ 01 48 74 69 25
M° Blanche
www.lanouvelleeveparis.com
Ouvert tous les jours. Restauration.

« Paris je t'aime » est le titre de la revue donnée ici. Des danses, dont un incontournable french cancan, des attractions comiques, du mime, du jonglage, des acrobaties… sont au programme de cette salle de deux cent quatre-vingts places, ouverte en 1949. Dès les premières années, les revues montrées bénéficient alors de talents tels que Erté et Balenciaga. Le pli était pris et La Nouvelle Eve a continué d'offrir à ses spectateurs des shows chatoyants. Notez que, comme tout cabaret qui se respecte, l'endroit propose également de dîner sur place en admirant la revue : c'est excellent. Attention : la réservation est impérative, vous risqueriez de ne pas trouver de place !

CONCERT

OPÉRA GARNIER

Place de l'Opéra (9e) ✆ 08 92 89 90 90 - M° Opéra.
www.operadeparis.fr
Visites : tous les jours de 10h à 18h15 en été ; de 10h à 16h30 le reste de l'année. Tarif : 14 €. Réduit : 10 €.

Voulu par Napoléon III, le Palais Garnier est une des pièces maîtresses des grands travaux du baron Haussmann, et dont Charles Garnier en est l'architecte. Ce fastueux temple de l'art lyrique et de la danse classique est inauguré en 1875, et on l'admire autant pour ses programmes que pour son architecture : grand escalier à double révolution qui s'élance sous une nef en marbre de teintes variées, foyers qui recèlent des sculptures et des peintures en abondance. Quant à la salle, dominée par les couleurs rouge et or, elle bénéficie d'un immense lustre de cristal – 8 tonnes ! – et d'un plafond peint par Chagall en 1964. Attention, en cas de répétition, la salle est inaccessible.

THÉÂTRE

THÉÂTRE MOGADOR

25, rue de Mogador (9e)
✆ 01 53 33 45 30
M° Trinité-d'Estienne-d'Orves
www.mogador.net

Durant les Années folles, on y voit les Ballets russes, des concerts de musique classique, des mélodrames. Et des opérettes, cela jusqu'aux années 1970. Le lieu accueille ensuite toute sorte de spectacles : concerts rock et chanson, pièces de théâtre, comédies musicales… Devenu filiale du groupe Stage Entertainment, l'endroit a retrouvé sa splendeur il y a une dizaine d'années, pour se consacrer principalement à la diffusion de spectacles mélangeant théâtre et musique (*Le Roi Lion*, à l'affiche au moment où nous terminons ce guide). La salle, sublime, peut accueillir 1 628 spectateurs et on y trouve 6 bars – trois au rez-de-chaussée, un au premier balcon et deux au deuxième balcon !

THÉÂTRE

THÉÂTRE TRÉVISE

14, rue de Trévise (9e) ✆ 01 45 23 35 45 - M° Grands-Boulevards ou Cadet.
www.theatre-trevise.com
Ouvert toute l'année.

Situé à côté des Folies Bergère, le théâtre Trévise est l'une des grandes adresses du rire à Paris. Et c'est bien la liberté de ton qui caractérise ce théâtre. La scène est ouverte aux jeunes talents, ainsi qu'aux musiques du monde et à la danse. Certains sont morts de trac, d'autres prometteurs, et même certains futurs grands se produisent ici. Sont notamment passés au Trévise : Jamel Debbouze, Eric et Ramzy et bien d'autres artistes. A noter que la scène est ouverte aux artistes qui veulent rejoindre le Festival international d'expression artistique libre et désordonnée. De belles découvertes en prévision et beaucoup de rires bien sûr sinon ce ne serait pas le Trévise !

CAFÉ-CONCERT

NEW MORNING

7-9, rue des Petites-Écuries (10e) ✆ 01 45 23 51 41
M° Château d'Eau
www.newmorning.com
Pogrammations, horaires et tarifs à découvrir sur le site.

C'est un lieu mythique où se sont produits de très grands noms du jazz, à commencer par Art Blakey le soir de son ouverture en 1981. Suivirent Chet Baker, Stan Getz, Dexter Gordon, Dizzie Gillespie et tant d'autres. C'est l'une des salles parisiennes immanquables pour les amoureux de musique. L'endroit a longtemps été associé au jazz, et c'est vrai qu'il en diffuse beaucoup. Mais pas uniquement, car ces dernières années, l'endroit propose également blues, rock et pas mal de jeunes artistes que l'on imagine fort prometteurs. Attention, ce quartier est plein de sens interdits et les places de parking sont difficiles à trouver : il est donc préférable de venir en transports en commun.

TOUT UN SPECTACLE !

10E-12E

THÉÂTRE

THÉÂTRE DE LA PORTE-SAINT-MARTIN

18, boulevard Saint-Martin (10e)
✆ 01 42 08 00 32
M° Strasbourg-Saint-Denis ou République.
www.portestmartin.com

On doit cette salle à Marie-Antoinette. Elle est construite en 1781 et accueille des spectacles lyriques jusqu'en 1794. Après quelques années de déshérence, elle renaît sous le nom de théâtre de la Porte-Saint-Martin. On va y jouer des drames romantiques, de Dumas et Hugo notamment. La salle brûle durant la Commune de Paris et est reconstruite en 1873. *Cyrano de Bergerac* et *Chanteclerc*, d'Edmond Rostand y sont créés. Des comédiens célèbres ont arpenté la scène (Coquelin, Sarah Bernhardt…) et l'alternance entre classique et contemporain fait battre le cœur des lieux.

MUSIQUE - SPECTACLE

L'ALIMENTATION GÉNÉRALE

64, rue Jean-Pierre-Timbaud (11e) ✆ 01 43 55 42 50
M° Parmentier - www.alimentation-generale.net
Ouvert le mercredi, le jeudi et le dimanche de 19h à 2h ; le vendredi et le samedi de 19h à 5h. Entrée club : 10 €.

Dans cette « boutique », on trouve de tout : de quoi manger façon cantine italienne, boire et écouter de la musique au cours de concerts ou de sets de DJ. On peut aussi y assister à des projections de films, des spectacles de marionnettes, des performances ou y voir des œuvres d'art. Pour la musique, vous avez le choix entre électro, rock, groove, world, hip-hop, disco ou musette ! Allez-y en vous attendant à tout, ou bien consultez le programme sur le site Internet. Vous trouverez à coup sûr une ambiance festive et sympathique. On aime ! Les fins de semaine riment avec chaleur humaine, autant vous dire qu'il vous faudra jouer des coudes pour accéder au fumoir étriqué du sous-sol !

THÉÂTRE

APOLLO THÉÂTRE

18, rue du Faubourg-du-Temple (11e) ✆ 01 43 38 23 26
M° République
www.apollotheatre.fr
Horaires et tarifs variables.

Initialement consacré au cirque, ce lieu historique a été fondé par Phillip Astley en 1792. En 1922, près de 100 ans après un incendie, le lieu fut inauguré sous le nom « Le Temple » où se jouaient des pièces comiques. Aujourd'hui baptisée Apollo Théâtre, la salle oriente sa programmation vers les comédies, le one man et one woman show avec l'ambition de devenir une référence de la scène parisienne. Une place importante est réservée aux nouveaux talents. Un conseil : regardez régulièrement la programmation et si un spectacle affiche complet, n'hésitez pas à passer un coup de fil pour savoir s'il y a des annulations de dernière minute. On vous répondra avec plaisir !

CONCERT

BATACLAN

50, boulevard Voltaire (11e) ✆ 01 43 14 00 30 - M° Oberkampf
www.bataclan.fr
Ouvert toute l'année. Horaires et tarifs variables. Contacter la salle pour plus de détails.

Cette vieille dame, à l'allure de pagode chinoise, est infatigable depuis 150 ans. La salle de concert tout en rondeur, bordée de petites tables rondes et tabourets rouges, fait également office de *dancefloor*. Le Bataclan propose une programmation éclectique et de nombreuses soirées. C'est, depuis longtemps, le lieu des concerts (avec une programmation rock hors pair), de la danse, de la joie et des rires. Evidemment, impossible de ne pas penser à ceux tombés ici. Le Bataclan a depuis fait l'objet d'une vaste rénovation, prouvant que la vie continue, et a repris sa programmation avec un entrain sans faille, dans cette atmosphère festive si particulière.

CAFÉ-THÉÂTRE

PANAME ART CAFÉ

14, rue de la Fontaine-au-Roi (11e) ✆ 01 48 06 31 27
M° Goncourt
www.panameartcafe.com
Ouvert 7j/7 de 9h à 2h.

Si le quartier regorge de bars sympas, le Paname Art Café se démarque grâce à une initiative hors pair. Sa cave s'est muée en un espace totalement dévolu à des *stand up* d'humoristes en devenir. Alors, on vient ici non seulement pour siroter un verre ou deux mais aussi et surtout pour apprécier les dernières blagues d'un Youtubeur qui s'essaie sur les planches ou d'un comédien qui souhaite tester son spectacle avant sa tournée. Une belle occasion de découvrir de nouveaux talents dans une salle intimiste. Nina Azoulay, Christine Berrou, Booder, Alexis le Rossigno, BlagAda, Félix Dhjan et bien d'autres talents n'attendent que vous dans ce Comedy club bien sympathique !

CAFÉ-CONCERT

SUPERSONIC

9, rue Biscornet (75012) ✆ 01 49 23 41 90
M° Bastille.
www.supersonic-club.fr
Ouvert 7j/7 : 19h-2h et jusqu'à 4h le vendredi et le samedi.

Depuis quelques années, Supersonic, cet espace à la déco minimaliste prenant l'allure de loft new-yorkais et aux soirées très prisées, et l'un des hauts lieux de Bastille. La salle de 200 places, ouverte sur l'extérieur grâce à ses larges baies vitrées, programme en effet chaque soir des concerts, DJ sets et « soirées tributes », qui rendent hommage à des groupes tels que Nirvana ou Pink Floyd. La programmation est indie pop, psyché ou rock. Les boissons sont à un prix plutôt correct, surtout si l'on arrive pour l'happy hour. Certains trouvent les lieux froids : peut-être parce qu'ici, on laisse les personnes faire – ou créer – leur propre ambiance ? Nous, on valide !

THÉÂTRE

THÉÂTRE DE LA GAÎTÉ-MONTPARNASSE

26, rue de la Gaîté (75014) ✆ 01 43 20 60 56
M° Gaîté ou Edgar-Quinet
www.gaite.com
Programme en ligne. Restauration. Capacité : 399 sièges.

Une façade rococo avec guirlandes et masques : spectacle en vue ! C'est certainement ce que devaient penser les clients devant cette adresse il y a déjà plus d'un siècle et demi. Durant les Années folles, la salle proposait tours de chant, nus, drames... La Gaîté est ensuite devenue un music-hall. Après une fermeture dans les années 1950, l'aventure a repris avec Michel Fagadau. Bien des « grands » sont passés : Catherine Rich, Fanny Ardant, Niels Arestrup… Aujourd'hui, music-hall et théâtre se partagent l'affiche et il y en a pour tous les goûts et même pour les enfants !

CONCERT

L'EUROPÉEN

5, rue Biot (17e) ✆ 01 44 51 93 26 - M° Place de Clichy
www.leuropeen.paris
Ouvert toute l'année. Horaires et tarifs variables (voir le programme sur le site).

Des murs et des fauteuils rouges disposés en cercle : L'Européen est un cadre parfait pour écouter les artistes dans le domaine de la chanson française, des musiques du monde, du jazz ou du rock. Ce lieu de trois cent cinquante places est un ancien café-concert datant de 1872 : Fragson, Yvette Guilbert et Edith Piaf passèrent là. Dans les années 1950, on y joua des opérettes. Il fut aussi le théâtre en Rond, animé par des metteurs en scène et comédiens adeptes d'un retour aux formes originelles grecques du théâtre – esthétique « opposée » au théâtre à l'italienne. La salle a failli être démolie dans les années 1970, mais est toujours debout et on l'en remercie !

CONCERT

MAISON DE LA RADIO ET DE LA MUSIQUE

116, avenue du Président-Kennedy (16e) ✆ 01 56 40 15 16
RER C Kennedy - Maison de Radio-France
www.maisondelaradioetdelamusique.fr
Concerts classiques : horaires et tarifs variables. Plusieurs formules d'abonnement.

Radio France, qui regroupe l'ensemble des radios publiques, joue un rôle important dans le monde de la musique. Quatre formations en dépendent : l'Orchestre national de France, l'Orchestre philharmonique de Radio France, la Maîtrise de Radio France, et le chœur de Radio France. Ces dernières se produisent dans plusieurs salles de la capitale et d'ailleurs, mais aussi dans les murs de la « maison ronde ». Cet étonnant bâtiment circulaire – architecte Henry Bernard –, inauguré par le président Charles de Gaulle en 1963, a été rénové, et est proposé à la visite.

CABARET

CHEZ MICHOU

80, rue des Martyrs (18e) ✆ 01 46 06 16 04
M° Pigalle ou Abbesses - www.michou.com
Tous les jours : 20h15 (dîner-spectacle) et 22h30 (spectacle). Réservation groupe par téléphone : lundi-vendredi 11-18h.

Paré de son éternelle tenue bleue qu'il accessoirisait de ses plus belles solaires bleues, Michou ne passait pas inaperçu. Cette icône de Montmartre s'est éteinte en 2020, mais son cabaret poursuit ses activités comme avant et perpétue sa mémoire et son œuvre. Le spectacle « Folies Folles » vous emmène dans le tourbillon d'un Paris devenu trop rare. Sosies en tous genres se succèdent, avec talent, s'amusent d'eux-mêmes et avec la salle ! Les transformistes, qui officient également en salle, sont vraiment des personnages à part entière, et misent seulement sur leurs performances, mais aussi souvent avec humour, c'est très réussi. On pensera à bien réserver en avance, tant le lieu est prisé.

CINÉMA

LE CINÉMA DES CINÉASTES

7, avenue de Clichy (17e) ✆ 01 53 42 40 20
M° Place de Clichy
www.cinema-des-cineastes.fr
Ouvert toute l'année.

Rendez-vous des cinéphiles du Nord-Ouest parisien, ce Cinéma des Cinéastes est l'un meilleurs de Paris. L'offre est pointue : grands classiques, nouveautés, avant-premières et programmes réservés aux jeunes enfants. A l'étage, un bar-restaurant très agréable. L'histoire du lieu est quant à elle assez riche : au XIXe s., c'était le cabaret du Père Lathuille qui plus tard devint Le Kursaal fréquenté par Maurice Chevalier. Abandonné après 1945, le cinéma reprit des couleurs pendant la Nouvelle Vague. Mais c'est en 1987, grâce à Claude Berri et à la Société civile des Auteurs, Réalisateurs et Producteurs (ARP) que l'établissement est devenu un lieu incontournable pour tout cinéphile.

SALLE POLYVALENTE

LA CIGALE

120, boulevard Rochechouart (18e) ✆ 01 49 25 89 99
M° Anvers ou Pigalle
www.lacigale.fr
Ouvert toute l'année. Programmation sur le site.

Classée Monument historique, avec sa curieuse façade blanche sur laquelle n'apparaissent que peu de fenêtres, c'est l'un des monuments parisiens de la musique, dans l'un des plus bouillonnants quartiers de la capitale. Ce théâtre à l'italienne, d'environ mille quatre cents places avec parterre et balcon, est une scène éclectique qui accueille toutes sortes d'artistes. Beaucoup de musique bien sûr, mais aussi des spectacles. Notez également que la Boule Noire, au sous-sol, organise aussi des concerts, sur un mode bien évidemment plus intimiste. Réservez bien en amont, car l'endroit est très prisé pour sa programmation, et surtout anticipez en vérifiant régulièrement la programmation !

THÉÂTRE

L'ÉTOILE DU NORD

16, rue Georgette-Agutte (18e) ✆ 01 42 26 47 47
M° Porte de Saint-Ouen
www.etoiledunord-theatre.com
Ouvert toutes l'année. Programmation sur le site.

L'Etoile du Nord propose des pièces de théâtre et de danse ainsi qu'un programme jeune public constitué de spectacles de musique, de danse et de théâtre. Il est résolument tourné vers la création contemporaine, mais aussi vers le jeune public. Ancien théâtre Paris-Nord ouvert un temps dans les années 1970, la salle a été reprise une décennie après sous le nom de Dix-Huit Théâtre. Enfin, en 1997, l'endroit est rebaptisé L'Etoile du Nord. Il comporte deux cents places. Des ateliers de sensibilisation à la danse contemporaine, des ateliers de pratique théâtrale pour les amateurs, ainsi que des partenariats avec le milieu scolaire et différentes associations sont organisés ici.

CAFÉ-CONCERT

L'OLYMPIC CAFÉ

20, rue Léon (18e)
M° Château Rouge
Ouvert du mardi au samedi de 17h à 2h. Programme et tarifs en ligne.

L'Olympic attire une clientèle jeune et joyeuse. Il participe depuis des années à faire vivre ce bout de quartier multiculturel de la Goutte d'Or en étant un lieu ouvert à tous et dynamique. On s'y mélange joyeusement autour d'un verre dans un cadre simplissime, ancienne salle de bal du début du siècle. Des concerts ont lieu presque tous les soirs au sous-sol, axés sur une programmation cosmopolite et vraiment pêchue. C'est contemporain, unique, frais, propice aux découvertes d'exception. Un vrai lieu de brassage culturel loin des ambiances guindées de certains bars de la capitale, ici on danse, on vit, on rit, et on fait battre le cœur de l'Olympic avec sourire et désinvolture !

CABARET

AU LAPIN AGILE

22, rue des Saules (18e) ✆ 01 46 06 85 87
M° Lamarck – Caulaincourt
www.au-lapin-agile.com
Mardi, jeudi, vendredi, samedi : 21h-1h. Entrée : 35 € (spectacle et une consommation).

Ouvert depuis 1875, c'est le plus vieux cabaret de Montmartre, longtemps fréquenté par les plus grands : Picasso, Braque, Modigliani, Derain, Utrillo, Apollinaire... Les soirs, dans un lieu riche d'histoire, c'est la veillée autour d'artistes pétris de talent et de générosité, perpétuant la tradition. On respire ici un air devenu rare dans la ville, et même sur la Butte si chère au cœur des anciens. L'endroit, qui se veut le « conservatoire vivant de la chanson française », n'a pas tout à fait faux. Avoir vu passer tant et tant d'artistes permet aujourd'hui de considérer le Lapin Agile comme une valeur sûre en la matière. Une soirée hors du temps garantie !

CAFÉ-CONCERT

LAVOIR MODERNE PARISIEN

20, rue Léon (18e) ✆ 01 42 52 09 14
M° Château Rouge ou Marcadet–Poissonniers.
www.lavoirmoderneparisien.com
Ouvert toute l'année. Programmation sur le site.

Le Lavoir Moderne Parisien est comme son nom l'indique situé dans un ancien lavoir plein de charme – il date de 1850 – à l'intérieur fait de pierre et de bois – Emile Zola y envoie Gervaise dans son roman L'Assommoir. Le sculpteur César y travailla lorsque le lieu devint un atelier. Aujourd'hui, l'endroit s'affirme comme un « lieu des émergences créatives » en matière de musique, de théâtre et de danse. Gens de théâtre, danseurs, plasticiens et musiciens en tout genre se produisent dans cette salle de cent places, ainsi que dans l'« annexe », l'Olympic Café pour des créations hors normes. La programmation est si vaste qu'il est fort impossible que vous ne trouviez pas de quoi vous tenter.

SPECTACLE

LE MOULIN ROUGE

82, boulevard de Clichy (18e) ✆ 01 53 09 82 82
M° Blanche
www.moulinrouge.fr
Dîner et revue à 19h. Revue à 21h et 23h.

Le cabaret, peut-être le plus connu au monde, et qui est photographié chaque jour par des milliers de personnes, qui posent devant le fameux moulin surplombant le quartier : si le Moulin Rouge est un symbole, c'est aussi, et surtout pour beaucoup, des revues, un show absolument époustouflant auquel il convient d'assister au moins une fois dans sa vie. Vous pouvez bien sûr assister à un spectacle avec repas ou bien sans, en matinée. Le show, baptisé « Féerie » est une machine aussi impressionnante que bien réglée, un véritable feu d'artifice de prouesses des 60 Doriss Girls dont la beauté et les danses, typiquement parisiennes, sont absolument incroyables. Un immanquable.

SALLE POLYVALENTE

LE TRIANON

80, boulevard Rochechouart (18e) ✆ 01 44 92 78 03
M° Anvers
www.letrianon.fr
Horaires et tarifs variables, en fonction de la programmation.

Né en 1895, le Trianon-Concert est un des premiers music-halls parisiens. Détruit en même temps que son voisin l'Elysée Montmartre en 1900, il est reconstruit deux ans plus tard et est successivement nommé Trianon-Théâtre, théâtre Victor-Hugo et enfin Trianon tout court. Il a présenté au public des artistes comme le transformiste Fregoli et la jeune Mistinguett. Transformé en salle de cinéma en 1939, il revient au spectacle vivant en 1992. On y a donné des pièces de théâtre, des concerts classiques, mais c'est pour sa programmation dominée par la chanson que le Trianon est réputé. La salle s'est ouverte aux artistes internationaux et peut recevoir jusqu'à 1 500 personnes.

MOULIN ROUGE® PARIS
Féerie
REVUE DU PLUS CÉLÈBRE CABARET DU MONDE ! - THE SHOW OF THE MOST FAMOUS CABARET IN THE WORLD!
ER ET REVUE À 19H À PARTIR DE 225€ - REVUE À 21H ET 23H À PARTIR DE 85€ - DINNER AND SHOW AT 7PM FROM €225 - SHOW AT 9PM & 11PM FROM €85
ONTMARTRE 82, BLD DE CLICHY 75018 PARIS - TEL : 33(0)1 53 09 82 82 - WW MOULIN-ROUGE.COM

TOUT UN SPECTACLE !

18E

SALLE POLYVALENTE

LES TROIS BAUDETS

64, boulevard de Clichy (18e) ✆ 01 42 62 33 33 - M° Blanche
www.lestroisbaudets.com

Du mercredi au samedi : 15h-2h. Dimanche, lundi et mardi si concert (19h). Tarifs selon programme.

Une salle de spectacle mythique à la programmation éclectique qui fait la part belle aux jeunes talents de la chanson francophone. Les Trois Baudets ont vu défiler sur sa scène des jeunes gens nommés Jacques Brel, Georges Brassens, Serge Gainsbourg, Juliette Gréco, Mouloudji, Jacques Higelin… Rien que ça ! L'accès au bar et au restaurant est possible les soirs de concert de 19h à minuit. Après de très lourds travaux il y a une dizaine d'années, la salle propose deux cent cinquante places sur deux niveaux, des espaces de travail, un restaurant, un bar et un foyer. Pour assurer une parfaite insonorisation, la salle est « enfermée » dans un caisson posé sur pilotis.

JAZZ

LA GARE LE GORE

1, avenue Corentin-Cariou (19e)
M° Corentin Cariou.

Ouvert le lundi et le mardi de 12h à 4h ; du mercredi au dimanche de 12h à 6h.

L'ancienne gare de Petite Ceinture de Pont-de-Flandres accueille un jazz club de 200 m², profitant d'une terrasse et de jardins de près de 2 000 m² – voici pour la partie Gare. La nuit, le lieu devient un club, avec de nombreux sets de DJ – voici pour le côté Gore. Ce lieu aux multiples identités est désormais un incontournable de la ville, et la jeunesse branchée vient côtoyer les passionnés dans ce temple dédié à la musique. Un endroit atypique très prisé, et dont les lieux ne manquent ni d'histoire, ni de poésie. Prenez un verre sur l'ancien quai, au son du jazz, et savourez le moment. Pour la partie club, la programmation est généralement très pointue : on adore.

CONCERT

CABARET SAUVAGE

59, boulevard Macdonald (19e) ✆ 01 42 09 03 09
M° Porte de la Villette
www.cabaretsauvage.com

Tarifs et horaires variables. Restauration.

Le lieu a su, en vingt ans, se faire une place, et un nom au sein du paysage culturel parisien. Au Cabaret Sauvage, on reçoit beaucoup de musiciens venus d'un peu partout, la préférence est marquée pour la musique world, mais pas uniquement. Des moments de cabaret (évidemment), de cirque ou d'autres prestations culturelles sont régulièrement programmés. L'intérieur vaut le détour : miroirs biseautés, tapis, chapiteau... Divers festivals souvent branchés se déroulent ici. Attention toutefois : le lieu est en plein cœur du parc de la Villette, si vous venez de nuit, et pour la première fois, anticipez un peu votre arrivée. Il est certes bien indiqué, mais il vous faudra marcher un peu.

CAFÉ-CONCERT

GLAZ'ART

7-15, avenue de la Porte de la Villette (19e) ✆ 01 40 36 55 65 - M° Porte de la Villette - www.glazart.com

Club : vendredi, samedi : 0h-6h. Afters : samedi, dimanche : 6h30-17h. Parfois en semaine selon agenda : voir web.

Le Glaz'Art est peu à peu devenu le lieu culte de la scène underground parisienne, proposant festivals électro, concerts-expos d'artistes contemporains, projections de courts-métrages... Ce bar qui se veut plus qu'un simple lieu de consommation d'alcool se présente comme un véritable lieu de rencontre où se croisent différentes scènes de création artistique. Le lieu est particulièrement agréable en été, grâce à sa terrasse-jardin, idéale pour les fumeurs. Des soirées y sont régulièrement organisées. Pour en connaître la teneur, il suffit de consulter le site Internet. Pour trouver le Glaz'Art, sortez du métro, filez vers Aubervilliers et, à 200 m du périphérique, dirigez-vous à gauche.

SALLE POLYVALENTE

LE CENTQUATRE

104, rue d'Aubervilliers (19e) ✆ 01 53 35 50 01 - M° Stalingrad, Riquet, Marx Dormoy ou Crimée - www.104.fr

Ouvert du mardi au vendredi de 12h à 19h, le week-end de 11h à 19h.

Le 104 (ou CentQuatre) regroupe dans un seul et très vaste espace divers sites de création et de production artistique ouverts à toutes les disciplines, ainsi qu'une très riche programmation artistique. Plus étonnant encore, l'endroit est très prisé des artistes amateurs ou professionnels qui répètent leurs pièces, danses ou textes à la vue de chacun, sur les vastes plateaux dédiés. Quelle animation, à l'endroit même où a officié le service municipal des pompes funèbres – bâtiment de 1873 – jusqu'en 1997. Le Centquatre, ou 104, qui est un lieu d'art, vous l'avez compris, est aussi un lieu de vie. Des restaurants, brasseries et boutiques se répartissent dans l'immensité des lieux.

CONCERT

PHILHARMONIE DE PARIS

221, avenue Jean-Jaurès (19e) ✆ 01 44 84 44 84
M° Porte de Pantin
www.philharmoniedeparis.fr

Consulter le site web pour le musée et la programmation des différents espaces.

Imaginée dans les années 1990, inaugurée il y a – déjà – huit ans, c'est une salle de 2 400 places aux courbes ondulées, surmontée d'un orgue de 15 m, et dans laquelle le spectateur n'est jamais à plus de 32 m du chef d'orchestre ce qui, avec une acoustique hors pair, en fait un lieu unique au monde. Son architecture extérieure ne laisse personne indifférent : massive, imposante, ondulante, les adjectifs manquent. Notez qu'aux beaux jours, vous pouvez monter sur le toit via un cheminement dédié : vue imprenable sur la capitale ! Un pôle éducatif, une salle d'exposition, des studios, des espaces pour artistes en résidence et un restaurant complètent les lieux.

THÉÂTRE

THÉÂTRE DARIUS-MILHAUD

80, allée Darius-Milhaud (19e) ✆ 01 42 01 92 26
Mº Porte de Pantin
www.theatredariusmilhaud.fr
Ouvert en fonction de la programmation.

Dans ses deux petites salles, ce lieu propose du théâtre classique et contemporain, des comédies, du café-théâtre, des spectacles musicaux, des concerts et des spectacles pour enfants. Des spectacles pour enfants au répertoire contemporain, rien ne manque ici. On vient découvrir, parfois on teste, parfois on s'émerveille, mais on apprend toujours, et notamment les plus jeunes au travers de nombreux ateliers. Attention : pour trouver le théâtre, et si vous venez pour la première fois, faites attention, le lieu se trouve non pas difficilement, mais l'allée Darius-Milhaud n'est pas toujours très bien indiquée. Il se trouve à quelques dizaines de mètres de la porte de Pantin.

CONCERT

TRABENDO

211, avenue Jean-Jaurès (19e) ✆ 01 42 01 12 12
Mº Porte de Pantin
www.trabendo.fr
Horaires et tarifs variables selon la programmation.

C'est dans l'un des petits bâtiments rouges construits dans le parc de La Villette, selon les plans de Bernard Tschumi, que se situe le Trabendo. Si les historiens du parc se souviennent du premier établissement situé ici, le Trabendo a vite balayé le passé. Car depuis 2000, cette salle de sept cents places n'a cessé d'élargir sa programmation : Manu Chao, Calexico, The Neptunes, Bugge Wesseltoft sont passés là. À noter : les peintures murales sont signées par Futura 2000, figure historique du graff new-yorkais. Et le mot « trabendo » vient de *contrabando*, contrebande en espagnol. Il qualifie le système économique informel en algérien populaire. Lieu, programmation : tout est culture ici.

CONCERT

LE ZÉNITH

211, avenue Jean-Jaurès (19e) ✆ 01 44 52 54 56
Mº Porte de la Villette ou Porte de Pantin.
www.le-zenith.com
Horaires selon programmation.

Cette salle de concert n'était pas destinée à durer : elle existe depuis plus de 35 ans. Et le succès du Zénith est tel qu'il dispose de « copies » dans toute la France : à Strasbourg, Nantes, Orléans… Le Zénith est un lieu incontournable de la capitale, et pas un seul artiste à succès ne passe à côté de cette salle qui est l'une des trois plus vastes de la région Ile-de-France. Modulable – grande nouveauté de l'époque –, le bâtiment semble avoir été érigé il y a quelques années : ses dimensions, son allure générale n'ont pas vieilli. Plus largement, avec la Cité de la musique, la Grande Halle de La Villette et la Philharmonie, le lieu est compris dans un vaste complexe dédié à la musique.

CONCERT

LA MAROQUINERIE

23, rue Boyer (20e) ✆ 01 40 33 35 05 - Mº Ménilmontant (L.2) / Gambetta (L.3). - www.lamaroquinerie.fr
Ouvert tous les jours de 18h30 à 2h. Tarifs variables selon les concerts (autour de 25 €).

Cette salle de concert non dénuée de charme, aux lumières tamisées et à l'ambiance plutôt intimiste, est un lieu où le public et les artistes peuvent aisément se côtoyer et même partager un verre. La programmation à dominante musiques actuelles est très éclectique : pop, rock, reggae ou funk. La Maroquinerie est très impliquée dans la société : elle organise parfois des concerts pour de nobles causes ou des festivals insolites. La Maroquinerie possède, en outre, une excellente acoustique, ce qui permet pleinement d'apprécier les groupes qui s'y produisent. Regardez l'agenda : si un artiste vous plaît, alors n'hésitez pas à y foncer, car l'excellence de la salle fera le reste !

CAFÉ-CONCERT

LE VIEUX BELLEVILLE

12, rue des Envierges (20e) ✆ 01 44 62 92 66 - Mº Pyrénées
www.le-vieux-belleville.com
Ouvert du lundi au samedi de 11h à 15h ; le mardi et du jeudi au samedi de 20h à 2h.

Il vous faudra monter la butte de Belleville, vous perdre un peu dans un dédale de rues peu fréquentées, mais pleines de charme, et vous trouverez ce lieu si typique, dont le nom a lui seul résume bien l'esprit. Ici, des chansons, de l'accordéon, des soirées dédiées à la môme Piaf, à l'orgue de Barbarie avec Riton la Manivelle, vous l'aurez compris, on ressuscite un Paris d'autrefois. Pour boire un verre ou savourer une planche à partager, pour un repas avec de bons produits, une cuisine simple et des desserts qui tiennent au corps, c'est aussi un excellent lieu. Si les fantômes des artistes d'autrefois planent ici, ce n'est pas un hasard. Vous l'aurez compris, c'est une institution.

CAFÉ-CONCERT

THE BACKSTAGE

2, avenue Léon Gambetta - **MONTROUGE** ✆ 09 62 61 39 29 - Mº Porte d'Orléans ou Mairie de Montrouge.
www.thebackstage.fr
Ouvert le jeudi de 18h à 0h, le vendredi et le samedi de 18h à 1h.

N'hésitez surtout pas à franchir le périphérique, vous pourriez trouver d'excellentes surprises. La preuve avec ce Backstage, à Montrouge ! Ce plus qu'honorable café-concert se constitue petit à petit une solide – et méritée – situation. Attention, ici on ne saute pas dans une ambiance pleine de sueur pendant qu'un groupe s'évertue à faire hurler ses instruments. Non, ici on s'installe dans un cadre cosy, on prend un verre (ou on partage une planche), et on écoute du funk, du rock, avec une programmation très dynamique qui vous offre plusieurs rendez-vous par semaine. *All we need is live* annonce l'endroit : pas faux ! Un très beau lieu pour des sorties entre amis – forcément réussies.

DISCOTHÈQUE

LE KLUB

14, rue Saint-Denis (1er) ✆ 01 42 71 49 30
M° Châtelet.
www.leklub-paris.com
Jours d'ouverture variables selon la programmation.

Fans de hard, de métal, de drum & bass, de punk-rock, de post-punk et même de post-rock viennent « gentiment » se défouler autour d'un concert. La cave est assez étroite et pas vraiment fraîche, mais l'ambiance est franchement sympathique, et chaque week-end, place au clubbing – ici orthographié « *Klubbing* ». De la soirée Tech Noire à la soirée Pornstache, plutôt gay, on est ici sur des programmations différentes mais souvent bien pensées. Evidemment, le lieu en lui-même rajoute à l'atmosphère interlope, et ça n'est pas pour nous déplaire. Vous verrez ici des habitués, et si vous venez pour la première fois, vous devriez vous en souvenir. Une adresse festive à ne pas manquer en somme !

DISCOTHÈQUE

LE REX CLUB

5, boulevard Poissonnière (2e) ✆ 01 42 36 10 96
M° Bonne Nouvelle ou Grands Boulevards.
www.rexclub.com
Ouvert toute l'année. Horaires et tarifs selon la programmation.

Le meilleur son de Paris, vous diront certains, et ce n'est pas seulement parce que ce sont des fans invétérés d'électro et de house qui vouent à ce temple mythique un culte sans relâche depuis plus de vingt ans. Mais beaucoup quand même. Car peu de clubs peuvent s'enorgueillir d'avoir accompagné les débuts de Laurent Garnier et de Manu le Malin... De recevoir tout ce que cette scène compte de meilleur et au-delà, de Carl Cox, de Miss Kittin, de Bjork et tant d'autres. Le tout avec une certaine modestie, nonobstant une programmation pointue avec l'une des meilleures installations sound system au monde, Le Rex n'est pas qu'un repaire de fêtards érudits. Oreilles paresseuses s'abstenir !

DISCOTHÈQUE

IPN

23, rue Mouffetard (5e)
✆ 01 47 07 61 02
M° Place Monge ou Cardinal Lemoine
Tous les jours et DJ le vendredi et le samedi jusqu'à l'aube.

L'IPN est un bar musical et night-club au cœur du Quartier latin qui réunit étudiants et touristes dans une ambiance très festive. La déco se veut industrielle, avec du bois et des poutres ainsi qu'une cave dans laquelle on danse toute la nuit. Le bar propose huit bières pression, du rhum et des cocktails à base de gin. Le lieu a aussi ses rendez-vous récurrents : *rétro-gaming* le lundi, et le dimanche, pour bien finir la semaine, c'est le traditionnel *blind test* ! Pour chacun d'entre eux, la musique revêt des airs d'aujourd'hui et d'hier, parfait pour pousser la chansonnette en bonne compagnie ! Notez enfin que le lieu est privatisable pour vos événements privés !

DISCOTHÈQUE

BATEAU CONCORDE ATLANTIQUE

Face au 23, quai Anatole-France (7e) ✆ 01 40 56 02 82 -
M° Assemblée Nationale
www.bateauconcordeatlantique.com
Ouvert toute l'année. Horaires et tarifs variables.

La plus grande péniche privatisable de Paris depuis plus de 15 ans, lieu privilégié pour des événements haut de gamme, des réceptions... Ce lieu impressionnant offre trois étages d'espaces transformables pour organiser repas, soirées... Chaque espace, pourvu d'un bar, offre des jeux de lumière de même que tout un système intégré pour le son. L'idéal pour profiter des services de professionnels, toujours personnalisables. Votre budget devra simplement devenir élastique... La vue sur les Tuileries, le Musée d'Orsay, le Grand Palais, ajoute à la grandeur des lieux !

DISCOTHÈQUE

LIEBE

46, rue du Faubourg-Montmartre (9e) ✆ 01 72 60 80 40
M° Le Peletier.
Ouvert le lundi de 18h à 5h ; le mardi de 11h à 5h ; du mercredi au samedi de 11h à 6h ; le dimanche de 11h à 4h.

Bar dans la journée, club hors pair le soir : tel est le principe de Liebe (« Amour » en allemand), initiée par trois amis passionnés de fêtes berlinoises, et qui ont voulu reproduire ici l'ambiance d'outre-Rhin. Pari totalement réussi : on vient ici le midi pour déjeuner (grosse préférence pour la gastronomie asiatique) ou l'après-midi pour boire un verre. Le soir, les deux niveaux du lieu s'animent de sets pointus, mais pas élitistes pour autant. Chacun est le bienvenu ici – sous réserve de bonne conduite bien évidemment – et l'ambiance, résolument festive, en a fait un spot très demandé quelques mois seulement après son ouverture. Et franchement, on en redemande !

DISCOTHÈQUE

LE GIBUS

18, rue du Faubourg-du-Temple (10e) - M° République
www.gibus.fr
Ouvert de minuit à 7h. Programmation sur le site internet. Tarifs variables selon les soirées.

Lieu mythique de la capitale qui propose depuis 1967 des concerts de rock et des soirées festives extrêmement réputées. Outre la programmation musicale hors pair, le lieu se fait boîte de nuit, plutôt orientée gay friendly avec pas mal de soirées dédiées, le week-end : la « Menergy », les « Crazyvores » ou l'after « Scandal » sont autant de rendez-vous dédiés, ici on joue sur plusieurs tableaux ! Lieu mythique, le Gibus est si connu qu'aujourd'hui, on le localise automatiquement. Seul bémol : l'attente peut parfois être un peu longue. Et puis avant, on n'oubliera pas de manger un morceau ensoleillé à la Favela Chic, le restaurant brésilien très tendance situé juste au-dessus.

le son FeelGood
house - electro.
FG.
DJ radio
écoutez 20 radios electro
sur le player FG.
fm/dab+
l'appli FG.
radioFG.com

LET'S DANCE !

DISCOTHÈQUE

LA CHAPELLE DES LOMBARDS

19, rue de Lappe (11e)
✆ 06 48 61 80 18
M° Bastille
Tous les week-ends de 23h à 6h.

Musiques latino-américaines, zouk, coupé-décalé et autres rythmes tropicaux sont ici comme chez eux. Adresse réputée pour ses soirées club, cette petite salle de trois cent cinquante places propose également des concerts. Ray Barretto, Azuquita, Touré Kunda, Fémi Kuti y sont passés. Cet établissement se situait auparavant rue des Lombards dans les Halles, d'où son nom, vous l'aurez compris. Après avoir quitté ce site dans les années 1980 pour rejoindre le quartier de la Bastille, il a conservé son nom d'origine. Ambiance *caliente* garantie dans ce haut lieu du quartier. Aujourd'hui, les DJ Sets se succèdent, on privilégiera ceux en semaine, la foule est moins dense !

DISCOTHÈQUE

LE HASARD LUDIQUE

128, avenue Saint-Ouen (18e) ✆ 01 42 28 35 91
M° Porte de Saint-Ouen.
www.lehasardludique.paris
Consulter les horaires des soirées et autres événements sur le site.

L'ancienne gare de la Petite Ceinture de Paris s'est transformée en lieu culturel qui accueille des concerts, des soirées, des animations, des projections, des performances, des brunchs... et compte des milliers de fidèles. Il faut dire que ce genre de lieu est le bienvenu dans le quartier du nord de la capitale, qui a un peu de retard à rattraper en matière de lieux festifs. Ainsi l'endroit propose diverses soirées régulières et divers sets de musique, généralement assez pointus, juste ce qu'il faut pour que chacun puisse se déhancher dans un bon esprit. Le midi, on peut déjeuner ici : c'est la cantine de Léon qui vous propose divers plats et tapas. On valide, pour un verre ou une nuit.

DISCOTHÈQUE

BATEAU NIX NOX

Port de la Gare (75013) ✆ 01 82 83 28 80 - M° Quai de la Gare ou Bibliothèque François Mitterrand
www.nixnox.fr
Agenda : horaires et tarifs variables selon les soirées.

Amarré au pied de la passerelle piétonnière Simone-de-Beauvoir et de la BNF, construit en 1911 et aménagé en 2005, le bateau Nix Nox accueille des soirées diverses et très variées – des fêtes privées également –, du pur clubbing électro à des séances débridées de danse salsa ou tango. Durant les beaux jours, ce quai s'anime et le Nix-Nox devient l'un des lieux très fréquentés où on apprend donc à danser avec des partenaires plutôt charmants et doués. Si bien qu'il est parfois difficile de s'y faire une place, mais l'attente est vite récompensée. Consultez le programme sur le site Internet et sachez que ce lieu est privatisable toute l'année. Attention, le métro est un peu loin.

LIEU DE DANSE

LA MACHINE DU MOULIN ROUGE

90, boulevard de Clichy (18e) ✆ 01 53 41 88 89 - M° Blanche
www.lamachinedumoulinrouge.com
Le vendredi et le samedi de 0h à 6h. Pour les autres jours, voir la programmation.

Le Moulin Rouge, on s'en douterait, n'est pas loin : il est même voisin. Et depuis des années, cette machine-là tourne à plein rendement, surtout le week-end. Soirées et apéros à thème, concerts, live DJ, *after show* : la programmation est de bonne tenue et dans tous les styles. Une boîte populaire mais pas *cheap* pour autant, avec mélange de touristes, d'habitués et de fêtards venus d'un peu partout, et pour lesquels Pigalle reste synonyme de fête. Si vous vous y rendez le week-end, on ne saura que vous inviter à éviter le *rush*, généralement compris entre 1h et 2h du matin.

DISCOTHÈQUE

LA PACHANGA

8, rue Vandamme (75014) ✆ 01 40 47 63 69 - M° Montparnasse–Bienvenüe, Edgar Quinet ou Gaîté - www.lapachanga.fr
Ouvert du mardi au jeudi de 19h à 2h, le vendredi, le samedi et les jours fériés jusqu'à 5h. Cours de salsa.

La Pachanga est un club de salsa de référence où l'on vous apprend à danser si vous n'êtes pas encore initié : *muy simpatico* ! En plus de la salsa, vous pouvez vous délecter de merengue, de zouk, de bachata... Si le cœur vous en dit, vous avez également sur place un restaurant doté d'une carte et de menus pleins de plats latino-américains : fajitas de bœuf ou de poulet, chili con carne, gambas à la brésilienne... Vous aurez de quoi vous remplir allègrement l'estomac avant de dépenser une grosse énergie sur des rythmes entêtants. La compagnie est bonne alors on s'agite et on profite en s'amusant, un lieu de rendez-vous idéal si vous souhaitez passer un superbe moment tout au long de la nuit.

DISQUAIRE

THE MIXTAPE

32, rue des Trois-Frères (18e)
✆ 09 88 58 73 44
M° Abbesses.
Ouvert du mardi au samedi de 11h à 19h30.

C'est la tendance actuelle en matière de consommation musicale, et c'est peu de dire qu'elle n'était pas attendue : le grand retour du vinyle. Plus qu'un simple moyen d'écoute, il est devenu désormais un véritable objet que l'on s'offre, que l'on expose, et dont on est fier. Si les petits crépitements typiques de celui-ci vous font envie, notez que les magasins dédiés sont de plus en plus nombreux. Parmi ceux-ci, l'un des derniers arrivés est donc Mixtape, sur les hauteurs du 18e arrondissement. Pop et rock y sont largement représentés, le personnel est passionné et toujours prêt à donner de bons conseils, enfin des rencontres et sessions y sont régulièrement organisées.

LOISIR CRÉATIF

ATELIERS DU LOUVRE

Musée du Louvre (1er) ✆ 01 40 20 52 63 - M° Palais Royal - Musée du Louvre.
www.louvre.fr/ateliers
Horaires et tarifs selon l'activité. Divers tarifs réduits.

Le plus célèbre musée au monde invite le public à percer les secrets de ses œuvres au travers de différents ateliers, pour enfants, familles et adultes. Des techniques artistiques aux ateliers pour les plus jeunes, le choix est vaste, et l'encadrement excellent. L'intégralité des activités des horaires, dates et tarifs est à découvrir sur le site Internet du Louvre. Vous pouvez aussi demander les informations par téléphone. Attention : ces ateliers sont très prisés et donc souvent déjà complets. Pratique : ils sont accessibles aux personnes en situation de handicap. De plus, des visites tactiles, descriptives ou en langue des signes sont organisées par le musée.

VINS - ALCOOL

LA NOUVELLE CAVE

55, rue de Turbigo (3e) ✆ 06 45 65 58 06 - M° Arts et Métiers.
www.lanouvellecave.fr
Ouvert du lundi au mardi de 14h à 21h, du mercredi au samedi de 10h30 à 21h.

Ce n'est plus un caviste, c'est une expérience : si la Nouvelle Cave répond à un nom classique, le lieu, en plein cœur du Marais, l'est déjà moins. Rose et gris, très aéré, il change des empilements de caisses et cartons. C'est aussi la possibilité de participer à des ateliers réguliers, animés évidemment par des experts, et couvrant un large spectre, allant du vin à la bière en passant par les cocktails. A l'heure où nous mettons la dernière main à cette nouvelle édition de votre guide, était proposé un atelier de dégustation de Noël. Décidément, un lieu pas comme les autres, ou l'accueil n'est pas un vain mot – ce qui ne gâche rien. Vraiment à tester sans hésiter.

HOBBIES

L'ÉCOLE DES ARTS JOAILLERS

31, rue Danielle Casanova (1er) ✆ 01 70 70 38 40
M° Pyramides.
www.lecolevancleefarpels.com
Plusieurs cours par semaine, se renseigner sur le site.

Cette prestigieuse maison située au cœur de la non moins célèbre place Vendôme, vous propose des cours en petits groupes aussi qualitatifs que ses propres créations. « Découvrir les pierres », « Du projet en cire aux techniques de serti », « Du bijou français à la laque japonaise », « Une histoire de la joaillerie, de Louis XIV à l'Art déco »... sont autant d'exemples de ce qui est enseigné. Se déroulant sous forme d'ateliers, tous ces cours vous permettront d'allier connaissance et pratique. Vous pouvez les réserver en ligne, mais faites vite, car ils sont très prisés !

DISQUAIRE

RUPTURE RECORD STORE

11, rue du Vertbois (3e) ✆ 07 50 88 69 50 - M° Arts et Métiers.
www.rupture.store
Ouvert du mardi au jeudi de 14h à 19h ; le vendredi de 14h à 20h ; le samedi de 12h à 20h.

C'est un lieu splendide, dont le succès ne se dément pas, fruit de l'imagination d'un designer de talent : plafond noir, vastes fauteuils, bref de quoi boire un verre. C'est justement ce que ce disquaire de renom propose désormais, en plus de la vente de centaines de références – des vinyles uniquement, exposés comme des œuvres aux murs. Chic, le lieu l'est assurément, mais aussi très tendance : on y boit des jus *healthy*, des thés bios ou des gâteaux sans gluten. Mais rassurez-vous : les fondamentaux restent, et le conseil ainsi que le choix en termes de musique sont toujours excellents. Le lieu, s'il est fréquenté par beaucoup d'initiés, est bien évidemment ouvert à tous !

ECOLE

L'ECOLE VALRHONA

47, rue des Archives (3e)
M° Rambuteau.
www.valrhona.com
Ouverture en fonction des stages.

Un lieu d'excellence : telle est cette école de l'enseigne chocolatière Valrhona, qui a ouvert il y a quelques mois, dans le Marais, la dernière déclinaison de ce concept qui rencontre un vif succès. Dans cet espace magnifique, ouvert sur la rue et animé par d'immenses noms de la pâtisserie (principalement), vous pouvez ici choisir selon plusieurs stages différents. Les programmes s'adressent à tous, qu'ils soient professionnels en recherche de perfectionnement, ou aux amateurs confirmés du genre, qui trouvent ici les plus prestigieuses formations en la matière. Plusieurs autres événements sont régulièrement proposés, à l'image de ses petits déjeuners. Une belle idée de cadeau.

COURS DE DANSE

CENTRE DE DANSE DU MARAIS

41, rue du Temple (4e) ✆ 01 42 77 58 19
M° Hôtel de Ville ou Rambuteau
www.centrededansedumarais.fr
Horaires et tarifs variables : consulter le site.

Ce centre de danse fait figure de lieu incontournable. Sans distinction d'âge, de niveau ou de type de danse proposé, chacun est ici le bienvenu. Classiques ou africaines, orientales en passant par le flamenco ou le hip-hop, il y en a pour tous les goûts. Toutefois, mieux vaut se renseigner auprès des professeurs pour connaître les horaires plus calmes, et éviter l'affluence. Les professeurs viennent d'horizons divers, et pour les sportifs curieux, vous pouvez aussi tenter les cours de sports, de chant ou de théâtre. Un très bel endroit, parfois victime de son succès.

DISQUAIRE

LUCKY RECORDS

66, rue de la Verrerie (4e) ✆ 01 42 72 74 13 - M° Hôtel de Ville.
www.lucky-records.com
Ouvert le mardi, le mercredi, le vendredi et le samedi de 12h à 19h.

Imparable pour les amateurs de ce que l'on appelle parfois un peu rapidement les « icônes musicales » : ce disquaire propose dans ses rayons les hits et albums de Madonna (surtout), Mylène Farmer, Kylie Minogue, Lady Gaga et autre Britney Spears. Les nostalgiques pourront également mettre en la main sur quelques collectors (CD et vinyles) de Sylvie Vartan, Marylin Monroe ou Dalida, entre autres. L'offre ne s'arrête aux artistes féminines puisque l'on pourra aussi trouver du Pet Shop Boys, George Michael ou Boy George. Le magasin en lui-même est tout un univers, qui mérite au moins une visite. On apprend ici à découvrir des musiques que l'on pensait déjà connaître.

LOISIR CRÉATIF

ESPACE JAPON

12, rue de Nancy (10e) ✆ 01 47 00 77 47 - M° Château d'eau
www.espacejapon.com
Ouvert du mardi au vendredi de 13h à 19h ; le samedi de 13h à 18h.

Un vrai coup de cœur : ce vaste espace, dédié à la culture nipponne, vous propose expositions, rendez-vous réguliers et épicerie (notamment), mais vous invite également à de nombreux ateliers. Ainsi, vous pouvez participer à de nombreux ateliers culinaires afin d'apprendre la gastronomie du pays, mais ce n'est pas tout. Des ateliers d'écriture de Haïku (poème court japonais), de reliure, d'estampes, d'origami, de langue japonaise et même un atelier Kintsugi (l'art de réparer les céramiques) sont proposés. Et la liste est très longue des activités que vous pourrez réaliser ici. Bilan : un incontournable pour curieux, novices ou confirmés qui cherchent à découvrir la culture japonaise.

JEUX DE CARTES

CLUB MONTMARTRE

84-86, rue de Clichy (9e) ✆ 01 84 20 03 20 - M° Place de Clichy.
www.cm-clubmontmartre.fr
Ouvert du lundi au vendredi de 16h à 6h ; le week-end de 13h à 6h.

En contrebas de la place de Clichy, les amateurs de jeu disposent d'un écrin dédié. Ce Club Montmartre, ouvert chaque soir et jusqu'au petit matin (avec une probable ouverture avancée dès 13h très prochainement), est un lieu historique, qui s'étend sur plusieurs niveaux et 1 000 m² – rien que ça ! Les joueurs de poker sont particulièrement nombreux à venir s'adonner ici à leur passion, de nombreuses variantes en la matière (Texas Hold'em, Ultimate Poker, Stud Poker...) étant possibles. Dans ce cadre, on joue également au Punto Banco, jeu de pari venu d'Amérique du Sud particulièrement animé. Notez enfin que le bar, le 86, permet détente et calme : historique et cosy, un lieu hors pair.

BRODERIE - COUTURE - TRICOT

LA TEXTILERIE

22, rue du Château Landon (10e) ✆ 01 40 35 77 14
M° Louis Blanc ou Château Landon. - www.latextilerie.fr
Boutique : mar à sam (11h-19h30). Dépôt de dons : mar à vend (11h-19h30), sam (14h-18h). Cours : voir planning.

C'est dans le quartier de la gare de l'Est, que l'on trouvera cette pépite qui a ouvert ses portes en 2018 : La Textilerie ! Un lieu unique qui offre une alternative au prêt-à-porter de masse, en proposant une consommation responsable par le biais de toutes sortes d'actions : ateliers DIY, recyclage, vente de vêtements de seconde main et de créateurs éthiques, apéros rencontres... En somme, un vaste espace où l'on prendra plaisir à chiner des pièces vintage, de beaux tissus – attention en coton bio certifié GOT ! – et à venir prendre des cours de couture, réparer ses vêtements abîmés ou tout simplement louer une machine à l'heure, voire siroter un verre dans une ambiance conviviale !

COURS DE DANSE

ÉCOLE DE DANSE DE PARIS

17, rue du Faubourg-du-Temple (10e) ✆ 01 42 40 22 83 - M° République - www.danse-a-republique.com
Ouvert toute l'année. Horaires variables selon les cours, tarifs en fonction des cours.

Située près de la place de la République, cette école propose différentes formations toute la semaine et des cours d'éveil pour les plus petits, le mercredi après-midi. Avec des cours de durée variable, vous pourrez travailler vos plus beaux pas de salsa, de tango, de jazz, de danse classique ou de salon, de danse orientale, de rock ou encore de lindy hop. La convivialité est le maître-mot ici, et les séances sont assez sportives pour que vous puissiez constater rapidement des progrès. Vous pourrez également louer les studios pour vos propres performances. Assurément l'une des meilleures écoles, où la proximité, le professionnalisme et l'adaptabilité sont au rendez-vous.

COURS DE DANSE

STUDIO HARMONIC

5, passage des Taillandiers (11e) ✆ 01 48 07 13 39
M° Ledru-Rollin ou Bastille
www.studioharmonic.fr
Horaires variables selon planning.

Au Studio Harmonic, rien ne manque. Cette école propose de s'initier (ou de se perfectionner) à des techniques de danse du monde entier : classique, africaine, modern-jazz, tango, capoeira, hip-hop-ragga, claquettes... Des professeurs spécialisés, et qui assurent un sacré niveau, vous transmettront les secrets de chaque discipline dans des conditions idéales. Les cours durent généralement une heure et demie, et vous pouvez souscrire à différents forfaits selon le nombre d'heures que vous souhaitez. Des stages sont organisés pendant les vacances et les week-ends. Novices, l'accueil qui vous sera réservé lèvera toutes vos appréhensions. Un immanquable en la matière.

HOBBIES

ÉCOLE DU BREUIL

Bois de Vincennes (75012) ✆ 01 53 66 14 00
M° Château de Vincennes puis bus 112, arrêt Carrefour de Beauté. RER A Joinville-le-Pont, puis 10 minutes de marche.
www.ecoledubreuil.fr
Horaires variables selon les offres.

L'Ecole du Breuil prépare ses élèves aux diplômes professionnels de la branche Arts et techniques du paysage. Elle propose aussi des activités de formation continue, ainsi que des cours publics de jardinage. Que votre jardin soit d'agrément ou nourricier, que vous disposiez d'un grand espace ou d'un simple balcon, vous apprendrez tous les rudiments du jardinage et plus. A l'issue des cours, il est sûr que vous aurez la main verte ! Mais le lieu offre également un splendide espace de déambulation parmi plusieurs jardins, à commencer par une collection exotique magnifique, peu connue, comme un cocon à l'abri de la ville. Un vrai coup de cœur de l'équipe du Petit Futé.

ACTIVITÉ ARTISTIQUE

CENTRE DE DANSE ALÉSIA

119, avenue du Général Leclerc (75014) ✆ 01 45 43 56 57 - M° Porte d'Orléans
www.centre-danse-alesia.com
Inscriptions, planning et tarifs en ligne. Ateliers. Stages. Spectacles.

Le Centre de Danse Alésia est un centre culturel riche d'un panel de disciplines variées. Au total, les 300 m² de l'établissement sont divisés en cinq studios dans lesquels s'exécutent des cours de salsa, danse classique, tango, etc. Tous les âges sont concernés par les leçons, de la petite enfance aux seniors, tout le monde trouve son bonheur et son niveau, dans une grande bienveillance. Les horaires sont multiples et larges, il est donc possible d'exercer votre passion tout au long de la semaine et de la journée (de 9h à 22h30). D'autres programmes sont proposés par le Centre Alésia : location pour cours, stages, répétitions, cours particuliers, vidéos, photos, castings.

ŒNOLOGIE

LA GRANDE CAVE DU PETIT BALLON

79, rue des entrepreneurs (75015) - M° Commerce.
www.lepetitballon.com
Ouvert du mardi au jeudi de 16h à 20h ; vendredi et samedi de 12h à 20h.

Lancé il y a presque dix ans sur le web, le Petit Ballon a fédéré au fur et à mesure des années de nombreux internautes amateurs de vin, en leur proposant de découvrir des box dédiées et autres grands crus. Après le lancement d'une première enseigne rive droite, la Grande Cave du Petit Ballon s'est installée dans le 15e arrondissement. L'espace, aéré, fait la part belle à ceux qui souhaitent venir retirer leurs commandes, mais aussi – et surtout pour certains – à ceux qui veulent découvrir sur place une sélection de vins, laquelle est choisie par le sommelier.

LOISIR CRÉATIF

ART-EXPRIM

87-89, rue Marcadet (18e) ✆ 01 42 62 18 08
M° Marcadet ou Jules Joffrin.
www.art-exprim.com
Du mardi au samedi, en dehors des périodes de vacances scolaires.

Créée il y a 15 ans dans le but de transmettre la passion des arts, l'association Art-Exprim se définit comme un lieu d'échange et de convivialité. Les activités artistiques sont dispensées par d'authentiques artistes (sculpteurs, artistes peintres, artistes plasticiens, illustrateurs) dans les ateliers situés dans le 18e arrondissement. Parmi les activités proposées, vous trouverez les suivantes : éveil artistique (à partir de 3 ans), dessin (enfants), bande dessinée/manga (enfants & adultes), arts numériques (enfants), court métrage (enfants), photographie numérique (enfants & adultes), modèle vivant (adultes), arts plastiques (enfants & adultes), sculpture (enfants & adultes).

ACTIVITÉ ARTISTIQUE

LA CASA DES ENFANTS

11, allée Darius-Milhaud (19e)
✆ 01 40 40 73 60
www.lacasadesenfants.fr
Programme et tarifs : se renseigner sur le site.

Nombreux sont ceux qui connaissent La Casa del Tango, dédié à l'apprentissage et la pratique de cette belle danse. Frédérique Behar s'est maintenant lancé dans une nouvelle aventure : « La Casa des Enfants ». Des activités artistiques, éducatives, sportives et créatives en tout genre sont proposées aux plus jeunes, mais pas uniquement, puisque les parents sont les bienvenus, permettant l'émergence d'un joli lien intergénérationnel. Frédérique Behar et son équipe vous proposent ainsi de très nombreux ateliers, et mettent à profit ce joli lieu original et atypique pour l'organisation d'anniversaires. Est-ce utile de préciser que les petits (et les grands) adorent ?

ACTIVITÉ ARTISTIQUE

VMSF

26 bis, rue de la Chine (20e) ✆ 01 40 33 30 10
M° Pelleport
www.vmsf.org
Ouvert en semaine de 9h30 à 18h.

Vacances Musicales Sans Frontières : le principe est dans le nom de cette association, et c'est peu de dire que celui-ci est pour le moins original, et bien pensé ! Destiné aux plus jeunes, le service s'adresse aux plus jeunes en leur proposant des séjours musicaux et artistiques. Parmi les offres : « ma première comédie musicale », « mon premier groupe de rock », « artistes en herbe », « scènes rap, électro pop » sont autant de possibilités offertes. Ces vacances musicales et artistiques se déroulent le plus souvent sur une semaine, et ont lieu en grande région parisienne ou en province. Stages intensifs ou séjours européens sont également proposés, et l'encadrement est excellent.

JE LIS

1ER - 3E

LIBRAIRIE

LIBRAIRIE DELAMAIN

155, rue Saint-Honoré (1er) ✆ 01 42 61 48 78 - M° Palais Royal Musée du Louvre - www.librairie-delamain.com

Ouvert du lundi au samedi de 10h à 20h ; le dimanche de 13h à 19h. Livraison possible.

Delamain est l'une des plus anciennes librairies de la capitale. Installée face à la Comédie-Française, elle conserve, avec son parquet et ses hautes bibliothèques en chêne massif, un charme d'antan que Parisiens et touristes apprécient, dans un quartier animé. Littérature, beaux-arts, tourisme, sciences humaines, jeunesse, mais également tout un secteur ancien de 5 000 volumes datant du XVIIIe siècle, ainsi qu'un étalage extérieur en période estivale présentant des ouvrages de qualité à prix mini… Vous y trouverez sûrement votre bonheur. Cette librairie se distingue également par son personnel qui sait proposer des sélections pertinentes et dispenser des conseils avisés.

FNAC DES HALLES

Forum des Halles – Niveaux -3 -2 -1
Rue Pierre-Lescot - Paris (1er)
✆ 08 25 02 00 20
www.fnac.com
forum@fnac.tm.fr

Ouvert du lundi au samedi de 10h à 20h. Ouvert le dimanche.

La Fnac est une référence nationale dans le monde de la grande distribution culturelle. Le rayon librairie voit le jour en 1974. Aujourd'hui très complet, on y trouve tous les domaines de l'édition, des manuels de cuisine aux guides touristiques en passant par la littérature, les sciences humaines, les beaux livres, etc. Il est donc quasiment impossible de ne pas trouver l'ouvrage que vous recherchez. Et si tel est le cas, un des libraires se fera un plaisir de vous le commander. Vous trouvez aussi un espace dédié au multimédia, à la musique, à la papeterie ainsi qu'un espace billeterie. Vous l'aurez compris, la Fnac : on ne peut qu'adhérer !

LIBRAIRIE

LIBRAIRIE ICI

25, boulevard Poissonnière (2e) ✆ 01 85 01 67 30
M° Grands Boulevards.
www.icigrandsboulevards.fr

Ouvert du lundi au samedi de 10h à 20h.

Même si les petites librairies connaissent des difficultés face à la grande industrie, il y en a toute de même qui tiennent bon et cette librairie indépendante qui a ouvert en 2018 fait partie de celles qui font de la résistance. Lancée par deux amies, remplaçant une boutique pour enfants, qui elle-même remplaçait une ancienne discothèque, la librairie Ici est vraiment une superbe adresse : c'est très vaste, beau, lumineux, et quel choix ! Tout au long de l'année : débats, cafés et nombreuses autres animations sur place. Le public ne s'y est pas trompé, et a rapidement adopté ce nouveau lieu de culture. Et il a raison, car franchement, on adore et on souhaite longue vie à Ici !

LIBRAIRIE

QUINZE.BIS BY GIBERT

15 bis, boulevard Saint-Denis (2e) ✆ 01 81 72 36 40
M° Strasbourg-Saint-Denis. - www.gibert.com

Ouvert du lundi au vendredi de 10h à 19h ; le samedi de 10h à 19h30.

La maison bien connue n'hésite pas à développer de nouvelles idées, à l'image de ce concept store sur le boulevard Saint-Denis. Ainsi le Quinze.bis – doté d'une belle cave à disques offrant toujours ses meilleurs crus aux chineurs invétérés – consacre également un espace aux « jeunes pousses », créateurs français. Plaids, vaisselle et autres articles écoresponsables y sont exposés parmi des livres. Si les fondamentaux sont toujours présents, l'offre manga est largement mise à l'honneur. Le dernier étage, lui, accueille toutes sortes d'événements : showcases, ateliers, cours de yoga, de poterie... Bref, un haut lieu de culture qui vous permet d'ouvrir les possibilités !

LIBRAIRIE

COMME UN ROMAN

39, rue de Bretagne (3e) ✆ 01 42 77 56 20 - M° Temple
www.comme-un-roman.com

Ouvert du mardi au samedi de 10h à 19h45 ; le dimanche de 10h à 13h30.

Comme un Roman... C'est ainsi qu'a commencé l'aventure de Karine Henry. Située près du marché des Enfants Rouges, cette librairie est splendide. Dans les rayons, on trouve de tout : littérature française et étrangère, polars, théâtre, poésie, histoire, sciences humaines, BD, jeunesse avec toujours une sélection particulière pour Noël et pour l'été. Avec des milliers de références en stock, vous n'aurez pas fini d'écumer les rayons ! Des libraires présents pour vous conseiller, alors ne vous contentez pas d'admirer cette très large vitrine et venez choisir votre nouveau livre de chevet. Le lieu est ouvert six jours sur sept, dimanche compris, alors aucune excuse pour ne pas s'y rendre.

LIBRAIRIE

EXC LIBRAIRIE

18, Passage Molière (3e)
M° Rambuteau.

Ouvert du mardi au samedi de 12h à 22h, le dimanche de 14h à 19h.

C'est dans le discret passage Molière, près du Centre Pompidou et pourtant comme loin du tumulte de la ville, que se niche la librairie Exc. Située en face de la Maison de la Poésie, l'Exc (pour « extrême contemporain ») propose une offre littéraire entièrement consacrée à la poésie, avec des titres de littérature et de philosophie également. Les gérants tiennent à « construire une mémoire vivante de la poésie de la première moitié du XXIe siècle » : un beau pari qui semble bien parti. C'est en effet la seule librairie de Paris spécialisée en poésie, ce qui fait d'Exc une destination littéraire de choix des locaux comme des spécialistes et amoureux de la poésie venant de plus loin.

LIBRAIRIE

RUPTURE ARTS & BOOKS

24, rue du Vertbois (3e)
✆ 06 07 04 12 08
M° Temple
Ouvert du lundi au samedi de 12h à 19h.

Une toute nouvelle librairie, d'un genre totalement nouveau : située entre le boulevard Sébastopol et la place de la République, Rupture Arts & Books et la seconde enseigne parisienne de la marque. Ici, vous pénétrez un temple à mi-chemin entre galerie d'art et librairie / disquaire. Pour cette dernière partie, beaucoup de beaux ouvrages – et autant d'idées de cadeaux – sur des thématiques aussi diverses que l'architecture, l'art au sens large ou la musique. Cette dernière est également très présente dans les lieux, avec une prédilection pour le rock, avec une majorité d'œuvres que l'on trouve difficilement ailleurs, et proposées le plus souvent sous format vinyle.

LIBRAIRIE

LIBRAIRIE DU BHV

52, rue de Rivoli (4e) ✆ 09 77 40 14 00 - M° Hôtel de Ville
www.bhv.fr
Ouvert du lundi au samedi de 10h à 20h ; le dimanche de 11h à 19h.

Si le BHV Marais – dont l'histoire plonge dans le Paris du XIXe siècle – est avant tout un grand magasin connu pour ses nombreux articles de mode, de décoration et de beauté, sachez qu'il accueille aussi une excellente librairie. Située au deuxième étage et étendue sur près de 500 m² avec pas moins de 35 000 références, elle se répartit en 3 pôles : « Littérature et Policier », « Tourisme, Vie pratique et Sciences Humaines » et « Bande dessinée, Jeunesse et Beaux-Livres ». Et comme on est au BHV, les auteurs invités sont des plus prestigieux ! Facile de s'en rendre compte, puisque lors de ces moments uniques, les lecteurs s'y pressent, dans l'espoir d'obtenir une chouette dédicace !

LIBRAIRIE

LIBRAIRIE DU CENTRE POMPIDOU

19, rue Beaubourg (4e)
✆ 01 44 78 43 22
M° Rambuteau.
Ouvert tous les jours sauf le mardi de 11h à 21h45.

La librairie du Centre Pompidou est une référence dans le domaine de l'art moderne et contemporain. Comme son nom l'indique, elle se trouve dans le Centre d'art contemporain du même nom, et bénéficie donc de l'émulation artistique du musée. Toutefois, vous ne trouverez pas sur les étagères que les catalogues d'expositions, mais aussi un large panel d'œuvres allant de la photographie à l'architecture en passant par la danse et la bande dessinée. La librairie se trouve au rez-de-chaussée, et une seconde librairie, plus petite, se trouve au 6e étage.

LIBRAIRIE

LIBRAIRIE DU COMPAGNONNAGE

2, Rue de Brosse (4e)
✆ 01 48 87 88 14
M° Hôtel de Ville
www.librairie-compagnons.com
Ouvert du lundi au samedi, de 11h à 19h.

Cette librairie spécialisée est facile à trouver : rive droite, face à la Seine et à la pointe ouest de l'île Saint-Louis, elle est reconnaissable à sa jolie devanture bleue. Depuis plus de soixante-dix ans, celle-ci est l'incontournable lieu pour vous fournir en ouvrages relatifs aux métiers du bâtiment, de l'aménagement, de l'industrie, du jardin ou encore du goût – et ce ne sont que quelques exemples. La maison, qui édite également de nombreux ouvrages, compte plus de 10 000 références dans cet espace où l'accueil et le renseignement ne sont pas de vaines valeurs !

LIBRAIRIE

LA MOUETTE RIEUSE

17 bis, rue Pavée (4e) ✆ 01 43 70 34 74
M° Saint-Paul ou Pont-Marie.
www.lamouetterieuseparis.com
Ouvert tous les jours de 11h à 19h45.

La Mouette rieuse n'est pas qu'une simple librairie : c'est aussi un concept-store proposant en plus de ses rayonnages de livres un café proposant des brunchs le dimanche, un espace de co-working et une galerie. De temps à autre, le drôle d'oiseau se transforme en lieu convivial dans lequel on peut participer à des dégustations (vins ou produits du terroir) ! Ainsi, après avoir déniché l'ouvrage de notre rêve, au rayon « Contempler », « Emouvoir » ou « Savourer », on commence à le dévorer sur place, sur la petite terrasse du lieu... Une adresse furieusement moderne qui a su remplacer le génial « Mona Lisait » et qui dépoussière singulièrement le monde du livre, on ne va pas s'en plaindre !

BOUQUINISTE

PARISGOPOP

55, quai de la Tournelle (4e)
✆ 06 61 45 61 10
M° Maubert-Mutualité.
Ouvert tous les jours.

Certains connaissent peut-être le quarter French Boutik, composé de Serge Hoffman et son amie Gabriella. Après avoir vécu longtemps dans le milieu publicitaire, le premier a décidé de se reconvertir en devant bouquiniste sur les quais de Seine. Mais attention, ici, on est bien loin des habituels vendeurs de souvenirs : la sélection est fine et pointue, et s'adresse à une clientèle de passionnés : ici, beaucoup de magazines *vintage,* de livres anglo-saxons ainsi que quelques essais rares. Le conseil n'est pas une vaine valeur ici, et on saura vous aiguiller vers la meilleure pépite, et elles sont nombreuses ici. On ne boudera donc pas son plaisir en passant par ici.

LIBRAIRIE

L'ARBRE DU VOYAGEUR

55, rue Mouffetard (5e)
✆ 01 47 07 98 34
M° Place Monge
Ouvert du mardi au dimanche de 10h à 19h30. Dédicaces.

Malgré ce nom évocateur, cette librairie située au milieu de la rue Mouffetard n'a rien d'une librairie de voyage : pas de guides de tourisme entre ces murs. La boutique n'est pas grande, mais elle est bien aménagée et contient une bonne sélection généraliste. Indépendante, elle propose en rayons des ouvrages de littérature française et étrangère, de sciences humaines, de philosophie, de poésie, d'histoire et d'art. Si vous aimez la musique classique et les livres, on vous fera ici un excellent accueil, de même pour les passionnés de cinéma ! Les enfants ont une section dédiée avec albums et bandes dessinées. Enfin, la littérature anglo-saxonne a également sa place sur les rayons.

LIBRAIRIE

LE PIÉTON DE PARIS

58, rue de l'Hôtel-de-Ville (4e)
✆ 01 53 69 09 16
M° Hôtel de Ville ou Saint-Paul.
Ouvert du mardi au samedi de 11h à 19h.

C'est une très chouette librairie, située à quelques pas de la Seine, en plein cœur du 4e arrondissement. Et derrière la devanture de bois, ces 35 m² proposent des livres bien particuliers, puisque tous parlent, de près ou de loin, de la capitale. La passion de la responsable du lieu, Frédérique Augier, pour la capitale est telle qu'ici, on célèbre la Ville lumière *via* des romans, des bandes dessinées, de la poésie, des illustrations. Une parfaite sélection d'ouvrages adaptés aussi bien pour les débutants que pour les passionnés de Paris. « Le Piéton de Paris », ce sont aussi de très nombreuses rencontres et dédicaces. Vous l'aurez compris : il s'y passe toujours quelque chose !

VOYAGE

L'HARMATTAN - LIBRAIRIE INTERNATIONALE

16, rue des Écoles (5e) ✆ 01 40 46 79 11 - M° Maubert-Mutualité
www.librairieharmattan.com
Ouvert du lundi au vendredi de 10h à 19h ; le samedi de 10h à 12h30 et de 13h30 à 19h.

L'Harmattan transporte selon ses 3 adresses au cœur du Quartier latin, toute la culture nécessaire à l'épanouissement de chacun. Après de vastes travaux d'aménagement, les lieux sont pratiques et faciles à arpenter. Notez que l'Harmattan, qui est aussi une maison d'édition, a su s'adapter aux exigences de son temps en proposant des livres numériques commercialisés en ligne. Outre la librairie internationale, située rue des Écoles, l'Harmattan dispose de deux autres points de vente, juste à côté : l'une dédiée aux sciences humaines, l'autre aux livres d'occasion.

VOYAGE

ULYSSE

26, rue Saint-Louis-en-l'Ile (4e) ✆ 01 43 25 17 35
M° Pont-Marie
www.ulysse.fr
Ouvert du mardi au vendredi de 14h à 20h. Et sur rdv.

C'est la plus ancienne librairie de voyage de France et le « kilomètre zéro du monde », grâce à un fonds extraordinaire de livres consacrés à l'art de s'aventurer ailleurs, d'explorer le monde qui nous entoure... Catherine Domain fondatrice de la librairie, et passionnée, est là depuis quarante-cinq ans pour vous aider dans votre recherche, notamment si vous voulez vous documenter avant un séjour. Membre de la Société des Explorateurs, du Club International des Grands Voyageurs, fondatrice du Cargo Club, du Club Ulysse des petites îles du monde et du Prix Pierre Loti, elle est vraiment une spécialiste du voyage ! Une belle adresse à découvrir et redécouvrir.

LIBRAIRIE

EYROLLES STORE

55-61, boulevard Saint-Germain (5e) ✆ 01 44 41 11 74
M° Maubert-Mutualité ou Cluny-La Sorbonne - www.eyrolles.com
Ouvert du lundi au samedi de 10h à 20h. Livraison possible. Réservation. Livres en anglais. Boutique en ligne.

Les passionnés de lecture ne s'y trompent pas : la librairie Eyrolles – un classique – est un paradis captivant ! Il faut dire que le magasin parisien, réparti sur pas moins de 1 000 m², possède plus de 50 000 titres et 200 000 volumes, faisant d'elle l'une des plus grandes librairies indépendantes de France. Les rayonnages sont classés de manière précise afin de faciliter l'orientation des lecteurs, parmi les grands domaines : littérature, jeunesse, pédagogie, informatique, photo, droit, économie, architecture, loisirs créatifs, nature et botanique, beaux-arts, tourisme, cartothèque et bien d'autres délices littéraires. Des ouvrages à découvrir également sur la plateforme web du magasin.

LIBRAIRIE

LIBRAIRIES DES GRANDS CARACTERES

6, rue Laplace (5e) ✆ 01 80 83 97 92
M° Maubert-Mutualité
www.librairiegrandscaracteres.fr
Ouvert du mercredi au samedi de 12h à 20h.

C'est une librairie unique et précieuse, proposant des ouvrages à destination des lecteurs malvoyants. Ici, les livres sont calibrés de manière à optimiser le confort de lecture : textes aérés, caractères plus grands et pages qui ne réverbèrent pas la lumière. Le lieu lui-même a fait l'objet de toutes les attentions. La luminosité, par exemple, est adaptée. Du côté des livres, un vaste choix permet de démocratiser dans la mesure du possible l'accès à la lecture aux personnes qui éprouvaient jusqu'à présent des difficultés à trouver des ouvrages à leur goût.

BOUQUINISTE

LA PARISIENNE DU PAPELART

27, quai de la Tournelle (5e)
✆ 06 60 33 97 66 - M° Maubert-Mutualité
www.serious-publishing.fr
Ouvert du jeudi au dimanche de 13h à 19h

Après avoir vécu mille vies (publicitaire, journaliste, éditeur et même pâtissier), Filo Loco a lancé une maison d'édition sous forme associative, Serious Publishing, qui sort chaque année quelques romans noirs principalement. Fort logiquement, c'est dans cette échoppe de bouquiniste que vous pourrez les retrouver (ici, mais pas seulement), ainsi qu'une sélection fine et précise d'ouvrages underground, allant de la bande dessinée aux livres plus pointus. De quoi trouver la perle rare, et à en juger par la fréquentation, beaucoup se refilent le mot.

VOYAGE

AU VIEUX CAMPEUR

48, rue des Écoles (5e) ✆ 01 53 10 48 48
M° Maubert-Mutualité
www.auvieuxcampeur.fr
Du lundi au vendredi de 11h à 19h30, nocturne jeudi jusqu'à 21h. Le samedi de 10h à 19h30

À Paris, environ 30 boutiques de l'enseigne Vieux Campeur gravitent autour de la rue des Ecoles dans le Quartier Latin, chacune spécialisée dans un domaine précis (alpinisme, marche, etc.). C'est LE lieu à visiter avant de prendre le départ direction l'aventure ! En plus de proposer des équipements outdoor, l'enseigne possède une librairie entièrement consacrée au voyage ; l'endroit idéal pour se préparer et se renseigner sur les destinations, les cultures ou les natures environnantes et les activités à pratiquer ! On pourra notamment s' y procurer un des nombreux « Topoguides » livrant de bien précieuses infos : sommets, itinéraires de rando, VTT, vélo, accès, conseils...

LANGUE ÉTRANGÈRE

SHAKESPEARE AND COMPANY

37, rue de la Bûcherie (5e) ✆ 01 43 25 40 93
M° Cité ou M°/RER Saint-Michel-Notre-Dame
www.shakespeareandcompany.com
Ouvert du lundi au samedi de 10h à 20h ; le dimanche de 12h à 19h. Le café : tous les jours de 10h à 19h.

L'incontournable librairie anglaise ravit tous les anglophones de la capitale mais pas seulement ! Bon nombre de Parisiens et de touristes viennent prendre le café sur la terrasse de la librairie, à deux pas de Notre-Dame. En plus d'un fonds anglophone extrêmement riche et de l'adorable café, la librairie propose chaque année un festival permettant de rencontrer des auteurs anglophones ainsi qu'un système d'hébergement : le *tumbleweeding* ! Le concept ? En échange de quelques heures de travail à la librairie, vous serez logé à l'étage ! D'ailleurs prenez le temps de vous arrêter au premier : piano en accès libre, machines à écrire, banquettes confortables... C'est une parenthèse enchantée !

GIBERT JOSEPH PARIS 6

26, boulevard Saint-Michel
Paris (6e)
01 44 41 88 88
www.gibert.com
Ouvert du lundi au samedi de 10h à 20h.

Une institution, pour laquelle certains viennent parfois de très loin : Gibert, qui dispose de plusieurs points de vente dans la capitale, c'est d'abord pour beaucoup son vaisseau-amiral situé boulevard Saint-Michel. Sur six étages (on peut parfois mettre du temps à retrouver son chemin), vous trouverez plus de 500 000 références, neuves ou d'occasion. Et l'endroit, animé par des passionnés qui ne vous laisseront jamais sans conseil ni renseignement, affiche plusieurs millions d'ouvrages en stock. Des livres universitaires aux romans en passant par les ouvrages historiques ou ceux dédiés aux beaux arts, rien ne manque. Vous l'aurez compris : c'est le passage obligatoire de tout lecteur.

LIBRAIRIE

L'ECUME DES PAGES

174, boulevard Saint-Germain (6e) ✆ 01 45 48 54 48
M° Saint-Germain-des-Prés
www.ecumedespages.com
Du lundi au vendredi de 10h à 0h et le dimanche de 10h à 21h.

C'est pourvu de plus de 40 000 titres issus de la sélection de ses libraires que l'Ecume des Pages vous accueille tout au long de la semaine. Vitrines abondantes, thèmes divers, conseils pointus, le magasin est dédié aux lecteurs et ça se sent. On aime particulièrement la sélection de récits de voyages et ouvrages jeunesse. Jeunes ou non, ils trouveront sur les étagères des ouvrages qui leur seront destinés. La librairie propose aussi des rencontres avec des auteurs, des vitrines thématiques et d'actualité, ainsi que des mises en avant de son fonds. Et si vous avez une envie subite de lecture avant de vous coucher, sachez que le magasin est ouvert jusqu'à minuit en semaine !

LIBRAIRIE

LIBRAIRIE ALBIN MICHEL

229, boulevard Saint-Germain (7e) ✆ 01 47 05 10 24
M° Solférino
www.albin-michel.fr
Ouvert du lundi au samedi de 10h à 19h.

Cette librairie parfaitement achalandée porte en elle l'identité de son groupe-Mère : les éditions Albin Michel. Fondée en 1902, cette société fait partie des dix plus gros éditeurs français et dispose d'un véritable réseau de librairies. Au cours de son existence, la société a développé des domaines multiples : littérature, livre pratique, éducatif, universitaire, bande dessinée, etc. Et depuis les années 2010, le groupe a abordé le virage du numérique en proposant à ses lecteurs des ouvrages de genres différents sur ce support. Nouveautés ou classiques, ce nouveau mode de consommation d'ouvrages est exploité avec talent pour une meilleure transmission du patrimoine littéraire.

LIBRAIRIE

LIBRAIRIE LES ARPENTEURS

9, rue Choron (9e) ✆ 01 53 16 47 96
M° Saint-Georges
Ouvert du mardi au samedi de 10h à 20h ; le dimanche de 10h à 13h.

Une librairie vivante dans laquelle des ateliers sont régulièrement organisés. Très intéressante notamment pour le choix des livres jeunesse mais aussi pour les ouvrages de photographie très pointus, elle comporte et propose des milliers de références dans lesquels vous vous plongerez avec délice ! Les coups de cœur des libraires permettent de découvrir des ouvrages magistraux dont on n'entend pas forcément parler dans les médias : on les dévore ! Les libraires recommandent leurs coups de cœur avec une petite pastille « Lu et arpenté » et des rencontres avec les auteurs sont régulièrement organisées ! Un lieu chaleureux avec un rayon jeunesse également bien achalandé.

LIVRES ANCIENS

ARTCURIAL

7, rond-point des Champs-Élysées (8e) ✆ 01 42 99 16 19 - M° Franklin D. Roosevelt
www.librairie.artcurial.com
Du lundi au vendredi de 13h à 18h.

Artcurial est une librairie certes, mais aussi une maison de vente aux enchères pluridisciplinaire : tableaux, montres, photographies, vins... Vous pourrez y trouver la perle rare ! La maison est bien évidemment amplement fournie côté livres rares et manuscrits. Elle organise par ailleurs quatre ventes par an : des incunables aux écrits contemporains, des toutes premières reliures à celles d'aujourd'hui, des manuscrits d'Alfred de Vigny aux ébauches de Sartre... Vous serez ici en présence d'objets presque sacrés ! Artcurial est également connue par les collectionneurs de BD, à l'affût de planches originales de Hergé, de Joann Sfar ou de Franquin. Une adresse à découvrir !

LIBRAIRIE

FNAC PARIS - SAINT-LAZARE

109, rue Saint-Lazare (9e)
✆ 08 25 02 00 20
M° Saint-Lazare
www.fnac.com
Ouvert du dimanche au jeudi de 10h à 20h ; le vendredi de 10h à 20h30 ; le samedi de 9h30 à 20h45.

Située dans le bâtiment du Passage du Havre, galerie commerciale réunissant de nombreuses enseignes, et face à la gare Saint Lazare, cette Fnac possède les atouts habituels qui ont fait son succès : librairie, billetterie... Les voyageurs y passeront quelques temps afin de trouver leur roman pour le trajet, les employés de bureau viennent s'y détendre pendant leur pause et les clients des magasins aux alentours y viennent pour la partie culturelle de leur shopping. Comme toutes les Fnac, rencontres et dédicaces avec les artistes du moment sont organisées régulièrement.

LIBRAIRIE

LIBRAIRIE FONTAINE HAUSSMANN

50, rue de Laborde (8e)
✆ 01 45 22 21 73
M° Miromesnil
Ouvert du lundi au samedi de 10h à 19h. Livraison possible.

Une belle librairie de quartier ! Les rayonnages sont bien étudiés et bien pensés, le choix est très vaste, on a décidément bien optimisé l'espace ici ! L'accueil est aux petits soins. Le conseil très aimable et pointu de la maison est généralement bien senti, et même si l'on entre sans savoir trop quoi choisir, on ne sortira pas les mains vides ! Excellent pour trouver de jolies idées de cadeau, et puis cette petite librairie de quartier montre que le secteur reste bien vivant, alors y aller, c'est aussi faire un geste pour la diversité et l'originalité des offres !

LIBRAIRIE

LIBRAIRIE BULLES EN TÊTE

42, rue Le Peletier (9e)
✆ 09 53 31 12 92
M° Saint-Georges.
Ouvert du lundi au samedi de 10h à 20h.

Des bulles à n'en plus finir, et un lieu dédié aux amateurs du genre, qu'ils soient grands ou petits, mais surtout qu'ils aiment des mangas, des comics ou tout simplement des bandes dessinées (oui, la distinction entre les trois genres est importante !). Un vaste choix, de nombreuses collections et un personnel qui connaît bien son sujet sont autant d'atouts du lieu, qui occupe une belle surface dans cet endroit bien situé. Diverses affiches et sérigraphies complètent l'offre sur place. Un mot sur l'établissement de la même enseigne, et qui est complémentaire : celui-ci se trouve dans l'arrondissement – presque – voisin, rue des Dames dans le 17e arrondissement !

RELIGIEUX

LIBRAIRIE SAINT PAUL

28, rue de Châteaudun (9e) ✆ 01 45 48 33 00
M° Notre-Dame-de-Lorette.
www.librairie-saintpaul.fr
Ouvert le lundi et le samedi de 11h à 19h30, du mardi au vendredi de 10h30 à 19h30.

C'est une librairie spécialisée dans les livres religieux (catholiques) où, vous l'aurez compris, la spiritualité n'est pas un vain mot. On vous laisse imaginer, ce qui n'est pas difficile, que l'atmosphère ici est propice à la lecture, et aux réflexions concernant vos achats à venir. Mais il serait réducteur de ne considérer cet endroit que comme un simple lieu dédié aux choses religieuses, et vous trouverez ici un vaste choix de livres du moment, l'ensemble animé par un personnel aux petits soins et visiblement désireux de vous conseiller au mieux. Un vrai petit havre de quiétude au cœur de la ville animée, pour une clientèle de lecteurs initiés, mais pas uniquement.

LIBRAIRIE

LIBRAIRIE DU CANAL

3, rue Eugène Varlin (10e) ✆ 01 42 08 72 78 - M° Gare de l'Est.
www.lalibrairieducanal.fr
Ouvert le lundi de 12h à 20h ; du mardi au samedi de 10h à 20h ; le dimanche de 11h à 19h30.

Une véritable institution, ouverte chaque jour et qui fait figure de repère dans le quartier à deux pas du mythique canal Saint-Martin. La librairie, qui annonce, sur son site ou dans son établissement, pas moins d'un million de références, est en effet un excellent plan pour trouver le meilleur des nouveautés, des bandes dessinées et des romans divers – entre autres références. Les conseils des libraires sont toujours judicieux (les ouvrages présentés sur leurs sites web sont pour beaucoup accompagnés d'un avis également) et il y a fort à parier que vous repartirez probablement avec de quoi lire, sur un banc, face au canal – aux beaux jours bien sûr – ou chez vous.

BD

PHILIPPE LE LIBRAIRE

32, rue de Vinaigriers (10e)
✆ 01 40 38 11 39
Ouvert le lundi et du mercredi au vendredi de 11h30 à 19h15 ; le samedi de 11h à 18h15.

La librairie porte bien son nom : ici, c'est Philippe qui donne le ton. Et si le lieu semble ressembler à un drôle de capharnaüm, il est terriblement attachant et, au final, compte d'innombrables pépites. De la sélection à la décoration (principalement composée de posters et d'affiches en tout genre, et il faut absolument voir ça), le libraire tient à présenter au public ce qui le passionne, à savoir la bonne bande dessinée. Plutôt héritier de l'esprit *Hara Kiri*, on peut toutefois tomber sur des trésors en jeunesse ou d'incroyables romans graphiques. C'est aussi ici que vous aurez l'occasion de rencontrer votre auteur préféré pour une dédicace. On peut passer des heures ici !

LIBRAIRIE

LIBRAIRIE LA COMÈTE

29, rue des Récollets (10e) ✆ 01 40 36 78 96
M° Gare de l'Est.
www.lacomete.picto.fr
Ouvert du mardi au samedi de 12h à 19h.

Des catalogues aux encyclopédies en passant par les documents historiques, rien ne manque à la Comète parmi les milliers de références recensées. Amateurs, professionnels ou personnes désireuses de faire de jolis cadeaux se retrouvent donc ici, parfois également pour assister à l'un des nombreux événements proposés ici, à commencer par des rencontres avec d'excellents photographes. Enfin, reconnaissons-le, les conseils sont eux aussi d'une excellente qualité, et l'accueil est vraiment très sympa. Lieu de toutes les cultures, la Comète a également commencé à éditer une collection de portfolios, permettant à de jeunes artistes de disposer ici d'un incomparable soutien !

LIBRAIRIE

ARTAZART

83, quai de Valmy (10e) ✆ 01 40 40 24 03
M° Gare de l'Est.
www.artazart.com
Ouvert tous les jours de 10h30 à 19h30. Livraison possible.

Ce *design bookstore* et sa devanture orange sont bien connus de tous les flâneurs des quais. Le lieu, qui a passé le cap des 20 ans, est un incontournable du canal Saint-Martin. Artazart est constitué de myriades de merveilles : livres de design graphique, de photographie, illustration, architecture ou encore art de vivre pour commencer. Un second passage nous fera remarquer les objets de créateurs et les créations d'artistes. En effet, au-delà de la librairie, Artazart est également une véritable galerie d'illustration, street art et design. C'est un haut lieu, depuis des années, haut en couleur et en richesses multiples. Des rencontres avec les artistes sont régulièrement organisées.

LIBRAIRIE

LIBRAIRIE LES NOUVEAUTÉS

45 bis, rue du Faubourg du Temple (10e) ✆ 01 72 34 66 03 - M° Goncourt - www.librairielesnouveautes.com
Ouvert du lundi au samedi de 10h à 20h, le dimanche de 11h à 19h.

Vous retrouvez ici, sur 200 m², l'endroit compte de nombreux rayons, et propose une belle sélection, généraliste et pointue sur certains sujets. Science-fiction ou sciences humaines, policiers ou romans, c'est ici que se retrouvent plusieurs générations de lecteurs de ce coin de la capitale : pourquoi pas vous ? Si vous cherchez des standards primés (Goncourt, prix divers en littérature étrangère ou francophone), le lieu est très bien pensé. L'endroit est ouvert du lundi au dimanche, et notez que l'accueil est excellent, car les personnes qui tiennent le lieu sont de vrais professionnels. Vous risquez fort de repartir d'ici avec de nombreux très chouettes livres dans les bras !

JE LIS

11E - 12E

LIBRAIRIE

LIBRALIRE

116, rue Saint-Maur (11e) ✆ 01 47 00 90 93
M° Oberkampf ou Parmentier - www.libralire.fr
Ouvert du lundi au samedi de 10h à 20h ; le dimanche de 12h à 17h. Livraison possible (boutique en ligne).

Cette grande librairie généraliste a tout compris : elle propose sur son site internet de commander ou de réserver des ouvrages ! Plus de 50 000 références sont disponibles, et cela grâce au grand choix proposé dans beaucoup de domaines. La liste des meilleures ventes est aussi disponible pour vous permettre de trouver une bonne idée de livre à offrir. La terrasse et la courette permettent de converser entre clients et libraires en toute simplicité. On apprécie également de pouvoir se rapprocher des auteurs lors de débats et de séances de dédicace. Une librairie comme on les aime, et qui propose fièrement aujourd'hui, en direct ou *via* le site, pas moins d'un million de références !

LIBRAIRIE

L'APPEL DU LIVRE

99, rue de Charonne (11e) ✆ 01 43 07 43 43
M° Charonne
www.appeldulivre.fr
Ouvert du lundi au vendredi de 9h à 17h.

L'endroit se trouve dans un renfoncement de la rue de la Charonne, aussi ne la manquez pas ! Beaucoup d'étudiants et de professionnels fréquentent, non pas sa déclinaison physique, mais plutôt son site internet. En effet, l'endroit est davantage centré sur la vente à distance de ces ouvrages, car l'Appel du Livre a la réputation d'avoir des stocks très vastes, ce qui en fait son succès ! C'est le concept de librairie globale : du papier au numérique ! Néanmoins, un petit détour par ici permettra d'avoir un conseil aiguisé et pointu, avec beaucoup de gentillesse et de professionnalisme. Un conseil facile, mais qui semble toutefois plutôt évident : n'hésitez pas à répondre à cet appel !

BD

COMICS CORNER

25, boulevard Voltaire (11e) ✆ 01 43 57 89 25 - M° Oberkampf
www.comicscorner.fr
Ouvert le lundi de 14h à 19h ; du mardi au vendredi de 10h30 à 19h ; samedi de 10h à 19h.

L'antre des amateurs de comics, de Marvel, et de manière plus générale de bandes dessinées. Tel est ce Comics Corner, et qui ne manque pas d'atouts. Car vous pouvez bien évidemment vous procurer ici les dernières nouveautés, ou les plus grands standards en la matière, mais pas uniquement ! Car vous trouverez ici un très joli, lumineux et tranquille, lieu de coworking. On continue la liste : l'endroit est aussi un café, un lieu de rencontre avec les auteurs et dispose en plus d'un bel espace de lecture (lieu aussi incroyablement silencieux). Plus qu'un simple manga-café, le Comics Corner est donc un véritable lieu de rencontre de toute une communauté qui vous accueillera agréablement.

LIBRAIRIE

LIBRAIRIE LES GUETTEURS DE VENT

108, avenue Parmentier (11e) ✆ 01 43 57 52 15 - M° Parmentier.
http://lesguetteursdevent.blogspot.com
Ouvert du lundi au samedi de 10h à 20h, le dimanche de 10h à 13h et de 14h à 18h.

Cette chouette librairie de quartier est facilement reconnaissable avec sa belle devanture bleue. Répondant au joli nom de Guetteurs de Vent, celle-ci est animée par une équipe qui vous accueillera ici avec le sourire et le professionnalisme que permet de répondre à presque toutes vos demandes ! Des beaux-arts aux bandes dessinées, des sciences humaines aux meilleurs ouvrages littéraires, rien ne manque ! Notez également que le lieu organise de nombreux événements sur place, et que ses horaires sont très vastes, allant du lundi au dimanche compris !

LIBRAIRIE

LIBRAIRIE LES MOTS À LA BOUCHE

37, rue Saint-Ambroise (11e) ✆ 01 42 78 88 30
M° Rue Saint-Maur
www.motsbouche.com
Ouvert tous les jours de 10h30 à 19h30.

Cette librairie a longtemps eu pignon sur rue en plein cœur du Marais, avant que le propriétaire des lieux ne rompe le bail. Qu'à cela ne tienne ! Après une période d'incertitude, cette librairie unique a finalement opté pour une nouvelle adresse dans le 11e arrondissement. Les Mots à la Bouche, c'est une librairie dédiée à la littérature, aux bandes dessinées et ouvrages consacrés à la communauté LGBT. Si la sélection est vaste, elle n'est en rien excluante, et comprend de nombreux autres livres. Notez enfin que le lieu organise de régulières rencontres avec les auteurs.

LIBRAIRIE

L'ARBRE À LETTRES

62, rue du Faubourg St Antoine (75012) ✆ 01 53 33 83 23
M° Ledru-Rollin
www.arbrealettres.com
Ouvert du lundi au samedi de 10h30 à 19h30. Dimanche de 14h à 19h. Livraison possible. Boutique en ligne.

Un nom poétique, un large choix, des domaines variés, L'Arbre à Lettres est une librairie qui marque les esprits. On ne rentre pas dans ce magasin avec une idée en tête, ou alors au risque que celle-ci soit rejointe par une dizaine d'autres. On flâne entre les rayons, les ouvrages, les secteurs, et on repart toujours avec quelques trésors. Les libraires seront ravis de vous guider à travers les œuvres et les étagères, ils sont d'ailleurs d'excellents conseils si vous souhaitez faire des cadeaux. L'espace dédié à la littérature jeunesse est très riche et attractif, la sélection sort quelque peu des sentiers battus pour proposer des ouvrages originaux et bien souvent pédagogiques.

LIBRAIRIE

LIBRAIRIE SOCIÉTÉ FRANÇAISE DU LIVRE

11, rue de Rottembourg (75012) ✆ 01 44 41 49 50
M° Michel Bizot
www.sfl.com
Ouvert du lundi au vendredi de 8h à 17h30.

Cette impressionnante librairie parisienne est une sommité. Elle est le partenaire privilégié des professionnels du monde de l'édition, des collectivités et des entreprises, en France comme à l'étranger. Des milliers de structures publiques et privés lui font confiance. Au cœur de son espace de 600 m², la librairie de la SFL expose des dizaines de milliers d'ouvrages, et si le chiffre vous impressionne sachez qu'il ne s'agit là que d'une goutte d'eau au milieu de l'immensité de la base de la société : celle-ci possède des millions de références.

LIBRAIRIE

ATOUT LIVRE

203 bis, avenue Daumesnil (75012) ✆ 01 43 43 82 27
M° Daumesnil
www.atoutlivre.com
Ouvert du lundi au samedi de 10h à 20h. Livraison possible.

Cette formidable librairie indépendante est un véritable rendez-vous du quartier, l'adresse séduit par sa vaste sélection d'ouvrages et colle désormais à son image de temple littéraire et cosy de l'avenue Daumesnil. Sol en bambou, éclairage délicat, décor épuré, cet espace de 270 m² est fait pour que l'on se sente bien. Bien achalandée, la boutique est généraliste et propose plus de 40 000 titres issus de domaines très variés : difficile de faire son choix ! Heureusement, l'équipe de libraires est là pour vous accompagner au fil des étagères et au gré de vos envies. Notez enfin que l'enseigne compte une librairie dédiée à la BD, située non loin, au 54 boulevard de Reuilly.

JEUNESSE

L'HERBE ROUGE

1 bis, rue d'Alésia (75014)
✆ 01 45 89 00 99
M° Glacière
Ouvert du mardi au samedi de 10h à 19h.

Membre de l'Association des Librairies Spécialisées en Jeunesse, l'ALSJ, et éditrice de la revue *Citrouille*, L'Herbe Rouge a fait de la littérature pour enfants son credo. Outre un choix de livres de qualité, la librairie s'attache au confort de son espace, pour que la découverte littéraire soit agréable à tous les égards. Les petits lecteurs ont besoin de se sentir à leur aise pour s'ouvrir aux joies des lettres, et, avant tout, à celles des images. Le conseil est sans aucun doute le point fort de cette librairie, l'équipe étant passionnée et très bien formée. On peut ainsi se faire aider pour le choix d'un ouvrage en cadeau, selon les thèmes favoris de notre tout-petit.

LIBRAIRIE

LE DIVAN

203, rue de la Convention (75015) ✆ 01 53 68 90 68 -
M° Convention
www.librairie-ledivan.com
Ouvert du lundi au samedi de 10h à 20h ; le dimanche de 10h à 13h30. Livraison.

Les mordus de littérature l'ignorent souvent, mais à l'origine de la naissance de cet établissement se trouve une revue littéraire fondée en 1908. Après plus d'un siècle d'existence, Le Divan demeure une référence en termes de sérieux et de qualité. L'espace de 430 m² est composé ainsi : la littérature à droite, les sciences humaines à gauche et le coin rencontre avec les auteurs derrière le coin salon. On apprécie de pouvoir se laisser guider en toute confiance ! Les anciennes mezzanines ont laissé place il y a quelque temps déjà à un espace aéré et cosy avec fauteuils club, canapés, tapis, baby-foot – oui, oui – et bar avec machine à café. Un très bel endroit !

BD

BULLES DE SALON

39, rue Letellier (75015) ✆ 01 45 75 00 72
M° La Motte-Picquet – Grenelle
www.bullesdesalon.com
Ouvert du lundi au vendredi de 11h à 20h ; le samedi de 10h à 20h.

Ce temple de la bande dessinée se situe juste à côté de la rue du Commerce, à deux pas de la tour Eiffel. Dans un décor acidulé orange fluo, vert pomme et Inox, Stéphane, Noël et Victoria vous proposent une large variété de BD franco-belges, mangas, comics et produits dérivés, affiches. Ni occasion ni collection, vous y trouverez les dernières nouveautés. On peut s'installer dans un des fauteuils du salon pour feuilleter quelques albums. L'équipe est sympathique, dynamique et garantit une ambiance bon enfant toute l'année. N'hésitez pas à vous inscrire à la newsletter pour être averti des rencontres et des dédicaces qui animent la vie du magasin une fois par mois.

LIBRAIRIE

LIBRAIRIE FONTAINE VICTOR HUGO

95, rue Victor Hugo (16ᵉ) ✆ 01 45 53 76 72
M° Victor Hugo
Du lundi au samedi de 9h à 19h30. Livraison classique et livraison par la librairie pour les 8☒, 16☒ et 17☒ arr (10 €).

La Librairie Fontaine de la rue Victor Hugo est la fière représentante d'un incroyable réseau de librairies. Elle dispose de plusieurs sites sur la capitale et n'a de cesse de déclarer son amour à la littérature d'hier et d'aujourd'hui. Le lieu ne déroge pas à la règle et se singularise notamment par ses sélections d'ouvrages, des références pointues et modernes à la fois, loin des clichés ou des livres « de masse ». Cette même exigence est appliquée au superbe – et très complet – rayon « jeunesse », une vraie perle dans le quartier ! On adore !

LIBRAIRIE

LE BON MARCHE

24, rue de Sèvres Paris (7e)
✆ 01 44 39 80 00 - 01 44 39 81 81 - www.lebonmarche.com
relationsclientele@lebonmarche.fr
Ouvert du samedi au mercredi de 10h à 20h ; le jeudi et le vendredi de 10h à 21h.

Avant d'être une librairie, c'est un lieu : sous une verrière magnifique, c'est au 2e étage que vous trouverez cet espace aéré, vaste, propice à la déambulation lors de votre quête de beaux ouvrages. Le choix est vaste, et couvre ce qu'il convient d'appeler les « beaux livres », et notamment ceux dédiés aux arts ou aux voyages par exemple. Mais l'espace propose également toutes les références récentes en matière de romans et autres publications récentes, l'occasion d'accueillir ici de nombreux auteurs pour des séances de dédicaces. Notez enfin que cet écrin accueille également, à quelques pas, une belle papeterie, avec un goût prononcé pour les jeunes et belles marques en la matière.

LIBRAIRIE

LA PROCURE

3, rue de Mézières
Paris (6e)
✆ 01 45 48 20 25
www.laprocure.com
laprocure@laprocure.com
Ouvert du lundi au samedi de 9h30 à 19h30. Livraison possible (boutique en ligne).

Cette adresse existe depuis 1919 ! Si La Procure est la librairie de référence pour les ouvrages religieux, c'est aussi une librairie généraliste faisant la part belle à la littérature, aux sciences humaines, aux livres jeunesse et aux beaux-arts, avec un fonds d'environ 300 000 ouvrages. Elle possède également un espace CD et DVD ainsi qu'un espace gourmand « Saveur des Monastères » avec confitures, biscuits, vins et caramels. Par ailleurs, La Procure organise des tables rondes sur des livres traitant de sujets de société.

VOYAGE

VOYAGEURS DU MONDE - LA LIBRAIRIE

48, rue Sainte-Anne Paris (2e)
✆ 01 42 86 17 38
Ouvert du mardi au samedi de 10h à 19h.

On connaît Voyageurs du Monde pour ses périples hors des sentiers battus ou dans des lieux de rêve, mais c'est aussi une librairie dédiée au voyage, juste en face de l'agence éponyme. Le cadre, à la fois chic, sobre et chaleureux, vaut à lui seul le coup d'œil. Dans les rayons, de la littérature pour préparer son périple, s'évader à loisir, s'imprégner d'autres contrées – c'est magique, incontestablement. Récits de voyages, guides, contes issus de tous les pays, textes des grands explorateurs, et même livres de recettes des quatre coins du globe, la sélection est rigoureuse et le conseil est présent, avec 4 globe-trotters passionnés.

LIBRAIRIE

CHANTELIVRE

13, rue de Sèvres
Paris (6e)
✆ 01 45 48 87 90
www.chantelivre.com
Ouvert le lundi de 13h à 19h30 ; du mardi au samedi de 10h30 à 19h30. Commande en ligne.

Il s'agit sans doute de la plus réputée des librairies pour enfants. Et pour cause, Chantelivre concentre la crème de la littérature jeunesse, de l'âge de quelques mois à celui de l'adolescence bien sonnée. Les rayons comptent des milliers de références, sans compter les CD, les DVD et les jeux. On se rend chez Chantelivre pour le conseil personnalisé, pour cette attention particulière qui est portée aux petits comme aux grands.

LIBRAIRIE

GIBERT JOSEPH PARIS 18 - BARBÈS

15-17, boulevard Barbès Paris (18e) ✆ 01 53 09 35 15
www.gibert.com - service.client@gibert.com
Ouvert du lundi au samedi de 10h à 20h.

Ayant pris la suite d'une grande enseigne culturelle il y a quelques années, l'implantation de Gibert dans le nord de la capitale est une réussite. Et pour cause, sur deux niveaux, le très vaste endroit propose des milliers de références littéraires. Fidèle à sa réputation, l'enseigne propose ici des références neuves ou d'occasion, et le personnel sera particulièrement disponible pour vous aiguiller dans vos choix. L'endroit propose également d'autres références culturelles, à commencer par des films et de la musique, ainsi qu'un espace papeterie particulièrement bien fourni. Enfin, des rencontres avec divers acteurs culturels (souvent des auteurs) se tiennent dans les lieux.

LIBRAIRIE

FNAC PARIS - MONTPARNASSE

136, rue de Rennes
Paris (6e)
www.fnac.com
montparnasse@fnac.com
Ouvert du lundi au samedi de 10h à 20h ; le dimanche de 11h à 19h.

Il était impossible à la Fnac de ne pas être présente dans une des rues les plus commerçantes de Paris, tout droit dans le prolongement de la Tour Montparnasse. On ne peut pas rater sa façade au futurisme daté qui fait l'angle. À l'intérieur, rien ne ressemble plus à une Fnac qu'une autre Fnac : moquette anthracite, plafonds bas, rayons bien ordonnés et définis par catégorie : livres, DVD, high-tech, papeterie, et même petit-électroménager, billetterie... Comme dans toutes les Fnac, des rencontres avec auteurs et musiciens sont régulièrement organisées.

LIBRAIRIE

LIBRAIRIE LAMARTINE

118, rue de la Pompe (16e) ✆ 01 47 27 31 31
M° Victor Hugo ou Rue de la Pompe.
www.lamartine.fr
Ouvert le lundi au samedi de 10h à 19h. Boutique en ligne.

Les férus de littérature, d'histoire, de politique, de sciences humaines – et bien d'autres ouvrages de genre – ne s'y trompent pas : la Librairie Lamartine est le magasin idéal pour faire le plein de références bien senties ! Située dans la très chic rue de la Pompe, l'adresse régale les mordus qui ont l'appétit de la lecture et qui sont en attente de nouvelles expériences bien réfléchies. Les libraires misent sur des grands classiques, des nouveautés, les nouvelles tendances, ainsi que leurs coups de cœur personnels. D'ailleurs si vous êtes perdu au sein de cette collection impressionnante d'ouvrages, ils sauront vous guider parmi les étagères et les mondes.

LIBRAIRIE

LIBRAIRIE L'ATTRAPE-CŒURS

42, avenue Junot (18e)
✆ 01 44 85 36 81
M° Lamarck-Caulaincourt
Ouvert du mardi au samedi de 10h30 à 20h, le dimanche de 11h à 19h.

Cette petite librairie de quartier chaleureuse, nichée sur les hauteurs de Montmartre, propose des coups de cœur qui sont mis en avant, tout comme ceux des habitués du lieu. Depuis plus de 20 ans, c'est un lieu bien connu, très fréquenté et évidemment pour de bonnes raisons. Difficile aussi de résister à l'ambiance agréable qui règne le soir, lors des rencontres avec les auteurs. On viendra ici dans un lieu qui a connu un joli rafraîchissement ces derniers temps, mais qui n'a rien perdu de son charme ni de son ambiance studieuse et propice à la découverte.

LIBRAIRIE

LIBRAIRIE DES BATIGNOLLES

48, rue des Moines (17e)
✆ 01 42 29 88 10
M° Brochant
Ouvert du mardi au samedi de 10h30 à 19h30 et le dimanche de 10h30 à 13h.

Et voici une belle librairie indépendante comme on les aime ! La sélection est exigeante, originale, renouvelée fréquemment et variée. Les deux libraires qui officient ici connaissent les œuvres sur le bout des doigts et sauront vous conseiller de manière extrêmement précise, que ce soit pour vous, ou pour faire un cadeau. On apprécie également la qualité des événements organisés en ces lieux, notamment les dédicaces qui nous permettent de rencontrer nos auteurs préférés, quels que soient leurs styles : Marianne Barcilon, Jacques Weber et Claire Berest, par exemple !

LIBRAIRIE

LIBRAIRIE DES ABBESSES

30, rue Yvonne le Tac (18e) ✆ 01 46 06 84 30 - M° Abbesses
www.librairiedesabbesses.fr
Ouvert le lundi de 11h à 20h ; du mardi au samedi de 10h à 20h ; le dimanche de 12h à 20h.

La Librairie des Abbesses mérite son emplacement sur la butte Montmartre, à l'orée de la place des Abbesses. Là où de nombreux artistes comme Toulouse-Lautrec, Van Gogh, Satie ont repoussé le sens des conventions, cet établissement soutient des auteurs indépendants et se tient à l'écart des auteurs-stars victimes de la mode. La librairie décerne une bourse d'écriture à travers le Prix Wepler Fondation La Poste qui reconnaît depuis 1998, le talent des auteurs inclassables. Fier d'être une librairie indépendante, l'établissement tenu par Marie-Rose, Olivia et Philippe est un incontournable des lecteurs du quartier, et de bon nombre de ceux qui vivent ailleurs dans Paris, et même au-delà !

LIBRAIRIE

LIBRAIRIE DE PARIS

7-11, place de Clichy (17e) ✆ 01 45 22 47 81
M° Place de Clichy
www.librairie-de-paris.fr
Du lundi au samedi de 10h à 20h.

Un lieu sis sur place de Clichy qui enrichit considérablement la vie culturelle d'un quartier plutôt dynamique ! Dans cet espace aux tonalités de rouge, noir et blanc, se déploient sur deux niveaux des livres soigneusement classés. L'espace jeunesse, un des plus bien pensés des librairies de Paris, vaut le détour. Enfin, les amateurs de polars apprécieront les beaux rayonnages consacrés aux maîtres du suspens. Un lieu incontournable proposant un vaste choix de lectures, des récits de voyage aux sciences humaines en passant par la poésie, la philosophie et les derniers best-sellers. Cette belle librairie de Paris organise également aussi des rencontres d'auteurs à ne pas manquer. On aime !

LIBRAIRIE

LA RÉGULIÈRE

43, rue Myrha (18e) ✆ 09 83 43 40 69 - M° Château Rouge
www.lareguliere.fr
Ouvert du mardi au samedi de 10h à 19h30, le dimanche de 14h à 19h.

Julia et Alice, aux commandes de ce lieu, mènent avec brio une enseigne bien connue dans le quartier. Située en plein milieu de la Goutte d'Or, la Régulière a pour credo de permettre l'accès au livre et de favoriser la création éditoriale indépendante. Ici on apprend, et on découvre des petites pépites que l'on ne voit pas ailleurs. En plus d'une très belle sélection de livres jeunesse, arts graphiques et de bandes dessinées, la librairie accueille également un café, des expositions et de nombreux événements. Mention spéciale aux ateliers d'activités manuelles qui sont adorés par les enfants. Un lieu pas comme les autres, également en contact avec les associations du coin.

LIBRAIRIE

LE PIED A TERRE

9, rue Custine (18e) ✆ 01 44 85 20 68 - M° Château Rouge
www.librairielepiedaterre.com
Ouvert du mardi au samedi de 10h à 19h30 ; le dimanche de 15h à 19h.

Près de trois années après son ouverture, le Pied à Terre a achevé de se faire une chouette place dans le paysage culturel du 18e arrondissement. Situé à quelques pas du métro Château Rouge, le lieu, où le bois est très présent, a été conçu pour le rendre agréable aux visiteurs. On vient non seulement pour y découvrir des livres, et le choix est vaste, mais aussi pour se cultiver autrement par le biais de rencontres avec plusieurs auteurs, des échanges, etc. Sur les rayons, pas mal de littérature américaine, de sciences humaines ou d'ouvrage sur des questions ayant trait au genre ou à la colonisation, des BD indépendantes. Des publications « qui font bouger les lignes » !

LIBRAIRIE

LIBRAIRIE DU PARC - ACTES SUD

211, avenue Jean Jaurès (19e) ✆ 01 42 38 37 52
M° Porte de Pantin.
www.librairieduparc-actessud.com
Ouvert du mardi au dimanche de 11h à 19h.

Cette librairie généraliste, située dans la Grande Halle de la Villette, propose de très nombreuses références pour les amateurs de littérature dans tous les styles. Que vous cherchiez les toutes dernières bandes dessinées, des romans policiers ou sentimentaux, de même que de nombreux ouvrages scolaires, rien ne manque ici. Le lieu, qui n'hésite pas – à juste titre – à faire part de ses coups de cœur, est ouvert sans interruption le midi. Dernier point d'importance : l'accès se fait par l'est du parc, et non par le côté Cité des Sciences, gardez-le en mémoire !

VOYAGE

L'EAU ET LES RÊVES

9, quai de l'Oise (19e)
✆ 09 51 55 08 75
M° Ourcq
Ouvert du mardi au dimanche de 10h à 19h.

L'eau et les rêves est un café-librairie sise sur une péniche des années 1950. Transformée en librairie en 1980, elle a vogué d'aventure en aventure jusqu'à sa reprise par Cyrille Bruneau qui en a fait un lieu de connaissances et d'échanges autour de la nature, des plantes et des jardins. Les livres proposés couvrent une large palette de domaines : paysagisme, horticulture, graines, dessin botanique... Les adeptes du bien-être au naturel trouveront moult références sur la sylvothérapie, les recettes ancestrales comme celles d'Hildegarde de Bingen... Ce lieu atypique propose aussi des événements : ateliers (peinture végétale, terrariums), présentations, colloques... On adore !

LIBRAIRIE

LIBRAIRIE LA PETITE OURCQ

169, avenue Jean-Jaurès (19e)
✆ 01 83 87 89 83
M° Ourcq
Ouvert du mardi au samedi de 10h à 19h30 et le dimanche de 10h à 13h.

Difficile de la manquer, avec sa jolie devanture rouge, l'avenue Jean-Jaurès. La librairie La Petite Ourcq généraliste : comprenez par-là que cet établissemen proximité, dans un quartier qui en compte relativement p permet à chacun de trouver l'ouvrage qui lui plaira. Livres poche ou beaux ouvrages, le choix est vaste, les thématiq couvertes nombreuses et l'accueil, ainsi que le cons sont excellents. Impossible de ne pas recommander ! animations sont régulièrement proposées, parmi lesque ces apéros-dédicaces avec de chouettes signatures !

LIBRAIRIE

A TOUT LIRE

141, avenue Gambetta (20e) ✆ 01 40 31 25 71
M° Pelleport
www.atoutlire.com
Ouvert du lundi au samedi de 10h à 19h30.

Une chouette librairie, que l'équipe du Petit Futé a beaucoup au cœur du 20e arrondissement de la capit La petite entrée ressemble un peu à celle d'un ciné d'autrefois, et quand on pénètre le lieu, quel joli choc : livres partout, de très longs rayonnages, faciles d'ac Le choix est très vaste (littérature, scolaire, scien humaines, BD...) et vos recherches les plus ardues resteront pas sans réponses. Vous disposez ici d'un ser de commande rapide, et d'une offre d'aide à la recherche, pratique lorsque l'on est un peu perdu. Et puis l'accueil franchement très bon, on a l'impression qu'aucune dema ne restera sans réponse ici, ce qui n'est pas négligeable !

LE MERLE MOQUEUR

51, rue de Bagnolet
Paris (20e) (France)
✆ 01 40 09 08 80
https://www.lemerlemoqueur.fr/
Ouvert tous les jours de 10h à 20h (10h - 19h30 le dimanche)

Le merle moqueur, c'est une librairie à ne pas manc dans le 20e arrondissement, à deux pas de l'iconi cimetière du Père-Lachaise. Depuis son ouverture 1999, cette librairie a su conserver son esprit libre et frond vous trouverez dans ses rayonnages des romans, des ess mais aussi de la littérature de jeunesse, de la science-ficti Il y en a pour tous les goûts, pour lecteur assidu com novice. N'hésitez pas à leur demander conseils, ou à consu leur "Conseils de lecture" sur leur site internet, ainsi assister aux rencontres en librairie et aux clubs de lec organisés très fréquemment. Cette librairie est une pépite vous la recommande chaudement.

WEB

NEWTABLE

13, rue d'Uzès (2e)
https://fr.newtable.com

Pour les *foodies* (comprenez les amateurs de chouettes sensations culinaires), il y a bien évidemment le guide du Petit Futé que vous tenez entre vos mains, mais reconnaissons-le, si nous sommes les meilleurs (!), d'autres chouettes acteurs nous entourent ! Toujours à la recherche des nouvelles tendances, Newtable compte parmi ces derniers. Comme son nom l'indique, il référence toutes les nouvelles tables à Paris et en proche banlieue. Avec son classement par date et arrondissement, on découvre aisément les ouvertures à ne pas manquer, histoire d'être au mieux sur les tendances en la matière. Très bien fait, il est intuitif, et vous permet d'arriver rapidement à l'info qu'il vous faut.

RADIO

RADIO CAMPUS PARIS

50, rue des Tournelles (3e) ✆ 01 49 96 65 45 - M° Chemin Vert.
www.radiocampusparis.org
Diffusion 24/24 en streaming sur Internet et sur la fréquence FM 93.9 le soir.

Radio Campus Paris est l'une des radios associatives incontournables des étudiants et des jeunes Franciliens. Pointue en musique et passionnée en parole, elle s'intéresse vraiment à tout. Créée en 1998, *Radio Campus Paris* compte, sur la fréquence 93.9 le soir et jusqu'à l'aube (rythme de vie étudiant oblige !) de très nombreuses et variées émissions : des mini-magazines, avec des formats courts qui permettent de mettre l'accent sur un sujet ou sur un profil rapidement, mais aussi beaucoup de sessions musicales actuelles, et une vaste place à la culture, de la plus populaire à la plus underground. L'ensemble se retrouve évidemment en streaming sur le site internet.

HEBDOMADAIRE

L'OFFICIEL DES SPECTACLES

17, rue du Colisée (8e)
✆ 01 42 25 57 84
M° Saint-Philippe-du-Roule.
www.offi.fr
Infos par téléphone et courriel du lundi au vendredi de 10h30 à 15h30.

L'Officiel des spectacles était à l'origine essentiellement tourné vers le septième art, mais il a bien changé depuis. Aujourd'hui, il est devenu le guide des sorties culturelles à Paris et en Ile-de-France, répertoriant toujours les séances de cinéma, bien sûr, mais aussi pièces de théâtre, expositions, spectacles pour enfants, concerts, cabarets, visites de quartiers, avec une foule d'informations pratiques évitant de perdre temps et argent : horaires, tarifs, situation sur le plan de métro, accès aux handicapés, genre et durée du spectacle, etc.

S'INFORMER

À NOUS PARIS

2, rue du Général Alain de Boissieu (75015)
M° Balard.

A Nous Paris était l'un des news urbains version papier les plus diffusés sur Paris et l'Île-de-France. Jusqu'en 2019, il était gratuitement mis à la disposition des lecteurs tous les lundis dans plus de 1 000 points de diffusion, sur le présentoir des métros et des RER. Aujourd'hui on le trouve sur le web via tablettes et smartphones, changement oblige. Actualité des spectacles, des loisirs et des cultures urbaines... *A Nous Paris* livre toutes les infos ! Avec son parti pris de sélectivité et ses critiques, le mag propose notamment de découvrir les repérages de la rédaction et propose plusieurs éditions hors séries, selon les tendances du moment, ou tout simplement la saison.

WEB

PARIS.FR

(1er)
www.paris.fr

C'est non seulement un portail d'informations, mais le site internet de la ville de Paris est également une véritable offre de services à destination des habitants de la ville. Par ce biais, vous pouvez réserver des courts de tennis, demander l'enlèvement des encombrants, disposer des instructions pour obtenir diverses aides, avoir la totalité des éléments indispensables, des horaires des piscines jusqu'aux travaux dans les rues. Le dense milieu associatif de la ville est également à l'honneur, avec de nombreuses tribunes qui leur permettent de disposer d'un espace d'expression très large. Un site bien pratique pour les Parisiens et à garder dans son bloc-notes !

WEB

SORTIRAPARIS.COM

34, avenue Champs Elysées (8e)
M° Franklin D. Roosevelt
www.sortiraparis.com

Voici un site dédié aux bons plans culturels à Paris. Vous y trouverez tout ce qui concerne les concerts, expositions, festivals, théâtre, opéra, clubbing, fooding, nuits blanches, bons plans du week-end, festivals de lumières, enfants et famille, etc. La navigation sur celui-ci est simple et il est régulièrement mis à jour. Aussi vous pouvez le consulter sans hésiter. Pour chaque événement culturel proposé, vous trouverez une petite fiche très complète comprenant thèmes, lieu, heures, par exemple... Les touristes séjournant dans la capitale sont loin d'être oubliés sur ce site, les articles étant aussi rédigés en anglais. Ainsi, tout le monde s'y retrouve et profite des bons plans !

ÉCOUTER
PLUS LOIN
QUE LE BOUT
DE SON NEZ
CONCEPTION/CRÉATION
FM
DAB+
MOBILE
INTERNET
PODCAST
rcf.fr
RCF
RADIO
LA JOIE SE PARTAGE
RCF, RADIO CHRÉTIENNE FRANCOPHONE,
UN RÉSEAU DE 64 RADIOS LOCALES.

S'INFORMER
À PARIS

4, rue Lobau (4e) ✆ 01 42 76 79 82
M° Hôtel de Ville
www.paris.fr
Gratuit. Disponible sur le site internet, et dans les mairies d'arrondissement.

Saviez-vous qu'il suffit de vous rendre sur le site de la Mairie de Paris et de vous abonner pour que la municipalité vous envoie par courrier, gratuitement, le magazine trimestriel de la ville qui vous informe sur ses actions (services, social, culture, sport...) et sur la vie de la cité ? *À Paris* se veut le plus complet possible en proposant de nombreuses rubriques telles que : Agenda culturel, Aménagement du territoire, Aménagement urbain, Associations, Culture, Éducation, Environnement, Expositions, Littéraire, Loisirs, Patrimoine culturel, Politique de la Ville, Portraits, Social, Solidarité, Sortir, Sports, Transport public, Transport urbain, Urbanisme...

S'INFORMER
ARTS MAGAZINE

(2e)
www.artsmagazine.fr
Bimestriel.

Arts magazine est l'une des figures emblématiques de la famille des grands magazines culturels, faisant la part belle à l'actualité parisienne et francilienne en la matière. Fleuron de la presse dédiée à l'Art sous toutes ses formes, il s'est donné pour mission de rendre l'Art accessible à tous. Pour parler d'Art autrement, les meilleurs spécialistes, experts, commissaires d'expositions partagent leurs passions pour décoder les œuvres majeures, comprendre les principaux courants artistiques, découvrir la vie des artistes incontournables... Dans chaque numéro : une sélection de foires, expositions, galeries, découvertes. Le bimestriel, très complet, souvent accessible, compte cent pages.

S'INFORMER
LE BONBON

15, rue du Delta (9e) ✆ 01 48 78 15 64
M° Cadet
www.lebonbon.fr
Mensuel. Gratuit.

Créé en 2009, *Le Bonbon* est un magazine mensuel gratuit et urbain de proximité. Il traite de l'actualité à Paris, des sorties, de la « *food and drink* » et des tendances de toutes sortes. Le magazine couvre aussi les villes de Bordeaux, Lille, Lyon, Marseille, Nantes et Toulouse. Le site web est bien développé, il permet de suivre l'actualité locale, recommande les bonnes adresses et décrypte les nouvelles tendances et la pop culture : il est devenu une référence très suivie, notamment des Parisiens qui y trouvent de chouettes idées. *Le Bonbon* met également en place de nombreux événements, évidemment relayés dans les colonnes du magazine, et qui sont très prisés.

RADIO
FRANCE BLEU PARIS

17-21, avenue du Général Mangin (16e)
M° Passy ou bus 72 : arrêt Parc de Saint-Cloud
Fréquence à Paris : 107.1.

France Bleu Paris, c'est la radio des Parisiennes et des Parisiens qui bougent ! Utile, pratique, c'est aussi la radio « service » par excellence ! Il faut dire qu'elle tisse des liens privilégiés avec les acteurs de la vie locale, les organisateurs de manifestations qu'elle sait bien valoriser. Elle est ainsi partenaire d'événements de toute nature au service de la citoyenneté, de la culture, du patrimoine, de la gastronomie, du sport et de la découverte. C'est une référence en matière de grands événements de la région parisienne et des initiatives des collectivités locales. Tout un programme ! *France Bleu Paris* sur francebleu.fr se décline bien sûr les réseaux sociaux !

WEB
MY LITTLE PARIS

13, boulevard Rochechouart (9e)
✆ 01 45 26 49 79
www.mylittleparis.com

My Little Paris est un site dans l'air du temps et empreint de légèreté avec ses petits dessins présents sur toutes les rubriques du site qui rappellent un peu Peynet et ses amoureux naïfs, idéalistes et sincères. Regorgeant d'articles vifs et enlevés, les rubriques sont nombreuses : ventes privées, mode-beauté, restos-bar, et propose des podcasts et une newsletter. My Little Paris propose des adresses uniques et insolites, mais aussi des idées d'escapades parisiennes : restos atypiques, boutiques confidentielles, dates et lieux d'incroyables soldes privées, temples de beauté, expos déroutantes, idées de cadeaux originales et autres trésors dont la capitale regorge.

CE JOUR-LÀ

Vous êtes déjà probablement tombés sur ce set de table ou ce journal retraçant les événements survenus le jour de votre année de naissance. L'application Ce jour-là va plus loin en répertoriant de manière sourcée tous les événements historiques survenus à la date du jour. Une chronique audio nous plonge même dans les coulisses de l'histoire façon podcast. Des petites histoires qui font la grande.

JE PRENDS SOIN DE MOI

Prendre soin de soi, c'est une évidence pour l'immense majorité d'entre nous. Certains, pour de grandes occasions ou de manière quotidienne, voudront trouver ici les meilleures adresses pour se faire chouchouter, masser, maquiller, coiffer. D'autres seront à la recherche des plus originales des boutiques pour arborer le look le plus inattendu, pour eux ou leurs enfants. Et d'autres encore sont en quête d'un professionnel de santé, ou, dans un autre registre, de la tenue de rêve pour leur mariage. Toutes ces catégories de personnes, et quelques autres, sont présentes dans cette rubrique. Leur lien commun ? Elles souhaitent tout simplement prendre soin d'elles ! Ces pages s'adressent ainsi à tous : fashionistas parisiennes ou futurs mariés, amateurs de yoga ou fans de massages ou de sieste. Ici aussi, tout a été testé - pour le plus grand bonheur de l'équipe - et sélectionné pour vous offrir le meilleur de la capitale en la matière, avec l'accent mis sur de chouettes découvertes, souvent hors des sentiers battus. Maintenant, c'est à vous de jouer !

VOTRE GUIDE DEVIENT INTERACTIF

TAPEZ **PETITFUTE.APP** DANS LE NAVIGATEUR DE VOTRE SMARTPHONE.

PRENEZ UNE PHOTO DE LA PAGE DÈS QU'ELLE A CE PICTO !

CHAPEAUX - GANTS - FOULARDS

CAUSSE GANTIER

12, rue de Castiglione (1er) ✆ 01 49 26 91 43 - M° Tuileries.
www.causse-gantier.fr

Ouvert du lundi au samedi de 11h à 14h et de 15h à 19h. Boutique en ligne. Comptez environ 200 € la paire de base.

Paris a toujours été l'une des vitrines du savoir-faire français et de ses métiers d'art. Fondé en 1892 en Aveyron et racheté par Chanel en 2012, le gantier Causse fait partie du patrimoine. En 2007, la maison s'est installée à quelques pas de la place Vendôme, entre la place de la Madeleine et la rue de Rivoli, dans un quartier riche en boutiques d'artisanat d'exception. Dans cet écrin à la décoration signée Jean-Michel Wilmotte, vous trouverez toutes les créations présentées dans un décor moderne et élégant. Que les modèles soient classiques, sophistiqués, colorés, à motifs, à nœuds, fourrés... Vous serez séduits par leur style unique, leurs matières de qualité et leurs coupes parfaites.

CRÉATEUR

LE BIJOU PARISIEN

26, rue du Roi de Sicile (4e) ✆ 07 64 08 01 98
M° Saint-Paul.
www.lebijouparisien.paris

Ouvert le lundi et du mercredi au vendredi de 12h à 19h ; le week-end de 14h à 19h.

Amoureux de la capitale, venez découvrir les créations originales et uniques de Philippe et Aurélien installés depuis maintenant 4 ans en plein cœur du Marais. Une thématique, le métro parisien, et pourquoi ? Ils sont tout simplement passionnés de l'histoire, l'architecture, le design et tout ce qui a trait au célèbre réseau de transport. Des t-shirts, sweat-shirts floqués de messages Belleville, Saint Germain, le Marais mais aussi des bracelets, broches, boucles d'oreilles... Le tout présenté avec soin dans une ambiance très « métropolitaine » sur fond de carreaux blancs biseautés et authentique plan des lignes offert par la RATP ! On adore !

MODE

BOBBY PARIS

89, rue Réaumur (2e) - M° Sentier.
www.bobbyparis.com

Ouvert du lundi au samedi de 11h à 19h30. Dépôts sans RdV du lundi au vendredi de 11 à 16h.

Buy now or cry later, tel est l'adage de Bobby et c'est vrai ! Dans ce vaste dépôt-vente devenu un incontournable pour les chineuses, tout part et vite ! Un bon plan si l'on est à l'affût des dernières tendances à prix raisonnable. Vous l'aurez compris, ici pas de mass market mais des pièces plus recherchées, de créateur, de marque ou pas d'ailleurs. Ainsi vous pourrez aussi bien dénicher un top Pleats Please qu'un boléro vintage sans griffe mais bien taillé. Enfin, sachez que la gent masculine y trouvera aussi son bonheur ! Côté dépôt, Bobby se démarque aussi avec un espace perso permettant de suivre ses ventes en ligne et de consulter le montant de ses gains ! On ne peut plus pratique !

MODE

FREEP STAR

61, Rue de la Verrerie (4e) ✆ 01 42 78 03 48 - M° Hôtel de Ville
www.freepstar.com

Ouvert du lundi au samedi de 11h à 20h30. le dimanche de 12h à 20h30. A partir de 1 €.

Une institution dans le domaine des fripes bon marché. Vous pouvez venir chiner, fouiller, essayer et vous laisser aller pendant des heures sur un fond de musique 80s, vous allez même vous surprendre à chanter à tue-tête ! Chemises, jeans de marque, vestes en cuir, pulls, robes, jupes, chaussures, foulards, manteaux de fourrure, combinaisons de ski, le tout, soigneusement rangé et présenté sur cintres ! Et surtout, n'oubliez pas de foncer au sous-sol pour fouiller dans le bac des trouvailles à 1 €... Du vintage en veux-tu du vintage en voilà ! Et si vous en voulez encore, Freepstar possède pas moins de 4 autres boutiques dans la zone des Halles, hôtel de ville, le Marais.

ACCESSOIRES

BAG ALL

11, rue des Rosiers (4e)
Métro Saint Paul.
www.bag-all-france.com

Ouvert du mardi au dimanche de 11h à 18h. Ouvert le dimanche.

Un concept simple mais efficace ! Chez Bag All tout est fait pour ranger, trier, organiser, classer... En bref, une très belle gamme de pochettes, sacs, fourre-tout pour mettre de l'ordre, se déplacer ou voyager bien organisé. Au-delà de la créativité, un engagement indéniable pour notre belle planète puisque les produits sont fabriqués à base de coton 100 % naturel, imprimés avec une encre non toxique à base d'eau, et même les rubans sont produits à partir de bouteilles recyclées ! Les produits sont personnalisables, la boutique a développé le principe un monogramme = un arbre planté ! Une noble cause puisque plus de 25 000 ont déjà pris racine...

OPTIQUE

JACQUES & SELIMA

14, rue de Birague (4e) ✆ 01 47 63 23 39 - M° Saint-Paul, Bastille ou Sully-Morland. - www.jacquesetselima.fr

Ouvert du mardi au samedi de 11h à 14h et de 15h à 19h30. Sur rdv.

C'est en 2007 que Jacques et Selima, deux opticiens diplômés, s'installent à quelques mètres de la Place des Vosges. Un espace unique pour présenter leurs créations fabriquées dans le Jura ainsi que des montures soigneusement sélectionnées parmi des artisans et designers chevronnés (Helden, Yuichi Toyama, Preciosa...). Des modèles conçus à partir de matériaux de qualité (bois, cuir, titane...). Forme et fonction s'accordent pour offrir confort et élégance. Suivi personnalisé, pièces sur mesure, conseils esthétiques et techniques sont délivrés avec professionnalisme par Jacques. Un écrin atypique créé par deux opticiens optométristes passionnés, aux antipodes de l'uniformisation !

FRIPERIE

KILO SHOP

69-71, rue de la Verrerie (4e) ✆ 09 67 13 79 54 - M° Hôtel de Ville ou Rambuteau. - www.kilo-shop.com
Ouvert du lundi au samedi de 11h à 19h30. Le dimanche de 14h à 19h30.

Mode écoresponsable oblige, Kilo Shop se développe dans toute la France avec pas moins de 18 boutiques décomptées dans l'Hexagone, mais également en Grèce et... au Japon ! Une des raisons du succès de l'enseigne ? Ici, on ne paie pas à l'article, mais au kilo ! En fonction de la couleur de la pastille des bacs de vêtements, le prix varie, mais dans tous les cas, vous ferez de bonnes affaires... A vous les vêtements et accessoires vintage à petits prix, pour homme comme pour femme. Et puis, on l'avoue, on aime beaucoup le côté ludique. Et si on amenait nos enfants pour les sensibiliser en même temps au recyclage ? D'autant plus que la boutique « kawaii » vient d'ouvrir au 65 de la même rue...

MAROQUINERIE

MAMA BENZ

33, rue de Bellechasse (7e) ✆ 06 37 40 37 40
M° Solférino.
https://mamabenz.com
Ouvert du mardi au samedi de 10h30 à 19h30.

C'est la boutique de maroquinerie qui réveille le 7e. Derrière cette jeune pousse se cache une Franco-Libanaise, Clara Assi, qui a grandi à Kinshasa, et s'est inspiré de toutes ses cultures pour créer sa ligne de sacs. Comme un clin d'œil à son passé, le nom de la marque s'inspire des puissantes Congolaises ayant fait fortune dans le commerce du tissu wax dans les années 50. Couleurs, émotions et pouvoir sont les maîtres mots de la créatrice. Ainsi, en plus d'un design simple et élégant, chaque modèle est pourvu d'œillets ajourés pour y apporter sa touche personnelle, comme des foulards colorés par exemple. Le plus ? Les rendez-vous particuliers pour vivre une expérience personnalisée.

PRÊT-À-PORTER

HERMÈS PARIS SÈVRES

17, rue de Sèvres (6e) ✆ 01 42 22 80 83 - M° Sèvres - Babylone.
www.hermes.com/fr/fr/
Ouvert du lundi au samedi de 10h30 à 19h. Livraison possible. Espace café-librairie.

Passer le seuil de la maison Hermès rue de Sèvres relève de l'expérience. On se laissera d'abord surprendre par l'espace Art déco de l'ancienne piscine du Lutetia, classée Monument historique, où s'affichent tous les savoir-faire faisant la renommée de la célèbre marque. Après plusieurs mois de rénovation, le lieu rouvert en 2021 offre non seulement à voir un superbe pavement de mosaïque d'origine, des structures insolites séparant différents espaces de vente mais surtout la fresque de Matthieu Cossé *L'Odyssée d'Hermès*. Le ton est donné. Reste à musarder dans le café-librairie avant de se plonger dans l'univers des carrés de soie, des bijoux, de la maroquinerie et autres collections de rêve.

PRÊT-À-PORTER

GUERRISOL

21, Boulevard de Rochechouart (9e) ✆ 01 44 63 95 77
M° Barbès-Rochechouard
www.guerrisol.fr
Ouvert du lundi au samedi de 10h30 à 19h.

Bienvenue dans le royaume de la fripe à prix défiant toute concurrence. Soyez observateur, vous pouvez dénicher la perle rare. Ici, les adeptes de la customisation et autres créatives côtoient les chercheuses de bonnes affaires. Les vêtements sont en bon état, les styles parfois insolites, voire kitsch, et surtout les arrivages fréquents : chemises, manteaux, vestes et autres accessoires, le choix est vaste. Entre autres marques repérées lors de notre passage : Zara, Agnès B, Mango, Comptoir des cotonniers... Le tout très bien classé par catégorie, c'est donc un plaisir de venir y chiner. Il ne s'agit pas de fripes de luxe, mais vous pouvez y faire des trouvailles comme nulle part ailleurs.

MODE

SOUS LES PAVÉS, LE VINTAGE !

1, rue Hautefeuille (6e)
Ouvert du mercredi au dimanche de 14h à 19h.

C'est un joyeux bazar rétro qui se cache sous les pavés du Quartier latin : une boutique de mode et déco vintage répartie sur trois étages, dont deux en souplex ! Le pas de porte, joliment décoré de mosaïques, et la façade verte donnent le ton : vous êtes dans un temple pop de la bonne humeur. Ici, vous trouverez de belles pièces de créateurs, des vêtements sixties comme des chemisiers, ou encore des pièces originales comme des sous-vêtements glamour et de la déco rétro. Les sélections sont surprenantes et ne manquent pas de panache. Le plus ? Les prix sont raisonnables.

DÉPÔT-VENTE

IKONIK

40, rue de la Tour-d'Auvergne (9e)
✆ 09 50 01 73 56
M° Anvers ou Notre-Dame de Lorette
Ouvert du mardi au samedi de 11h à 14h et de 15h à 19h.

Lassée des dépôts-ventes peu soignés et en vrac ? Il est temps de faire un tour chez Ikonik ! De Kenzo à Missoni en passant par Le comptoir des cotonniers, Miu Miu ou Sinequanone, Blanche, en maîtresse avisée des lieux, sélectionne à merveille les nouvelles arrivées. On aime y aller régulièrement, car les réassorts sont fréquents et c'est toujours un plaisir de demander conseil à Blanche en matière de style. Récemment rénovée, cette boutique soignée, toute proche de la rue des Martyrs, propose également quelques objets. En bref, c'est l'endroit idéal pour chiner, dénicher de bonnes affaires ou tout simplement pour un shopping responsable et de goût. Pour les dépôts, prendre rendez-vous !

MON CARNET DE MODE

9E - 11E

HOMME - FEMME

MAMIE BLUE

69, rue de Rochechouart (9e) ✆ 01 42 81 10 42
M° Anvers ou Barbès

Ouvert le lundi de 14h30 à 19h30 ; du mardi au samedi de 11h30 à 13h30 et de 14h30 à 19h30.

En une vingtaine d'années, Mamie Blue s'est imposée comme une adresse de référence grâce à une sélection rigoureuse de vêtements et d'accessoires (principalement européen et américain, des années 1900 à 1980) et à la personnalité de Brigitte, sa fondatrice passionnée. Dans cet antre bondé, qui fournit également le cinéma et le théâtre en costumes, on peut croiser des initiés en quête de la perle rare, des créateurs en mal d'inspiration ou encore des fans de marques à prix vintage – ce n'est pas de la fripe ! Si vous avez le temps, ne manquez pas de découvrir aussi, Mamie, la boutique voisine qui propose toute une gamme de services : relooking vintage, restauration, retouche, rééditions, etc.

PRÊT-À-PORTER

BAABOU

37, rue des Martyrs (9e) ✆ 01 88 24 37 60
M° Notre-Dame-de-Lorette ou Pigalle.

Ouvert le lundi de 12h à 19h ; du mardi au samedi de 9h à 19h ; le dimanche de 11h à 13h30.

Une boutique comme on les aime avec un choix de pièces originales et bien coupées qui s'adaptent à toutes les morphologies avec des vêtements allant des tailles 36 à 54. Les marques choisies sont par ailleurs de qualité : Masai, Wendy Trendy, Antica Sartoria... Chez Baabou, vous trouverez aussi une sélection sympa de chaussures, de bottes, de sandales, de ceintures, de colliers, de bracelets, de foulards et de chapeaux... Avec une vitrine régulièrement renouvelée, toujours avec élégance et couleurs, Baboo – aux antipodes du *mass market* – est une belle invitation à chiner. Il faut avouer qu'il est difficile d'en sortir sans avoir craqué sur un top ou un accessoire ! Vous voilà prévenues !

CHAUSSURES

PRÊT À MARCHER

6, boulevard Bonne-Nouvelle (10e)
✆ 06 09 17 26 96
M° Strasbourg – Saint-Denis

Ouvert du lundi au samedi de 10h30 à 19h30

Un très bon plan ! Ici, que des bonnes surprises. En franchissant les portes, vous trouverez des chaussures de tous les styles et pour toute la famille dans un décor surprenant et avec une équipe aux petits soins ! Chaque semaine, des nouveautés des plus grandes marques font leur apparition et sont dégriffées pour combler toutes vos envies : baskets de sport, bottes, mocassins, chaussures de ville et aussi quelques vêtements selon les arrivages... Du plus classique au plus excentrique, ce concept store unique, dynamique et branché vous aidera à rester à la mode en respectant votre portefeuille. Une véritable mine d'or pour vos pieds et une institution du quartier.

LAINE

LES TRICOTEURS VOLANTS

22, rue de la Fidélité (10e) ✆ 01 47 70 52 57 - M° Gare de l'Est
www.lestricoteursvolants.com

Ouvert du mardi au samedi de 11h à 19h. Cours de tricot occasionnellement.

C'est Enrico qui tient la barre des Tricoteurs Volants. Certes, une drôle de reconversion après une carrière de libraire, mais c'est la passion et l'envie de partager qui anime le gérant. Son parti pris ? Tout le monde (homme, femme, enfant...) peut tricoter ! Vous viendrez donc ici pour choisir vos pelotes (la plupart des laines sont produites en Europe), vos aiguilles, vos patrons, et bien plus ! En effet, la boutique propose également des cours d'initiation dans un cadre convivial et Enrico n'est jamais avare en conseils lorsque vous franchissez les portes. Les cours commencent généralement à 19h et ont une durée de 2h30. Pensez à vérifier le planning et à réserver !

CONCEPT STORE

MAKE MY LEMONADE

61, quai de Valmy (10e) ✆ 09 67 42 23 97
www.makemylemonade.com

Ouvert du lundi au samedi de 11h à 20h. Le dimanche de 11h à 19h. Catalogue disponible en ligne.

C'est dans une ancienne quincaillerie du canal Saint-Martin que la blogueuse lifestyle Lisa Gachet a choisi d'installer son concept store original. La spécialité de la maison ? Proposer une mode *do it yourself*, à faire soi-même ou à acheter déjà cousue, une bonne idée shopping stylée et responsable ! Aussi, en plus d'offrir des pépites uniques, la marque s'engage à fabriquer tous ses produits en Europe à partir de matières majoritairement naturelles ou recyclées. Ici, vous trouverez donc les collections signatures, les éditions limitées, mais aussi une belle sélection de marques de beauté, bijoux, chaussures ou décoration qui épousent l'univers acidulé de la fondatrice et de ses clientes.

CHAUSSURES

KENKA

13, rue Oberkampf (11e) ✆ 01 48 05 42 62
M° Filles du Calvaire, Oberkampf ou République
www.kenka-boutique.fr

Ouvert du mardi au samedi de 10h30 à 19h15.

C'est LA boutique des baladeurs écoresponsables du 11e arrondissement ! Patrick Daniel et Christian Costa-Marini, les deux créateurs de Kenka, se sont donné pour mission de mettre un coup de projecteur sur les fabricants de chaussures engagés. Ainsi, en plus d'être toujours confortables, tendance, colorés ou bien originaux, les modèles affichent une conception éthique et sont faits à partir de matières responsables comme du chanvre bio, du pneu recyclé ou encore du cuir naturel. Des escarpins aux mocassins en passant par des bottes et des modèles de sport, pour hommes, femmes ou enfants... Le choix est large et comblera aussi bien les petits lutins marrants que les branchés bohèmes.

HOMME - FEMME

VALENTINE GAUTHIER

88, boulevard Beaumarchais (11e)
✆ 01 75 57 14 33
M° Filles du Calvaire
www.valentinegauthier.com
Ouvert du mardi au samedi de 11h à 14h et de 15h à 19h.

Un parcours plutôt atypique et surtout brillant pour cette jeune créatrice lauréate du Grand prix de la création de la ville de Paris catégorie mode en 2019. Une vraie réussite ! Il faut dire que le style Valentine Gauthier est reconnaissable : des coupes structurées, des matières fluides contrastées par des plus rigides, des couleurs sages souvent inspirées de l'Afrique. Vous allez craquer pour ses pièces élégantes tout en légèreté et en souplesse, et son attachement aux savoir-faire traditionnels. Avant de partir, penchez-vous également sur les accessoires et enfilez à votre poignet un épais bracelet de perles multicolores pour ajouter du peps à votre tenue !

FEMME

LE GRAND APPARTEMENT SÉZANE

63, boulevard des Batignolles (17e)
www.sezane.com
Ouvert du mardi au vendredi de 11h à 20h. Ouvert le samedi de 10h à 20h

La talentueuse créatrice Morgane Sezalory partage ici son talent et ses goûts raffinés en reprenant les mêmes ingrédients que dans ses autres magasins : une décoration soignée, des piles rangées par couleurs et une équipe attentionnée. Ce « Grand Appartement » se compose d'une partie concept store et d'un espace conciergerie avec des services de conseil, de réparation et de retouche. Sur les portants, vous pourrez acheter les pièces iconiques, des mailles, des petits cadeaux, mais aussi fouiller dans les retours-clients pour y trouver des pépites. Jackpot assuré !

FEMME

POSSIBLE

33, rue de l'Ouest (75014) - M° Gaîté
https://possiblefrance.com
Ouvert du lundi au mercredi de 10h à 18h, du jeudi au samedi de 10h à 20h.

Possible, c'est le concept rêvé pour toute modeuse avertie, changer de style comme bon lui semble. Le principe ? Une garde-robe illimitée tout en gardant un budget limité. Des box sans engagement auxquelles s'abonner et qui renferment entre 3 et 5 vêtements de créateurs engagés, selon la formule. Une belle manière de consommer autrement et de rendre la mode plus responsable sans sacrifier son porte-monnaie ! En 2019, les deux fondatrices de la marque ont ouvert cette boutique pour que les abonnés puissent voir les collections, sélectionner les pièces ou encore rendre leur box. Ce lieu élégant est aussi un bon moyen de faire connaître leur philosophie aux habitants du quartier.

CRÉATEUR

LA BOULANGERIE BOUTIQUE

30, rue des Trois Frères (18e)
✆ 01 83 56 32 89
Métro Abbesses.
Ouvert tous les jours de 11h à 19h.

Poussez la porte de cette Boulangerie nichée en plein cœur de Montmartre et vous serez vite mis en appétit, autorisez-vous à craquer et à vous laisser tenter, avant de grimper les escaliers de la butte... Ce superbe concept store au nom original regroupe pas moins d'une vingtaine de créateurs qui proposent des pièces uniques ou en « mini série » pour notre plus grand plaisir. Bijoux, céramiques, vêtements, turbans, mitaines, maroquinerie, petites capes pour enfants (pour les mamans aussi !), le tout « fait-main » en France par des artisans que vous rencontrerez sur place. Ici, vous ne trouverez ni baguettes ni pains au chocolat, mais de quoi vous faire plaisir c'est sûr !

MODE

LE VINTAGE DE JULIE

8 bis, rue Gustave Courbet (16e)
✆ 06 11 33 23 45
Ouvert du mardi au samedi de 10h30 à 19h.

Envie de proposer une alternative à la fast fashion ? Venez goûter au précieux talent de Julie en la matière. Cette jeune femme, modeuse aguerrie, chine, fouille et sélectionne pour vous des pièces uniques des années 40 à 90. Dans sa boutique du 16e ou sur ses différents pop-up, elle se plaît à mettre en avant des pièces colorées, à imprimés, toujours parfaitement coupées et dans lesquelles on aime vivre. À vous donc les blouses fleuries, les jeans Levi's ou encore les blazers qui tombent bien. Sa petite touche en plus ? Proposer des « balloons » thématiques (cocooning, Brigitte Bardot, années 70...) avec 3 pièces vintage surprises qui changent tous les mois. Foncez voir ses trouvailles.

CHAUSSETTES

CHAUSSETTES ORPHELINES

2, rue des Gardes (18e)
✆ 01 42 51 64 05
www.chaussettesorphelines.com
Ouvert du lundi au jeudi de 10h à 18h.

Fondée en 2008, l'association chaussettes solidaires a trois mots d'ordre : sensibilisation, insertion, création. Et s'il y a bien une chose que tout le monde a en commun, c'est le mystère de la chaussette perdue ! Cette boutique originale du 18e arrondissement propose de donner une nouvelle vie à votre chaussette orpheline. L'association se charge de collecter ces pièces oubliées, de les faire passer à l'effilochage et au tissage pour les recycler ! A l'arrivée, la maison propose une large collection de vêtements, accessoires, pelotes et autres kits à partir de ces rebuts de nos placards. Une mode éthique et zéro déchet à découvrir pour laquelle vous serez aussi bien fournisseur que client.

MON CARNET DE MODE

18ᴱ-19ᴱ

CHAPEAUX - GANTS - FOULARDS

HÉRITAGE PAR LAULHÈRE

7, rue de la Vieuville (18e) ✆ 09 53 96 35 96
M° Abbesses
www.laulhere-france.com
Ouvert du lundi au dimanche de 11h à 19h. Boutique en ligne.

La maison Laulhère c'est avant tout un savoir-faire qui produit depuis 1840 à la perfection l'un des symboles de l'identité française, le béret. Alors qu'elle dispose déjà d'une belle boutique dans le cœur de Paris, la marque met en avant sa ligne « Héritage par Laulhère » dans cette échoppe dédiée à deux pas des Abbesses. En plus de son héritage ancien, la maison sait parfaitement rendre le béret chic et tendance. Ici, vous pourrez découvrir des modèles traditionnels, comme celui de 1898, mais aussi des éditions spéciales comme ceux des supporters du XV de France, la collection est large et le choix difficile. Ce très bel endroit mérite assurément plus qu'un simple coup d'œil.

FEMME

LE VESTIAIRE DES PARISIENNES

5, rue Houdon (18e) ✆ 01 42 51 29 87
M° Pigalle.
https://vestiairedesparisiennes.com
Ouvert tous les jours de 10h30 à 19h30.

Après avoir conquis la rue Mouffetard, l'enseigne a investi le quartier très bourgeois bohème de Pigalle cette année. Et le pari est réussi ! Ici, les Parisiennes retrouvent tout ce qui a fait le succès de ce vestiaire pas comme les autres qui leur est dédié : des pulls tendances, des pantalons bien coupés, des robes joyeuses, une belle sélection de bijoux, un large choix de maroquinerie, des chaussures de petits créateurs comme on les aime et une nouvelle ligne déco tout aussi craquante que le reste. Bon à savoir, de nombreuses pièces sont disponibles également en ligne.

CRÉATEUR

LES PÉTROLEUSES

7, rue de Versigny (18e) ✆ 06 25 04 45 90
M° Simplon ou Jules Joffrin.
www.les-petroleuses.com
Ouvert du mardi au samedi 11h-19h.

Les Pétroleuses, enseigne signée Ewa et Anne, créatrices des marques *Ewka* et *Jane Eymar* est le fruit d'une volonté, celle d'ouvrir un lieu leur ressemblait et c'est plutôt réussi ! Ici, c'est joli et on découvre de jeunes artisans talentueux, voire les créatrices elles-mêmes à l'ouvrage, en livre ! Une soixantaine de créateurs de mode, déco, bijoux, enfants, papeterie, cosmétique y ont élu domicile et le choix est presque cornélien entre toutes ces tentations : Umai natural, Candy Vitrac, studiochuma, Pia Van Peteghem, Mmay_creations, Marlène Requier, Les idées de Berthe, Julie Pillet, Lucieblanche, MySen, Monsieur Papier, Tambour Battant, eugenegriotte, sianaswiecabijoux…

MAROQUINERIE

ASTRÉ

71, rue du Faubourg-Saint-Martin (10e) ✆ 01 73 74 62 81 - M° Château d'Eau.
https://astreparis.com
Ouvert du mardi au samedi de 11h à 19h.

Astré est une jeune marque dynamique qui allie savoir-faire du luxe (tout est fait à la main en Italie !) et inspirations urbaines. Il faut dire qu'Astré de Mulder, sa créatrice, est passée par de grandes maisons comme Chloé ou Givenchy avant de lancer sa propre ligne de maroquinerie 100% modulable. Ceinture, mini sac, format plus grand, bandoulières, sac à dos… Ici, chaque création peut se porter seule ou s'accorder à une autre grâce à un système de mousquetons. Dans cette jolie boutique, vous pourrez donc découvrir les différentes pièces. La surprise ? Astré a aussi conçu une ligne pour chiens avec colliers, harnais et laisses. Parfait pour être chic avec son compagnon à quatre pattes !

FRIPERIE

RAYMONDE

26, rue du Poteau (18e) ✆ 01 46 06 33 11
https://raymonde-paris.com
Ouvert du mardi au samedi de 10h30 à 19h. Boutique en ligne.

La devanture verte du lieu donne le ton, vous êtes ici dans un temple de la mode green ! Raymonde est un joyeux bazar branché où vous pourrez craquer pour des chaussures éco-conçues stylées en cuir de pomme, des accessoires fun comme des chaussettes « GO vegan » ou encore pour des vêtements vintage bien sélectionnés par l'œil d'expert. Car Raymonde, c'est avant tout une aventure familiale qui perdure dans la chaussure depuis 1896 ! Des belles matières, une chaîne de production responsable, l'accent est mis sur la qualité et l'amour de la mode avant tout. Cerise sur le gâteau, la déco colorée faite de bric et de broc ne laisse pas indifférent et vous donnera définitivement envie de revenir.

FEMME

POLLEN

6 et 7, rue de la Villette (19e) ✆ 01 42 02 31 20 - M° Jourdain
www.pollenparis.fr
Ouvert du mardi au vendredi de 11h à 14h et de 15h30 à 19h. Ouverture à 10h30 le samedi. Boutique en ligne.

Pollen se définit comme un « concept-store de quartier » grâce à ses deux boutiques, l'une dédiée à la mode en face de l'autre consacrée aux bijoux, accessoires et chaussures. Dans ces jolis cocons aux nuances douces, on papote, on conseille, on s'émerveille et surtout, on shoppe des pièces soigneusement sélectionnées par Carole, la propriétaire ancienne styliste et voyageuse dans l'âme. Vous craquerez pour toutes les petites marques qui font vibrer la mode parisienne : Veja, Sessün, Bellerose, Ginette… et découvrirez de nouveaux créateurs sélectionnés avec soin. Style, qualité, conseils sont ici les maîtres mots et ce concept participe activement à l'esprit village du quartier Jourdain.

DÉTENTE - FORME

OFFICINE UNIVERSELLE BULY

45, rue Saintonge (3e)
✆ 01 42 72 28 92
M° Filles du Calvaire.
www.buly1803.com
Ouvert du mardi au samedi de 10h30 à 19h et le dimanche de 11h à 19h.

L'officine Universelle Buly est une enseigne unique. L'établissement n'a rien d'une classique boutique de beauté puisqu'il reconstitue un comptoir d'apothicaire et de maître parfumeur du début du XIXe siècle. On y vend essentiellement des produits inspirés de recettes ancestrales et concoctés avec des ingrédients naturels (argile, miel...). Juste en face du comptoir beauté se trouve le Grand Café Tortoni, une reconstitution du café éponyme qui attirait artistes et mondains au XIXe siècle. On appréciera aussi la salle des traitements et massages et son offre de soins variés.

COSMÉTIQUES

KORRES

54, rue des Écoles (5e) ✆ 01 43 26 83 34 - M° Cluny-La Sorbonne.
www.korres.fr
Ouvert du mardi au samedi de 10h30 à 12h30 et de 13h à 19h. Catalogue en ligne.

Une vraie référence en matière de cosmétiques naturels, cette marque de produits de beauté grecque propose, depuis sa création en 1996, une belle gamme qui vous fera voyager dans les contrées méditerranéennes. Ici, vous trouverez d'excellents cosmétiques naturels pour femmes – nettoyants, hydratants, gels douche, shampoings, traitements capillaires, produits solaires, eaux de toilette et eaux tonifiantes... –, et aussi pour homme – hydratant, rasage et après-rasage... Yaourt grec, rose de Damas, basilic, olive : les ingrédients sont bien sourcés et les textures sont particulièrement travaillées. En plus ? Les prix sont raisonnables et les conseils avisés. Que de bonnes raisons de craquer !

COSMÉTIQUES

LUSH

3, rue du Renard (4e) ✆ 01 44 61 19 24 - M° Hôtel de Ville
lush.com
Ouvert du lundi au dimanche de 10h à 20h. Livraison. Boutique en ligne.

Apparue en France il y a quelques années, la marque anglaise est rapidement devenue un incontournable, on reconnaît l'odeur fruitée aux abords de la boutique qui ne passe plus inaperçue. Fun, écoresponsable, colorée, cruelty free, Lush rivalise d'ingéniosité pour séduire sa clientèle, et ça marche plutôt très bien ! Tous les produits, fabriqués à la main, sont affublés de noms évocateurs, coquins et mignonnets comme Le Bonheur est dans les Pieds, une poudre désodorisante aux feuilles de noyer et au citron, la Poudre de Perlimpinpin, un shampoing sec, ou encore le Cereal Killer, une crème visage à l'avoine, et le Droit dans les Yeux, un mascara. C'est très frais tout ça !

COSMÉTIQUES

AROMA ZONE

25, rue de l'École-de-Médecine (6e) ✆ 04 73 34 06 08
M° Odéon. - www.aroma-zone.com
Ouvert du lundi au samedi de 10h à 20h. Soins de 35 € à 75 €. Ateliers à partir de 19 €. Vegan-friendly.

Aroma Zone est l'endroit idéal pour les adeptes de beauté au naturel. Vous y trouverez des centaines de produits majoritairement bio, dont une gamme de 200 huiles essentielles et 75 huiles végétales, pour élaborer vous-même shampoings, crèmes et autres cosmétiques 100 % nature et adaptés aux besoins de chacun. Laissez-vous tenter et faites votre choix parmi bases de crème, actifs cosmétiques, senteurs... Vous pourrez même trouver de quoi concevoir votre rouge à lèvres ou BB crème ! Mais ce qui nous plaît le plus, ce sont les kits pour devenir une pro de la cosmétologie *home made*. En prime, vous serez volontiers guidés par les vendeurs et des ateliers DIY y sont régulièrement organisés.

COIFFURE

BEAUTY' R' LAB

4, Rue de l'Épée de bois (5e) ✆ 09 86 41 49 12
www.beautyrlab.fr
Ouvert du mardi au samedi de 10h à 19h. Coupe à partir de 28 €, coloration à partir de 76 €, cryothérapie 70 €.

Poussez la porte de ce salon de coiffure et laissez les mains expertes de Sonia, Manel et Farouk prendre soin de vous. Une équipe charmante, de bonne humeur, toujours à l'écoute et surtout passionnée par son métier, qui sait parfaitement suivre et s'adapter aux tendances, leur devise : « sublimer vos cheveux ». Coupes, massages, colorations sur mesure, lissages au tanin ou la kératine et traitements de fond (cryothérapie) pour embellir votre chevelure. Le tout concocté avec belle sélection de produits sélectionnés par l'équipe pour un entretien au top. Un établissement convivial qui saura satisfaire toutes les petites têtes de la famille, homme, femme et enfants !

PARAPHARMACIE

CITY-PHARMA

26, rue du Four (6e) ✆ 01 46 33 06 09
M° Mabillon ou Saint-Germain-des-Prés
pharmacie-citypharma.fr
Ouvert du lundi au vendredi de 8h30 à 21h ; le samedi de 9h à 21h.

Les gens du quartier vous diront que c'est la parapharmacie la moins chère de Paris. Etonnant dans ce quartier chic, mais le mot se passe depuis des années et cette boutique attire indéniablement du monde ! Donc, préparez-vous, il y a foule, et pour cause : au rez-de-chaussée, se trouvent quelque 20 000 références en parapharmacie (huiles essentielles, crèmes solaires, shampoings...) avec plus de 200 laboratoires généralistes, naturels et biologiques ; et à l'étage se situe l'espace pharmacie avec une spécialisation en produits vétérinaires, homéopathiques et du matériel médical et orthopédique, ainsi qu'une espace diététique. Vous trouverez assurément ce que vous (ne) cherchez (pas) !

COIFFURE

COOL AND SHAPE

16, avenue Richerand (10e) ✆ 09 86 06 98 89
M° Goncourt
www.cool-and-shape-paris.com
Ouvert mardi au samedi 10h-20h et le Jeudi 12h à 22h.

Vous pénétrez ici dans un chouette salon de coiffure, qui ne ressemble à aucun autre. Après avoir roulé sa bosse auprès de grands noms, Caroline est désormais à la tête de ce sympathique lieu coloré avec coiffe indienne en vitrine, ambiance décontractée, musique relaxante, et savoir-faire hors pair. La philosophie en elle-même est remarquable : on parle ici de salon « gender neutral » avec des prestations sur cheveux longs ou courts et non en tant qu'homme ou femme. Et ça fait du bien ! Coupe, couleurs, brushing, frange, relooking... vos cheveux seront chouchoutés avec expertise et passion et le résultat sera largement à la hauteur. Hype, *Cool and Shape* l'est assurément, alors on réserve !

COSMÉTIQUES

VELAN

83-87, passage Brady (10e) ✆ 01 42 46 06 06
M° Strasbourg – Saint-Denis ou Château d'Eau
www.velan.paris
Ouvert du lundi au samedi de 10h à 20h.

Rendez-vous au passage Brady, souvent considéré comme une enclave indienne et sri-lankaise à Paris, pour découvrir tous les secrets de beauté des femmes orientales. Dans cette boutique haute en couleur et en parfums, vous pourrez shopper des produits d'épicerie, de l'encens, évidemment, mais pas uniquement ! Car c'est aussi le rayon beauté qui mérite toute votre attention : eaux florales, beurres de karité, parfums, soins ayurvédiques, colorations végétales... Faites le plein de cosmétiques ici et, si besoin, essayez donc toutes les épices et les herbes pour vos tisanes « bien-être » : anis étoilé, cannelle, clous de girofle, laurier, hibiscus, menthe, romarin, bâtons de réglisse...

COIFFURE

L'ATELIER DES ELFES

21, rue Montbrun (75014) ✆ 01 53 90 56 69
M° Alésia
Ouvert mardi et mercredi de 10h à 18h, jeudi et vendredi de 9h30 à 20h, samedi de 9h30 à 18h. Couleur à partir de 45 €.

Le salon de coiffure idéal pour les adeptes de la coloration 100 % naturelle. Cécile et son équipe vous accueillent dans un lieu enchanteur et authentique pour prendre soin de vous. Conscients de la toxicité de certains produits chimiques présents dans les soins de beauté, les experts de l'Atelier des Elfes proposent des prestations respectueuses de la peau et de la planète. Place au naturel et au bio ! Ayant enrichi son parcours d'une formation de masseuse, Cécile propose un programme tout en douceur : des colorations à base de plantes créées sous vos yeux ou des massages crâniens variés comme le complexe stimulant avec un mélange d'huile végétale et d'huile essentielle... Un pur bonheur !

MAQUILLAGE

LEMONAIL - NAILS BY CLÉMENCE

(75015)
✆ 06 07 73 04 72
Prise de rendez-vous par SMS ou instagram. Gainage, Gel X, semi-permanent avec ou sans nail-art. Maquillage.

Au Petit Futé on adore Clémence et on la connaît bien ! Vous pouvez foncer les yeux fermés pour offrir une nouvelle beauté à vos mains. Habitués ou non, que vous souhaitiez une manucure sobre sur ongles courts ou une pose extravagante tout en reliefs, strasses et chromes, elle pourra vous le faire (et même sur ongles rongés ! Oui, oui, on vous l'assure !). Adieu les cuticules en friche et bienvenue les mains dignes d'une publicité de cosmétiques. La pose tient longtemps et rien ne bouge même au bout de 4, 5 ou 6 semaines... alors n'hésitez plus !

SOINS DE BEAUTÉ

CILS LAB PARIS

60, avenue Foch (16e) ✆ 07 69 33 62 06
cilslabparis.com
Ouvert du mardi au samedi de 10h30 à 19h30. Epilation à partir de 20 €. Coloration dès 60 €. Pose d'extension : 30 €.

Adepte des tendances beauté ? Le soin des cils et des sourcils est une étape à ne jamais négliger… Car aujourd'hui la mode est aux cils de rêve ! L'institut Cils Labs est spécialisé dans la mise en beauté de votre regard. Rien n'est négligé et les conseils prodigués par Isabelle sont au top : une vraie professionnelle qui maîtrise les techniques à la perfection. Epilation, maquillage semi-permanent, teinture, rehaussement des cils, soins Botox… Même celles qui n'ont pas les atouts naturels pour avoir un regard de biche peuvent désormais profiter de techniques dernier cri pour avoir un regard sublime et de jolis cils recourbés. Et les messieurs sont les bienvenus pour les soins !

BEAUTÉ

AQUATHERMES

1, rue de Chazelles (17e) ✆ 01 44 40 00 15
M° Courcelles, Ternes ou Monceau
www.aquathermes-paris.fr
Ouvert du lundi au samedi de 10h à 19h30.

Cet institut du 17e propose à la fois des programmes de remise en forme et des soins esthétiques. On est ici dans un lieu sans chichis où la clientèle se sent facilement chez elle. Au niveau de la carte, le centre vous offre un bilan beauté complet avant toute prestation. Vous avez ensuite le choix entre de nombreux soins, aussi bien pour le visage que pour le corps. Le soin signature associe un massage aux huiles de figues de barbarie et un gommage aux sels marins. Un grand classique de la maison ! Côté massages, vous aurez le choix : californien, drainant, shiatsu, anti-cellulite... A noter : les hommes sont également les bienvenus à l'institut. Bon rapport qualité-prix.

COIFFURE

SALON CHLOË

81, rue Jouffroy d'abbans (17e) ✆ 01 46 22 00 56 - M° Wagram.
www.jeunepoussebychloe.com

Ouvert du mardi au samedi de 9h30 à 19h. Avec ou sans rendez-vous. Vente directe en ligne de la gamme Jeune Pousse.

En plein cœur du 17e arrondissement, ce salon de coiffure propose des soins naturels faits maison pour sublimer vos cheveux sans les agresser. Coupe, coiffure, coloration végétale, balayage à l'argile et aux plantes... L'accent est mis sur des prestations sur mesure pour répondre au mieux aux envies des clients. D'ailleurs, la maison offre également des services bien-être pour vous détendre comme des massages plus ou moins longs du cuir chevelu. Aussi, le salon a créé sa propre ligne de produits, Jeune Pousse, qu'elle met en vente en boutique ou sur leur site Internet ! Parfait pour prolonger la beauté et les soins à la maison ! Vous en avez rêvé ? Un forfait mariée est également proposé.

COSMÉTIQUES

OH MY CREAM

90, rue des Martyrs (18e) ✆ 01 42 59 22 14 - M° Abbesses.
www.ohmycream.com

Ouvert tous les jours de 10h30 à à 19h30. Soin visage à partir de 80 €.

Avec ses 10 boutiques parisiennes, Oh My Cream, c'est la marque de beauté que les coquettes s'arrachent. Juliette, la créatrice a fondé avec beaucoup de conviction ce concept de « clean beauty » : des formules naturelles, un engagement environnemental et une sensibilisation à l'origine et la qualité des produits et marques sélectionnées. Dans ce concept store de la rue des Martyrs pas question de vous laisser naviguer à l'aveugle. Une attention toute particulière est accordée aux conseils, à l'échange et au service sur mesure. Vous pouvez même y effectuer un diagnostic de peau gratuit pour mieux connaître vos besoins et trouver la routine soin la plus adaptée. Tout pour se faire plaisir !

SOINS BIO

FLEURS DE SARDINES

64, rue des Poissonniers (18e)
M° Marcadet-Poissonniers.
https://fleursdesardines.fr/

Ouvert du mardi au samedi de 11h à 20h.

A la recherche d'un savon respectueux de l'environnement et fabriqué en France ? Vous êtes au bon endroit ! Dans la boutique-atelier d'Éléonore, tous les savons sont fait sur place, dans l'atelier ouvert sur la partie boutique de l'établissement. Vous pouvez constater le processus de fabrication des savons qui n'incorpore que des matières premières françaises. Et si vous êtes des plus curieux, des ateliers création sont proposés les dimanche et lundi où vous pourrez découvrir le principe de la saponification à froid et repartir avec votre propre bloc de savon confectionné par vos soins. Enfin, n'hésitez pas à tester d'autres produits comme les huiles ou encore le savon ménager !

COIFFURE

LE PETIT DAVID

15, rue Durantin (18e) ✆ 01 79 73 53 73
www.lepetitdavid.com

Shampooing, coupe, styling : dès 65 € (femme), 35 € (homme). Sunkissed dès 130 €, lissage dès 200 €.

Un joli petit salon de coiffure qui attire l'œil par son style plutôt unique et sa décoration rétro, Le Petit David est une parenthèse enchantée en plein cœur du quartier des Abbesses, au pied de la butte Montmartre. Les coiffeurs du salon font preuve d'un grand professionnalisme pour parfaire votre coupe et pour apporter les soins nécessaires aux cheveux fatigués. Spécialistes de nouvelles techniques de lissage naturel et réparateur à base de tanin (enzymothérapie et taninoplastie), les cheveux bouclés sont domptés comme jamais ! Un établissement synonyme de relaxation, plaisir et talent. L'espace étant modeste et plébiscité, il est impératif que vous réserviez votre moment de douceur.

SOINS BIO

NEW AGE

38 BIS, rue du Poteau (18e)
✆ 06 98 51 71 28
M° Jules-Joffrin.

Ouvert le lundi et le samedi de 11h à 19h30.

La boutique de Capucine et Timéa vient répondre aux attentes des consommateurs qui cherchent à consommer mieux, de manière durable et plus respectueuse de l'environnement : elles proposent une large gamme de produits de beauté, d'hygiène et d'entretien éco-friendly. Ce faisant, elles aident aussi les jeunes entrepreneurs qui lancent leur marque engagées en commercialisant les produits dans leur boutique, leur donnant ainsi plus de visibilité. Le atouts de New Age ne s'arrêtent pas là : c'est également un lieu de vie de quartier dans lequel on se retrouve et échange autour d'ateliers DIY de cosmétique ou de produits d'entretien, ou encore d'ateliers création.

BEAUTÉ

INSTITUT DE BEAUTÉ DULCENAE

60, rue de Caumartin (9e) ✆ 01 81 69 49 25
M° Saint-Lazare et Havre-Caumartin.
www.dulcenae.fr

Ouvert du mardi au samedi de 10h à 19h.

Un institut de beauté où l'on prend le temps de vous recevoir, de vous écouter, de répondre à vos attentes : un accueil et un accompagnement personnalisés, ce qui vous permettra à coup sûr de mieux cibler vos besoins, qu'ils soient simples (épilation, maquillage, soins du visage) ou plus élaborés comme certains soins du visage spécifiques ou encore des massages bien-être adaptés. Ici, il n'existe pas de type de peau particulier ou préféré : venez comme vous êtes, avec vos origines, vos éventuels accidents de la vie et surtout votre histoire. Un lieu rare.

CENTRE COMMERCIAL - GALERIE MARCHANDE

LE CARROUSEL DU LOUVRE

99, rue de Rivoli (1er) ✆ 01 43 16 47 10 - M° Palais-Royal
www.carrouseldulouvre.com
Ouvert tous les jours de 10h à 20h. nocturne le vendredi jusqu'à 22h.

C'est dans les entrailles du Louvre, sous les pavés de la place Royale et les pyramides de verre, que l'on trouve ce lieu d'exception. Le Carrousel offre 34 boutiques et 12 restaurants dans un écrin prestigieux. Cette galerie commerciale est une belle transition après avoir arpenté les galeries du plus grand musée du monde. On s'y installe pour déjeuner grâce à l'offre restauration des lieux ou on se promène entre les portants des boutiques pour « shopper » en douceur. Il s'agit principalement de magasins haut de gamme mais vous trouverez également une boutique souvenirs du Louvre ainsi qu'une librairie bien approvisionnée en ouvrages d'art. Un bon plan shopping original au cœur de Paris.

COQUIN

AU PASSAGE DU DÉSIR - L'ANTI SEX-SHOP PARIS CHATELET

22, rue du Pont-Neuf (1er) ✆ 01 42 21 49 12 - M° Châtelet
www.passagedudesir.fr
Ouvert du lundi au vendredi de 12h à 21h, le samedi de 11h à 21h et le dimanche de 14h à 20h.

Même si on y vient pour acheter ses cadeaux romantiques et coquins, cette enseigne est l'anti-sex-shop par excellence ayant par ailleurs étendu son emprise voluptueuse sur toute la France avec des rayons sex-toys de dernière génération et même tendance *high tech* révolutionnaire (qui peuvent être expliqués par un personnel avenant), produits de massages sensuels, d'ambiances érotiques, jeux de société pour adultes et des idées cadeaux cavaliers qu'on retrouve aussi sur le site Internet (emballages discrets !) et bien sûr dans tous les autres passages parisiens du désir !

GRAND MAGASIN

LA SAMARITAINE

9, rue de la Monnaie (1er) ✆ 01 88 88 60 00 - M° Pont-Neuf
www.dfs.com/fr/samaritaine
Ouvert tous les jours de 10h à 20h.

Après 16 ans de fermeture et d'immenses travaux pour la moderniser, la Samaritaine a rouvert ses portes en grande pompe en été 2021. La verrière, les céramiques et mosaïques de la façade, les escaliers majestueux... Fort heureusement, l'ADN Art déco de ce monument parisien a été préservé. L'ensemble a seulement eu droit à un coup de neuf bienvenu. Aujourd'hui, la nouvelle Samaritaine met à l'honneur à la fois la mode, la gastronomie et l'art de vivre avec plus de 600 marques au rendez-vous sous la célèbre verrière du centre commercial (maisons de luxe, jeunes créateurs, concept store...). Par ailleurs, les lieux une offrent une restauration assez large pour combler toutes les petites envies.

CADEAUX DU MONDE

BOWS & ARROWS

17, rue Notre-Dame-De-Nazareth (3e) ✆ 09 83 70 76 98 - M° Temple
www.bows-and-arrows.net
Du mardi au samedi : 12h30-19h30.

Chez Bows & Arrows, vous aurez l'impression de voyager loin, très loin. A peine passé le seuil de ce concept store, roi du lifestyle et du design *made in Japan*, vous ne saurez plus où regarder tellement il y en a : objets déco, poupées, encens, cosmétiques, sacs « Porter-Yoshida & Co », ustensiles de cuisine, pièces d'antiquité, savons, produits en papier washi (généralement fabriqué à partir d'écorce de mûrier), lames du quartier de Banshu Hamono mais aussi sakés, shochu, spiritueux, whiskies.... Donc, si vous avez loupé la Japan expo ou si vous n'en avez pas eu assez, ou alors si vous rêvez de voyager au Japon, c'est ici qu'il faut venir, d'autant que la sélection change régulièrement !

CONCEPT STORE

FRENCH TROTTERS

128, rue Vieille du Temple (3e) ✆ 01 44 61 00 14 - M° Saint-Sébastien Foissard - www.frenchtrotters.fr
Ouvert du mardi au samedi de 11h30 à 19h30 et le dimanche de 14h à 19h.

Ce sont Carole et Clarent, deux photographes passionnés de mode, de culture urbaine et de voyages, qui se cachent derrière le doux concept des French Trotters. Ce duo pas comme les autres parcourt le monde en quête de nouveautés tendances pour les présenter dans leur chaleureuse boutique du Marais (ils ont d'ailleurs été les premiers à promouvoir des marques comme Filippa k, Acne, Engineered Garments ou encore Our Legacy !). Chaque saison, une nouvelle ville est mise à l'honneur aussi bien dans l'espace créateur que dans la galerie à l'étage. Préparez-vous à avoir de bonnes surprises ! Et si vous êtes dans le quartier de Charonne, sachez qu'une seconde boutique y a ouvert ses portes.

CONCEPT STORE

MERCI

111, boulevard Beaumarchais (3e) ✆ 01 42 77 00 33 - M° Saint-Sébastien - Froissart - www.merci-merci.com
Ouvert le lundi, le mardi, le jeudi et le vendredi de 10h à 18h30 ; le mercredi et le samedi de 10h à 19h30.

Voici une adresse très tendance ! Après la vente de sa marque en 2009, la créatrice de Bonpoint, Marie-France Cohen, a décidé de relever un défi en rendant au monde de la mode ce qu'il lui avait offert. Sa boutique Merci est un magasin 100 % solidaire : les bénéfices sont reversés à des associations qui aident les femmes et les enfants de Madagascar. Plus qu'une boutique multi-marques, il s'agit d'un lieu d'animation et d'engagement éthique). Les grandes marques – dont Azzaro, YSL ou Paul Smith –, séduites par le concept, jouent le jeu en proposant des prix accessibles. Réciproquement, Merci donne des coups de pouce à de jeunes créateurs : Acné, Forte Forte, Swildens...

CADEAUX
ANTHROPOLOGIE

21, Sainte-Croix de la Bretonnerie (4e) ✆ 01 88 46 77 20 - M° Rambuteau ou Hôtel-de-Ville.
www.anthropologie.com/fr-fr/
Ouvert du lundi au samedi de 11h à 19h ; le dimanche de 13h à 19h.

En plein Marais, vous trouverez Anthropologie, une boutique « coup de cœur » où l'on déniche aussi bien des vêtements de style, des accessoires branchés que de la déco aux mille couleurs et diverses influences ! L'enseigne américaine est aujourd'hui un incontournable des fans de shopping qui s'y pressent, surtout le week-end ! Il faut dire que l'offre à la fois design et bohème en mode *Urban Outfitters* est riche. Alors forcément le regard se laisse aisément séduire par ce vaste ensemble de vêtements et d'objets pour la maison : accessoires originaux, vases, vaisselle colorée, gadgets en tout genre, linge de maison… de quoi relooker son chez-soi ou trouver le cadeau qui fera mouche !

COQUIN
METAMORPH'OSE

49, rue Quincampoix (4e) ✆ 01 42 72 21 98
M° Rambuteau ou Châtelet
www.metamorphose.fr
Ouvert du lundi au samedi, de 13h à 19h30.

Une véritable caverne d'Ali Baba pour les adeptes du fétichisme, libertins, comédiens...Cette boutique installée dans une belle cave voûtée est une adresse incontournable. Martine, sa gérante, y présente de nombreuses marques à l'image de Phyléa ou Demask, mais aussi des créations de Patrice Catanzaro, les dessous Impudiques de Charlotte Catanzaro et autres pièces uniques haut de gamme. Attentive et chaleureuse, elle ne manquera pas de vous conseiller lors de votre shopping. Tantôt original, provocant, mais jamais vulgaire, vous découvrirez ici le concept de « Prêt-à-Oser ». Chaussures, bijoux, sex-toys, corsets, accessoires, cuissardes... Un lieu unique en son genre !

CONCEPT STORE
L'APPARTEMENT FRANÇAIS

27, rue du Bourg-Tibourg (4e) ✆ 01 45 35 11 53 - M° Saint-Paul
www.lappartementfrancais.fr
Ouvert le lundi de 13h à 19h, du mardi au samedi de 11h à 19h30 et le dimanche de 12h30 à 18h30. Catalogue en ligne.

Un concept créé en 2017 par Emilie et David et qui a fait son chemin ! Après six boutiques éphémères sur les champs -Elysées et dans le Marais, ils ont fini par poser leur valise dans la charmante rue du Bourg-Tibourg. Dans ses cartons, la boutique a conservé ce concept original : un lieu sous la forme d'un appartement bien décoré avec petit jardin et où tout peut être acheté ! Vous y déambulerez en passant par les différentes pièces et là, vous pourrez shopper de belles choses, de la décoration aux cosmétiques en passant par les arts de la table ou la maroquinerie. Et, comme un hommage à l'art de vivre hexagonal, cette boutique-loft ne propose que du Made in France !

COSMETHICS

Une application qui invite à décrypter les produits de sa salle de bain pour consommer plus durable pour la planète et pour notre santé. On scanne son produit, Cosmethics fait le reste : analyser les ingrédients, fournir le détail de leur composition, transmettre les alertes scientifiques sur les produits nocifs et enfin proposer des alternatives sur mesure en fonction de nos listes de souhaits.

GRAND MAGASIN
BHV MARAIS

52, rue de Rivoli (4e) ✆ 09 77 40 14 00 - M° Hôtel de Ville
www.bhv.fr
Ouvert du lundi au samedi de 10h à 20h ; le dimanche de 11h à 19h. Livraison possible. Boutique en ligne.

Parmi les grands magasins, le BHV, inauguré en 1856 sous le nom de Bazar de l'Hôtel de Ville, fait partie du patrimoine. Un incontournable ! Si la devanture n'a quasi pas changé, l'intérieur a su se réinventer et s'adapter aux tendances. Au fil des étages, vous pourrez découvrir une sélection pointue entre créateurs et grandes marques, des rayons dédiés aux arts culinaires, à la décoration, de la librairie-papeterie, et, toujours, au sous-sol, l'espace bricolage. Une annexe un peu plus loin « La niche » où vous pourrez renouveler le dressing de votre toutou. Pour vous régaler, voire profiter d'un beau panorama : des corners food et deux restaurants, « Le Perchoir » et « La table cachée ».

CADEAUX
PARIS RENDEZ-VOUS

29, rue de Rivoli (4e) ✆ 01 42 76 43 43
www.paris.fr
Ouvert du lundi au samedi de 10h à 19h. Ouvert également trois dimanches en période de Noël.

Bien plus qu'une simple boutique, le vaste et bel espace de Paris Rendez-Vous, niché au rez-de-chaussée de l'Hôtel de Ville, est une invitation à la découverte des savoir-faire parisiens. Soigneusement sélectionnés, le plus souvent fabriqués dans la capitale – et labellisés comme tel –, vaisselle, bougies ou objets de décoration se déclinent sans faux pas. Exclusives, certaines collections, comme « Nuit Blanche », rappellent les grands moments parisiens. Divers ateliers créatifs sont également proposés sur réservation. Enfin, les catalogues de la douzaine de musées de la ville sont également proposés. Au final : on est bluffés, et la tête pleine de belles idées.

ANTIQUAIRE

LILAS ANTIQUITÉS

72, boulevard de Port Royal (5e)
✆ 01 43 31 65 09
RER B Port-Royal.
Ouvert du lundi au samedi de 9h à 19h30. Fermé le dimanche.

Osez pénétrer dans ce bric-à-brac géant au bord du Boulevard de Port-Royal, vous y dénicherez sans aucun doute quelques merveilles. Meubles vintage, livres, bijoux, objets de décoration, le gérant, David est un chineur, un vrai, il connaît bien son métier et sait ce qui plaît aux curieux de passage dans sa caverne d'Ali Baba, et n'hésitez pas à engager la conversation avec lui et les habitués de passage. Vieille hélice d'avion, plaques émaillées, strapontins de cinéma, miroirs en bois doré, bijoux, livres, vaisselle, avis aux amateurs, n'hésitez pas à y aller souvent, le stock est sans cesse renouvelé. Et n'oubliez pas de marchander, cela fait partie du jeu !

CADEAUX

PARIS EST TOUJOURS PARIS

47, passage Jouffroy (9e)
✆ 09 84 36 73 69
Mº Grands boulevards
Ouvert du lundi au samedi de 12h à 19h.

Une véritable caverne d'Ali Baba ! Cette boutique du sublime passage Jouffroy est aussi bien fréquentée par les touristes que par les locaux. Il faut dire, qu'ici, la capitale est sublimée grâce à un large choix d'articles principalement « *Made in France* » : des bérets de la plus ancienne marque française, des marinières d'une belle maison normande, des assiettes en faïence peintes à la main, des souvenirs en pagaille, des tasses, des sacs, etc. Le conseil est avisé et, disons-le : cette boutique, référencée à l'international, change des échoppes en la matière. A visiter, y compris pour le coup d'œil. Vous êtes assurés de trouver de quoi (vous) faire plaisir !

CONCEPT STORE

BRAND BAZAR

33, rue de Sèvres (6e) ✆ 01 45 44 40 02 - Mº Sèvres - Babylone
www.brandbazar.com
Ouvert du lundi au samedi de 10h30 à 19h30.

Brand Bazar est un immense concept store de 300 m² sur deux étages, à la fois très « Rive Gauche » et absolument bohème. En 20 ans d'existence, cette boutique multimarques a su s'imposer comme une adresse incontournable du quartier très pointu sur la mode de Saint-Germain. Ici, vous craquerez forcément pour une fringue, un sac, un bijou, une layette, un foulard ou encore une ceinture signés par la crème des créateurs de prêt-à-porter comme American Vintage, Vanessa Bruno, Leon & Harper, Petite Mendigote ou encore Valentine Gauthier. La sélection bien pensée est régulièrement renouvelée et allie pièces abordables et modèles de luxe pour vous donner envie de venir, et de revenir !

BONS PLANS

EN SECOND LIEU

58, rue du Château d'Eau (10e)
Mº Château d'eau.
www.ensecondlieu.fr
Ouvert du mardi au samedi de 11h à 19h.

Consommer responsable : tout un programme, encore faut-il trouver le bon endroit ! C'est peu de dire qu'En Second Lieu, situé en plein cœur du 10e arrondissement, est assurément l'un des lieux les plus fréquentés en la matière en ce moment. Les raisons sont évidentes : la taille du lieu, impressionnante, et le choix, logiquement grand, font que les possibilités de trouvailles d'objets de seconde main y sont nombreuses. Ainsi, vêtements, meubles, articles de sport ou informatique, produits de beauté que vous pourrez acheter en vrac : rien ne manque. Si la boutique est éphémère, elle devrait rester ouverte jusqu'à la toute fin de l'année : encore plusieurs mois pour en profiter !

CADEAUX

MARIN MONTAGUT

48, rue Madame (6e) ✆ 09 81 22 53 44
Mº Saint-Placide.
Ouvert du mardi au samedi de 11h à 19h. Le lundi de 13h à 19h. Catalogue en ligne.

C'est dans la très chic rue Madame que se trouve la boutique au charme incontestable du globe-trotteur Marin Montagut. Le raffinement de la tomette au sol, un vieux parquet qui grince et des meubles imposants en bois brut sur lesquels sont exposés des objets plus ou moins utiles et toujours stylés, c'est tout l'univers de cet artiste qui n'est pas un inconnu puisqu'il a collaboré avec de belles maisons françaises (château de Versailles, Dyptique, Roger Vivier...). En plus des curiosités, on retrouve le Paris du flâneur – des mythiques chaises aux plaques de rues – qui s'invite à l'aquarelle sur de la vaisselle ou du linge de maison. Un écrin pour dénicher de très belles idées cadeaux !

CONCEPT STORE

AUJOURD'HUI DEMAIN

42, rue du Chemin Vert (10e) ✆ 09 81 24 20 01
Mº Saint-Ambroise, Richard Lenoir ou Chemin Vert.
www.aujourdhui-demain.com
Ouvert du mardi au dimanche de 11h à 22h30 ; le lundi de 11h à 18h. Livraison possible. Boutique en ligne.

Aujourd'hui Demain est un concept store atypique où faire des emplettes véganes, eco-friendly et socialement responsables. Qu'il s'agisse d'achats food, bien-être ou mode, vous trouverez ici tout ce dont vous avez besoin ou envie, en un seul et même endroit ! En effet, cette boutique au décor branché fait à la fois épicerie, cantine bio, coffee shop, librairie et magasin de prêt-à-porter. Après avoir déniché les must-have de la saison, si vous avez faim, ne manquez pas de vous régaler de leurs bons burgers végans, de leurs toasts à l'avocat ou encore de leurs pancakes XXL. On salue la politique éthique et responsable qui se poursuit de rayon en rayon, un vrai bonheur.

FLEURS

WHAT THE FLOWER

35, rue du Chemin Vert (11e) ✆ 01 84 25 21 11
M° Richard Lenoir - www.whattheflower.shop

Ouvert du mardi au jeudi de 10h à 19h30 ; le vendredi et le samedi de 10h à 20h. Boutique en ligne.

What The Flower, kesako ? Eh bien, un lieu unique pour se faire coiffer au milieu des plantes vertes ! En 2017, Justine Jeannin, coiffeuse et passionnée de botanique depuis sa plus tendre enfance, propose à ses clientes, coupes, shampooings naturels et colos aux plantes tinctoriales, et ce dans un cadre tout végétal. Exit les produits chimiques ! En plus d'offrir un agréable moment de détente, la boutique vend aussi les plantes exposées et des articles de jardinage urbain. S'y organisent différents ateliers (terrarium, macramé, broderie végétale...) et des événements sur réservation. Ici, on prend soin des cheveux et des plantes que l'on hydrate, taille et bichonne en douceur ! *What else ?*

COQUIN

CONCORDE LOVE STORE

179, boulevard Lefebvre (75015) ✆ 01 56 23 05 16
M° Plaisance
www.concorde.fr

Ouvert du lundi au samedi de 10h à 20h.

Cette boutique du 15e est la plus grande de l'enseigne à Paris. Ce sont quelque 1 000 m² qui sont ici dédiés à l'érotisme en tous genres. Vous y trouverez un large choix de produits à des prix intéressants : sex-toys, films X, mode fetish/SM, lingerie, accessoires, chaussures, jeux pour adultes et même des déguisements pour des soirées thématiques ! À l'étage, une galerie d'art de 300 m² propose des expositions (peintures, photos, sculptures érotiques, etc.) d'artistes européens. N'hésitez pas à solliciter l'équipe experte pour des bons conseils, mais si vous êtes du genre discret qui cherche à s'encanailler, sachez que vous pouvez commander les produits en ligne sur le site de la marque.

CONCEPT STORE

CŒUR GRENADINE

76, avenue du Général Michel Bizot (75012) ✆ 01 43 41 08 94 - M° Michel Bizot
www.boutiquecoeurgrenadine.com

Ouvert du mardi au samedi de 10h30 à 13h30 et de 15h à 19h30.

Question style, Linda et Jean-Baptiste, les deux gérants de Cœur Grenadine, savent y faire et leur boutique est rapidement devenue une de ces petites adresses que l'on se refile sous le manteau, de peur que la foule n'y vienne. Dans ce lieu où tout est de bon goût, vous pourrez dénicher : des bougies aux parfums enivrants, des lampes originales, de la belle vaisselle, des affiches pop, des parfums et une multitude d'autres jolis objets. Vous viendrez ici sans savoir ce que vous allez trouver, et vous vous émerveillerez à tous les coups ! Doublé d'un magasin en ligne, cette boutique unique mérite bien une virée dans l'est de Paris. Chic, original, beau : difficile de mieux décrire l'endroit !

CADEAUX

THE WAN

39, rue Lecourbe (75015) ✆ 09 84 59 16 88
https://thewan.fr

Ouvert tous les jours de 11h à 19h, le dimanche de 11h à 18h. Catalogue en ligne.

Cette petite boutique a tout de la caverne d'Ali Baba, un concept-store tel qu'on les aime ! Passé la porte, vos yeux ne sauront où se poser, tant le lieu renferme de trésors. De la jolie vaisselle, de la papeterie, de la décoration, des luminaires... On vient aussi beaucoup pour tout ce qui se trouve au fond de la boutique : les bijoux, sacs et vêtements. Les marques sont choisies avec soin, comme Antoinette Ameska, BDM Studio, Mila Louise, Beck Sondergaard et même The Wan jewelry, des bijoux super tendance et surtout à des prix très accessibles... Le rapport qualité-prix est vraiment appréciable. Pensez-y pour vos prochains cadeaux pour homme, femme et enfants !

CENTRE COMMERCIAL - GALERIE MARCHANDE

BERCY VILLAGE

Cour Saint-Émilion (75012) ✆ 01 40 02 90 80
M° Cour Saint-Émilion - www.bercyvillage.com

Ouvert tous les jours de 10h à 2h. Boutiques : 10h - 20h. Restaurants jusqu'à 2h.

Au XIXe siècle, ce passage en marge du village de Bercy était utilisé comme chai par des négociants en vin. Aujourd'hui, l'architecture a été préservée – vous pouvez toujours admirer les anciens rails qui servaient à acheminer le doux breuvage –, mais le cours s'est réinventé en espace de shopping et de loisirs. Bordé par un grand jardin public, des habitations ou encore la Cinémathèque française, ce centre commercial offre un large choix de divertissement : Nature et Découvertes, Dammann Frères, Fragonard, Fnac, une salle d'escalade, un grand cinéma UGC, des restaurants... À noter, des expositions en plein air y sont régulièrement organisées et les décorations de Noël valent le coup d'œil !

CENTRE COMMERCIAL - GALERIE MARCHANDE

BEAUGRENELLE PARIS

12, rue Linois (75015) ✆ 01 53 95 24 00 - M° Charles Michels.
www.beaugrenelle-paris.com

110 commerces et services. Ouvert du lundi au samedi de 10h à 20h30 et le dimanche de 10h à 20h. Restaurants. Cinéma.

Moins connu du grand public que ses concurrents, Italie 2 et les Halles, le jeune centre commercial Beaugrenelle est pourtant la réponse à toutes vos envies et vos achats. Au sein de cette gigantesque structure de 50 000 m², fruit de dix ans de travaux, 110 commerces ont élu domicile ! A quelques pas de la tour Eiffel et des quais, l'adresse a pour vocation d'être la vitrine du chic et de l'esprit parisien. Dans les allées, vous trouverez donc, en complément des grandes enseignes Darty, Zara et Fnac, des boutiques telles que Guerlain, Figaret ou encore Silvera. Une belle sélection mode, beauté, maison, culture à laquelle s'ajoute un superbe cinéma et une large proposition de restauration.

BONS PLANS

ARLETTIE

17, rue Raymond-Poincaré (16e) ✆ 01 84 16 12 12 - M° Trocadéro
www.arlettie.fr

Ouvert du lundi au samedi de 11h à 19h. Calendrier des ventes consultable en ligne sur inscription.

Créé en 2011, le concept Arlettie fait beaucoup d'heureuses parmi les fashionistas en organisant des ventes privées sur des grandes marques. Sandro, Jimmy Choo, Faguo, Lanvin, Chloé ou encore Nina Ricci, le luxe devient (presque) accessible avec des braderies allant parfois jusqu'à 80 % ! Pour y accéder, il suffit de s'inscrire en ligne. Vous aurez alors le précieux sésame pour pénétrer dans cet immense lieu de 1 200 m² entièrement dédié à la mode. Une autre adresse de la maison dans le Marais accueille également une partie des événements. Et si vous voulez bénéficier d'avantages exclusifs comme des pré-ventes, vous pouvez acheter une carte membre. Des occasions à ne pas manquer !

CADEAUX

LOUISETTE

29, rue Véron (18e)
M° Abbesses.

Ouvert tous les jours de 10h30 à 19h30, le vendredi de 11h30 à 19h30.

La boutique Louisette, c'est un *family store* : un lieu foisonnant d'idées cadeaux pour toute la famille, toujours dans une démarche éthique et écoresponsable. Produits faits main, produits en France ou en Europe ou petits créateurs sont mis à l'honneur dans cette joyeuse boutique de quartier. De la maroquinerie à la mode en passant par les livres et les jouets, vous êtes certains de trouver votre bonheur pour vous faire plaisir ou gâter vos proches à des prix raisonnables. La boutique sert également de point de collecte pour l'association Féminité Sans Abri qui redistribue des produits d'hygiène aux femmes en situation de précarité, une très belle initiative !

PHOTOGRAPHE

LA CAGE AUX FAUVES - STUDIO PHOTO

5, Villa de Guelma (18e) ✆ 07 56 92 58 28 - M° Pigalle.
lacageauxfauves.com

Ouvert tous les jours de 11h à 20h. Réservation en ligne ou par téléphone.

La Cage aux Fauves est un studio photo unique en son genre où se faire tirer le portrait est une véritable expérience à vivre en solo, en duo ou en famille. Khriska et Flow ont, en effet, choisi de vous faire remonter le temps grâce à un ancien procédé photographique du XIXe siècle : le collodion humide. Elles utilisent des appareils anciens, à la fois imposants et superbes et vous font prendre la pose comme naguère. Puis vous assistez au développement de votre photo et serez en possession d'un magnifique Daguerréotype comme au XIXe siècle ! Une expérience formidable !

MULTIMÉDIA - IMAGE - SON

LA BOUTIKA MALAVIDA

6, rue Houdon (18e) ✆ 01 42 81 37 62 - M° Pigalle.
www.malavidafilms.com

Ouvert du lundi au vendredi de 10h à 19h30, le samedi de 13h à 19h30. Catalogue en ligne.

Une petite pépite, comme l'équipe du *Petit Futé* les aime et vous les partage. On y vient pour discuter cinéma et surtout trouver des perles rares qui nous éloignent des blockbusters. Des films anciens, parfois injustement oubliés ou tout simplement introuvables ailleurs : voici ce qui vous attend dans la boutique (sur place orthographiée avec un *k*) Malavida, du nom de la maison d'édition et de distribution éponyme. Si le lieu est tenu par des passionnés, il y en a ici pour tous les goûts, et il n'y a aucune limite tant le choix est large. C'est peu dire que la jolie devanture rouge cache bien des trésors... A noter enfin des moments de rencontres avec des auteurs, organisés régulièrement.

CRÉATEUR

EMMANUELLE ZYSMAN

81, rue des Martyrs (18e) ✆ 01 42 52 01 00 - M° Pigalle ou Abbesses - www.emmanuellezysman.fr

Ouvert tous les jours de 11h à 19h, le dimanche de 13h à 19h. Catalogue en ligne.

Depuis 2004, Emmanuelle Zysman propose ses créations made in Paris dans cette jolie boutique baroque de Montmartre. Perles indiennes, pierres semi-précieuses, touches d'or ici et là... Les amateurs de bijoux bohèmes trouveront leur compte chez cette joaillière qui aime plonger dans les tendances hippie chic et s'inspirer des musées et livres d'art. L'une de ses dernières muses en date ? Frida Kahlo, bien évidemment ! Dans cette collection, les couleurs mexicaines se mêlent joyeusement à la patte de la créatrice. Dans les vitrines, vous trouverez des colliers, des bracelets, des boucles d'oreilles, des bagues de fiançailles, des alliances, ainsi qu'une gamme pour homme et du sur-mesure.

CADEAUX

LE TAMPOGRAPHE SARDON

4, rue du Repos (20e) - M° Philippe Auguste
www.letampographe.bigcartel.com

Ouvert du lundi au vendredi de 13h à 19h, le week-end de 11h à 19h. Boutique en ligne.

Bienvenue dans le temple du... Tampon ! Cette boutique insolite est tenue d'une main passionnée par Vincent Sardon, un personnage original et au caractère bien trempé, devenu sur le tard tampographe. Mais de quoi s'agit-il ? Tout simplement, de la création de tampons ! Et ici, tout est fait dans la plus pure tradition, avec caoutchouc et compagnie. Outre la qualité indéniable des pièces, c'est l'originalité des messages qui tape à l'œil. C'est drôle et souvent corrosif. Pour faire passer des messages, visitez le site internet, ou mieux la boutique, pour vous faire une idée ! Parfaits pour des cadeaux qui sortent de l'ordinaire, les tampons de Monsieur Sardon sont de petites merveilles !

ZEN

OLY BE

99, rue de Rivoli (1er)
Métro Louvre Rivoli.
www.olybe.com
Horaires selon discipline.

C'est le plus grand studio de yoga de France ! Chaque semaine, l'application propose plus de 200 cours de yoga (yin, vinyasa...) pour un prix tout doux. Salle de classe aux heures creuses, espace bien-être, parc : toutes les zones libres sont investies par des professeurs certifiés et formés aux principes OLY Be. Pour pratiquer, il suffit de chercher en ligne ou sur l'application le cours le plus proche, à l'heure que vous voulez ou du style que vous préférez et de vous inscrire. Rendez-vous ensuite à l'adresse indiquée et vous n'aurez plus qu'à dérouler votre tapis ! Forte de son succès, Oly be a ouvert son propre lieu au Carrousel du Louvre et propose également des cours en ligne. Namaste.

SPA

SPA NUXE 32 MONTORGUEIL ®

32-34, rue Montorgueil (1er)
✆ 01 42 36 65 65
M° Etienne-Marcel
www.nuxe.com/nos-spas-nuxe.list
Ouvert du lundi au vendredi de 10h à 20h ; le samedi de 9h30 à 19h30 et le dimanche de 11h à 19h.

Un spa à la hauteur de la qualité des produits ! Les adeptes de Nuxe vont fondre pour cette adresse au charme incontestable : cave voûtée vestige du XVIIe siècle, sol en béton blanchi, rivière reconstituée… Chaque détail a été soigné. Dans ces 450 m², doté d'une douzaine de cabines confortables, vous aurez le choix entre de nombreuses prestations visage et corps pour vous détendre et prendre soin de vous. Sans oublier le hammam, le bain aromatique, les soins orientaux, les soins des mains et des pieds... Une longue carte qui vous obligera à revenir !

HAMMAM

O' KARI HAMMAM SPA

22, rue Dussoubs (2e) ✆ 01 42 36 94 66
M° Réaumur-Sébastopol - www.o-kari.com
Ouvert du lundi au samedi de 10h à 20h. Réservé aux femmes. Sur rendez-vous. Ouvert le dimanche. Boutique en ligne.

Karima Lasfar, la fondatrice d'O'Kari, a réalisé son rêve en ouvrant ce spa. Après avoir parcouru le monde pour étudier les spas, hammams et centres de bien-être, elle a décidé de créer son propre hammam, en réalisant un savant mélange entre son héritage familial et ses envies de modernité. Et la formule est gagnante puisque le Tout-Paris se presse dans cette adresse. Univers féminin, rituels beauté ancestraux, ambiance intemporelle inspirée des thermes grecs, romains et orientaux, vous tomberez immédiatement sous le charme de ce lieu niché dans de belles caves voûtées d'un hôtel particulier du XVIIIe siècle. Détente infinie, bien-être intense et plaisirs multiples sont au rendez-vous !

SPA

SULTANE DE SABA

8, rue Bachaumont (2e) ✆ 01 48 59 03 29
M° Victor Hugo ou Boissière
www.lasultanedesaba.com
Ouvert du lundi au samedi de 9h à 18h.

A la croisée de l'Orient et de l'Asie, ce spa a été décoré avec beaucoup de raffinement tel un riad aux lumières tamisées. À votre arrivée, vous êtes accueilli avec un thé à la menthe et une pâtisserie orientale avant de profiter d'un moment de détente sous les doigts de fée des praticiennes, qui ont toutes été formées à la célèbre école Wat Pho de Bangkok. À l'étage les cabines sont décorées avec soin et sont pensées pour stimuler tous vos sens. Certaines sont réservées à l'épilation à la cire orientale, d'autres aux soins du visage ou aux différents massages. Avant de partir, ne manquez pas de faire une halte à la boutique pour shopper les produits aux parfums envoûtants de la maison.

ZEN

LE TIGRE MARAIS

11, rue du Perche (3e) ✆ 01 40 09 10 00
M° Filles du Calvaire.
www.tigre-yoga.com
Ouvert tous les jours.

L'enseigne compte plusieurs lieux dans la capitale, aussi on vous donne ici l'adresse de celui du Marais, il en existe rive gauche et à Chaillot. Le yoga est ici la principale discipline, mais la relaxation, l'apprentissage de celle-ci et la mise en œuvre de ces leçons sont la pièce maîtresse de ce dispositif sans pareil. On rentre dans les lieux, qui sont comme plusieurs pièces cosy et qui sont spécialement pensées, et aménagées pour la pratique. On choisit (en avance) des cours en solo, en duo, à l'unité, en carnet, du lundi au dimanche. On peut ici se faire masser. Une très belle expérience, qui a certes un coût (on peut les acquérir par 10), mais que l'on n'oublie pas.

ZEN

YOGA BIKRAM MARAIS

13, rue Simon Le Franc (4e) - M° Rambuteau ou Hôtel de Ville.
www.bikramyogaparis.com
Ouvert tous les jours. Les cours sont donnés à partir de 9h : disponibilités et intitulés sur le site.

Une formule parfaitement adaptée aux adeptes du yoga dynamique. Mais ici, on monte le niveau de difficulté d'un degré, et même de plusieurs : en effet, le Bikram Yoga se pratique dans une salle chauffée autour de 40 °C. Ici, c'est sa version traditionnelle avec 26 postures et 2 exercices de respiration répétés deux fois qui est enseignée. Tout au long de la journée, vous pourrez trouver de nombreux cours dans ce centre du Marais ou dans l'autre studio des grands boulevards. Vous allez suer, vous dépasser, mais surtout, vous sortirez de là apaisé et/ou épuisé ! Quoi qu'il en soit, vous ne resterez pas indifférents. Bon à savoir : le bikram ne s'adresse pas à tout le monde.

HAMMAM

HAMMAM DE LA MOSQUÉE DE PARIS

39, rue Geoffroy-Saint-Hilaire (5e) ✆ 06 33 79 29 05 - M° Censier–Daubenton - www.la-mosquee.com

Ouvert tous les jours de 10h à 21h. Réservé aux femmes. Sans réservation. Entrée : 30 €. Forfait à partir de 50 €.

On peut difficilement trouver plus authentique que le hammam de la mosquée de Paris ! Une salle de vapeur toute en mosaïques, marbre, colonnes et fontaine qui se divise en trois niveaux de chaleur et des seaux d'eau froide qui permettent de se rafraîchir. Profitez des rituels classiques avec gommage au gant de crin et au savon noir, massages et épilation. Après cette pause relaxation, ne manquez pas de goûter au thé à la menthe et aux pâtisseries du salon de thé ou aux petits plats du restaurant. A la belle saison, la cour intérieure est un havre de paix secret.

ZEN

RASA YOGA

21, rue Saint-Jacques (5e) ✆ 01 43 54 14 59 - M° Cluny – La Sorbonne ou RER Saint-Michel.

www.rasa-yogarivegauche.com

Ouvert tous les jours. Premier cours 7h, dernier cours 20h. Tarif : 25 €. Forfaits 20 cours à partir de 380 €.

L'un des spécialistes de yoga à Paris. Rasa Yoga propose un espace au design hyper classieux (murs de pierre, parquet fluide, puits de lumière), véritable havre de paix pour s'initier ou pratiquer différents types de Yoga. Fondé par Daniela Schmid, le « Rasa » propose toutes les variantes du yoga : le classique ashtanga, le Iyengar plus lent et particulièrement efficace pour la souplesse et l'endurance, le kundalini, basé sur la respiration et la méditation… Le tout enseigné par des professeurs de qualité. Des cours adaptés aux enfants et des massages ayurvédiques sont également proposés. Le plus : la salle de douche, idéale après les soins et les ateliers découverte.

MASSAGE - RELAXATION

ASSA SPA

8, rue Christine (6e) ✆ 01 46 34 59 08 - M° Saint-Michel

www.assa-spa.fr/home

Ouvert du mardi au vendredi et dimanche de 12h à 20h ; le samedi de 11h à 20h. Sur rendez-vous. Boutique en ligne.

Assa, mot japonais qui évoque pureté et confort naturel du lin, est une adresse confidentielle bien gardée. Les mots d'ordre de ce lieu aux doux airs d'auberge traditionnelle japonaise ? Zen et vieilles pierres, huiles essentielles et kimonos, accueil chaleureux et conseils d'experts. Ici, les massages shiatsu sont la spécialité. Par d'habiles jeux de pression, les praticiennes aguerries soulagent les maux, stimulent la circulation de l'énergie et détendent instantanément. Selon vos goûts, vous pourrez aussi tester d'autres prestations : réflexologie ou soins du visage. Prenez-le pour acquis, vous êtes ici dans le domaine de la perfection nipponne avec ambiance feutrée et gestes précis.

HAMMAM

HAMMAM PACHA

17, rue Mayet (6e) ✆ 01 43 06 55 55 - M° Duroc ou Falguière

www.hammampacha.com

Sans rdv du lundi au mercredi : 11h-19h ; le jeudi et le vendredi : 11h-22h ; le week-end : 10h-19h. Réservé aux femmes.

Un lieu 100 % féminin et ouvert 7j/7 ! Ce hammam à la marocaine offre 700 m² de détente et de calme à deux pas de Montparnasse. Une véritable oasis et une ambiance vacances puisque l'on peut, en peignoir, savourer un thé à la menthe ou une pâtisserie orientale, voire s'attabler au restaurant mitoyen pour se régaler d'une pastilla ou d'un tajine dans les règles de l'art. Avant de se lancer dans les bains de vapeur et les bassins à jets, les nouvelles auront droit à une présentation des règles du hammam, très à cheval sur l'hygiène. Ensuite, évadez-vous : massage, gommage au savon noir, épilation (à faire d'entrée au hammam), enveloppement à l'argile… Un pur bonheur !

SPA

SPA CLEMENS

14, rue des Saints-Pères (7e) ✆ 07 67 04 50 57 - M° Rue du Bac ou Saint-Germain-des-prés

www.spaclemens.com

Ouvert 7 jours sur 7 de 11h à 21h.

Le SPA Clemens, cocon lové dans la cour pavée d'un immeuble discret du 7e arrondissement, est une invitation au bien-être et à la douceur. Ouvert en juillet 2021, cet établissement privilégie la qualité avec des soins opérés de main de maître. Après un entretien qui déterminera les points à soulager, un vaste choix est offert : massages relaxants, soins prénatals, ostéopathie, combo « miracle touch » alliant drainage lymphatique et massage modelant, hypnose anti-stress, massages aquatiques inspirés de la médecine asiatique, bains de flottaison… Une expérience unique dans un cadre élégant et calme pour se délivrer des tensions et du stress lié au mode vie urbain ! Une perle rare !

HERBORISTERIE

HERBORISTERIE DE LA PLACE CLICHY

87, rue d'Amsterdam (8e) ✆ 01 48 74 83 32

M° Place de Clichy

Ouvert le lundi de 11h à 13h et de 14h à 19h, du mardi au vendredi de 10h à 13h et de 14h à 19h, le samedi jusqu'à 18h.

Passé la devanture jaune poussin au look rétro, vous découvrirez là une herboristerie à l'ancienne. D'emblée la magie opère avec un nombre impressionnant de plantes médicinales disposées sur de vieux meubles d'apothicaire. Mais ce qui compte dans cette maison, c'est l'expertise de ses passionnés qui vous orienteront vers la ou les plantes dont vous avez besoin, un Graal qui se décline sous forme de tisanes, d'hydrolats, etc., aux principes actifs qui soulagent et préviennent bien des maux ! Côté prix, ce n'est pas plus cher qu'en pharmacie et la qualité est au rendez-vous !

SPA

SPA LE BRISTOL BY LA PRAIRIE

112, rue du Faubourg-Saint-Honoré (8e)
✆ 01 53 43 41 67
M° Miromesnil
www.oetkercollection.com
Ouvert tous les jours de 9h à 21h. Piscine. Fitness. Boutique. Hôtel. Liste des soins en ligne.

Au cœur du palace Le Bristol, ce spa est un écrin de bien-être unique. Confortablement installé dans l'une des cabines privées – dont certaines avec une terrasse privative – vous pourrez profiter au choix des soins haute couture de la maison suisse La Prairie, à l'image du massage beauté corps Bio « Or Liquide », du soin visage Caviar La Prairie, l'exfoliation aux sels aromatiques... Vous l'aurez compris, ici on nage dans le luxe, le calme et la volupté avec au 6e étage, la piscine aux allures de bord de mer avec vue sur le Sacré-Cœur et la Tour Eiffel. En un mot : Wahou !

ZEN BAR A SIESTE

29, passage Choiseul
Paris (2e)
✆ 01 71 60 81 55
Ouvert du lundi au samedi de 11h à 20h. Tarifs variables selon la prestation.

C'est une manière express de recharger les batteries que beaucoup d'amateurs de sieste connaissent bien. Pour ces derniers, dormir quelques instants dans la journée est en effet impératif pour appréhender le reste de la journée. Vous avez le choix des armes : fauteuil en apesanteur, lit massant shiatsu, ambiance sonore choisie... Objectifs : faire baisser votre tension, vos contractions musculaires et le stress et améliorer votre pouvoir de concentration. Inutile de dire que vous ressortez d'ici sur un petit nuage, frais et dispos... Cet espace zen ne se contente pas de vous inviter à siester. Le site propose également une gamme de massages et de soins de beauté.

BEAUTÉ

WELLNESS GALERIE

40, boulevard Haussmann (9e) ✆ 01 42 82 34 24
M° Chaussée d'Antin - La Fayette.
Lundi au samedi : 10h-20h30. Dimanche : 11h-0h. Privatisation possible de certains espaces. Tarifs selon soin ou cours.

Si vous cherchez le temple du bien-être, il faudra dorénavant vous rendre au Wellness des Galeries Lafayette. Depuis l'été 2022, cet espace de 3 000 m² au design mi-futuriste, mi-70's offre un ensemble complet de services prodigués par des pros triés sur le volet (Skinneo, Anatomik studio...) soit autant de promesses de déconnexion totale. Vous pourrez vous abandonner dans la « salle orange » pour un soin corporel, la « bulle rose » pour de la manucure, de la pédicure..., profiter de cours de yoga et de soins à réserver via Doctolib, de drainages lymphatiques, de cryothérapie... Un *nec plus ultra* articulé autour de marques iconiques de soins et de sportswear (Rituals, Eres...) et d'un bar *healthy*.

MASSAGE - RELAXATION

LES VAPEURS D'ORIENT

40 bis, rue du Faubourg Poissonnière (10e) ✆ 01 77 19 40 31 - M° Poissonnière. - www.lesvapeursdorient.com
Du Lundi au dimanche de 13h à 21h. Fermé le mercredi. Hammam mixte : lundi. Réservé aux hommes : du mardi au dimanche.

Ce Spa hammam sauna est une invitation immédiate à la détente avec sa décoration orientale authentique et raffinée. De la salle chaude du hammam (bain de vapeur) au sauna (chaleur sèche), vous pourrez détoxifier votre peau et soulager vos douleurs musculaires. Libre à vous ensuite de faire une séance de gommage ou de massage grâce à de vrais professionnels expérimentés sur place. Plusieurs formules aux tarifs avantageux vous seront proposées et, dans la boutique, vous pourrez également acheter des produits cosmétiques utilisés au hammam ou dans les soins : huile d'argan bio, eau de rose bio, gel-douche Botanica... En somme de quoi perpétuer le rituel oriental à la maison !

ZEN

CASA YOGA PARIS - STUDIO PARADIS

42, rue des Vinaigriers (10e) ✆ 01 71 27 61 34 - M° Gare de l'Est, Château d'Eau ou Bonne Nouvelle
www.casayoga-paris.fr
Plus de 40 cours de yoga chaque semaine et 7j/7.

Avec Casa Yoga, votre corps devient léger, souple et vous apprenez à vous relaxer. Il faut dire que l'équipe est composée de professionnels certifiés et expérimentés qui ont à cœur de vous accompagner avec bienveillance et patience tout au long de votre pratique. La maison propose plus de 40 cours de yoga par semaine en présentiel et des centaines de vidéos en ligne. Sur place, de nombreux styles sont proposés : nidra, hatha, vinyasa, prénatal... Les enfants ont également leurs cours. Le planning est disponible en ligne et la réservation se fait en un clic. Allez-y !

ZEN

YOGA GARDEN PARIS

3, rue Campagne-Première (75014) ✆ 01 42 79 93 51
M° Vavin ou Raspail, RER B : Port-RoyalBus : 38, 58, 68, 83, 91
www.yogagardenparis.com
Plus de 70 cours par semaine à partir de 8h30. Planning et tarifs en ligne.

Michelle Léonard a monté ce magnifique studio de yoga, dans le quartier de Montparnasse. Celui-ci, déployé sur 400 m², est agrémenté d'un jardin intérieur de 70 m². Très belle décoration et harmonie pour un environnement véritablement paisible et bénéfique. Plus de 15 disciplines sont enseignées par des professeurs certifiés 365 jours par an : Hot 26 (Bikram), Vinyasa, Warm Yin aux bougies, cardio et Pilates. Un beau catalogue qui convient aux personnes de tous âges et de toute condition physique. Des séances d'une durée précise de 90 minutes, qui sont parfaitement adaptées à tous les niveaux et proposent un travail complet et en profondeur de tout le corps.

SPA

SPA MAMABALI

8, rue Guillaume-Bertrand (11e) ✆ 01 43 14 71 50
M° Rue Saint-Maur - www.mamabali-spa.com
Ouvert tous les jours de 11h à 23h. Sur rendez-vous uniquement. Formules et abonnements disponibles.

Mamabali est le spa à Paris dédié aux bienfaits de la culture indonésienne. Vous avez ici accès à une gamme complète de soins esthétiques et relaxants dans un salon multicolore, respectueux de la tradition de l'île des Dieux : hammam, massage en duo ou en solo, soins du visage, manucure, mais aussi épilation, avec le système Epiderm qui permet une diminution rapide du système pileux pour hommes et femmes. Les bienfaits de Mamabali ne s'arrêtent pas là : des séances d'ostéopathie sont au programme mais aussi de relooking, de soin du cheveu, ou encore un massage pour futures mamans. A la fin de votre massage, vous bénéficierez d'un brushing avant de vous jeter à nouveau dans la foire urbaine.

ZEN

LES TEMPS DU CORPS

10, rue de l'Échiquier (10e) ✆ 01 48 01 68 28
M° Strasbourg Saint-Denis
www.tempsducorps.org
Pendant l'année scolaire, ouvert du lundi au vendredi de 9h à 22h et le week-end de 9h à 19h.

Ici, on pratique le tai-chi-chuan sous des formes différentes : chen, yang, wu et zhao bao... Plusieurs sortes de qi gong sont aussi enseignées (dao yin, dao yin yang sheng gong, nei yang gong, hui chun gong...). Des cours de kung-fu et de calligraphie chinoise sont également dispensés. Vous pouvez bien sûr vous faire masser selon diverses techniques. Dans ce très bel espace, tout prête à la détente et à la concentration : le patio central aux fenêtres décorées de bois ajouré, le ciel que l'on aperçoit depuis chaque pièce, la petite rue calme dans laquelle se situe l'école... Régulièrement s'y tiennent des conférences sur les arts énergétiques, la culture chinoise, etc.

DÉTENTE - FORME

MAISON ALAENA

32, rue de Paradis (10e) ✆ 09 86 74 09 39
M° Poissonnière
www.maison-alaena.com
Mardi au dimanche de 10h à 20h.

Et si vous preniez de la hauteur pour savourer une pause unique et hors du temps ? C'est ce que propose ce lieu hybride perché au 8e étage d'un immeuble sis – le hasard faisant bien les choses – rue du Paradis. Ici tout a été pensé pour se faire plaisir et prendre soin de soi. Ainsi, vous pourrez profiter d'un hammam, de soins visage et corps tout doux avec des produits bio et maison, mais aussi de cours de yoga et de consultations en micro-nutrition. Avant ou après tout cela, ou simplement pour une pause loin du tumulte, ne manquez pas de goûter aux douceurs sucrées et salées du salon de thé *healthy*. Le tout, chouchoutée par une équipe au top et avec une vue sur Paris à couper le souffle !

SPA

LES BAINS THAI

5, rue du Docteur Jacquemaire-Clemenceau (75015)
✆ 01 45 32 96 48
www.lesbainsthai.fr
Ouvert tous les jours de 12h à 22h. réservé aux hommes.

Ouvert depuis 2015, les Bains Thai repose sur un concept d'espace de détente à tendance asiatique un peu différent, puisqu'il est réservé aux hommes et que le personnel est 100% masculin. Pensé, comme une invitation au voyage et à la relaxation du corps et de l'esprit, les soins y sont top et à prix doux. Si le massage thaïlandais est bien sûr la spécialité, d'autres massages, comme le relaxant californien ou la réflexologie plantaire, sont également proposés. L'établissement abrite également un hammam et un sauna pour ceux qui veulent prolonger un moment de sérénité. En sus, un bar permet de savourer un thé ou un jus de fruits à la fin des soins. Un bon plan pour couper du stress parisien !

SPA

VILLA THALGO TROCADÉRO

8, avenue Raymond-Poincaré (16e) ✆ 01 45 62 00 20
M° Trocadéro
www.villathalgo.com
Carte des soins et tarifs disponibles en ligne.

La réputation de ce spa de luxe n'est plus à faire. Sur 1 000 m², il vous propose une expérience unique en trois temps : vitalité (fitness, aquagym, aquabike etc.), bien-être et enfin relaxation profonde. Là, vous pourrez vous prélasser et profiter des installations luxueuses et équipements haut de gamme comme le bassin sensoriel et ses jets hydromassants, la chromathérapie, le hammam de la mer et son atmosphère iodée ou encore l'espace bar lounge donnant sur une terrasse extérieure. Côté soin, la carte est alléchante : gommages, massages, soins visage, minceur, marin, rituels, soins pour futures et jeunes mamans... Laissez-vous chouchouter et guider par le personnel agréable.

ZEN

MIRZ YOGA

145, rue de Belleville (19e) - M° Jourdain.
www.mirz-yoga.com
Horaire sur le site, selon les cours. Différentes formules tarifaires, de l'offre découverte au carnet 20 cours.

Le yoga qui réinvente le yoga ! Le principe est simple, mais surprenant : sous la houlette de Marine, vous découvrez ici une discipline originale, dont le seul nom se suffit à lui-même. En effet, le R&B Yoga combine la spiritualité des gestes et la fluidité de la musique, qui apporte de nouveaux gestes. Chacun peut venir ici : ceux qui veulent tenter une autre version du yoga, et ceux qui avaient de réticences à se lancer, mais qui le feront davantage en musique. Les cours se déroulent dans le 19e arrondissement, et se déclinent selon différentes offres tarifaires dont les prix sont dégressifs à mesure que vous prenez un nombre important de cours. Une belle surprise.

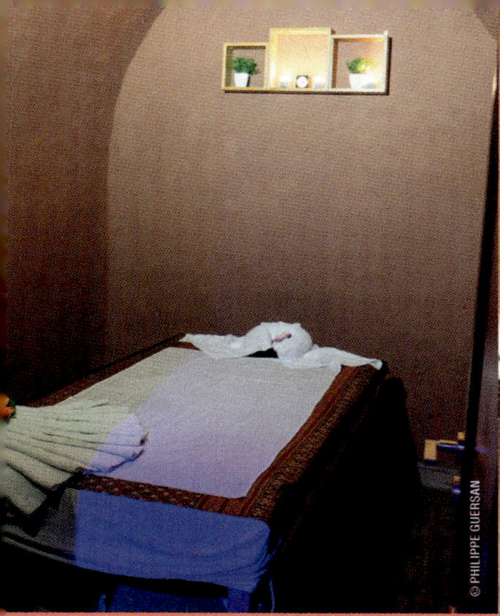

© PHILIPPE GUERSAN

© PHILIPPE GUERSAN

SPA

SOKHA ROYAL SPA

Paris 3e et 8e
✆ 01 40 29 98 25 / 01 42 93 39 97
www.sokharoyalspa.com
contact@sokharoyalspa.com
Ouvert tous les jours de 10h à 21h

Inutile de réserver un billet Paris-Bangkok pour vivre une expérience unique aux parfums de Siam. A quelques pas des métros Miromesnil et Châtelet, les salons Sokha Royal Spa vous ouvrent leurs portes et pour le meilleur ! Ici l'évasion est garantie : un espace apaisant au décor raffiné et bien sûr des massages traditionnels thaïlandais accompagnés de rituels de spa qui vous feront un bien fou ! Précisons que la qualité des soins repose sur une parfaite maîtrise des différentes techniques de massage et sur une attention portée à chacun de vos besoins. Telle est le credo des lieux où les praticiennes attentives vous prodigueront un bien agréable moment de détente et de délassement.

© PHILIPPE GUERSAN

© PHILIPPE GUERSAN

© PHILIPPE GUERSAN

SPA

HAMMAM LES CENT CIELS PARIS PORTE DE SAINT CLOUD

45 bis, avenue Edouard Vaillant 92100 Boulogne-Billancourt
✆ 01 46 20 07 01 - www.hammam-lescentciels.com/boulogne
contact@lescentciels.fr

Le lundi et du mercredi au vendredi 10h-23h ; le mardi 17h-23h ; le samedi 10h-21h ; le dimanche 10h-22h.

Situé aux portes de Paris, ce hammam est une adresse bien connue. Au-delà des hammams chaud et tiède de 300 m² (avec douches et fontaines), vous trouverez aussi un sauna, une piscine d'eau fraîche, 3 grandes salles de gommage et d'enveloppement au rhassoul, des douches et 10 cabines de soins pour des massages voluptueux. Grâce à différentes formules, il y en a pour toutes les envies et toutes les bourses : de la simple entrée au hammam au soin sublime voie lactée d'une demi-journée ! On recommande le massage sensoriel ou l'holistique pour une détente totale. Un bon plan !

SPA

HAMMAN MEDINA CENTER

43-45, rue Petit Paris (9e) ✆ 01 42 02 31 05
www.hammam-medina.com - contact@hammam-medina.com

Du lundi au vendredi 11h-21h (femmes). Samedi 10h- 21h (mixte). Dimanche 9h30-19h (femmes). Fermé le mardi.

Voici un havre de paix et d'exotisme étonnant où se ressourcer en plein 19e arrondissement. On apprécie la propreté irréprochable du lieu, les tarifs tout doux, le professionnalisme et la gentillesse du personnel. Le centre abrite une superbe piscine dans laquelle se jeter avec enthousiasme. Vous avez, comme c'est le cas dans ce genre d'établissement, plusieurs formules orientales : simple entrée au hammam, gommage au savon noir, massage à l'huile d'amande douce, enveloppement au rassoul... Et pour aller plus loin, vous pouvez opter pour des soins et des modelages à tomber. À la fin, un thé à la menthe et une pâtisserie orientale sont offerts, pour terminer cette parenthèse avec douceur.

DÉTENTE - FORME

CHARME D'ORIENT

18, boulevard du Temple Paris (11e) ✆ 01 53 17 02 53
www.charmedorient.fr - contact@charmedorient.com

Ouvert mardi et mercredi 10h30-19h30, jeudi et vendredi 11h-20h ; samedi 10h-19h ; dimanche 10h-18h. Boutique en ligne.

L'institut Charme d'Orient est un petit bijou à deux pas de République. Vous entrez dans ce petit bout de Maroc à Paris par la belle boutique où sont présentés tous les produits de la marque. C'est ensuite au sous-sol, dans l'atmosphère feutrée et chaleureuse d'une cave voûtée, que se savourent la plupart des soins. Au menu, différents massages, soins visage et cérémonies rituelles du hammam. Le plus ? Ici, le hammam est privé pour un moment de détente infinie en toute intimité. Ce temple de la beauté orientale propose également des épilations traditionnelles au caramel pour une peau toute douce. On vous le garantit : vous en ressortirez plus détendu et resplendissant que jamais !

ZEN

LES BULLES A FLOTTER

32, boulevard de la Bastille Paris (11e)
✆ 01 43 42 23 95 - www.lesbullesaflotter.fr
contact@lesbullesaflotter.fr

Ouvert du lundi au samedi de 10h à 22h30 ; le dimanche de 10h à 20h. Ouvert le dimanche. Cartes cadeaux.

Se couper du monde, loin des pollutions sonores et se retrouver, se redécouvrir… Voilà ce que propose l'expérience Bulles à Flotter. Dans ce studio insolite, les professionnels de l'enseigne ont installé des caissons d'isolation sensorielle qui permettent d'atteindre un niveau d'apaisement et de relaxation rare. Zéro bruit, odeur, pesanteur, ces bulles conduisent à un état de méditation exceptionnel. D'ailleurs, les bienfaits de cette expérience ont été prouvés par de nombreuses études : diminution du stress, augmentation des capacités de concentration, réduction de certaines douleurs, récupération physique… C'est une cure de jouvence et de bien-être qui conviendra à tout un chacun.

SPA

MEISO

51, boulevard de la Chapelle Paris (10e)
✆ 07 67 14 20 32
contact.paris@meiso.fr

Tous les jours de 10h à 23h.

Voilà une expérience originale à tester au moins une fois ! Meïso, c'est un centre très atypique qui propose des séances de flottaison en isolation sensorielle. Quézaco ? Pendant une heure (ou plus pour les aficionados), vous êtes plongé dans une bulle remplie d'eau tiède enrichie en sel d'Epsom pour vous permettre de flotter sans contrainte, comme si vous étiez en apesanteur. Sons, lumières, gongs... Vous pouvez personnaliser votre cabine et votre séance comme bon vous semble. Ensuite, la détente du corps et des sensations inédites s'installent très rapidement. Chacun vit ces instants suspendus différemment. Avant ou après, des espaces zen sont mis à disposition pour atterrir en douceur.

ZEN

FLY YOGA

61, rue du Faubourg Poissonnière Paris (9e)
✆ 06 49 49 62 56 - www.fly-yoga.fr
contact@fly-yoga.fr

Cours en semaine. Tarif au cours ou abonnement.

Original ! On vous propose ici d'apprendre à voler, ou, tout du moins, de vous transformer en oiseau le temps d'un cours de yoga acrobatique à l'aide d'un hamac suspendu... Inspiré par le yoga aérien, ce centre de Fly Yoga propose de vous initier à cette discipline brevetée aux nombreuses vertus thérapeutiques et bien-être. Tout au long de ce cours d'une heure, vous utiliserez le hamac comme un soutien pour faire travailler vos muscles profonds, vous gainer, vous étirer, vous installer dans les postures et même pour explorer de nouvelles choses comme avoir la tête à l'envers ! Attention, le nombre de places étant limitées, il est impératif de s'inscrire en ligne.

JE M'AMUSE JE FAIS DU SPORT

Si votre objectif majeur est de vous détendre, bienvenue dans cette rubrique ! Si pour vous la détente rime avec le sport, vous êtes au bon endroit : de la pratique des sports les plus connus, comme le tennis ou le basket, aux expériences les plus innovantes et inattendues, quel que soit l'arrondissement concerné, aucun quartier n'a échappé aux enquêtes de nos auteurs pour que votre volonté en la matière soit exaucée. Si vous laissez passer, faute d'avoir trouvé le temps de vous renseigner, des événements sportifs auxquels vous souhaitez participer depuis bien longtemps (marathon, rando roller, triathlon, course caritative...) : aucun ne manque dans cette partie, décidément bien utile ! Autre manière de se détendre : le jeu. Vous aimez les jeux de société, mais n'avez pas de partenaire pour vous y adonner, ou vous êtes en quête de lieux dédiés ? Tout est là ! Vous cherchez le plus surprenant des *escape games*, qu'il s'agisse d'une sortie entre collègues, entre amis ou avec votre famille ? Nous avons listé les meilleurs - et uniquement ceux-là - dans ce chapitre. A vous de jouer !

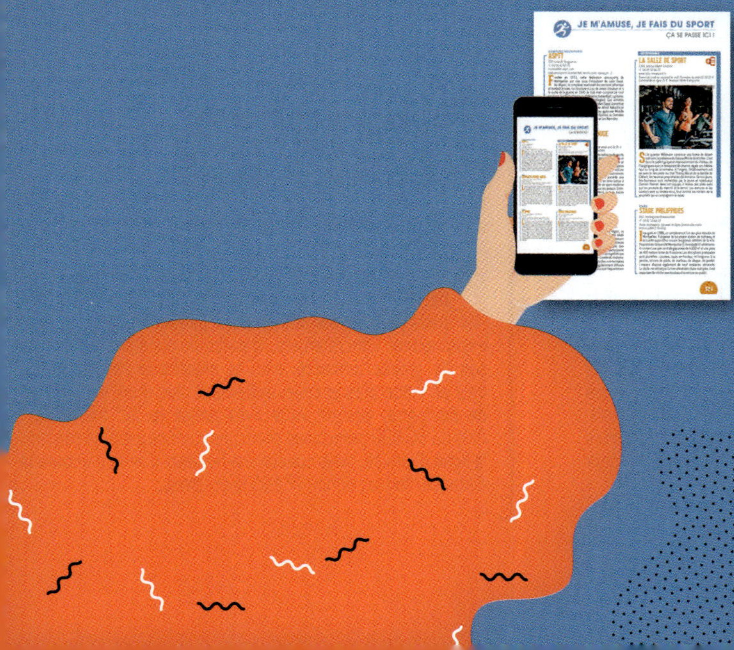

VOTRE GUIDE DEVIENT
INTERACTIF

TAPEZ **PETITFUTE.APP** DANS LE NAVIGATEUR DE VOTRE SMARTPHONE.

PRENEZ UNE PHOTO DE LA PAGE DÈS QU'ELLE A CE PICTO !

COURSE À PIED

COLOR RUN

(1er) - M° Hôtel de Ville.
www.thecolorrun.fr
En avril.

Reconnaissons-le de suite : le sport n'est qu'un prétexte. D'une part parce qu'il s'agit d'une faible distance, et d'autre part les participants sont si nombreux qu'on ne risque pas d'y faire une pointe de vitesse. Pour le reste, tout le monde connaît le principe de cette course, on part propre, et au fur et à mesure de l'avancée de celle-ci (le départ est donné à l'Hôtel de Ville), on est recouvert de poudre colorée jusqu'à devenir méconnaissable à l'arrivée à la tour Eiffel, où des DJ se succèdent pour faire la fête. C'est drôle, mais la course, sponsorisée par un célèbre parfumeur, n'est pas bon marché. Mais, si vous le pouvez, participer une fois : sous réserve d'être entre amis.

GLISSE

PARIS ROLLERS MARATHON

Tour Eiffel (7e)
www.parisrollersmarathon.com
Généralement la seconde quinzaine de septembre.

Les amateurs de rollers ont un rendez-vous annuel tout trouvé ! Certes, la distance se couvre plus aisément que si vous la faisiez à pied, il n'empêche : il faut bien les faire, ces 42 kilomètres ! Le parcours part de la tour Eiffel, et effectue deux boucles dans l'Ouest parisien, vous permettant ainsi de redécouvrir la capitale certes rapidement, mais de manière différente. L'itinéraire a été si bien conçu que, sur toute la durée de l'événement, vous ne passez que quelques secondes sur des pavés, et le risque de chute s'en trouve ainsi amoindri ! Les inscriptions se font sur le site Internet dédié, très pratique et bien fait. Amateurs de rollers, à vous de jouer !

AUTO / MOTO

E-PRIX DE PARIS

Esplanade des Invalides (7e)
M° ou RER Invalides
www.fiaformulae.com
Prochaine édition en avril 2023.

Petit à petit, le rendez-vous devient une tradition, qui devrait revenir en 2023, mais sous un format qui pourrait être très différent. Jusqu'à présent, c'était en effet sur l'esplanade des Invalides que se tenait, jusqu'en 2020, le désormais bien connu E-Prix de Paris. Cette course de voitures rapides électriques, appelées logiquement « Formule E », se tenait sur un circuit de 1,93 km et 14 virages, permettant de ressentir une forte adrénaline : la vitesse, les dépassements, l'ambiance, tout y est. Pour la prochaine étape, le parcours pourrait évoluer : gageons qu'il restera dans un cadre splendide ! Qui succèdera à Jean-Eic Vergne ou à Sam Bird ? Les paris sont ouverts !

SPORT

LE PARIS-VERSAILLES

(7e) - M° Bir-Hakeim.
www.parisversailles.com
Généralement le dernier dimanche de septembre.

Une course mythique, qui part de la tour Eiffel, arrive face au Château de Versailles, et traverse des endroits superbes, des quais de Seine à la forêt de Meudon. Mais la course, c'est aussi et surtout la fameuse côte des gardes, sur deux kilomètres, et qui monte, qui monte et n'en termine qu'après de gros efforts. Mais quel plaisir une fois franchie : le public, très présent, ne ménage pas ses encouragements, et l'organisation est excellente, avec en prime une arrivée face au château de Versailles ! La course, nettement moins longue qu'un semi-marathon, mesure exactement 16,2 kilomètres, et il est conseillé de s'y prendre en avance pour obtenir des places. Alors, prêts ?

COURSE À PIED

GARMIN TRIATHLON DE PARIS

(7e)
www.garmintriathlondeparis.fr
Habituellement fin juin.

Chaque année en juin, le Garmin Triathlon de Paris commence par une épreuve aquatique du bassin de la Villette. Par place au cyclisme en effectuant un tour de la capitale avec, en départ et en arrivée, là aussi la Villette. Enfin la course à pied longeant le canal de l'Ourcq sur un parcours plat. Vous pouvez choisir les distances olympiques ou les plus courtes, et évoluerez dans des décors de carte postale. Spectateurs, n'hésitez pas à aller encourager ces athlètes complets, plein de force et de courage, qui se lèvent tôt pour réaliser de véritables exploits.

COURSE À PIED

SCHNEIDER ELECTRIC MARATHON DE PARIS

(8e)
www.schneiderelectricparismarathon.com
Le 2 avril 2023.

C'est peut-être le plus beau marathon du monde, et qui déroule ses kilomètres dans les plus beaux quartiers parisiens, et au milieu d'un patrimoine architectural exceptionnel. Concrètement, le parcours parisien ne présente pas de grosse difficulté, sauf la montée lente d'accès au bois de Vincennes et celle, autrement plus dure, vers le bois de Boulogne, lorsque vous avez passé le 30e kilomètre ! Plus de 50 000 personnes participent, un peu moins passent la ligne d'arrivée, mais chacun est heureux d'avoir parcouru la distance. Pensez donc : 42,195 kilomètres...

COURSE À PIED

LA GRANDE COURSE DU GRAND PARIS

(10e)
M° République
www.lagrandecourse.fr
Prochaine édition le 12 mars 2023.

Relier République au Stade de France sur une dizaine de kilomètres : voici le programme de cette Grande Course du Grand Paris. Une toute petite partie de votre inscription partira à de belles œuvres, et pour la course en elle-même, n'imaginez pas faire exploser vos records ! Si le parcours est attractif, il présente de nombreux faux plats en première partie, jusqu'à Stalingrad. Ensuite, vous longerez le bassin de La Villette puis suivrez le canal Saint-Denis à partir de la Cité des Sciences. L'arrivée au Stade de France est toujours impressionnante.

SPORT

FESTIVAL DES ARTS MARTIAUX

(75012)
M° Bercy
www.lefestivaldesartsmartiaux.com
En mars.

C'est chaque année en mars que ce festival très apprécié se tient habituellement dans l'enceinte de l'AccorHotels Arena. Les amateurs, les passionnés, les experts et les novices se retrouvent sur place pour découvrir des spectacles, des combats, des animations. On ne sait plus où donner de la tête, et c'est vrai que l'on ne s'arrête pas ici de regarder, discuter parfois, et s'émerveiller devant tant de techniques. Krav Maga, Kudo Daido Juku, Wushu, Taekwondo, MMA ou Aïkido comptent parmi les sports proposés, l'ensemble en présence de grands noms de chaque discipline.

COURSE À PIED

ODYSSEA

(75012)
www.odyssea.info
En octobre.

C'est un très chouette moment, et qui permet de lier activité sportive et œuvre caritative. Chaque année en octobre, ce sont des milliers de personnes, qui arborent le même tee-shirt rose (l'impression visuelle est très belle) pour parcourir plusieurs kilomètres dans le cadre de la recherche contre le cancer. Ici, l'objectif n'est évidemment pas de faire une performance (bien que vous puissiez tenter le coup, si vous le souhaitez), mais de courir avec amis ou collègues pour récolter des fonds pour permettre d'accélérer encore davantage la recherche contre cette terrible maladie. Le rendez-vous est chaque année en octobre sur l'hippodrome de Vincennes, un lieu magique pour une belle œuvre !

SPORT

PRIX D'AMÉRIQUE - LEGEND RACE

Hippodrome de Vincennes (75012)
www.prix-amerique.com
La course se déroule habituellement le dernier dimanche de janvier.

C'est le plus attendu des rendez-vous de trot attelé ! Cette course de 2 700 mètres, considérée comme le championnat du monde de trot attelé, existe depuis 1920, attire 40 000 spectateurs et est diffusée dans plus de 70 pays ! Bien sûr, cette course mythique est liée au plus grand trotteur de l'histoire Ourasi qui a remporté quatre fois la course, mais au-delà, c'est une atmosphère particulière, un peu surannée, un peu chic aussi (voir ces centaines de chapeaux est déjà un spectacle en soi), qui mérite bien qu'on y fasse un tour ne serait-ce qu'une seule fois.

COURSE À PIED

HARMONIE MUTUELLE SEMI-MARATHON DE PARIS

(75013)
M° Château de Vincennes.
www.harmoniemutuellesemideparis.com
Habituellement en mars.

L'épreuve est généralement considérée comme une répétition générale du marathon, qui se tient un mois plus tard. Très nombreux sont celles et ceux qui tentent l'épreuve. Il forme un circuit, partant depuis le Pont de Sully jusqu'à Bastille, en effectuant une vaste boucle dans le bois de Vincennes et en revenant en longeant la Seine et le bassin de l'arsenal sur environ 2 kilomètres. Petits bémols : les tarifs, qui ont fortement augmenté ces dernières années, l'obligation de s'inscrire très en amont, et la foule : de dizaines de milliers de participants !

COURSE À PIED

LA PARISIENNE

(75015)
✆ 01 46 65 39 38
www.la-parisienne.net
Habituellement en septembre.

Le temps d'un week-end, voici l'occasion de participer à un événement sportif unique au cœur de Paris et mettant la femme à l'honneur. Pendant ces 3 jours de festivités, le Champ de Mars se transforme en village éphémère, gratuit et ouvert à tous pour vous proposer un ensemble d'activités alliant sport, plaisir et bien-être. Et voici le programme : des cours de fitness 100 % gratuits, du yoga, des concerts, des massages et bien plus encore ! Enfin, la traditionnelle course de 7 kilomètres avec son parcours de carte postale (Champs-Elysées, Tour Eiffel, Concorde, Invalides...) accueillera cette année encore des marcheuses, pour clôturer ce week-end de fête et de rencontre !

SPORT

LES 20 KILOMETRES DE PARIS

(16ᵉ)
✆ 01 79 86 34 71
M° Trocadéro.
www.20kmparis.com
Chaque année, le second dimanche d'octobre.

Une course magique, parcourue par des dizaines de milliers de personnes venues parfois de très loin. Et pour cause, le parcours est magique : départ face au Trocadéro, puis avenue Foch, une longue boucle dans le bois de Boulogne, et à vous les quais de Seine pour une longue (très longue) remontée jusqu'au au Louvre, d'où vous traverserez la Seine pour revenir vers la tour Eiffel. Si les premiers arrivent en moins d'une heure, les derniers pourront mettre le triple mais ils auront raison de bien profiter. Tenter cette aventure sportive une fois ne peut décevoir.

TENNIS

ROLAND GARROS

Boulevard d'Auteuil (16ᵉ)
M° Porte d'Auteuil
www.rolandgarros.com
L'événement se déroule pendant la première quinzaine de juin.

Roland Garros, bien évidemment ! L'un des quatre tournois majeurs de la planète, l'écrin parisien de la terre battue est le synonyme d'intensité sportive, et d'une quinzaine au cours de laquelle les meilleurs joueurs du monde s'affrontent. Passons sur le côté un peu chic du tournoi, et gardons nos esprits pour se concentrer sur les places : elles sont prises d'assaut, et les prix grimpent à mesure que le tournoi avance. Alors que les Jeux de Paris approchent, les installations ont terminé leur mue : nouveaux cours, couverture de l'un d'entre eux. Qui succédera au roi Nadal (si ce n'est lui-même), côté hommes, et à Iga Swiatek, côté femmes ? Réponse dans quelques mois.

ROLLER

LES 6 HEURES DE PARIS

(16ᵉ)
En août.

On aurait pu penser qu'il s'agissait là d'une course cycliste, et non ! Les 6 heures de Paris, qui en sont déjà à leur septième édition, est une course pour les adeptes du roller ! Le principe est simple : sur une boucle asphaltée de 2,6 kilomètres dans le bois de Boulogne, vous avez ces 6 heures pour réaliser le plus grand nombre de tours ! Vous pouvez vous inscrire seul, où en équipe jusque 5 personnes. Le parcours est rapide et ombragé (pas inutile en plein mois d'août) et le challenge rencontre un vif succès. Record de l'épreuve : 80 tours, soit plus de 200 kilomètres. Sans forcément être compétiteur, on peut aussi y aller pour passer un chouette moment sportif entre amis.

NAUTISME

EDF AQUA CHALLENGE

(19ᵉ)
M° Stalingrad ou Riquet.
www.ffnatation.fr/edf-aqua-challenge
En septembre.

Se baigner dans le bassin de la Villette, personne n'y aurait pensé il y a encore une dizaine d'années. Et pourtant, entre bassin spécialement aménagé et compétitions sportives, depuis le début de la décennie, en raison de la meilleure qualité de l'eau, on peut – pendant des créneaux aménagés – s'y rafraîchir. Parmi les immanquables figurent l'EDF Aqua Challenge, organisé sous la houlette de la Fédération Française de Natation. Sur deux jours, vous pouvez ici participer à des courses de 1,25, de 2,5 ou de 5 kilomètres. Les plus jeunes auront même leur propre épreuve, d'une longueur de 25 mètres, et qui devrait leur permettre de prendre leur premier bain en eau vive à Paris !

CULTURE

HYPER WEEKEND FESTIVAL

116, avenue du Président Kennedy (16ᵉ)
RER C Maison de la Radio.
www.hyperweekendfestival.fr
En janvier. Différents pass sont proposés.

Un festival en janvier, ce n'est pas si fréquent, et l'Hyper Weekend Festival est là pour secouer une programmation culturelle un peu amorphe en cette saison. C'est à la Maison de la Radio que ça se passe, car c'est *Radio France* qui est à l'initiative de ces 3 jours pas comme les autres : les espaces de l'immense bâtiment, des différents studios aux agoras en passant par les foyers et autres salles, sont mis à profit pour vous faire découvrir concerts, expériences sensorielles à l'initiative d'artistes et autres créations. Le soir, si les concerts se poursuivent, des sessions de clubbing sont également organisées. Il y a pour chacun, et la programmation est intense : on adore.

SPORT

BODY FITNESS PARIS

VILLEPINTE
RER B « Parc des Expositions ».
www.salonbodyfitness.com
En septembre.

Ce sont plusieurs milliers d'adeptes du fitness qui se retrouvent chaque année, au parc des expositions de Villepinte pour ce moment de partage, d'échange et de découverte. Car le salon Body Fitness, c'est bien évidemment la possibilité aux professionnels de se retrouver, mais c'est aussi une aubaine pour les pratiquants, qui se retrouvent ici entre eux. Des conférences, des rencontres avec des professionnels, des stands, et puis bien évidemment de la pratique, tout y est. Notez que les novices peuvent également y venir, car le rendez-vous accueille celles et ceux qui se posent des questions sur la pratique de ces sports – le fitness recouvre en effet plusieurs disciplines !

STADE

STADE GEORGES CARPENTIER

81, boulevard Masséna (75013)
✆ 01 42 16 66 00
M° Porte d'Ivry ou Porte de Choisy.

Son nom résonne doucement aux oreilles des amateurs de sport, et la halle George Carpentier, qui a été inaugurée en 1960, puis rénovée en 1988, est le cœur d'un vaste complexe sportif, le plus grand au sud-est de la capitale, situé entre les maréchaux et le périphérique. L'endroit comprend une piste d'athlétisme en accès libre (sauf bien évidemment pendant les compétitions), un terrain de football classique et deux terrains de football à 7, ainsi qu'un terrain de rugby, denrée encore rare aujourd'hui sur Paris. Un bel ensemble d'équipements, très fréquenté, mais qui ne souffre pas de la foule, car, une nouvelle fois, l'endroit est vraiment très vaste et permet une pratique tranquille.

STADE

STADE DE LA PORTE DE LA MUETTE

60, boulevard Lannes (16e)
✆ 01 45 04 54 85
M° Rue de la Pompe ou La Muette.

On évolue ici dans un environnement très chic, celui de cette porte de la Muette. Les amateurs d'athlétisme sont ici nombreux, et parfois peuvent venir de loin pour profiter de la relative quiétude des lieux. Le centre sportif est vaste, compte pas moins de deux terrains de foot, de trois terrains de mini-basket et une piste de 400 mètres – soit des dimensions olympiques. Enfin, une piste de saut en longueur de 200 mètres est comprise. Ces dernières installations sont disponibles en accès libre, sauf lorsque les associations sont présentes, ce qui peut bien se comprendre.

STADE

STADE CHARLÉTY

99, boulevard Kellermann (75013)
✆ 01 44 16 60 00
Tramway T3 arrêt Stade Charléty.

Ce stade doit son nom à Sébastien Charléty, le recteur de l'Université de Paris qui a œuvré pour que le Paris Université Club (PUC) ait un espace Porte de Gentilly. Construit en 1939, il sera reconstruit en 1989, devenant le grand stade d'athlétisme de Paris. Situé entre le boulevard Kellermann et le périphérique, il offre des installations et une localisation de choix pour de multiples disciplines : football, tennis, squash, fitness, musculation... Le stade est composé de 20 000 places qui donnent sur une pelouse d'honneur et une piste à huit couloirs. Le terrain de football synthétique est entouré d'une piste à quatre couloirs et les huit courts de tennis en comptent quatre de couverts.

STADE

STADE DE LA POTERNE DES PEUPLIERS

1, rue Max-Jacob (75013)
✆ 01 45 80 46 78
M° Maison Blanche ou Porte d'Italie, Tramway T3 arrêt « Poterne des peupliers ».

Un peu à l'ombre de son grand frère le stade Charléty, dont la haute silhouette se détache à quelques centaines de mètres seulement, le stade (ou plutôt complexe sportif) de la Poterne des peupliers, prend place comme beaucoup d'autres entre le périphérique et le boulevard des maréchaux. Multisports, celui-ci propose un terrain de football ainsi que plusieurs cours de tennis, que vous pourrez réserver en ligne. Ici, on accède plus facilement via le tramway que via le métro, et il vous faudra descendre un peu depuis la porte d'Orléans, comme depuis celle d'Italie.

STADE

STADE JEAN-BOUIN

26, avenue du Général-Sarrail (16e)
✆ 01 46 51 55 40
M° Porte de Saint-Cloud ou Porte d'Auteuil.
www.parisjeanbouin.fr

Parmi les stades mythiques de la capitale, le stade Jean Bouin est dédié au ballon ovale. Sorti de terre en 1925, il a été rénové en 1970 puis en 2013. Cette dernière remise aux normes a donné jour à une architecture grandiose respectueuse de l'environnement. Le stade est équipé de panneaux solaires, l'eau de pluie est récupérée pour arroser la pelouse et les matériaux utilisés économisent l'énergie carbone. D'un point de vue sportif, on compte un gymnase en sous-sol, une salle de musculation et un centre de balnéothérapie. De plus, on dénombre 20 000 places dans l'enceinte du stade, 51 loges, une boutique dédiée au PSG et, à l'étage, de nombreux jeux d'arcade.

STADE

STADE PERSHING

Bois de Vincennes, route du Bosquet-Mortemart (75012)
✆ 01 43 28 28 93
M° Château de Vincennes ou Bérault.

Faire du sport dans un environnement naturel, où l'on se sent à la campagne, alors que l'on est sur le territoire parisien : tel est la possibilité offerte par le stade Pershing et ses immenses installations : piste d'athlétisme, de très nombreux terrains de football, de handball, de basket. L'ensemble est bien entretenu, et très apprécié. Un conseil en matière d'accès : le métro est relativement loin (comptez une vingtaine de minutes de marche depuis la station Château de Vincennes), aussi les cyclistes n'hésiteront pas à prendre leur monture, et les automobilistes y accéderont facilement et se gareront sans problème – ce qui est assez rare dans Paris pour être signalé.

COMPLEXE MULTISPORTS

BLANCHE

21, rue Blanche (9e) ✆ 01 42 40 12 12
M° Trinité d'Estienne d'Orves.
www.21blanche.com

Ouvert du lundi au jeudi 7h-23h, vendredi 7h-22h, week-end et les jours fériés 8h-20h. Carte de membre : 2 200 €/an.

C'est un restaurant, un spa et une salle de sport qui – notamment – font ce très chic complexe, situé entre place de Clichy et la gare Saint-Lazare. On est ici sur du haut de gamme, et l'abonnement a un coût, version annuelle ou mensuelle. Mais ceux qui peuvent se le permettre auront le plaisir de faire du sport dans une luminosité naturelle immense (les baies vitrées de cet hôtel particulier sont grandioses) et, surtout, avec des équipements de haute qualité. Un dense planning de cours est proposé avec des activités aussi différentes que du yoga, du cycling, du Pilates ou du renforcement musculaire. Évidemment, le personnel est à la hauteur. Une très belle expérience.

COMPLEXE MULTISPORTS

CENTRE SPORTIF CHARLES RIGOULOT

14, avenue de la Porte-Brancion (75015)
✆ 01 42 50 94 49
M° Porte de Vanves.

C'est entre le périphérique et la porte de Brancion que vous trouverez ce chouette centre sportif, assez moderne et qui propose plusieurs options. Parmi celles-ci, un terrain de football, pas moins de quatre courts de tennis (n'oubliez pas de réserver en amont sur le site dédié de la mairie de Paris, on ne vous le dira jamais assez), et puis une aire de lancer de poids. On trouve assez peu de lieux dédiés à cette discipline, et pourquoi ne pas la tenter ? Le tramway T3a dessert parfaitement l'endroit, aussi n'hésitez pas à abandonner la voiture pour vous y rendre.

COMPLEXE MULTISPORTS

CENTRE SPORTIF PAUL VALÉRY

15, rue de la Nouvelle-Calédonie (75012)
✆ 01 44 87 00 50
M° Porte Dorée ou Michel Bizot.

Les installations sportives ne manquent décidément pas dans ce quartier, dont la frange située entre les axes de circulation les plus passants, et donc les moins habitables, sont souvent occupées par des lieux dédiés à la pratique sportive. Ici, une piste d'athlétisme de 400 mètres (nombreux sont celle et ceux qui viennent ici pour faire du fractionné, la longueur étant pile celle d'une piste olympique), un espace de saut en hauteur, un autre de saut en longueur, un terrain de football et des tennis sont proposés et ouverts (pour ces derniers) à la réservation.

COMPLEXE MULTISPORTS

CENTRE SPORTIF ÉMILE ANTHOINE

9, rue Jean-Rey (75015) ✆ 01 53 69 61 50
M° Bir-Hakeim ou Passy.

Probablement l'un des complexes sportifs les mieux situés de la capitale, à une centaine de mètres de la Tour Eiffel, il faut bien reconnaître que transpirer avec une telle vue, ce n'est pas vraiment transpirer ! Tout de même ! Un terrain de football, un autre de basket, une piste d'athlétisme, des espaces pour le lancer de poids ou le saut en longueur, le lieu est bien fréquenté. Ce stade municipal est également le lieu de vestiaires et de dépôt des sacs lors de la mythique course des 20 kilomètres de Paris, chaque année en octobre. Bref, il sert beaucoup.

COMPLEXE MULTISPORTS

EPISOD

7, place de Clichy (17e)
✆ 01 79 35 07 44
www.episod.com

Voici un lieu qui a eu plusieurs vies ! Cabaret, cinéma de quartier, cinéma X ou encore théâtre, le 7, place de Clichy avait accueilli bien des événements avant de fermer ses portes, en 2005. Aujourd'hui, le lieu accueille un club de sport ultra-moderne – et qui dispose de quatre autres déclinaisons à Paris. Choisissez votre *mood*, (happy, spirit ou ultra), votre sport (burn, ride, box, zen ou shape), votre coach et votre créneau d'horaire et entrez dans un espace entièrement dédié au sport, sous les encouragements des coachs, les lumières énergiques et la musique club. Un environnement propice au dépassement de soi, vraiment différent des autres salles que l'on peut trouver.

FORME

GIGAFIT

7, rue Ordener (18e) ✆ 01 40 35 31 51 - M° Marx Dormoy.
www.gigafit.fr

Ouvert du lundi au vendredi de 6h à 23h ; le week-end de 6h à 20h. Différentes formules tarifaires.

Ici, c'est l'une des premières salles de cette enseigne qui monte, et qui compte de nombreuses déclinaisons aujourd'hui. Dans cet ancien entrepôt industriel, sur deux niveaux, on dispose d'équipements régulièrement renouvelés, du cardio aux poids en passant par les vélos. Il y en a beaucoup, l'ensemble dans une décoration sombre, boisée, avec de nombreux écrans et de la musique en fond. Un large planning de cours collectifs est proposé, et se déroule dans une salle dédiée : ceux-ci sont majoritairement dispensés par des coachs brevetés. Les horaires, enfin, sont vraiment extrêmement larges : de 6h à 23h, en semaine, jusqu'à 20h le week-end. Et l'ensemble pour des tarifs avantageux.

PARC / JARDIN

LES JARDINS D'EOLE

Rue d'Aubervilliers (18e) - M° Marx Dormoy
www.paris.fr
Ouvert tous les jours. Ferme à 17h45 en hiver, plus tardivement en été.

Créé en lieu et place d'une friche SNCF il y a maintenant une dizaine d'années, ce jardin est le plus grand de l'arrondissement, entre détente et pratique sportive. Les vastes pelouses et cheminements sont autant de possibilités de s'évader l'esprit, mais le sport n'est jamais loin : quatre terrains de basket, deux de football (et mode petite taille), des tables de tennis de table et même une zone de *street workout* pour celles et ceux qui veulent se muscler. Le spectacle des trains se trouvant à vos pieds, avec en prime, au loin, une superbe vue de carte postale sur le Sacré-Cœur, au loin. L'été les buvettes y sont nombreuses. Revers de la médaille : l'insécurité à la nuit tombée.

SKATE

SKATE PARC BERCY

1, boulevard de Bercy (75012)
M° Quai de la Gare ou Bercy.

Le roller-parc de Bercy, l'un des plus visités de la capitale, se laisse d'abord prendre par le regard. Ce dernier se laisse immédiatement capturer par la puissance des dizaines de graphes qui ornent les murs et nourrissent le lieu d'une ambiance urbaine underground unique. 3 rampes et 8 modules façonnent ainsi, sur 800 m², un terrain de jeux idéal pour tous les amoureux de skate, roller, BMX, bref tous les esthètes de la glisse, des figures et de l'esthétique. Caché à l'ombre du Palais Omnisports de Paris Bercy, son accès est libre, et se fait dans le Parc de Bercy. A noter aussi que l'esplanade devant le palais omnisports est aussi praticable pour le skate et le roller.

ESCALADE

ARKOSE

35, rue des Grands Champs (20e) ✆ 01 71 93 14 34
M° Buzenval.
www.nation.arkose.com
Ouvert chaque jour de 8h à minuit. Restaurant ouvert midi et soir 7 jours sur 7. Séance à partir de 15 €.

Ce concept est simple mais rencontre un grand succès : celui du *blocpark*. Dans l'endroit parisien (il en existe d'autres en banlieue et en province), une ancienne usine de blouse d'écoliers de plus de 1 000 m², ce sont plus de 200 blocks qui vous attendent : de gros et vastes morceaux de bétons, constellés de prises pour pouvoir atteindre les hauteurs, et par la même découvrir une nouvelle culture de la grimpe, comme on dit ici. Renouvelés régulièrement, ces blocks ne sont pas le seul attrait du lieu, qui compte également un espace de relaxation, et un autre de restauration. Une vraie chouette découverte, que les petits et les grands adorent. Et nous aussi, bien sûr.

SPORT

LA MONTGOLFIÈRE

25, rue Yves Toudic (10e) ✆ 01 83 98 85 63
M° République.
www.lamontgolfiereclub.com
Ouvert du lundi au vendredi de 7h à 23h, le samedi de 9h à 21h, le dimanche de 7h à 22h.

© LA MONTGOLFIÈRE

© LA MONTGOLFIÈRE

Difficile de décrire en quelques lignes l'endroit, qui mixe avec brio et surtout grande originalité des espaces *cosy* de détente, pour prendre un verre, travailler – l'endroit propose également des espaces de travail très prisés – et se détendre, avec deux saunas et hammams. Mais c'est aussi un incroyable endroit pour faire du sport, sous la vaste verrière de 18 mètres de hauteur – on fabriquait ici des montgolfières, vous l'aurez peut-être compris ! Un espace dédié au cardio, un autre à la musculation, un autre à la boxe, ou encore pour la gym douce et le cyclisme sont proposés, avec des équipements de très haut niveau. On conseille vivement si vous habitez dans le coin.

SPORT

BOUTIQUE MARATHON

26, rue Léon-Jost (17e) ✆ 01 42 27 48 18
M° Courcelles.
www.boutiquemarathon.com
Ouvert du mardi au samedi de 10h30 à 19h30.

Créée en 1979 par Raymonde Cornou (marathonienne de niveau national dans les années 80), la Boutique Marathon fut à Paris le premier point de vente entièrement dédié à l'univers de la course à pied. Référence en la matière, rendez-vous incontournable des accros du bitume, des sentiers ou de la piste, y trouvera forcément son bonheur, de quoi s'équiper de la tête aux pieds, ou plus exactement des pieds à la tête : chaussures, textile, accessoires, services (plan d'entraînement), diététique, etc. Les clients sont fidèles, et aiment ici les conseils de vrais connaisseurs. Sur place, on discute de ses derniers chronos, pas forcément sur marathon d'ailleurs, et l'ambiance est très sympa !

PARCOURS DANS LES ARBRES

ÉVASION VERTE

Esplanade du château de Vincennes (75012) ✆ 06 21 69 81 77
M° Château de Vincennes - www.evasion-verte.fr
Ouvert le mercredi après-midi, le week-end et pendant les vacances. Tarif de base : 22 €/adulte, 17 €/enfant.

Voici le seul parcours aventure dans les arbres à Paris, décliné en 55 ateliers répartis sur 4 parcours acrobatiques pour enfants et adultes. Question sécurité, les précautions sont prises : vous serez équipé d'un baudrier et accompagné par les opérateurs maison. Tous les parcours sont équipés en ligne de vie continue pour une sécurité maximale. Pas de compétition : vous passez d'un arbre à un autre selon votre rythme, en totale autonomie ! Notez qu'un contrôle phytosanitaire est effectué régulièrement par des professionnels pour la bonne santé et la bonne pousse des arbres. Différents parcours vous sont proposés et répondent aux noms de marcassins, chevreuil, chauve-souris, écureuil.

PÉTANQUE

L'AMICALE BOULISTE DE MONTMARTRE

Square Suzanne Buisson (18e)
Tournois selon la saison.

C'est un sport (même si certains esprits chagrins refusent de le considérer comme tel) qui ne manque pas de charme, dans un écrin pareil. Et pour cause : l'amicale bouliste de Montmartre est une chouette association, et qui s'adonne à sa passion sur les hauteurs de la butte, principalement au square Suzanne Buisson, mais aussi sur des terrains situés à proximité de la rue de la bonne. Et si vous n'êtes pas tenus d'être membres, vous pouvez passer ici une tête lors de tournois organisés régulièrement. Dans ces occasions, on est évidemment sérieux, car la pétanque l'est !

ÉQUITATION

CENTRE ÉQUESTRE DE LA VILLETTE

9, boulevard Macdonald (19e) ✆ 01 40 34 33 33
M° ou Tramway T3b Porte de la Villette. - www.equivil.fr
Ouvert toute l'année. Tous les jours. Se renseigner pour les tarifs. Forfaits proposés.

Grâce au Centre équestre de La Villette, l'équitation deviendrait presque une discipline urbaine : admettez que faire du cheval avec la ville autour de vous, et le foisonnement du parc de La Villette, ce n'est pas fréquent. Cette structure regroupe différents clubs qui offrent des activités équestres pour tous les âges et tous les niveaux. Des cours d'initiation sont réservés aux débutants, ainsi que de vrais entraînements pour pouvoir participer aux compétitions. Également au programme, des offres découverte, des balades dans les forêts en Île-de-France.

SPORTS INDIVIDUELS

BLAST

19, rue Charles Auray - **PANTIN** ✆ 01 84 21 03 90
M° Église de Pantin - www.blast.st
Ouvert toute l'année, horaires variables. Entrée : 11 € (-12 ans), 13 € (+ de 12 ans). À partir de 6 ans.

Pas moins de 1 000 m² sont dédiés ici à la pratique (et surtout au franchissement des parcours d'obstacles), dans cette vaste arène pantinoise à deux pas du métro. Blast, dont le nom à lui seul peut évoquer la rapidité de l'effet que sa fréquentation vous fera, propose en effet différentes activités, à commencer par la pratique du parkour. Au moyen de nombreux obstacles plus vrais que nature, c'est aidés de coach hors pair que vous serez initiés, puis pratiquerez la discipline. Autres possibilités proposées, le studio training, qui mélange *crossfit* et gymnastique, et une « Ninja Académy » pour les plus jeunes. L'endroit compte aussi un lieu de restauration, pour reprendre des forces.

SKATE

ESPACE DE GLISSE DE PARIS 18E

Impasse des fillettes (18e)
✆ 01 40 05 62 00
Trawmay T3b Colette Besson.
Ouvert chaque jour : horaires variables, consulter le site.

S'il n'est pas forcément évident de trouver cet espace lors de votre première venue, retenez bien qu'il se situe à proximité de la porte de la Chapelle, derrière l'immense chantier de la future Arena – lequel sera terminé pour les Jeux olympiques de 2024. Dans cette immense salle dédiée tout entièrement à la glisse se retrouvent les amateurs du genre venus de l'ensemble du nord de la capitale. Sur 3 000 m², c'est tout simplement le plus grand parc *indoor* de France, et il est dédié au roller, au BMX et au skate. Certaines soirées thématiques y sont également organisées.

CYCLISME / CYCLOTOURISME

MOMENTUM ELECTRIC

64, rue d'Alésia (75014) ✆ 01 81 69 77 60 - M° Alésia.
www.momentumelectric.com
Ouvert toute l'année. Du mardi au vendredi et le dimanche de 10h à 19h.

L'un des temples du vélo électrique : la marque britannique Momentum Electric propose en effet dans le quartier d'Alésia d'un joli magasin, très prisé, dans lequel le choix est vaste en matière de cycles à assistance. Le succès actuel de ces montures qui vous permettent de franchir les obstacles sans transpirer se vérifie ici : beaucoup de monde, et cela se comprend. On vous détaillera les offres, les différentes possibilités, ainsi que les aides publiques proposées, permettant de réduire une facture qui peut vite monter. Satisfait ou remboursé : vous disposez de 50 jours pour vous faire un avis. De nombreux accessoires sont également proposés. Du haut de gamme.

CYCLISME / CYCLOTOURISME

KIWILL

27, rue du Grand Prieuré (11ᵉ) ✆ 01 47 00 04 19
M° Oberkampf.
www.kiwill.fr
Horaires d'ouverture selon les séances : se renseigner sur le site. 25 € la session sans abonnement.

Certains disent *cycling*, d'autres disent *spinning* : c'est en fait souvent la même chose. Le principe, chez Kiwill, reste immuable. On choisit son moment, son coach et vient se dépenser. Mais pas n'importe comment, car ici, on fait du vélo, et on travaille pendant une séance de 45 minutes le haut et le bas de son corps. Attention, vous restez maître de vos efforts bien évidemment, mais ici, on ne vient pas pour bavarder, ou se regarder dans les miroirs, car ici, on bosse ! Après tout, c'est bien le but. Le concept et efficace, et les équipes sont très professionnelles. Différentes formules tarifaires sont proposées, et les résultats sont visibles plutôt rapidement !

VÉLO

OHCYCLO

1, boulevard Henri-Barbusse - **MONTREUIL** ✆ 07 68 47 96 91
www.ohcyclo.org
Ouvert du mercredi au vendredi de 17h à 20h ; le samedi de 14h à 18h.

Avoir un vélo, c'est bien. Savoir le réparer, c'est quand même mieux. Pour faire de vous de véritables connaisseurs de votre monture, aptes à lui venir en secours au moindre pépin, Ohcyclo est là pour vous. Structure associative, elle vous propose, contre une cotisation annuelle à prix modique, d'avoir accès à un atelier de réparation, où des connaisseurs vous aideront, le cas échéant, à remettre votre monture d'aplomb. Conviviale, la formule marche fort, et vous permet de devenir « vélonome », c'est-à-dire autonome avec votre vélo. Et comme tout se transforme, Ohcyclo remet en état de marche des vélos donnés par des particuliers, pour les revendre à des prix serrés.

VÉLO

LES PETITS VÉLOS DE MAURICE

81, boulevard Richard Lenoir (11ᵉ) ✆ 01 44 93 79 84
www.lespetitsvelosdemaurice.fr
Ouvert du mardi au vendredi de 9h à 18h30 ; le samedi de 11h à 13h30 et de 14h30 à 18h30.

Ici, on répare, on bricole, on regonfle et on règle les freins de nos montures préférées pour des prix plus que corrects pour la capitale. Toutefois, comme l'adresse a énormément de succès, il vaut mieux prendre rendez-vous si vous avez une grosse réparation à faire. C'est également ici que vous pourrez vous dégoter un petit biclou d'occasion, et évidemment quelques pièces neuves. Le lieu, qui réinsère des personnes handicapées dans ses murs, propose également de nombreuses pièces détachées qui permettent aux plus bricoleurs d'entre vous de construire leurs propres vélos.

VÉLO

STEEL CYCLEWEAR

58, rue de la Fontaine au Roi (11ᵉ) ✆ 06 47 58 32 46
M° Goncourt / Hôpital Saint-Louis
www.steelcyclewear.com
Ouvert du lundi au samedi de 10h à 19h.

Inutile de s'appesantir sur le succès grandissant du vélo à Paris. Et le succès va de pair avec de nouveaux concepts, parmi lesquels celui de Steel Cyclewear ! En effet, cet endroit plutôt haut de gamme propose non seulement des accessoires et vêtements pour les adeptes de la petite reine, mais est également un café, où l'on boit d'excellents cafés tout en bavardant avec les autres habitués du vélo – tendance bobo. Pas mal d'accessoires rares et trouvés ailleurs, et une ambiance tout de même très *cosy*, bien loin des atmosphères d'ateliers de réparation. Les non-cyclistes n'ont d'ailleurs pas attendu pour eux aussi s'accaparer l'endroit très tendance dans le cœur du 11ᵉ.

CYCLISME / CYCLOTOURISME

SUMMIT CYCLE

24, rue Feydau (2ᵉ) ✆ 09 83 06 33 53 - M° Bourse
www.summit-cycle.fr
Ouvert tous les jours. Une session : 27 €. 5 sessions : 125 €. 10 sessions : 220 €. 20 sessions : 400 €.

Quel concept ! On arrive ici émerveillé et en pleine forme, on ressort émerveillé et complètement vidé. C'est le principe : dans ce magnifique lieu (du vestiaire à l'accueil en passant par la salle de sport, tout est sublime), on fait du vélo. Loin d'être rébarbatif, le moment passé ici ne ressemble à aucun autre : sur votre vélo, dûment équipé (les machines sont haut de gamme...), vous pédalerez dans une ambiance électrique, et encouragé par des coachs qui se révèlent être de véritables motivateurs, au moyen s'il le faut de hauts cris que l'on sait d'avance bienveillants, mais sans concession. L'émulation collective fonctionne à plein, même si le tarif peut être rédhibitoire.

FORME

KLAY

4 bis, rue Saint-Sauveur (2e) ✆ 01 40 26 00 00
M° Sentier ou Réaumur-Sébastopol. - www.klay.fr
Lundi au vendredi de 7h à 23h30 ; week-end de 8h à 20h. Carte de membre individuel : 1 990 €. Abonnement : 175 €/mois.

C'est un nom que l'on se chuchote, mais que les habitués des salles de sport haut de gamme connaissent bien : le Klay. Située dans le cœur du Sentier, donnant sur une petite cour intérieure, c'est la salle chic et branchée qui accueille quelques *happy few*, des personnalités de la télé. Force est de constater que, bien que très cher, l'endroit en impose, avec son spa, sa centaine de cours collectifs hebdomadaires, ses appareils ultra-modernes, sa piscine en sous-sol, son accompagnement personnalisé, son restaurant et même sa gamme de soins. Certains diront que c'est beaucoup pour transpirer et se moqueront de ceux qui se regardent en faisant du sport, les autres adoreront.

SPORT

DYNAMO CYCLING OPERA

14, rue Saint-Augustin (2e) - M° Quatre-Septembre.
www.dynamo-cycling.com
Ouvert tous les jours. Réservation sur le site. Tarifs évolutifs selon les horaires.

Une manière totalement inattendue de faire du sport : voici la promesse de Dynamo Cycling, qui développe un concept pour le moins original dans différents lieux parisiens. On parle ici d'*indoor cycling*, à savoir la pratique du vélo – ce dernier étant statique – dans un espace clos. Mais pas de n'importe quelle manière : ici, la lumière est absente, la musique est forte, et un coach vous guide. En groupe restreint, vous partez pour une séance de 45 minutes, où l'on vous donnera les consignes nécessaires pour qu'il ne s'agisse pas simplement de vélo, mais aussi de renforcement musculaire, l'ensemble à très haute dose. C'est devenu une véritable mode à Paris, et c'est souvent plein.

SPORTS INDIVIDUELS

PARKOUR

(1er)
www.parkourparis.fr
Horaires et lieux des cours variables en fonction des conditions climatiques. Divers formules tarifaires sont possibles.

C'est l'une des disciplines sportives parisiennes qui monte et qui, dans la foulée des fameux « Yamakasi » popularisés dans les années 2000, offre de nombreuses possibilités. Pratiqué en milieu urbain, le *parkour* vous fait courir, grimper, sauter, escalader des espaces pas forcément initialement dédiés à ce sport nouveau. Evidemment, l'équipe dédiée ici, composée de Thibaut, Thomas, Robin et Jonathan, vous guidera vers une pratique et des cours adaptés à votre âge, et à vos possibilités. On s'échauffe, et puis c'est parti pour divers ateliers et trajets. En amont, vous pourrez tester le *parkour* via une session d'essai. Sensations fortes et maîtrise de soi garanties ! Unique !

FIZZUP

Solution alternative pour ceux qui veulent se mettre au sport sans se rendre à la salle ou en cours collectif, FizzUp propose des séances en vidéos à faire depuis chez soi, avec le matériel à disposition. Des séries d'exercices diversifiés et progressifs, permettant à tous les niveaux de commencer. L'application se couple même à un espace qui intègre les intolérances et régimes alimentaires.

ZEN

RIISE

9, rue Charlot (3e) - M° Saint-Sébastien-Froissart.
www.riise-yoga.com
Ouvert tous les jours. Offre d'essai : 15 €/session. 3 sessions : 81 €. Tarifs dégressifs. Réservation obligatoire.

Celles et ceux qui connaissent les principes développés par Dynamo Cycling, cette expérience immersive de vélo à très haute intensité, ne seront pas surpris de constater que c'est la même équipe qui propose désormais Riise. Le concept ? Du yoga là aussi intense, pendant une cinquantaine de minutes, avec des exercices variés et rapides qui affoleront votre cardio, l'ensemble en musique, et vous connecteront avec des sensations uniques. Riise, qui dispose également d'une seconde localisation dans le 2e arrondissement, vous accueille dans un écrin pensé par une agence d'architecture visiblement inspirée : les murs sont blancs, le béton ciré et le bois sont présents partout.

ZEN

POSES YOGA

21, rue des Filles du Calvaire (3e)
www.poses-yoga.com
Ouvert tous les jours. Une session : 29 €. 5 sessions : 139 €. Tarifs dégressifs.

Le concept, c'est d'abord un lieu : minimaliste, recouvert de parquet, dans une ambiance tamisée et propice à la concentration, Poses Yoga a misé fort sur l'ambiance, dans ce quartier très tendance. Ici, on pratique le yoga, mais avec une volonté claire : permettre à tous, y compris les novices, de pouvoir pratiquer la discipline. L'objectif de l'équipe : vous accompagner dans votre progression au moyen de sessions qui mixent renforcement et exercices au poids du corps. Les résultats ne se font pas attendre, le suivi est excellent et les tarifs sont bien pensés, de manière à vous permettre une dégressivité en la matière. Assurément l'un des meilleurs concepts en la matière.

ESCALADE

MURMUR

55, rue Cartier Bresson - **PANTIN** ✆ 01 48 46 11 00
M° Aubervilliers-Pantin-Quatre Chemins.
www.murmur.fr
Ouvert tous les jours de 7h à 23h. 16 €, enfant 8 € et 6 €.

Difficile de trouver offre plus complète : Murmur est bien l'une des références parisiennes en termes d'escalade. A Pantin, depuis de nombreuses années maintenant, les sportifs peuvent choisir entre escalade à la corde (classique) où celle pratiquée sur des blocs. Ces derniers, d'une taille maximale de 4 mètres, peuvent se pratiquer sans équipement, puisque si vous tombez, de gros et épais tapis vous récupéreront. Plaisir et apprentissage sont les matrices d'un endroit convivial, et qui dispose d'une seconde adresse à Issy-les-Moulineaux, implantée sous les arches du RER C, et est donc immanquable ! Les tarifs sont variables selon les moments, c'est bien vu !

ESCALADE

CLIMBING DISTRICT

26 bis, rue de Saint-Petersbourg (8e) ✆ 07 69 12 51 33
M° Place de Clichy. - www.climbingdistrict.com
Ouvert de 7h à minuit du lundi au vendredi, et de 8h à minuit le samedi et le dimanche.

Un lieu d'exception, pour une activité qui l'est tout autant, et assurément l'un des meilleurs spots de la capitale pour les amateurs de sport et de sensations. Climbing District, qui développe déjà ses activités du côté du canal Saint-Martin et des Batignolles, a ouvert il y a quelques mois son nouveau lieu parisien dans une ancienne chapelle, à quelques pas de la place de Clichy. Ici, c'est tout un concept : non seulement vous pouvez grimper sur cordes (on appelle ça « enrouleur ») pouvant culminer à plus de 13 mètres, mais vous êtes ici au cœur d'un espace proposant café, espaces de coworking et même d'expositions d'artistiques. Les raisons ne manquent pas d'y venir.

ESCALADE

VERTICAL ART PIGALLE

6, boulevard de Clichy (18e) ✆ 01 40 25 09 55
M° Pigalle.
www.pigalle.vertical-art.fr
Ouvert tous les jours de 8h à minuit.

On ne s'attendrait pas à trouver une salle d'escalade en plein cœur de Pigalle, et pourtant c'est ici que l'enseigne Vertical Art a décidé d'ouvrir sa dernière déclinaison - qui vient s'ajouter, dans la capitale, à celles de Chevaleret et Alésia. Le lieu propose une salle de blocs sacrément bien pensée, puis les voies d'escalade sont renouvelées chaque mois, ce qui change des sempiternels lieux qui vous offriront pendant des années les mêmes parcours. Les plus jeunes sont bienvenus et seront évidemment pris en charge. Enfin, notez que les offres du lieu ne s'arrêtent pas ici, et un sauna, ainsi qu'un bar et un restaurant complètent l'ensemble. La réservation est vivement conseillée.

ESCALADE

CLIMB UP

18, avenue de la Porte d'Italie (75013)
✆ 01 42 46 11 39 - M° Porte d'Italie.
www.climb-up.fr
Du lundi au dimanche 8h-0h. 1h30 de parking offerte du lundi au samedi. Entrée : 17 €. Plusieurs formules tarifaires.

© THOMAS CALEYRON

© GERMAIN HAZARD

L'enseigne Climb Up a ouvert à Porte d'Italie ce qui est ni plus ni moins que la plus vaste salle d'escalade indoor de France. Seconde déclinaison francilienne, celle-ci a en effet tout pour impressionner. Vous trouverez ici plus de 200 m de linéaire de blocs et les voies culminent à 11 m de hauteur. Au-delà de l'entrée libre, vous pourrez disposer ici de cours, et même organiser vos événements particuliers. Il faut dire qu'au-delà de la seule escalade, Climb Up vous invite ici à la détente, avec un sauna, un « studio bien-être » développant cours de yoga, de fitness et de préparation à l'effort, et même un vaste lieu de bar-restauration. Difficile de résister.

PISCINE

PISCINE HEBERT

2, rue des Fillettes (18e) ✆ 01 55 26 84 90
M° Marx Dormoy, ligne 12.
Ouvert tous les jours. Les horaires varient selon les jours et les périodes de l'année.

Une grande verrière au fond du square de la place Hébert, ombragée par de grands marronniers : la piscine de la rue des Fillettes est un lieu très agréable pour faire quelques longueurs et *buller* (oui, on est content du jeu de mots) au bord de l'eau. Naviguant entre le petit bassin avec pataugeoire, le bassin de 25 mètres et le solarium pour prendre quelques rayons bienvenus, vous aurez aussi accès à des cours d'aquagym, de nage avec palmes et au jardin aquatique. La piscine Hébert, bien entretenue, est très appréciée des gens du quartier, et constitue comme une petite bulle dans un quartier très dense. On gardera un œil sur les horaires d'ouverture, qui peuvent changer.

PISCINE

PISCINE MATHIS

15, rue Mathis (19e) ✆ 01 40 34 51 00 - M° Crimée
www.paris.fr
Lundi, mardi, jeudi et vendredi 7h-8h30 et 11h30-13h30, mercredi 11h30-20h, samedi 7h-18h, dimanche 8h-18h.

Cette piscine de la rue Mathis propose un bassin de 25 m x 12,5 m pour les nageurs, et un autre de 6 m x 12,5 m pour les plus jeunes et les activités ludiques. Ouverte tôt le matin, vous pourrez ainsi commencer vos longueurs dès 7h. Des cours d'aquagym sont dispensés tous les jours par une équipe de maîtres-nageurs motivés et sympathiques. Il est possible d'y passer son brevet de natation, et ce à petit prix. Des leçons collectives sont aussi proposées à partir de quatre personnes, ce qui est plus économique. Si les infrastructures sont classiques, elle demeure une piscine très agréable et peu fréquentée. Son cachet Art déco n'est pas pour enlever à son charme.

PISCINE

PISCINE YVONNE GODARD

5-7, rue Serpollet (20e) ✆ 01 43 61 77 14
M° ou Tramway T3b « Porte de Bagnolet ».
www.piscine-godard.fr
Ouvert chaque jour. Créneaux dédiés aux scolaires : se renseigner sur le site internet.

C'est l'une des plus récentes piscines parisiennes, et qui a été nommée du nom de la nageuse française championne d'Europe de nage libre en 1931, Yvonne Godard. Et, outre une architecture claire et aérée qui laisse puissamment rentrer la lumière, le lieu ne manque pas d'atouts et d'innovations. Ainsi, le lieu dispose de deux bassins de 25 mètres, dont l'un dispose d'un fond amovible pour moduler la profondeur sur 3 lignes d'eau. Si l'un est dédié à la pratique de la nage, le second l'est à l'apprentissage : il vous suffit de garder le bon couloir ! Notez enfin que la piscine dispose d'une belle pataugeoire de 50 m², et d'un vaste solarium extérieur, pour de chouettes bains de soleil.

PISCINE

FOREST-HILL AQUABOULEVARD

4-6, rue Louis-Armand (75015)
✆ 01 40 60 10 00
M° Balard.
www.aquaboulevard.com
Ouvert tous les jours de 7h à 1h.

Avec l'Aquaboulevard c'est certain : vous ne pouvez pas rater votre coup, c'est quasiment impossible. Végétation tropicale, eau à 29 °C, piscine à vagues, toboggans, canons à eau, baleine d'une grandeur réelle à visiter dans un toboggan... L'Aquaboulevard regroupe tout ce que votre enfant peut rêver. A la fin de la journée, l'enfant souffle les bougies de son gâteau préparé par le chef. Vous pouvez également souscrire à d'autres options comme le mini-golf. Les enfants adorent ! Mais réservez en avance autant que possible. Il y a en effet énormément de monde le week-end.

PISCINE

PISCINE BERTRAND-DAUVIN

12, rue René-Binet (18e)
✆ 01 44 92 73 42
M° Porte de Clignancourt, tramway T3b.
Ouvert chaque jour : détails sur le site internet paris.fr

Facile à trouver, puisqu'elle fait part du vaste complexe sportif du même nom, cette chouette piscine ne compte pas moins de deux bassins, les deux étant baignés de lumière naturelle par une grande verrière, pour avoir presque l'impression de se sentir en extérieur. Justement, des espaces situés dehors sont proposés, dont un solarium, histoire de prendre quelques couleurs avant de replonger. Enfin, la piscine est le lieu de nombreuses animations et particularités, dont un jardin aquatique pour les plus jeunes, des séances d'aquagym, une école de natation et diverses offres en matière d'apprentissage des choses aquatiques ! Et le lieu est très bien desservi !

SURF

WAVE IN PARIS

107, rue de la Croix-Nivert (75015) ✆ 06 17 58 54 41
M° Commerce. - www.waveinparis.com
Ouvert du lundi au vendredi de 8h30 à 23h, le week-end de 8h30 à 20h. De 20 à 45 € la session.

Quel lieu ! On n'imaginait pas pouvoir un jour surfer dans le cœur du 15e arrondissement, et c'est pourtant désormais chose possible : Wave in Paris (un nom que les anglophones comprendront de suite), c'est une vague artificielle de 16 mètres de long et 10 mètres de large, dans un centre de 1 000 m². Sur un plan incliné, la vague ainsi créée permet ainsi aux enfants comme aux adultes de réaliser des figures de *bodyboard* et autres *flowboard*. Sensations garanties, tarifs variables selon le jour et l'horaire, et activités annexes, comme les salles de squash attenantes : rien ne manque ici. L'engouement est déjà là, donc on pensera bien à réserver avant de venir ici !

SQUASH

SQUASH MONTMARTRE PARIS

14, rue Achille-Martinet (18e) ✆ 01 42 55 38 30
M° Lamarck - Caulaincourt
www.squashmontmartre-paris.com
Du lundi au vendredi de 10h à 23h ; le week-end de 10h à 20h. Le week-end sur rendez-vous uniquement.

Situé au pied du Sacré-Cœur, le squash club de Montmartre dévoile une ambiance *cosy* très *british* avec ses vielles maquettes d'avions, ses répliques de vieux voiliers, sa bibliothèque, son billard et ses chaleureux fauteuils en cuir. Assurément, ce petit club fondé en 1984, joue la carte de l'esprit convivial et possède l'atout, en plus de ses quatre courts vitrés, de disposer d'une salle de musculation, de deux saunas, et d'un jardin intérieur pour se détendre après l'effort. Une boutique spécialisée est également proposée, et répond au simple nom de « *Square store* ». Si vous êtes seul, pas de souci non plus, vous pourrez demander au club de vous trouver un partenaire.

COMPLEXE MULTISPORTS

SAND FABRIK

45, rue Delizy - **PANTIN** ✆ 01 88 12 00 04
www.sandfabrik.com
Tarif variable selon le nombre de personnes et l'horaire. Ouvert tous les jours de 10h à minuit.

Un concept récent, et qui a très rapidement connu un succès fulgurant ! Le principe est simple : si vous aimez la plage, et plus précisément les sports que l'on y pratique, l'endroit est fait pour vous ! Les pieds dans le sable, ce très vaste espace, situé à proximité du canal de l'Ourcq, propose ainsi 5 terrains permettant la pratique du beach-volley et d'autres sports de sable (*beach rugby*, *beach handall*, *beach tennis*...), un chouette bar-restaurant et même des installations pour les séminaires d'entreprise ! L'ambiance y est sans égal et, quel que soit le temps, les conditions sont au beau fixe ! Assurément un *spot* en devenir, déjà très prisé et sans égal en région parisienne.

GLISSE

STAND-UP PADDLE SUR MARNE

Quai du Mesnil - **SAINT-MAUR-DES-FOSSÉS**
✆ 06 10 81 49 98
RER Champigny.
www.beachpaddle.fr
Ouvert du lundi au vendredi de 14h à 19h ; le week-end de 10h à 19h. Paddle 17 € de l'heure (1 place), kayak 27 €.

Pour faire du sport, s'entretenir, se rafraîchir ou tout simplement passer un bon moment, peu nombreux sont ceux qui pensent au *paddle* dans la région, et pourtant ! A portée de RER – et à seulement 10 minutes de la capitale – c'est sur la Marne que vous pourrez vous adonner à ce sport, parfois exigeant, souvent ludique. Du *paddle*, pour une, deux, trois ou même cinq personnes, et même du kayak, voici ce qui vous est proposé ici. Guidés, vous pourrez également vous promener, accompagnés ou non. Notez enfin que la réservation est très fortement conseillée !

SPORTS INDIVIDUELS

J.U.M.P.

100, rue de la Fontaine-au-Roi (19e) ✆ 06 62 37 29 68
M° Belleville.
www.jumptt.com
Abonnement adultes et jeunes loisirs : 150 €/an. Adultes et juniors compétition : 190 €/an.

Fondé en 1947, le JUMP (Jeunesses Unies Ménilmontant Parmentier) est l'un des plus vieux clubs de la capitale. Avec plus de 270 adhérents, il s'impose également comme l'un des plus importants. Les entraînements, par groupe de niveau, ont lieu dans le gymnase situé rue de la Fontaine-au-Roi et sont encadrés par des professeurs brevetés d'État pour permettre aussi à tous ceux qui ne suivent pas le cursus compétition, de s'améliorer. Si les compétitions sont nombreuses, la dimension loisir n'est pas laissée de côté. En effet, tout est mis en place pour que tout le monde trouve sa place. Sans conteste, l'une des meilleures adresses à Paris, avec un accueil excellent.

PATINAGE

PATINOIRE SONJA HENIE

8, boulevard de Bercy (75012) ✆ 01 58 70 16 75
M° Bercy.
Mercredi 15h à 18h ; Vendredi 21h30 à 0h30 ; Samedi 15h à 18h et 21h30 à 0h30 ; Dimanche 10h à 12h et 15h à 18h.

Située au cœur de l'AccorHotels Arena (que beaucoup appellent toujours Palais Omnisport de Paris Bercy), la patinoire couverte, qui revendique la « meilleure glace de l'Ile-de-France » est assurément l'une des plus vastes, et est ouverte au public de quatre jours par semaine. Elle porte le nom de Sonja Henie, patineuse norvégienne de légende. Le lieu, étrangement assez méconnu – peut-être est-il écrasé par la notoriété de la salle de concert ? – propose régulièrement des soirées à thème (sur glace, donc), et pas mal d'animations pour les amateurs de glace. Notez enfin que le lieu est le cadre de cours de hockey ou de patinage artistique, et qu'il est facile d'accès.

NEW

GOLF

MAD GOLF

137, boulevard de Sébastopol (2e) - M° Strasbourg Saint-Denis.
www.madgolf.fr
Ouvert mercredi 12h-21h30, jeudi 16h-21h30, vendredi 16h-22h30, samedi 12h-22h30, dimanche 12h-20h30. Tarifs variables.

C'est le mini-golf qui révolutionne l'exercice de A à Z. Si vous prenez la direction du boulevard Sébastopol, c'est ici que vous trouverez *mad golf* (« golf fou » en anglais) : si l'objectif reste de mettre la balle dans un trou à l'aide d'un putter, c'est ici dans des conditions totalement inédites. Vous choisissez entre l'un des deux parcours proposés (« flash back » pour revenir dans les années 1980 ou « sunset » avec son atmosphère très californienne) et à vous la partie. Vous évoluez dans des univers spécialement pensés, colorés, musicaux, et votre jeu évoluera dans une atmosphère unique. Petits et grands adorent, à juste titre. Enfin, on peut ici boire et manger.

JEUX

LES COGNÉES

5, rue Stephenson (18e) ✆ 01 71 20 14 45 - M° La Chapelle
www.lescognees.com
Ouvert du mardi au vendredi 16h-22h ; le samedi 11h-22h ; le dimanche 11h-18h. 57 € par cible/heure/3 personnes.

Cette adresse, dans ce quartier, a rapidement fait parler d'elle ! Car il s'agit ni plus ni loin de lancer des haches, devenu depuis une dizaine d'années un sport extrêmement populaire au Canada. Thomas Morel, en voyage là-bas, assiste à une compétition et tombe amoureux de la pratique et de retour, il ouvre les Cognées, le premier centre français de lancer de haches : 10 cibles et des haches plutôt légères, aux lames bien évidemment émoussées. Une fois les consignes de sécurité énoncées, vous aurez droit à une petite session d'entraînement, puis place à la compétition ! Comme aux fléchettes, plus votre hache est proche du cœur de la cible, plus vous marquez de points. Imparable !

JEUX

MURDER MYSTERY

9, rue de l'Amiral d'Estaing (16e)
M° Boissière.
https://murdermysteryexperiences.com/
Ouvert du vendredi au dimanche. Horaires disponibles sur le site.

Voici une expérience que l'on imaginerait connue, et qui pourtant renouvelle totalement l'expérience. Car l'expérience Murder Mystery vous propose en effet de vous retrouver dans un hôtel particulier en plein cœur du 16e arrondissement pour tenter de dénouer les fils d'une enquête policière haletante. Le corps de François de Beaumont est en effet découvert quelques instants auparavant, alors qu'une fête se donnait sur place. Arriverez-vous à identifier le coupable ? La circulation, libre sur les 3 étages qui vous plongent dans une ambiance crépusculaire, mais vous donne l'impression d'être maître de votre enquête. Ce *cluedo* géant est une belle surprise : réservation indispensable.

JEUX

THE DARK DREAMS PARIS

63, rue de la Fraternité ✆ 01 48 45 20 44 - M° Robespierre.
www.thedarkdreams.com/paris/
Ouvert tous les jours. Tarif : 49 € par personne (de 2 à 12 joueurs).

Disons-le clairement : impossible de décrire cette expérience sous réserve de risquer de vous *spoiler* le jeu, tant la surprise est de taille. Si vos nerfs sont bien accrochés, The Dark Dreams est définitivement quelque chose à vivre : ici, tous vos sens seront sollicités, dans un seul but, trouver la sortie de ce labyrinthe infernal. Attention : les différents acteurs pourront s'ils le souhaitent vous attraper, ce qui décuplera la peur qui est, vous l'aurez compris, présente du début à la fin. Au final : une expérience inédite que l'on n'oublie pas de sitôt, très bien imaginée, pensée et réalisée, et qui mise beaucoup, au-delà des énigmes, sur la peur qu'elle provoquera : effet réussi !

BOWLING

BOWLING MOUFFETARD

73, rue Mouffetard (5e) ✆ 01 43 31 09 35 - M° Place Monge.
www.bowlingmouffetard.fr
Ouvert du lundi au vendredi de 14h à 2h, le week-end de 10h à 2h. A partir de 7 € la partie.

Un bowling de quartier ça existe ! Celui-ci est des plus sympathiques avec ses huit pistes en bois dont certaines sont spécialement aménagées pour les petits. L'endroit dispose aussi d'un bar et de trois tables de billard – américain, pool, snooker. Des jeux vidéo sont également disponibles. L'accueil est chaleureux. On retrouve dans ce lieu des touristes mais aussi des habitués. Des réductions sont proposées pour les étudiants mardi, mercredi et jeudi soir dès 19h, et il est possible de privatiser l'établissement ou encore d'y fêter un anniversaire. A noter également la possibilité de s'offrir une heure de billard pendant que vos amis tenteront désespérément de faire un strike.

JEUX

MAJESTIK GAMES

148, avenue du Maine (75014) ✆ 09 82 47 90 40 - M° Gaîté.
www.majestikgames.com
Ouvert du mardi au vendredi de 11h à 18h ; le samedi de 10h à 20h ; le dimanche de 14h à 19h.

C'est dans le quartier très animé de Gaîté, pas très loin de Montparnasse, Majestik Games est l'un des plus efficaces derniers arrivants sur le créneau des jeux dans la capitale, il y a maintenant environ deux années. Ici, on ne manque pas d'offres pour vous : des jeux de société (on compte des centaines et des centaines de références), des jeux de rôles (y compris les toutes dernières nouveautés), des jeux de cartes à collectionner, d'autres de stratégie, rien ne manque ici. Vous pourrez venir ici pour jouer, et si vous restez chez vous, notez que vous pourrez commander sur le site internet – très bien fait – les jeux qui vous font envie ! Décidément, l'enseigne ne manque pas d'atouts.

JEUX

VIRTUAL ROOM

35, boulevard Richard Lenoir (11e) ✆ 01 71 32 80 52
M° Richard Lenoir. - www.paris.virtual-room.com
Ouvert tous les jours 10h-22h. Lundi au vendredi 10h-16h : 25 €/pers. Autres créneaux : 30 €/pers. Durée : 45 min.

Une expérience incroyable, rien de moins : c'est ce que Virtual Room vous propose. Composé de 14 salles, le lieu vous propose de découvrir le monde de la réalité virtuelle : munis d'un casque, placés dans une zone dédiée, la sensation est bluffante. Vous vous retrouvez dans des lieux plus vrais que nature, et pourrez jouer en groupe. Le réalisme du graphisme, le soin apporté aux détails en font une expérience immersive hors pair. Débutants ou confirmés, vous choisissez l'une des expériences proposées, et à vous le monde parallèle. Notez que vous serez suivi pas un *gamemaster* tout à long de l'expérience, et ferez appel à des qualités de cohésion de solidarité bien réelles : unique.

ESCAPE GAME

ESCAPE HUNT EXPERIENCE

5, rue de Hanovre (2e) ✆ 01 75 50 62 60 - M° Bourse et Opéra
www.paris.escapehunt.com
Du lundi au dimanche, de 10 à 22h. A partir de 10 ans. Equipe de 2 à 5 joueurs.

Escape Hunt est un réseau d'escape games dans le monde entier, qui a la particularité de s'adapter aux villes dans lesquelles il est implanté. Aussi, vous voilà en immersion dans le métro parisien avec « Poursuite dans le métropolitain » ou bien dans un célèbre cabaret dans « Crime au cabaret ». Retrouver le butin d'un voleur ou lever le mystère de la disparition d'une danseuse de revue, voici deux énigmes à résoudre en moins de 60 minutes, top chrono, et surtout pas une de plus. Mention spéciale aux scénographies, extrêmement bien travaillées, et aux finitions plus vraies que nature. Notez enfin que l'offre comprend également des jeux de piste urbains, tout aussi réussis !

ESCAPE GAME

LE DONJON

Place de la République (10e) ✆ 01 71 20 51 14 - M° République.
Ouvert tous les jours. Réservation obligatoire. À partir de 25 € par personne.

Il va être bien compliqué de vous parler de cet espace game sans « divulgâcher » (comme on le dit ici) ce qu'il s'y passe, du tout début jusqu'à la fin. Tout juste vous dira-t-on que l'entrée en matière est pour le moins déstabilisante et, après une introduction qui vous mettra immédiatement dans le bain, vous serez immergé dans un univers sombre où un Comte angoissant vous tend des pièges qu'il vous faudra résoudre via des énigmes particulièrement bien senties. Une seconde énigme vous est proposée : celle-ci, appelée Le Donjon, vous réserve de nombreuses surprises. Au final, voici assurément l'un des meilleurs ensembles d'*escape game* de la capitale. Réservation obligatoire.

ESCAPE GAME

ONE HOUR

24, rue Emile-Lepeu (11e) ✆ 09 72 54 50 43
www.one-hour.fr
Ouvert tous les jours de 10h à minuit (dernière mission à 22h). A partir de 28 €/pers.

Dans cet espace, deux scénarios sont proposés dans ce complexe d'escape games : *Lost Asylum* et *Very bad night*. Le premier vous envoie en 1952, dans un hôpital psychiatrique abandonné. Sortez en moins d'une heure avant de vous faire rattraper par les fantômes des patients ! Le second, un peu moins effrayant, reprend le scénario d'un film bien connu. Vous vous réveillez dans un appartement inconnu sans vous souvenir de rien et devez ressortir avant l'arrivée du propriétaire. Observation, fouille et manipulation d'objets sont ici les maîtres mots. Notez que One Hour dispose d'un second lieu, pas très loin, et qui propose deux autres – excellentes – missions : l'*Abattoir* et *Yakuza*.

ESCAPE GAME

HINTHUNT

62, rue Beaubourg (3e) ✆ 09 67 50 45 48
M° Arts et Métiers ou Rambuteau - www.hinthunt.fr
Ouvert tous les jours de 10h à 0h. Tarifs différents selon les heures (pleines ou creuses).

HintHunt est le premier « Live escape game » français. Le principe : après vous être débarrassés de vos affaires superflues, vous et votre équipe êtes enfermés dans une pièce pendant 60 minutes afin de vous échapper du lieu. Au sein de celle-ci, aucun contact possible avec l'extérieur. Aux moyens de multiples indices disséminés dans la pièce, place à la mise en commun des données, réflexions, maîtrise de soi (car avec la pression du temps, les nerfs sont à rude épreuve) sont autant de challenges que vous devrez relever avant, peut-être, de finalement trouver le code libérateur ! Futé : avant de tenter votre chance pour une réservation de dernière minute, consultez le site.

ESCAPE GAME

RASHOMON ESCAPE GAME

26, rue Bréguet (11e) ✆ 01 43 57 32 78
www.rashomon-escape.com
Ouvert chaque jour. Tarif dégressif en fonction du nombre de joueurs.

Près de 500 m² en plein cœur du 11e arrondissement, et pas moins de 5 énigmes différentes au choix, que vous devrez résoudre en 1 heure, et pas une seconde de plus ! Variés, les thèmes des jeux vous invitent à revenir au temps des pharaons, font de vous des agents secrets, des enquêteurs policiers ou encore des chercheurs de diamants. Les décors sont très réalistes, et les *game masters* vous aideront – certes avec parcimonie – si vous êtes bloqués ! 3 des jeux sont accessibles à partir de 8 ans, les plus jeunes adoreront en effet les énigmes auxquelles ils ont accès. Un mot enfin sur l'accueil : excellent ! Les tarifs sont dégressifs selon le nombre de joueurs.

ESCAPE GAME

X-DIMENSION

18, avenue Parmentier (11e) ✆ 01 48 05 27 95 - M° Voltaire
www.x-dimension.fr
Du lundi au vendredi 13h30-22h30 ; samedi 9h30-0h ; dimanche 9h30-22h30. Tarifs selon le nombre de joueurs.

L'endroit reste l'un des favoris des amateurs d'*escape games*, et on les comprend. X-Dimension, c'est en effet 5 univers aussi bluffants, envoûtants et terriblement bien pensés les uns que les autres. A vous de choisir l'esprit, et la difficulté qui vous attendra : « Le Secret de la Perle Noire », « le Manoir aux secrets », « la Grande évasion », « l'Incroyable rêve d'Anne » ou l'extraordinaire « Tombeau de l'Empereur Qin » (testé et validé par l'équipe !) sont autant de mondes dans lesquels vous serez immergés, avec plus ou moins de difficultés pour en sortir ! Ici, le nombre de joueurs peut être variable et chaque aventure est également disponible en anglais et en chinois.

ESCAPE GAME

PHOBIA ESCAPE GAME

127, rue Jeanne d'Arc (75013) ✆ 01 44 24 85 28
M° Campo-Formio ou Nationale. - www.phobiaescapegame.fr
Ouvert chaque jour de 10h à 22h. Tarifs : à partir de 20 € par personne. De 2 à 5 joueurs.

Ouvert chaque jour, Phobia est parlant ne serait-ce que par son nom, car oui, ici on va vraiment trembler. Et on va surtout tout faire pour s'en sortir ! « Alice », « Loft 13 », « Oudini », « Da Vinci » ou « Les Disparus » évoquent des mondes sombres et souvent angoissants, et pour avoir réalisé l'une de ces missions, on vous confirme que l'on a bien cru y rester. Les réservations s'effectuent en ligne, on se retrouve sur place 10 minutes avant l'arrivée, et passe un excellent moment. Notez que le site internet répond efficacement à toutes les questions préalables, relatives au niveau des jeux ou la possibilité (ou pas) d'amener ses enfants. Et on ne peut que recommander !

ESCAPE GAME

CRACK THE EGG

46, avenue Daumesnil (75012) ✆ 01 88 32 14 30
M° Gare de Lyon - www.crack-the-egg.com
Ouvert tous les jours de 10h à 22h15 (22h45 le samedi). 48 € / personne pour deux joueurs, tarifs dégressifs.

Cet escape game propose de casser les codes en brisant sa coquille de confort, en essayant l'une des aventures proposées. L'inquiétant Docteur Tychsen sera le cœur d'une intrigue pendant laquelle vous chercherez un ami disparu, vous pourrez également découvrir le chinatown de San Francisco dans les années 1970 ou infiltrer un bunker en 2178. La recherche d'un œuf noir – probablement la plus impressionnante des énigmes – fera appel à tous vos sens dans des espaces spécifiquement créés pour vous plonger dans une atmosphère envoûtante. Le dernier jeu, appelé « L'abri », vous invitera à infiltrer un bunker duquel s'est échappé un virus. Au final, 4 énigmes hors pair.

BAR À JEUX

LE 3BIS

41, rue des Pirogues de Bercy (75012) - M° Cour Saint-Emilion.
www.le3bis.com
Ouvert du lundi au vendredi de 11h à 2h, le samedi de 10h30 à 2h, le dimanche de 10h30 à 0h.

Ouvert en octobre dernier, ce bar à jeux situé en plein cœur de Bercy-Village fait largement honneur à sa thématique. Et pour cause : sur deux étages, chaque jour jusque tard, vous pouvez vous adonner à vos passions en la matière. Des jeux de société aux fléchettes en passant par le karaoké, les jeux d'arcade et bien d'autres encore, rien ne manque ici. Parmi les originalités, la possibilité de réserver une salle privative pour, avec vos amis, bénéficier d'un univers bien à part pour vous concentrer sur vos parties. Enfin, ici, on peut se régaler et prendre un verre, dans un environnement pensé et décoré pour vous plonger immédiatement dans le bain. On recommande vivement !

HOBBIES

FURY ROOM

23, rue Blondel (2e) ✆ 01 73 71 39 27
www.furyroom.fr
Ouvert du mardi au vendredi 16h-23h, le samedi 10h-23h et le dimanche 10h-18h. Plusieurs formules tarifaires.

Si le nom du lieu est en anglais, on comprend assez vite de quoi il s'agit. Les stressés, les nerveux, les personnes en colère ou tout simplement celles et ceux qui veulent passer un bon et sportif moment adoreront le concept : ici, on détruit à peu près tout. Ainsi, vous descendez en sous-sol – on vous demandera juste d'amener une paire de chaussettes – et vous allez pouvoir tout démolir : des assiettes, des verres ou même une pièce encore décorée en bureau. Vous êtes munis d'un casque, d'une batte, vous disposez d'un temps donné et vous pouvez vous lâcher. On peut s'y adonner à plusieurs, et une déclinaison – beaucoup plus light – existe pour les plus jeunes.

LASER GAME

LASER PARIS

9, rue Robert de Flers (75015) ✆ 09 51 18 98 50
M° Bir-Hakeim ou Dupleix.
www.laserparis.com
Horaires différents selon jours et vacances : se renseigner.

Ce vaste espace vous propose de jouer à un jeu de laser game (ou laser tag) : les joueurs sont équipés de pistolets envoyant un rayon laser inoffensif et de gilets électroniques transmettant à l'ordinateur central les datas de jeu (tirs émis, tirs reçus, impacts, pouvoirs obtenus, etc.) avec, à la sortie, le score personnalisé et détaillé de chaque joueur. Ce jeu se joue en solo ou en équipe, avec plusieurs scénarios dans un labyrinthe de 400 m² avec effets spéciaux, lumières noires, graffs fluorescents et musique remix, bien sûr ! Vous pouvez choisir entre plusieurs galeries avec des effets lumineux et de déco différents. Vous avez la possibilité de privatiser le lieu.

JEUX ET JOUETS

ROUGE ET NOIR

26, rue Vavin (6e) ✆ 01 43 26 05 77
M° Vavin ou Notre-Dame-des-Champs.
www.rouge-et-noir.fr
Ouvert du mardi au samedi de 11h à 19h. Boutique en ligne.

Envie de retomber en enfance ? Ce petit magasin de jouets situé au cœur de Paris propose de découvrir ou redécouvrir une multitude de jeux classiques tous plus divertissants les uns que les autres. Dans un décor de boutique traditionnelle, l'atmosphère qui règne donne l'impression que c'est Noël tous les jours ! Jeux de société, d'échecs ou de cartes vous feront passer d'agréables moments. Vous trouvez ici des jeux très connus, mais aussi certains qui le sont moins, et pourraient devenir les plus prisés des temps à venir : laissez-vous conseiller ! Dans un autre genre, on trouve également des roulettes de casino, des mini billards ou des mallettes de poker. Bref, on trouve de tout.

JE CRÉE MON ESPACE DE VIE

Si la vie à Paris, quoi qu'en disent certains, est pleine de saveurs, elle peut présenter quelques inconvénients : vivre dans une si grande ville, c'est devoir s'organiser très pointilleusement lors que l'on s'y installe ! Ce chapitre est donc fait pour vous. Première étape : l'installation. Que vous cherchiez un déménageur ou des petites boutiques pour meubler votre cocon, rien ne manque. Vous souhaitez rénover votre intérieur de A à Z, et ne savez pas quels services ou entrepreneurs joindre ? Parcourez ces pages, votre solution est là ! Vous bricolez un peu mais avez besoin d'aide ? On vous a trouvé des petites pépites pour quelques coups de main ponctuels ! Les amateurs de décoration et les fans de réception auront également de quoi s'inspirer, et savoir qui contacter. Enfin, c'est tout logiquement que cette partie de votre guide recense des fleuristes et les services en rapport avec les animaux : les premiers vous permettent d'égayer votre maison, et les seconds ne sont-ils pas, eux aussi, les habitants de votre intérieur ? Bonne lecture !

VOTRE GUIDE DEVIENT **INTERACTIF**

TAPEZ **PETITFUTE.APP** DANS LE NAVIGATEUR DE VOTRE SMARTPHONE.

PRENEZ UNE PHOTO DE LA PAGE DÈS QU'ELLE A CE PICTO !

ARTS
ACHETEZ DE L'ART

24, rue de Lappe (11e) ✆ 01 48 05 50 93 - M° Bréguet-Sabin.
www.achetezdelart.com
Galerie ouverte du mercredi au samedi de 11h à 19h. Boutique en ligne.

Plus qu'une simple galerie, *Acheter de l'art*, a une vocation : élargir à un public plus vaste un marché souvent réservé à un cercle plutôt restreint. Le lieu situé rue de Lappe – jouxtant les bars qui rassemblent la jeunesse en fête – ouvre ainsi ses portes à tous ceux et à toutes celles qui apprécient le Pop Art, la BD, le graphisme. Sachez qu'ici (oh merveille !) vous trouverez au gré de régulières expositions et vernissages des planches originales signées par des artistes tels que Titouan Beaulin, Mathieu Bablet, Cy. au graphisme original et engagé, label 619 pour n'en citer que quelques-uns. Une belle occasion de voir de près tous vos auteurs favoris ou bien d'acquérir une œuvre !

ARTS
GALERIE-ATELIER ANOTHER WAY

22, rue Durantin (18e) ✆ 06 68 68 67 37 - M° Abbesses
www.emilie-biens.com
Ouvert lundi, vendredi et samedi de 9h à 20h30, mardi et jeudi de 9h30 à 17h30, mercredi de 9h à 14h.

Emilie Biens est une artiste aux multiples talents. Calée en zoologie comme en design et en histoire de l'art, elle met chacune de ses compétences au service d'une belle créativité, et ce dans son atelier-galerie ouvert depuis 2016. Un lieu offrant à voir des œuvres animalières design et qui se trouve être l'unique galerie parisienne dévolue au dessin scientifique. Dans cet univers « cabinet de curiosités », l'artiste dispense aussi des cours de dessin tout en sensibilisant le public à la protection de l'environnement. Une adresse coup de cœur qui vaut le détour !

ANTIQUAIRE
ANTIKEO

11, rue Tholozé (18e) ✆ 01 83 64 78 46
M° Abbesses.
www.antikeo.com
Livraison possible.

Antikeo, dont le siège se situe dans la pittoresque rue Tholozé, est une plateforme d'antiquités vendues et certifiées par un réseau de professionnels implantés partout en France et en Italie. Avec un catalogue affichant des photographies de qualité et un descriptif précis des pièces mises à la vente, la plateforme garantit une expédition dans les meilleures conditions, avec bien sûr toutes les informations et les certificats fournis en amont. Bref, un concept récent, bien rodé et mené avec beaucoup de sérieux. En plus d'un bel éventail d'œuvres (sculptures, meubles...), via son magazine digital Antikeo offre également de nombreux conseils et informations sur le marché des antiquités.

ANTIQUAIRE
L'OBJET RETROUVÉ

2, rue Maublanc (75015) ✆ 01 45 31 49 92
M° Vaugirard.
Ouvert du mardi au vendredi de 14h30 à 18h30 et le samedi de 10h à 13h30 et de 14h30 à 18h30.

Voici là un lieu charmant où objets de brocante et antiquités se mêlent et se déclinent avec goût. Vous y chinerez avec plaisir, à l'affût de l'objet qui trouvera une nouvelle vie chez vous et qui saura donner une touche unique à votre séjour ou à une autre pièce à décorer. Un beau choix parmi des objets des 18e et 19e siècles, de superbes abat-jour, des faïences bleues et blanches, des pots à lait alsaciens, des verres Biot, des lampes Art déco... On y trouve forcément la perle rare comme par exemple une petite huile sur bois signée Eloi Firmin Féron : un ravissement ! Enfin, sachez qu'en plus d'une sélection rigoureuse et raffinée, l'accueil est délicieux. Un lieu à visiter régulièrement !

DÉCORATION
AMARANTE DÉCORATION PARIS

46, rue de Prony (17e)
✆ 01 47 63 53 89
M° Wagram
Ouvert du lundi au samedi de 11h à 20h ; le dimanche de 14h à 19h.

Cette belle boutique des beaux quartiers du 17e arrondissement est une institution pour de nombreuses personnes, et on comprend pourquoi. Car Amarante, c'est un lieu d'exposition et d'achat d'objets choisis avec talent et imagination : des meubles français et italiens, de nombreux objets de curiosité (on vous laisse la surprise), des luminaires ou encore de beaux miroirs. Ce chouette lieu a une âme, et vous le verrez de suite à la qualité de l'accueil. Notez enfin qu'Amarante propose de réaliser la patine de vos meubles : un service suffisamment rare pour être signalé !

ARTS
GALERIE DANIEL HANEMIAN

91, rue Saint-Honoré (1er) ✆ 06 31 91 45 41
M° Louvre-Rivoli ou Châtelet-les-Halles
www.galeriedanielhanemian.com
Ouvert du mardi au samedi de 11h à 19h.

Nichée au fond du charmant Village Saint Honoré, la Galerie de Daniel Hanemian, un passionné d'art depuis toujours, propose un nouveau regard sur la peinture, la sculpture, la photographie et le design dans deux espaces d'exposition : un showroom avec ses artistes permanents et un espace dédié aux expositions temporaires. Elle se trouve à l'emplacement exact où Jean Marais, célèbre acteur et plasticien, avait ouvert dans les années 70, la galerie d'art « Jean Marais, Potier », car il était aussi potier ! Avec l'arrivée imminente de la fondation Pinault dans la Bourse de commerce, à deux pas de la galerie, le quartier est voué à devenir l'épicentre de l'art contemporain international.

DÉCORATION
FLEUX

39 et 52, rue Sainte-Croix-de-la-Bretonnerie (4e) ✆ 01 53 00 93 30
M° Hôtel de Ville ou Rambuteau - www.fleux.com
Du lundi au jeudi de 10h45 à 20h15, le vendredi de 10h45 à 20h30, le samedi de 10h à 20h45, le dimanche de 10h à 20h15.

Pas moins de quatre magasins voisins pour vous proposer tout ce qui concerne la décoration, la table, le mobilier, les luminaires, les bibelots, le lifestyle (montres et bijoux, culture et loisirs, voyage et maroquinerie) ou le high-tech. Savoureux mélange de design et de baroque revisité, cet immense concept-store est né de la collaboration d'un architecte et d'un fleuriste passionnés d'esthétisme. Dans ce carrefour de la création d'hier et d'aujourd'hui se croisent l'inattendu et l'utile, l'essentiel et l'accessoire : lampes nains Gummy, bouillottes lama, paresseux, champignon ou encore une décoration murale en homard... Voici une boutique où vous aurez plein d'idées de cadeaux !

RIDEAUX - VOILAGES - TISSUS - TENTURES
MARCHÉ SAINT-PIERRE

2, rue Charles-Nodier (18e) ✆ 01 46 06 92 25
M° Anvers
www.marchesaintpierre.com
Du lundi au vendredi : 10h-18h30. Samedi : 10h-19h.

C'est l'adresse qui, par extension, a donné son nom à ce secteur du 18e arrondissement devenu le paradis des couturiers. Depuis plus de 80 ans, cette maison est une véritable référence : sur cinq niveaux, vous trouverez toutes les qualités et toutes les sortes de tissu et à tous les prix. Soit au total pas moins de 2 000 mètres carrés d'exposition : déstockage (sous-sol), bonnes affaires (rez-de-chaussée), tissus linge de maison (1er étage), tissus habillement et haute couture (2e étage), tissus ameublement (3e étage), tissus ameublement luxe collection/éditeurs : Dedar, Braquenié, Fadini Borghi (4e étage) et mercerie (5e étage).. Tout un monde et c'est magique !

MEUBLES
KARTELL

242, boulevard Saint-Germain (7e) ✆ 01 45 48 68 37
M° Rue du Bac
www.kartellparis.fr
Ouvert le lundi de 11h à 19h, du mardi au samedi de 10h à 19h.

La marque bien connue, synonyme de chic, d'originalité et souvent précurseure de tendances en matière de décoration, dispose en plein cœur du boulevard Saint-Germain de son vaste *flagship* (comprenez son plus vaste établissement). Et quelle boutique : meubles, fauteuils, lampes et mille merveilles se laissent découvrir ici, selon un agencement permettant de se projeter, et d'imaginer son intérieur agrémenté de ces belles propositions. La marque, dont les objets en plastique biodégradable et recyclés sont mondialement connus, propose ici également de nombreuses collections, dont celles en grès, en verre et en bois, par exemple, sont parmi les plus belles. Un très chouette endroit.

MEUBLES
TIENDA ESQUIPULAS

20, rue Houdon (18e) ✆ 01 42 55 64 38
Métro Pigalle ou Abbesses - www.esquipulas.fr
Ouvert du lundi au samedi de 12h à 20h et le dimanche de 14h à 19h.

Vous souhaitez donner de la couleur et de la vie à votre appartement, alors la Tienda Esquipulas est faite pour vous ! C'est dans une petite rue montmartroise qu'en 2007 Ana, native du Guatemala, a ouvert sa superbe *tienda* (boutique) dédiée aux objets ethniques et équitables. Tous racontent la culture et les traditions du Mexique et du Guatemala. Une vraie caverne emplie de trésors. Toiles cirées flashy et fleuries, *milagros*, cœurs miroirs, tissus guatémaltèques, Vierges Guadalupe, *quitapenas*, anges muraux, sacs Frida Kahlo ou encore masques de *lucha libre*. N'hésitez pas à poser des questions, on vous répondra avec bonne humeur et gentillesse. Un lieu de partage unique et *muy caliente* !

LOISIR CRÉATIF
WECANDOO.FR

(1er)
https://wecandoo.fr/
Horaires et tarifs des ateliers sur le site internet.

Plusieurs centaines d'artisans référencés dans la capitale qui vous proposent de réaliser vos propres objets en leur compagnie : tel est le concept original et franchement très réussi de Wecandoo. Le partage est en effet au cœur de l'idée proposée, que vous soyez attiré par la maroquinerie, la boulangerie, la bijouterie, le kokedama et mille autres possibilités encore. Évidemment développé à Paris (mais aussi dans de nombreuses autres villes), c'est une excellente idée de cadeau, pour vous ou pour d'autres, que vous tenez là. Toutes les informations et réservations se font exclusivement *via* le site Internet dédié, et sur lequel vous ne risquez pas de manquer d'inspirations diverses !

DÉCORATION
LES MINÉRAUX

99, rue de Rivoli (1er) ✆ 01 42 60 05 40
M° Palais royal-Musée du Louvre.
www.lesmineraux.fr
Ouvert tous les jours de 10h à 19h. Livraison possible.

C'est au cœur même du Carrousel du Louvre que se situe selon nous une des plus belles boutiques de minéraux à Paris. Une passion de famille qui dure depuis une cinquantaine d'années. Les vitrines, riches de pierres brutes ou roulées, de fragments de météorites, de fossiles, de géodes d'améthyste, de colliers, d'objets sculptés..., sont véritablement envoûtantes, le tout à des prix très variés. En véritable connaisseur, Christophe le propriétaire n'hésitera pas à vous conseiller ou à identifier les pierres que vous possédez. Il est à noter que vous pouvez également faire monter ou réparer vos bijoux, voire faire ajuster la taille de vos bagues. Et en plus, l'équipe est drôlement sympa !

TRAVAUX

BHV MARAIS - LE BRICOLAGE

52, rue de Rivoli (1er)
✆ 09 77 40 14 00
M° Hôtel de Ville
www.bhv.fr/c/bricolage
Ouvert du lundi au samedi de 10h à 20h, le dimanche de 11h à 19h.

Connu et reconnu pour son grand savoir-faire dans le domaine du bricolage et de l'aménagement de la maison, le BHV Marais dispose en sous-sol d'immenses rayons de bricolage, quincaillerie et jardinerie. Les prix sont élevés, mais on y trouve TOUT ! Dans cette « Mecque » parisienne du bricolage, vous disposez également d'une intarissable source de conseils grâce à des vendeurs spécialisés. Dépannage d'urgence à domicile et travaux de rénovation sont également proposés ! Le lieu, qui n'est pas dénué de charme, reste donc un véritable incontournable de la capitale.

BRICOLAGE - JARDINAGE

MON ATELIER EN VILLE

30, rue de Cléry (2e) ✆ 09 82 55 08 34 - M° Sentier
www.monatelierenville.com
Ouvert du lundi au vendredi de 9h30 à 18h30 et le samedi de 10h à 17h.

Vous souhaitez créer un espace étagère dans votre salon, mais vous n'avez pas la place pour découper le bois ? Vous désirez transformer une table en table basse, mais la scie est proscrite dans votre chambre à coucher ? Vous ne possédez pas de cave, grenier ou garage pour vous occuper de tous ces petits travaux ? Mon Atelier en Ville a pensé à vous ! Il s'agit d'un atelier en libre-service, tout équipé pour faire « comme à la maison », mais sans les inconvénients susdits. Les créateurs de ce concept ont développé un espace atelier sécurisé, que vous louez à l'heure. Ils ont également développé une gamme de cours tous niveaux pour apprendre à bricoler soi-même !

TRAVAUX

LEROY MERLIN PARIS-BEAUBOURG

52, rue Rambuteau (3e) ✆ 01 44 54 66 66 - M° Rambuteau
www.leroymerlin.fr
Ouvert du lundi au samedi de 9h à 20h ; le dimanche de 10h à 19h.

L'un des deux magasins de cette célèbre enseigne situé dans Paris ne pouvait pas être plus central ! Véritable paradis du bricoleur, le magasin permet de s'équiper en menuiserie, électricité, plomberie-traitement de l'eau, chauffage-traitement de l'air, sécurité, rangement, décoration, éclairage et peinture. Des rayons spécifiques sont dédiés à la salle de bains, à la cuisine et aux plantes. Dans le quartier de l'Horloge, l'endroit ne manque pas d'atouts, même s'il est parfois difficile de s'y retrouver, tant les dédales de rayons, les niveaux et les étages sont nombreux.

ELECTROMÉNAGER

LA CORNUE

54, rue de Bourgogne (7e) ✆ 01 46 33 83 15 - M° Varenne
www.lacornue.com
Ouvert du lundi au samedi de 10h30 à 18h30. Label Entreprise du Patrimoine Vivant (EPV).

A la fois gourmet qui aime ce qui est bon et esthète qui aime ce qui est beau ? Foncez chez La Cornue ! Vous y trouverez tout ce qui se fait de plus haut de gamme en matière de cuisinière. Depuis 1908, cette maison renommée permet aux as des fourneaux de pratiquer leur art et à leurs amis d'admirer jalousement leur cuisine. Depuis 2010, pour répondre à la demande de nombreux clients, La Cornue propose, en plus de ses fourneaux, un aménagement global de la cuisine, baptisé l'Architecture Culinaire, une offre qui réunit les pianos, le mobilier, la ventilation, les réfrigérateurs, les caves à vins, et les ustensiles... Tout ce dont rêve le cuisinier exigeant !

BONS PLANS

LA SALLE DES VENTES DU PARTICULIER

116, rue d'Alésia (75014) ✆ 01 45 42 42 42
M° Alésia
www.lasalledesventes.fr
Ouvert tous les jours de 10h à 19h.

Un magasin de meubles un peu particulier puisqu'il s'agit du premier dépôt-vente français de meubles. Créé en 1973, l'idée a bien évidemment fait des émules depuis, mais on vient toujours ici pour « tout vendre et tout acheter », comme le proclame l'enseigne. Les arrivages sont ici quotidiens avec du mobilier et des rangements. Sans oublier bien entendu une belle série d'antiquités. On peut également commander en ligne des objets récents et se faire livrer partout en France ou réserver pendant 7 jours un meuble ancien avant de passer pour l'emporter chez soi.

ELECTROMÉNAGER

A LA CENTRALE DES AFFAIRES

157, rue Vercingétorix (75014)
✆ 01 45 45 00 77
M° Plaisance
www.electro-discount.fr
Ouvert du lundi au samedi de 10h à 19h.

L'endroit idéal pour faire de bonnes affaires surtout dans le domaine de l'électroménager. A l'intérieur de ce bel espace, on trouve des centaines de produits, de marques célèbres ou non, pour équiper son appartement ou sa maison. Les produits étant issus de déstockages d'usines, ils sont vendus à très bons prix. En exposition, de nombreux appareils d'électroménager, avec des réductions allant de 30 % à 50 %. Du réfrigérateur au congélateur, de la plaque de cuisson au climatiseur mobile en passant par la cuisinière ou le lave-vaisselle, les affaires sont omniprésentes !

PHOTOGRAPHE

EYEMAZY MONTMARTRE

14, rue Norvins (18e)
M° Abbesses.
www.eyemazy.com
Du lundi au dimanche de 10h30 à 20h. Boutique en ligne.

© EYEMAZY

© EYEMAZY

« Transformer vos yeux en œuvre d'art », telle est la devise d'Eyemazy. En effet, ici vous pourrez faire photographier l'iris et transformer l'image en une œuvre d'art unique, à afficher dans votre salon par exemple ou bien à conserver sous format numérique. Le résultat est plutôt surprenant puisque la belle sphère sur fond noir est valorisée avec toutes ses teintes et nuances, ce qui lui donne des airs de planète lointaine. Voilà donc un lieu au concept inédit qui mérite d'être testé ou tout simplement d'être visité au détour d'une promenade entre la charmante rue Norvins et la place du Tertre, à deux pas du poétique Passe-muraille. Un conseil, il faut arriver tôt, car ici il y a du monde !

PHOTOGRAPHE

EYEMAZY MARAIS

15, rue des Rosiers (4e)
M° Saint-Paul.
www.eyemazy.com
Ouvert tous les jours de 10h30 à 20h.

© EYEMAZY

© EYEMAZY

Si chaque début d'année rime avec les bonnes résolutions, alors Eyemazy saura vous inspirer en métamorphosant votre regard en œuvre macrophotographique assurément originale ! Une expérience hors du commun dans un lieu niché au cœur du Marais où l'on se plaît à cultiver en toute saison la beauté de vos iris et transformer une simple visite en souvenir teinté de magie. En effet ici, on capture et magnifie votre regard avec toutes ses teintes et nuances, son éclat et ses mystères. Celui-ci pourra alors orner votre *home sweet home* d'une touche très personnelle, sous forme de tirage photo ou de verre acrylique. Un lieu qui en vaut assurément le coup d'œil, voire plus ! En un mot, bluffant !

MARCHÉ AUX TIMBRES

Avenue Marigny
Paris (8e)
www.paris.fr
Le jeudi et le week-end de 9h à 19h.

Les philatélistes ne manqueront en aucune manière cette bourse de plein air qui se tient près du Rond-Point des Champs-Élysées, à l'angle des avenues Gabriel et Marigny, depuis 1887. Pour rappel, c'est un riche collectionneur qui légua ce terrain du Carré Marigny à la Ville à la condition que celle-ci y crée un marché aux timbres. S'y pressent aujourd'hui des collectionneurs et amateurs de tous âges, dotés de budgets plus ou moins importants. Ils échangent avec des négociants professionnels comme avec des particuliers, qui vendent et achètent là timbres du monde entier, lettres, cartes postales… Même si vous n'êtes pas collectionneur (se), n'hésitez pas à y faire un tour par curiosité.

APPLE STORE CHAMPS ELYSEES

114, avenue des Champs-Elysées Paris (8e)
✆ 01 70 98 09 00 - www.apple.com/fr/retail/champs-elysees
Ouvert du lundi au samedi de 10h à 20h ; le dimanche de 11h à 20h.

Difficile de passer à côté de cet immense Apple Store, et de ne pas reconnaître que la marque à la pomme a vraiment mis le paquet pour son installation sur la plus belle avenue du monde ! Sur six étages, vous pourrez bien évidemment vous procurer les produits de la firme, des ordinateurs aux téléphones en passant par les tablettes et les nombreux accessoires, mais vous pourrez également venir résoudre les problèmes techniques de vos appareils et disposer de sessions d'apprentissage. Une véritable expérience en soi qui ravira particulièrement les fans de la marque.

L'EURO QUINCALLERIE

12, rue Chabrol Paris (10e)
✆ 01 53 34 64 37
www.leuroquincaillerie.fr
contact@leuroquincaillerie.fr
Ouvert du lundi au dimanche de 9h à 20h.

L'Euro Quincaillerie, c'est un homme : Imounane El Mahfoud, gérant, qui a repris il y a plusieurs années ce commerce où il a d'abord été salarié. En matière de quincaillerie, droguerie et tout matériel de bricolage, il possède une large gamme de produits. En plus des articles que vous trouverez dans les rayons, vous aurez la possibilité de faire fonctionner les services de clés minute, copie de badges d'accès électronique, commande de clés brevetées, bois de chauffage, verre sur mesure à la coupe, cartons de déménagement, clés techniques, commande de plaques auto/moto… Pour plus de disponibilité, le magasin est ouvert tous les jours, et une boutique en ligne est accessible.

LE BEAUKAL STUDIO PHOTO

22, Rue Dussoubs Paris (2e)
✆ 01 55 34 90 50
www.lebeaukal.fr
studio@chris-flash.fr
Sur rendez-vous. Possibilité de réservation en ligne sur site internet.

Le photographe Christian de Brosses, que vous retrouverez au Beaukal Studio Photo, a collaboré vingt ans avec le magazine Paris Match. Il propose des séances de prises de vue en studio adaptées à vos besoins, quels qu'ils soient : famille, solo, book, future mère ou encore pour les réseaux sociaux. À l'issue de votre séance, vous pourrez opter pour différentes œuvres classiques ou bien modernes sur les supports les plus variés. Cet artisan s'occupe également de restaurer vos photos anciennes. Un excellent plan donc, que ce soit pour offrir, ou pour s'offrir à soi-même, et l'assurance de repartir avec de beaux objets et clichés pour habiller vos murs.

CARTOOCHE

84, avenue de la République Paris (11e)
✆ 01 43 55 01 01 - www.cartoooche.fr
Ouvert le lundi de 14h à 19h et du mardi au samedi de 10h à 19h.

« La station-service de votre cartouche d'imprimante », tel est le slogan de cette enseigne qui permet d'économiser jusqu'à 60 % sur une cartouche d'encre ou laser. Au lieu d'acheter systématiquement une cartouche neuve, venez remplir votre ancienne cartouche pour deux fois moins cher avec la même encre que vous aviez au départ. Suivant les modèles, une cartouche peut-être recyclée jusqu'à huit fois ! Lorsqu'elle arrive en bout de course, il suffit de la rapporter au magasin qui l'envoie dans des circuits spécialisés de recyclage : une solution très écologique. La boutique vend aussi de nombreuses imprimantes papier, badges couleur et autres accessoires, et prodigue d'excellents conseils.

LA QUINCALLERIE

3, 4 et 7, boulevard Saint-Germain Paris (10e)
✆ 01 46 33 66 71
www.laquincaillerie.com
info@laquincaillerie.com
Ouvert du lundi au samedi de 10h à 18h30.

Ouverte en 1958, La Quincaillerie vous propose d'entrer chez elle en saisissant la porte à pleine poignée – et pour cause, puisque c'est ce que vend cette vénérable boutique, qui en a fait sa spécialité ! Pas moins de 5 000 produits haut de gamme sont ainsi disponibles, des poignées simples à celles encastrées dans les portes, des boutons fixes à ceux tournants en passant par des tirants de portes et des poignées de fenêtre On apprécie par contre les nombreux accessoires comme des butées et arrêtoirs de portes en forme d'oiseaux ou de bonhommes, des entrebâilleurs, des boutons de sonnette, dont certains modèles lumineux, des crochets, des loquets, des judas ou encore des porte-étiquettes.

ARTS DE LA TABLE

MORA

13, rue Montmartre (1er) ✆ 01 45 08 19 24 - M° Les Halles
www.mora.fr
Ouvert du lundi au vendredi de 9h45 à 18h30 et le samedi de 10h à 13h puis de 13h45-18h30.

Ce magasin a plus de deux siècles à son compteur (1814 tout de même !). Et il n'a pas fait que survivre ! En deux cents ans d'existence, cette adresse est devenue le petit coin de paradis des amateurs de cuisine. Dans les rayons, vous trouverez tout ce qu'il vous faut pour les arts de la table, mais aussi pour la boulangerie-pâtisserie, la cuisine, la coutellerie-taillanderie, l'hygiène, l'entretien et bien d'autres domaines. Le rayon le plus impressionnant ? Celui consacré à la pâtisserie. On y dénombre une centaine de modèles de découpoirs fantaisie et autant de moules en silicone (tour Eiffel, chien, étoile, cœur..) pour raconter une belle histoire en saveurs.

ARTS DE LA TABLE

LAGUIOLE DU MARAIS

6, rue du Pas-de-la-Mule (3e) ✆ 01 48 87 46 88 - M° Chemin-Vert ou Bréguet-Sabin.
Ouvert du mardi au samedi de 11h à 19h ; le dimanche de 14h à 19h.

Cathy Capelle et Marie-Christine ont créé en 1995 cette boutique idéalement placée à quelques mètres de la place des Vosges. On y trouve la marque Laguiole Village fabriquée de façon artisanale. Ainsi que la nouvelle gamme « Laguiole ponts de Paris », avec pour l'instant trois ponts parisiens ciselés sur le manche. Les couteaux sont fabriqués à partir d'un procédé de découpe au jet d'eau qui permet de faire des modèles personnalisés par la forme et le matériau. On y trouve aussi les couteaux de nos villages aveyronnais, l'Antartica en partenariat avec Jean-Louis Étienne contre le réchauffement climatique, des couteaux japonais, des Opinel, des Perceval… L'idéal pour un cadeau !

ARTS DE LA TABLE

COUTEAU DE LAGUIOLE ILE SAINT-LOUIS

35, rue des Deux-Ponts (4e)
✆ 01 43 29 10 57
M° Pont-Marie.
www.laguiole-paris.com
Ouvert du lundi au samedi de 10h30 à 19h ; dimanche de 14h à 19h.

© LAGUIOLE ST-LOUIS

C'est une véritable caverne d'Ali Baba, luxueuse et intime, dans laquelle les couteaux de Laguiole se mêlent à ceux du japonais Kai, à la collection Michel Bras, aux Opinel multicolores, mais aussi à tous les arts de la table. On y trouve aussi le fameux couteau de Laguiole, le vrai, qui est beau et authentique. Du luxe dans un écrin de passion, que le maître des lieux vous expliquera à la manière d'un orfèvre : l'abeille forgée, sculptée main et double platine. Il saura vous montrer que s'il y a des pièces rares et chères, il y en a d'autres adaptées à votre budget.

ARTS DE LA TABLE

ARGENTERIE D'ANTAN

6, rue de Birague (4e) ✆ 01 42 71 31 91
M° Saint-Paul ou Sully-Morland - www.argenterie-dantan.com
Ouvert du mardi au samedi de 10h30 à 13h et de 14h à 19h ; le dimanche de 14h à 19h.

C'est en 2007 que Corinne Javaloyès a ouvert cet établissement, hommage à l'argenterie française du XVIIIe siècle à nos jours. Le magasin est spécialisé dans l'argenterie ancienne, les pièces en argent qui s'affichent sur les étagères et sur les murs en sont la preuve. On trouve ici des pièces qui ne sont plus fabriquées ou dont les orfèvres qui les ont créées ont disparu, d'autres contemporaines, un poinçon garantissant bien évidemment qu'il s'agit d'argent massif. Vous trouverez également des services à thé et à café, des accessoires de table ainsi que des objets dédiés aux vins et cocktails. Le plus : l'adresse propose un service d'avivage et/ou de nettoyage de vos couverts.

DÉGUISEMENT

A LA POUPÉE MERVEILLEUSE

9, rue du Temple (4e) ✆ 01 42 72 63 46
M° Hôtel de Ville
www.alapoupeemerveilleuse.com
Du mardi au samedi de 11h à 19h.

Juste en face du BHV, vous trouverez tout ce qui convient pour faire la fête. Déguisements pour adultes comme pour enfants, perruques, chapeaux, masques, moustaches, maquillage, bombes pour cheveux, ballons et bouteilles d'hélium, accessoires divers pour compléter votre costume (fausses cigarettes, boa, cannes ou encore cache-œil) peuplent les rayons de la boutique aux 1 000 merveilles. Vous dénicherez également ici des cotillons pour célébrer la nouvelle année, des confettis pour le carnaval, des articles de jonglerie (assiettes, diabolos, balles et bâtons du diable), des articles de magie et des farces et attrapes à l'ancienne (coussin péteur, poil à gratter et dés pipés).

ARTS DE LA TABLE
ESPACE PANTHÉA
15, Rue Soufflot (5e)
✆ 01 42 05 88 87
https://www.espace-panthea.com/
Ouvert tous les jours de 11h à 19h30.

Pour ce magnifique concept store ouvert en juin 2022, on peut dire que les fondateurs ont déniché l'emplacement idéal pour dévoiler leurs nombreuses merveilles. Au détour d'une promenade entre le mythique panthéon et le splendide jardin du Luxembourg, poussez la porte de Panthéa, vous y découvrirez un large choix de produits design, du mobilier, de la déco, des créations originales pour les arts de la table, des livres, et même les petits y trouveront leur compte. Le tout sur un espace de plus de 300 m² et surtout des marques sélectionnées avec soin parmi les incontournables du design, mais aussi de nouveaux talents qui sauront vous éblouir ! Vous n'aurez que l'embarras du choix !

ARTS DE LA TABLE
SIÈCLE PARIS
24, rue du Bac (7e) ✆ 01 47 03 48 03
M° Rue du Bac
www.siecle-paris.com
Ouvert du lundi au samedi de 11h à 19h.

C'est dans une magnifique galerie ouverte sur la rue du Bac que Marisa Osorio-Farinha et Philippe Chupin, deux créateurs reconnus, reçoivent leur clientèle pour leur proposer une multitude d'objets et accessoires autour des arts de la table : sets de tables ou assiettes décorées, couverts... On trouve également une belle collection de linge brodé ainsi que des coussins et plaids divers. Cette maison de renom fait appel uniquement à des artisans français c'est pourquoi elle est classée « Entreprise du Patrimoine Vivant ». Des expositions temporaires d'art ou d'artisanat ont par ailleurs régulièrement lieu sur place. Une très belle adresse fréquentée notamment par Arielle Dombasle.

DÉGUISEMENT
AUX FEUX DE LA FÊTE
135 bis, boulevard du Montparnasse (6e) ✆ 01 43 20 60 00 - M° Vavin ou Raspail ou Notre-Dame-des-Champs
www.auxfeuxdelafete.com
Ouvert du mardi au samedi de 10h à 19h.

Un carnaval, Halloween, une soirée à thème, et rien à vous mettre ? Vite, courez donc Aux Feux de la Fête dénicher la perle rare ! Ici, vous aurez l'embarras du choix pour acheter costumes, postiches en tout genre (faux-nez, moustache, etc.), chapeaux, masques, lentilles colorées, maquillage, prothèses sanglantes... La boutique propose également tout le nécessaire pour festoyer : vaisselle, cotillons, lanternes, piñatas, feux d'artifice, accessoires pour Noël... Vous pourrez vous procurer le kit du parfait supporter (fanions, cornes de brume, vuvuzelas et autres). Les rois du rire y trouveront aussi des farces et attrapes. L'accueil, très sympathique, est aussi un vrai plus !

FÊTE
AUX SEPT MERVEILLES
144, rue La Fayette (10e) ✆ 01 40 36 79 88 - M° Gare du Nord ou Poissonnière - www.aux-sept-merveilles.com
Ouvert le lundi de 13h30 à 19h30 et du mardi au samedi de 9h30 à 19h30.

Les Sept Merveilles est le lieu incontournable pour qui veut organiser un goûter d'anniversaire. Décor, assiettes, guirlandes, décor de ballons, déguisements, cadeaux surprises, cotillons et même cartons d'invitation… Le choix est exhaustif et les prix très bien pensés ! Une véritable caverne d'Ali Baba pour mamans en détresse, mais pas uniquement : la totalité de vos événements festifs, et que vous organiseriez à domicile, est susceptible d'être dans le cœur de cible des offres ici. Celui-ci est si vaste qu'il va jusqu'aux ballons à hélium et même au matériel de magie. Alors évidemment, face à tant de chouettes choses, on peut être perdus : ça tombe bien, le conseil est excellent.

ARTS DE LA TABLE
PLASTIQUES
103, rue de Rennes (6e) ✆ 01 45 48 75 88
M° Saint-Placide ou Saint-Sulpice
www.plastiques-paris.fr
Ouvert du lundi au samedi de 10h à 19h30. Dimanche de 11 à 19h. Livraison possible. Vente en ligne.

Les objets plastiques, ringards et enfantins ? Entrez dans cette boutique et vous changerez vite d'avis. Derrière Plastiques se cache un monde de couleurs, de formes et de bonne humeur, le monde de Muguette Rouot tout simplement, la créatrice de la maison en 1975. C'est *pop*, léger et teinté d'un soupçon d'humour. Vous trouverez là, dans deux boutiques voisines, une multitude d'accessoires et d'ustensiles aux teintes plus pimpantes les unes que les autres. Salières et poivrières, plateaux, passoires à thé, sucriers, tout ici est en plastique, comme l'indique le nom de la boutique. Parfait pour le quotidien et puis ce plastique recyclé c'est tellement écolo !

ARTS DE LA TABLE
LA BOUTIQUE SCANDINAVE
8, rue Martel (10e) ✆ 01 40 22 02 67
M° Gare de l'Est
www.laboutiquescandinave.com
Sur rendez-vous.

Une bonne adresse pour tous ceux pour qui la Scandinavie n'est pas seulement synonyme de forêts, de fjords et de saumons, mais aussi d'un design à la fois sobre et élégant. Vous y trouverez donc tout ce qui concerne les arts de la table provenant de Suède, de Norvège ou du Danemark. Autrement dit : une offre assez étendue d'assiettes, verres, casseroles, couverts et d'objets décoratifs. Avec en prime des marques et des signatures prestigieuses. On gardera tout de même à l'esprit qu'il s'agit ici d'objets dont les prix sont relativement élevés, mais justifiés. Vous trouverez donc dans cette boutique de belles idées cadeaux venant du froid, mais qui feront chaud au cœur.

ARTS DE LA TABLE

CRISTALLERIE DE PARIS

1, rue de Paradis (10ᵉ) ✆ 01 47 70 20 54
M° Château d'Eau ou Gare de l'Est
www.cristallerie-de-paris.fr
Ouvert du lundi au samedi de 9h30 à 18h30.

La Cristallerie de Paris a été fondée en 1958. Elle est spécialisée dans les arts de la table et les éléments de décoration. Chaque produit proposé à la vente a été sélectionné avec rigueur pour sa qualité, son élégance et son originalité. Les plus grandes marques sont représentées. On craque tout particulièrement pour les créations liées à l'univers de l'œnologie, car en effet, les verres et carafes sont irrésistibles ! Et puis disons-le : ici, vous trouvez évidemment des pièces très classiques, mais d'autres sont beaucoup plus modernes, surprenantes, originales. Enfin, reposez-vous sur les conseils : excellents, tout comme l'accueil. Une chouette adresse !

ARTS DE LA TABLE

LE FIACRE

24, boulevard des Filles-du-Calvaire (11ᵉ)
✆ 01 43 57 15 50
M° Filles du Calvaire ou Oberkampf
Du mardi au samedi de 10h30 à 13h et de 14h30 à 19h.

Plus de 30 ans pour ce petit morceau de Grande-Bretagne en plein Paris, entre République et Bastille, à deux pas du cirque d'Hiver. La boutique Le Fiacre correspond à point nommé pour tout ce qui touche les arts de la table à la sauce *so british*. Après un mariage et une naissance royale, un jubilé, une visite d'État, cette boutique de vaisselle anglaise ressemble à un bonbon anglais, acidulé parfois, beaucoup plus tendre à d'autres moments, selon vos goûts. Tasses à thé, café, déjeuner, mugs, théières à la sauce Big Ben, se déclinent selon de très nombreuses marques, et notamment les plus connues. Le magasin n'est pas immense, mais n'est-ce pas ce qui fait aussi son charme ?

ARTS DE LA TABLE

COUTELLERIE LAGUIOLE RENAUD

128, rue de Provence (9ᵉ)
✆ 01 43 87 40 65
M° Havre-Caumartin ou Gare Saint-Lazare.
Ouvert du lundi au samedi de 10h à 19h.

© LAGUIOLE RENAULT

Dans cette boutique près des Galeries Lafayette, non loin de la Gare Saint-Lazare, l'armurerie d'autrefois a retrouvé son faste et son ambiance des années 70. Sur près de 60 m², le couteau a évidemment une place de choix. L'aiguisage est également effectif grâce à un atelier sur place où les vieux ciseaux, couteaux, sécateurs et autres pièces coupantes sont bichonnés. La manucure a également son étagère, sans oublier bien entendu les stars de ce magasin, véritable écrin pour la panoplie de couteaux, Laguiole bien entendu. Du beau, du vrai, du tradition ! Une valeur sûre.

PRÊT-À-PORTER

LA MAISON DU KILT

34, boulevard Jourdan (75014) ✆ 01 40 47 74 05
M° Porte d'Orléans
www.lamaisondukilt.fr
Ouvert du mardi au samedi de 10h30 à 12h30 puis de 13h30 à 18h30.

Ce magasin au design et aux produits typiquement celtes au cœur du 14ᵉ arrondissement a de quoi surprendre. Mais pourquoi faire dans le classique quand on peut faire dans l'original ? Spécialiste du kilt et autres accessoires, cette boutique propose aussi un grand nombre de produits typiques : sporrans, boucles de ceintures, ghillies brogues, écharpes, plaids, flasques, sgian dubhs.... Les kilts sont de qualité et une réelle diversité de tartans bretons est proposée. Il est possible de se faire faire un kilt sur mesure, mais il faut être patient, car il y a un délai de 4 à 6 semaines. Les vendeurs sont à votre disposition au magasin pour répondre à vos questions.

FÊTE

SWEETNESS & COOK

12, rue Auguste Chabrières (75015)
✆ 06 51 04 71 18
M° Porte de Versailles
Créations. Événements.

Temple de la douceur sucrée, SweetNess & Cook est le rendez-vous des gourmands et le rêve de tous les futurs époux à la recherche d'une pièce montée d'exception. La boutique est née d'une passion et d'une envie de faire plaisir, c'est aussi pour ça qu'elle sera le parfait partenaire d'un mariage réussi. La pâtisserie possède un beau catalogue de gâteaux de tous genres (couleurs, tailles, goût…) et met un point d'honneur à confectionner des articles de saison et à suivre les tendances. Quant aux créations de la maison, elles sont uniques, réalisées à la main et adaptées à vos envies – les plus classiques comme les plus folles – puisque les pièces montées se dessinent à vos côtés.

SERVICES À LA PERSONNE
ADMR

184 A, rue du Faubourg-Saint-Denis (10e) ✆ 01 42 09 73 15
M° Gare du Nord. - www.admr.org
Tarifs sous conditions de ressources et en fonction des services fournis.

Grand réseau associatif français de proximité, l'ADMR (Aide à Domicile en Milieu Rural) pratique le service à la personne depuis plus de 65 ans sur la plupart des départements français et sans être cantonné à un type de milieu, qu'il soit urbain ou agricole, contrairement à ce que son nom indique. La structure est reconnue pour ses compétences et son expérience dans quatre grands domaines de service : l'autonomie, le domicile, la famille, la santé. Lorsqu'on avance en âge, qu'on est en situation de handicap ou malade, bénéficier d'un accompagnement pour effectuer les actes de la vie s'avère souvent indispensable. Pensez-y, si vous le pouvez bien évidemment.

SERVICES À LA PERSONNE
LE PARI SOLIDAIRE

6, rue Duchefdelaville (75013) ✆ 01 42 27 06 20
M° Chevaleret
www.leparisolidaire.fr
Du lundi au vendredi. Sur rendez-vous.

Le Pari solidaire c'est un réseau de solidarité intergénérationnelle en France. L'objectif du Pari Solidaire est de mettre en relation des jeunes de 18 à 30 ans à la recherche d'un logement et des seniors qui, disposant d'espaces disponibles, souhaitent avoir de la compagnie et quelqu'un avec qui partager des tâches de la vie quotidienne. La démarche est personnalisée. Le Pari Solidaire définit les attentes des seniors et vérifie pour les étudiants la conformité des conditions d'hébergement – confort, hygiène, surface… Tout au long de l'année, l'association prolonge son action auprès de ses membres en leur assurant un suivi et en vérifiant que les accords sont bien respectés.

SERVICES À LA PERSONNE
ILIDOR

41, rue de Richelieu (1er) ✆ 01 47 03 32 17
M° Pyramides.
www.ilidor.com
Accueil téléphonique du lundi au vendredi de 9h à 18h.

Ilidor est une entreprise qui pratique le *home-sitting* : elle met en relation des propriétaires qui souhaitent faire garder leur domicile pendant leur absence avec des *home-sitters*, retraités membres du réseau Ilidor. Que vous souhaitiez partir en vacances l'esprit tranquille, en sachant que votre propriété sera occupée par des personnes de confiance, et que vos animaux seront bien traités, ou que vous désiriez faire un séjour à moindres coûts dans une agréable propriété bien entretenue en compagnie de sympathiques animaux en tant que *home-sitter*, la formule comblera vos attentes. Comme tout ceci se passe dans le monde sage et rangé des retraités, la confiance est de mise...

SERVICES À LA PERSONNE
PARIS POCKET - FACILITATEUR DE VIE ®

Boulevard Voltaire (10e)
www.paris-pocket.com

Vous n'en pouvez plus de la paperasse qui traîne à la maison et vous n'avez pas envie de vous en occuper ? Vous avez besoin de vous déplacer pour des démarches administratives, mais impossible avec vos horaires ? Tout cela est possible grâce à Paris Pocket-Facilitateur de vie ! En faisant appel à ses services, vous pourrez profiter de votre temps : elle attend vos livraisons, gère votre administration à la maison, se déplace pour vous… Mais ce n'est pas tout : Elena propose ses services pour vous faciliter la vie dans les tâches du quotidien. Que demander de plus ?

SERVICES À LA PERSONNE
LULU DANS MA RUE

118-130, avenue Jean Jaurès (19e)
✆ 01 73 74 89 52
M° Ourcq ou Laumière
www.luludansmarue.org

Vous habitez Paris et vous avez besoin de quelqu'un pour faire des petits travaux de ménage, bricolage, gardiennage d'animaux, repassage de linge, dépannage d'ordinateur, etc ? Ne cherchez plus : allez dans un kiosque Lulu dans ma rue, ou manifestez-vous *via* le site luludansmarue.org. Lulu dans ma rue met en rapport des micro-entrepreneurs (étudiants, ex-chômeurs, jeunes retraités) et les clients afin de réaliser ces petits services du quotidien dont on a régulièrement besoin. C'est ce qu'on appelle la conciergerie de quartier, un concept novateur et citoyen. Et ça marche : Lulu dispose de plusieurs kiosques dans la capitale ! Un vrai bon plan qui rend bien service et à petits prix.

SERVICES À LA PERSONNE
SERVICES À LA PERSONNE

(75013) ✆ 32 11
M° Bir-Hakeim ou Dupleix
www.servicealapersonne.gouv.fr
Standard téléphonique : ouvert du lundi au vendredi de 8h à 20h.

Le SAP (Services à la Personne) met à votre disposition un annuaire d'organismes agréés et qui se consacrent aux services à la personne dans tous les domaines. En passant par son standard téléphonique ou par son site Internet, il vous suffira de choisir le service qui vous intéresse (famille, vie quotidienne, services aux personnes dépendantes, etc.), de choisir votre arrondissement, de choisir éventuellement un paiement par chèque emploi-service ainsi que le type de structure (privée, publique, associative). Après cela, vous aurez accès à un répertoire de professionnels avec leurs coordonnées. Un service pratique dans tous les domaines : aide à domicile...

ANIMAUX

ANIMALIS

47, rue des Pirogues de Bercy (75012) ✆ 01 53 33 87 35
M° Cour Saint-Emilion
Ouvert du lundi au samedi de 10h à 19h45 ; le dimanche de 11h à 19h45.

Chez Animalis, chaîne française créée en 1998, on vend tous les accessoires – jouets, paniers, enclos, manteaux... – et aliments dont a besoin votre compagnon, chien, chat, rongeur... Mais le credo de cette enseigne, c'est de donner tous les conseils pour bien prendre soin des animaux et surtout sensibiliser le public à l'adoption responsable par le biais de journées solidaires régulièrement organisées. Des occasions pour rencontrer les bénévoles de refuges locaux ou d'associations œuvrant en faveur de la protection animale. Alors, pour connaître la date du prochain meeting, rdv sur le site web ou à la boutique qui, en plus, est équipée d'une machine à graver les médailles à la minute !

GARDE - PENSION

CANIMINET

10, place du Maréchal Juin (17e)
✆ 01 44 40 44 00
M° Pereire.
www.caniminet.com

Voici une heureuse alternative à la pension « de groupe » en chenil. Durant vos vacances, un week-end, un déplacement professionnel, voire une hospitalisation, on s'occupe au mieux de votre animal de compagnie. Ceci 7 jours sur 7, à Paris, en Ile-de-France et dans l'Oise. Plusieurs formules sont proposées : la garde dans une famille d'accueil (comme à la maison !), les visites à domicile pour les chats, les rongeurs, les oiseaux, les poissons, la promenade personnalisée de votre chien, ou encore le gardiennage mixte animal/maison. Bien entendu, cette structure très sérieuse garantit la qualité du service et des prestations des familles d'accueil comme des visiteurs à domicile.

SOIN - TOILETTAGE

BARKERS AND BROTHERS

8, Androuet (18e) - M° Abbesses.
www.barkersandbrothers.com
Mercredi-samedi 10-12h, 13-19h. Dimanche 10-13h. Dogwash 25 €/heure. Forfait 5 séances 112 €. Café 2 €, puppuccino 3 €.

Barkers & Brothers que l'on pourrait appeler *Dogs in the City* a tout pour plaire. En effet, ici les chiens sont rois ! Niché au cœur du village Montmartre, ce lieu tout récent et en tout point charmant abrite un véritable concept store 100 % canin. On y trouvera un dogwash : espace de toilettage en libre-service avec shampooing, serviettes, coupe-ongles, tabliers... Une alternative sympa au salon de toilettage ! Marie, avec son bel akita Ralph, vous guidera et vous offrira une boisson (café, citronnade...) et pour la gent canine un *puppuccino* (crème coco montée en chantilly) avec ou sans topping : une récompense après le bain ! Côté boutique on trouvera de jolis articles (laisses, jouets...) !

ANIMALERIE

KOIRA

18, rue Ravignan (18e) ✆ 09 52 89 88 58 - M° Abbesses, Lamarck ou Blanche. - www.koiraparis.com
Mardi : 13h-9h30, mercredi-vendredi : 10h-19h30, samedi : 11h-19h, dimanche : 11h-18h.

Bien que récente, Koira est d'ores et déjà une institution canine sur la butte Montmartre ! D'ailleurs, tous ceux qui aiment divertir leur fidèle compagnon dans le parc canin voisin du square Nadar ne manquent pas d'y passer avec plaisir, et il y a de quoi ! Ici l'accueil est chaleureux et on s'y sent chez soi. Mais ce n'est pas tout, dans ce bel espace lumineux et bien agencé, on y trouve toute une gamme de produits responsables et de qualité destinés aux chiens et bien sûr à la gent féline (Wolfood, Hunter, Little Mascotte, etc.) en plus des excellents conseils donnés par Emilie et Nathan, deux passionnés, sous l'œil de leur formidable Daisy. Un concept-store que l'on recommande vivement !

ANIMAUX

C4V

11, rue de Maubeuge (9e) ✆ 01 42 40 20 61 - M° Notre-Dame-de-Lorette ou Cadet. - www.nutrition-veterinaire.com
Ouvert du lundi au vendredi de 10h à 13h30 et de 14h30 à 19h30 ; le samedi de 10h à 13h30 et de 14h30 à 19h.

Une enseigne bien pratique et bien sympathique située à deux pas des Grands Boulevards et de la rue des Martyrs où vous dénicherez toute sorte de croquettes et de pâtés diététiques adaptés aux différents âges des chiens et des chats, des friandises appétentes ainsi que de nombreux accessoires – comme de belles laisses cordées, des jouets ou des tapis rafraîchissants – qui raviront chiens, chats et... maîtres ! A noter : un intéressant rayon de parapharmacie (compléments alimentaires, produits d'hygiène bucco-dentaires, anti-parasitaires et homéopathiques ou encore des alternatives astucieuses aux collerettes de convalescence, etc.) en plus des conseils avisés d'une équipe de pro très sympa !

PROTECTION DES ANIMAUX

SPA

39, boulevard Berthier (17e) ✆ 01 46 33 94 37
M° Porte de Champerret. - www.la-spa.fr
Ouvert du lundi au mercredi et le vendredi de 9h à 16h ; le jeudi de 9h à 17h.

La Société Protectrice des Animaux est la première association de protection animale en France (existant depuis 1845 !). Elle recueille près de 50 000 animaux en détresse, abandonnés, perdus ou maltraités dans ses refuges et Maisons, du hamster au cheval. La SPA a créé 12 dispensaires pour soigner les animaux des propriétaires démunis. Elle s'engage aussi pour sensibiliser le grand public, responsabiliser les propriétaires d'animaux, faire pression auprès des pouvoirs publics pour faire évoluer la cause animale. Elle vit de la générosité du public pour accomplir au quotidien l'ensemble de ses missions. Avec la SPA, on peut adopter, devenir bénévole ou bien signaler un animal trouvé/perdu.

FLEURISTE

GEORGES FRANÇOIS FLEURS

36-38, rue Delambre (75014)
✆ 01 43 20 52 34
M° Edgar Quinet
Ouvert du lundi au dimanche de 8h à 21h.

Monsieur Georges François n'est pas un simple fleuriste, c'est aussi et surtout un poète qui célèbre la beauté avec le plus grand des talents. Voilà bientôt 60 ans que l'artiste laisse les fleurs s'exprimer au sein de sa boutique et à travers le monde. Son magasin du 14e arrondissement est un temple dédié à la délicatesse et à l'élégance, on se prend à admirer des bouquets de toutes tailles et de toutes formes. Ici le temps semble s'être arrêté et on réapprend à contempler. Les compositions sophistiquées et généreuses de cet autodidacte de talent peuvent également se commander et habiller diverses célébrations : un mariage, une réception ou bien tout autre événement.

FLEURISTE

MARCHÉ AUX FLEURS REINE ELISABETH II

Place Louis Lépine (4e)
M° Cité.
Du lundi au samedi : 9h-19h30, dimanche : 9h-19h.

Ce marché créé en 1809 a été rebaptisé Marché aux Fleurs-Reine Elisabeth II lors du passage de la souveraine britannique en 2014. Lieu emblématique de la capitale avec ses pavillons 1900, on y dénombre une vingtaine de kiosques. Un marché aux oiseaux s'y tient tous les dimanches dans un concert de gazouillis. Mais le Conseil de Paris a voté en février 2021 la cessation de la vente d'oiseaux et d'espèces vivantes, décision devant entrer en vigueur après la rénovation de l'espace prévue en 2023-2025. Pour l'heure, ce marché reste un lieu unique et que l'on aime beaucoup.

FLEURISTE

CLÉMENTINE ATELIER FLORAL

LE PLESSIS-ROBINSON
✆ 07 78 18 30 39
RER B arrêt Robinson.
Catalogue sur site, conseils, devis et réservation d'ateliers par téléphone.

Clémentine Artisan Fleuriste, passionnée de décoration d'intérieur et de végétaux, tant pour leur beauté que leurs vertus médicinales, propose depuis 2011 des prestations élégantes, sur mesure et à prix doux. Des bouquets pour végétaliser un espace pro, accompagner mariages, anniversaires, fêtes... N'hésitez pas à téléphoner pour échanger sur votre projet ! En plus de conjuguer les fleurs avec talent, intelligence et goût, Clémentine organise aussi des ateliers d'art floral en Ile-de-France, à domicile, en maisons de retraite, dans les écoles et au sein d'associations !

JARDINERIE

PARIS BONSAÏ

91, rue de la Croix-Nivert (75015) ✆ 01 45 32 22 69
M° Commerce
www.paris-bonsai.com
Ouvert du mardi au samedi de 11h à 19h. Livraison possible. Cours et ateliers.

Vous trouverez dans ce superbe magasin, ouvert depuis 1985, une collection de bonsaïs d'intérieur et d'extérieur, allant de très jeunes plants à de petits arbres octogénaires. Au total : plus de 250 bonsaïs de variétés très différentes sont disponibles. On reçoit en se rendant ici des conseils pertinents sur l'entretien courant de ces beaux et petits arbres et l'on peut également venir se fournir parmi une grande panoplie d'outillage, d'accessoires et de poteries. Bon à savoir pour partir en vacances l'esprit léger : un service de garde de bonsaïs est proposé dans de petites serres. Les novices apprécieront, eux, les cours thématiques mêlant théorie et pratique.

FLEURS

PLEIN AIR

40, rue du Télégraphe (20e)
M° Télégraphe
www.pleinair.paris
Vente directe certains samedis à partir de 14h. Attention : ouverture saisonnière : consulter le site web ou téléphoner.

C'est la première ferme floricole commerciale de Paris intra-muros et ne serait-ce que pour cela, vous devriez aller y faire une visite. Située derrière le cimetière de Belleville, cette parcelle de 1 200 m² a été mise à disposition par la Mairie de Paris, elle se veut 100 % bio, car elle n'utilise aucun engrais chimique ni aucun pesticide ou insecticide. Toutes les variétés de fleurs qui poussent dans cette ferme ont été choisies pour leur compatibilité avec le climat francilien. On peut acheter sur place ou se faire livrer. Les ventes, dépendant de la météo et de la disponibilité des fleurs, sont annoncées sur les réseaux sociaux. Une ferme urbaine à suivre !

FLEURISTE

AU COMPTOIR DES FLEURS

14, rue Vivienne (2e) ✆ 01 40 15 03 19 - M° Bourse
www.aucomptoirdesfleurs.com
Ouvert du mardi au vendredi de 10h à 19h30 et le samedi de 10h30 à 19h30.

En voilà une boutique qui a une âme ! Cette enseigne, dont le charme poétique porte à peine l'accent italien du maître des lieux, Elenio Gabbanelli, évoque quelque chose de mystérieux, de naturel, à tous les clients qui la visitent. Derrière les lettres découpées qui forment sur la vitrine des citations pleines de sagesse se cache un monde à part. Rayonnantes dans des seaux, des vases, des pots, les fleurs aux tons pastel semblent fraîchement coupées au jardin, et l'on puisera à droite, à gauche, pour former un bouquet selon son humeur. La boutique vous aide aussi pour les événements de la vie (mariage, anniversaire, enterrement...), une belle façon d'embellir votre quotidien.

INDEX